胡明扬语言学论文集

(增订本)

胡明扬 著

商务印书馆
The Commercial Press

2011年·北京

图书在版编目(CIP)数据

胡明扬语言学论文集/胡明扬著.—增订本.—北京：商务印书馆,2011
ISBN 978-7-100-08401-7

Ⅰ.①胡… Ⅱ.①胡… Ⅲ.①汉语—语言学—文集 Ⅳ.①H1-53

中国版本图书馆 CIP 数据核字(2011)第 112973 号

所有权利保留。
未经许可,不得以任何方式使用。

HÚMÍNGYÁNG YǓYÁNXUÉ LÙNWÉNJÍ(ZĒNGDÌNG BĚN)
胡明扬语言学论文集(增订本)
胡明扬 著

商 务 印 书 馆 出 版
(北京王府井大街36号 邮政编码100710)
商 务 印 书 馆 发 行
北京市白帆印务有限公司印刷
ISBN 978-7-100-08401-7

2011年7月第1版	开本850×1168 1/32
2011年7月北京第1次印刷	印张16½

定价:35.00元

增订本序

我这个人常常被认为是"非专业"出身。我在大学里学的是西洋文学，英文系毕业。那么我主要研究的是不是西洋文学？好像不是。那我的专业是不是汉语呢？好像也不是。所以，我常常遭到误解，认为我是学文学出身，不懂语言学。虽然没有系统学过《说文解字》、《尔雅》等古籍，但是我对中国古典的东西非常有兴趣，这可能与我爱好古典文学有关。后来到了人大，当了教研室主任，正值教研室没有任务，我便组织大家编写《词典学概论》。虽然没有编过辞典，但是联合国辞典学家编著的《词典学概论》中译本，是我校对的，也算是一点经验吧。此外，我还仔细阅读了《简明英汉辞典》、《简明牛津辞典》以及《法兰西学院辞典》的前言部分，并且进行了翻译，这也是词典学的一部分。为了学词典学，我还做了一项十分具体的工作，在吕叔湘先生的具体指导和帮助下，试编了一个长条，那便是对"打"进行了详尽的考察。我搜集了6000多条关于"打"的例子，梳理了从东汉到现代各个不同时代"打"的意义，分成100多个义项，最终写成了《说"打"》一文。除此之外，还要感谢国家辞书研究室的方厚枢先生。听说我们要编写《词典学概论》，他便将新中国成立以后所有经国家通过的辞典编纂的凡例、计划、体例等所有档案资料都赠予了我。没有他的大力支持，也便没有我们日后的《词典学概论》。出版若干年后，商务印书馆的张万起先生曾与我讨论过改编事宜，但由于种种原因，未能实现，至今遗憾。

我早年在私塾里面念书，接受传统的中国文化教育，也学过一点最基本的语言文字学,也就是所谓小学吧,至少读了一些古书,《论语》、《孟子》也都是从头到尾地背过。这些东西不能丢。在王国维先生的纪念会上,我的发言引起了大家的注意和重视。这可能是因为我的那篇文章区别了什么是"国学",什么是"汉学",什么是"中国学"。商务印书馆决定为我2003年出版的论文集出个增订本,我很高兴,也很感谢。在这本书里,我想把我过去学过的这些东西,或者写过的有一定影响的文章选来放在这里头。至于将来,如果继续有各个方面的写作,那就以后再补。

胡明扬
2011 年 5 月 30 日

原 书 序

如水流年，从50年代初到现在，一晃就是半个世纪。陆陆续续写了一些东西，可是杂而不精，这就是半路出家的毛病。不过我遵循吕叔湘先生的教导，还肯在搜集材料方面下点笨工夫，所以也许还有点参考价值。碌碌无成，只能怪自己不够努力，偶有所得，完全要归功于吕先生早年对我的教导、支持和提携。我无缘得列吕先生的门墙，但是一直认为是吕先生的私淑弟子。一个语言学的门外汉，没有吕先生的指点，恐怕永远也进不了语言学的大门。

吕先生当然不能教我语言学的ABC，他主要教导我事事处处要严谨、谦逊和与人为善。吕先生正是这样做的，他是身教重于言教。至于我究竟学到了多少，那就是我自己的问题了。但是我不敢不读前人和时贤的著作而空发议论，不敢强不知以为知，不敢把外国人的创见窃为己有，不敢妄言菲薄他人，这些都是吕先生谆谆教导的结果，因为我始终忘不了我第一篇文章正是大批判风格的文章。是吕叔湘先生教导我走上了正道，把我领进了语言学的大门。吕叔湘先生的道德文章将永远值得后人敬仰和学习，不过，高山仰止，要真正学到手又谈何容易。

我常常在节假日还想去看望吕先生，可是又一想，吕先生已经离开我们一年多了，不禁潸然泪下。

1990年吕叔湘先生曾经为我写了我当时准备出版的一本论文选的书名，当时没有用上，我一直珍藏至今，这次用上先生的题签，那么这本选集也算是我这个未列门墙的学生给老师呈上的作业吧。

胡明扬

2001年4月

目 录

理解和宽容——祝贺《语言教学与研究》创刊二十周年 …… 1
中国语言学21世纪展望 …………………………………… 11
中国语言学一个世纪的回顾和展望 ……………………… 23
语言理论和语言理论研究 ………………………………… 36

海盐通元方言的代词 ……………………………………… 41
海盐方言的人称代词 ……………………………………… 55
海盐通元方言中变调群的语法意义 ……………………… 59
海盐方言的存现句和静态句 ……………………………… 72
海盐方言的动态范畴 ……………………………………… 78
上海话一百年来的若干变化 ……………………………… 89
北京话的称谓系统 ………………………………………… 102
北京话"女国音"调查(1987) ……………………………… 112
北京话的语气助词和叹词 ………………………………… 123

《老乞大谚解》和《朴通事谚解》中所见的汉语、朝鲜语对音 … 142
《老乞大谚解》和《朴通事谚解》中所见的《通考》对音 ……… 157
说"打" …………………………………………………… 172
近代汉语的上下限和分期问题 …………………………… 211

语法形式和语法意义 ……………………………………… 220
再论语法形式和语法意义 ………………………………… 232
语气助词的语气意义 ……………………………………… 244
流水句初探 ………………………………………………… 250

语法意义和语汇意义之间的相互影响 ………………………… 261
句法语义范畴的若干理论问题 ……………………………………… 269
语汇研究和语法研究 ………………………………………………… 285
语体和语法 …………………………………………………………… 292
语义和语法——祝贺《汉语学习》出版100期 …………………… 297
语义语法范畴 ………………………………………………………… 306
基本句式和变式 ……………………………………………………… 310
单项对比分析——制订一种虚词语义分析法的尝试 …………… 317
说"词语" ……………………………………………………………… 330
关于"名物化"问题 …………………………………………………… 347
形容词的再分类 ……………………………………………………… 358
语法例证的规范性和可接受性 …………………………………… 368
吕叔湘先生在语法理论上的重大贡献——庆祝吕叔湘先生九十
　华诞 …………………………………………………………… 371
规则化　系统化　计量化——当代语言学的特征 ……………… 380

汉语词类研究的历史和现状 ……………………………………… 387
社会语言学的调查统计方法 ……………………………………… 405
北京话社会调查(1981) ……………………………………………… 417
70—80年代北京青少年流行语 …………………………………… 444
语言和方言 …………………………………………………………… 454

刘复《中国文法通论》读后 …………………………………………… 461
现代汉语语法的开创性著作——《新著国语文法》的再认识和
　再评价 …………………………………………………………… 470
陈望道先生《文法简论》读后 ……………………………………… 486
混合语理论的重大突破——读意西微萨·阿错著《倒话研究》 … 495
国学、汉学、中国学 …………………………………………………… 503
语言知识和语言能力 ………………………………………………… 511

理解和宽容
——祝贺《语言教学与研究》创刊二十周年

世纪之交很可能是中国语言学的一个转折点,也就是从比较单一的理论、方法和思路转向多种理论、多种方法和多种思路的一个转折点,并且有可能为创建反映汉语特点的语言理论和方法开辟道路,打下更坚实的基础。事实上,多样化的趋势在80年代后期就已经出现,到90年代更为明显。但是从总的来看,借鉴国外50年代以后兴起的各种新理论和新方法的尝试才刚刚开始,并且还只有少数人在这方面进行尝试,多数人对这些新理论和新方法还不很了解或者很不了解,所以要运用这些理论和方法来比较全面地描写和解释汉语语言事实,要使这些理论和方法充分中国化,恐怕还需要一段时间。目前国内从事语言教学和研究的多数学者比较熟悉的仍然只是传统语言学和美国结构主义描写语言学的理论和方法,虽然传统语言学和美国结构主义描写语言学的理论和方法在很多方面应该充分肯定,并且大部分理论和方法已经充分中国化了,而且今后还是描写汉语语言事实的有效的理论和方法,但是任何一种理论和方法都有局限性,特别是当这种理论和方法发挥到极限的时候,局限性就更加明显,因此就有新的理论和方法取而代之,或另辟蹊径。这是科学发展史的常规,如果不是这样,科学就会停滞不前,不可能发展了。在国外,50年代以后,各种语言学学派如雨后春笋般兴起,如以生成语法为代表的形式学派和以功能语法为代表的功能学派,还有社会语言学、认知语言学等。但是这些新兴的学派都或多或少吸取了传统语言学和结构主义语言学的成果,有的可以说就是在传统语言学和结构主义语言学的基础上发展起来的。这也很正常,因为真正能站得住的新理论、新方法总是在前人已经取得的成果的基础上向前发展的,凭空从天上掉下来的新理论和新方法是不存在的。

但是在西方语言学史上也的确发生过多次新兴的学派在崛起的初期用"大批判开路",全盘否定前人成就,说了不少过头话的事实。不过新兴的语言学流派不管在初期怎么尖锐地"批判"当时的主流派,事实上还是继承了前人所有经过时间和历史考验的成就,所以才能在新的高度上发展了语言科学。历史比较语言学兴起的时候就宣称语言学只是从他们那里开始的,在他们以前没有语言学,至少没有称得上科学的语言学。19世纪末到20世纪初,以斯威特和叶斯柏森为代表的习惯语法学派兴起的时候就把传统语法贬得一无是处,批评传统语法根本不符合英语的语言实际,还举出好些批评传统语法的著名例句,如明明英国人都说"It is me"("是我"),而学校老师教的传统语法硬性规定学生要说"It is I",因为根据拉丁语语法"我"在这个句子里应该用主格,而主格当然应该用"I",不应该用"me"。斯威特和叶斯柏森都是大学教授、著名语言学家,挨"批"的却只是当时的中小学语文课老师,在学术界根本没有发言权,而传统语法的创始人,如古希腊的狄奥尼修斯则早在公元前1世纪就去世了,也没法站出来为自己辩护,说这只是2000年后英国人生搬硬套的过错,跟他创立的理论和方法毫不相干。但是经斯威特和叶斯柏森等著名学者一"批",传统语法在学术界就一下子"臭"了,从此很多人就称之为带有贬义的"传统语法"、"规定语法"、"课堂语法"、"教学语法"等。应该看到,传统语法在西方已经经历了2000年的历史和实践的考验,并没有真正被"批倒批臭",所以直到今天西方国家的母语和外语教学,包括美国对外国人的TOEFL(托福)考试,以及其他国家学习英语和其他西方语言,用的还是传统语法,因为像上面举的那样"荒谬"的例子只是极个别的现象,要纠正也很容易,动摇不了传统语法的理论和方法。美国结构主义描写语法兴起以后,又宣称在他们以前根本没有语法研究,语法研究是从他们开始的,把他们以前的语法研究全盘否定,一概贬之为"传统语法"(还包括把传统语法"批臭"了的习惯语法在内),甚至说他们以前的那些语法只是真正的医学诞生以前江湖郎中的放血疗法,真正的天文学诞生以前的占星术和真正的化学诞生以前的炼金术而已。50

年代后期生成语法兴起,大肆宣扬这是语言学历史上的一次伟大的"革命",又把当时的主流派结构主义描写语法贬得体无完肤,说结构主义描写语法能解决的,传统语法早就解决了,而传统语法已经解决的很多问题,结构主义描写语法却还解决不了。可是生成语法实际上是在结构主义描写语法的基础上形成和发展起来的。新兴的学派为了要在学术界争取一席之地而向主流派发起猛烈攻击,以致有时措辞有失当失实之处,也许正像新生儿的大叫大嚷一样是可以理解的。在西方语言学界,不同学派之间,甚至同一学派的不同语言学家之间,或者由于学术观点不同,意见有分歧,或者完全出于学派和个人的偏见,互相指名道姓公开批评和指责对方的观点和结论的事是司空见惯的,往好里说,这叫"学术自由",往坏里说,有点像"不正当竞争"。不过,即使在西方,也已经有人指出语言学界这种现象有失学者风度,是语言学界不同于其他学术领域的一大缺点,不值得效法。不过在西方国家,失实和失当的批评和指责一般不会影响被批评、被指责的一方的工作和生活,更不会阻碍语言学的发展,因为挨"批"的人可以反驳,可以反批评,也可以不予理睬。但是不同的国家有不同的国情,并且同一个国家在不同历史时期的情况也有所不同,甚至很不相同。中国自古提倡中庸之道,提倡"温良恭俭让",所以学者之间不同学术观点的争论一向是比较文明的,至少也是比较实事求是的。例如1938年到1943年的中国文法革新讨论就还比较"文明",没有过激的言论,只是说过去的汉语语法是"模仿"西方的,他们要根据汉语的特点加以革新,缺点是他们对"模仿"和"改革"这些概念没有明确界定,因为他们改革的理论依据也还是西方的,只不过是西方的新理论而已。至于作为这次文法革新讨论的对立面的黎锦熙先生则没有加以理会,没有发表任何反批评的意见,但是教授照当,在各个师范院校黎派语法照"教"不误。可是从50年代开始情况发生了很大变化。50年代关于汉语语法问题的几次大讨论,一开始应该说还是比较正常的,是不同观点和不同意见之间的讨论和争论,但是不久就变成了"围攻"和"批判",学术争论不知不觉演变成了"准政治斗争"。当时挨了"批"

的学者虽然还不至于"降级"和"下放",但是在学术界已经丧失了原有的地位,在某种程度上被"孤立"起来了,这就大大地伤害了这些学者的感情。到了1957年"反右"和十年动乱期间,那就完全混淆了学术和政治的界限,再也没有正常的学术讨论了。谁要是在学术上挨了"批",即使是"批"得完全没有道理,甚至完全没有根据,这个人就一切都完了,不要说名誉地位,连身家性命都难保了。这一段历史留下了严重的后遗症。

也正是从50年代起,在各种因素的影响下,在学术界,包括语言学界,逐步形成了一种什么都绝对化的思维定势。这种思维定势认定:真理只有一个,既然研究的是同一客观事物,那么只有一个符合这一客观事物的本质和客观规律的理论,其他不同的理论和观点就都是错误的,因此不容许有不同意见。在这种思维定势的影响下,人人都认为自己发表的意见是反映了客观规律的,因而是绝对正确的,是唯一科学的,因为一个人不可能发表或坚持连自己都认为不正确的意见,结果就很自然地认为不同的意见都是错误的,甚至是荒谬的。这样一种思维定势真是害人不浅,但是由于始终没有得到彻底清算,所以直到今天仍然在妨碍我们开展平等、友好、公开的学术讨论。吕叔湘先生在1981年哈尔滨教学语法讨论会闭幕式上的讲话就是针对这种妨碍正常的学术讨论的思维定势,他说:现在有人总认为自己的意见是唯一正确的、唯一科学的,别人的意见都是错误的;如果另外还有一个人也认为只有自己是唯一正确的、唯一科学的,那么你就不是"唯一"的了!吕叔湘先生说得很好,因为这样一种思维定势不消除,事事处处都要"说一不二",那就无法开展正常的学术讨论。同一客观对象应该允许从不同的角度、根据不同的目的、运用不同的方法去进行研究,不能说只有一个角度、一种目的、一种方法才是唯一正确的、唯一科学的,其余的就全是错误的,例如,只能说"语言是人类社会最重要的交际工具",不能说"语言是一个符号系统",或者别的什么;语法研究只能从形式着手,不能从语义着手;只有研究语言本体的结构系统的才是真正的语言学,研究语言的其他方面的就不是"严格意义上的语言学",只能入"另册",如此等等。我们的思想完全僵化了。当具体问题的研究出现分歧意见的时候也要分个正确和错误,其实很难说一方对了,另一方就一定错了;可能两种意见都对,只是角度、适用范围等不同而已;也可能两种意见都错了;还可能一种意见对了百分之八十,另一种意见对了百分之五十。一定要分个正确和错误,而且一定要"说一不二",如果认为一种意见是正确的,那么跟这种意见不一致的就一定都是错误的,甚至是荒谬的。这样一种绝对化的思维定势加上"大批判"的后遗症,正常的学术讨论和争论就无法开展了。

1978年以后情况有所好转,但是初期有些讨论的"火药味"还是很浓的,"大批判"风格的语言并没有绝迹。在学术讨论中采用歪曲对方的理论,然后再加以批判和奚落的不正当手法的现象依然存在。令人更为遗憾的是,至今还有人认识不到这种手法是不正当的,有时候还在津津乐道地作为典范来引证。后来多数人也许是吸取了教训,"大批判"就慢慢寿终正寝了。这以后,"大批判"绝迹了,可是连不同意见的正常讨论也绝迹了。这种表面的平静并不等于语言学界在理论和方法上、在具体问题的处理上已经没有分歧,意见完全"一致"了,也不等于那种绝对化的思维定势已经彻底消除了,事实上只是采取了另一种相反的表现形式而已,内心还是认为自己是唯一正确的,不同的意见都是错误的,只是不说出来,不公开发表出来罢了。现在大家尽可能说"好话",那样才不至于伤感情。这本来也许并不是坏事,因为要消除几十年来造成的心灵上的创伤,要改变几十年来养成的思维定势,本来就需要一个过程。但是由于绝对化的思维定势没有改变,在内心还是把不同的意见认定为错误的意见,不承认是不同学派或不同学术观点的反映,因此就更加不好办了。这就是说"后遗症"还不轻,说到底,还是不容许有不同意见,还是要处处"说一不二",而学术上的"大一统"从来不是好事,多样化和百家争鸣才能促进学术发展。

尽管近20年来很少开展公开的、正常的学术讨论,但是语言学界并未真正风平浪静。

1980年吕叔湘先生在中国语言学会成立大会上讲了一段关

于"钱"和"钱串子"的话,意思是:如果既有材料又有理论,最好;如果两者不能得兼,他宁肯要材料,不要空头理论。这一席话多数老年学者赞同,多数青年学者强烈不满,认为这是反对理论研究,也是压制青年人从事理论研究。青年学者认为,现在的问题就在理论本身,所以应该先解决理论问题,然后再进行具体问题的研究,如果不先解决理论问题,还按过去的理论进行具体问题的研究,实际上就是要维护传统理论的权威,那样就根本不可能建立新的理论,推进中国语言学的发展。另外,双方对什么是"理论"和"理论研究"的理解也不完全相同。好几位老一辈的学者在不同的会议上都讲过,他们认为只要是能指导实践,解决具体问题的规律就可以说是"理论",揭示这样的规律的研究就是"理论研究",而堆砌新名词、新术语,不进行具体语言的研究,不解决具体问题,就理论谈理论,不能算是"理论"和"理论研究"。老一辈的这种看法不能说不对,因为任何理论都是从实践中来,又回过头来指导实践的;不从事具体语言的具体研究是不可能建立起一种能指导语言研究的理论来的。可是不少青年人有不同的看法,青年人的看法也不能说没有道理,因为任何实践都是受一定的理论指导的,所谓纯客观的描写是不存在的,如果没有任何理论,那就连怎么搜集材料、搜集什么样的材料都不知道了;而所谓不要"空谈理论",实际上就是要维护传统的理论。他们认为传统理论并没有解决中国语言学的问题,所以应该首先在理论上进行革新。他们中间相当数量的人也并不赞成搞"空头理论",但是他们更强调理论,要先解决理论问题,再搞具体研究,并且不主张整天钻在材料堆里搞"归纳",而主张"演绎"。我们不想在这里评论谁是谁非,因为从不同的角度来看,都有一定道理。但是,有一点可以肯定,那就是双方都并不十分了解对方的情况,这是因为由于种种原因,语言学界内部的信息很不灵通,不在同一地区、同一城市的人互相很少来往,即使在同一地区,青年学者和老年学者之间的来往也不多,互相缺乏了解,缺乏沟通,因此都有点以偏概全。

80年代初期学术界刮起了一阵否定过去一切成就的旋风,在不少青年人中间形成一股"热潮"。语言学界也有个别的青年学者公开宣称在他们以前的中国语言学没有任何成就可言,都是"抄"西方的,真正的中国语言学只能从他们那里开始。稍后又有究竟应该"重语言事实描写",还是"重理论创新",应该"重描写"、"重归纳"还是"重解释"、"重演绎"的议论。不过这些议论大都只是在沙龙范围内进行的,没有公开发表,因为多数语言学刊物不发表这一类文章。由此又引发了不少青年学者认为他们处处受压制的意见,认为"把持"这些刊物的老年学者是"学霸",不让他们发表意见。同时,老年学者对某些青年人也有看法,认为他们"光说不练",专放"空对空导弹",写的文章还经常有"硬伤"。这样,双方的关系一度相当紧张。其实,换一个角度来看问题,也许关系就不必那么紧张。青年人发表一些过激的言论是常事,让他们去说,没有什么关系,并且还有个好处,那就是可以让中老年学者的头脑清醒一下,不要过于自满,认为已经研究得差不多了,而要认识到我国语言学各个领域的研究都还不那么理想,还有很多问题没有解决,还远远不能满足社会各方面的需要。可以设想,如果已经有了一种真正符合汉语特点的理论和一整批可以满足社会各方面需求的具体成果,那就很可能不大会有人发表这样极端的意见,并且不可能一时得到这么多青年人的共鸣和响应了。当然,从青年人这一方面来说,话不必说得这么"绝",特别是个别人有些话近乎人身攻击,这就超出了学术讨论和争论的范围。至于青年学者的文章不容易发表,原因很复杂,不排斥有的老年编辑有成见,或者不很了解新理论、新方法的情况,但是总的说来还不能说是所有的语言刊物都在有意"压制"青年学者。至于究竟应该"重描写"、"重归纳",还是"重解释"、"重演绎"的分歧恐怕永远解决不了,因为"归纳"和"演绎"永远是科学研究的两种既有联系又有区别的重要方法,恐怕很难说哪个绝对正确、哪个绝对错误。实际上老年人也并不是完全不重视理论,他们对同时代的新理论的关注和理解恐怕超过了现在的青年人。青年人也并不是都不从事具体语言的具体研究,这些年来一本本著作的出版就是明证。在这些问题上没有必要争个高低,也没有必要"统一思想",不妨各行其是。

到80年代末和90年代初,似乎多数人都冷静下来了。应该认识到,在任何一个学术领域有不同意见是正常现象。有不同意见,只要实事求是、平等待人、相互切磋,就能相互补充、促进学术繁荣。如果大家的意见都完全一致,没有任何分歧,那岂不是只需要有一个人去研究就够了,其他的人就全是多余的了。但是一切都是说起来容易、做起来难。由于众所周知的历史原因,如果双方不熟悉,背景情况了解得又不那么确切,"提不同的意见"跟"批判"、"压制"往往只有一步之差,更何况"言者无意"、"听者有心"是常有的事。那么怎么来消解各种误解和矛盾而同时促进自由讨论,创造一个百家争鸣的宽松环境呢?我们呼吁"理解"和"宽容"。要互相理解:青年学者要理解老年学者,理解他们那个年代的历史,理解他们遵从的理论和方法,还应该学习他们取得的成就和严谨的学风,而不要认定他们都是老顽固,都不了解新理论、新方法,还要压制新生力量;老年学者也要理解青年学者,要理解时代的差异,要理解这一代青年学者的特殊性,要理解他们愿意在这一领域作出自己的贡献的真诚愿望,因此要更多地支持他们,帮助他们,而不要盯住他们的缺点不放,而且也应该想到现在的确有很多新理论和新方法自己并不了解,青年人的文章只要有一得之见,能自圆其说,就应该支持发表,如果有一两处"硬伤",提醒作者改一改不就行了嘛。特别是主持刊物的老年学者更应该在一视同仁的基础上对青年学者多加关照,千万不要因为青年学者写的文章的观点跟自己不一致,风格不合自己的口味,就看不下去,何况编辑部也并没有责任对作者的观点和结论负责。在一个刊物上如果有两种对立的理论和观点展开自由讨论和争论,有关问题的研究就越容易深入,越容易接近解决。学术上的"清一色"并不好,相反,是学术进步和繁荣的大忌。但是,"讨论"也好,"争论"也好,方式一定要"摆事实"、"讲道理",措辞一定要有分寸。要充分考虑我们的国情:不少人还"心有余悸",不少人还不习惯听直统统的批评意见,更多的人还害怕公开指名道姓,那么我们就多讲究一点方式方法。也许再过20年,我们可以无拘无束地进行争辩而不至于伤感情。现在,恐怕还不行,还很需要讲究方式方法。

我们认为老年人应该对青年人多几分宽容。青年人有犯错误的权利,因为他们是青年人!谁在青年时期没有犯过错误,没有写过一篇有错误的文章?别人的情况我不很了解,我在1954年就发表过"大批判"文章,批了高名凯先生,也批了吕叔湘先生和丁声树先生,至今回想起来还脸上发烧。那么为什么今天我们老了,就对青年人这么苛求呢?"严谨"和"谦逊"是中国语言学界传统学风的两大特色,但是我们主张要"严谨以律己,宽容以待人",千万不要"宽容以律己,严谨以待人"。特别是对青年人要宽容。这是因为中国又是一个有"敬老"传统的国家,老年人一说话,青年人就不便发表不同意见了,所以老年人要特别注意自己的言行,和中青年人在一起,说话要讲究分寸。青年人对老年人也应该多宽容。自然规律不可抗拒,老年人容易倾向保守,容易倾向墨守成规,当然也不能绝对化,一概贬为"老顽固"、"老保守"。老年人已经习惯于自己过去的思路和研究方法,认为到目前为止,对汉语的语言事实还描写分析得不够,还必须做大量具体的描写分析工作,那就让他们和一部分同意这种观点的人去描写、去分析。这也是尊重他人的"自由"。青年人有一股冲劲,要有所作为,这是青年人的长处。但是青年人往往考虑不周全,说话喜欢拣"尖端"的话说,难免得罪人,老年学者不必计较。另一方面,在一个"敬老"的社会里,老年人似乎有"资格"随便一点,所以完全有可能在某些场合说话也欠考虑,或者是以偏概全,或者是让人觉得态度有点盛气凌人,青年学者也要有雅量,原谅他们。好在现在已经不是"大批判"年代,说几句不恰当的话,对双方的工作和生活都不会带来什么影响,完全可以不必计较。

国内学者和海外学者也需要互相理解,互相宽容。国内学者,特别是老年学者,常常要提到所谓"三个例子写六百页的书",而且这三个例子里有的还站不住的现象,很不以为然。中国语言学有乾嘉学风的传统,赞赏六百个例子写三页书,而且"无一字无来历"。这话有点过分,不过处处要求"严谨"也不能说完全不对。

海外学者则对国内不少学者在理论、方法方面还停留在50年代的水平上,对新理论、新方法很不了解,感到惊讶,感到难以理解,暗地里频频摇头。这也需要互相理解。造成这种隔膜有众多的社会历史因素。几十年来我们很难看到国外的著作,即使到目前也还没有根本性的改变。吕叔湘先生说他是30年代在他从教的中学图书馆里第一次读到叶斯柏森的《语法哲学》这本书的,从此对语法产生了兴趣。我们现在的大学也没有这样的条件。另外,由于教育体制的改变,今天国内学者的知识结构完全不适应当代语言学发展的要求。当代语言学跟计算机科学密切结合,而国内纯文科出身的学者恰恰缺乏数学和数理逻辑方面的基础知识;不要说从事这方面的研究,要读懂、听懂这方面的著作和报告都有困难。但是,国内学者对传统的东西比较熟悉,掌握的语言材料比较丰富。海外华人在国外的语言环境中时间长了,而且现代汉语规范化的任务还远远没有完成,语感有所不同,有的例子有问题也是可以理解的,并且个别例子不规范不影响全局。他们运用各种新理论、新方法、新手段来研究汉语,取得了不少成就,这正是我们需要学习的。将来这种情况肯定会改变,暂时不妨各搞各的,因为都对语言学的发展会有贡献,但是要加深理解、相互宽容、互相尊重、互相学习对方的长处,而不要形成偏见。

  目前看来,语言学界新老关系,不同学术观点的学者之间的关系还比较正常,比前一阶段缓和多了,但是还需要注意。现在说好话的多,"捧场"的多,发表针对性的不同观点的少,批评意见更少。这在一定意义上并不完全是好事,因为实际上不同观点、不同意见,依旧存在,迟早要"爆发",而且学术研究不展开讨论,不互相切磋,恐怕是很难繁荣和发展的。但是历史的教训不能忘记,特殊的国情不能不考虑,因此我们还是要呼吁多几分理解、多几分宽容,尽可能要做到"严谨以律己,宽容以待人",而绝不应该是相反。

(原载《语言教学与研究》2000年第1期)

中国语言学 21 世纪展望

一 引言

展望不同于愿望,展望总要有一定根据,总只能在现实的基础上进行一定的预测,而不能像主观愿望那样任意去描绘一个光辉灿烂的未来。因此,我们不得不从中国语言学当前不那么令人振奋的处境和现状说起。

二 中国语言学当前的处境

语言学在中国一直处于一种低迷状态。社会不重视,学术界不重视,至今全国高等学校还没有一个真正意义上的语言学系。朱德熙先生担任北京大学副校长期间曾经竭力想创建一个语言学系,但是就在北大内部就通不过。"毕业出来的学生往哪儿分配?"一句话就枪毙了创建语言学系的建议。语言学百无一用,这是中国当前各级领导,包括高等学校领导人在内,一时难以改变的共识。冷静地来看这个问题,应该说领导和一般人的看法不完全是偏见,更不是跟语言学有什么深仇大恨,有意跟语言学过不去。要社会重视语言学,语言学首先要为社会作贡献,而语言学在过去究竟为社会作了些什么贡献? 语言学不能出物质产品,又不能起宣传教育作用,在基础教育领域的名声也不太好,语文教学一直受到各方面的抨击,"淡化语法教学"的呼声也越来越高。这怎么能怪别人不重视呢?

在上个世纪之交,对外英语教学的发展极大地推动了现代英语的研究,并且出现了像叶斯柏森那样的语言学大师和一大批英语专家,对现代英语的语言事实进行了近乎穷尽的描写和研究,创建了有自己特色的理论、方法和体系,把现代英语研究提高到一个到现在也很难超越的高度,同时为此后以英语研究为基础的语言理论和方法论打下了坚实的基础。近年来我国对外汉语教学有很大发展,各个有条件和没条件的高等学校纷纷建立对外汉语教学中心或学院,并且听说很快就要允许中等学校设立对外汉语教学机构。各个学校的领导很重视对外汉语教学的"经济效益",同时却始终认为对外汉语教学是"只要是个中国人都能教"的"小儿科";多数从事对外汉语教学的老师也把重点放在上课、辅导、出国、挣钱上,也认为对外汉语教学是"小儿科",没有什么可研究的,因此积极从事语言研究的人真可以说是凤毛麟角。有的领导也重视科学研究,但是只承认教学法的研究才是对外汉语教学的科学研究,不大愿意承认现代汉语的本体研究是当务之急。可是,如果说不清现代汉语在语音、语汇、语法、语义的基本规律,而只能说"这是中国人的习惯!"那么教师怎么能教好、学生怎么能学好？可以这么说：一个对语言有丰富的感性知识和理性知识而又负责任的教师,即使不研究教学法,在教学实践中很快就会掌握一套适合教学对象的教学方法;反之,一个对汉语缺乏必要的理性知识而又不去研究的教师,即使精通教学法,恐怕也永远成不了一个合格的对外汉语教学的老师。20世纪初的英语研究还不足以满足对外英语教学的需要,所以叶斯柏森他们把重点放在英语的本体研究方面。今天汉语研究的水平还远远达不到20世纪初英语研究的水平,我们怎么能忽视本体研究呢？教语言的怎么能不首先研究语言呢？本来,对外汉语教学的发展很可能成为中国语言学的发展的一股强大的推动力;但是,非常遗憾,对外汉语教学的发展没有成为这样的推动力,没有提高语言学在中国的地位,倒似乎反而进一步证明了语言学"不算什么学问"和"没什么用处"。

从20世纪50年代开始就有个别从事语言研究的人转向中文信息处理方面的研究,在机器翻译领域迈出了可喜的第一步,但是这些研究很快就由于十年动乱而中断了。由于种种原因,即使在语言学界,很多人也不知道这些研究和从事这些研究的语言学家的名字。上个世纪的80年代和90年代,又有少数语言学家开始和计算机专家合作,从事中文信息处理领域的研究,首先在汉字编码方面取得了突破性成就,基本上解决了汉字输入的难题;在机器翻译领域也取得了不少进展,有的英汉自动翻译系统已经初步达到了商品化的水平。但是这些成就也只是在一个极小的专业圈子里有人知道,语言学界的大多数人并不了解。至于语言学界以外的人就更不了解了,而且即使知道有机器翻译这么回事,也认定这是计算机专家的事,跟语言学和语言学家没有多大关系。这就是为什么同样一个涉及计算机处理自然语言的科研项目,在社会科学领域中申报很难批准,即使批准了,经费也就是几千块钱,最多给几万块钱,而在自然科学领域申报,一申报就批准,一下就给几十万到几百万块钱的经费。社会上现在还认识不到中文信息处理和语言学的密切关系,而总认为那是自然科学的事,跟文科的语言学没有多大关系。事实上,中文信息处理现在可以说主要是语言学问题而不是什么计算机科学的问题,因为计算机科学发展到现在这个水平,不论是硬件还是软件编制的水平都已经相当高,只要语言学家能把语言规则告诉他们,他们就可以在计算机上实现。目前的问题恰恰是语言学家的研究严重滞后,真可以说是"一问三不知",拿不出计算机专家需要的语言规则来。这样,语言学的滞后就拖了计算机科学的后腿,语言学知识就成了中文信息处理和自然语言理解的瓶颈。反过来说,语言学在信息时代大有可为,这当然就要看语言学家自己了。社会不了解不要紧,一般人不了解也不要紧,如果语言学家为中文信息处理切切实实地作出了贡献,社会就一定会承认,更何况我们的目的不在于别人的承认,而在于为我们的民族,我们的国家,我们的社会作出自己应有的贡献。

说"语言学是一门领先科学"不完全没有根据,至少可以说:当代语言学是跟自然科学关系最密切,方法和体系最严密的社会科学,并且语言学的方法和体系也已经影响了,并且正在影响着众多的社会科学。但是这只是国内外少数人的认识,还远远不是社会上多数人的共识,这就是中国语言学当前的处境,我们必须有一个清醒的认识。这种情况是直接跟中国在经济文化发展方面的滞后状态分不开的,在短时期内很难改变。

三 20世纪中国语言学的成就和不足

(一) 对20世纪中国语言学的不同评价

在20世纪末审视中国语言学取得的成就和不足,恐怕众说纷纭,因为对过去100年来的成就和不足各人有各人不同的看法。现在比较常见的一种观点是:就现代意义上的语言学而言,世纪初的中国语言学处于模仿阶段,乏善可陈;20世纪三四十年代的中国文法革新大讨论初次反映出了创建符合汉语特色的中国语言学的努力,但是还属于草创阶段;只是到了80年代才出现了前所未有的繁荣景象,中国语言学才进入了成熟和发展阶段,特别是对现代汉语语法的研究成果更为突出,可以说差不多了,没解决的也就是一些细节问题了。当然,在语言学界也还存在截然不同的看法。有极少数人认为中国语言学直到他们的崛起,一直在模仿西方语言学,没有自己的理论、方法和体系,也就没有任何成就可言;真正的中国语言学要由他们来创建。可是十多年过去了,期待中的"真正的中国语言学"并没有出现,而就这一派已经发表的所谓创见来看,什么"语言是思想的牢笼",什么"主题句",也根本都不是"真正的,中国的",而是地地道道的"舶来品",只是和前人引进的品牌不同而已,因此这样一种极端消极的观点近年来已经没有市场了。还有少数人,对过去一个世纪中国语言学的成就和不足的看法不像多数人那么自信和乐观,也不像极少数"全面否定派"那么悲观。他们认为20世纪的中国语言学,总的说来,在传统语言学和现代语言学两方面都取得了一定成就:传统语言学部分现代化了,不过各个分支学科进展不平衡;现代语言学在早期出现了一些语言学大师,作出过国际性的贡献,而不是尽是模仿,乏善可陈;尽管从事现代汉语语法研究的人最多,也有不少成就,但是离现实社会的需求还差得很远,绝不是差不多了,而还是差得多了,没有任何理由自满。总的说来,我们的现代语言学研究,不论是哪个领域都还处在草创阶段,处在一个不断借鉴、引进、消化和追赶西方语言学的过程中,而且从上世纪下半叶起,跟国际语言学当前达到的水平的距离反而有越来越大的趋势。因此,对中国语言学当前的状况不容过于乐观。

(二)20世纪中国传统语言学的成就和不足

20世纪在中国传统语言学领域取得了不少可喜的进展,特别是在音韵学领域成就最为突出。音韵学在上世纪初成功地完成了现代化的历程,成功地借鉴了西方历史比较语言学、现代语音学、考古学、人类学、历史学等方面的理论和方法,还吸取了国内方言学和少数民族语言研究的成果,因此在汉语上古音研究、汉藏语研究、理论和方法探索等方面都取得了令人瞩目的成就。再说,中国传统音韵学原有的理论和方法也可以说是比较科学的,因此在音韵学领域取得的成就也就完全不是偶然的。中国文字学也同样成功地经历了一个现代化的过程,借鉴了西方语言学、人类学、考古学、社会学和历史学的新理论和新方法,因而取得了一系列的重要成果,而甲骨文、战国文字和简牍文字的发现当然也是一个重要的推动因素。在这一领域的成就可以说是"真正的中国的",并且也是国际领先的。中国传统语言学在音韵学和文字学领域取得重大成就的另一个原因恐怕是因为我们在音韵学和文字学这两个领域有近2000年的悠久传统,有深厚的根基。跟音韵学和文字学领域取得的成就相比,训诂学显得滞后了,这恐怕也是跟训诂学基本上没有现代化,没有很好吸取西方语言学的新理论和新方法有关。

中国传统语言学尽管取得了一定成就,但是也有不足之处,首先是现代化的过程并没有结束,在个别领域现代化的过程可以说基本上还没有开始。中国传统语言学还隐藏着一个极大的危机,那就是后继乏人。

四 20世纪中国现代语言学的成就和不足

中国现代语言学,总的说来,还处在一个草创阶段。这是从两方面来看的:一方面是我们始终还没有摆脱引进、消化和中国化这样一个追赶国际语言学迅猛发展的局面,至今还没有形成真正中国的理论、方法和体系;另一方面是对汉语的基本语言事实的描写还远远没有完成,因而对汉语的分析和解释离汉语的实际还有相当大的距离,即使就从事这项研究人数最多的现代汉语语法研究而言,恐怕也不是差不多了,而是差得太多了。正因为如此,当然还有其他因素,我们就很难有深入的卓有成效的理论研究。但是应该说,在20世纪前期我国也曾经出现过一批大师级的语言学家,他们的水平和成就都是跟当时的国际水平同步的,但是十分遗憾的是,由于种种非学术的因素,他们的重大理论贡献在国内并没有起到应有的作用,甚至后继无人。赵元任关于"音位标音法的多能性"的理论由于他后来移居美国,还当过美国语言学会会长,所以在国外影响较大;而刘复把数学应用到语法研究领域,在语义分析中运用转换分析法这些创举,早被历史遗忘;吕叔湘的"动词中心观"和动词"方向"的理论也由于种种原因完全被忽视了。赵元任、罗常培和王力、吕叔湘在历史音韵学、方言学、语法学、少数民族语言研究、汉语史、汉语诗律学、近代汉语研究等领域的开创性研究影响了几代中国现代语言学家,是中国现代语言学值得自豪的成就。但是近半个世纪以来,由于种种原因,再加上基础教育的失误造成的知识结构方面的缺陷,中国现代语言学离当代国际语言学已经达到的水平的距离不是缩小了而是反而拉大了。这也是无可争辩的事实。因此我们已经取得的一些成就不应该让我们失去清醒的头脑。睁眼看世界,看看别的国家在现代语言学各个领域取得的成就,我们也就没有任何理由自满了。

近百年来唯一社会影响较大的是现代汉语书面语的现代化,也就是白话文取代文言文的运动,还有稍后的推广国语或普通话的运动以及50年代的简化字和现代汉语规范化运动。这一系列气势恢弘的社会语言工程跟汉语研究密切相关,又有众多语言学家参加,但是怎样评价这一系列社会语言工程,意见也相当分歧。我们的看法是总的说来是有利于社会发展的,但是的确也存在不少问题,亟待改进。

说中国的现代语言学还有不足之处是把现有的成就跟理想中应该取得的成就相比较,跟世界范围内当代语言学已经达到的水平相比较而言的,而不是说中国现代语言学没有成就可言,也不是说始终停滞不前,更不是说中国现代语言学家没有付出辛勤的劳动。任何社会、任何时代的学术发展总是和社会的发展密切相关而无法割裂的,而语言学家也不是生活在不受外界干扰和影响的象牙塔内的。20世纪中国社会始终处在动荡之中,语言学家究竟有多少时间和精力来从事语言研究,又是在什么条件下从事语言研究,恐怕很多人心里都很清楚。因此,这100年来中国现代语言学还有不少不足之处就是十分自然的了。相反,如果过高地估计我们的成就而居然符合客观的现实,那倒是咄咄怪事。

五　21世纪中国语言学的展望

（一）新世纪中国语言学要获得新生和发展的关键因素

21世纪中国语言学要获得新生和发展的三大关键因素是：社会大环境、教育体制、语言学家的素质。社会大环境是极其重要的，没有一个安定而又重视学术的大环境，任何科学研究都无从谈起。教育体制和语言学家的素质密切相关。现在中国语言学界各个分支学科之间的严重割裂现象正是发展到极端的专业教育造成的；搞现代汉语的不熟悉古代汉语，搞古代汉语的不熟悉现代汉语；搞语音的不管语汇、语法，搞语法的不管语音、语义；搞音韵的不熟悉文字，搞文字的不熟悉音韵；研究汉语的不了解少数民族语言研究，研究少数民族语言的不了解汉语研究；学汉语的不懂外语，学外语的不懂汉语；更不用说学语言的不学文学，学文科的不学数理化。专业越分越细，学术根基越来越肤浅，眼界也越来越窄。这种教育体制要培养出大师级的学问家来，完全是南辕而北辙。近年来很多人已经觉察到了这种极端的专业教育的弊病，现在正在采取一系列措施来加以纠正，除了逐步恢复综合大学的建制以外，在一些重点大学还开办了大文科实验班。但是，也许有点晚了，因为受过通才教育的人现在都已经七老八十，绝大多数早已退出教学第一线，这样就出现了严重的师资断层。现在要找像王力、吕叔湘那样古今兼通、中西融会的语言学家，到哪里去找？更不用说去找赵元任、刘复那样既是语言学家，又是诗人和音乐家，又是古今、中西、文理都通的大家。没有人才就谈不上出成果，这是一个十分严峻的问题。什么时候能培养出合格的人才来，什么时候才能出有国际影响的成果。杨振宁最近说中国要出诺贝尔奖金获得者大概需要20年的时间，这当然是一种乐观而带有鼓励性的预言。就培养文科人才而言，恐怕还需要更长的时间。对21世纪中国语言学的展望似乎一切都要取决于人才问题，而人才又要取决于教育体制和整个大环境。脱离了这些因素，展望也就只是良好的愿望而已。

（二）基础性研究和人才培养刻不容缓

长期以来我们对基础性研究的重要性认识不足，同时社会的大环境也不容许我们从事一时很难出什么有具体应用价值成果的基础性研究。但是,正是忽视了基础性研究制约了我们研究的深度和广度。我们不妨来看看英语研究的情况。从19世纪着手编纂到20世纪初出版的十卷本《牛津英语大词典》收录了公元8世纪以来见于文献的英语词语,每一条都注明最早出现在什么文献里面,给出释义并给出最早的例句;如果有多个义项,分义项注明在哪一年首次出现在什么文献里面,是什么意思,有什么例证。有了这样一部词典,英语语汇的历史研究就有了坚实的基础。可是我们呢?某年某月某人在某个刊物上发表一篇花了不少工夫写成的文章,说王力先生在《汉语史稿》中说某个词语是到唐代才出现的,实际上在魏晋南北朝时期就有用例;过了不几个月又有人指出,实际上汉代就已经出现;再过几个月几年,又有人发现,有关的词语早在先秦就已经有了。在语法研究领域也一样,有人辛辛苦苦研究了一条语法规律,发表以后,不少批评文章接踵而来,说是例外多得很,这样的规律不能成立。这的确很浪费精力。但是个人的精力毕竟是有限的,接触的资料也是有限的,如果大家都不做基础性的研究工作,那么这种状况就还要继续下去。

现代英语语法研究在19世纪到20世纪初期同样进行了近乎穷尽的描写和分析。一批从事对外英语教学的语言学家,如叶斯柏森、克鲁辛加、朴茨玛、帕墨尔、杭培等的著作对现代英语书面语和口语的各个方面进行了细致的描写和分析,至今仍然是现代英语语法研究的皇皇巨著,并且正是在这样的基础上,现代语言学家才有可能根据不同的理论取向和需要去构建多种多样的语言理论模型和制定各种方法和分析程序。我们往往只能是先从西方引进某种理论、方法和体系,后加例句,在明显不符合汉语特点的地方稍加调整和处理,而不是从汉语语料出发进行综合概括,所以挂一漏万和削足就履就在所难免,而让后人贬为"模仿"之作也就不能说完全是无中生有的诬蔑。

现在看来我们首先要建立各种各样的汉语语料库和检索系统,如:汉语历史文献分阶段的语料库和检索系统、词典编纂和语汇研究用的各个时期的汉语语料库和检索系统、语法研究用的各个时期的汉语语料库和检索系统、汉语口语语料库和检索系统等。汉语有文献的历史比较长，文献也比较多，但是总是一个有限量。今天有了计算机，分工合作，总有一天可以完成。那样，研究古代汉语和近代汉语就方便多了，也更可靠了。现代汉语文献在不断增加，可以说是一个无限量，所以只能通过随机抽样建立有充分代表性的、有足够规模的语料库来解决。建立大规模的语料库需要一定的经费和人力，而要支付这样的经费和组织足够的人力来从事这样的基础性研究的前提是社会对语言研究的重要性的认识。因此，我们也许还要耐心等待一个时期。

中国语言学文献索引和中国语言学文献检索系统的建立更是刻不容缓。现在很多著作没有参考文献目录。如果主要的参考文献都看过了，不列参考文献目录也许只是对读者不方便而已，并不影响著作的水平。但是现在不是这种情况，从有关著作的内容就可以看出来，很多重要的参考文献都没有参考过。这种凡事都靠自己从头做起的研究方法既影响了研究的深度，也造成不少无效的重复劳动。但是这也并不是多数语言学家的本意，可以说是不得已而为之，因为我们几乎没有比较齐全的文献索引资料可供查阅。商务印书馆出版的《中国语言学论文索引》(乙编)只出到1980年，近三十年来的文章到哪里去查？中国人民大学书报资料社出版的《语言文字学》卷的论文索引明显不全；书籍方面，北京图书馆1985年出过一本《民国时期总书目》(语言文字卷)，可是一般人见不到，而且不收线装书，随便翻翻，似乎也不全，因为这只是国内三大图书馆的馆藏书目，并不是国内外现存中国语言学著作的总书目。再说，即使有了目录，论文和书到哪里去找？至于国外的语言学文献资料，那就更难找了。这当然是我们国家的经济和文化发展水平决定的；但是，今天我们已经有了计算机这样的高效能的手段，只要语言学界齐心协力去努力，这种情况也不是不能改变的。

基础性的研究工作费时间、费精力，也许还吃力不讨好，因为基础性研究工作本身很难出什么对个人有利的学术成果。如果人人都这么想，都想让别人去做，自己来享用，那就永远没人去做。但是，不做基础性的研究工作，中国语言学就很难跟国际语言学当前达到的水平接轨。基本的语言事实都不清楚，文献都不全，还谈得上什么理论概括和研究。对基本语言事实的分析和解释还没有取得比较一致的共识，运用新的方法和手段进行再解释的研究工作就更无从谈起。

基础性研究工作非做不可，现在不做，将来还得做，这项工作是躲不过去，也是绕不过去的。中国语言学能不能跻身于世界学术之林这恐怕是一个先决条件。

为什么像赵元任、刘复、王力、吕叔湘等这样一批语言学大师能够在中国现代语言学发展的初期就作出那样杰出的贡献？除了其他许多客观条件以外，他们所受的教育跟近几十年来我们所受的教育就有很大的不同。他们都在少年时代接受了严格的国学训练，在二十几岁的时候就已经掌握多种外语，有的还在自然科学方面打下了坚实的基础；他们外语好，可以广泛直接阅读国外同时代最先进最富营养的语言学和其他学科的文献资料；他们的知识面宽、创新能力强，所以他们可以融合各方面的知识，结合汉语的实际，作出他们的贡献。专业教育有利于专业人才的速成，但是不利于培养科学家和大师级的人才。这几年过去被肢解了的综合大学在纷纷恢复，3＋X的高考试题的改革也是要向通才教育转轨，但是这种改革绝不是在短时期内就能完成的，更不是短时期以内就能见效的。因此，认为进入21世纪，中国语言学就会发生重大变化恐怕是不切实际的，因为人的因素毕竟是决定性的因素。

六　在新世纪有可能取得突破性成就的领域

基本语言事实的描写是一切语言研究的基础，也是理论概括的基础。少数民族语言研究和方言研究尽管还是初步的，还不够深入，但是在世界范围内，我们并不落后，而且已经描写的语言事实已经给我们提供了不少不同于西方语言的有价值的内容，足以启发我们的理论思考。近年来少数民族语言领域的语言学家已经开始在进行概括总结，在汉语上古音和汉藏语的谱系研究以及原始汉藏语的构想方面进行了不少有意义的探讨，有的已经提出了某些有价值的不同于西方历史比较语言学的观点和方法。少数民族语言研究和汉语方言研究的成果会极大地推动汉藏语研究。这是一个非常有希望的研究领域，而且就汉藏语的研究领域而言，我们有不少有利条件，我们欠缺的也许是在语言理论方面，不过这方面的缺陷不是不能弥补的。在21世纪我们如果不误入歧途走弯路，而是踏踏实实在语言事实的基础上进行理论概括，那就有可能在这一领域取得突破性的成就，并在语言理论上作出我们的贡献。

夏代的文字至今没有发现，但愿21世纪会有比甲骨文更早的足够数量的文字资料出土，使中国的文字学和古文字学能够创造出更辉煌的成就。

语法研究一直是中国语言研究的热点，从事这方面研究的人最多，也最受语言学界的关注。应该说，在20世纪前期国内语法研究的水平是相当高的，在理论和方法方面是跟当时的国际潮流接轨的，因此才有上面提到的一些杰出的成就，尽管这些成就大都被埋没了，那是国内国际的大环境造成的，也许是"弱国无学术"的后果吧！国人缺乏自信，眼睛习惯于一致"朝外看"。20世纪后半叶我们引进了美国结构主义描写语言学的理论、方法和体系，并且成功地中国化了，做了不少基础性的描写工作。尽管现代汉语的语言事实还远远没有得到充分的描写，但是已有的成果也已经可以满足初步总结概括的要求。进入20世纪90年代以后，西方语言学界50年代以后兴起的新的理论和方法逐步在国内传播，国内的学术空气也日益活跃和开明，有人就开始运用新的理论和方法，也运用在少数民族语言研究和方言研究方面取得的成果，对现代汉语的语言事实进行理论概括和解释，并且对适合汉语特点的理论和方法进行探索。也许再过二三十年、半个世纪，现代汉语语法研究会取得突破性的成就。

中文信息处理领域的语言研究涉及语言研究的各个方面。面向中文信息处理的语言研究严格要求理论和实践相结合，严格要求形式和意义相结合，并且不存偏见的计算机还为语言研究的理论、方法和结论提供了一种迄今为止最公正、最有效的验证手段，从而今后可以在很大程度上避免长期以来困扰中国语言学界的"公说公有理，婆说婆有理"这种对学术发展极为不利的局面。

面向中文信息处理的语言研究会给中国语言学带来一次新的机遇。但是这方面的任务并不轻松。从事这方面研究的人要有吃大苦、耐大劳的思想准备,要有较好的中国语言学的基础,还要懂得一点当代语言学的理论和方法。不然,"面向中文信息处理"就面向不了。现在不能再用抄卡片的办法来搜集资料,要用语料库,这就至少要求我们懂得操作计算机。至于编制算法,这些倒都可以由计算机专家去做。但是我们必须知道计算机专家需要什么。现在文科出身的人的知识结构不全面,那就要补课。我们希望有一大批青年语言学家转向中文信息处理的语言研究。如果这一领域的研究有所突破,那就会带动中国语言学在一系列问题上取得突破性的成就,从而也为我国语言学走向世界准备了条件。

对未来的展望总有众多不确定因素,在一定意义上仍然不得不是一种主观的良好的愿望而已。

(原载刘利民、周建设主编《语言》第三卷,2002年9月,1—11页)

中国语言学一个世纪的回顾和展望

回顾历史要求全面,评价要求公允;但是,要真正做到全面和公允很不容易,特别是涉及当代的历史,在历史的烟尘还没有散尽,个人的局限和参与带来的偏见还不可能完全克服的时刻,更是难上加难。不过,允许有不同的侧重面、允许有不同的观点,最终也许会勾画出一幅比较全面、比较公允的历史画面。

历史的总结不是为了别的目的,为的是"以史为鉴",为的是总结过去的经验和教训,以便更好地了解现在和规划未来。

从1898年《马氏文通》的发表到1998年恰好整整一个世纪。这一个世纪,从宏观角度来看,可以说是传统的中国语言学逐步融入国际语言学洪流的一个世纪,而且这个过程直到今天也还没有结束。中国语言学在这100年里面经历了不同的发展阶段,但是怎么划分这些不同的阶段本身就是一个十分困难的课题。首先是中国语言学内部不同学科的发展是很不平衡的,没法一刀切;其次是各人的看法可以很不相同,甚至大相径庭。在这种情况下也许可以借鉴社会政治历史的分期,因为学术发展的历史总会在不同程度上受到社会政治历史的影响,并且这种影响往往涉及各个领域,这样的分期也许会比以某一个领域的发展进程为依据更方便,更具有普遍性。如果可以依据社会政治历史来分期,也许可以分为三个时期:第一个时期是从1898年马建忠发表《马氏文通》到1937年抗日战争开始,第二个时期从1937年到新中国建立,第三个时期从1949年到目前。

一 1898年至1937年 五四时期

这一时期是在西方语言学的影响下,现代意义上的中国语言学的开创时期,称之为"五四时期"仅仅是为了方便,同时也是因为这一个时期总的来说是在学术界处处充满了五四精神的时期。这一时期涌现了一批语言学大师,在不同领域内为中国语言学奠定了基础,作出了不可磨灭的重大贡献。在古代汉语语法领域,马建忠的《马氏文通》(1898)揭开了现代意义上的中国语言学的序幕;接着就是现代汉语语法领域黎锦熙的《新著国语文法》(1924),刘复的《中国文法通论》(1920年初版,1924年四版;刘复的主要贡献不在语法领域,但是他在这部著作中就用数学公式来表示汉语的基本句式,还运用了转换分析法分析语法和语义,应该说在理论和方法上有独创性,而且在世界范围也是"超前"的,因此有必要提一下);语音领域刘复的《四声实验录》(1924);方言领域赵元任的《现代吴语的研究》(1928),罗常培的《厦门音系》(1930)、《唐五代西北方音》(1933);修辞领域陈望道的《修辞学发凡》(1932);少数民族语言研究领域李方桂的《广西凌云瑶语》(1930),赵元任的《广西瑶歌记音》(1930);古文字领域罗振玉的《殷墟书契考释》(1915),王国维的《毛公鼎铭考释》(1916)、《殷卜辞中所见先公先王考》(1917)等,商承祚的《殷墟文字类编》(1923),郭沫若的《甲骨文字研究》(1931)、《两周金文辞大系考释》(1936)等,唐兰的《殷墟文字记》(1934);音韵学领域汪荣宝的《歌戈鱼虞模古读考》(1923),罗常培的《知彻澄娘音值考》(1931)和钱玄同的一些著作,另外,高本汉的《中国音韵学研究》由赵元任、罗常培、李方桂合作译成中文出版(1937),中译本对原作引书失误之处加以纠正和补充,对原书的某些结论加了评注,因此不是一本单纯的译本,并且这本书对中国历史音韵学和方言学的影响之大是怎么强调都不会过分的。1918年制定"注音字母",1928年公布"国语罗马字",1936年《国语词典》出版,这是现代汉语规范化领域的几件大事。

　　这一时期从事语言研究的人并不多,专门从事语言研究的人更少,但是他们的成就卓著,影响深远,很多著作成了近代中国语言学的经典著作,很多人成了有关领域的开创者和奠基人。这一时期的特点是绝大多数语言学家都是学贯中西,古今兼通的大学者,因此他们才有这么大的成就。像赵元任这样的人不仅写出了在调查方法和记音的精确程度方面至今都还没有人能超过的《现代吴语的研究》,制定了沿用至今的"五度制标调法"和奠定了《方言调查字表》的基础,写出了成为结构主义描写语言学的经典论文《音位标音的多样性》(1934),还创作了脍炙人口的歌曲《卖布谣》和《教我如何不想他》,甚至还在1916年的《科学》杂志上发表了简直让人无法相信的一篇科技论文《飞行器黑夜落地法》!

回顾这一时期的成就有很多值得我们认真学习和反思的地方,而恰恰在这一点上我们做得很不够,不少人还往往把这一时期贬之为"模仿时期"。其实,"五四"以后的中国学术界无处不存在西方学术的影响,直到今天也还是这样,语言学界也不例外。100年来的中国语言学,也许文字学、训诂学除外,各个时期都是在借鉴西方语言学的理论和方法的基础上发展起来的,仅仅是不同时期借鉴的西方语言学流派有所不同而已。前人借鉴西方语言学的理论和方法就贬之为"模仿",今人借鉴西方语言学的理论和方法就誉之为"繁荣"和"发展",这就有欠公允,至少不是一种客观的态度。如果客观、冷静地来评价,也许会适得其反:这一时期语言学家深厚的学术基础,广博的知识结构,开拓性的工作能力,谦逊和严谨的治学态度恐怕后人很难企及,而是非常值得我们好好学习的。

二 1937年至1949年 抗日战争时期

这一时期实际上是前一时期的继续,不少研究工作仍然具有开创性质,如罗常培对"语言和文化"的研究(《语言和文化》正式出版是在1950年),吕叔湘对近代汉语的研究(正式结集出版《汉语语法论文集》是在1955年)。这一时期主要人物的教育和知识背景也跟前一时期的人相近,知识面比较宽,有深厚的国学根底,又大多是留学生,往往一人精通多种外语。由于抗日战争爆发,赵元任、李方桂等人移居国外,留下来的人大部分到了西南边陲,生活和工作条件很艰苦,但是,在这样的条件下他们仍然作出了很多贡献。罗常培在这一时期带领一批学生调查研究了西南地区众多的少数民族语言,这些人后来都成了我国少数民族语言研究领域著名的专家,另外他还培养了一批从事汉语历史音韵和方言研究的专家。罗常培在培养我国语言学人才方面作出了巨大贡献,到这一时期的后期,"罗门弟子"大都已脱颖而出,一时成了我国语言学界和语言学教育界的中坚。

1938年到1943年以陈望道、方光焘为主开展了一场"中国文法革新"讨论(《中国文法革新论丛》1943)。这次讨论的核心问题是汉语词类问题。参加这次讨论的大多数人的语言学理论水平是和当时的国际水平同步的,他们对索绪尔的结构主义理论和布龙菲尔德的结构主义描写语言学的理论都很熟悉,因此他们最终的结论在理论上是完全正确的,那就是词类是聚合类,而聚合类只能在组合关系中求得,而组合关系既要考虑短语组合功能,又要考虑句子成分功能。在这以后吕叔湘的《中国文法要略》(1942—1944)、王力的《中国现代语法》(1943—1944)、《中国语法理论》(1944—1945)、高名凯的《汉语语法论》相继出版。这几部语法著作在运用西方新的语法理论,发掘汉语语言事实和汉语特点方面都取得了重大成就。吕叔湘在《中国文法要略》中提出的"动词中心观"和"动词的方向"的理论具有重大意义,比法国泰尼埃尔的"动词中心论"和动词的配价理论还早17年,可惜长期没有受到重视;王力在发掘汉语语法特点方面的贡献则是人所周知的。

综观这一时期的成就,在运用西方理论和方法研究汉语方面有了进一步发展,特别是在历史音韵研究领域中西结合最为成功。但是由于战争的威胁和生活的不稳定也的确从客观上制约了中国语言学的发展。

三 1949年至目前 新中国建立以后时期

这一时期也许需要分几个阶段:第一阶段是从1949年到1957年的建国伊始阶段,第二阶段是从1957年到1978年的低谷阶段,第三阶段是从1978年到1990年的改革开放阶段,第四阶段是1990年以来的多元化和理论探索阶段。

(一) 1949年至1957年 建国伊始阶段

这一个阶段的特点从总的来看是:语言学界的重大活动都是有组织、有领导地围绕着以文字改革、推广普通话、现代汉语规范化这三大任务为中心展开的。1951年6月6日起在《人民日报》开始连载吕叔湘和朱德熙合写的《语法修辞讲话》,在全国范围掀起了一个既"空前"又"绝后"的"学一点语法"的高潮,随后又有领导地制定了

"部颁"的《暂拟汉语教学语法系统》(1956,具体由张志公主持制定),并且在中学普遍推行汉语语法教学,史无前例地推广和普及了语法知识。

1952年2月中国文字改革研究委员会成立。1956年1月28日国务院通过《汉字简化方案》,同年2月起分批在全国报刊和其他印刷品上推广。1956年2月国务院发布《关于推广普通话的指示》,同年1月语言研究所成立了普通话审音委员会,开始对异读字分批进行审音,1963年公布《普通话异读词三次审音总表初稿》;1958年2月全国人民代表大会通过《汉语拼音方案》。在《关于推广普通话的指示》中国务院责成语言研究所编纂以确定词汇规范为目的的中型现代汉语词典,《现代汉语词典》先后由吕叔湘和丁声树任主编,到1959年底完成初稿,1965年印出"试用本"送审稿,但由于十年动乱的干扰,直到1977年才正式出版。

为了更好地推广普通话,在1956—1958年在全国进行了方言普查;为了为还没有文字的少数民族创制文字和改革已有的少数民族文字,又在全国进行了少数民族语言的普查工作。为了进行规模这么巨大的语言调查工作,语言研究所从1956年起举办了多期普通话语音研究班,培养了一大批语言和方言研究的骨干,中央民族学院则培养了一大批少数民族语言研究骨干,同时,北京大学等几所高等学校的中文系增设了语言专业,培养了一大批语言研究骨干。50年代的这些具体工作既锻炼了一大批青年语言工作者,又为今后的研究工作搜集了大量的原始资料,为我国语言学的发展打下了很好的基础。

在这一时期,由于国家的重视和大规模的调查研究工作的开展,以及现代汉语语法教学的普及,中国语言学得到了蓬勃的发展。斯大林在《马克思主义与语言学问题》一书中关于语言不属于上层建筑,语言没有阶级性的论述使中国语言学在一定程度上摆脱了意识形态的束缚,因此学术讨论在一个短时期内也比较活跃,如词类问题、句子问题、复句问题、语言和言语等问题都曾展开过比较热烈的讨论。虽然这些讨论并没有解决多少具体问题,但是在讨论中提出的问题却都是一些长期解决不了的关键问题,因此可以说是为此后的研究指出了方向,并且开列了一份具体研究项目的清单,这也是很大的收获。

在这一时期,中国文字改革研究委员会和中国科学院语言研究所在组织领导各项调查工作、培训人员和研究工作中做了很多具体工作,文改会主任吴玉章在推动政府支持语言事业方面起了重要作用,而在学术领域内,中国科学院语言研究所在罗常培和吕叔湘两位所长的领导下发挥了核心作用。

回顾这一阶段,应该说中国语言学取得了巨大成就,并且培养了一大批语言学后备人才,为中国语言学后来的发展打下了基础,这是应该充分肯定的。但是,1957年的政治运动完全改变了中国语言学的命运,到十年动乱时期,所有的文化事业全遭扼杀,那就更不用说了。不过冰冻三尺非一日之寒,在此以前由于"一边倒",中国语言学就处于一种封闭状态,跟国际语言学在50年代以后的发展失去了联系。另一方面,所谓批判资产阶级思想、"拔白旗"等政治运动的影响,混淆了政治和学术的界限,伤害了不少对中国语言学作出过重要贡献的语言学家,而更为不幸的是,事事处处"一刀切",不是"绝对正确"就是"绝对错误",并且不容许有不同意见的思维定式也逐步影响到语言学界,学术讨论带上了"大批判"的色彩,以后真正自由的学术讨论就没有可能了。这在当时关于汉字改革和词类问题的讨论中都有明显的反映。由此产生的负面影响直到今天都难以消除。

语言规划是一桩极其复杂的社会工程,在像中国这样一个人口众多、幅员辽阔、历史文化悠久的国家实施这样一项工程难度更大,就不单纯是一般的社会舆论宣传工作和行政工作,还势必牵涉到大量的理论研究工作和学术研究工作。我们在这方面取得了很大成就,但是由于对这项工作的复杂性和难度估计不足,热情有余而研究工作没有跟上,过多地依靠行政手段,这就在工作中产生了一些也许本来可以避免的失误,《第二批简化汉字方案》的匆促公布就是一个突出的例子。

这一阶段的另一个失误是1953年的教育改革改变了高等学校通才教育的方向,改为专业教育,而专业教育的特点就是忽视基础知识教育,专业越分越细,知识面越来越窄,国学根底越来越单薄,外语能力也越来越差,再加上闭关锁国,跟西方世界隔绝,语言学人才的局限性越来越大,这实在是一个在短时期内难以弥补的重大损失。

(二) 1957年至1978年　低谷阶段

从1957年"反右"开始,不少有成就有贡献的知识分子受到了不公正的待遇,知识分子正常的研究工作已经很难进行下去,语言学家也不例外。特别是"十年动乱"期间,所有的学术刊物全都停刊,即使有了研究成果也没有地方发表。但是不少语言学家并没有停止工作,他们还在默默地耕耘。年轻一代的语言学家也在默默地成长,个别人还利用了这段夹缝中的时间刻苦学习和钻研,取得了令人瞩目的成就,正等待时机,脱颖而出。不过这一阶段付出的艰辛劳动要开花结果,中国语言学的真正复苏却要等到20年后的1978年,因此这一阶段的某些重要成果放到下一个阶段去一并叙述也许更为合适。

不过,就是在这一阶段也还是发表了一些重要成果。1957—1958年王力出版了三卷本的《汉语史稿》(北京,科学出版社)。这是第一部总括有文献可据的3000多年来汉语发展史的皇皇巨著。尽管《史稿》的不少细节后人多有补苴和订正,但是筚路蓝缕,功不可没,更何况总体框架是站得住的,并且涉及的面如此之广,恐怕除了王力先生当代没有第二个人能担当这样的重任。1962—1964北京中华书局出版了王力主编的《古代汉语》读本,开创了文选、通论、常用词合一的崭新的古代汉语教材编写体系,影响深远,在国内外赢得了崇高的声誉。

(三) 1978年至1990年　改革开放阶段

这一阶段跟第一阶段最大的不同之处是国家统一组织领导的语言工程和语言研究工作基本上已经不复存在,尽管曾经搞过两次全国性的规划,但是都不了了之,影响不大。这一阶段的语言研究工作基本上是在各个高等院校,各个科研单位分散进行的。1979年吕叔湘发表《汉语语法分析问题》,这部著作可以说是对以往80年汉语语法研究的理论总结,而这部著作最后一部分对霍凯特《现代语言学教程》的语法体系的详细介绍预示了一个结构主义描写语言学的阶段即将开始。

早在1948年赵元任在他的《国语入门》中已经运用结构主义描写语言学的理论和方法建立了一个不同于传统模式的汉语语法体系,到1968年的《中国话的文法》就更为完备了。《国语入门》的理论部分在1952年由李荣翻译,改名《北京口语语法》由中国青年出版社出版。

1952年到1953年以语言研究所语法小组名义在《中国语文》上连载的《语法讲话》(正式出版时署名丁声树等著《现代汉语语法讲话》,北京,商务印书馆,1962)也已经明显地反映出结构主义描写语言学的影响。1956年朱德熙在《语言研究》上发表《现代汉语形容词研究》可以说是国内第一篇运用结构主义描写语言学的理论和方法研究汉语语法的有影响的文章。在这以后朱德熙在60年代、70年代、80年代发表了一系列运用结构主义描写语言学的理论和方法研究汉语语法的有分量的文章,成功地把这些理论和方法充分中国化了,并且还有所发展,同时他还培养和影响了一大批熟悉和掌握了结构主义描写语言学的基本理论和方法的学生和青年。这就为到80年代结构主义描写语言学最终在中国语法学界成为主流学派奠定了基础。

传统语言学在很大程度上依赖语言学家本人丰厚的学术功底和敏锐的识见,很多结论也许事实上是正确的,但却是完全主观认定的,而缺乏严密的论证。在这种情况下,一旦意见分歧,就会发生"公说公有理,婆说婆有理",谁也说服不了谁的局面。任何一门学科开始建立起本学科的方法论是学科发展趋于成熟的标志。结构主义描写语言学最大的贡献就是在语言学的发展史上第一次为语言科学建立起一个可以客观论证的,经过一定训练就可以操作的,相对完整而又比较科学的方法论体系。这就使语言科学不仅更为科学,而且也更接近大众,使更多的人能参与语言研究工作。从60年代到80年代,经过长期酝酿,结构主义描写语言学的一些基本理论和方法终于为现代汉语语法学界的多数人所接受和掌握,从而开始了一个以广泛、深入描写语法事实为主的阶段,并且取得了丰硕的成果,更为可喜的是壮大了语言研究的队伍,为今后的发展准备了条件。

这一阶段发表出版了众多的语言研究成果,一系列方言研究和少数民族语言研究的著作也都是在这一阶段出版的,至于在杂志上发表的各方面的文章更不计其数,其中绝大多数是描写具体的语言事实的,相对而言理论探讨比较冷落。这固然跟老一辈语言学家在这一时期大力提倡描写语言事实有关,不过这也是历史的必然,西方语言学已经有两千多年的历史,对一些现代主要语言的语言事实也已经进行了几百年深入全面的描写和研究,所以到了20世纪,研究的重点转向理论总结和再创建是十分自然的。但是现代中国语言学还非常年轻,还来不及对汉语的语言事实进行深入全面的描写和研究,我们还需要"补课"。

这一阶段现代汉语在方法论和具体语言事实的描写方面取得了很多成果,还出版了好几部现代汉语语法学史以及不少专题研究文献汇编性质的著作;古代汉语在上古音研究、甲骨文和金文语法研究以及专书研究领域有所突破;近代汉语研究的队伍初步形成,对近代汉语的文献资料进行了整理,对近代汉语时期的语汇、语音、语法进行了研究,初步填补了汉语史的某些空白;古文字学研究由于竹简、帛书、战国文字的大量出土和甲骨、金文的系统整理取得了巨大进展;音韵学对《切韵》和《中原音韵》系统的韵书进行了进一步的研究,发掘了一批以前没有研究过的韵书,还对甲骨文和金文时代的汉语音韵进行了初步探索;方言学研究已不限于音系描写,开始逐步扩大到方言语汇和方言语法研究;少数民族语言研究队伍迅速扩大成长,整理出版了大量调查研究成果;中国传统语言学也有了某些复苏的迹象。社会语言学研究、文化语言学研究、语言文字应用研究是在这一阶段开始的。还应该指出的是这一阶段在中文信息处理这一跟高科技密切相关的领域内基本上解决了以前认为无法解决的汉字输入问题,为中文信息处理和汉语自然语言理解、机器翻译等一系列问题打开了通道,同时经过多年攻关,外-汉和汉-外机译系统的研制、语音自动识别和语音人工合成的研究也都取得了突破性进展。

在50年代初期,全国从事语言研究的专家不满百人,而且还都已年过半百,中青年语言研究工作者的数量更少,也就几十人,是一个极不正常的倒金字塔;可是到80年代,语言学的队伍空前壮大,少说也有几百人。因此,有人称这一时期为中国语言学的繁荣期,也是有一定的道理的。不过,对这一阶段的成就也应该有一个清醒的认识,要看到跟前人取得的成就相比,跟国外语言学目前达到的水平相比,都还有很大差距。如果过高估计这一阶段的成就,甚至认为到此已经差不多了,那就更加有害而无益。

这一阶段的一个不足之处是:由于缺乏统一的规划和组织领导,各个领域、各个分支学科、各个单位各行其是,这就不能互相促进,重复劳动也在所难免。如果能够统一协调,互相合作,也许会取得更大的具体成果。其次是由于50年代起高等学校推行的专业教育,严重影响了新一代语言学工作者的知识结构和学术基础,因而语言研究领域产生了不应该产生的严重分割现象:现代汉语研究和古代汉语研究分道扬镳;语法研究和语汇研究、语音研究分家,现代汉语研究和方言研究的联系也并不密切;传统的音韵、文字、训诂研究又是另一回事;汉语研究和少数民族语言研究从总的情况来看也是各搞各的;外语教学界的语言研究更和汉语研究互不相干。这种情况极大地阻碍了中国语言学的发展,同时也使中国语言学拉开了和国际语言学发展的距离。改革开放已经走过了20年的历程,但是要真正赶上国际语言学的发展潮流,要产生像赵元任、罗常培那样有国际影响的语言学家,恐怕还需要相当长的一段时间。最后还有一个缺陷是早期"大批判"留下的后遗症还没有完全得到彻底消除,"要么绝对正确,要么绝对错误",因而容不得有不同的意见这种僵化的思维定势也还没有完全克服,所以真正自由的、平心静气的学术讨论还难以顺利开展。在这种情况下似乎应该大力提倡"宽容",要宽容不同的意见和不同的学术观点。要真正促进学术繁荣,开展自由讨论,"宽容"和"谦逊"是绝对必要的。

(四) 1990 年以来 理论探索和多元化阶段

经过90年的探索和对汉语、少数民族语言的调查、描写和研究,我们已经积累了不少语言事实方面的资料和知识,这就为在这样的基础上进行理论探索创造了条件。从80年代末到90年代,在现代汉语语法领域开始了根据汉语这样一种非形态语言的特点尝试从语义着手,然后在形式上求证的语义·语法范畴的研究,还有人在当代语言学已经取得的成就的基础上对汉语语法理论和方法进行了比较系统的探索。在古代汉语领域进行理论探索的文章越来越多,这是过去没有的现象。在少数民族语言研究领域,近年来很重视理论探索,并且取得了一定成果:邢公畹提出了确定同源词的"语义学比较法",对确定非形态语言的同源词作出了贡献;另外,有人对藏缅语族语法范畴和相应的形态进行了综合的历史比较研究,也取得了可喜的成果,而且某些成果已经对汉语语法研究产生了有益的影响。尽管这些根据汉语和少数民族语言的语言事实进行的理论探索还是很初步的,还需要不断完善和发展,但是这毕竟是中国语言学的重大转折,也是中国语言学今后发展的方向。我们不能永远只是追赶西方语言学的进展,而应该闯出一条自己的道路来,为世界范围语言学的发展作出我们应有的贡献。

从上世纪80年代末开始,国内开始逐步受到国外50年代以后兴起的新的语言学理论和方法的影响。中文信息处理领域的计算机专家对生成语法和国外其他形式语法很早就比较熟悉。他们一直在尝试运用这些新理论和新方法来解决机器翻译和自然语言理解的问题,而且也已经取得了一定成就。他们较早就注意到了"格"语法和相关的配价理论在句子的语义解释方面的作用,还结合现代汉语进行了研究。汉语语法学界也有一部分人开始研究动词的"向"和配价理论,个别的人开始运用生成语法的理论和方法试图解决一些现代汉语语法的疑难问题。但是,可能是由于知识结构方面的问题,汉语语言学界接受形式语法有一定困难,所以迟迟没有形成热潮。至于当代国外另一个主流学派,功能学派的功能语法,特别是三个平面的理论,由于更接近传统语法,比较容易接受,一度在国内形成了一个小小的热潮,并且也已经取得了初步成果。不过从总的来看,多元化的趋势还刚刚起步,多元化的局面还并没有形成。

1990年在中文信息处理领域取得了突破性成果。这一年,董振东、张德玲研制的英汉机译系统 Transtar 通过国家技术鉴定,并且实现了商品化。同年,电子工业部高级工程师吴蔚天研制的"HY-1型汉英机译系统"通过技术审议。英汉机译系统不一定需要先对汉语进行形式分析,而汉英机译系统却必须先对汉语进行形式分析。吴蔚天研制的汉英机译系统在现代汉语语法自动分析方面有所突破。他采用的是以黎锦熙的语法体系为基础的"入句辨品"和"完全语法树"的系统。这些成果表明我国不仅基本上解决了汉字输入问题,而且在机器翻译领域也取得了重大突破。

　　到了80年代和90年代语义研究不再是语言研究的禁区,语义研究的队伍迅速扩大,出版了不少这方面的著作。但是语义热在少数人中间引发了排斥形式研究,主张进行纯语义研究的倾向。不过这也不必过虑。在语言学史上一个阶段偏重意义,另一个阶段偏重形式,这可以说是常规,是正常现象,而且正是这样一正一反,相辅相成,才能不断螺旋形地向上发展。语言有形式和语义两个方面,如果是从语义着手,然后在形式上求证,这跟从形式着手,然后在语义上求证是同样的道理,在理论上都是站得住的。不过纯语义分析跟纯形式分析是一样的,都有所偏颇,都会遇到解决不了的问题。国外70年代以后在计算机处理自然语言方面取得成功的生成语法和功能语法都是以传统语法为基础发展起来的,同时也都继承了结构主义描写语法的形式分析方法。因此,既不能抹杀传统语言学在语义研究方面的成就,也不能抹杀结构主义描写语言学在形式研究方面取得的成就,更不能抹杀形式分析的重要性。在国外,当代的语义学和语义分析都经过了结构主义描写语言学和生成语法的"洗礼",不是完全不考虑形式的。我们却没有经过这样的"洗礼",一强调语义分析,很容易就回到传统语言学的"内省"道路上去,这就要令人担忧了。对任何一个学派经过实践和时间考验的成果都应该充分肯定,但是也不宜绝对化。后人的成果说到底都是在前人成果的基础上发展起来的,兼收并蓄是中国语言学的优良传统。多元化也许是学术发展的最佳方式,而"定于一尊"和绝对化永远不会有什么好处,而只能阻碍学术发展。

过去语言学家研究汉语或少数民族语言,应用他们研究成果的对象都是已经掌握这些语言的人,但是对外汉语教学的蓬勃发展却改变了这种情况。语言研究要为对外汉语教学服务,就要考虑很多过去没有考虑过的问题,研究很多过去没有研究过的细节。计算机处理自然语言的研究工作更促使我们考虑许多过去怎么想都没有想到过的问题,而且还为我们提供了一个客观公正而强有力的验证手段。因此积极参与这两方面的研究工作不仅是改革开放时代和信息时代语言工作者的社会责任,而且也会大大促进中国语言学的进一步现代化。

就目前的情况而言,继续吸取和借鉴国外语言学的新理论、新方法、新成果以及改进研究手段都是十分必要的,因为我们已经大大落后了,但是正是在这种情况下更需要防止盲目照抄照搬,而应该大力提倡结合汉语实际,充分消化,做到彻底的中国化。前人在这方面的经验很值得我们学习。凡是作出了重大贡献的语言学家都在中国化方面下了极大的工夫,最终让绝大多数人根本感觉不到这些理论和方法最初是从国外引进的,往往还以为从来就是我们自己的传统。但是目前有些迹象令人担忧。不少人并没有直接阅读国外的语言学文献,而只是通过别人的翻译或第二手的介绍来理解国外一些语言学流派的理论观点和名词术语,结果往往只是根据中文翻译的用字去理解,那样就非常可能自己理解的完全不是原来的意思,如果再由此生发开去,那就更离谱了。还有不少人现在不仅不读国外的论著,而且也很少读国内前人和同行的论著,拿起笔来就写,有一种急于求成的浮躁情绪,这对真正做学问是没有好处的。在一个转轨阶段似乎特别需要处处谨防"出轨"。不过这些现象无碍大局,中国语言学的前景是光明的,中国语言学的春天一定会到来。

(原载北京市语言学会编《中国语言学百年丛论》,代序,北京语言文化大学出版社,2003年)

语言理论和语言理论研究

一 引言

我国语言学家深受乾嘉国学大师的影响,重视材料的搜集、分类、排比、归纳,强调"述而不作",不太重视理论的探索和创建,更不重视演绎和论证。我们一向认为这是中国语言学的优良传统,是中国语言学的长处,而没有意识到这同时也是我们的一个短处和缺陷。钱大昕发现"古无轻唇音"、"舌上归舌头",但是这些仅仅是个别问题上的具体的结论,还没有构成像西方历史比较语言学那样的理论;吕叔湘先生早在40年代初就形成"动词中心观"和动词的"方向"的理论观点,但是到此为止,没有扩展成为一个理论体系,因此影响不大。到了80年代,一部分自称是搞语言理论研究的青年人大声疾呼,抨击中国语言学界不重视理论研究的弊端,呼吁要重视理论研究。但是,非常遗憾的是不少年过去了,除了个别人把西方的语言理论改头换面说成是自己的理论创新以外,没有人结合汉语实际提出过任何新的理论,哪怕是对具体问题的新的观点,而不久就有人证据确凿地指出所谓创新的理论也完全来自西方的理论,因此在一阵鼓噪以后也就烟消云散了。

除此以外,公开声称自己在搞语言理论研究的人极少,不过带理论色彩的文章和著作还是比以前多了。可惜一些人只热衷于更改传统的名词术语,至于这些名词术语应该怎么下定义,该如何理解却根本不关心,而且似乎认为这就是语言理论研究,还有一些人则引进国外新的理论和方法,可是又矢口否认是从国外引进的,甚至公开说自己从来没有看过国外这一派的著作,暗示这全是自己的创见,这跟马建忠、黎锦熙、吕叔湘、王力这样一些前辈从不讳言自己的理论来自西方某一家的理论的光明磊落的学者态度相去十万八千里。结果,我国真正的语言理论研究就长期没有起色。

二 何谓语言理论和语言理论研究

什么是语言理论,什么是语言理论研究,我国语言学界一直有截然不同的理解。社科院语言所在上世纪60年代下设第一组、第二组等,"文革"结束以后,改建为研究室,称为现代汉语研究室、近代汉语研究室等。当时主要负责译介国外语言学动态的第五组,申报改名语言理论研究室,可是所长吕叔湘不同意,定名为语言情报研究室。组内同志很有意见,因为他们认为他们从事的是语言理论研究工作,可是吕先生认为不是理论研究工作,而只是情报工作。改革开放初期,在山西太原召开全国语言研究规划会议,会上李荣先生就什么是语言理论研究发表了他的意见。他说:"什么是语言理论研究?根据语言事实归纳出一般的规律来,而这种规律又可以反过来指导我们的语言研究,这就是语言理论研究。"(李荣先生的讲话没有发表,仅凭我个人记忆追写)1980年在武汉中国语言学会的成立大会上,吕叔湘先生谈了钱和钱串子的比喻,他说如果钱和钱串子两者不能得兼,他宁愿要钱,不要钱串子。他的讲话在一些青年人中间引起极大反感,认为吕先生反对语言理论研究,甚至是压制语言理论研究。吕先生讲话的原意很明确,他只认可在大量语言事实的基础上进行的理论研究,而反对缺少语言事实基础的空对空的语言理论研究;不久以后他进一步明确提出"务实,创新"的口号。我们认为,李荣先生和吕叔湘先生关于语言理论和语言理论研究的意见都是正确的,但是都有乾嘉学派重材料、重归纳,不重理论、特别不重理论演绎的倾向。当时国内实际上很少有人从事语言理论研究,语言理论研究还根本不成气候。在这样的条件下说这样的话是有副作用的,因此青年人的误解也就不完全是肆意曲解。1988年4月7日《国外语言学》杂志召开了一次语言理论座谈会,讨论"什么是语言理论"等有关问题。杨成凯同志有一个长篇发言,他认为:"……从低层次说,一般观察就有理论,从高层次说,要成系统,要能演绎。看来对理论存在着这样两种完全不同的认识。我们有必要了解这个问题的复杂性,不同的人可以有不同的信仰,但不必,也不可能强求一致。"(139—140页)

我们认为对语言理论研究的要求不能过高,也不能太低,而要从实际出发,要鼓励大家从事理论探索,不要让大家望而生畏。我们认为凡是跟语言理论直接、间接有关的研究工作都可以认为是语言理论研究工作,尽管层次不同。我们的语言理论绝大多数来自西方语言学,因此介绍、翻译西方语言学理论著作直接跟我们自己的语言理论研究工作有关,介绍和翻译工作功德无量,没有必要贬为"情报工作"。但是,我国语言学界的确有不少人瞧不起这样的工作,甚至连高名凯、岑麒祥这样的名家也因为他们做了不少译介工作而备受歧视,真是太不公平了。借鉴西方语法理论和体系构建汉语语法体系,由于汉语和西方语言不同,不可能完全照抄照搬,在中国化的过程中必然有所修正,有所创新,也会有理论创新,不过著名的语法学家倒并不在乎别人是不是承认他们在语言理论研究方面的贡献,因为汉语的本体研究会给他们赢得更高的学术地位。此外,运用语言学理论指导汉语研究,维护语言学的纯洁,批判伪科学,这些也都是语言理论研究工作。当然,根据语言事实总结出独创的系统的新的语言理论和体系当然更好,不过那只能是长期探索的结果,而且往往是可得而不可求的。如果一开始就拿这样的高标准来要求我们的语言理论研究工作,恐怕只可能扼杀一切语言理论研究。

三 没有自己的语言理论体系,中国语言学就会永远是西方语言学的附庸

我们至少是不太重视理论研究,因此在相当长的一个时期内,让从事语言理论研究的人感到压力,甚至于感到说谁是搞语言理论的就等于骂谁。结果,极少有人从事真正的语言理论研究,在语言理论研究领域往往最多也只是引发了一些重要的理论火花,并没有进一步形成新的理论体系。吕叔湘先生的"动词中心观"和"动词的方向"的理论就是这样,核心理论观点已经形成,但是没有形成一个系统的理论体系,结果就影响不大。过分强调材料,过分强调"述而不作",实际上也不是没有理论,而是默认了传统的理论,因为没有理论的指导,甚至连所谓纯客观的搜集材料的工作都无从着手。

系统的在西方语言学影响下发展起来的汉语研究已经有100多年的历史,也已经积累了不少语言资料,现在已经有了对已有成果进行总结概括的条件,所以现在应该充分重视和鼓励理论研究,哪怕刚起步很可能不太成熟,也可能走歪路,但是只要持之以恒,总会一步步提高成熟。没有理论和理论研究中国语言学就不会有前途,就会永远是西方语言学的附庸。

四 语言理论研究要有一定条件,要符合一定规范

要从事理论研究要有一定条件,对具体语言有比较深入的研究是语言理论研究不可或缺的先决条件。我国老一辈语言学家对这一点特别重视。没有一种理论是在安乐椅上喝茶抽烟空想出来的,这一点绝对不能怀疑。但是单有具体语言的研究经验和成果还不能保证一定能创建新的理论,那就要求语言学家具备多种语言的研究经验和较强的理论思维能力,最好有较好的数学和逻辑学的基础,对哲学、哲学史、科学史和科学方法论有较深厚的基础。现在我们的语言学家多数是纯文科出身的,数学基础普遍较差,对科学方法论了解也很不够,这就妨碍了我们进行理论概括,特别是妨碍我们进行现代语言学的理论构建。现在有的理论体系往往内部就有明显的逻辑矛盾,这就要求我们补课,特别是要求我们的中青年语言学家拓宽他们的知识领域,特别要在逻辑、数学和科学方法论方面打好基础,以便为我国语言学的理论研究作出他们应有的贡献。

五 要大力提倡、鼓励、支持语言理论研究,要给语言理论研究一个宽松的学术环境

老一辈语言学家多在语言事实的描写方面下工夫无可非议,就让他们做他们想做的研究;不过他们应该重视语言理论研究,应该鼓励和支持青年人多做理论研究工作,即使在短时期内青年人做得还不到位,千万别泼冷水。任何工作都不能一蹴而就,还得一步一步来,因此,开头的时候有些理论研究甚至别人认为根本不是什么理论研究也没关系,也许还是必然的一个过程,特别希望杂志社的编辑和前辈要支持,要有耐心,只要有一得之见就应该大力支持,而

不要因为有一处引文错误,措辞有一处不太严谨就扼杀了。特别是青年人有犯错误的权利,只要有一点可取之处,就应该鼓励和支持,也可以给他提意见,让他修改提高,千万不要一探头就一棍子打死。

  理论探讨或讨论不仅要有一个宽松的学术环境,同时也要求参与探讨和讨论的个人有必要的学者风度,至少要尊重不同的意见,平心静气地提出自己的观点,不能像过去那个不正常年代那样扣帽子、打棍子,开口闭口骂人、损人。一个自由、宽松的学术环境需要大家共同来营造。严谨和谦逊是学者风度的表现,真理终将赢得多数人的认可,不同意见取长补短,切磋琢磨才是学术发展的康庄大道。国内不少语言科学工作者对乔姆斯基的理论一变再变感到困惑,事实上我们正应该向他学习。乔姆斯基容忍他的学生不同意,甚至批判他的理论观点,而且还不断吸取他的学生的观点来改进自己的理论体系,勇于否定过去,不断进取,不断完善,这是我们学习的榜样,而且恰恰这一点正是我们缺乏的。培养出青出于蓝的学生才是真正的好老师,而强调家法,不允许学生越雷池一步的老师肯定不是好老师,学术上的大一统局面只会扼杀学术进步,不会有任何好处。"吾爱吾师,吾更爱真理",这样的名言永远是值得我们身体力行的。

(原载《语言科学》2006 年 1 期)

海盐通元*方言的代词

1. 代词分为人称代词、指示代词、疑问代词三类。

一　人称代词

2. 通元方言共有八个人称代词，列表如下：

表一

人称＼数	单数 第一式	单数 第二式	复数
第一人称	ɦoʔno〔我〕	u〔我〕	wəʔla〔我们〕
第二人称	ne〔你〕		na〔你们〕
第三人称	jiʔne①〔他〕	i〔他〕	jiʔla〔他们〕

第三人称的人称代词不能用来指称动物或事物。如果需要指称动物或事物，只能用指示代词(＋量词)，例如：

gəʔ tsaʔ　　gəʔ kəʔ
〔这〕只　　〔这〕个

3. 人称代词第一人称和第三人称的单数各有两种词汇意义相同而语法形态不同的形式。

第一式和第二式在用法上有严格的区别，两可的场合极为少见。

4. 第一式和第二式的用法如下：

(1) 在动词谓语前面用第一式，在动词谓语后面用第二式。例如：

ɦoʔno　　ɕiā　　tshəʔ　　dō
〔我〕　　想　　吃　　糖。

---

* 地名标准作"通元"，今照改。通元因三国时吴国在该地建通玄寺而得名。"玄"和"元"读书音同音，口语不同音，承吕叔湘先生指出"元"当有-ng声母，因而当时改用另一写法"通园"。笔者老家在通元镇东南四里许的浦漾胡家场，跟通元镇上方言有一定差异，本文按笔者母语写作。

ɦoʔno　tsentsɔ　iɔ　tɔ　thōyə　tɕhi
〔我〕　今朝　要　到　通园　去。

ɦoʔno　vəʔ　pho　i
〔我〕　勿　怕　〔他〕。

m̥ma　jiʔne　tā　u
姆妈，〔他〕　打　〔我〕。

ɦoʔno　vəʔzən　tā　i　jiʔne　səʔ　huō
〔我〕　勿曾　打〔他〕，〔他〕　说　谎。

jiʔne　ɕiōli　u　iʔ　tən
〔他〕凶〔骂〕〔了〕〔我〕一　顿。

（2）在介词后面用第二式，如：

na　aʔke　lə　lɛli　mə　ne　dʑiukaʔ
〔你们〕阿哥〔如果〕来〔了〕〔的话〕〔你〕〔立刻〕

　　lɛ　zɔ　u　o
　　来　朝　〔我〕话。

ne　dō　u　kuən
〔你〕同〔给〕〔我〕滚！

ɦoʔno　gəʔ　pən　ɕy　pən　i　tshathɛli
〔我〕〔那〕本　书　〔给〕〔他〕扯塌〔破〕〔了〕。

（3）如果前后都有动词，那么使用第一式或第二式，决定于前面的动词和这个人称代词之间有没有语音上的停顿。如果有语音上的停顿就用第一式，如果没有语音上的停顿就用第二式。但是细分起来，还可以分成三小类。

A. 如果前面的动词是 o "话"，而后面是一个间接引语性质的分句，那么中间一定有语音上的停顿，一定用第一式。例如：

jiʔne　zɔ　u　o　jiʔne　məntsɔ　iɔ　ci　iɛlɔ　tɕhili
〔他〕朝〔我〕话，〔他〕明朝　要到　堰〔上〕去〔了〕。

sa　nin　zɔ　ne　o / ɦoʔno　vəʔ　zɿ　phu'iālō　nin
哈　人　朝　〔你〕话　〔我〕勿　是　浦漾〔上〕人？

B. 如果前面是一个表示敦促、指使意义的动词，后面是表示这个代词所表示的人所进行的动作的动词（相当于兼语式），那么中间一定没有语音上的停顿，一定用第二式。例如：

ɦoʔno　tɕio　i　tɔ　kalō　tɕhili
〔我〕　叫　〔他〕到　街〔上〕去〔了〕。

42

ji?ne	ɕi	u	dō	i	i?	də	tɕhi
〔他〕	要	〔我〕	同	〔他〕	一	〔块儿〕	去。

ji?la	tɕhin	i	tɕhi	kɔ	ɕy	tɕhili
〔他们〕	请	〔他〕	去	教	书	去〔了〕。

C. 如果前面是一个表示感觉的动词；如 ɕiətə?"晓得"，khətɕiɛ"看见"，ko?za?"觉着"等，那么如果在前一动词后面有语音上的停顿就用第一式，没有语音上的停顿就用第二式。例如：

sa	nin	ɕiətə? i	lo?ho?	tsu	sa
啥	人	晓得〔他〕	〔在〕	做	啥！

sa	nin	ɕiətə?/ji?nei	lo?ho?	tsu	sa
啥	人	晓得〔他〕	〔在〕	做	啥！

ɦo?no	khətɕiɛ/ji?ne	lo?ho?	ɕia	zʅ
〔我〕	看见〔他〕	〔在〕	写	字。

ɦo?no	khətɕiɛ i	lo?ho?	ɕia	zʅ
〔我〕	看见〔他〕	〔在〕	写	字。

ne	ɕiətə?/ɦo?no	tɕiniɛ	tɕi	se
〔你〕	晓得〔我〕	今年	几	岁？

ne	ɕiətə? u	tɕiniɛ	tɕi	se
〔你〕	晓得〔我〕	今年	几	岁？

这种语音上的停顿是不容易在听觉上觉察出来的，但是说话的人自己会感觉到这种停顿。如果动词后面没有语音上的停顿，那么动词和后面的人称代词是一口气说出来的，也就是属于一个气群（breath group）的。在这种场合，人称代词黏附在动词后面。如果要表示动词后面的成分结成一个整体，那么在动词后面要换一口气，这就产生了语音上的停顿，哪怕这种停顿是十分短暂的。在这种场合，后面的人称代词就不是处在和前一动词同一气群的末了，而是处在另一气群的开始。通元方言人称代词第一式和第二式的用法主要决定于这一点。

（4）在语气助词 na（提示语气），kə?（强调语气）后面第一式和第二式都可能出现，条件和上一项相同，也就是完全取决于语音上的停顿与否。例如：

na/ji?ne	natsən	tən	tɕhi	ɦali
[×]〔他〕	〔现在〕	〔住〕	〔在〕	〔哪儿〕？

na̠i natsən tən tɕhi ɦali
〔×〕〔他〕〔现在〕〔住〕〔在〕〔哪儿〕?

na/jiʔne mə zl̩ə zl̩ hɔ e
〔×〕〔他〕〔的话〕自然 是 好 〔的〕!

na̠i zl̩ə zl̩ hɔ e
〔×〕〔他〕 自然 是 好 〔的〕!

kəʔ/ɦoʔno i m̩pəʔ khō
〔×〕〔我〕 又 呒不 空!

kə̠ʔu i m̩pəʔ khō
〔×〕〔我〕 又 呒不 空!

在语气助词后面第一式比第二式更为普遍。

（5）在判断词 zl̩"是"后面,如果人称代词后面不再有其他动词,那就用第二式,如：

leilō̠ zl̩ sa nin zl̩ u
楼〔上〕是 啥 人? 是 〔我〕。

但是也可以用第一式：zl̩ ɦoʔno

在实际生活中一般不用这种句式,而用：

leilō̠ sa nin ɦoʔno
楼〔上〕啥 人? 〔我〕。

如果 zl̩"是"后面的人称代词后面还有其他动词,那么这个 zl̩"是"就带有强调特指的意义,人称代词就用第一式。例如：

gəʔ tsaʔ uə zl̩ sa nin tā sɛ e
〔这〕只 碗 是 啥 人 打 碎 〔的〕

zl̩ ɦoʔno tā sɛ e
是 〔我〕 打 碎 〔的〕。

但是也有用第二式的：

zl̩⌣u tā sɛ e
是〔我〕打 碎 〔的〕。

（6）如果人称代词用作名词的附加语,表示领有关系,那么只能用第一式,即使前面有及物动词。例如：

ɦoʔno e øy jiʔne e izō
〔我〕 〔的〕书。〔他〕〔的〕衣裳。

tsusalə ne iɔ iō ɦoʔno gəʔ tøy piʔ
〔为什么〕〔你〕要 用 〔我〕 〔这〕支 笔?

44

ne vəʔ ɕiɔtəʔ ɦoʔno e khutɕy
[你] 勿 晓得 [我] [的] 苦处。

ne kha ɦoʔno gəʔ dʑiɛ izō hɔkhə vaʔ
[你] 看 [我] [这] 件 衣裳 好看 [吗]?

5．人称代词用作定语时的特点：

(1) 人称代词直接用作定语时表示亲属关系。在这种场合只能用复数的人称代词。例如：

na ɕiōdi tɕiniɛ tɕi se li
[你们] 兄弟 今年 几 岁 [了]?

na daniā gəʔ liā niʔ hɔ vaʔ
[你们] 大娘[妻子] [这] 两 [几] 日 好 [吗]?

wəʔla m̥ma iutɕhi oʔli
[我们] 姆妈 [在] 屋里。

ne khətɕiɛ jiʔla dʑiuniā vaʔ
[你] 看见 [他们] 舅娘 [吗]?

jiʔla oʔli iutɕhi khaʔnin hoʔ
[他们] 屋里 [有] 客人 [×]。

oʔli"屋里〔家里〕"虽然不是一种亲属称谓，但也和其他亲属称谓的用法一样。

从以上的例子看来（特别明显的是第二句），即使指的是一个人，但是在这种情况下必须用复数的人称代词。

(2) 人称代词用作名词的定语时强调领有关系，可以加用结构助词 ei〔的〕。在这种情况下可以根据实际情况而用单数或复数的人称代词。例如：

na e vōtsı̩ pi wəʔla e hɔ
[你们][的] 房子 比 [我们] [的] 好。

jiʔne e zı̩thi ne ɕiɔtəʔ vaʔ
[他] [的] 事体 [你] 晓得 [吗]?

ɦoʔno e iʔ khue tɕyəde pən i guɛ diɔ li
[我] 〔的〕一 块 绢头〔手帕〕〔给他 甩 掉〔了〕。

ne e niɛɕiɛ dʑinzaʔ mi
〔你〕 〔的〕 拈线〔针〕 寻着 未〔没有〕?

如果我们要强调亲属关系或需要对比的时候，也可以用带 e 的格式，如：

45

ji?ne zๅ ɦo?no e a?ke i və? zๅ ne e a?ke
［他］ 是 ［我］ ［的］ 阿哥，又勿 是 ［你］ ［的］ 阿哥。

wə?la e m̩ma zๅ və? mo nin e
［我们］［的］ 姆妈 是勿 骂 人［的］。

在这种场合,单复数的人称代词都可以用。

如果名词前面有指示代词,那么 e 必须省去：

ne gə? tɕy pi həɕia va?
［你］［这］支 笔 好写 ［吗］?

ɦo?no gə? dʑiɛ izɔ̃ ne khə həkhə va?
［我］ ［这］件 衣裳 ［你］ 看 好看 ［吗］?

sa nin ɕiətə? ji?ne gɔ dōdiɛ iō to ɦali tɕhili
啥人 晓得〔他〕〔那些〕 铜钿〔钱〕 用到 〔哪儿〕去〔了〕。

6．人称代词本身不能带定语。

二 指示代词

7．通元方言共有八个指示代词：

（1）指事物：

gə?/kə?　　gɔ/gə?gɔ　　　　kaɕin
［这,那］　［这些,那些］　［这么些,那么些］

（2）指处所：

lɔ̄tha?/lɔ̄　gə?tha?　　gə?de
［这儿］—近指 ［那儿］—中指 ［那儿］—远指

（3）指性状：

zə?ga　　　　　　　ka
［这样,那样］　［这么,那么］

通元方言指示代词的体系和普通话是显然不同的。这首先表现在普通话中的"这"和"那"在通元方言中就合二为一,没有区分。如果在通元方言中要明确地指出"这个"、"那个"就必须用合成指示代词（见下文）。此外,如"每"、"别的"等也没有专门的指示代词,而通过其他词汇手段来表达。

8．gə?/kə?［这,那］

gə? 和 kə? 是同一指示代词的两种不同的语音形式,在词汇意义和语法特征方面基本一致,在一定场合可以自由使用；基本

46

的形式是 gəʔ。但是两者之间还有一些区别。但是在通元镇上有区别，gəʔ 表近指，kəʔ 表远指。

如果用在句首，那么只能用 gəʔ，如：

gəʔ　pən　ɕy　zḷ　sa　nin　e
[这]　本　书　是　啥　人　[的]。

如果不在句首，那么两种形式都可以使用，问题在于 gəʔ 有自己的重音，在语音上是相对独立的，而 kəʔ 则没有重音，在语音上附着于后一音节，如：

ne　kəʔ⁀tɕy　piʔ　ni
[你][那]支　笔　呢？

ne　kəʔ⁀kəʔ nin tsən iɔ bən saʔ　li
[你][这]个 人 真 要 笨 [死][了]！

ɦoʔno　gəʔ　tɕy　piʔ　ni
[我]　[那]　支　笔　呢？

gəʔ 和 kəʔ 之间的这些区别，仅是语气上的差别。用 gəʔ 时强调指示意义，例如：

ne　iō　gəʔ　tɕy　piʔ　hɔ　li
[你]用 [这] 支　笔　好 [了]。

在这里不能换用 kəʔ，因为这里的指示意义特别强烈。无论在动词前或动词后，两种形式都可以出现：

ɦoʔno　iɔ　tā　saʔ　ne gəʔ/kəʔ　kəʔ　nin
[我]　要　打 [死][你][这]　个　人！

dətsḷɔ̄　gəʔ/kəʔ　po　tɔ　zḷ　sa　nin　e
枱子[上]　[那]　把　刀　是　啥　人　[的]？

为了简便起见，在其他部分都一律写为 gəʔ。

9. gɔ/gəʔgɔ [这些，那些]

gɔ/gəʔgɔ 是 gəʔ/kəʔ 的复数形式。

gɔ 和 gəʔgɔ 之间的关系等于 gəʔ 和 kəʔ 之间的关系，唯一不同的是 gəʔgɔ 也可以用在句首，例如：

gɔ/gəʔgɔ　ɕy　zḷ　sa　nin　e
[这些]　书　是　啥　人　[的]？

gɔ/gəʔgɔ　zḷthi　ne　sɔ　kuəkuə
[这些]　事体 [你] 少　管管。

47

不在句首的例子：

wəʔla gɔ/gəʔgɔ nəko ni
[我们][那些] 南瓜 呢？

jiʔne no wəʔla gɔ/gəʔgɔ ho zɛ baʔ diɔ li
[他] 拿 [我们][那些] 花 [都] 拔 掉 [了]。

ɦoʔno a iɔ tshəʔ na zoʔni tshəʔ gɔ/gəʔgɔ
[我] 也 要 吃 你们 昨日 吃 [那些]。

10. 在指事物的代词 gəʔ/kəʔ[这，那]gɔ/gəʔgɔ[这些，那些]前面的 e[的]必须省去：

ɦoʔno gəʔ pən ɕy ne gɔ tɕhi ɦali
[我] [那] 本 书 [你] [放] [在] [哪儿]？

wəʔla zoʔni ma gɔ zāsənku ni
[我们] 昨日 买 [那些] 长生果[花生]呢？

11. kaɕin[这么些？那么些]

这是一个表示具有足够数量的指示代词。例如：

ne iutɕhi kaɕin hoʔ ɦɛ hɔ ma
[你][有] [这么些] [×], 还 要 买？

kaɕin ne tshəʔ təʔ loʔ vaʔ
[这么些] [你] 吃 得 落 [吗]？

kaɕin 可以用作定语，例如：

ne iutɕhi kaɕin zāsənku hoʔ keli
[你] [有] [这些] 长生果[花生] [×]， 够[了]。

kaɕin zʅthi sa nin iʔɕiʔvəʔzaʔ tsu təʔ wə
[这么些] 事体 啥 人 [立刻] 做 得 完？

12. lɔ̄thaʔ/lɔ̄[这儿]

lɔ̄thaʔ 和 lɔ̄ 在词汇意义、语法特征上都有一定的区别，但是这些区别没有人称代词那样严格和那样有启发性，因此暂且把它们归并起来。

（1）在句首、句中只能用 lɔ̄thaʔ,例如：

lɔ̄thaʔ zʅ ɦukazā
[这儿] 是 胡家场。

lɔ̄thaʔ iu ŋ̍ səʔ tɕi ka ninka
[这儿] 有 五 十 几 家 人家？

ne tɔ lɔ̄thaʔ lɛ zu
[你] 到 [这儿] 来 坐。

na tɕizɿ tɔ lɔ̍thaʔ lɛ
[你们]几时 到 [这儿]来?

（2）在句末的动词后面用 lɔ̍，例如：

ne dō u zu‿lɔ̍
[你]同[给][我]坐[这儿]。

ne zu‿lɔ̍ hɔhɔtɕiə tshəʔ
[你]坐[这儿] 好好[地] 吃。

（3）在句末介词后面如果用 lɔ̍thaʔ 就强调指示意义，用 lɔ̍ 不强调指示意义：

ne dō u zu ləʔ lɔ̍/lɔ̍thaʔ
[你]同[给] [我] 坐 [在][这儿]!

gəʔ tsaʔ uə ne fɔ lə lɔ̍/lɔ̍thaʔ
[这] 只 碗 [你]放 [在] [这儿]。

lɔ̍ 在语音上附着于前面的介词或动词。

13. gəʔthaʔ [那儿]

gəʔthaʔ 表示中指，也就是指示稍远一点的事物，例如：

gəʔthaʔ iutɕhi po tɕiətɔ hoʔ
[那儿] [有] 把 剪刀 [×]。

ne gəʔ dʑiɛ izɔ̍ iutɕhi gəʔthaʔ ne khətɕiɛ vaʔ
[你][那] 件 衣裳 [在] [那儿],[你] 看见 [吗]?

14. gəʔde [那儿/边]

指示代词 gəʔde 显然是由 gəʔ[那]和-de[头]组成的。gəʔde 指示相当远的事物，并且可以指不在眼前的事物。例如：

gəʔde zɿ sa difɔ̍
[那边] 是 啥 地方?

jiʔla zɛ iutɕhi gəʔde
[他们][都] [在] [那边]

gəʔde iu sa hɔ biʔɕiā
[那儿] 有 啥 好 [玩儿]?

15. 如果要确指"这"、"那"、"这些"、"那些"，那么就用下列指示处所和指示事物的代词的组合形式：

（近指） lɔ̍thaʔ gəʔ/kəʔ [这]

lɔ̍thaʔ gɔ/gəʔgɔ [这些]

（中指）gəʔthaʔ gəʔ/kəʔ [那]

49

```
              gəʔthaʔ    gɔ/gəʔgɔ    ［那些］
（远指）gəʔde       gəʔ/kə     ［那］
              gəʔde      gɔ/gəʔgɔ    ［那些］
```

在这种组合形式中不能用lō［这里］。

16. 指示代词 lōthaʔ［这儿］,gəʔthaʔ［那儿］,gəʔde［那儿］用作定语时必须用 e（的），例如：

```
lōthaʔ   e    fōsɿ   və   hɔ
［这儿］［的］ 风水   勿   好。

gəʔthaʔ  e    uətsɛ   ɦali   tɕhili
［那儿］［的］ 碗盏   ［哪儿］去［了］?

gəʔde    e    dziɑde  thɛli
［那儿］［的］ 墙头   塌［了］。
```

17. zəʔga［这样,那样］,ka［这么,那么］

zəʔga 和 ka 都是指性状的指示代词。

zəʔga 在句子里头用作补语、谓语、定语、动词的状语：

```
ne     naʔhəlɛ    ɕiō   lɛ   zəʔga   e
［你］［为什么］   凶    来  ［这样］［的］!

thiɛ   niʔ  lɛ   zəʔga   e   iɔ   niʔ  saʔ  nin    li
天     热   来  ［这样］［的］,要  热  ［死］人   ［了］。

ne    zəʔga    iu   sa    iōzɑ̄
［你］［这样］,有  啥   用场［用处］?

zəʔga    e    nin   ɦoʔno   vəʔzən   tɕiɛku
［这样］［的］人   ［我］   勿曾     见过。

zɿ   jiʔne  tɕiɔ    u     zəʔga    tsu    e
是 ［他］  叫   ［我］ ［这样］  做   ［的］。
```

ka 在句子中用作形容词的状语：

```
ka      ɕiō    e   nin   ɦoʔno    vəʔzən   tɕiɛku
［这么］ 凶  ［的］人  ［我］   勿曾     见过。

ka      diɛ    e    dō    ne    tshəʔku   va
［这么］ 甜  ［的］ 糖  ［你］   吃过     吗?
```

三　疑问代词

18. 通元方言共有疑问代词八个，即：

（1）问事物：sa 啥　　saɕin［什么］

(2) 问数量：tɕi 几　　tɕiho [多少]
(3) 问性状：naʔhaʔ [怎样]
(4) 问时间：tɕizɿ 几时 [什么时候]
(5) 问地点：ɦali [哪儿]
(6) 问原因：naʔhaʔlaʔ/-lə/-lə

19. sa 啥，saɕin [什么]

sa 和 saɕin 的词汇意义完全相同，但是语法意义不同。sa 在句子中用作宾语或定语；saɕin 在句子中用作主语。例如：

　　sa　　nin　　lɛli
　　啥　　人　　来 [了]?

　　ne　loʔhoʔ　tsu　sa
　　[你][在]　做　啥?

　　na　　iɔ　　tshəʔ　sa
　　[你们] 要　吃　　啥?

　　gəʔɕiʔ　sa　zənkuɔ　li
　　[现]　啥　辰光　[了]?

　　saɕin　loʔhoʔ　ɕiã
　　[什么][在]　响?

　　saɕin　ɦoʔno　thin　vəʔ　tɕi
　　[什么] [我]　听　勿　见，

　　ne　kuɔ　ɕiã　tiɛ　hɔ　vaʔ
　　[你] 讲　响　点　好 [吗]?

sa 可以用作定语，saɕin 不能：

　　sa　　nin，sa　tōɕi
　　啥　　人，啥 东西

可是不能说：

　　saɕin　nin　　saɕin　tōɕi
　　[什么] 人　　[什么] 东西

在判断词 zɿ "是" 后面用 sa，例如：

　　gɔ　　　zɿ　sa
　　[这些]　是　啥?

在表示存在、状态的句式 "……tɕhi……hoʔ"（相当于普通话的存现句）中的动词后面也用 sa，如：

　　ɕinlɔ　ɕia　tɕhi　tiɛ　sa　hoʔ
　　信[上] 写　[×] 点　啥 [×]?

51

ne dɛli gɔ tɕhi tiɛ sa ho?
[你]袋里 [放][×] 点 啥 [×]?

20. tɕi 几, tɕiho [多少]

tɕi 和 tɕiho 的词汇意义相同,但是语法意义不同。

tɕi 用来问数,后面一定有量词;tɕiho 用来问量,后面不带量词。例如:

ne iu tɕi pən ɕy
[你]有 几 本 书?

jiʔla oʔli iu tɕi kəʔ nin
[他们]屋里[家里] 有 几 个 人?

ne iu tɕiho dōdiɛ
[你]有 [多少]铜钿?

mi ɦɛ iu tɕhiho
米 还 有 [多少]?

21. naʔhaʔ [怎样]

naʔhaʔ 用来问性状、动作,在句子中可以用作定语、谓语、补语、状语。

gɔ izō ne viɔ tshə ne iɔ tshə naʔhaʔ e izō
[这些]衣裳[你]勿要穿, [你]要 穿 [怎样] [的] 衣裳?
(naʔhaʔ 用作定语时必须加 ei[的]。)

kəʔmə ne iɔ naʔhaʔ
[那么] [你]要 [怎样]?

na ne iɔ zɔ lɛ naʔhaʔ ia
[×][你]要 [闹]来 [怎样]呀?

ne ɕiɔtəʔ wən zɿ naʔhaʔ ɕia e
[你]晓得 "魂"是 [怎样] 写 [的]?

ne naʔhaʔ tsu mə ɦoʔno a naʔhaʔ tsu
[你][怎样] 做 [×][我] 也 [怎样] 做。

疑问代词 naʔhaʔ 的用法基本上和普通话的"怎样"一致。

22. tɕizɿ 几时[什么时候]

tɕizɿ 用来问日期,例如:

jiʔne zɿ tɕizɿ lɛ e
[他]是 几时 来 [的]?

ne tɕizɿ dōsən
[你]几时 动身?

这两句问句的可能回答是:"昨天来的","大后天动身"等。要问一天之内的时间就用疑问代词 sa 和名词 zənkuō"辰光"的组合形式,例如:

wə?la sa zənkuō tshə? ia vɛ
[我们] 啥 辰光 吃 夜 饭?
ji?ne sa zənkuō tɕy e
[他] 啥 辰光 归 的?

23. ɦali [哪儿]

ɦali 问处所,如:

ji?ne gə?ɕi? iutɕhi ɦali
[他] [现在] [在] [哪儿]?
na to ɦali tɕhi
[你们] 到 [哪儿] 去?
ɕy ne gɔ tɕhi ɦali
书 [你] [放] [在] [那儿]?

如果要问地名,应该用 sa difō"啥地方",例如:

ji?ne zɿ sa difō lɛ e
[他] 是 啥 地方 来 的?
ji?ne zɿ thōyə lɛ e
[他] 是 通元 来 [的]。

24. na?ha?la?/-lɔ/-lə [为什么]

na?ha?la?, na?ha?lɔ, na?ha?lə 三种形式的词汇意义、语法特征完全一样,仅仅是语音上的变化不同而已。

这个代词显然是由 na?ha? 和-la?/-lɔ/-lə 组成。lɔ/lə 是一个结构助词表示条件。na?ha?＋lɔ/lə 意即"何故",也就是"为什么"。-la? 可能是由同化作用引起的语音现象。

na?ha?la? 在句子中可以用作状语:

ne na?ha?la? tɕhi tɕi? lɛ zə?ga e
[你][为什么] 气 急 来 [这样][的]?
ji?ne na?ha?la? tsentsɔ və? lɛ
[他] [为什么] 今朝 勿 来?
na?ha?la? na iɔ zə?ga ni
[为什么] [你们] 要 [这样]呢?

53

除了 naʔhaʔlaʔ/-lə/-lə 以外,相当于普通话"为什么"的还有一个习语性的词组,那就是 tsusalə/-lə "做啥[×]",但是 tsusalə 强调目的,问别人做这件事的目的何在。用 naʔhaʔlaʔ 的时候强调原因。例如:

  ne tsusalə iɔ tā i
  [你] [为什么]要 打 [他]。
  na tsusalə vəʔ tɕhi
  [你们][为什么]勿 去。

附　注

① 此文 1958 年发表时注音为复合元音 ei,现更正为单元音 e。

（原载《中国语文》1957 年 6 月号）

海盐方言的人称代词

1957 年我在《中国语文》第 6 期上发表《海盐通元方言的代词》[①],报导通元方言人称代词中第一人称、第三人称单数各有两种语音形式,即 ɦoʔ₂·nŏ "我侬"和 ₅u "我",jiʔ₂·ne "伊俫"和 ₅i "伊"[②],双音节的称为第Ⅰ式,单音节的称为第Ⅱ式。第Ⅰ式用在动词前面,第Ⅱ式用在动词后面。这篇文章报道的这种语言现象引起了一些人的兴趣和注意,因为这种现象在汉语方言中是很独特的,特别是因为有点儿像印欧语的"格"的变化。1985 年 11 月到 12 月我到海盐调查方言,准备写一部海盐方言志,有意识地调查了全县 17 个乡镇的人称代词,发现人称代词分Ⅰ式和Ⅱ式并不限于第一人称和第三人称单数,而是几乎遍及各个人称的单数和复数。表一是这次调查的海盐 17 个乡镇的人称代词总表。

表一 海盐各乡镇人称代词表

乡 镇	第一人称 单数 Ⅰ	Ⅱ	第一人称 复数 Ⅰ	Ⅱ	第二人称 单数 Ⅰ	Ⅱ	第二人称 复数 Ⅰ	Ⅱ	第三人称 单数 Ⅰ	Ⅱ	第三人称 复数 Ⅰ	Ⅱ
武 原[③]	ɦoʔ₂·nu	₅u	ɦoʔ₂·la	₅ua	ne₅		na₅		jiʔ₂ ₅ne	₅i	jiʔ₂·la	
城西等六处[④]	ɦoʔ₂·no	₅u	wuaʔ₅·la	₅ua	ne₅		na₅		jiʔ₂ ₅ne	₅i	jiʔ₂·la	
富 亭	ɦoʔ₂·nŏ	₅u	₅ua		ne₅		na₅		jiʔ₂ ₅ne	₅i	jiʔ₂·la	
通元等三处[⑤]	ɦoʔ₂·nŏ	₅u	wuaʔ₅·la	₅ua	ne₅		na₅		jiʔ₂ ₅ne	₅i	jiʔ₂·la	
欤 城	wu₅·nu[⑥]	₅u	₅euʔ·la	₅ua	ne₅		na₅		jiʔ₂ ₅ne	₅i	jiʔ₂·la	
澉 浦	oʔ₅·no	₅u	uaʔ₅·la	₅ua	ne₅		na₅		iʔ₂ ₅ne	₅i	iʔ₂·la	
海 塘	₅ŋ₅·nu	ŋ₅	ŋaʔ₅·₅ŋ	ŋaʔ₅	ne₅		naʔ₅	₅ji	₅ne ji	₅jilaʔ₅	jiaʔ₅
西 塘	₅ŋ₅·nu	ŋ₅	₅ŋ·na	(ŋaʔ₅)	ŋɣ₅		naʔ₅	₅ji ŋɣ	₅ji	₅ji jiaʔ₅	jiaʔ₅
元 通	ŋ₅·nu	ŋ₅	ŋaʔ₅·₅ŋ	ŋaʔ₅	ne₅		naʔ₅		jiʔ₂ ₅ne	₅i	jiʔ₂·la	jiaʔ₅
横 港	ɦoʔ₂·no	₅u	₅wu·la	wuaʔ₅	ne₅		ne·la naʔ₅		jiʔ₂ ₅ne	₅i	jiʔ₂·la	₅la

55

从全县各乡的人称代词形式来看,可以认为在历史上的某个时期人称代词曾经全面区分第Ⅰ式和第Ⅱ式;现在缺失的第二人称单数第Ⅰ式也不难根据人称代词的构词规则推定。海盐方言人称代词的构词规则是这样的:单数第Ⅱ式是基本形式"我"、"倷"、"伊",第Ⅰ式是在基本形式后面加"依"或其他声母是 n- 的音节;复数第Ⅰ式是在基本形式后面加表示复数的语素·la,第Ⅱ式是第Ⅰ式的紧缩形式。

Ⅰ式和Ⅱ式的区别首先是双音节的Ⅰ式在语音上能独立,单音节的Ⅱ式在语音上一般不独立,常常用在动词后面和动词连读。但是第一人称复数第Ⅱ式的 ^{c}ua 却大多用在名词前面做定语,如 ^{c}uaʔ$_{\circ}$li"佤屋里[我们家]", ^{c}ua thaʔ"佤塔[我们那里]"等,很少用在其他场合。这使人想到古汉语"其"的独特用法。人称代词分Ⅰ式和Ⅱ式并不限于海盐一县,整个分布范围和全面系统的研究尚待进一步深入的调查。

这次在海盐对第一人称和第三人称单数Ⅰ式和Ⅱ式的用法进行了调查。以下是两份自然录音材料中"我奴"和"我"、"伊倷"和"伊"的分布情况。

录音材料一

是 80 岁老人张韵涛自我介绍时的一段谈话中有关的句子。张韵涛是武原人,出自名门,早年受过良好教育,口语受一定的外乡话和书面语影响。录音时间是 1985 年 11 月 13 日,地点在海盐县政府招待所。

例句:

我奴自家养两个。|我奴回到屋里霍。|我去登[住]勒[在]上海。|我奴医院工作。|我一直登[住]到哪[现在]。|伊拉叫我去教书。|我勿晓得噢[的]。|个[这]点我奴也忘脱哩。|伊念[说起来]靠十岁拉哩[已经……了]。|伊倷勿是自家讲。|本[给]伊逃出去。|后晚来伊倷考出举人。|近年来末伊倷回到屋里[家里]来。|回来末去看伊。|我奴勿晓得。|伊拉安排我勒[在]楼浪[上]。|本来末我奴同姑娘拉[女儿们]登[住]勒[在]一淘[一起]。|伊拉来看我。|小噢[小的们]才[都]来看看我。|我奴一脚[也]勿走噢。|伊倷呆板[一定]要走出来噢。|我奴勿仔细[了解]噢。|我奴眼镜勿带。

这23句中：

	用在动词前	用在动词后
我奴	9次	0次
我	3	4
伊傣	5	0
伊	0	2

录音材料二

是武原南门头叶美英(女,57岁,小学教师)和富亭仇家垟沈绵囡(女,46岁,工人,文盲),两人描绘小孩子打架后回家告状的一段对话中的有关句子。对话是超快速的,十分自然。录音时间是1985年12月10日,地点在海盐县政府招待所。

例句：

伊傣先打伊。|我侬勿打伊噢,伊傣先打我。|伊傣先打我,先擮[抓]我一把,先骂我。|哪末[然后]伊傣打我。|伊傣先敲我。|傣先打伊勒[因为……],伊拉打傣拉嗷。

以上各句百分之百符合动词前用Ⅰ式,动词后用Ⅱ式的规律。

应该指出,Ⅰ式和Ⅱ式的区别在本地人中间完全是不自觉的。如果有人去问他们该怎样区分,只能越问越乱,说不清楚。这次调查所得的印象是农村和文化水平低的人区分严格,文化水平高,和外地人接触多的,倾向于在动词前面用单音节的"我"和"伊"替代双音节的"我奴(侬)"和"伊傣",但是决不在动词后用双音节的"我奴(侬)"和"伊傣"替代单音节的"我"和"伊"。另外,在青年人中,特别是在青少年学生中,双音节的Ⅰ式"我奴(侬)"和"伊傣"正在迅速消失,这样也就是不再区分Ⅰ式和Ⅱ式。表二是在海盐中学一个高中班(45人)和一个初中班(40人)调查的结果。调查是用调查表格进行的,请调查对象判断调查表上给的例句的正误,例句中一句符合当地原有用法,一句不合当地原有用法。下面给出的例句后面括弧中注的"正"、"误"是给本文读者看的,在调查表中未注"判断结果正误"指答案对或错,没把握的可以不答,无所谓正误,不统计;数字代表人数,"+"表示答对了,

"—"表示答错了,两者相加是答对了的净人数,后面括弧内的百分数是答对的人数占全班人数的百分比。

表二 海盐中学人称代词"我侬"、"我"、"伊俫"、"伊"的调查

例　　句	判　断　结　果　正　误	
	高　中　组	初　中　组
我侬勿曾打伊(正)	+21−13=+8(17.7%)	+16−4=+12(30.0%)
我勿曾打伊俫(误)	−5+20=+15(33.3)	−3+17=+14(3.50)
伊俫打我(正)	+26−6=+20(44.4)	+11−7=+4 (10.0)
伊打我侬(误)	−2+26=+24(53.3)	−6+8=+2 (5.0)

从以上调查结果来看,青年学生已经不大能区别Ⅰ式和Ⅱ式,初中生比高中生更差。青年人实际使用人称代词的情况也大致如此。这种情况显然和普通话和邻近的权威方言上海话的影响有关,因为普通话只用单音节的"我"和"他",上海话也只用单音节的"我"和"伊"。

附　注

① 海盐属浙江省嘉兴地区,现有人口30万,下分17个乡镇。海盐方言是吴语的一种次方言。

② 音节前圆点表示原调不明;记音概以此次发表的为准。

③ 武原镇是海盐县县政府所在地。

④ 包括城西、六里、沈荡、齐家、百步、长川坝。

⑤ 包括通元、三官堂、石泉。"通元"是当地通行写法,但是"元"读 $_c$ɕyə,不合当地读音。据《吴地记》载,三国吴孙权夫人舍宅置通玄寺,明代县志尚称通玄市,清以后改通元。

⑥ wu² 读阳去,例外;当地也有人说 fio?‚·no。

（原载《语言研究》1987年第1期）

海盐通元方言中变调群的
语法意义

连读变调在汉语方言中是一个相当普遍的现象,这方面的材料很多,同这一语音现象有关的语法问题很值得研究。就浙江海盐的通元方言而论,连读变调具有明显的语法意义,也就是说,在连续语言中哪些音节应该连读变调,哪些音节应该分读不变调,是由这些音节所组成的词在句子中的相互关系来决定的,如修饰语和被修饰语,动词和宾语等的关系。连读而引起变调,这就使连读的单位界限,也就是整个变调群的界限,比较明确,而不至于仅仅是一种主观上的感觉。因此,本文所介绍的通元方言这方面的特点也许对于现代汉语的语法研究有一定的参考价值。

在介绍通元方言中变调群的语法意义之前,需要先简单地谈一下通元方言的调类、调值和变调规律。

通元方言一共有八个声调,其调类和相对调值如下:

阴平:thie^{54} 天　　阳平:bin^{31} 平

阴上:ɕiɔ^{434} 小　　阳上:zɔ̃^{242} 上

阴去:tɕhi^{25} 去　　阳去:dʐy^{213} 树

阴入:ɕiʔ^{5} 雪　　阳入:zəʔ^{2} 入

连读不限于两个音节,最多的可达五个音节。这些在变调时联合在一起的音节不妨称为变调群。通元方言变调群的特点,在大多数情况下是第一个音节保持原调不变并有重音,其后的所有的音节都跟着按一定规律变调并失去重音,不管这些音节的原调是什么,对于整个变调群的变调类型一般不发生什么作用。由于这一原因,某些永远不单独出现并且不出现在变调群的起首的音节就无法知道原调是什么,因而也很难知道该是一个什么"字"(当然大多数本来就是"有音无字"的),例如:[ɦoʔ^{2} no^{213}](我)。这个代词中的第一个音节是阳入,第二个音节现在按变调规律读为213(213同时也是阳去的调值),但是由于无论哪种声调在阳入后面都变成了213,那就无法知道这里的[-no]的原调是什么了;其他一些词尾或助词的情况也相同(在下面的例子中对于这一类音节不标原调,只标变调)。

变调群的音节多少对整个变调群的读音有很大影响,以下分别介绍一下。

双音节变调群:

(1) 阴平+平、上、去、入→54+31

tɕhiu⁵⁴ thiɛ⁵⁴ → tɕhiu⁵⁴ ‿thiɛ⁵⁴₃₁①
秋　天　　秋　天

ɕin⁵⁴ pi²⁵ → ɕin⁵⁴ ‿pi²⁵₃₁
新　笔　　新　笔

(2) 阳平+平、上、去→31+434

bin³¹ ku⁴³⁴ → bin³¹ ku⁴³⁴₄₃₄
苹　果　　苹　果

zən³¹ kuɔ̄⁵⁴ → zən³¹ kuɔ̄⁵⁴₄₃₄
辰　光　　辰　光

阳平+入→31+21

jā³¹ koʔ⁵ → jā³¹ ‿koʔ⁵₂₁
羊　角　　羊　角

mɔ²¹ zəʔ² → mɔ³¹ ‿zəʔ²₂₁
猫　食　　猫　食

(3) 阴上+平、上、去→434+434

ɕiɔ⁴³⁴ tɕhi²⁵ → ɕiɔ⁴³⁴ tɕhi²⁵₄₃₄
小　气　　小　气

tiɔ⁴³⁴ lō³¹ → tiɔ⁴³⁴ lō³¹₄₃₄
鸟　笼　　鸟　笼

阴上+入→434+5

ɕiɔ⁴³⁴ ɕiʔ → ɕiɔ⁴³⁴ ɕiʔ⁵₅
小　雪　　小　雪

ɕiɔ⁴³⁴ tshaʔ² → ɕiɔ⁴³⁴ tshaʔ²₅
小　尺　　小　尺

(4) 阳上+平→242+31

lɔ²⁴² in⁵⁴ → lɔ²⁴² in⁵⁴₃₁
老鹰　　　老鹰

60

lɔ²⁴² vɔ̃³¹→lɔ²⁴² vɔ̃³¹
老　房　老　房

阳上＋上、去→24＋213

lɔ²⁴² ke⁴³⁴→lɔ²⁴²₂₄‿ke⁴³⁴₂₁₃
老　狗　老　狗

lɔ²⁴² mo²⁴²→lɔ²⁴²₂₄‿mo²⁴²₂₁₃
老　马　老　马

阳上＋入→242＋21

lɔ²⁴² paʔ⁵→lɔ²⁴²‿paʔ⁵₂₁
老　八　老　八

lɔ²⁴² nioʔ²→lɔ²⁴²‿nioʔ²₂₁
老　肉　老　肉（很硬的肉）

（5）阴去＋平、上、去、入→25＋42

sɿ²⁵ niɛ³¹→sɿ²⁵‿niɛ³¹₄₂
四　年　四　年

ɕiu²⁵ koʔ⁵→ɕiu²⁵‿koʔ⁵₄₂
瘦　骨　瘦　骨

（6）阳去＋平、上、去→23＋21

dʑiu²¹³ i⁵⁴→dʑiu²¹³₂₃‿i⁵⁴₂₁
寿　衣　寿　衣

du²¹³ dʐy²¹³→du²¹³₂₃‿dʐy²¹³₂₁
大　树　大　树

阳去＋入→213＋5

nən²¹³ koʔ⁵→nən²¹³‿koʔ⁵₅
嫩　骨　嫩　骨

nən²¹³ nioʔ²→nən²¹³ nioʔ²₅
嫩　肉　嫩　肉

（7）阴入＋平→5＋434

paʔ⁵ ɕiɛ⁵⁴→paʔ⁵ ɕiɛ⁵⁴₄₃₄
八　仙　八　仙

paʔ⁵ niɛ³¹→paʔ⁵‿niɛ³¹₄₃₄
八　年　八　年

阴入＋上、去→5＋25

paʔ⁵ to⁴³⁴→paʔ⁵‿to⁴³⁴₂₅
八　朵　八　朵

61

pa?⁵ khue²⁵ → pa?⁵ ‿khue²⁵₂₅
八　块　　八　块

阴入＋入→5＋5

pa?⁵ tɕi?⁵ → pa?⁵ ‿tɕi?⁵₅
八　节　　八　节

pa?⁵ tsha?² → pa?⁵ ‿tsha?²₅
八　尺　　八　尺

（8）阳入＋平、上、去、入→2＋213

ni?² thiɛ⁵⁴ → ni?² thiɛ⁵⁴₂₁₃
热　天　　热　天

la?² nio?² → la?² nio?²₂₁₃
腊　肉　　腊　肉

三音节变调群：

（1）阴平起首的一律为54＋42＋31

ɕin⁵⁴ niã³¹ tsɿ⁴³⁴ → ɕin⁵⁴ niã³¹₄₂ tsɿ⁴³⁴₃₁
新　娘　子　　新　娘　子

tɕin⁵⁴ pi?⁵ thɔ²⁵ → tɕin⁵⁴ ‿pi?⁵₄₂ thɔ²⁵₃₁
金　笔　套　　金　笔　套

（2）阳平起首的一律为31＋434＋31

dɛ³¹ tsɿ⁴³⁴ tɕia?⁵ → dɛ³¹ tsɿ⁴³⁴ tɕia?⁵₃₁
枻　子　脚　　枻　子　脚

dɔ³¹ və?² ɕiu⁴³⁴ → dɔ³¹ və?²₄₃₄ ɕiu⁴³⁴₃₁
糖　佛　手　　糖　佛　手

（3）阴上起首的一律为434＋43＋31

ɕiɔ⁴³⁴ lɔ²⁴² de³¹ → ɕiɔ⁴³⁴ lɔ²⁴²₄₃ de³¹
小　老　头　　小　老　头

ɕiɔ⁴³⁴ ba?² tshɛ²⁵ → ɕiɔ⁴³⁴ ba?²₄₃ tshɛ²⁵₃₁
小　白　菜　　小　白　菜

（4）阳上起首的一律为242＋434＋31

lɔ²⁴² kue⁵⁴ tɕy⁵⁴ → lɔ²⁴² ‿kue⁵⁴₄₃₄ tɕy⁵⁴₃₁
老　规　矩　　老　规　矩

li²⁴² thi?² kua⁴²⁴ → li²⁴² thi?²₄₃₄ kua⁴³⁴₃₁
李　铁　拐　　李　铁　拐

（5）阴去起首的一律为25＋42＋31

pu²⁵ lin²⁴² ko²⁵ → pu²⁵ lin²⁴²₄₂ ko²⁵₃₁
布　领　褂　　布　领　褂

$ɕiɛ^{25} ti^{25} de^{31} → ɕiɛ^{25} ti^{25}_{434} de^{31}_{31}$

线 蒂 头　线 蒂 头

(6) 阳去起首的一律为 213＋434＋31

$dʑiu^{213} i^{54} zɔ̃^{31} → dʑiu^{213} i^{54}_{434} zɔ̃^{31}_{31}$

旧 衣 裳　旧 衣 裳

$du^{213} koʔ^{5} de^{31} → du^{213} koʔ^{5}_{434} dei^{31}_{31}$

大 骨 头　大 骨 头

(7) 阴入起首接平、入的为 5＋434＋434

$koʔ^{5} de^{31} tsən^{54} → koʔ^{5} dei^{31}_{434} tsən^{54}_{434}$

骨 头 针　骨 头 针

$paʔ^{5} zə̃ʔ^{2} loʔ^{2} → paʔ^{5} zə̃ʔ^{2}_{434} loʔ^{2}_{434}$

八 十 六　八 十 六

阴入起首接上、去的为 52＋24＋42

$tsoʔ^{5} tsən^{434} de^{31} → tsoʔ^{5}_{52} tsən^{434}_{24} de^{31}_{42}$

竹 枕 头　竹 枕 头

$piʔ^{5} tʰɔ^{25} kuə^{434} → piʔ^{5}_{52} tʰɔ^{25}_{24} kuə^{434}_{42}$

笔 套 管　笔 套 管

(8) 阳入起首的一律为 2＋213＋434

$loʔ^{2} i^{54} zɔ̃^{31} → loʔ^{2} i^{54}_{213} zɔ̃^{31}_{434}$

绿 衣 裳　绿 衣 裳

$nioʔ^{2} koʔ^{5} de^{31} → nioʔ^{2} koʔ^{5}_{213} de^{31}_{434}$

肉 骨 头　肉 骨 头

四音节变调群：

四音节变调群除第一音节保持原调外，其余三个音节一律变为 ＋31＋32＋31：

$in^{54} jā^{31} kua^{25} tɕʰi^{25} → in^{54} jā^{31}_{31} kua^{25}_{32} tɕʰi^{25}_{31}$

阴 阳 怪 气　阴 阳 怪 气

$tsʰəʔ^{2} vəʔ^{5} loʔ^{2} li → tsʰəʔ^{2} vəʔ^{5}_{31} loʔ^{2}_{32} li_{31}$

吃 勿 落〔了〕吃 勿 落〔了〕

五音节变调群：

除第一音节保持原调外，其余四个音节一律变为 ＋31＋32＋31＋32

$kɔ^{54} kɔ^{54} ɕin^{54} ɕin^{54} tsʰəʔ^{2} → kɔ^{54} kɔ^{54}_{31} ɕin^{54}_{32} ɕin^{54}_{31} tsʰəʔ^{2}_{32}$

高 高 兴 兴 吃　高 高 兴 兴 吃

通元方言变调连读的基本语法意义表现在一些辅助成分和

63

附加成分在语音上没有独立性。以下分别加以介绍。

(1) 修饰语和被修饰语

　　A. 定语和中心词连读:

　　　　loʔ‿zo $^{31}_{213}$　　du ^{213}‿tɕiaʔ $^{5}_{5}$
　　　　绿　茶　　　大　脚

　　　　ɕin ^{54}　zā $^{31}_{42}$　sɛ $^{25}_{31}$　　moʔ ^{2} de $^{31}_{13}$‿dziɔ $^{31}_{434}$
　　　　新　长　衫　　　木　头　桥

　　B. 前置的状语和后面的动词、形容词连读:

　　　　mɛ ^{213}‿tɕiu $^{434}_{1}$　　mɛ ^{31}‿hɔ $^{434}_{434}$
　　　　慢　走　　　〔很〕好

　　　　vəʔ ^{5}‿khɛ $^{54}_{434}$ ɕin $^{54}_{434}$
　　　　勿　开　心　（不愉快）

　　　　hɔ ^{434} hɔ $^{434}_{31}$ tɕiɔ $_{32}$‿tɕiu $^{434}_{31}$
　　　　好　好〔地〕走

但是表示说话的人的某种情绪的副词和后面的词,要分读:

　　　　jiʔ ^{2} ne $_{213}$ zɿ $^{242}_{434}$ tso ^{5}　kue $^{54}_{434}$ te ^{25}‿e $_{42}$
　　　　〔他〕是〔老是〕对〔的〕!

　　　　ne ^{252} ɦɛ ^{213} khoʔ ^{2} vaʔ ^{2}
　　　　〔你〕还　哭　哦!

也许是这一类词含有强调意义,因而,在语音上有独立性。

　　C. 形容词和后置的辅助词或状语成分连读:

　　　　tsən ^{54} tsɔ $^{54}_{31}$ niʔ ^{2}‿lɛ $^{31}_{213}$
　　　　今　朝　热　来。

　　　　gəʔ ^{2}‿liā $^{242}_{213}$ niʔ ^{434} lā ^{242}‿təʔ $^{5}_{434}$‿sɿ $_{31}$
　　　　〔这〕两　日　冷　得　〔 〕,

　　　　ɦo ^{2} no $_{213}$ vəʔ ^{5}‿tɕhi $^{25}_{24}$‿li $_{42}$
　　　　〔我〕勿　去　〔了〕。

　　　　（近来太冷,我不去了。）

但是如普通话中"冷得发抖"这种结构,则是分读的:

　　　　jiʔ ne $_{213}$ lā ^{242} lɛ $^{31}_{31}$ faʔ ^{5} te ^{434} li ^{31}
　　　　〔他〕冷　来　发　抖　〔了〕。

　　　　jiʔ ^{2} ne $_{213}$ tɕhi ^{25} lɛ $^{31}_{42}$‿iɔ $^{31}_{31}$ khoʔ ^{2} tshəʔ $^{2}_{31}$ lɛ $^{31}_{32}$ li $_{31}$
　　　　〔他〕气　来　要　哭　出　来〔了〕。

("要"作为助动词时是没有重音的,一定和前面的词连读。)

　　D. 数词、指示代词和量词连读:

$$i\text{ʔ}^5\underset{434}{\underline{\text{tsā}}}^{54}\text{dɛ}^{31}\text{tsɿ}^{434}\text{sɛ}^{54}\underset{31}{\underline{\text{kə}}}^5\text{nin}^{31}$$

　　一　张　　椅　子，三　个　人，

$$\text{gəʔ}^2\underset{213}{\underline{\text{pən}}}^{434}\text{ɕy}^{54}\text{gəʔ}^2\text{go}^{213}\text{tō}^{54}\text{ɕi}^{54}_{31}$$

　　〔这〕本　　书，〔这种〕东　西，

$$\text{tshəʔ}^2\text{li}_{213}\text{sɛ}^{54}\underset{31}{\underline{\text{ua}}}^{434}\text{vɛ}^{213}$$

　　吃　　〔了〕三　碗　饭，

$$\text{tɕhi}^{25}\text{ku}^{25}_{42}\text{liã}^{242}\text{da}^{213}_{213}$$

　　去　过　　两　　〔回〕。

(2) 主语和谓语分读

$$\text{thiɛ}^{54}\text{loʔ}^2\text{ɕiʔ}^5\underline{\text{li}}_{434}$$

　　天　落　雪　〔了〕。

$$\text{jiʔ}^2\text{ne}_{31}\underline{\text{loʔ}}^2_{32}\text{doʔ}^2_{31}\text{ɕy}^{54}$$

　　〔他〕〔在〕读　书。

$$\text{thiɛ}^{54}\text{lā}^{434}\underline{\text{lɛ}}^{31}_{434}$$

　　天　冷　来。

$$\text{gəʔ}^2\underline{\text{to}}^{434}_{213}\text{ho}^{54}\text{hɔ}^{434}\underset{434}{\underline{\text{khə}}}^{25}\text{lɛ}^{31}_{31}$$

　　〔这〕朵　花　好　　看　　来。

$$\text{tsən}^{54}\text{tsɔ}^{54}_{31}\text{tshu}^{54}\text{sɛ}^{54}$$

　　今　朝　初　三。

$$\text{tɕi}^{54}\text{niɛ}^{31}_{31}\text{jiʔ}^2\text{ne}_{213}\text{zəʔ}^2\underline{\text{se}}^{25}_{213}$$

　　今　年　〔他〕十　岁。

但是同动词有关的助词和一些助词却和前面的主语连读：

$$\text{ɦoʔ}^2\underset{434}{\underline{\text{no}_{213}\text{iɔ}}}^{25}\text{tshəʔ}^2\text{tsoʔ}^5$$

　　〔我〕　要　吃　粥。

$$\text{jiʔ}^2\underset{434}{\underline{\text{ne}_{213}\text{khən}}}^{434}\text{lɛ}^{31}\text{vaʔ}^2$$

　　〔他〕　肯　　来　哦？

$$\text{ne}^{242}\underset{434}{\underline{\text{loʔ}}}^2\text{hoʔ}^5_{31}\text{tsu}^{25}\text{sa}^{23}$$

　　〔你〕〔在〕　做　啥？

"是"显然和动词不同，本身没有重音，和主语连读：

$$\text{jiʔ}^2\underline{\text{ne}_{213}\text{zɿ}}^{242}_{434}\text{zɔ̄}^{213}\text{hɛ}^{434}\underset{434}{\underline{\text{nin}}}^{31}$$

　　〔他〕　是　上　海　　人。

$$\text{jiʔ}^2\underline{\text{ne}_{213}\text{zɿ}}^{242}_{434}\text{zoʔ}^2\text{ia}^{25}_{31}\text{lɛ}^{31}_{32}\text{e}_{31}$$

　　〔他〕　是　昨　夜　来　〔的〕。

(3) 动词和宾语分读

$$\text{ɦoʔ}^2\underline{\text{no}_{213}\text{iɔ}}^{25}_{434}\text{tshəʔ}^2\text{vɛ}^{213}$$

　　〔我〕　要　吃　饭。

65

na ^{31} ‿na $^{242}_{434}$ khə ^{25} li$_{42}$ ɕi ^{25} ‿lə^{2} ^{31} ‿tɕhi $^{5}_{32}$ ‿ho $^{434}_{31}$ li$_{32}$
〔 〕〔你们〕看〔了〕戏 〔 〕去 好 〔了〕。

（那么你们看了戏再走吧。）

ji^{2} ^{2} ne$_{31}$‿lo^{2} $^{2}_{32}$ ho^{2} $^{5}_{31}$ tshə̄^{2} sɛ ^{54} ke $^{54}_{31}$
〔他〕〔在〕 唱 山 歌。

tā ^{434} nin ^{31} ‿zʅ $^{242}_{434}$ və^{2} ^{5} ‿tso^{2} $^{5}_{31}$ ɕin $^{54}_{32}$ e$_{31}$
打 人 是 勿 作 兴 〔的〕。

（打人是不可以的。）

动词和后面的名量词分读,和动量词连读;但如量词前是省略了的数词,和动量词连读;如果名量词前是省略了的数词"一"时也连读:

ɦoʔ^{2} ‿no$_{213}$ tsən^{54} tsɔ $^{54}_{31}$ tshəʔ^{2} ‿li$_{213}$ sɛ ^{54}‿uə $^{434}_{31}$ vɛ^{213}
〔我〕 今 朝 吃 〔了〕 三 碗 饭。

ne $^{242}_{24}$ ma $^{242}_{24}$‿li$_{213}$ tɕi ^{434}‿pən $^{434}_{434}$ ɕy ^{54}
〔你〕买 〔了〕几 本 书?

gəʔ^{2} ‿pən $^{434}_{213}$ ɕy ^{54} ne $^{242}_{24}$‿ɕi$_{213}$ ho $^{434}_{434}$ ho $^{434}_{434}$ tɕiɛ$_{31}$ khə ^{25} ‿liā $^{242}_{42}$ ‿piɛ $^{25}_{31}$
〔这〕 本 书〔你〕要 好 好 〔地〕看 两 遍。

na ^{31} ‿na $^{242}_{434}$ tsɛ ^{25} tən ^{54}‿‿ niʔ$^{2}_{32}$‿ləʔ$^{2}_{31}$ ‿tɕhi $^{25}_{32}$
〔×〕〔你们〕 再 〔住〕（一）日 〔再〕 去。

（那你们再住一天再走。）

ɦoʔ^{2} ‿no$_{213}$ gəʔ^{2} ‿pən $^{434}_{213}$ ɕy ^{54} doʔ^{2} ‿li$_{213}$ sɛ ^{54} ‿piɛ $^{25}_{31}$ li ^{31}
〔我〕 〔这〕本 书 读 〔了〕三 遍 〔了〕。

动词后面的数量词中的"一"永远省去,但是在变调时仍须计算这个音节,如tshəʔ^{2}‿‿khe $^{434}_{31}$。如果按常理推,"吃口"应读为

吃 （一）口

tshəʔ^{2}‿khe $^{434}_{213}$,但是"口"却读31,正合于阳入三音节变调规律,可见是省略了一个"一"。又如:

niā $^{213}_{23}$ ‿u $^{242}_{21}$ zu ^{242}‿‿ tiɛ $^{434}_{31}$
让 我 坐 （一）点。

de ^{31} ɕiɛ $^{54}_{434}$ ɦoʔ^{2} ‿no$_{213}$ khə ^{25} tɕiɛ $^{54}_{42}$ de ^{31} tsʅ $^{434}_{434}$ lō$_{31}$ iu ^{242}‿‿tɕhi$_{31}$‿‿ pən $^{434}_{31}$
头 先 〔我〕 看 见 柁 子 〔上〕有 〔 〕（一）本

ɕy ^{54}‿ho?$_{31}$
书 〔×〕。

（刚才我看见桌子上有一本书。）

66

在这两句中如果不是明明省略了"一",那么"点"当读 tiɛ$_{213}^{434}$,tɕhi 这个音节当读 434。

(4)"能愿动词"和"趋向动词"

　　A."能愿动词"和前面的主语或其他的词连读:

　　　　ne^{242} iɔ$_{213}^{25}$ tɔ^{25} fia^{31} li$_{434}$ tɕhi$_{31}^{25}$
　　　　〔你〕　要　到　〔什么地方〕去?
　　　　ɦoʔ^2 no$_{213}$ ɕiā$_{434}^{434}$ tshəʔ^2 vɛ^{213}
　　　　〔我〕　　想　　吃　饭。
　　　　jiʔ^2 ne$_{213}$ khən$_{434}^{434}$ lɛ^{31} vaʔ^2
　　　　〔他〕　肯　　来　哦?

但是当这些动词用作主要谓语时,则和主语分读:

　　　　ne^{242} iɔ^{25} sa^{25}
　　　　〔你〕要　啥?
　　　　wəʔ^2 la$_{213}$ ɕiā$_{434}^{434}$ ne$_{434}^{242}$ ɕiā$_{434}^{434}$ lɛ$_{434}^{31}$
　　　　〔我们〕　想　　〔你〕　想　　来。
　　(我们想念你得很。)

　　B."趋向动词"在任何场合都没有独立性,必须和前面的动词或其他的词连读(我偏向于认为这是动词的一部分,因此把它们连写了):

　　　　pə^{54} tshəʔ$_{42}^2$ tɕhi$_{31}^5$　　　no^{54} ku$_{42}^{25}$ lɛ$_{31}^{31}$
　　　　搬　出　去　　　　拿　过　来
　　　　tɕiu^{434} tshəʔ$_{434}^2$　thiʔ^2 tɕin$_{213}^{25}$
　　　　走　出　　　　踢　进
　　　　gəʔ^2 pən$_{213}^{434}$ ɕy^{54} no^{54} tɕin$_{42}^{25}$ tɕhi$_{31}^{25}$ pən$_{434}^{434}$ na$_{434}^{242}$ a^{25} tɕi$_{42}^{434}$
　　　　〔这〕本　书　拿　进　去　〔给〕〔你的〕阿姊。

如果是两个独立的动词,那就要分读:

　　　　tɕiu^{434} tsə^{434} lɛ$_{434}^{31}$
　　　　走!　转　来!(滚!回来)

(5)表示可能与否的"得"和"勿"在任何情况下都没有独立性

　　　　gəɔ^{213}　　tō$_{434}^{54}$ ɕi$_{31}^{54}$ tshəʔ^2 vəʔ$_{213}^5$ təʔ$_{434}^5$
　　　　〔这样的〕东　西　吃　勿　得。
　　　　ne^{242} sɛ^{54} ke$_{31}^4$ tshō^{25} təʔ$_{42}^2$ lɛ$_{31}^{31}$ vaʔ^2
　　　　〔你〕山　歌　唱　得　来　哦?
　　　　tsu^{25} vəʔ$_{31}^5$ lɛ$_{31}^{31}$ məʔ$_{21}^{31}$ tɕhi^{25} mən$_{23}^{213}$ mən$_{21}^{213}$ biʔ^2 nin$_{213}^{31}$ ka$_{434}^{54}$
　　　　做　勿　来　〔的话〕去　问　　问　　别　人　家。

(6)"看看"、"看一看"、"看看看"　在通元方言的动词体系中

67

"看看"和"看看看"是两种不同的时态,而"看一看"(其中的"一"必须省略,但在语音上可以知道这种省略)只是动词加动量词,如果动量词和动词不一致,就根本不会有这种表面上的混淆,如"打一记","去一 da^{213}(回)"等。

$gə?^2\_pən^{434}_{213}$ $ɕy^{54}$ $niā^{213}_{23}\_u^{242}_{21}$ $khə^{25}\_khə^{25}_{42}$
〔这〕 本 书 让 我 看 看。

(这本书给我看一眼,究竟是什么书,内容好的话我想看,不好的话我不看。)

$gə?^2\_pən^{434}_{13}$ $ɕy^{54}$ $niā^{213}_{23}\_u^{242}_{21}$ $khə^{25}\_\_khə^{25}_{31}$
〔这〕 本 书 让 我 看 (一)看。

(这本书给我看一看,不会占时间太久,马上还你。)

$gə?^2\_pən^{434}_{213}$ $ɕy^{54}$ $niā^{213}_{23}\_u^{242}_{21}$ $khə^{25}khə^{25}_{42}khə^{25}_{31}$
〔这〕 本 书 让 我 看 看 看。

(这本书给我看看,不知道我看得懂看不懂,不知道内容如何,如果你们看不懂,让我来试试。)

$ɕiā^{54}iɛ^{54}_{31}$ $niā^{213}_{23}\_u^{242}_{21}$ $tshə?^2\_\_khe^{434}_{434}$
香 烟 让 我 吃 (一)口。

("吃"的动量词不能用"吃",所以没有混淆的可能。)

$iɛ^{54}tshə?^2\_tshə?^2_{31}z̩^{242}_{32}\_iɔ^{25}_{31}z̄^{242}in^{434}\_ei^{434}$
烟 吃 吃 是 要 上 瘾 〔的〕。

(经常吸一点儿烟就会上瘾。)

$gɔ^{213}_{23}\_$ $iɛ^{54}_{21}$ $niā^{213}_{23}\_u^{242}_{21}$ $tshə?^2tshə?^2_{213}khə^{25}_{434}$
〔这种〕烟 让 我 吃 吃 看。

(这种烟让我尝尝。)

普通话中似乎有"看看"、"看一看"、"看一下"三种并存的说法,但是可以怀疑"看一下"并不是北京的说法而是下江官话的说法;把不同体系的说法放在一起研究,很难得出什么结论来,因此我觉得在语法研究中也似乎应该注意对象的单一化问题。

(7) "吃饭"、"放心"、"睏觉"和"头里痛" 动宾关系和主谓关系在句子中是分读的,但是如果已组成一个词,那就要连读。

$ji?^2$ $ne_{213}\_iɔ^{25}_{434}tshə?^2vɛ^{213}$
〔他〕 要 吃 饭。

$$ne^{242}\ fɔ^{25}\ ɕin^{54}_{31}\ hɔ^{434}_{32}\ li^{31}_{31}$$
〔你〕放 心 好 〔了〕。

$$ɦoʔ^2\ no_{213}\ io^{25}_{434}\ khuən^{25}\ /\ kɔ^{25}$$
〔我〕 要 睏 觉。

（请注意"睏觉"从来不连读，在通元方言中这不是一个词。）

$$zɛ^{213}_{23}\ ka^{54}_{21}\ khɛ^{53}\ ɕin^{54}_{42}\ lɛ^{31}_{31}$$
大 家 开 心 来。

主谓关系是分读的，但是像"头里痛"这样的词组在用作谓语时却是连读的：

$$ɦoʔ^2\ no_{213}\ de^{31}li_{434}\ thō^{25}_{31}$$
〔我〕 头 里 痛。

$$jiʔ^2\ ne_{213}\ gəʔ^2\ liã^{242}_{213}\ niʔ^{25}_{434}\ loʔ^2\ hoʔ^5_{213}\ koʔ^5\ de^{31}_{434}\ sə^{54}_{434}$$
〔他〕〔这〕两 日 〔在〕 骨 头 酸。

(8) "兼语"分读

$$m^{54}\ ma_{31}\ tɕiɔ^{25}\ a^{25}\ ke^{54}_{42}\ tɕhi^{25}$$
姆 妈 叫 阿 哥 去。

$$ne^{242}\ io^{25}\ u^{242}_{42}\ tsu^{25}\ sa^{25}$$
〔你〕要 我 做 啥？

$$ɕiɛ^{54}\ sā^{54}_{31}\ tɕiɔ^{25}\ ɕiɔ^{434}\ kuə^{54}_{434}\ tɔ^{25}\ zən^{31}\ li_{434}\ tɕhi^{25}_{31}\ ma^{242}\ ɕy^{54}$$
先 生 叫 小 官 到 城 里 去 买 书。

(9) "连动"分读——"来"和"去" 插在动词之间的"来"和"去"失去重音，接近助词。

$$gɔ^{213}\ tō^{54}_{434}ɕi^{31}_{31}\ ne^{242}\ ma^{242}\ lɛ^{31}_{31}\ tsu^{25}\ sa^{25}$$
〔这种〕东 西 〔你〕买 来 做 啥？

$$ɦoʔ^2\ no_{213}\ io^{25}_{434}\ tɔ^{25}\ zən^{54}\ li^{25}_{42}\ tɕhi^{25}_{31}\ ma^{242}\ tō^{54}ɕi^{54}_{31}$$
〔我〕 要 到 城 里 去 买 东 西。

$$ɦoʔ^2\ no_{213}\ tɔ^{25}\ ka^{54}lɔ^{25}_{42}\ tɕhi^{25}_{31}\ ma^{242}\ nioʔ^2\ lɛ^{31}_{213}\ de^{242}$$
〔我〕 到 街〔上〕去 买 肉 来 待

$$khaʔ^2\ nin^{31}_{213}$$
客 人。

在这类句子中的"来"和"去"是不能省略的。

(10) "是" "是"没有独立性，附着于前面的主语或其他的词

$$jiʔ^2\ ne_{213}\ zɿ^{242}_{434}\ hɔ^{434}\ nin^{31}_{434}$$
〔他〕 是 好 人。

69

ji$ʔ^2$ ne$_{213}$ z̩ɿ$_{434}^{242}$ tsən^{54} tsɔ$_{31}^{54}$ lɛ$_{32}^{31}$ e$_{31}$
〔他〕 是 今 朝 来 〔的〕。

ne^{242} tsoʔ^5 kue$_{434}^{54}$ z̩ɿ$_{434}^{242}$ vəʔ^5 kua$_{434}^{54}$ e$_{434}$
〔你〕〔总〕 是 勿 乖 〔的〕。

但是用作强调词时有独立重音,并分读：

ne^{242} nin$_{23}^{213}$ tsho$_{21}^{54}$ li^{31} z̩ɿ^{242} ɦoʔ^2 no$_{213}$ vəʔ^5 z̩ɿ$_{24}^{242}$ ji$ʔ^2$ ne$_{213}$
〔你〕认 错 〔了〕,是〔我〕, 勿 是 〔他〕。

(11)"的"和"了" 通元方言中在用法上相当于"的"的 e 在任何场合都没有独立性。

ɦoʔ^2 no$_{213}$ e$_{434}$ ɕy^{54} ne^{242} viɔ^{25} dō^{242}
〔我〕 〔的〕 书 〔你〕 嫑 动。

ji$ʔ^2$ ne$_{213}$ e$_{434}$ ɛ^{242} tɕin$_{21}^{54}$ z̩ɿ$_{31}^{242}$ lɛ^{31} e$_{434}$
〔他〕 〔的〕 眼 睛 是 蓝 〔的〕。

gəʔ^2 pən$_{213}^{434}$ ɕy^{54} z̩ɿ$_{31}^{242}$ tsən^{54} tsɔ$_{31}^{54}$ ma^{242} e$_{31}$
〔这〕本 书 是 今 朝 买 〔的〕。

"了"有两种情况,用作词尾时表示"完成"以及预示即将发生的动作,在这种情况下没有独立性,和动词或前面的其他的词连读；用作语气助词时前面省略一个音节,变调时应加一个音节计算。

khaʔ^2 nin$_{21}^{31}$ lɛ^{31} li^{434}
客 人 来 了!（客人就要到了!）

khaʔ^2 nin$_{21}^{31}$ lɛ^{31} li^{31}
客 人 来 〔了〕。（客人已经来了。）

vɛ^{213} zoʔ^2 li$_{213}$
饭 熟 〔了〕。（饭快熟了。）

vɛ^{213} zoʔ^2 li^{31}
饭 熟 〔了〕。（饭已经熟了。）

tshəʔ^2 li$_{213}$
吃 了!（该吃了! 快吃了!）

tshəʔ^2 li^{31}
吃 〔了〕。（已经吃过了。）

词尾 li(本身不能独立,无原调)表示"将来"时和助动词"要"有密切关系；前面有"要",后面就不可能有语气助词 li^{31}：

ɦoʔ^2 no$_{213}$ iɔ$_{434}^{25}$ tɕhi^{25} li$_{42}$
〔我〕 要 去 〔了〕。

iɔ ^{25} ɕi ^{434} li$_{434}$
要 死 了！（讨死！）

（12）"有一个"和"有些"　"有一个"和一般动宾关系相同，"有"和数量词连读而和后面的名词分读（注意：修饰语和被修饰语是连读的）。

iu ^{242}‿kə $^{5}_{31}$ nin ^{31}　lɛ ^{31} dzin ^{31}‿ne $^{242}_{434}$
有 （一）个 人　 来 寻 〔你〕。

但是"有些"却和后面的名词连读：

iu ^{242} ɕin$_{31}$ nin $^{31}_{32}$ zɿ $^{242}_{31}$　tɕiu ^{434}　tshə ^{2} və $^{5}_{31}$ lɛ $^{31}_{32}$‿e$_{31}$
有 〔些〕人　 是　 酒　 吃 勿 来 〔的〕。

（13）"在"　通元方言中相当于普通话中的"在"的是 lə ^{2}，如：
ji ^{2} ne$_{213}$‿iɔ $^{25}_{434}$ zu ^{242}‿lə $^{2}_{21}$　zɔ̄^{31}‿lɔ̄^{434}
〔他〕 要 坐 〔在〕 床〔上〕。

ne ^{242} ɕy ^{54} pa ^{434}‿lə $^{2}_{434}$　dɛ ^{31} tsɿ $^{434}_{31}$ lɔ̄$^{2}_{32}$‿hɔ $^{434}_{31}$ li$_{32}$
〔你〕书 摆 〔在〕 柜 子 〔上〕好 〔了〕。

ne ^{242} lə ^{2}　　　ɦa ^{31} li$_{434}$
〔你〕〔在〕 〔那里〕？

但是也常说：

ne ^{242} lə ^{2}‿lə $^{2}_{213}$ ɦa ^{31} li$_{434}$
〔你〕〔在〕〔在〕〔那里〕？

可见 lə ^{2}（在）由于经常用作辅助成分，单独用作动词已使人不习惯，所以再加一个 lə ^{2} 在后面。

以上所介绍的现象仅仅提供参考，如果即刻由此作出肯定的结论，认为普通话也该如此，或者认为根本不能"比附"，恐怕都不合适，并且也违反了"参考"、"比较"的意义。

附　注

① 在本文中音节的右上角注原调，右下角注变调，原调不明的不注原调；音标下面注汉字，无汉字时在方括弧内注意义，难注意义时留一个空的方括弧；如注了汉字意义仍同普通话有很大出入时，在圆括弧内注释文；词与词之间连读用弧形连号来表示，如中间省去一个音节时，用两个弧形连号来表示。

（原载《中国语文》1959 年 8 月号）

海盐方言的存现句和静态句

1 现代汉语书面语的存现句

根据各家的意见(朱德熙 1982,李临定 1986,陈建民 1986),书面语的存现句指的是这样一类句子:
(1) a.床上躺着(一个)人　b.床上躺了一个人
(2) a.墙上挂着(一幅)画　b.墙上挂了一幅画
(3) 外边儿下着雨
(4) 蓝天上飘着(几朵)白云
(5) 家里来了(一个)客人
(6) 对面来了一个人
(7) 猪圈里跑了一头猪
(8) 屋里飞进来(了)一只蜜蜂

这类句子在语义上的共同点是表示"某处存在、出现或消失某种事物",在句式结构上的共同点是"名处＋动着/了＋名"。表示存在的一小类,如例(1)—(4),称为存在句;表示出现或消失的一小类,如例(5)—(8),有人称为隐现句。隐现句的动词只能带"了",不能带"着"。有人又把存在句分为两类,一类是静态存在句,表示持续的状态,如例(1)和(2),另一类是动态存在句,表示持续的动作,如例(3)和(4)。但是有人认为这两类只是句式结构表面上相似,实际不同;"床上躺着一个人"可以变换句式,说成"一个人躺在床上",可是"外边儿下着雨"不能说成"雨下在外边儿"。这两类句子实际不同,那么"外边儿下着雨"这一类句子还算不算存在句? 这一点没有明说。

各家都认为存在句的动词既可以带"着",也可以带"了",只是带"了"的话后面的名词一般要带数量词。

浙江海盐方言的存现句有确定的形式标志,并且全面区分动态句和静态句,所以和书面语的存现句作一番比较会有一定的参考价值。

2 海盐方言的存现句和静态句

2.1 海盐方言的存现句

海盐方言的存现句,不论是存在句还是隐现句,都有静态和动态的区分,并且有一致的形式标志。

静态存现句的句式是:名_处+动_起(+数量)+名+(落)霍

动态存现句的句式是:名_处+动_哩+数量+名

"起"是静态助词,"落霍"是一个半虚化的成分,相当于"在那儿",圆括号表示可以省略,"哩"相当于"了₁"(详见下一小节)。例如:

(9) a. 床浪眲起(一个)人(落)霍

　　b. 床浪眲哩一个人

(10) a. 墙头浪挂起(一张)画(落)霍

　　 b. 墙头浪挂哩一张画

(11) a. 屋里来起(一个)客人(落)霍

　　 b. 屋里来哩一个客人

(12) a. 猪棚里逃掉起一只猪(落)霍

　　 b. 猪棚里逃掉哩一只猪

(13) a. 房间里飞进来起一只蜜蜂(落)霍

　　 b. 房间里飞进来哩一只蜜蜂

海盐方言没有跟例(3)和(4)相对应的存在句,只能说成:

(14) 外头落霍_{在那儿}落雨

(15) 天浪云头落霍_{在那儿}走

海盐方言的存现句不表示持续的动作或动作的过程,静态存现句表示持续的状态,动态存现句表示动作的结果。像例(6)那样的句子可以有两个意思,一个意思是"对面那家人家或地方来了一个人",这就和"家里来了一个客人"相同;另一个意思是"从对面走过来一个人",和"迎面来了一个老头儿"那样的句子相同。前一个意思表示的是动作的结果,即"某处出现了某种事物";后一个意思表示的是动作的过程或持续的动作,即"从某处或以某种方式某种动作正在进行中"。海盐方言有相当于前一个意思的静态存现句和动态存现句(例(11)a.和 b.)。相当于后一个意思的句子是"前头来哩一个人"或"面对面来哩一个人"。这两种句子都没有相对的静态句。海盐方言的静态存现句必须落实一个静止的"某处","落霍"就是"在那儿",而"从对面"或"迎面"不表示静止的处所,表示的是某个出发点或方式,和"落霍"不相配;再者,这类句子表示的是动作的过程或持续的动作,跟静态助词"起"又不相容。

2.2 "起"和"落霍"

"起"只是一个同音字,和"起来"的"起"无关。作为静态助词,"起"不仅用于静态存现句,而且也出现在所有其余的静态句中。

"落霍"loʔhoʔ来源于介词"勒"_{在/到} ləʔ 和在海盐方言中从不单用的表示处所的hoʔ,在连用时 ləʔ 受 hoʔ 的影响同化为 loʔ,但是有时也还可以读成 ləʔ。"落霍/勒霍"和上海话的"拉_{入}海_{阴平}"laʔhE同源,用法基本相同,但不完全相同。

"落霍"的意思相当于北京话的"在那儿"。

"落霍"用在动词前面表示动作的持续,如:

(16)伊拉_{他们}落霍_{在那儿}吃饭

"落霍"在动词前面可以有"落霍""勒霍""落""勒"四种不同的变体。

"落霍"用在动词后面或句末有虚化倾向,表示状态的持续,同时表示处所。在这种场合的"落霍"往往省去"落",单说"霍"。这样,"落霍"在动词前后在语音上也出现了分化趋势。

2.3 海盐方言的静态句

静态句指的是动词带静态助词"起"的句子。静态存现句是常见的一种静态句,但是静态句不限于静态存现句。静态句最概括的句式结构是:(名+)动_{起}(+名)+(落)霍/(+勒)+名_{处}。例如:

(17)a. 人瞓起(勒)床浪
　　　b. 人床浪瞓拉哩
(18)a. 画挂起(勒)墙头浪
　　　b. 画墙头浪挂拉哩

(19) a. 客人来起(勒)屋里

b. 客人屋里来拉哩

(20) a. 蜜蜂飞进来起房间里

b. 蜜蜂房间里飞进来拉哩

(21) a. 人瞓起(落)霍

b. 人瞓拉哩

(22) a. 画挂起(落)霍

b. 画挂拉哩

(23) a. 客人来起(落)霍

b. 客人来拉哩

(24) a. 蜜蜂飞进来起(落)霍

b. 蜜蜂飞进来拉哩

(25) a. 伯伯转来回家起(落)霍

b. 伯伯转来拉哩

(26) a. 线断起(落)霍

b. 线断拉哩

(27) a. 伊拉买起两间房子(落)霍

b. 伊拉两间房子买拉哩

(28) a. 猫吃着起老鼠药(落)霍

b. 猫老鼠药吃着拉哩

例(17)—(20)和静态存现句有明显的句式变换关系。例(21)—(24)半虚化的"落霍"替代了实指的处所名词。例(25)—(28)和存现句没有联系。

和一般的静态句对立的动态句,不用相当于"了₁"的"哩",因为"哩"和"了₁"一样不能成句,所以得用相当于"了₂"的"拉哩"laʔli。"拉哩"用在句末,并且必须和动词衔接,因而在句子结构上就要有所调整,如果动词后面有名词,这个名词必须提前。

一般的静态句如果语义上许可,去掉静态助词"起"就成为祈使句,表示命令或安排,在这种场合介词"勒"不能省略,如:

(29) 画挂勒墙头浪 画挂到墙上去

(30) 画挂(落)霍 让画挂在那儿

(31) 鸡杀(落)霍 把鸡杀在那儿(客人一定会来的)

(32) 我拉买部水车(落)霍 我们买他一架水车在那儿(一定会有用的)

75

书面语的"画挂在墙上"可以是静态的,也可以是祈使句,是动态的。海盐方言的"画挂起(勒)墙头浪"和"画挂勒墙头浪"静态和动态分得很清楚。

3 书面语存现句和海盐方言存现句的比较

书面语的存现句和海盐方言的存现句在很多方面都是一致的。海盐方言存现句的特点是有确定的形式标志,有一贯的句式变换关系,因此有较强的系统性。但是,就存现句的范围和内部再分类这两点而言,海盐方言的存现句根据确定的形式标志划定的范围和内部再分类跟各家目前对书面语存现句划定的范围和所作的再分类有一些出入,试比较如下:

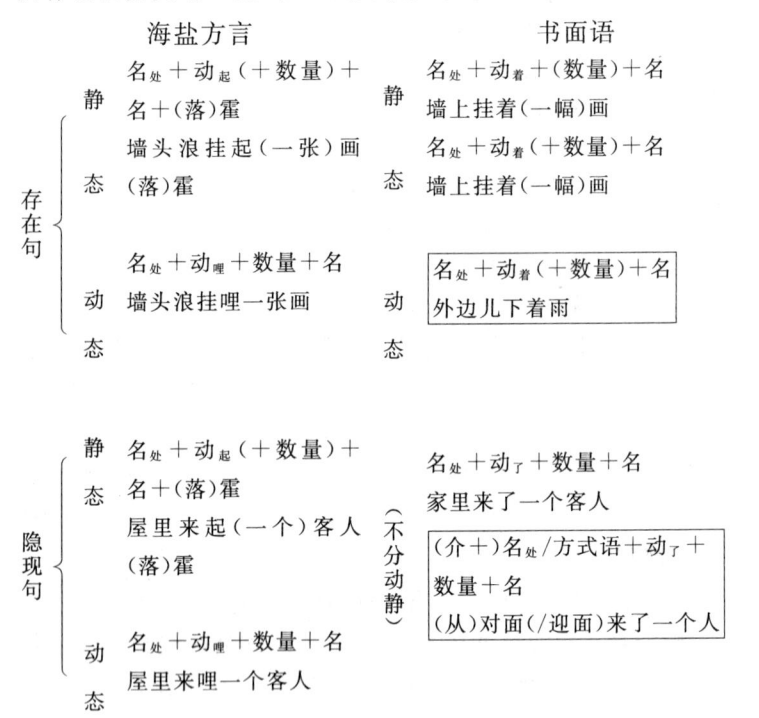

		海盐方言		书面语
存在句	静态	名$_处$+动$_起$(+数量)+名+(落)霍 墙头浪挂起(一张)画(落)霍	静态	名$_处$+动$_着$+(数量)+名 墙上挂着(一幅)画 名$_处$+动$_着$(+数量)+名 墙上挂着(一幅)画
	动态	名$_处$+动$_哩$+数量+名 墙头浪挂哩一张画	动态	名$_处$+动$_着$(+数量)+名 外边儿下着雨
隐现句	静态	名$_处$+动$_起$(+数量)+名+(落)霍 屋里来起(一个)客人(落)霍	(不分动静)	名$_处$+动$_了$+数量+名 家里来了一个客人 (介+)名$_处$/方式语+动$_了$+数量+名 (从)对面(/迎面)来了一个人
	动态	名$_处$+动$_哩$+数量+名 屋里来哩一个客人		

用方框框起来的这两类句子和典型的存现句在表面形式上相同或相近,但是实际上不同。书面语的存现句由于包括了这两类句子,不论是在句式结构方面还是在语义内容方面都显得有点

杂乱。参照方言材料,对书面语存现句作进一步探讨还是有意义的。

参考文献

陈建民　1986　《现代汉语句型论》,语文出版社。
李临定　1986　《现代汉语句型》,商务印书馆。
朱德熙　1982　《语法讲义》,商务印书馆。

(原载《中国语文》1988年第1期)

海盐方言的动态范畴

一 引 言

动态范畴研究是语法研究的一个重要课题。现代汉语的动态范畴研究虽然已经取得不少成就,但是还留下一些问题没有解决,如究竟有几个"了"的问题,"起来"和"下去"的虚化用法算不算动态范畴等,这些问题都还没有定论。方言动态范畴研究有助于解决现代汉语动态范畴研究中的一些疑难问题,因为有亲缘关系的方言之间尽管有差异之处,毕竟还有不少共同之处,可以相互参证。不过为了要进行有效的比较研究,首先要对足够数量的方言的动态范畴进行详尽的描写,否则比较研究就无从谈起。现在什么是动态范畴,汉语方言有哪些动态范畴,有哪些语法形式和相应的语法意义都还没有定论,因此方言动态范畴的研究在一开始不妨把尺度放宽一些,不要轻易放过一些似乎像又似乎不像动态范畴的现象。好在通过比较研究还可以进一步修正。如果只描写自己认为有定论的现象,就很可能遗漏了非常有价值的材料。方言动态范畴的研究也不是很容易的,也需要反复推敲,还需要通过比较研究和历史研究来校正,才能得出比较正确的结论。

二 海盐方言的动态范畴

(一)完成态

完成态的形式是动词或形容词带助词"哩₁"[₋li]/"仕"[ᶜzɿ],意义是动作或状态变化的完成,例如:

(1)倷吃哩/仕夜饭(勒)来别相 [你吃了晚饭来玩儿]
(2)等见哩/仕伊(勒)再讲 [等见了他再说]
(3)饭熟哩/仕末端出来 [饭熟了的话端出来]
(4)抱哩/仕小囡寻小囡 [抱了孩子找孩子]

完成态助词"哩₁"/"仕"只用在连动式前一个动词或形容词

后面(如例(1)(2))以及不能独立成句的分句动词或形容词后面(如例(3)(4)),相当于普通话的"了₁"。"哩₁"或"仕"表示动作或状态变化完成以后怎么怎么,所以常常跟表示动作先后顺序的结构助词"勒"连用(如例(1)(2))。

海盐方言没有相当于普通话"我吃了饭了"那样的句式,而只有相当于"我饭吃了"、"饭我吃了"这样的句式。在这两种句式中句末出现的是"拉哩"(见下文),而不是"哩₁"或"仕"。

现在多数海盐人用"哩₁","仕"已接近消亡。20 世纪 20 年代"哩₁"已经占优势,但是多数人还可以自由地用"仕"来替代"哩₁"。"仕"和上海话、苏州话的"仔"同源,都是上声字,只是清浊不同而已。嘉兴话也用"仕",可能海盐方言过去用的是"仕","哩₁"也许是后起的。但是为什么"哩₁"取代了"仕",现在还不清楚。

(二) 已然态

已然态的形式是动词或形容词后面带助词"拉"[laʔ₂],意义是申明动作或状态变化已经完成在那里,只用在定语小句中,另外拉[laʔ₂]还出现在复合的动态·语气助词中(见下文),例如:

(1) 昨日买拉噢东西有起鞋里? [昨天买的东西在哪里?]
(2) 辫是旧年造拉噢房子 [这是去年盖的房子]
(3) 房子是旧年造拉噢 [房子是去年盖的]

赵元任认为这个助词表示"申明有",相当于文言的"焉"。(赵元任 1928,127)

已然态"拉"年轻人已经很少使用,只出现在复合助词"拉哩"中,而有些地方"拉哩"中的"拉"也已经失落,只留下一下变调模式中的虚位。海盐方言的这个"拉"跟老上海话的"拉"同源,用法也相同,例如:

(4) 昨日买拉格东西拉拉啥地方?
(5) 狄个是旧年造拉格房子
(6) 房子是旧年造拉格

老上海话的这个"拉"是"在"的意思,"拉"是"拉海"[laʔ₂ hɛ](在那里)的简缩,所以用"拉"的地方可以用"拉海"去替代,例如:

(7) 昨日买拉海格东西拉拉啥地方?
(8) 狄个是旧年造拉海格房子

(9) 房子是旧年造拉海格

海盐方言现在表示"在"的动词或介词是"勒"[ləʔ],"在那里"是"勒霍"或"落霍","拉"在语感上和"勒霍"失去了联系,虚化成了助词。但是在海盐方言中用"拉"的地方仍然可以用"勒霍"或"落霍"去替代,例如:

(10) 昨日买勒霍/落霍嗷东西有起鞋里?
(11) 辂是旧年造勒霍/落霍嗷房子
(12) 房子是旧年造勒霍/落霍嗷

"买在那里的东西"、"盖在那里的房子"涉及的动作必然是已经完成了的,而"在那里"正是"申明有"的意思。

附:复合动态·语气助词"拉哩"[laʔ li]和"拉未"[laʔ miʔ]。

1. "拉哩"

"拉哩"用在句末的动词或形容词后面。"拉"是已然态的"拉","哩"是语气助词。"拉哩"相当于普通话句末的"了$_2$"。例如:

(1) 客人来拉哩　[客人来了]
(2) 衣裳汏好拉哩　[衣服洗得了]
(3) 昨日见过伊拉哩　[昨天见到过他了]
(4) 饭熟拉哩　[饭熟了]

"拉哩"的否定式是在动词或形容词前面加"勿曾",在某些乡镇的否定式中"拉哩"改用"着哩",这个"着"[zaʔ]不出现在肯定式中,也不出现在其他场合,并且处在消亡的过程中,来历还不清楚。否定式的例子如:

(5) 客人勿曾来拉哩　[客人还没有来]
(6) 衣裳勿曾汏好拉哩　[衣服还没有洗得]
(7) 昨日勿曾见过伊拉哩　[昨天还没有见到过他]
(8) 饭勿曾熟拉哩　[饭还没有熟]

海盐方言在这里和普通话很不相同:海盐方言的否定式中"拉哩"仍然出现,而普通话在动词或形容词前面用了"没"或"没有"以后,句末就不再出现"了$_2$"。这一点是很值得注意的。

在海盐方言中如果单用语气助词"哩$_2$",在这种场合必然要用高而长的句终语调,那就表示刚发生或即将发生的动作或状态变化,例如:

(9) 客人来哩！［客人来了！］
(10) 落雨哩！［下雨了！］
(11) 两家头打相打哩！［两个人打起来了！］
(12) 饭熟哩！［饭熟了！］

这里，普通话用同样一个"了$_2$"，在海盐方言中就有形式上的区别，一个是"拉哩"，一个是"哩$_2$"。另外，语序也有区别，用"拉哩"时宾语必须提前，用"哩$_2$"时宾语不一定提前，除非动词后面带补语。例如：

(13) 雨落拉哩　　［雨已经下了］
(14) 落雨哩！［下雨了！］
(15) 衣裳汰好拉哩　　［衣服已经洗得了］
(16) 衣裳汰好哩！［衣服洗得了！］

2."拉未"

"拉未"是"拉哩"的疑问式。"拉未"的"拉"经常脱落，脱落后仍然留下一个变调时起作用的虚位，因此仍然可以认为是"拉未"。"拉未"在老上海话中是"拉末"[laʔ₂ mE]，这个"末"有可能是"未"[miʔ]的音变。疑问式的例句如：

(17) 客人来(拉)未？［客人来了没有？］
(18) 衣裳汰好(拉)未？［衣服洗得了没有？］
(19) 昨日见过伊(拉)未？［昨天见到了他没有？］
(20) 饭熟拉未？［饭熟了没有？］

如果单用疑问语气助词"未"，就表示询问当前已经或即将发生某种动作或状态变化，句终同样用高而长的语调。例如：

(21) 客人来未？［客人来了没有？］
(22) 衣裳汰好未？［衣服洗得了没有？］
(23) 雨落未？［雨下了没有？］
(24) 饭熟未？［饭熟了没有？］

(三) 持续态

持续态的形式是"起"[˚tɕhi]加"(落)霍"[(loʔ₂)hoʔ₂]。如果动词后面有宾语，宾语插在"起"和"(落)霍"中间。如果动词后面是处所成分，就不用"(落)霍"而改用"(勒)＋处所成分"。"(落)"和"(勒)"都可以不出现，但是"(落)"不出现时留下一个变调虚位"(落)霍"变调时仍按两个音节计算；"(勒)"不出现时不留下变调

81

虚位。持续态的意义是动作或状态变化结果的持续存在。例如：

(1) 茶杯摆起(勒)台子浪　[茶杯放在桌子上]
(2) 台子浪摆起茶杯(落)霍　[桌子上放着茶杯]
(3) 钟挂起(勒)墙头浪　[钟挂在墙上]
(4) 墙头浪挂起只钟(落)霍　[墙上挂着一只钟]
(5) 客人来起(勒)屋里　[客人来在家里]
(6) 屋里来起客人(落)霍　[家里来了客人]
(7) 交关海盐人登起(勒)上海　[很多海盐人住在上海]
(8) 上海登起交关海盐人(落)霍　[上海住着很多海盐人]
(9) 皮球滚起(勒)床底浪　[皮球滚到了床底下]
(10) 床底浪滚起只皮球(落)霍　[床底下滚进去了一个皮球]
(11) 伊拉打伤起人(落)霍　[他们打伤了人]
(12) 伊㑚本人家打伤起(落)霍　[他被人家打伤了]
(13) 门开起(落)霍　[门开着][门开在那里]
(14) 灯亮起(落)霍　[灯亮着][灯亮在那里]

持续态是由"起"和"(落)霍"一起构成的。"起"表示动作或状态变化的过程结束并产生某种结果或状态；"(落)霍"表示这种结果或状态目前"在那里"。因此持续态同时有这两层意思。正因为这样，例(5)的普通话翻译不完全确切，而且也不太通顺。例(5)的确切意义是"客人到了家里"并且"现在就在家里"。例(13)和(14)的两种普通话翻译更说明了这一点。另外例(9)和(10)说明海盐方言和普通话动词带不带趋向补语的用法也不完全一致。

在祈使句中动词后面不能用"起"，但是可以用"(落)霍"。在这种情况下"(落)霍"的指代意义比较明显。如果改用"(勒)＋处所成分"，就完全没有虚化的迹象了。"勒"不论出现不出现，都是一个十足的介词。例如：

(15) 张画挂(落)霍！[(把)那张画挂在那里！]
(16) 张画挂(勒)墙头浪！[(把)那张画挂在墙上！]
(17) 门开(落)霍！[(把)门开在那里！]
(18) 灯点(落)霍！[(把)灯点在那里！]

在条件句中动词后面不用"起"而用"(落)霍"时表示假设的持续存在，例如：

(19) 衣裳买(落)霍作规有用场嗷　[衣服买在那里总是有用的]

(20) 灯开(落)霍伊倷困勿着　［灯开在那里他睡不着］［开着灯他睡不着］

在祈使句和条件句中动作或状态变化的过程实际上没有发生或者只是作为一种条件来泛论,所以不能出现表示动作或状态变化过程已经结束并产生某种结果或状态的"起"。在这两类句子中"(落)霍"都没有充分虚化。如果再考虑到持续态的主要形式是"起"的话,单用的"(落)霍"也许不能算是一种动态形式。

"(落)霍"还出现在另一种格式中,那就是形容词前后带表示程度高的状语,后面用"(落)霍"。这时候"(落)霍"相当于普通话中表示强调的"着呢"。例如:

(21) 灯蛮亮(落)霍　［灯亮着呢！］
(22) 外头热来吓煞(落)霍,嫑出去　［外面热着呢,别出去！］

这里的"(落)霍"近乎语气助词。普通话的"呢"有强调的意义,所以形容词不必带表示较高程度的状语。海盐方言的"(落)霍"只相当于普通话的"着",少一个表示强调的成分,所以在形容词前面或后面要带表示较高程度的状语。

海盐方言的持续态和四川方言的持续态有共同之处,如四川方言的下列例句:

(23) 桌子上放起茶杯在
(24) 这间教室空起在　　（张清源 1991,85—86）

这两个"起"大概有同源关系。四川方言句末的"在"也很可能是"在那里"的简缩。

海盐方言的"(落)霍"来源于介词"勒"和不单用的处所词"霍"。由于连用,"勒"受"霍"的影响,同化为"落"。上海话是"拉海"[laʔ ˬhɛ],"拉"是介词,"海"也是一个不单用的处所词,另见于"我海头"[我那里]、"侬海头"[你那里]。海盐方言有一个[ˬhɛ],也是阴平字,意思和上海话的"海"接近,见于"□ ɦɛ 边"[旁边]、"河□ ˬhɛ 头"[河边]、"缸□ ˬhɛ 浪"[缸口沿上]、"床□ ˬhɛ 浪"[床沿上]。可是现在海盐方言不说 [ləʔ ˬhɛ],而说 [ləʔ hoʔ],怎么变的不清楚。不过不管怎么说,"勒霍"、"落霍"和"拉海"的意思是"在那里",这一点是没有问题的。

（四）进行态

进行态的形式是在动词前面加助词"勒"[ləʔ̚]/"勒霍"[ləʔ̚ hoʔ̚]/"落"[loʔ̚]/"落霍"[loʔ̚ hoʔ̚],意义是某种动作正在进行中,例如:

(1) 伊拉勒/落(霍)吃饭　[他们在(那里)吃饭]
(2) 天勒/落(霍)落雨　[天在(那里)下雨]
(3) 心勒/落(霍)跳　[心在(那里)跳]
(4) 伊倷勒/落(霍)哭　[他在(那里)哭]

"勒霍"、"落霍"的意思是"在那里","勒"和"落"是简缩形式。这和北京话的"在那儿"简缩成"在"是一个道理。上海话的"拉海",同化为"拉拉"简缩成"拉",也是并行的虚化过程。

"在那里"是一个介词短语,用作状语,起指示作用,转而表示"正在进行中的动作"。"在"是"在那里"的简缩,有人认为可以看成副词。这样,不论是方言还是普通话,这种格式能不能算是一种动态形式就成问题。再者,汉语的助词至今为止发现的都是后置的,"在"和"勒/落"却都是前置的,能不能算助词也成问题。可是这种格式表示的意义在西方语言中倒可以是一种语法意义。看来这种问题需要进一步研究。

(五) 短时态

短时态的形式是动词的重叠式,单音节动词的重叠式是AA,双音节动词的重叠式是ABAB,不过严格说来两种重叠形式是一致的,因为设A=AB,那么AA当然是ABAB。短时态的意义是相对而言动作的时间较短。任何动态意义都有主观性,因此"短时"也不能用绝对的时量概念几分几秒来定义。例如:

(1) 我奴去去就来　[我去去就来]
(2) 辫本书借本我看看,一歇歇就还倷　[这本书借给我看看,一会儿就还给你]
(3) 台子浪收作收作,要吃饭哩!　[桌子上收拾收拾,要吃饭了!]

短时态的动词可以连用,但是这不等于有AABB和AABBCC那样的重叠式,例如:

(4) 两家头讲讲,笑笑,蛮热络　[两个人说说笑笑,很亲热]
(5) 才家做做,吃吃,讲讲,蛮开心　[大家做做(点心),吃吃(点心),说说(话),很高兴]

这些重叠式的动词仍然表示"一会儿",也就是"说一会儿话,笑一会儿,很亲热","大家做一会儿点心,吃一会儿点心,说一会儿话,很高兴"。

在海盐方言中短时态 AA 和动词加同根量词语音形式不同。在数词"一"不出现的情况下,留下一个变调虚位,所以"看(一)看"按三字调变调模式变调,而短时态"看看"按双字调变调模式变调。如果动词带完成态助词"哩₁/仕",数词"一"必须出现,也就是只有"看哩/仕一看"的形式而没有"看哩/仕看"这样的形式。所以海盐方言中,"看看"和"看(一)看"或"看哩/仕一看"分得很清楚,前者是动词重叠,后者是动词和同根量词。"看一看"的意思是"看一下",也就是一次动作过程的结束,时间可长可短,不过不可能太长。这样就和短时态很接近,只有细微的差别,例如:

(6) 本书本我看看,一歇歇还傸 〔这本书给我看看,一会儿还给你〕

(7) 本书本我看(一)看,作规还傸嗷 〔这本书给我看一看,一定还给你!〕

(8) 扫扫地又勿吃力 〔扫扫地又不累〕

(9) 扫(一)扫地又勿得了拉哩 〔扫一扫地又了不得了〕

短时态的例(6)和(8)强调时间短,动词加量词表示就这么"一次",在不同的上下文里有不同的言外之意。例(7)强调就看一下,不会把你的书吞没了,是一定会还给你的;例(9)是强调就扫了一回地有什么可说的。

但是这种"动+一+量"的格式中只出现数词"一",除非开玩笑说"看两看"、"看三看",正常情况下是不说的。这大概就是为什么不少人认为普通话的"看一看"和"看了一看"也是一种动词重叠式,再进一步就会认为这些也都是某种动态形式了。这个问题是可以讨论的,因为"看(一)看"这种形式在一定程度上是虚化了的。

(六)尝试态

尝试态的形式是动词后面加助词"看"[khəᵒ],如果动词后面有宾语或补语,"看"放在宾语或补语后面;用尝试态的动词在正常情况下要重叠,形成短时态和尝试态的共生现象。尝试态的意

义是试着进行某种动作,因为是试做,时间也相对而言是不长的。例如:

(1) 㧎只缸我奴来搬搬看 〔这口缸我来搬搬试试〕

(2) 㧎件衣裳侬穿穿看,合身哦?〔这件衣服你穿穿试试,合不合身?〕

(3) 让我去请请伊看,作兴肯来嗷 〔让我去请他试试,也许肯来的〕

(4) 侬吃吃㧎碗饭看,像煞馊拉哩 〔你吃吃这碗饭试试,好像馊了〕

如果动词本身是"看",就出现三个"看"字,例如:

(5) 㧎本书让我看看看 〔这本书让我看看(试试)〕

如果有对比,动词可以重叠也可以不重叠,后面加"看",例如:

(6) 㧎株笔勿好写,侬用(用)格株笔看 〔这支笔不好写,你用那支笔试试〕

如果动词后面接数量补语或用介词引导的补语,动词不重叠,后面加"看",例如:

(7) 我奴去请一埭看 〔我去请一次试试〕

(8) 困到露天去看,作兴风凉点 〔睡到露天去试试,也许凉快些〕

"看"表示尝试的用法,明代就有(胡明扬1989),但是直到现在也还没有完全虚化,一是可以和动词分开,出现在宾语和补语后面,二是并非在所有场合都失去重音。

普通话的动词重叠式,如"看看"相当于海盐方言中三种不同的形式,即短时态"看看",动词加"一"加量词"看(一)看"和尝试态"看看看",所以有人认为是"短时",有人认为是"微量",有人认为是"尝试"。

(七)连续态

连续态的形式是动词的四叠式AAAA,意义是动作连续反复进行,例如:

(1) 走走走走,到哩一个地方 〔走着走着(走啊走啊),到了一个地方〕

(2) 讲讲讲讲,讲勿落去拉哩 〔说着说着(说啊说啊)说不下去了〕

普通话"走着走着"、"说着说着"强调"正在做什么的时候,发生另一件事","走啊走啊"、"说啊说啊"强调"没完没了地做什么,后来发生另一件事"。海盐方言的连续态兼有这两层意思。

（八）起始态

起始态的形式是助词"起来",意义是动作、行为或状态变化的开始,或者表示假设,例如：

(1) 伊傛笑起来哩！［他笑起来了！］
(2) 面孔红起来哩！［脸红起来了！］
(3) 讲起来省力做起来难　［说起来容易做起来难］

这和普通话的"起来"一致。据房玉清统计在 1000 个常用动词中"能跟'起来'结合的动词占 83.6%,其中 79.7% 结合后表示动态,只有 3.9% 结合后表示趋向,可见在现代汉语里'起来'表示动态多于表示趋向。"（房玉清 1992）但是"起来"的动态助词身份还一直没有定论。还有"下去"（海盐方言是"落去"）有表示"继续"的虚化用法,该怎么处理更没有定论。

附："动 fa$_3^?$ 动 fa$_3^?$"

在海盐方言中数量有限的一部分动词可以加"发"[fa?]（"发"是同音字,无义）再按 ABAB 模式重叠,表示反复进行某种动作,例如：

(1) 傛勒袋里摸发摸发摸啥？［你在衣兜里摸来摸去摸什么？］
(2) 伊傛躯发躯发走过去吓伊拉　［他一小步一小步悄悄走过去吓他们］
(3) 走起路来宕发宕发摆足架子　［走起路来迈开八字步一步一摆地派头十足］

这和北京话的"扭搭扭搭"、"溜达溜达"、"捏咕捏咕"有相似之处,只是海盐方言中动词一般没有北京话动词这么多的附加语素。这似乎可以处理为动词后缀,但是重叠式不表示短时,而且"摸"、"躯"、"宕"都是独立的常用动词。如果处理成动态范畴,能这样用的动词数量很有限。恐怕只能通过比较研究才能最后确定如何处理。

三　余论

汉语方言的动态范畴还处在一个形成和发展过程中,虚化程度各不相同,而且彻底虚化了的不多,即使像海盐方言的"哩$_1$"和普通话的"了$_1$"都还有一点儿补语的味道。这就带来定性的困难,是虚化的动态形式还是虚化程度不高的语汇形式,就很难说一不二。看来还要通过比较研究,看看在不同方言中哪些总的说来已经虚化,哪些总的说来虚化程度较低,然后统一处理。

动态范畴的名称虽然是非实质性的问题,但是总要力求妥帖,这就并不容易。动词本身的语汇意义会在不同程度上影响动态范畴的意义(胡明扬1992),不同的动词小类使用同一动态范畴可能显示出很不相同的语法意义,不过如果是互补的而不是对立的,其实用什么名称都可以,名词术语之争是没有什么意义的。但是,如果是对立的,特别是形式也是对立的就应该分开。就海盐方言而言,"持续态"和"进行态"(如果能算一种动态的话)是对立的,所以分为两个不同的动态范畴。就普通话"动+着"而言,就要看"持续"和"进行"是不是对立的,如果并不对立,而是由于动词本身的语汇意义决定的,那就叫"持续态"或"进行态"或别的什么名称都行,只要把各种不同的用法描写清楚就可以了。

最后,方言用字问题也费斟酌,特别是方言比较研究。就个别方言来说,随便用一个同音字就可以,可是就比较研究而言,同源的虚词最好用同一个汉字,当然如果读音不同,应该注不同的读音。同源字考证也是一个大不易的问题。

参考文献

房玉清 1992 《实用汉语语法》,北京语言学院出版社。

胡明扬 1989 《西游记的助词》,《语言研究》第1期,54—66页。

胡明扬 1992 《语法意义和语汇意义之间的相互影响》,《汉语学习》第1期,1—6页。

胡明扬 1992 《海盐方言志》,浙江人民出版社。

张清源 1991 《成都话的动态助词"倒"和"起"》,《中国语言学报》第4期,84—100页,商务印书馆。

赵元任 1928 《现代吴语的研究》,北京科学出版社,1956年影印本。

(原载《汉语方言体貌论文集》,江苏教育出版社,1996年)

上海话一百年来的若干变化

一百多年来,特别是近三十年来,上海话发生了相当大的变化。在语音方面,声调从八个减到五个,甚至有向四个调发展的趋向;尖团音的区分趋于消失;有些韵母消失了或者归并了。在语法方面,代词系统发生了显著的变化;原有的助词系统动摇了。在语汇方面,大批方言特色比较浓厚的语汇消失了,越来越多的书面语语汇进入了口语。沿用从三四十年代起逐步形成的广播语言传统的上海人民广播电台的上海话在青年一代听来已经不像他们的"上海话",觉得"别扭",有的青年人甚至说:"电台浪讲格搭阿拉是两样格,有眼像苏州人、浦东人。"老一辈的上海人听起来很"标准",新一代的上海人已经感到"刺耳",变化就是这么显著。

语言总是在发展变化的,"变"是绝对的,但是上海话为什么在一百年来会发生这样大的变化呢?可以有各种不同的理论上的解释,不过最好还是分析一下具体的事实,这样做也许对于理论研究更有好处。

一

我们所谓"上海话"指的是上海市区的话。市区指的是南市、前公共租界和法租界、虹口、闸北等地区,不包括浦东、徐家汇等近郊区。"一百年来"则是从19世纪50年代算起的。为了比较上的方便,我们把这一百年分为三期:

第一期　19世纪50年代至20世纪20年代以前

第二期　20世纪20年代至50年代以前

第三期　20世纪50年代至60年代[①]

我们根据的主要资料有:艾约瑟的《上海方言语法》[②](以下简称"艾氏《语法》"),1928年赵元任的《现代吴语的研究》(以下简称《研究》),1941年布尔其瓦的《上海方言语法》[③](以下简称"布氏《语法》"),1960年出版的《江苏省和上海市方言概况》④(以下简称《概况》)。为了核对书面材料的可靠程度以及弥补语汇方面资料的不足,我们曾进行了一些调查。另外,我们还参考了一些县志和年鉴。

以下分别简述语音、语法、语汇三方面的变化。

(一)语音

1. 声母

(1) dz母的消失,第一期有dz母,基本上是古澄、床、从三母的字,杂有邪、禅两母的字,加"射、袖、习、循、绪、剩、辞"等。dz母到第二期就已经完全消失了。

(2) 尖团音区分的日趋消失。第一期尖团音的区分是严格的,只有一个"序"字作dzy,这可能是读书音有误。第二期这种区分已经不很严格,很多人已经不分尖团,第三期大多数人不分尖团,尖团音区分日趋消失。

(3) f/h(u)和v/ɦ(u)的游移。第一期f和h(u)、v和ɦ(u)分得很清,没有相混的痕迹。第二期《研究》说"旧派'h(u),f'常混(忽=拂),'w,v'常混(王=房),新派不大混"。第二期到40年代新派读音占上风,f和h(u),v和ɦ(u)基本上不混。第三期继续这种趋势,基本不混,但部分非市中心区的老本地人有混的现象,但是这种读音已有"浦东腔"之嫌。

2. 韵母

(1) ʅ韵的消失。遇摄合口三等知照组和日母字第一期韵母作ʅ如"书"和"诗"有别,"主"和"纸"有别。第二期据《研究》和布氏《语法》记音都仍然是ʅ,但是在40年代已经有很多人"书"和"诗"没有区别了。第三期"书"和"诗"同音,ʅ韵消失了。

(2) 前高元音鼻化残迹的消失。据艾氏记音,第一期还残剩一批轻微鼻化的韵母,即e~,ie~,ue~,ɛ~,iɛ~,uɛ~,ø~,yø~八韵。艾氏《语法》说:"n在e,ɛ,ø元音后面几乎听不见,但如果后一音节开头是一个稳定的辅音就可以听到'n',不过仍然只能听到一种轻微的鼻音。"⑤至迟在第二期开始,这种鼻化音的残迹已经完全消失了。

(3) e韵和ɛ韵的游移。第一期"雷=来≠兰"。第二期的主流是

"雷≠来＝兰"。第三期的主流据《概况》仍然是"雷≠来＝兰"。说"主流"也就承认有少数人有不同的读音,但毕竟是少数人。

(4) e 韵和 ø 韵的游移。第一期桓韵帮组字作-e,如"般、搬、盘、半、伴、瞒、满";仙韵知照组及日母字作-e,如"船、砖、传、转、串、扇、善、战、然";覃韵字作-e,如"南、男、贪、蚕、参、堪、敢、菴";另有一个盐韵字"闪"作 se,其余目前作-ø 的当时也已经是-ø 了。第二期旧派除覃韵精组字已作-ø 外,仍然是-e;但新派已一律是-ø。第三期的主流是-ø,但仍有一部分人作-e。

(5) ue 韵和 uø 韵的游移。第一期桓韵喉音声母字作-ue,如"官、恒、欢、缓、碗"等,换言之,"规＝官≠关"。第二期仍然是"规＝官≠关",但已出现"规≠官≠关"的读音,"官"读-uø。第三期据《概况》还是"规＝官≠关",也就是"官"作-ue,但实际上-uø 已相当普遍。

(6) uo 韵并于 o 韵。假摄合口见晓组字韵母第一期作-uo,如"花"等,仅"瓦"字作-o。到第二期 uo 韵就并于 o 韵。

(7) 麻韵二等字读音的划一。第一期有个别麻韵字读-ɔ,见于记录的有"下、夏、丫"和"几化"的"化"。1918 年刊的《上海县续志》也曾提到"又若几许、多许、邪许之许,读音语虞韵而语音皓号韵"。第二期以后这些字绝大多数都读-o 了。

(8) yø 韵和 y 韵的游移。元韵、先韵、仙韵合口喉音字和日母字第一期韵母是-yø。第二期仍然是-yø,但是 40 年代已有不少人读-y。第三期《概况》作-y,实际上读-yø 的人相当多。

(9) 从 ie~ 到 i。第一期的 ie~ 韵重音落在介音-i-上,鼻化消失后逐步变成第二期的 iɿ。《研究》作-ɿ,当即 iɿ。40 年代读 iɿ 读 i 都有。第三期 iɿ 韵并于 i 韵,"天"和"梯"就没有区别了。

(10) øy 韵的消失。第一期"罪、随、虽、税、岁、追、最、水、睿"的韵母作-øy,这显然是读书音。"罪"和"水"另作-e。"水"作 se 仍然是读书音。第二期读书音简化为-ø 或-e。第三期白话音占上风,"水"是 sɿ,其余作-e"岁"两读,se 或 sø,但是读 sø 的人越来越少。øy 韵本来是一个读书音的韵母,终于完全消失了。

(11) 从-yn 到-ioŋ(-yŋ)。臻摄合口三等喉音字韵母第一期是-yn。艾氏说:"n 在 y 后面和官话相同。"第二期据《研究》是-iŋ 或

91

-yŋ。四十年代白话音是-ioŋ，读书音是-yn。第三期同第二期。

（12）ioŋ韵的消失。第一期有一个"旺"字作 jioŋ。第二期已经读 wuə。ioŋ韵消失了。

（13）uoʔ韵的消失。艾氏记录两个 uoʔ韵字，即"榔"和"或"。第二期《研究》均作-oʔ。40年代"或"已作-uəʔ。第三期"榔"作 koʔ，"或"作 wuəʔ。

（14）eʔ韵的消失。第一期有 eʔ韵和 əʔ韵，如"末"作 meʔ，"德"作 təʔ。第二期据《研究》已合并为 əʔ韵，但布氏记音保留 eʔ韵。40年代实际上就主流而言已不分-eʔ和-əʔ，少数老派人分-eʔ和-ɕeʔ。第三期 eʔ韵消失了。

（15）øʔ韵和 yøʔ韵的消失。第一期记录"说"søʔ，"月"n̥yøʔ。但又记录"说"seʔ，"月"n̥ioʔ，可见-øʔ，-yøʔ是读书音。第二期后-øʔ归-əʔ，-yøʔ归-ioʔ。øʔ韵和 yøʔ韵完全消失了。

3. 声调

第一期声调艾氏有详细的文字描写，归纳如下（括弧内的五度标法是我们加的）：

  阴平 急高降(53) 阳平 低升(13)

  阴上 高平(44)   阳上 低平后升(113)

  阴去 急高升(35) 阳去 急低升(14)

  阴入 短高升(45) 阳入 短低升(12)

关于阳上调艾氏有几段说明。他说："本调包括一批读音不稳定的字。这些字有时读阳上，有时读阳去，"（原书第30页）"阳上调声母只有 l,m,ŋ,n,l 和清浊零声母。原属阳上的塞音和擦音声母正处于向阳去转化的过程中。"（原书第31页）关于阳上和阳去的调值艾氏也有一个注："阳去在描写上很难和阳上区分，因为两者都是低升调；不过阳上开始是平调，上升不多，而阳去则从低到高一直上升。"（原书第31页）

第二期据《研究》是七个或六个声调。在40年代一般只有六个或五个声调了。

第三期主流是五个声调，阴上和阴去合并，舒声阳调合而为一。

（二）语法

语法变化比较缓慢,我们仅就代词和助词系统的明显变化简述如下。下列各表中凡是没有发生变化的项目一概不列。

1. 代词的演变

(1) 人称代词

表一

分项 \ 分期	I	II	III
我	我	我	我,阿拉
我们	倷,我倷	倷,我倷	阿拉
你们	倻,侬倻罕? ⑥	倻	倻
他	伊,其罕 ⑦	伊	伊

(2) 指示代词

表二

分项 \ 分期	I	II	III
这个	第个 ⑧	第个	迭个,箇个
那个	伊个,故个	伊个,故个,哀个	伊个,哀个
这样	第能	第能,箇能	迭能,箇能
这样	实盖(能)	实盖(能)	实介能,箇能介

2. 助词

表三

分项	分期		例 句
过去时态助词"歇","过"	I	歇	忒伊话歇哉
	II	过	搭伊讲过才
	III	过	搭伊讲过才/搭伊讲过嘞
过去时态助词"过歇"	I	过歇	大戏看过歇
	II	过歇/过	大戏看过歇/大戏看过
	III	过	大戏看过
列举结构助词"咾"	I	AB咾	A.猪咾羊咾马咾 B.我咾侬
	II	A咾B咾/搭	A.猪咾羊咾马咾 B.我咾/搭侬
	III	A咾B搭	A.猪咾羊咾马咾少 B.我搭侬
原因结构助词"咾"	I	咾	生病咾勿来上课
	II	咾	生病咾勿来上课
	III	咾罕	伊生病咾勿来/伊生病,所以勿来

93

(续表)

分 项	分 期	例 句
比拟结构 助词 "能"	I	像小囡能
	II	能/一样	像小囡能/像小囡一样
	III	一样	像小囡能少/像小囡一样
疑问语气 助词 "曼","末"	I	曼	饭好曼？
	II	末/嘞哦	饭好末/饭好嘞哦？
	III	嘞哦	饭好嘞哦？
语气助词 "哉(才)"	I	哉	饭好哉
	II	才(哉)	饭好才②
	III	才/嘞	饭好才/饭好嘞⑩

（三）语汇

语汇的变化最为显著,随着社会的发展和普通话的推广,大批旧的语汇消失了,大批新的语汇产生了；方言色彩较浓的语汇,逐渐被普通话书面语所取代。就是比较稳定的常用的基本语汇也有所变化。这里举的例子限于常用语汇。

表四

释 义 \ 分 期	I	II	III
干净	葛列	干净	干净
偷看	睃 su	—	
说坏话	话坏	讲坏话	讲坏话
拿	担 tɛ	拿 nɛ	拿 nɛ
说	话	话/讲	讲/话
起初	暴 cə	暴少	—
手巧	ɕiatsa⑪	ɕiatsa	ɕiatsa少
能干,健康	健 dʑia	健	健少/能干
回家	归 tɕy	转来	转来
还没有	勿曾	勿曾/吭没	吭没
好几个	多 ta 个	多个/—	—
许多	多化	多化少/交关	交关
非常	邪气	邪气	老/邪气
原来	本底子	本底子/本来	本来
胖	壮	（成年人)壮/胖	胖

94

(续表)

释义＼分期	I	II	III
小时候	小坯里	小辰光	小辰光
什么地方	啥场化	啥场化/啥地方	啥地方
爱人	娘子	家主婆/太太	爱人
电影	—	影戏	电影
坏	—	怀 tɕ'iɤ	坏/怀
现在	—	迭歇/现在	现在
每天	日逐	日逐/每日天	每日天/每天

有些常用语汇的意义发生了相当大的变化，如"嗲"在三四十年代只是"嗲声嗲气"的意思，目前已演变为"好"的意思，类似北京土话的"棒"。某个学生品学兼优，可以说"迭个人真嗲!"又如"灵"在三四十年代只是"有效"和"灵验"的意思，现在相当于"好"，和表示程度的"老"结合成"老灵"，成了新一代的口头禅。

二

语言在实际上只是无数基本相同而又不完全相同的个人语言(idiolect)的综合和抽象，个人语言之间的差异就意味着变异。语言又是后天获得的，在传习过程中又会产生差异，这种差异同样孕育着变异。因此，语言总是不断地发展变化的。但是这种发展变化一般是很缓慢的，在一代人的时期内，往往是很难觉察的。在较短的历史时期内发生显著的变化，则往往是和重大的社会变革，诸如人口的流动和混合等因素有关的，这些社会因素对语言发展变化的自然趋势起到了推波助澜的作用。我们认为上海话一百多年来之所以发生了显著的变化，根本原因就在这里。

上海这个地方在唐代初年还只是一片渔村。宋置上海镇。元至元二十七年(1290)置上海县。清雍正朝(1723—1735)分出南汇、川沙后就大致成了解放前上海市的规模。当时的人口才48000余人。1843年上海辟为通商口岸，1845年起辟租界。19世纪后半期起上海人口迅速增长，20世纪增长更为迅速：1910年总人口为128万，到1950年即增至498万。

上海人口的迅速增长主要是由于外地人口的不断流入。据1934年上海市和前公共租界户口籍贯统计，各地人口比例是：

表五

本市	江苏	浙江	广东	其他
25%	39%	18%	2.5%	15.5%

江苏人当以苏南吴语区人为主。假定苏北及苏南非吴语区人为9%，则吴语区人为30%。加上浙江吴语区人，说吴语的人共占25+30+18=73%。这个比例大致是符合实际情况的。

上海话本应该是上海人说的话，但是"上海人"却很难确定，因为每三个"上海人"里面只有一个是真正的上海人，倒有两个不是地道的上海人，可是根据上海的具体情况来看，又不得不承认这两个也是"上海人"。这些外来的"上海人"操各种不同的方言，对上海话施加各种不同的影响。比如从苏南、浙西来的人，他们在语言系统和生活习惯上和本地人基本一致，他们只需要在语汇方面作个别调整就可以保证交际。他们一住十几年就觉得自己也是上海人了。他们的子女，有的一口上海话，有的还能讲几句家乡话，更多的是分不清哪是上海话、哪是他们父母的家乡话。这新一代自认为上海人，本地人也承认他们是上海人。可是他们的上海话并不十分纯粹，不过这些差异是那么细微，一般人很少注意。一个"上海人"说 tsi,ts'i,si，另一个"上海人"说 tɕi,tɕ'i,ɕi 并不妨碍交际；一个说 kue（官），一个说 kuø，一个说 dʑY（"权"），一个说 dʑyø、一个说"迭个"，一个说"挨个"，大家都懂，也弄不清哪是"道地"的上海话。其他地区的人一到上海，把真正的上海人和这些新上海人一律当做上海人看待，向他们学习上海话。新老上海人又联合起来向他们的子女传授新一代的上海话，上海话就这样"杂"了，这就大大加快了变异的速度。⑫

为了了解苏南和浙江吴语对上海话的影响，以下我们选择了最初和上海话比较接近的浦东以及苏州、松江、嘉兴、湖州、宁波、绍兴七个点的有关语音资料作一比较⑬（见表六）。

以上资料说明上海话在语音方面是在其他吴语方言的影响下向着吴语方音最大公约数的方向发展的。很多游移不定的现象也可以从中找到说明。个别问题很有启发意义,可以简单地提一提。

从上海话本身来看,ie→iɪ→i 和 yø→ʏ 是并行的、合乎规律的。但是从其他吴语方言来看,-yø 型却占优势,因此很有可能上海话将来不一定就是-ʏ。问题当然不是上海话从 yø→ʏ,又从 ʏ→yø,那样是说不通的。事实上,就具体的"人"来说,他或者说-ʏ,或者说-yø,并没有倒退回去的问题,问题是将来哪一类个人语言占优势。从 ie→iɪ→i 是在第二期完成的,当时得到了像苏州话这样有影响的方言的支持,已经"定"下来了,但是从 yø→ʏ 的变化却得不到大多数吴语方言的支持,因此就要出问题。

f 和 h(u),v 和 ɦ(u)在第一期分得很清,第二期初期有混的现象,四十年代以后又不混了。这在"音理"上是怎么也解释不了的。关键还在具体的"人"身上。上海市大发展的初期,郊区人口大量流入城市,他们大都不分 f 和 h(u),v 和 ɦ(u),所以出现了混的现象。第二期后期苏南人和浙江人占了优势,他们是分 f 和 h(u),v 和 ɦ(u)的,所以又趋于分了。由此可以看到,如果缺乏有关的社会资料,单纯从音理上去分析,我们将会陷入什么样的困境。

声调简化的趋势一方面是上海话原有声调系统的特点决定的,三个舒声阳调十分接近,另一方面大量外地人流入上海,很难区分这三个舒声阳调,就加快了合而为一的步伐。

表六

地区\字例\声韵	上海 I	上海 II	上海 III	浦东	苏州	松江	嘉兴	湖州	宁波	绍兴
声母 从,济,亲,西	dz ts 等	z ts 等	z ts 等	z ts 等	z ts 等	z ts 等	dz tɕ 等	dz tɕ 等	dz tɕ 等	dz tɕ 等
夫,火	f,h	f,h	f,h	f,f	f,h	f,f	f,h	f,h	f,f	f,h/f
符,胡	v,ɦ	v,ɦ	v,ɦ	v,v	v,ɦ	v,v	v,ɦ	v,ɦ	v,v	v,ɦ/v
书	ʮ	ʮ/l	l	y	ʮ	y	ʮ	l	ʮ	y
韵母 雷,来,兰	e,ɛ,ɛ̃	e,ɛ,ɛ	e,ɛ,ɛ	e,ɛ,ɛ	ɛ,ɛ,ɛ	e,ɛ,ɛ	e,ɛ,ɛ	ɵɣ,e,e	ei,e,ɛ	ɛ,ɛ,ɛ̃
半,看	e˜,ø˜	e/ø,ø	ø,ø	e˜,ø˜	ø,ø	e,ø	e,e	e,e	ũ,ɪ	ø,ẽ
关,官	uɛ˜,uẽ	uɛ,ue	uɛ,ue	uẽ,uē	uɛ,uø	uɛ,ue	ɐn,uɐn	ue,ue	ue,ū	uɛ̃,uø
华,沙	uo,o	o,o	o,o	uo	o,o	o,o	ɔ,ɔ	u,u	uo,o	uo,o
县	yø˜	yø/ɣ	ɣ	yø̃	iø	yø	yɐ	l	y	iø
先	ie˜	ii/i	i	i	ii	i	ie	l	i	ie
君,允,穷	yn,yn, ioŋ	iŋ,iŋ, ioŋ	ioŋ,ioŋ, ioŋ	yø,ioŋ, ioŋ	yn,yn, ioŋ	yeˉ,iuŋ, iuŋ	yen,yen, ioŋ	iɐn,iɐn, ioŋ	yŋ,yŋ, yoŋ	iø,iø, iuŋ

98

(续表)

地区 例字 声韵 韵母	上海 I	上海 II	上海 III	浦东	苏州	松江	嘉兴	湖州	宁波	绍兴
郭,木	uoʔ,əʔ	oʔ,oʔ	oʔ,oʔ	əʔ,oʔ	oʔ,oʔ	əʔ,oʔ	oʔ,oʔ	uʔ,uʔ	əʔ,oʔ	ouʔ,ouʔ
末,德	eʔ,əʔ	əʔ,əʔ	əʔ,əʔ	eʔ,əʔ	əʔ,əʔ	əʔ,əʔ	əʔ,əʔ	əʔ,əʔ	æʔ,æʔ	eʔ,əʔ
说,血	øʔ/əʔ, yøʔ	ioʔ, əʔ/ioʔ	əʔ,ioʔ	œʔ,yøʔ	əʔ,yøʔ	əʔ,ioʔ	əʔ,yøʔ	eʔ,ieʔ	yeʔ,yøʔ	øʔ,ioʔ

(注:表中音标个别与根据的材料稍有出入,主要是为了便于印刷和对比。)

99

语法方面的情况和语音不完全相同。指示代词有向"吴语普通话"发展的趋势。人称代词一直很稳定,在40年代"阿拉"仍然是典型的宁波话。但是在50年代很快"阿拉"就替代了"我伲",甚至有替代"我"的劲头。同一时期"老"替代了"邪气"。宁波话的影响迅速增长是一个原因,但是也可以考虑上海大都市的特点。在上海,可以在几天之内非常多的人突然都围上泡沫塑料围巾,"流行语"的传布也同样迅速。当然,还可以有更合理的解释。

助词系统的趋向是由繁到简,并且显现出书面语的影响,如"因为"、"所以"、"假使"等书面连词进入口语,取代了原有的结构助词"咾"和"嘞"。

语汇方面的演变规律又和语音、语法都不相同。它的特点是方言特色浓厚的语汇日益消失,普通话书面语语汇日益增多。一些和家庭生活密切相关的方言语汇,年轻一代已经不大能说了。他们的语汇大部分不再是在家庭生活中向父母学习,而是在小学、中学向老师、向书面语学习,越来越靠近普通话。

上海话一百多年的变化说明,语言演变的因素是多方面的,错综复杂的,而社会因素应该认为是一个很值得重视的侧面。

附 注

① 本文原作于1967年。

② Joseph Edkins: *A Grammar of Colloquial Chinese, as Exhibited in the Shanghai Dialect*, 1853, Shanghai。艾氏原用自己设计的音标记录上海话,我们改用国际音标。

③ A. Bourgeois: *Grammaire du dialecte de Changhai*, 1941, Imprimerie de T'ou-sè-wè。

④ 参见《江苏省和上海市方言概况》,江苏人民出版社,1960年版。

⑤ 参见艾氏《语法》,57页。

⑥ 艾氏《语法》记录了"俰"和"侬俰"两种形式,但例句中一律用"俰"。

⑦ 同治《上海县志》方言条说:"又谓自称'我侬',称人曰'渠侬',亦皆郡城语,邑人则但称我与渠而已。"艾氏《语法》在例句中有用"其"的,而在代词一章中只记录"伊"。

⑧ "第个"的"第"及其他第一、二期用字一律据原有资料用字,下同。

⑨ "哉"tse,"才"ze是同一助词在不同的语音环境中的清浊变读形式,这是吴语方言语音的常见现象。

⑩ 1958年出版的《上海人学习普通话手册》有这样的上海话例句"伊饭吃过了,侬饭吃过了呒没?"

⑪ ɕiatsa无常用字可写,艾氏和布氏所用汉字笔画太繁,不便刻铸,故不用。

⑫ 一般说来,亲属关系越近,越容易混合,影响越大。例如,说法语的诺曼人占领英国几个世纪,没有能动摇英语的代词系统,而少数北欧的日耳曼人只是在一个时期入侵英国沿海地区,却使英语的代词系统发生了变化。

⑬ 浦东、松江、嘉兴、湖州、宁波五个点根据《研究》,苏州根据袁家骅等的《汉语方言概要》,绍兴根据王福堂的《绍兴话记音》(载《语言学论丛》第三辑)。

(原载《中国语文》1978年第3期)

北京话的称谓系统[*]

0 引言

0.1 每一种语言或方言的称谓系统都有浓厚的民族特色、地方特色和时代特色。在发生巨大的社会变革的时期,称谓系统也会随之发生急骤的变化。[①]

北京话的称谓系统和普通话有所不同。本文记录的是20世纪70到80年代北京汉人的称谓习惯。

0.2 称谓系统大致可以分为两类:一类是亲属称谓,一类是社交称谓。"亲属"包括同姓的"本家"和外姓的"亲戚"。亲属称谓的地方特色很浓。久居北京的外地人,社交称谓和北京人相同,但是亲属称谓仍可能保留原籍方言的特色。社交称谓的时代特色很浓,解放前后北京的社交称谓截然不同,而近年来随着社会的发展和某些制度的改革,社交称谓又在发生变化。

1 亲属称谓

1.0 以下用书面语做本项,后列北京话的称谓形式。称谓形式又分面称和背称两种。面称是指当面的称呼;背称是指不是当面的称呼,但不是指被称呼者一定不在场时的称呼,如向别人介绍自己的父亲,虽然父亲在场,但不是直接称呼父亲本人,而是向别人作介绍,因而是背称,不是面称。

面称最能反映方言特色,背称除了使用当地方言的语词外还经常使用书面语,如北京话背称外祖父是"姥爷",但是也使用书面语"外祖父",乃至"外公"。

---

[*] 本文曾在1981年1月号《中国语》发表过,这次重印作了修改。

在社交场合过去还有敬称和谦称,如称对方的父亲为"令尊",称自己的父亲为"家父"、"家严"等。解放以后这类称谓基本上已经不使用了,但是在大力提倡使用礼貌语言的情况下,其中某些称谓也有可能再次启用。敬称和谦称使用旧书面语。因此全国一致,没有方言差别。本文将不涉及旧式的敬称和谦称。

1.1 根据不同的亲疏关系,不同的场合,在北京使用三种不同的语体,即在亲朋之间使用家常语体,用北京话,在一般社交场合使用社交语体,用普通话,在特别隆重的场合使用正式语体或典雅语体,一般是直接用书面语。

1.1.1 父亲

面称:爸,爸爸少。

背称:爸爸,爸;父亲。

按:在文艺作品和电影中使用普通话的"爸爸",目前北京话使用得比较普遍的是单音节的"爸"。"父亲"是书面语。在北京话和书面语之间一律用分号";"隔开,以资区别。张寿康同志认为,根据他个人的了解,解放前面称父亲用"爸爸",这些人现在都起码四十岁以上了;年轻人,包括三十多岁的人,现在面称父亲用单音节的"爸";相应的背称是"我爸爸"和"我爸"。

1.1.2 母亲

面称:妈。

背称:妈,妈妈少;母亲。

按:张寿康同志说,母亲从来称单音节的"妈",背称同面称。背称称"妈妈"的是少数娇惯了的小儿女;又说,过去城内称继母或庶母为"娘"。

1.1.3 祖父

面称:爷爷。

背称:爷爷;祖父。

1.1.4 祖母

面称:奶奶。

背称:奶奶;祖母。

1.1.5 曾祖父(母)

面称:老祖。

背称:老祖(老祖奶奶);曾祖父(母)。

按:目前四世同堂的情况已很少见,因此曾祖一辈一般不再分性别,统称"老祖儿",必要时才分性别,称曾祖母为"老祖奶奶"。汉人称外曾祖父母为"祖姥爷"、"祖姥姥",旗人有的不分内外,都称"老祖儿"、"老祖奶奶"(如徐仲华同志)。

五世祖有称"老太爷"、"老老祖儿"等的,目前更不常见了。

1.1.6　外祖父

面称:姥爷。

背称:姥爷;外祖父。

按:"姥"是俗写,也有径写为"老"的。

1.1.7　外祖母

面称:姥姥。

背称:姥姥;外祖母。

1.1.8　伯父

面称:大爷。

背称:大爷;伯父。

按:如果有几位伯父,除大伯父称"大爷"外,其余的按排行称"二大爷"、"三大爷"等。亲属称谓中凡有排行的都这样称呼,如"二叔"、"三婶儿"、"四弟"、"五妹"等。排行第一的是"大",如"大哥"、"大姐"等。排行最后的称"老",如最小的姑姑是"老姑",最小的叔叔是"老叔儿",也可以说"老婶儿"、"老姨儿"、"老舅"、"老舅妈"、"老姨夫"、"老姑夫"等。以下不再一一注明。

1.1.9　伯母

面称:大妈。

背称:大妈;伯母。

按:"大妈"的"妈"在面称时有重音,背称时读轻声。

1.1.10　叔父

面称:叔儿。

背称:叔儿;叔父。

按:张寿康同志说,三、四十年前称"叔"为"爹",如"二爹"、"三爹"等,称"姑"为"娘儿",如"二娘儿"、"三娘儿"等。

1.1.11　叔母

面称:婶儿。

背称:婶儿;婶母。

1.1.12　姑母

面称:姑姑,姑妈(二姑、三姑等)。

背称:姑姑,姑妈;姑母。

按:单独一个姑姑称"姑姑",已婚的称"姑妈",过去也有称"娘儿"的。一般都有排行,称"二姑"、"三姑"等。少数人称未婚的姑姑为"姑爸",已婚后称"姑妈"。已婚女子回娘家时尊称为"姑奶奶"。凡重叠双音节的称谓加排行时都省去一个音节,如"姑姑"加"二"成为"二姑","弟弟"加"三"称"三弟"等,以下不再一一加注。

1.1.13 姑夫(父)
面称:姑夫。

背称:同面称。

按:"夫(父)"轻声。

1.1.14 舅父
面称:舅舅。

背称:同面称;舅父。

1.1.15 舅母
面称:舅妈。

背称:舅妈(轻声);舅母。

1.1.16 姨母
面称:姨儿。

背称:同面称;姨母。

1.1.17 姨夫(父)
面称同背称:姨夫(父)。

1.1.18 哥哥
面称同背称:哥哥,哥(或大哥、二哥等),称名。

按:现在的年轻人大多用单音节的"哥"或称名。

1.1.19 嫂子
面称同背称:嫂子。

1.1.20 姐姐
面称同背称:姐姐,姐。

1.1.21 姐夫
面称同背称:姐夫。

1.1.22 弟弟
面称同背称:称名,称"老儿"(老二、老三等),兄弟,弟弟。

按:新派称"弟弟",老派称弟用排行加"兄弟",如二兄弟、三兄弟等。

1.1.23 弟妇
面称:妹妹,弟妹。

背称:弟妹,兄弟媳妇。

1.1.24 妹妹
面称同背称:称名,妹妹。

按:现在的年轻人背称也常用单音节的"妹"、"我妹"。

1.1.25 妹夫

面称同背称:妹夫儿。

1.1.26 儿子

面称:称名

背称:〔老派〕儿子,小子ㄦ,大孩子、二孩子等;
〔新派〕儿子,孩子。

按:称名一般称小名,儿化,但也有称学名的。背称老派也有称"学生"的。面称和背称新派、老派也有称"老几"的。

1.1.27 儿妇

面称:称名,姑娘。

背称:儿媳妇儿。

女子在夫家对夫家亲属面称随丈夫。

女子背称丈夫的父亲为"公公",母亲为"婆婆";背称丈夫的哥哥为"大伯(bǎi)子",弟弟为"小叔子",姐姐为"大姑子",妹妹为"小姑子"。

1.1.28 女儿

面称:称名或径称"丫头"、"姑娘"。

背称:〔老派〕闺女;丫头;〔新派〕闺女;女儿。

1.1.29 女婿

面称:称名,姑爷(敬称)。

背称:姑爷;女婿。

男子在妻家对妻家亲属面称随妻子。

男子背称妻子的父亲为"老丈人;岳父",母亲为"丈母娘;岳母";背称妻子的哥哥为"大舅子",弟弟为"小舅子",姐姐为"大姨子",妹妹为"小姨子"。

1.1.30 侄儿

面称:称名。

背称:侄儿;侄子。

女子背称娘家侄儿为"内侄"。

1.1.31 侄妇

面称同儿妇。

背称:侄儿媳妇儿。

其余晚辈媳妇背称仿此。

106

1.1.32 侄女

面称同女儿。

背称:侄女儿。

1.1.33 外甥

面称同侄儿。

背称:外甥。

1.1.34 (外)孙子

面称:称名,称小名。

背称:(外)孙子。

1.1.35 (外)孙女

面称:称名,称小名。

背称:(外)孙女儿。

1.1.36 夫妻互称

面称:〔老派〕尽可能不用面称,用"欸!"等叹词或"孩子他爸(妈)"等代用语称呼;〔新派〕称名,称姓名,称老张、小李等。

背称:〔老派〕"孩子他爸(妈)","我们那口子"等代用语;老伴儿;老头儿;〔新派〕爱人;老伴儿;老头儿。

2 社交称谓

2.0 在社交活动中由于人和人之间的关系不同,交际对象不同,亲疏不同,社交场合不同,使用不同的称谓。社交活动可以大别为三类:一类是家常社交活动,也就是在关系比较亲近的熟人之间,如在邻里、战友、同事、同学、近友之间的社交活动;一类是事务性或一般的社交活动,也就是因某种事务在不很熟悉、初次见面的人之间的社交活动;一类是比较隆重的社交场合,也就是在会议、宴会、典礼等隆重场合的社交活动。

2.1 家常社交称谓

在关系密切的邻里、战友、同事、同学、近友的家庭成员之间往往互相使用亲属称谓。越是全面系统地使用亲属称谓,越显得"亲如一家"。在男性长辈中分出"大爷"、"叔叔",甚至分出不同排行,这就和本家人没有区别了,这是最亲近的称谓方式。

老派的社交活动范围比较窄,限于亲友之间,因此尽可能采用亲属称谓。新派的社交活动范围比较广泛,较少使用亲属称谓,更多地使用家常社交称谓。

2.1.1 家常社交称谓可以分通称和敬称两种形式。

2.1.1.1 通称

(1) 当事人之间

a. 称名。

b. 称姓名。

c. 称老张、小李等。

d. 称职务,如张老师、李师傅等。

从 a 到 d 依次从亲到疏。年轻人中间也有称"小×ᵣ(×取名字中后一字为常)"的,如"小柱ᵣ"、"小娟ᵣ",那是一种昵称,恋人之间在书面有单称名字中的一个字(以后一字为常)的,但在口语中少见。似乎有一条不成文法,称呼用的"字"越少就越显得亲密。

"老张"、"小李"的"老"和"小"都是相对的,可以有五十岁的"小董",二十岁的"老张",要看使用这一称呼的人的相对年龄。对同一年龄的人用"小"表示亲切,用"老"表示一定程度的尊敬。对妇女一般不宜称"老"。

(2) 晚辈对长辈

a. 长一辈

男:〔老派〕大爷,叔叔(根据对方不同的年龄来选择);〔新派〕叔叔。
女:〔新派〕阿姨。

"叔叔"是解放后流行起来的一种社交称谓。可能起源于"解放军叔叔"。这是一个不太妥善的称谓。让孩子称比自己年龄大的人为"叔叔",这实际上是不礼貌的。在南方流行的是"伯伯"(也不论年龄,"伯伯"可以比父亲年纪小),这比较礼貌。北京老派分"大爷"和"叔叔"最为妥善。

b. 长两辈

男:爷爷,老爷爷。
女:奶奶,老奶奶。

"爷爷"和"老爷爷","奶奶"和"老奶奶"不完全是年龄差别,而有亲疏之分,用"老"字的比较疏远。

(3) 长辈对晚辈

a. 称名。

b. 称姓名,称名。

(4) 称呼对方配偶

a. 称姓名。

b. 称职务,如张老师、李师傅等。

c. 〔老派〕大嫂。

2.1.1.2　敬称

(1) 对工人的敬称

a. 某师傅。

b. 某头儿。

称授业的师父一般不带姓,直称"师傅"。

(2) 对干部的敬称

a. 某某某同志。

b. 称职衔,如张科长、李主任等。

"某某某同志"和"某同志"不同。"某同志"限于称呼不熟悉的人(往往不知道对方的名字),"某某某同志"在这里是称呼熟悉的人,加"同志"是表示尊敬,表示不直呼其名。除此以外还有"某某(名)同志"这种称呼,表示亲切和同志友谊;长者用这种称呼来称呼晚辈是表示既亲切又礼貌。

本单位的下级称呼上级用职衔时可以不带姓。称职衔在熟悉的人中间不宜提倡。

(3) 对知识分子的敬称

a. 某某某同志。

b. 称职务,如张老师、李大夫等。

c. 某先生。

"先生"在解放初期是对民主人士、旧学校教师的敬称,在革命队伍内部不是一种敬称。近年来,"先生"正逐步成为知识界,特别是学术界的一种敬称(无性别区分)。

学生称呼授业老师时可以不带姓,直呼"老师"。

实行职称制度后,社交称谓可能会发生一些变化。就目前而言,称职称的限于工程技术人员,如"张工程师","张总(工程师)","李技术员"。"教授"等职称还极少用作称谓(在写初稿时情况如此,现在已经用得很多了)。

(4) 对长者的敬称

a. 某老(取姓或取名字中的第一字)。

b. 某某老(取姓和名字中的第一字)。

例如称呼叶圣陶老先生,可以是"叶老"、"圣老"、"叶圣老"。后两种称呼除表示尊敬外还表示亲切。

在知识界也称"公"的,如"张公"、"李公"等。"公"可以用来称呼同辈中较年长的人或中年人。

2.2 一般社交称谓

在外出处理一般事务或在公共场合和人交往时使用一般社交称谓。

2.2.1 事务交际称谓

a. 同志,师傅,大夫等。

b. 某同志,某师傅,某大夫等。

c. 某科长,某厂长等。

这部分称谓是最乱的。解放初期一律称"同志",目前相当多的青年人不用"同志",改用"师傅"等。

2.2.2 公共场合和路途相遇时的称谓

a. 同志,师傅等。

b. 大爷;老大爷;大妈;老奶奶。

c. 小朋友,同学(对中小学学生年龄的人),学生。

用"欸"、"嗨"等表示呼唤的叹词来招呼不相识的人是最不礼貌的。

2.3 正式社交称谓

在比较隆重的交际场合使用正式社交称谓。

a. 某某某同志。

b. 某大夫,某师傅等。

c. 某科长,某书记等。

d. 某先生。

e. 某老（一般限知名人士）。

在这类场合一律用敬称。

北京话的新的社交称谓系统目前还不很稳定,也还有一些缺漏的环节,正处在一个不断完善化的过程中。

附　注

① 读者有兴趣可参考赵元任的《汉语称谓用语》,载《汉语社会语言学问题》(*Aspects of Chinese Sociolinguistics*. Stanford University Press, 1976)。

② 从1985年开始,有人用"某老师"来称呼文艺界的人,虽然有关的同志并不是教师,如称姓张的播音员为"张老师",称姓李的演员为"李老师"。这是一种新的称谓方式,值得注意,原因恐怕是因为这一类人没有适当的称谓,所以借用"老师"。

（原载日本《中国语》1981年1月号）

北京话"女国音"调查(1987)

1 调查缘起

黎锦熙先生大概早在20年代就提到过北京一些女子中学的学生把 tɕi-、tɕ'-、ɕ-读成 tsi、ts'i-、si-。他称这种女学生特有的读音为"女国音"。有人则称这种读音为"劈柴派读音",因为据说这种读音发源于劈柴胡同(现名辟才胡同)原北京师范大学附属女子中学(现为附属实验中学)。

在30年代,赵元任、罗常培、李方桂在高本汉的《中国音韵学研究》的中译本(商务印书馆,1937)的译者注中又提到了这种语音现象:"又北平女学生中近年有全用齿音的风气,几成一种有性别的读音了。"(248页)

徐世荣在50年代的《北京话里的土词和土音》(《中国语文》1957年第3期)和70年代的《普通话语音和北京土音的界限》(《语言教学与研究》1979年第1期)又都提到了这种语音现象。

陈松岑在1985年底出版了《社会语言学导论》(北京大学出版社)。她在第七章"语言和性别、年龄"中提到"我国早就有人提出在'官话'或北京话中有所谓'女国音',它的特征是把舌面辅音[tɕ、tɕ'、ɕ]的发音部位往前移,发成一种近似于[ts、ts'、s]的音。……这种'女国音',一般出现在15岁到30多岁的有文化的妇女口中。"(118页)

1986年年底曹耘在《汉语学习》第6期上发表《北京话语音里的性别差异》,1987年曹耘又在《语言教学与研究》第3期上发表《北京话 tɕ 组声母的前化现象》。曹耘在后一篇文章中公布了调查数据,定性的语音描写和对引起这种语音现象的社会原因的讨论。

1983年我们曾经在当时的中国人民大学一分校(现为北京联合大学经济管理学院)文学班四年级进行过一次摸底调查,证实了

80年代在北京女学生中仍然有"女国音"这种语音现象。我们对"女国音"比较系统的调查是在1987年4月至6月之间进行的。当时我们还没有读到曹耘的文章。不过我们调查所得的某些结论和曹文所述有些出入,因此觉得还有发表的价值。多一些人对同一语音现象进行调查、讨论,应该说是一件好事。

我们的调查目的是想弄清楚:所谓"女国音"究竟是什么音,是真正的齿音,还是靠前的舌面音,还是别的近似齿音的音?"女国音"是成系统的,全面的,还是个别的,只影响一部分字音?"女国音"受不受语体的制约?受不受韵母的制约?"女国音"的分布范围有多广?男性青年中有没有"女国音"?形成"女国音"的社会因素是什么?

2 调查对象

我们的调查对象是狭义的北京人,也就是在北京城区和近郊区出生和长大的人,不包括远郊区出生和长大的人,也不包括在外地出生和长大的人。调查过程中记了音的北京远郊区人和外地人的材料一概不列入统计范围。

我们这次一共调查了202个北京人,具体的单位、人数、性别如表一:

表一 "女国音"调查对象

单 位	女(人)	男(人)	总人数
北京师范大学附属实验中学初一(二)班	25	8	33
牛街回民学校初一(五)班	21	12	33
北京师范大学附属中学高一某班	7	0	7
中国人民大学附属中学高一(三)班	22	10	32
牛街回民学校高二(二)班	12	16	28
北京第三师范学校高二(二)班	15	0	15

(续表)

单　位	女（人）	男（人）	总人数
北京市第 165 中学高二（四）班	13	18	31
中国人民大学语文系一年级师范班	9	0	9
东城区教育局印刷厂	13	1	14
合　计	137	65	202

另：中国人民大学语文系女研究生 1 人（非抽样调查，只作参考）。

3　调查方法

限于时间和人力，这次调查是非随机抽样调查。选点大多数是视方便条件而定的，只有师大实验附中是有意选择的，因为现在的师大附中就是过去的师大女附中。

最初我们准备用两种方式进行调查：让调查对象读一篇口语化的一分钟小说（苏叔阳的《电线杆子的喜剧》，载《一分钟小说一百篇》，中国文联出版公司，1986 年）和读一张包含声母 tɕ, tɕ', ɕ 和不同韵母相结合的音节的词表。国外经验认为朗读词表注意力最集中，最不能反映平时的发音特点，读短文就会随便一些，效果会好得多。可是我们在试查时发现效果完全相反，读短文时一口标准的普通话，根本不出现"女国音"，而读词表时不少人出现了"女国音"。原因是这里也有一个"国情"问题。在美国，不少人从上小学起就意识到自己的读音不同于公认的通行读音，所以朗读词表时力求合乎这种权威读音，而读一篇短文就像讲故事，就不那么紧张了。在北京，每一个北京人都认为自己的读音和别人一样标准，从不为此担心，所以读词表一点也不紧张。相反，读文章就不一样，因为这是"读文章"，生怕读不好，就特别认真，也比较紧张。在调查过程中我们问过不少有"女国音"发音特点的调查对象，问她们是不是意识到自己的读音和别人有点不一样，所有的人都说她们的读音和别人没有任何不同之处。正因为如此，她们一点也不想掩饰自己的发音特点。

根据试查的结果，我们在正式调查时只使用词表，放弃了朗读一分钟小说的想法。

我们使用的词表如表二：

表二

鸡	成绩	信心	交际
急	积极	新鲜	消失
几	整齐	王府井	舅舅
寄	机器	安静	教育局
漆	希望	九斤	秋千
棋	看戏	清明	曲线
起	街道	高兴	休息
气	先生	行不行	需要
稀	茄子	千万	穷人
席	接近	坚决	英雄
洗	谢谢	前门	绝对
细	有一些	陷害	学习
		抢先	平均
		详细	安全
		将军	宣传

这份词表考虑到了历史上的尖团音，也考虑到了韵母和主要元音的开口度，而且不仅有 tɕi-，tɕʻi-，ɕi-，也有 tɕy-，tɕʻy-，ɕy-。

4 调查结果

4.1 "女国音"的音值

调查表明，所谓"女国音"是把一部分 tɕi-，tɕʻi-，ɕi-的字读成 tsi-，tsʻi-，si-或非常靠前的 ˧tɕi-，˧tɕʻi-，˧ɕi-。但是，不论是读 ts 等，还是读非常靠前的 ˧tɕ 等，舌尖都在下齿背，和发正常的 tɕ 等时一样，只是发 ts 等时舌叶前部紧靠上齿背，发 ˧tɕ 等时舌面前部紧贴上齿龈。靠前当然可以有不同程度的差别，不过这种细微的差别可以忽略。我们只区分正常的舌面音 tɕ 等，靠前的舌面音 ˧tɕ 等和真正的齿音 ts 等。

发"女国音"的 ts 等和 ˧tɕ 等时嘴形小而闭，送气音的送气声减弱，在听感上是一种"细"音。

根据我们的审听，靠前的 tɕ 等不是舌叶音 tʃ 等。正常的舌叶音舌尖在上齿背，因而和上齿龈接触的是舌叶后部，不是舌面前部，音质较"粗"。比较"女国音"这种靠前的舌面音和英语、粤语的舌叶音就会发现明显的差异。

4.2 "女国音"的性别分布

这次调查的 202 人中,女性 137 人,男性 65 人。女性 137 人中年纪最小的 12 岁,最大的 56 岁,发现"女国音"现象的 42 人,占 30.65%。其中有齿音 ts 等的 30 人,占 21.89%,其余的 12 人只有靠前的 tɕ 等。男性 65 人中年纪最小的 12 岁,最大的 33 岁,没有发现任何"女国音"发音现象。

曹耘的调查结果有"女国音"语音现象的人数所占的比例远远比我们的调查结果高,对比如表三:

表三

	调查对象（女）	有"女国音"人数	百分比
曹文	155	132	85
胡文	137	42	30.5

我们没调查 12 岁以下的男孩子,曹文报道 12 岁以下男孩子个别有"女国音"现象。

曹文提到"在 19 岁以下的前化者中,女性前化者每人平均有 70% 的字前化。"(1987 年)我们没有看到曹耘的调查字表,也不了解他调查和统计的方法,所以很难加以评论。不过我们的调查结果表明在可能读成齿音或靠前的舌面音的总字数中,读成齿音和靠前的舌面音的只占一小部分。在我们的调查词表中可能读成齿音和靠前的舌面音的字共 59 个(不算介音或元音是 -y 的字),实际有人读成齿音或靠前的舌面音的 49 个。具体到每一个人,最多的一个人是海淀第三师范学校高二的戈秀娟,她有 35 个音节读成齿音或靠前的舌面音,甚至把"英雄"的"雄"读成 sioŋ,那也只占全词表中可能读齿音或靠前的舌面音的音节的 71.42%。有"女国音"读音现象的 42 个女学生和女工共读了 348 个齿音或靠前的舌面音的音节,平均每人 8.28 个音节,只占词表中可能读成齿音或靠前的舌面音的 59 个音节的 14.03%。百分之六七十和百分之十四,差别实在太大了。调查对象的数量不够大是一个原因,都不是随机抽样,方法不够精密是一个原因,而审音的差异恐怕是主要原因。很可能曹耘认为是"前化"的音我们认为还不是靠前的舌面音,只有稍稍有点"细声细气"而已,舌位并没有前移。语图仪也无法显示辅音之间的这些细微的差别,全凭耳朵难免有出入。

4.3 "女国音"的地区分布

过去"女国音"也许只限于某些女子中学,但是今天这种语音现象已经遍及北京全城和近郊区,还传播到了远郊区,并且已经不限于女学生。

调查表明在北京城区和海淀区都有"女国音",百分比的差异不说明各区"女国音"分布密度的差异而和调查对象的年龄有关,可参看表四。

我们没在远郊区调查,无法作出确切的判断,但已经发现顺义县和怀柔县的中学女学生中有"女国音"。中国人民大学语文系86级师范班一名女学生是顺义人,毕业于顺义中山一中,另一名女生是怀柔人,毕业于怀柔一中,两人都是去年才考入中国人民大学的,但是都有"女国音"发音特点。值得注意的是这两名学生说话不带顺义、怀柔口音,一口相当标准的北京话,并且说她们在中学说的就是这种"北京话"。郊区中学的女学生在语音上竭力模仿具有权威地位的北京话是完全可以理解的。"女国音"大概就这样传播到了远郊区。

表四 "女国音"在北京城区和海淀区的分布情况

城区	单 位	人数	ts 等	$\frac{ts}{t\varepsilon}$ 等	｜tɕ 等	合 计
东城	165 中	13	0	3	0	3/13(23.07%)
	教育局印刷厂	13	4	1	1	6/13(46.15%)
西城	师大实验附中初一	25	0	0	2	2/25(8.00%)
	高一	7	0	1	0	1/7(14.28%)
南城	回民学校初一	21	0	3	2	5/21(23.80%)
	高二	12	1	4	2	7/12(58.33%)
海淀	人大附中高一	22	0	2	2	4/22(18.18%)
	第三师范高二	15	0	8	1	9/15(60.00%)
	人大86级师范班	9	1	2	3	6/9(66.66%)
合计		137	6	24	13	43/137(31.38%)

加权统计的百分比为31.12%,和简单的百分比31.38%相差无几。

我们在东城区教育局印刷厂调查了16名女工和1名男工人。男工人没有"女国音"发音特点。16名女工中13人是本地人,4人有尖音 ts 等,1人既有尖音 ts 等,又有 ɟ tɕ 等,1人只有 tɕ 等。可见"女国音"已经进入工厂。这也不奇怪,因为多数女工是中学生。有"女国音"发音特点的女工年龄最大的今年46岁。

4.4 "女国音"的年龄因素

"女国音"和年龄密切相关。调查表明"女国音"基本上和青春期共始终的,但是在不同的社会条件下,开始和终止的具体年龄有差异。在解放前,女学生高中毕业后多数人结婚了,"女国音"现象也就消失了。现在女学生的结婚年龄推迟了,一般要等到大学毕业后才结婚,所以"女国音"消失的年龄也推迟了。至于结了婚,步入社会以后仍然保留"女国音"发音特点的毕竟是少数,多数人随着年龄的增长,"女国音"也就自然而然地消失了。

表五 "女国音"和年龄之间的关系

年龄(岁)	人数	ts 等	ts	$\frac{ts 等}{ɟ tɕ}$	ɟ tɕ 等
12—13(初一)	46	0	3	4	7/46 (15.21%)
15—17(高一)	29	0	3	2	5/29 (17.24%)
16—18(高二)	40+2(工厂)	1	15	3	19/42 (45.23%)
19—20(大一)	9	1	2	3	6/9 (66.66%)
21—60(工厂)	11	4	1	0	5/11 (45.45%)
合 计	137	6	24	12	42/137 (30.65%)

表五的数据说明"女国音"和年龄有密切联系。初一的女学生"女国音"现象很少,因为相当一部分人尚未成年。在高一和高二之间有一个跳跃也是耐人寻味的,因为这恰恰是在16岁前后。遗憾的是这次我们没有在已步入社会的女青年中调查,尚不了解

"女国音"逐步消失的具体情况。

4.5 "女国音"和家庭语言环境之间的关系

调查结果表明"女国音"发音特点的有无似乎和家庭语言环境无关,如表六。

表六 "女国音"和新老北京人

	ts 等	ts/ȶɕ 等	ȶɕ 等
老北京人	1	7	5
新北京人	1	16	7

4.6 "女国音"和韵母结构、语汇、语体之间的关系

在我们的词表表二中发现读"女国音"的语汇及其韵母结构的关系如表七:

表七

例字	ts 等(人次)	ȶɕ 等(人次)
鸡—i	10	12
急—i	14	12
几—i	11	7
寄—i	20	9
漆—i	3	7
棋—i	0	2
起—i	0	1
稀—i	4	4
席—i	6	2
洗—i	8	6
细—i	8	11
成绩—i	2	8
积极—i	6	10
积极—i	2	0
整齐—i	0	1
机器—i	1	5
希望—i	1	2
看戏—i	2	7
接近—iɛ	1	2
谢谢—iɛ	1	9
有一些—iɛ	3	17
(信)心—in	4	3
信(心)—in	2	8

(续表)

例字	ts 等（人次）	tɕ 等（人次）
（新）鲜—in	2	2
新（鲜）—iɛn	0	1
王府井—iŋ	1	0
安静—iŋ	1	3
九（斤）—in	1	4
（九）斤—iu	1	0
高兴—iŋ	1	1
行不行—iŋ	0	2
陷害—iɛn	0	2
详细—i	1	2
交际—i	3	13
秋千—iɛn	0	1
曲线—iɛn	0	1
休息—i	1	4
英雄—ioŋ	1	0
学习—i	1	5
合计	123	186

综合起来看，"女国音"集中在韵母是-i 音节上，读 tɕi 等的 104 人次，占读 tsi-等的 104/123＝84.55％，读 tɕ 等的 130 人次，占读 tɕ 等的 130/186＝69.89％。其次是韵母是-in 和-iŋ 的音节，其中读 ts 等的 12 人次，12/123＝9.75％，读 tɕ 等的 23 人次，23/186＝12.36％。再其次是韵母是 iɛ 的音节，其中读 ts 等的 5 人次，5/123＝4.06％，读 tɕ 等的 28 人次，28/186＝15.05％，韵母是 ioŋ 的仅一见，韵母是-y,-yɛ,-yɛn 的没有发现。可以说读"女国音"的音节的开口度都是比较小的。

从语汇的角度来看，单音节口语化常用的语汇容易读成"女国音"，不常用的书面语语汇较少读"女国音"。不过，这仅仅是一个大致的倾向。

"女国音"涉及的音节表明和历史上的尖团音没有关系。

4.7 外地人的"女国音"

从外地和远郊区的女学生中也发现有"女国音"现象。调查中发现的有表八中的 9 人：

表八

姓名	年龄(岁)	原籍	来京年龄(岁)	ts 等	$\frac{ts}{+t\varepsilon}$ 等	tɕ 等
赵爱立	15	河北	9	0	1	0
李 芸	16	四川	9	0	1	0
王 艳	16	沙河	10	0	1	0
马 克	16	杭州	8	1	0	0
霍 虹	15	天津	12	0	1	0
陈 清	20	顺义	19	1	0	0
牛金兰	19	怀柔	18	0	1	0
孟晓捷	19	西宁	13	0	1	0
郑海玲	17	上海	13	0	1	0

5 讨论

这次调查的结果表明,"女国音"只是北京女青年,主要是女学生,在一个特定的年龄阶段内的一种特殊的语音现象;在男青年中没有这种现象;因此,可以肯定,这种现象并不代表北京话本身舌面音普遍前移的一种语音演变趋势,而是受社会因素影响的一种语音变体。

那么是什么社会因素影响北京的女青年使用这种语音变体呢?几乎所有使用这种语音变体的调查对象都说她们并没有意识到自己的读音和别人有什么不同,也并没有有意识地这么去读。应该说她们的回答是真实的,并不是有意掩饰真相。但是也应该说,她们的回答也并不是完全真实的,因为调查表明,使用这样一种语音变体不完全是无意识的,至少是受某种潜意识支配的。并不是所有的女青年都有这种发音习惯,有这种发音习惯的人也并不是在所有场合都这么读,也不是一辈子都这么读。她们小时候不这么读,多数人在初一、初二的时候还只有靠前的舌面音,没有真正的齿音,而成年以后"女国音"现象越来越突出;可是结婚、工作以后这种语音现象又逐步消失,只有少数人一直保留到中年,而老年人中间几乎没有发现再有这种语音现象。她们在平时这么读,在很正式的场合多数人不这么读。这说明这种发音特点不是北京话的语音机制决定的,而是某种社会心理因素决定的,即使本人没有明确地意识到,也是受潜意识支配的。值得注意的是没有这种发音习惯的女青年一致认为:这么"咬"音是要显得娇,以为这么说好听。

一种由来已久的社会风气认为女孩子说话嘴巴不应张得太大,要细声细气,这样才合身份。还有不少人认为尖声娇气,好听。这样,有的女孩子就尽量嘴张得小一些,声音"尖"一些,"细"一点,结果是迫使 tɕ、tɕʻ、ɕ 的发音部位尽可能靠前,直到有一部分成了尖音。这种主观倾向应该是有意识的,并且同时反映在其他社会行为上。但是几千年来的封建意识在社会生活领域中仍然占统治地位,即使在 80 年代,女孩子爱美,有意识地突出女性美,仍然被认为是"非法"的,"见不得人"的,并且还会受到谴责,所以这种动机在强大的社会压力下面只能潜伏在潜意识中。"女国音"正是在这样的潜意识的促使下产生和发展起来的。

曹耘在《北京话 tɕ 组声母的前化现象》一文中认为"女国音"有可能是受苏州话、上海话过去分尖团的影响而产生的。我们认为不大可能。诚然,在二三十年代苏州话分尖团,上海人中的老上海人相当一部分还分尖团。但是当时在北京定居的苏州人和上海人数量非常少。狭义的南方人即江南人大批移居北京是在 50 年代,而且多数人是在工厂和高级科研机构。"女国音"又名"劈柴派读音",最早在西城发现,而且只限于女子中学,那里又有多少地道的苏州人? 再者,北京话的社会地位向来很高,很难说北京人想模仿苏州话和上海话的读音。另外,也很难解释如果模仿一种权威方言的读音,为什么只限于女子中学的学生。

我们认为"女国音"来自"老国音"和京剧的影响也缺乏令人信服的证据。"女国音"是一代一代非连续地在特定的年龄阶段的女学生中产生的,不是沿袭下来的;今天的女学生根本不知道"老国音"分尖团,甚至不了解什么是尖团音;现在的女学生很少听京剧,即使有少数人爱听京剧,也没有材料证明"女国音"是这些京剧爱好者传播的。

模仿一种权威方言或舞台语言的读音,可能模仿得不那么到家,但是一般是相对稳定的。特别在正式场合更是如此。"女国音"不是这种情况,是很不稳定的,在正式场合反而不如在非正式场合使用得多,并且也不是终身的。所以我们认为"女国音"不是方言或舞台语言影响的结果,而是一种女性爱美心理对语言的影响。

(原载《语文建设》1988 年第 1 期)

北京话的语气助词和叹词*

0 引言

0.1 北京话和北京人

北京话是北京人说的话。北京人是生在北京,长在北京的人。但是,由于北京是一个五方杂处的大城市,特别是解放以来,城市常住人口从1949年的165万迅速增长到1979年的495万,其中大多数是外地人,这样就必须区分新老两种北京人。老北京人是祖居北京的人。不过"祖居"不能无限制地追溯。我们认为,凡是父母双方都生在北京,长在北京,这样的人就可以说是老北京人;凡是父母双方或一方不是北京人,但本人生在北京,长在北京的是新北京人。新老北京人说的话都是北京话,但有差别,不妨分别称为"老北京话"和"新北京话"。

0.2 资料来源

本文讨论的是老北京话的语气助词和叹词,所以搜集的也限于能反映老北京话的资料。本文的资料有以下三种:

0.2.1 北京作家的作品:

《老舍剧作选》(简称《剧作》),老舍著,人民文学出版社,1978年。

《骆驼祥子》(简称《骆驼》),老舍著,人民文学出版社,1955年。

《小坡的生日》(简称《小坡》),老舍著,生活书店,1934年。

《戏剧杂谈》(简称《戏剧》),侯宝林整理,通俗文艺出版社,1956年。

《侯宝林、郭启儒表演相声选》(简称《相声》),沈阳春风文艺出版社,1963年。

---

* 本文在最初搜集资料过程中杨淑璋同志帮忙做了不少具体工作,在写作过程中蒙徐仲华等同志一再赐教,特此谨致谢意。

0.2.2 侯宝林等的相声录音。

0.2.3 调查资料。

1 语气和语气词(语气助词和叹词)

1.1 语气表示说话的人:

(1) 由周围的事物或对方的说话内容引起的某种感情,这是表情语气,如赞叹、惊讶、诧异、不满等;

(2) 对自己说话内容的态度,这是表态语气,如肯定、不肯定、强调、委婉等;

(3) 向对方传递某种讯息,这是表意语气,如祈求、命令、提问、追诘、呼唤、应诺等。

1.2 语气可以通过(1)语气词(语气助词和叹词),(2)语调,(3)其他表示语气的语词(如副词"一定""可能"等)来表达。

1.3 语气助词和叹词都表示语气,因此可以统称为语气词;但根据句法功能的不同和重音的有无习惯上分为两类,一类称为语气助词,一类称为叹词。

由元音组成的语气词在语音上是不稳定的,开口度可大可小;并且同一语音形式既可以是语气助词,又可以是叹词,如 ei/ai(哎)、ou(呕)、a(啊)等,但语气意义基本不变,所以"身份"不很明确。

1.4 语气助词"的"和"了"和相应的结构助词、时态助词很难截然分开,并且"的"和"了"是一个完整的句子不可分割的一部分,和附加在句子后面的一般语气助词很不相同。"的"和"了"也许可以称为结构(或时态)·语气助词。

1.5 在同一位置上同时出现两个语气助词时,叠用的顺序是:结构(或时态)·语气助词加辅音语气助词加元音语气助词。

表一 语气助词叠用顺序

O	I	II
的	吧	啊
了	吗	哎
	嘎	呕
	呢|吧	

"呢"和"吧"同时出现,"呢"在前,如:他还没走呢吧?

1.6 叠用语气助词产生连读现象,某些合成的语音形式稳定下来成了合成语气助词,如:

呗＝吧＋哎　pei/pai←pa＋ei/ai

唎＝了＋哎　lei/lai←lə＋ei/ai

嘛＝嚒＋啊　ma←mə＋a

合成语气助词和连读过程中产生的临时的合成语音形式的差别在于:(1)合成语气助词是稳定的语音形式,一般说话的人已经感觉不到这是合音;(2)合成语气助词的语义已经不是原有的单纯语气助词语义的简单的相加。

"喽"lou("了"＋"呕",leu←lə＋ou)似乎处于一种过渡状态中。

2　语气助词的连读音变

2.1 元音语气助词在语流中往往和前面的音节连读,连读产生音变现象。这就是通常说的语气助词的连读音变。

由于语流的速度不同,连读还是不连读,连读后产生什么样的音变现象都有所不同。可以有三种不同的语流速度:慢速、常速、快速。缓读时是慢速语流,往往不连读,如朗诵和电台广播。日常说话大多是常速语流,往往连读。老北京人在非正式场合往往用快速语流。快速语流产生合音。

影响连读音变的还有其他一些因素。语流中的间歇,哪怕是旁人几乎觉察不到的间歇,也可以阻止产生连读现象;既然不连读,也就不产生音变。在不同的场合使用不同的语体,不同的语体影响语流的速度,从而也影响连读音变。还有一个是社会因素。连读音变是北京话,特别是老北京话的特色,和普通话相比,显得"土",所以不少北京人有意识地要避免这种"土腔",这就影响了连读音变。

我们调查了"总理啊总理!"这句话中"啊"的读音,一共发现四种情况:

(1) 肯定应该读"啊",不能读"呀",理由是"'啊'庄重,'呀'不严肃"或"'啊'感情深,'呀'不深":孙敬修、冯世五、孙金鉴、马国荣、黄震宇、孙少军六人。

(2) 肯定只说"呀",不说"啊"的:侯宝林、崔如岱、赵纬厚、韩长立、徐仲华、徐雨时六人。

(3) 两可:王国璋、沙雅荣、刘家恕、杨晔四人。

(4) 不清楚调查目的而不回答的:王书卿、孙蓉秀、胡玉贞、李秀英四人。

以上的例子只是想说明,连读音变问题并不是一个简简单单的语音问题。

2.2　常速语流中的连读音变。

在常速语流中,元音语气助词往往和前一音节连读,连读后语气助词的音变规律如下:

前一音节	啊 a	呕 ou	欸 ei
-n	na	nou	nei
-ŋ	ŋa	ŋou	
tʂ tʂʻ ʂ ʐ	ʐa	ʐou	
ts tsʻ s	za	zou	
-i -y	ia	iou	
-u	ua	uou	
-a -ə -ɤ -o	ia	iou	

语气助词"欸"的连读音变过去很少有人注意,我们在调查时,李秀英随口说了一句"就这么喊 nei┐!"这个 nei┐ 不完全是轻声,平调,和"呕"的情况相似。由于当时没注意调查"欸"的连读音变,这方面的材料暂缺。

元音语气助词连读变音后,有的有公认的汉字形式,如"呀"、"哇"、"哪"、"哟",更多的没有公认的汉字形式,或根本没有用汉字写下来过。这种情况也多少反映了这些变音的出现频率问题。"呀"、"哇"、"哪"、"哟"出现得较频繁,所以有了比较固定的汉字。

连读变音是一种可能性,不是一种必然性。目前更是这样,特别是"哇"很少。沙雅荣等几位女同志说她们一般不说"哇","哇"特别"土"。如"你明儿跟我们一块儿去?"这样的问句,答句是"好啊!"不说"好哇!"只是在"你好哇!(你又骗了我)"这样的句子中必得用"哇",因为"口气重"。侯宝林同志的连读变音是比较多的,但在《夜行记》录音中,"大风大浪我都过来了,还推着走——啊!"一句里面"走"重读拉长,最后已是强弩之末,所以后面出现间歇,所以出来的不是"哇"而是"啊"。

2.3 快速语流中的连读音变。

在快速语流中元音语气助词往往和前一音节并缩成一个新的音节。并缩的一般规律如下:

元音语气助词和以轻声韵母或舌尖韵母结尾的前一音节连读时,前一音节的轻声韵母或舌尖韵母失落,声母和元音语气助词直接相拼,如:

前一音节	啊 a	呕 ou	欸 ei
tə	ta	tou	tei①
lə	啦 la	喽 lou	唻 lei
mə	嘛 ma	mou	mei
nə	哪 na	nou	nei
pa/pə	—	pou	呗 pei
tʂɿ	tʂa	tʂou	
tʂ'ɿ	tʂ'a	tʂ'ou	
ʂɿ	ʂa	ʂou	
tsɿ	tsa	tsou	
ts'ɿ	ts'a	ts'ou	
sɿ	sa	sou	

3 叹词在语音上的不稳定性和超系统性

3.1 叹词的发音是不很稳定的,开口度的轻微变化都会引起元音音质的变化。另一方面当然也是和北京话叹词没有规范化有关系的。

有几组叹词,仅仅开口度稍有不同,使用范围和语气意义十分接近,甚至相同,似乎只是同一叹词的不同变体。

3.1.1 ε/ei/ai 在我们的全部书面材料中只有"哎"、"唉"、"嗳",不出现"欸"。这显然不是口语中不出现 ei 这个音,而是"欸"这个字太不通俗,作家们宁愿用别的字。这一组除了 aï ∨ 和 ai: ∨(长调和特长调的去声"唉")以外,使用范围和语气意义基本上是一致的(参见

§5叹词)。这一组中 ei 最常见,我们建议写作"欸";长音的 ai˙ ⌍ 和 ai: ⌍ 可以写作"唉"。

3.1.2 xɤ˥/xuo˥ 在我们的调查过程中明显地女同志倾向于用 xɤ˥,男同志倾向于用 xuo˥。马国荣同志认为 xuo˥"粗野"。在语气上 xɤ˥ 和 xuo˥ 没有区别。在书面材料中,xɤ 用"吓"、"喝"、"嗬",xuo 用"嚄"、"嚯"。我们建议用"吓"和"嚯"。

3.1.3 m̩/ŋ̍ 这两个音仅仅是开口和闭口的区别,书面一般用"哼"。

3.1.4 n̩/ŋ̍/ã 这也是开口度大小的不同,平时用 n̩ 或 ŋ̍,在距离较远怕听不清和在电话中用 ã。m̩ 的一部分用法和这一组相同,但表示"禁止""训斥"的低降调 m̩"唔"不属于这一组。n̩/ŋ̍ 在书面一般写作"嗯",个别场合 ng 单写作"唔",ã 无字。

3.1.5 ou/au 这也是开口度大小问题,书面写作"呕"和"噢"。在这次调查中没有一个人认为 o"哦"是北京话,在北京作家的作品中也没发现"哦"。

3.1.6 io/iou/iau 这和上面的 ou/au 是平行的。以此而论也许 o"哦"也是存在的。在调查中多数人用 io˥,少数人用 iou˥,男同志极少用 iau˥,知识妇女也很少用 iau˥,用 iau˥ 的多数是老太太。郭全宝同志的对口相声《雇车》中有一段话:"妇女说话也有规矩,一句话的前头爱加个'哟'字。"老太太的"哟"还拉得特别长,"哟——"的一声,北京土话的味儿全出来了,这恐怕是现在的知识妇女不愿意用"哟"的一个原因吧。就语气意义而言,这几个叹词基本上是一致的。书面上一般写作"哟" io iau 和"呦"iou。

3.2 叹词在语音上的某些特点超出了北京话的一般字音系统。

3.2.1 超系统的调型 叹词的调型已不限于阴阳上去四种声调。"哟"-io˥ 表示突然想到什么而惊讶时,如"哟,忘了锁门了!",几乎短到像吴语的入声;表示哀伤的"唉"是一个低降调;"哟——"拉得很长,开始是高平调,末尾下降。这些特殊的声调有的是受情绪影响的,有的可能是受语调影响的,而北京话的语调还没有很好研究过。

3.2.2 声调的表义性 声调平时只有辨义作用,并不表义。但是一部分叹词阳平都表示"追问",如 a ⌉、ai ⌉、ou ⌉、ao ⌉ 等,去声都表示"应诺",如 a ˅、ai ˅、ou ˅、au ˅ 等,上声都表示"不满",如 a ˄、ai ˄ 等。

3.2.3 音长的辨义作用 音长平时不起辨义作用,但某些叹词的区别却表现在音长上(往往和特殊的调型相结合),如:

a˅应声 aʼ˅醒悟 a:˅惊叫 xai˅不满 xaiʼ˅叹息

3.2.4 吸气音[ts<]和[pf<] 吸气音是很特殊的音,完全超出了北京话的语音系统。[ts<]在书面作"啧",[pf<]无字。

3.2.5 成音节的辅音 汉语音节都由声母和韵母或单独由韵母组成,声母不能自成音节,但以下叹词由声m"呣"、n"嗯"、ŋ"唔"自成音节构成。

3.2.6 浊辅音 北京话除鼻音外没有全浊声母,但在连读中出现 za 等;"欸"读阳平,特别是读上声时明显出现浊声母 ɦ。

4 语气助词的语气意义

4.1 语气助词的意义本身富于弹性,同时还受语调的影响,不容易确切地把握。语气助词又总和具体的句子连用,句子中的语词所表示的语气意义和语气助词所表示的语气意义交织在一起,这就会影响我们对语气助词本身包含的意义的理解。我们试图从两方面来解决这个问题:(1)尽可能把语气助词的意义描写得概括一些,使其富于弹性;(2)尽可能排除句子中其他语词和语调对语气助词本身意义的干扰,也就是尽可能不把其他语词和语调所表示的语气意义误加在语气助词身上。

结构(或时态)语气助词"的"和"了"不在本文讨论之例。

4.2 语气助词在句末的语气意义。

4.2.1 啊[1] a ˙| 表情语气助词,表示说话人的感情,具体色彩随说话内容和语言环境而定。

红鱼,绿闸草,多么好看哪!(《剧作》23 页)

你干什么去啦?(《剧作》58 页)

好哇!你又骗了我。(沙雅荣)

4.2.2 啊[2] a$^{33/44}$中平调或中高平调,这和叹词"啊"相通,用在祈使句中,表语气助词,表示催促,劝听。

余大妈,您别走啊!(《剧作》163 页)

129

给我点水喝呀!(《剧作》9页)

行啦,别亮啦!(《传统》398页)

"啊²"往往保留平调,但已不是高平调。请比较5.1.2的叹词"啊²"。

4.2.3 **吧** ba ˙¦ 表态语气助词,赋予说话内容以不肯定的口气:

啊,这大概就是下雪吧!(《小坡》35页)

问哥哥吧?(《小坡》3页)

二哥,给我吧!(《小坡》3页)

那就上井吧。(《相声》6页)

"吧"可以用在各类句子后面,不论是陈述句,还是疑问句,祈使句,感叹句。在句子中其他语词和句型语调的影响下,全句可以有各种不同的语气意义,因而似乎"吧"就有各种互不相干的语气意义,但实际上这些并不是"吧"本身的语气意义。如"您听错了吧!"这句本来是很肯定的,加了"吧",变得不太肯定了,并且主语是"您",不是说话人自己,有没有听错,说话人不能作最后决定,只能"揣测",所以似乎有"揣测"口气。如果改成"我听错了吧!"原来很肯定的"我听错了"变得不太肯定了,但这里不存在"揣测"的问题,因为对自己用不着"揣测"。如果这两句改用疑问语调,"您听错了吧?""我听错了吧?"是希望对方加以肯定,但疑问语气是由疑问语调决定的,和"吧"无关,"吧"只是使原来的肯定句变得不肯定,因而疑问句是希望得到肯定的答复。

"那就上井吧"是用"吧"的不肯定语气来缓和命令口气。"别唱了吧!""快走吧!"也一样。"那就上井吧"似乎有"商榷"语气,但实际上"商榷"语气是由全句的意思决定的。"你要死就去死吧!"这样的句子有"吧",也是祈使句,但不可能有什么"商榷"语气,因为全句的意思排除了这种可能性。肯定的陈述加上不肯定语气就是"传信",否定的陈述加上不肯定语气就是"传疑"。

4.2.4 **欸** ˙ei/ei⁵⁵ **哎** ˙ai/ai⁵⁵ 表意语气助词,提请对方注意,招呼对方。这和叹词"欸"相通,但独立性减弱,和前一音节连读,和"吧"连读成为"呗"和"了"连读成为"唻"。

下来欸!(《夜行记》录音)

130

香果来!闻香果啊唉②!(《相声》176页)

真不顿呆欤!(徐仲华)

4.2.4.1 呗¹ ·bei/bei⁵⁵,·bai/bai⁵⁵ "呗¹"是表示不肯定的"吧"和表示提请注意的"欤"合成的语气助词。这样的"呗¹"轻声或平调,缓和语气,兼有提醒对方的意思。

有困难就克服呗!(《相声》188页)

瞎混呗!(《剧作》101页)

瞧瞧这块哎,真正细毛月真色不掉,买到家里做裤褂儿去呗——(《传统》428页)

4.2.4.2 呗² ·bei/bei³¹,·bai/bai³¹ 这是表示不肯定的"吧"和表示应诺的"欤"ei↘/ai↘合成的语气助词,轻声或低降调,表示勉强同意,无可奈何。

反正冬底我就入社呗!(《相声》71页)

城里头闹什么自由婚,还是葱油婚哪,闹呗!(《剧作》47页)

4.2.4.3 唻 lei↗/lai↗ 这是"了"和"欤"的合成语气助词,主要起提请对方注意的作用。

送煤球儿来唻!(《相声》133页)

借光唻,借光!(《剧作》220页)

由于常用在叫卖声中,有的就不能还原为"了+欤",而成了一个叫卖用的语气助词,如:

牛筋唻豌豆噢!(《相声》176页)

小枣儿唻切糕,江米切糕!(《相声》60页)

4.2.5 吗 ·ma 表意语气助词,向对方提问,要求回答。"吗"由于句型和语调的不同而在语气意义上稍有变化。

4.2.5.1 肯定句+疑问语调+吗 表示怀疑和反诘:

是吗?(《剧作》36页)

王大妈,这合适吗?(《剧作》21页)

这象话吗?(《传统》415页)

白布有掉色的吗?(《传统》429页)

4.2.5.2 肯定句+陈述语调+吗 表示一般提问:

护士同志,还有床吗?(《相声》8页)

有什么困难吗?(《剧作》197页)

4.2.5.3 否定句+疑问语调+吗 表示修辞性反诘,实际上肯定：

  呸！你还不该死吗？(《剧作》127 页)
  不是要开大会吗？(《剧作》64 页)

这类句子有反诘语气是由句型和语调决定的,不用"吗"也一样,如"不是要开大会？""吗"仍然只是增加了"疑问"语气。

  4.2.5.4 否定句＋陈述语调＋吗 表示反诘和理所当然,没有多少疑问语气,因此应当用"嘛",但不少人写作"吗"：

  这不是废话吗。(《相声》170 页)

  4.2.6 嘞 •mə 表态语气助词,用在陈述句中,表示自己说的话事理显然,对方早该不言而喻：

  就是不知道嘞！(沙雅荣)

"嘞"现在常常和"啊"连用成为"嘛",单用已很少见。

  就是嘛！(《剧作》119 页)
  公事公办嘛！(《剧作》218 页)
  可不是赛聚宝盆嘛！(《传统》9 页)

  4.2.7 呢 •nə 表意语气助词,提请对方特别注意自己说话内容中的某一点,表示这一点的语词往往带强调重音：

  干嘛给我道喜呀,我还给他们道喜呢！(《相声》3 页)
  一瞧我爱人,笑不滋儿地在那儿躺着呢。(《相声》3 页)

  用"呢"的陈述句在书面往往加感叹号,使读者感到似乎是感叹句,实际上作者加感叹号往往是由强调重音引起的,如：

  你这么大的人,还不如小妞子呢！(《剧作》7 页)
  何苦呢！(《剧作》31 页)
  还没到下班儿的时候呢！(《相声》5 页)
  还有比这省事的呢。(《传统》413 页)
  要不怎么说是外行呢。(《传统》442 页)

  用"呢"的陈述句往往有"还"、"才"等表示强调的语词。"呢"也常和"着"连用,成为"……着呢",所以似乎"呢"表示"持续状态"。实际上,表示"持续"的是其他有关的语词而不是"呢",更何况"持续"是一种时态意义,不是语气意义。不表示"持续"的句子一样可以用"呢"：

  大会刚结束呢。

我们昨儿还提到你呢。

没有"呢"的句子也同样可以表示"持续状态"，如：

笑不滋儿地在那儿躺着(呢)。

他们正在吃饭(呢)。

用"呢"和不用"呢"的区别在于"呢"是提醒对方："这种情况你可能不知道，我现在提请你注意！"

疑问句的例子：

小坡怎样过新年呢？(《小坡》34页)

哎，我说你结婚没结婚哪？(《相声》17页)

看你妈妈是高兴呢，还是闹脾气呢。(《剧作》160页)

在疑问句中"呢"仍然表示"请你特别注意回答这一点"。

在只有一个名词性成分的疑问句中"呢"的"特指"特点更为明显。

你呢，四嫂？(《剧作》70页)

那么说相声呢？(《相声》160页)

用"呢"只是特指某人某事，潜在的谓语("怎么样"、"在哪儿")要由语言环境来决定。

这样的问句也可以不用"呢"，如：

四嫂你？

那么说相声？

不用"呢"时由于没有特指，还可以认为是暂顿，即"四嫂——"，底下接什么都可以。

"疑问"是由语调决定的，和"呢"无关。

祈使句的用例：

您说呢！(《相声》4页)

您说呢！

在祈使句中用"呢"比较少见，特点仍然是"特指"。

4.2.8 呕 •ou/ou^{55},au/ao^{55} 表意语气助词，和叹词"呕"相通，在亲近的人之间表示提醒对方注意，音变形式有"哟"iou/iau 等。

这可怎好呕！(《剧作》26页)

王大妈，娘子，看新衣裳呕！(《剧作》68页)

打开信皮儿，我一看，我这份儿乐哟！(《相声》19页)

133

好好养着哟,别叫野猫吃了哟!(《剧作》23 页)

可了不得,看,那个大开路鬼哟!(《小坡》125 页)

4.2.8.1 喽 lou ˧/lou ˥ 这是"了"和"呕"合成的语气助词:

别吵喽!(《剧作》57 页)

你上哪儿去喽!(《剧作》58 页)

"喽"有时写作"咯",当音 lo;但"吃咯再走"中的"咯"是"了"的语音变体,不是语气助词。

4.3 语气助词在分句末的语气意义

合成语气助词"呗"、"咧"、"喽"不出现在分句末,其他的语气助词在分句末和在句末的语气意义基本相同。语气助词用在分句末时,整个分句的意义和语气助词的语气意义交织在一起,而在前的分句按常规是从句,表示时间、条件、让步等,因而使人感觉到有条件、选择、让步等语气,事实上,用不用这些语气助词和从句的性质没有必然联系。

卖糖吧,就能告诉人家糖里有什么,吃了有什么好处。(《剧作》195 页)

你就拿人来说吧,一共有六亿五千万。(《相声》182 页)

这样的事儿吗,我没听说过。(马国荣)

我说吗,大家都得去。(马国荣)

你要去嚜,我就陪着。(沙雅荣)

知道嚜,就是知道;不知道嚜,就是不知道。(沙雅荣)

哪怕是作小工子活掏沟修道呢,我也好有个抓弄呀。(《剧作》35 页)

要不然呢,你就参加缝纫小组,那有些收入。(《剧作》248 页)

现在,雨住了,天也亮了,大家愿意回家看看去呢,就去;愿意先歇会儿再去呢,西边咱们包了两所小店儿,大家随便用。(《剧作》62 页)

不给我修啊,哼,我没法拉车,也就没钱上捐。(《剧作》160 页)

天天早上出来这么一趟啊,倒能够多吃半碗饭啦。(《剧作》188 页)

这些句子去掉语气助词,从句的性质不变。

以下比较分句相同、语气助词不同的句子:

去,不好;不去,也不好。(一般陈述)

去吧,不好;不去吧,也不好。(不肯定)

去吗,不好;不去吗,也不好。(自问自答,犹豫)

去嚜,不好;不去嚜,也不好。(后果都显而易见)

去呢,不好;不去呢,也不好。(就"去"和"不去"着眼,衡量利弊)

去呀,不好;不去呀,也不好。(动感情)

又如：

你早说,我早就准备好了。（一般陈述）

你早说吧,我早就准备好了。（委婉,不肯定）

你早说嚜,我早就准备好了。（你没早说,所以当然我就没准备好）

你早说呢,我早就准备好了。（突出"早"）

你早说呀,我早就准备好了。（看你为什么不早说!）

上例不能用"吗",因为主语是"你"。这些句子都有"假设"、"条件"的语气,可是什么语气助词都可以用,而且不用语气助词也一样有这种语气,足见那是由分句本身的意义决定的,和语气助词无关。"选择"也一样,去掉语气助词仍然保留"选择"意义。

4.4 语气助词在单词、词组后面的语气意义

语气助词在单词、词组后面的语气意义仍然和平时相同。"吧"、"嚜（嘛）"、"吗"、"呢"用在单词或词组后面事实上把有关的单词或词组转化为分句,只有"啊"才是真正表示"暂顿",而由"暂顿"发展为"列举"。

爸爸干脆就不回来。（一般陈述）

爸爸吧,干脆就不回来。（缓和:说到爸爸吧,他干脆就不回来）

爸爸吗,干脆就不回来。（你问爸爸吗? 他干脆就不回来）

爸爸嚜（嘛）,干脆就不回来。（他当然不回来）

爸爸呢,干脆就不回来。（至于爸爸,他怎么样? 他干脆就不回来）

"啊"尽管使句子带上感情色彩,但有的仅仅表示"暂顿",如：

当初哇,我讨厌他蹬车。（《剧作》35页）

有一回呀,有一回呀,有一个老虎。（《小坡》55页）

盼哪,盼哪,只盼谁都讲理,谁也不欺侮谁!（《剧作》138页）

"啊"表示"列举"：

象什么杀呀,死呀,亡呀,都不许说。（《相声》197页）

近来特别是女孩子常常用"吧"表示暂顿,如"我吧"、"昨儿吧"、"给她打了个电话"、"她吧"、"谁知道吧"、"不在家吧!"也许是"吧"显得"不肯定",这么说"委婉",就流行起来了。

5 叹词

5.1.1 啊[1] a˥ 表情叹词,表示对某种新发现的情况或事物

的惊讶或赞叹。表示惊讶时语音短促,表示赞叹时语音拉得较长。

啊,刘巡长,怎么这么闲在呀!(《剧作》13页)

啊!到底是这里,轮船有多么大呀!(《小坡》153页)

5.1.2 **啊**[2]　a ⊢　表意叹词,劝对方听从自己,要求对方同意。"啊[2]"在声调上略低于"啊[1]",也不能拉太长,音长比较稳定。

啊,小乖,别闹,等上街给你买冰棍儿吃。(沙雅荣)

你在家等着,啊!(沙雅荣)

(售货员对顾客)你这是五块,啊!

5.1.3 **啊**[3]　a ↗　表意叹词,由于听不清,不理解而追问。

啊……你问这个干吗?(《剧作》252页)

啊?听相声还得记录?(《戏剧》18页)

5.1.4 **啊**[4]　a ↗　表情叹词,由于出乎意料而惊愕。

啊,你哥哥比你小?(《相声》30页)

啊?我要画儿干吗呢?(《相声》123页)

5.1.5 **啊**[5]　a ↘(短)　表意叹词,表示"我听见了"。

啊,啊,我上车站去接我的儿子天祥去!(《剧作》229页)

啊,体验生活哪?(《剧作》179页)

5.1.6 **啊**[6]　aˇ ↘(较长)　表情叹词,表示"原来如此!"

啊!这个小不点儿就是我!(《剧作》266页)

啊!你的也是人手,这我就放心了!(《剧作》42页)

5.1.7 **啊**[7]　a: ↘(最长)　表情叹词,表示恐怖,剧痛。

啊!(惊惶失措,要往里边跑)(《剧作》111页)

(一个流弹飞来,打中了他)啊!(倒下)(《剧作》362页)

5.2.1 **欸**[1]　ɛ˥/ei˥/ai˥(较长)　表意叹词,提请对方注意,因此也表示"听见了"。近距离用ɛ˥/ei˥,远距离用ai˥,更远的距离用ou:˥(参见5.10.1)。在叹词没有规范的书面写法时,用"欸"、"哎"(或"嗳")都可以。

哎,哎!您研究戏剧有多少年?(《戏剧》1页)

嗳,同志,你找谁呀?(《相声》7页)

(已答应)哎!(又急改嘴)哟,看你,怎么叫我王大妈呢?(《剧作》263页)

哎!小三儿!快给我回来!

5.2.2 **欸**[2]　ɛ↗/ei↗/ai↗　表意叹词,表示突然想起什么要说给对方听,有时候带浊声母 ɦ,声调是低升调。

哎,我说你结婚没结婚哪?(《相声》17 页)

哎,你听说了吗?(沙雅荣)

5.2.3 欸³ ɛ˧˥/ei˧˥/ai˧˥   表情叹词,表示不同意,不满,有浊声母 ɦ。

演员心里一生气:"唉!……。"这一"唉",坏啦。(《相声》220 页)

欸,这就不对了!(沙雅荣)

5.2.4 欸⁴ ɛ˥˩/ei˥˩/ai˥˩   表意叹词,表示应声。

哎!哎!去吧,乖!(《剧作》115 页)

嗳,这就对啦!(《相声》3 页)

唉,我一会儿就回来!(《剧作》82 页)

5.2.5 唉¹ eiˑ˥˩/aiˑ˥˩(较长)   表情叹词,表示伤感。因为音较长,很少 ɛ˥˩。

唉,娘子可真有本事!(《剧作》8 页)

唉,那年月,够多惨哪!(《剧作》238 页)

5.2.6 唉² ei:˨˩/ai:˨˩(低而长)   表情叹词,叹息,有时候带浊音声母 ɦ。

(长叹)唉!(《剧作》298 页)

可是,唉,这年月,物价一天翻八个跟头。(《剧作》13 页)

5.3 哎呀 ai˥/ia˥   表情叹词,表示惊讶,有时近乎 ei˥ia˥。

哎呀,我的天!你们这是给我钱行呢?还是批评我呢?(《剧作》204 页)

哎呀,还真叫他们问住了呢!(《剧作》177 页)

(特别出奇地)哎呀!真好!(《相声》10 页)

5.4 哎哟 ai˥ io˥/ai˥ iau˥/ai˥ iou˥   表情叹词,表示惊愕,疼痛。惊愕、疼痛剧烈时语音短促,也单说"哎"aiʔ 或 ioʔ。

哎哟,忘了!(《剧作》245 页)

哎哟,我的腿抽筋儿!快来背着我!(《剧作》357)

唷,疼死我了!(徐仲华)

5.5.1 嗨¹ xai˥/xei˥   表意叹词,提请对方注意,不礼貌地招呼对方,和"欸¹"相同。

嗨,你找谁?(《剧作》23 页)

嘿!凌云,你快回来,省得老太太的嗓子喊坏了。(《剧作》217 页)

5.5.2 嗨² xaiˑ˥˩/xeiˑ˥˩   表情叹词,表示由于太糟糕而不

137

满。

嗐,京戏没有这样唱的。(《戏剧》15页)

嘿,怎么这些事就都出在我家里呢?(《剧作》281页)

5.5.3 **嗨**[3] xai˧/xei˧(低而长) 表情叹词,和"唉"[1]相同,表示叹息。

嗨,真没想到!(沙雅荣)

待一会儿准关城门,就什么也买不到啦!嘿!(《剧作》99页)

5.6.1 **吓**[1] xY˥,嚄 xuo˥ 表情叹词,表示惊叹。

吓,真快!(《相声》129页)

嚄,真厉害!(《相声》23页)

嚄,这也太省事啦!(《戏剧》13页)

"唷嚄"、"唷吓"更"土"。

唷嚄!那屋"光当"一下子,黑更半夜,这是谁出来啦?(《戏剧》12页)

也有人用"嗐"xai˥和"嘿"xei˥的,如:

嗐,越想越棒!(《剧作》202页)

嘿,真好!(《相声》71页)

5.6.2 **吓**[2] xY˥˩,嚄 xuo˥˩ 表情叹词,表示由于不该如此而不满。

吓,两个人才弄半桶水来?(《剧作》21页)

吓,看他这臭美!(周殿福)

5.7.1 **哼** n̩˥˩/m̩˥˩ 表意叹词,表示威胁。

哼!爱掉眼泪还有理呢?(《剧作》152页)

m̩˥˩,走着瞧吧!(沙雅荣)

也用来威胁孩子不要干一些不该干的事,一般加用眼色,不再说什么。

5.7.2 **哼哼** n̩˧ n̩˥˩ 表意叹词,表示威胁,带"流氓"味。

你打算逃出去,哼哼,休想!(《剧作》357页)

哼哼,你甭想逃出我的手心儿去!(徐仲华)

5.8 **嗨** m̩˨(低平) 表意叹词,警告孩子不要干不该干的事。

5.9.1 **嗯**[1] ŋ˧˥/n̩˧˥/m̩˧˥/ā˧˥ 表意叹词,由于不理解,听不清而追问,和"啊"[3]意义相同,只是不愿意张嘴而已,在电话中用 ā 是怕对方听不清。

你什么？嗯,说呀(大声)！(《相声》21页)

也有用如"欸²"ei ↗的,表示突然想到要说什么,如：

嗯？怎么有点糊味儿？(《剧作》245页)

5.9.2　**嗯²**　ṇ↗/ŋ↗/m̩↗/ā↗　表情叹词,表示惊愕,出乎意料。

"嗯——"她鼻中旋转着这个声儿,很长而曲折。(《骆驼》145页)

嗯？不对吧！(沙雅荣)

呣？你去过吗？(沙雅荣)

5.9.3　**嗯³**　ṇ∨/ŋ∨/m̩∨/ā∨　表意叹词,表示"听见了"。

嗯！嗯！老二想的对！(《剧作》350页)

乙　普通话？　甲　唔,普通话。(《相声》102页)

嗯,会唱。(《相声》113页)

5.10.1　**呕¹**　ou:↗(长)　表意叹词,向远处招呼。

呕,干脆就给一块四毛钱,不用驳回,兵荒马乱的。(《骆驼》13页)

5.10.2　**呕²**　ou↗/au↗　表情叹词,表示惊讶。

呕！是你！(《剧作》41页)

呕,他怎么知道咱们的事情？(《剧作》243页)

5.10.3　**呕³**　ou↗/au↗　表情叹词,表示惊讶,同时含有"原来如此"的意思。

呕,他是你亲戚哪！(徐仲华)

呕,是这样的！(沙雅荣)

5.10.4　**呕⁴**　ou↗/au↗　表情叹词,意思和"呕³"接近,不过更强烈,有人没有这个叹词。

5.10.5　**呕⁵**　ou∨/au∨　表情叹词,表示领悟或醒悟。

噢！这就叫作家呀？(《相声》20页)

呕,你是拿命换出来的这些牲口！(《骆驼》28页)

5.10.6　**呕⁶**　ou˧(中平,较长)　表意叹词,让对方(一般是孩子)注意听话。

呕,是喽,宝贝儿！(王国璋)

5.11　**喂**　uei↗/uai↗　表意叹词,招呼声,特别常用在电话中。

喂,劳驾给找一下王新英。(《剧作》263页)

〔叫甲〕喂,您这来！(《戏剧》52页)

偶尔也用在叫卖声中。

139

包儿热咔热包子喂!(徐仲华)

5.12　咦　i˥　表情叹词,表示惊讶自己怎么才想到。

父亲要打我的时候,咦,我就到水房子里住几天来!(《小坡》156页)

表示诧异的"咦",如"咦,人都到哪儿去了!"很多合作人认为不是北京话。

5.13　哟　io˥/iau˥,呦　iou˥　表情叹词,表示由外界突然出现的情况或内心突然想起的事情而惊讶。突然性越强语音越短促。老太太的"哟"很长,平调末尾下降。男同志很少说 iau˥,知识妇女也不大说。

哟,一急,想起来了,是克拉玛依!(《剧作》182页)

哟,大娘您没上街呀?(《相声》71页)

5.14　呸　pʻei˥　表情叹词,表示鄙弃。

你呀,呸!烧饼,我连个芝麻也不会给你买来!(《剧作》8页)

呸!你拿我们当做什么样的人了?(《剧作》360页)

5.15　pf<(吸气音)　表情叹词,表示讨厌,不满。

pf<,这事儿难办了吧!(周殿福)

5.16　嘘　ʂʯ˥/ɕi:˥　表意叹词,让对方不再出声。

年岁大的北京人,特别是没文化的,认为这不是北京话,但有文化的认为有这么个叹词。

5.17　啧　ts<　表情叹词,加强语气,因此既表示高度赞叹,也表示高度厌恶。

这姑娘长得多俊,啧啧!(沙雅荣)

啧啧,这孩子多脏!(王国璋)

6　"呀"

北京话有没有一个独立的,不是连读变音的"呀",这是一个有争议的问题。书面材料不足为凭,一则很多作家不是北京人,二则北京作家手下也没准,不一定和嘴里说的相符。在我们的调查中,多数同志的个人语言中没有独立的"呀",对于他们来说"呀"只是"啊"的音变。但也有少数同志的个人语言中有独立的"呀",在同一语音环境中出现,意义对立,并且凡是有独立的语气助词"呀"的也必然有叹词"呀"。这些同志是:冯世五、孙金鉴、王国璋、沙雅荣、马国荣。他们都是老北京人,都没有离开过北京,但其中三人是少数民族。值得注意的是凡是没文化的老北京人都没有独立的"呀"。

呀,你溅了我一身!(冯世五)

呀,你还没去呢!(沙雅荣)

呀,火灭了!(王国璋)

他啊!(你说的是他)他呀!(原来就是他这么个坏人!)(沙雅荣)

认为"他啊"和"他呀"有意义上的区别的不限于认为有独立的"呀"的同志,赵纬厚(工人)也认为意义不一样。至于认为"总理啊总理"和"总理呀总理"在感情上不一样的人就更多。

马国荣(回族)甚至说"张三呀"也常说("三"结尾是-n)。有"呀"的同志认为"呀"表示的感情比"啊"强烈。

我们的调查表明,独立的"呀"是存在的,在发展,但目前仍属少数,并且只在少数场合"啊"和"呀"才是对立的,而不是全面对立。

附 注

① tei、mei、nei 三个合音由徐仲华同志提供,tʂʅ 以下在他没有合音。徐仲华同志说还有 lie"咧",是 lə+ei→lə+iei→lie。老舍《剧作》53 页:"来嘹!赵大爷,我来嘹!"中的"嘹"也可能是 lə+ao→lə+iao→liao。

② "啊唉"只出现在叫卖声中。

(原载《中国语文》1981 年第 6 期)

《老乞大谚解》和《朴通事谚解》中所见的汉语、朝鲜语对音[*]

　　《老乞大》和《朴通事》两书是过去在朝鲜流行的汉语口语读本和会话手册。著作人姓氏和著作年代已无从查考,不过从内容来看,可以肯定是中国元代(1271—1368)的作品。《老乞大谚解》和《朴通事谚解》是上述两书的注疏本,在正文下加注谚文对音和义训,均系朝鲜中宗朝(1506—1544)崔世珍所撰。[①]

　　我们现在所据的中国影印本《朴通事谚解》是朝鲜肃宗三年(1677)司译院边暹、朴正华等根据《老、朴辑览》重加补正的本子;《老乞大谚解》的年代可能是1670。[②]这两个本子我们以下统称为今本《谚解》。今本《谚解》和崔世珍原著时间上相差一个半世纪,它们的关系由于文献不足,难以考订,只好阙疑。《老》和《朴》的谚文对音是完全一致的,因此合在一起研究。此外,我们还利用了《翻译老乞大、朴通事凡例》一文。[③]《凡例》原是崔世珍《四声通解》一书的附录,不收入本集,但系崔氏所订,几无可疑。两本《谚解》不同来历,但对音体系相同,更可见《凡例》早出。对音体系也和《凡例》符合。

　　今本《谚解》在每一汉字下列有两种谚文对音。根据《凡例》的说明,"在左者即《通考》所制之字,在右者今以汉音依国俗撰字之法而作字者也。"[④]例如:

　　　老　　乞　　大　　谚　　解
　　　랗랄　킹키　따다　연연　계계

《通考》对音指申叔舟《四声通考》(1449)所用的译音,但今本《谚解》汉字下左边的对音并不完全符合那个体系,兹不具论。[⑤]本文研究的只限于右边的对音,下称《谚解》对音。《谚解》对音的体系既然符合《凡例》,可以肯定是代表16世纪前期汉语北方话的语音的。

---

[*] 本文承陆志韦先生多次详加指正,特此致谢。

从《谚解》的应用性质来看,对音所反映的应该是当时中国的标准音,并且是口语,很可能是北京音。再从《谚解》对音系统本身来看,也大体上和今天的北京音有一脉相传的关系。因此我们认为所反映的是 16 世纪的北京语音。

朝鲜李朝世宗在 1443 年颁布了谚文字母方案,就是《训民正音》。[⑥]谚文字母有单书初发声字母 17 个,其中有些又用作终声字母,并书字母 17 个,中声字母 11 个。此外,为了区分当时汉音的"齿头"和"正齿"音,又规定了齿音字母的变写规则。

下文试拟《谚解》对音字母的汉语音值。拟音的依据是:(1)《训民正音解例》对谚文字母音韵的解释及其汉字例字;(2)谚文字母的现代音读;(3)《谚解》对音本身的语音系统。[⑦]

先列一总表如表一:

表一

ㅂ＝p	ㅍ＝p'	ㅁ＝m	ㅸ＝f
ㄷ＝t	ㅌ＝t'	ㄴ＝n	ㄹ＝l
ㅈ＝ts	ㅊ＝ts'	ㅅ＝s	
ᅎ＝tʃ	ᅔ＝tʃ'	ᄼ＝ʃ	△＝ʒ
ㄱ＝k	ㅋ＝k'	ㆆ＝x	
ㅇ(终声)＝ŋ	ㅇ(初声)＝零声母。		
ㆍ＝ɐ	ㅡ＝ə, ɨ	ㅣ＝i	
ㅗ＝o	ㅏ＝a	ㅜ＝u	ㅓ＝ɣ
ㅛ＝io	ㅑ＝ia	ㅠ＝iu	ㅕ＝iɣ

表上的对音是从《谚解》对音归纳出来的。现在照汉语音韵学习惯,分为声母、韵母、声调三项逐一加以说明。

一 声母

p	p'	m	f
t	t'	n	l
ts	ts'	s	
tʃ	tʃ'	ʃ	ʒ
k	k'	x	ㅇ(零声母)

除了 ts 组和 tʃ 组外，其余无须解释，因为纯粹是归纳的。

今本《谚解》ᅎ组和ᅐ组字母已经是一片混乱，同一汉字的对音时而作ᅎ等，时而作ᅐ等，而更多的场合左右腿根本不分长短。我们认为这种混乱现象是由于传写人不理解ᅎ组和ᅐ组的区别而造成的。《谚解》的原文一定是分清的，因为明明用了两套字母。现在我们只能根据汉语的历史，参考现代北京音 ts 组和 tʂ 组的系统分别逐字订为属于ᅎ组或ᅐ组。⑧

ᅐ组字母当时的汉语音值牵涉到很多问题。首先是中古音知组、庄组、章组声母在这一时期的分合及其音值，其次是卷舌声母⑨的发展，再次是齿音声母后面谚文字母"ㅡ"的音值。

《谚解》对音的ᅎ组字母和精组相当，而和知组、庄组、章组相当的只有一套ᅐ组字母。如果作者在这方面的审音是精到的话，那么知组、庄组、章组在当时已经合而为一。这当然是完全可能的，并且就资料本身来看，似乎也只好这样说。但是我们也不能不估计到另外一种情况，那就是对这三组声母作者审音也许不十分精到。一般说来，如果对音作者本民族的语音系统在某方面比较复杂，这方面的对音资料就可靠一些，相反的，如果某方面比较简单，而对译的语言在这一方面比较复杂，就有可能掩盖或忽略了部分实际情况，特别是某些细致的区别。谚文字母本身只有 ts、ts'、s 三个声母，ᅎ组和ᅐ组之分是专为对译汉音而制定的，也许就顾不到更仔细的分别了。尽管有这种可能，我们暂时只好假定ᅐ组字母代表一组内部一致的语音。

知组、庄组、章组声母既然已经合而为一，那就有两种可能，或者是初期的 tʃ 等，或者是后期的 tʂ 等。ᅐ组字母代表什么音值呢？

有人认为在《中原音韵》时代卷舌声母已经形成，⑩有人则认为时代还要晚得多。⑪

《谚解》对音的 in 韵和 iŋ 韵中有这样一些ᅐ组字母的字：

真针诊轸枕章母珍镇知母

嗔昌母辰晨臣禅母沉陈尘湛澄母趁彻母

身申深沈婶书母神船母慎禅母

正征蒸整拯政证章母贞知母郑澄母

称秤昌母成城诚承丞禅母呈程澄澄母

升陞声胜圣书母绳剩船母

以上这些字今天北方话一般都属于 ən 韵和 əŋ 韵，声母作卷舌音的居多。如果当时声母已经是 tʂ、tʂʻ、ʂ，至少有两点讲不通。首先，正如不少人怀疑的 tʂin、tʂiŋ 等音的确是不大能设想的。并不是说这样的音"绝对"发不出来，而主要是因为现代汉语各方言中找不出这样的音来。其次，如果当时已经是 tʂin 等和 tʂiŋ 等，这个主要元音 i 后来又怎么消失了呢？因此，我们把 i 前的ᅎ组字母的音值定为 tʃ 等而不是 tʂ 等。根据同一理由，我们把"△"拟为 ʒ，虽然严格地说，这个 ʒ 并不完全是 ʃ 的相对的浊音。

ᅎ组虽然基本上是 tʃ 等，但是我们认为卷舌声母可能已经在部分字音中出现了。《谚解》对音的 ɐn 韵、ɐm 韵、ən 韵中有这样几个字：

ɐn 参参生母，侵韵 簪庄母，侵韵

ɐm 甚禅母，寝韵

ən 榛生母，臻韵

这些字原来是有 i 介音的，现在失去了。"参、簪"主要元音的开度也变了（这也许是收声 -m 的影响），那么 i 的失去为时很早。"甚"是"什么"的合音，禅母字也影响到了。这些字属于 ɐn、ɐm 韵。其实 ɐn、ɐm、ɐŋ 韵里只有古 tʃ 组声母的字（当然，除了上面的几个原来的三等字，其余都是原来的二等字）。这也是突出的现象。所以上文说卷舌声母可能已经在部分字音中出现了。

二 韵母

谚文中声字母分为单体字母和合体字母两类。单体字母表示单元音，合体字母表示带 i 介音的复合元音。单体字母除"丶"现在已废弃不用外，其余六个朝鲜现代读音是：

ㅡ＝ɯ　　　ㅣ＝i　　　ㅗ＝o

ㅏ＝a　　　ㅜ＝u　　　ㅓ＝ɤ[12]

据《训民正音解例》的《制字解》，"丶舌缩而声深"，"ㅡ舌小缩而声不深不浅"，"ㅣ舌不缩而声浅"，"ㅗ与丶同而口蹙"，"ㅏ与丶同而口张"，"ㅜ与ㅡ同而口蹙"，"ㅓ与ㅡ同而口张"。[13][14] 根据这些描

145

写,可以推测当时朝鲜音的元音系统大致是:

ʌ ɔ ɤ ə ɯ u i

看来,朝鲜语中声母的音值到现代没有很大变化,《谚解》对音时代和《训民正音》时代应该基本相同。从对音系统来看,《谚解》作者很可能用 ɯ 和 ɔ 来对译当时汉语的 ə 和 o,因此在我们的拟音中就写作 ə 和 o。谚文字母所代表的元音系统中,前元音只有一个 i,在对译汉语的某些前元音时,《谚解》作者不得不使用开口度近似的后元音。ɤ 就有时用来对译汉语的 ɛ,如"先"作 siɤn,"也"作 iɤ,"则"作 tsɤ"皆"作 kiɤi 等。因此在主要元音作 ɤ 的韵母里不能据谚文这个 ɤ 来订所对译的汉语的音值。读者只能从自己对北方话语音演变的常识来阅读本文附录里各 ɤ 韵的汉字,本文恕不详加分析,以免冗长而仍然未必得当。

ᄌ组和ᄎ组字母后面的谚文字母"ㅡ"的音值《凡例》有一段说明:

《通考》"赀"字音ᅎ,注云"俗音ᅐ,韵内齿音诸字口舌不变,故以△为终声,然后可近其妙"。今按齿音诸字若从《通考》加△为字,则恐初学难于作音,故今之反译皆去△声,而又恐其直从去△之声,则必不合于时音,今书正音加△之字于右(当是"左"之误——本文作者),庶使学者必从正音用△作声,然后可合于时音矣。⑮

这里的谚文字母"ㅡ"不是 ə,而"从△作声",就是说近乎舌尖音了,并且在齿音声母后面另有 i,因此我们只好把"ㅡ"拟作 ɿ。

关于谚文字母"丶"的音值,我们首先看到《谚解》对音有这样的两组:

읍:由, 油, 又等

유:雨, 芉, 玉等

읍肯定是 iu,无法作别的解释。那么人们自然就会想到유可能就是 y。但是事实并不这样简单。我们看到这样一些音:

우(u)韵　　유韵

助,竹等　　住,嘱等

初,畜　　　除,杵等

疏,数等　　书,树等

这些都是古鱼、虞韵系字。(1)左边的属庄组声母("竹"入声字除

146

外);(2)右边的属知、章组声母;(3)其余的鱼、虞韵系字全都归ʉ韵。

同时代的金尼阁《西儒耳目资》记另一种北方话,(1)归"u 甚",即 u,(2)归"u 中",写作 ụ,即 ʉ 之类,(3)归"iʉ",即 iʉ 之类分为三类,《谚解》对音只分两类。我们把ʉ拟成 iʉ,不只有金尼阁的书可供参考,并且是符合北方话语音发展的。总之,ʉ不是 y,也不是 iu。

以下先列一张韵母总表(见表二)。表上加"/"处表明谚文原分韵,今合并,下文说明。

韵母合并的理由,顺序说明如下:

1. ə/ɐ 韵只有"夺"、"阁"两个字,而且都不是这两个字的一般读法。"夺"作 tɐ,"阁"作 kɐ 只在"夺脑疼"、"阁落"两个俗语词组中出现,一般"夺"作 to,"阁"作 kɣ。

2. əl/ɐl 见表一注②。现代北京话,同一人说这些字,元音开度也可能不一致。

3. ai/ɣi ɣi 只有一个"来"字,用了好多次,全作这音。现代北方话"来"在比较轻说时,音近[εi]。译者大概是听到了这样的音。参见表二注①。

4. uɣn/ɣn 互补,ɣn 下只有唇音字,uɣn 下非唇音字。参看上 an 行,古寒桓分家了,同《中原音韵》。

5. ən/nɐ,ɐn 只有"簪"、"参"、"葠"三字,都是古庄组字,使主要元音开口度加大。但"榛"作 ən,可见"簪"等元音的改变,出在 -m 没有变 -n 之前。

6. əm/ɐm 只有"怎"、"甚"各一字。-m 韵本已变 -n。当时的读法已经像现代北京话的[tsəm]、[ʂəm],朝鲜人听得很清楚。两字元音不同,也许受了声母的影响。

7. əŋ/ɐŋ 互补,ɐŋ 下的全是古庄组字。

表二　韵母总表

	ɨ	i	u	iʉ
单韵母	a	ia	oa	
	o	io		
	ɣ①	iɣ	uɣ	iuɣ
	ə			
	ə/ɐ②			

(续表)

	ai/ɤi	iɤi	oai	
复韵母	iə		ui	
	ao	iao		
	əl	iu		
	an	iɤn	oan	iuɤn
			uɤn/ɤn	
鼻韵母	ən/ue	in	un	iun
	ɐn/ue			
	aŋ	iaŋ	oaŋ	
	əŋ/ɐŋ	iŋ	uŋ	iuŋ

表中注:

① ɤ 的用法,有时代表前元音,有时代表后元音,上已说明。本表只凭 ɤ 字排列,不肯定同一行的几个 ɤ 韵或同一个 ɤ 韵的字,主要元音同音值。

② ɜəl 只有"耳、二、贰"三字,"二"又作 əl,"耳"又作 ɐl;ɜl 只有"儿、耳、而"三字,ɜəl 有"儿、饵"两字。ɜ 代表还有点擦音。从"二""耳"异读看来,这擦音已经是极微弱了。l 不可能相当于朝鲜音的 l,只是用来描写当时汉语说这些古日母字的音值,不是 i,也不是 ɨ,但可能是复合元音。

三 声调

根据《凡例》的记载,原本《谚解》在谚文对音之旁有声调标点,可惜今本已荡然无存。就我们目前所见的《谚解》来看,《通考》对音所记入声喉塞字在《谚解》对音时代已经消失,谚文不用喉塞字母。《凡例》关于《谚解》原作时代的汉语声调有比较详尽的描写。下文关于声调的叙述完全依据《凡例》。《凡例》和今本《谚解》既然不同时代,而关系亦未能确定,下文只是对 16 世纪的汉语说的。

兹摘录《翻译老乞大、朴通事凡例》有关声调的部分如下:

"平声全清、次清之音,轻呼而稍举,……全浊及不清不浊之音,先低而中按,后厉而且缓,……上声之音低而安,……去声之音直而高,……入声之音如平声浊音之呼而促急。"

"但连两字皆上声,而势难俱依本声之呼者,则呼上字如平声浊音之势,然后呼下字可存本音。……若下字为虚,或两字皆语助,则下字呼为去声。"

"今反译平声浊群、定、並、从、床、匣六母诸字,初声皆借次清为字,邪、禅二母,亦借全清为字。……奉母易以非母,而平声则势从全浊之呼,……上、去、入三声亦皆逼似乎非母,而引声之势则各依本声之等而呼之,唯上声则呼为去声。"

"全清见、端、邦、非、精、照、审、心、影九母,平声初呼之声单洁不歧,而引声之势孤直不按,上、去、入、三声初呼之声亦单洁不歧,而引声之势各依三声高低之等而呼之。次清溪、透、清、滂、穿、晓六母,平声初呼之声歧出双声,而引声之势孤直不按,上、去、入三声初呼之声亦歧出双声,而引声之势各依三声之等而呼之。全浊群、定、並、奉、从、邪、床、禅八母,平声初呼之声亦歧出双声,而引声之势中按后厉,上、去、入三声初呼之声逼同全清,而引声之势各依三声之等而呼之,故与全清难辨,唯上声则呼为去声而又与全清去声难辨矣。不清不浊疑、泥、明、微、喻、来、日七母,平声初呼之声单洁不歧,而引声之势中按后厉,初呼则似全清,而声终则似全浊,故谓之不清不浊,上、去、入三声各依三声之等而呼之。……匣母四声,初呼之声歧出双声,与晓母同,而唯平声则有浊音之呼势而已,上、去、入三声,各依三声之等而呼之。大抵呼清浊声势之分在平声则分明可辨,余三声则固难辨明矣。"[⑮]

以上描述可以归纳如下:

1. 调类 共有五个调类,即阴平,阳平,上声,去声,入声。
   阴平:"轻呼而稍举","引声之势孤直不按。"
   阳平:"先低而中按,后厉而且缓。"
   上声:"低而安。"
   去声:"直而高。"
   入声:"如平声浊音之呼而促急。"

2. 变调
   上声+上声→阳平+上声
   上声(虚字或实字)+上声(虚字)→上声+去声
   所谓"虚字"可能是轻读的字。

3. 全浊声母和调类的关系

   全浊声母 { 平声→阳平,次清(邪禅变"全清")
            上声→去声,全清
            去声→去声,全清
            入声→入声,或变同阳平(偶变上声、去声),全清

附　录

1. 次序从韵母表。
2. ɤ元音韵的音值不定,有时明是ε类,

有时明是 o 类,有时是前是后无法肯定。

ɿ 韵

[tsɿ]资孳子仔紫字自。　[ts'ɿ]孳瓷鹚辞此伺次厕。　[sɿ]思司丝私厮词死已似四泗肆寺赐。　[tʃɿ]之芝支枝脂只纸指至誌。　[tʃ'ɿ]匙齿翅。[ʃɿ]师狮筛诗尸施时史使士市柿是氏试事侍。

i 韵

[pi]比婢闭鼻避笾备笔必碧毕璧弼。　[p'i]披皮琵鈚甓笓匹疋。　[mi]迷谜米蜜密觅。　[fi]费肺。　[ti]氐低羝堤底抵帝嚏弟第递地滴的笛敌籴。[t'i]梯啼蹄提体替剃题踢　[ni]尼泥你。　[li]梨离篱璃里理裹鲤李礼蠡利痢例吏荔丽隶力立笠栗历曆厉沥疬。　[tsi]赍荠祭济脊迹积唧集疾藉。[ts'i]妻悽齐砌刺七漆戚。　[si]西犀洗犀细婿昔惜膝息媳筗夕袭席。　[tʃi]知蜘致智治滞隻执质汁炙织职直佫掷。　[tʃ'i]痴持池迟尺赤饬吃。　[ʃi]世誓失室识湿释饰十什拾石食实植。　[ʒi]日。　[ki]饥机基箕鸡己幾廘枝妓寄既纪记计繫忌急吉载击及极。　[k'i]欺稽奇骑其棋旗麒馈岂起启气弃器契乞。　[xi]稀浠携喜戏系。　[i]衣依医移姨宜疑椅倚已,以议尾意易曳裔艺义诣一乙益揖弋翼亦逆。

u 韵

[pu]补部布步捕哺卜不簿。　[p'u]铺菩蒲葡普。　[mu]模母亩某木没摸目。　[fu]夫扶芙浮府腑斧甫脯抚腐父辅妇赴付咐傅富副附腹福辐覆氕伏袱服。　[tu]都赌肚堵度渡读毒独。　[t'u]徒屠途涂土秃。　[nu]奴。　[lu]芦炉舻鲁路露禄簶绿鹿辘。　[tsu]租祖做卒足。　[ts'u]粗醋蔟簇促。　[su]苏酥素塑速索宿。　[tʃu]助竹筑烛粥轴。　[ʃ'u]初畜。[ʃu]蔬数束叔熟。　[ʒu]辱褥肉。　[ku]姑沽古孤鼓殁故雇顾骨。[k'u]苦库裤跨哭窟。　[xu]胡葫湖糊瑚衚壶狐虎琥户护忽斛。　[u]乌污无吴五午忤仵武舞误务雾屋兀物。

iu 韵

[niʉ]女。　[liʉ]闾庐驴律葎。　[tsiʉ]聚。　[ts'iʉ]取娶觑。　[siʉ]须徐戌钺俗。　[tʃiʉ]朱珠猪诸主煮拄柱纾铸蛀铸住助嘱。　[tʃ'iʉ]枢除厨杵处出术。　[ʃiʉ]书输梳鼠暑属蜀树署谕赎秫。　[ʒiʉ]如儒乳入。[kiʉ]居驹举句拘锯具俱苣桔屈局。　[k'iʉ]驱术去曲锔麯。　[xiʉ]虚许畜。　[iʉ]於盂余鱼渔愚雨与语芋谕遇峪玉。

a 韵

[pa]芭把弝罢八拔。　[p'a]爬琶怕帕。　[ma]麻摸马玛杩么骂抹。[fa]发發髮伐罚乏帥。　[ta]打大搭达哒踏。　[t'a]他塔塌闼。　[na]拿

那衲纳。 [la]剌蜡腊镴。 [tsa]匝拶咱杂。 [sa]灑洒萨撒钑。 [tʃa]匝闸炸铡。 [tʃ'a]叉差茶搽察擦刹插。 [ʃa]沙纱砂袈杀霎。 [a]阿。

ia 韵

[kia]家加袈嘉佳假驾价夹挟甲。 [k'ia]伽恰掐。 [xia]虾暇遐厦下夏瞎匣。 [ia]鸦丫牙芽衙鸭押压。

oa 韵

[tʃoa]抓。 [ʃoa]耍刷。 [koa]瓜剐卦挂刮。 [k'oa]夸。 [xoa]花华化话画桦猾。 [oa]蛙娃凹瓦挖斡袜。

o 韵

[po]波跛簸拨钵博朴钹薄颇。 [p'o]坡婆蔢破泼。 [mo]磨魔末沫莫。 [fo]拂佛咈。 [to]多朵垛躲惰夺。 [t'o]拖驮驼陀唾脱托。 [no]那糯。 [lo]罗萝锣螺骡落骆络酪珞乐。 [tso]左坐座作昨凿。 [ts'o]搓蹉矬锉锉错撮。 [so]簑锁所。 [tʃo]卓涿捉。 [ʃo]朔。 [ko]锅果裹踝过铦聒。 [k'o]科颗课髁。 [xo]禾和火祸货豁藿活。 [o]萵窝倭娥鹅我涴卧。

io 韵

[tsio]嚼。 [ts'io]雀。 [tʃio]着。 [ʒio]若箬。 [kio]角觉脚。 [xio]学。 [io]约乐药岳。

ɤ 韵

[pɤ]百伯柏北白帛。 [p'ɤ]珀。 [mɤ]麦脉墨。 [tɤ]得德。 [tsɤ]则侧。 [ts'ɤ]册测。 [sɤ]色濇。 [tʃɤ]窄摘宅。 [kɤ]哥歌柯箇各阁鸽葛割合。 [k'ɤ]痾可磕渴却克。 [xɤ]哈呵何河荷贺喝合欱盒褐鹤核黑。 [ɤ]恶额。

iɤ 韵

[piɤ]鳖鳖别。 [p'iɤ]撇丿。 [miɤ]灭。 [tiɤ]叠迭楪跌凸。 [t'iɤ]贴帖铁。 [niɤ]捏镊。 [liɤ]烈。 [tsiɤ]姐借裾接节截。 [ts'iɤ]且切窃。 [siɤ]些斜写卸谢屑。 [tʃiɤ]者锗折斨摺褶这。 [tʃ'iɤ]车扯撤。 [ʃiɤ]赊蛇捨社舍赦射麝折涉舌。 [ʒiɤ]惹喏偌热。 [kiɤ]隔劫揭羯结颊。 [k'iɤ]茄客。 [xiɤ]歇蝎血。 [iɤ]爷呆野也夜叶。

uɤ 韵

[kuɤ]国。 [k'uɤ]阔。 [xuɤ]或惑获。

iuɤ 韵

[liuɤ]劣。 [tsiuɤ]绝。 [siuɤ]雪。 [tɭiuɤ]拙。 [ʃiuɤ]说。 [kiuɤ]蹶掘橛。 [k'iuɤ]瘸阙缺。 [xiuɤ]靴。 [iuɤ]曰越钺月。

151

ə 韵

[kə]疙肐硊。

ɐ 韵

[tɐ]夺。　[kɐ]阁。

əl 韵

[ʒəl]二耳贰。　[əl]二。

ɐl 韵

[ʒɐl]儿饵。　[ɐl]儿耳而。

ɣi 韵

[lɣi]来。

iɣi 韵

[kiɣi]皆阶街解戒芥疥界。　[xiɣi]鞋蟹械薤。

oai 韵

[tʃ'oai]揣。　[ʃoai]率摔。　[koai]拐怪。　[k'oai]快块。　[xoai]怀坏划。　[oai]歪外。

əi 韵

[pəi]杯碑悲倍被贝背褙鞴鞁。　[p'əi]培痞。　[məi]梅煤媒枚眉每美靡妹昧瑂。　[fəi]飞非肥。　[təi]特。　[t'əi]忒。　[ləi]肋。　[tsəi]贼。　[kəi]给。　[k'əi]勯。

ui 韵

[p'ui]裴。　[tui]堆对队兑。　[t'ui]推腿退。　[nui]内。　[lui]擂垒累类。　[tsui]嘴罪最醉。　[ts'ui]崔衰随翠脆。　[sui]虽荽岁碎遂穗。　[tʃui]追锥缀坠。　[tʃ'ui]吹炊垂锤鎚。　[ʃui]谁水税睡瑞。　[kui]归璝葵癸鬼贵桧柜。　[k'ui]盔亏窥奎。　[xui]灰挥回迴悔毁晦讳会慧。　[ui]威喂违围为巍危微委苇秽未味位纬。

ao 韵

[pao]包保宝饱抱报膊驳。　[p'ao]抛袍炮驳。　[mao]毛猫卯冒帽貌。　[tao]刀倒道稻到倒盗。　[t'ao]绦桃逃淘拚萄讨套。　[nao]挠脑恼瑙闹搭。　[lao]捞劳牢老栳鹩涝。　[tsao]遭早枣澡憪皂造灶。　[ts'ao]操曹槽草。　[sao]搔臊嫂扫噪哨。　[tʃao]爪罩。　[tʃ'ao]钞炒。　[ʃao]稍娟捎。　[kao]高羔膏蒿告。　[k'ao]拷烤靠。　[xao]蒿毫好号。　[ao]熬袄傲。

iao 韵

[piao]标膘表。　[p'iao]朴瓢。　[miao]苗描妙。　[tiao]刁貂吊钓。　[t'iao]挑调条苕跳粜。　[niao]尿溺。　[liao]聊辽了蓼料掠。　[tsiao]焦

152

椒醮。　［tsʻiao］鹊。　［siao］消宵小笑鞘。　［tʃiao］招昭朝赵照诏。
［tʃʻiao］朝绰。　［ʃiao］烧少勺。　［ʒiao］饶挠绕。　［kiao］交郊胶教娇浇铰
搅挍矫缴觉较叫。　［kʻiao］敲荞巧。　［xiao］晓孝。　［iao］腰幺妖摇瑶咬
勒要曜跃。

əu 韵

［məu］牡戊。　［fəu］否阜复。　［təu］兜斜鬥豆。　［tʻəu］偷头投透。
［ləu］楼搂镂漏。　［tsəu］走奏骤　［səu］搜嗽。　［tʃəu］皱。　［tʃʻəu］愁。
［ʃəu］瘦。　［kəu］勾抅钩沟狗。　［kʻəu］彄口叩。　［xəu］侯後厚候后。
［əu］怄藕。

iu 韵

［tiu］丢。　［niu］牛扭钮。　［liu］流刘留瑠榴柳溜六陆。　［tsiu］酒
就。　［tsʻiu］秋揪。　［siu］修羞秀绣宿袖。　［tʃiu］周州箒。　［tʃʻiu］抽绸
筹酬雠丑醜俅臭。　［ʃiu］收手首守受兽寿授。　［ʒiu］揉。　［kiu］九久灸
舅救旧。　［kʻiu］球。　［xiu］休。　［iu］忧由油游蝣有友酉幼又。

an 韵

［pan］班板扮办瓣。　［pʻan］盼。　［man］慢。　［fan］番幡蕃烦繁反
犯饭梵。　［tan］单丹躭耽淡担惮弹蛋但。　［tʻan］贪滩弹檀坛谈探。
［nan］南男难。　［lan］兰拦栏蓝懒揽滥缆烂。　［tsan］趱趱瓒。　［tsʻan］
参餐。　［san］三伞散。　［tʃan］斩盏站栈暂。　［tʃʻan］产划忏。　［ʃan］山
衫珊汕。　［kan］干竿肝乾甘柑杆簳感敢赶幹。　［kʻan］堪勘看。　［xan］
鼾寒韩酣罕旱汉汗翰銲。　［an］安鞍庵鹌暗匼案按岸。

iɤn 韵

［piɤn］边鞭编匾辨变遍便。　［pʻiɤn］偏片。　［miɤn］绵眠免面麵。
［tiɤn］典獭点店靛殿。　［tʻiɤn］天添田甜。　［niɤn］年拈鲇捻碾念。
［liɤn］帘伶连莲脸敛练。　［tsiɤn］尖煎剪渐箭溅荐贱。　［tsʻiɤn］千迁签前
钱潜浅茜。　［siɤn］先仙鲜线。　［tʃiɤn］毡展战颤。　［tʃʻiɤn］缠禅谄觇。
［ʃiɤn］闪陕善扇骟。　［ʒiɤn］然染。　［kiɤn］间奸艰监肩坚拣简减检件涧锏
鉴剑见建。　［kʻiɤn］悭嵌牵谦钳乾欠。　［xiɤn］咸鹹闲咻嫌贤弦绒险显限
晛馅现县。　［iɤn］淹烟沿胭缘盐檐筵蜒严岩言颜掩眼燕掾砚雁谚验。

oan 韵

［ʃoan］绐。　［koan］惯。　［xoan］还环。　［oan］湾顽绾晚挽腕万。

ɤn 韵

［pɤn］般搬伴拌半绊。　［pʻɤn］攀盘判。　［mɤn］瞒蔓馒鞔满馒谩幔。

uɤn 韵

153

[tuɤn]端短断段缎。 [tʻuɤn]团。 [nuɤn]暖。 [luɤn]栾乱。 [tsuɤn]钻。 [tsʻuɤn]撺踹窜。 [suɤn]酸算蒜。 [kuɤn]官观冠莞关管馆灌罐贯。 [kʻuɤn]宽。 [xuɤn]欢皖唤换。 [uɤn]玩碗刓。

iuɤn 韵

[tsʻiuɤn]全痊泉。 [siuɤn]宣旋选。 [tʃiuɤn]砖转。 [tʃʻiuɤn]川穿船传椽串钏。 [ʒiɤn]软。 [kiuɤn]捲卷眷绢。 [kʻiuɤn]拳劝。 [xiuɤn]玄眩。 [iuɤn]冤鸳渊员圆园辕援元原丸完远院愿衍。

ai 韵

[pai]摆刖拜败。 [pʻai]排牌。 [mai]埋买卖。 [tai]歹待怠带戴袋玳。 [tʻai]台抬薹太泰。 [nai]奶耐奈。 [tsai]灾栽哉宰在再载。 [tsʻai]猜才材财裁纔彩綵保踩菜。 [sai]腮赛索。 [tʃai]斋债。 [tʃʻai]差柴。 [ʃai]晒瞾。 [kai]该垓改盖概。 [kʻai]开揩。 [xai]咳孩颏海亥害。 [ai]哀捱崖涯爱嗳艾硋噎。

ən 韵

[pən]侎锛本夯。 [pʻən]喷盆。 [mən]门们闷。 [fən]分坟粉份。 [tʃən]榛。 [kən]根跟艮。 [kʻən]肯。 [xən]恨。 [ən]恩。

ɐn 韵

[tʃɐn]簪。 [ʃɐn]参蓡。

in 韵

[pin]宾槟镔彬禀殡。 [pʻin]贫频苹品。 [min]民。 [nin]赁。 [lin]林邻麟临檩。 [tsin]侭尽进浸。 [tsʻin]亲侵寝簆。 [sin]辛新心寻信讯。 [tʃin]真针珍诊轸枕镇。 [tʃʻin]嗔湛辰晨臣沉陈尘疹趁。 [ʃin]身申深神沈婶渖慎。 [ʒin]人仁壬芒忍任刃认。 [kin]斤筋今金襟紧锦谨禁近妗。 [kʻin]琴芹勤禽檎。 [xin]欣。 [in]音阴因洇寅吟银饮隐引荫印。

un 韵

[tun]顿钝。 [lun]论。 [tsun]尊。 [tsʻun]村。 [sun]孙损笋。 [kun]棍滚。 [kʻun]困。 [xun]昏婚魂荤辉混。 [un]温文蚊纹闻稳问。

iɐn 韵

[liɐn]轮伦。 [tsiɐn]俊。 [siɐn]巡旬。 [tʃiɐn]准。 [tʃʻiɐn]春鹑蠢。 [ʃiɐn]顺。 [ʒiɐn]润。 [kiɐn]军君群。 [kʻiɐn]群裙。 [iɐn]匀云雲运韵。

əm 韵

[tsəm]怎。

ɐm 韵

154

[ʃɐŋ]甚。

aŋ 韵

[paŋ]邦帮榜膀绑棒。　[p'aŋ]镑蒡傍。　[maŋ]忙芒蟒。　[faŋ]方坊妨防房仿放访。　[taŋ]当党荡僜。　[t'aŋ]汤唐糖堂。　[naŋ]瀼。　[laŋ]郎廊狼榔浪。　[tsaŋ]赃葬藏脏。　[ts'aŋ]仓苍藏。　[saŋ]瘯。　[kaŋ]刚亢。　[k'aŋ]炕。　[xaŋ]杭行術。

iaŋ 韵

[niaŋ]娘。　[liaŋ]凉粮梁樑两量亮辆。　[tsiaŋ]将浆酱匠。　[ts'iaŋ]枪墙。　[siaŋ]相厢箱详祥想象像。　[tʃiaŋ]张长涨掌障丈杖帐。　[tʃ'iaŋ]昌菖长肠场尝常偿厂唱。　[ʃiaŋ]商伤裳赏响上尚。　[ʒiaŋ]让。　[kiaŋ]江薑繮讲降。　[k'iaŋ]腔强。　[xiaŋ]香乡响项向巷。　[iaŋ]央殃鸯羊扬杨阳养痒仰样。

oaŋ 韵

[tʃoaŋ]庄妆装桩壮状撞。　[tʃ'oaŋ]疮窗床幢。　[ʃoaŋ]双爽。　[koaŋ]光广。　[k'oaŋ]筐诓框。　[xoaŋ]荒慌皇惶黄谎。　[oaŋ]王亡枉往枉网妄忘望旺。

əŋ 韵

[pəŋ]绷搠绷。　[p'əŋ]朋棚。　[məŋ]猛孟梦。　[təŋ]灯等镫。　[t'əŋ]疼藤。　[nəŋ]能。　[ləŋ]冷。　[tsəŋ]增甑赠。　[ts'əŋ]曾层。　[səŋ]僧。　[kəŋ]庚更。　[k'əŋ]坑。

ɐŋ 韵

[tʃɐŋ]争睁。　[tʃ'ɐŋ]撑。　[ʃɐŋ]生甥省。

iŋ 韵

[piŋ]冰兵丙饼并并病。　[p'iŋ]平评凭瓶萍。　[miŋ]明名皿命。　[tiŋ]丁钉顶锭定。　[t'iŋ]听厅鞓亭停廷挺艇。　[niŋ]宁佞。　[liŋ]玲翎铃零灵棂绫领岭令另。　[tsiŋ]精菁睛井静净。　[ts'iŋ]青清情晴请。　[siŋ]星腥省醒性姓。　[tʃiŋ]正征蒸贞整拯政证郑。　[tʃ'iŋ]称成城诚承丞呈程澄秤。　[ʃiŋ]升陞声绳胜圣剩。　[kiŋ]更粳京荆经景警敬径竞。　[k'iŋ]卿轻倾擎庆磬。　[xiŋ]兴行刑擤杏荇幸。　[iŋ]应鹰缨璎樱鹦莹赢蝇迎影硬。

uŋ 韵

[p'uŋ]蓬。　[fuŋ]风枫封峰丰逢缝捧奉俸凤。　[tuŋ]东冬衕动冻洞。　[t'uŋ]通同铜筒艟童桶统痛。　[nuŋ]脓醲。　[luŋ]龙笼珑弄。　[tsuŋ]棕鬃纵趵总综。　[ts'uŋ]聪葱从。　[suŋ]松鬆宋送颂。　[tʃuŋ]中忠终钟锺种众

155

重仲。　[tʃ'uŋ]充冲虫重崇。　[ʒuŋ]绒。　[kuŋ]公工功宫弓恭供共。[k'uŋ]空芎恐孔控。　[xuŋ]红洪横哄。　[ŋ̩]翁瓮。

iuŋ 韵

[kiuŋ]琼穷。　[xiuŋ]兄胸。　[iuŋ]容蓉永用。

附　注

①崔氏原本似已不传。小仓进平《朝鲜语学史》586页，引《稗官杂记》："崔同知世珍精于华语，兼通史文，屡赴燕质习，……尝撰四声通解、训蒙字会以进，又奉教谚解老乞大、朴通事等书，至今学译者如指诸掌，不烦寻师。"

②今本《老乞大谚解》年代的推断，参见该影印本所附末松保和的《老乞大谚解解题》。

③《翻译老乞大、朴通事凡例》，参见影印本《老乞大谚解》359—369页。

④《老乞大谚解》，359页。

⑤今本《谚解》的《通考》对音还保存浊母和入声，当是依据中国传统韵书所传的音系的。

⑥《训民正音》，1954年朝鲜《劳动新闻》出版印刷所影印，有谚文本、汉文本两种，汉文本附有《训民正音解例》。

⑦又参考了郑之东的《朝鲜的文字改革》一文，参见《外国文字改革经验介绍》，文字改革出版社，1957年，25页。

⑧例如"珊"，谚文字母不明，古音s，今从北京音归为ʃ类。

⑨"卷舌"有人建议改为"翘舌"，这里沿用"卷舌"旧名。

⑩如赵荫棠著《中原音韵研究》，商务印书馆，1956年。

⑪如陆志韦著《释中原音韵》，《燕京学报》1946年第31期。

⑫"ㅓ"音读在几种苏联出版的有关书籍中均作ə，但缺乏确切的语音描写。这里"ㅓ"作ɤ，"ㅡ"作ɰ，均蒙中央民族学院胡坦同志见告。ɰ为后高不圆唇元音，ɤ为低一度的后不圆唇元音。

⑬谚文字母"·"《谚解》改为"、"，别处又改成短竖或短横。

⑭《训民正音解例》汉文本，8页下至9页上。

⑮《老乞大谚解》，369页。

⑯《老大乞谚解》，358页、361—366页。

（原载《中国语文》1963年第3期）

《老乞大谚解》和《朴通事谚解》中所见的《通考》对音

在《〈老乞大谚解〉和〈朴通事谚解〉中所见的汉语、朝鲜语对音》[①]一文中,我们初步介绍了今本《谚解》汉字下右边谚文注音的对音系统,但对于汉字下左边谚文注音只说了一句"兹不具论",没有介绍。在该文的注解中我们说:"今本《谚解》的《通考》对音还保存浊母和入声,当是依据中国传统韵书所传的音系的。"当时说"当是"是根据初步印象的推测,还来不及仔细考查。实际情况并不尽然。尽管这部分《通考》对音表面上保存了浊母和入声,实际上记录的还是当时的俗音,特别有价值的是反映了汉语卷舌声母的一种过渡状态,由于有齿音和正齿两套不同的初声字母,比《谚解》对音更明确,更具体。今本《谚解》的《通考》对音在全浊声母、入声、疑母问题、寒桓分韵问题上有不少"错误",这些"错误"恰好从反面说明了当时汉语实际语音的一些情况,因此也同样具有参考价值。

一 《通考》对音

《通考》的全名是《四声通考》,相传作者是申叔舟(公元 1417—1475)。申叔舟是朝鲜世宗朝的汉学家,翻译过《洪武正韵》。《四声通考》原本早已散佚,仅存《凡例》。崔世珍在《四声通解》的序文中提到《四声通考》,并且说是申叔舟所撰。他说:"世宗……乃命高灵府院君叔舟类粹诸字,会为一书,冠以谚音,序以四声,谐之以清浊,象之以字母,赐名曰《四声通考》。"[②]也有人认为《四声通考》的作者不是申叔舟而是世宗,因为申叔舟在《洪武正韵译训序》中说:"且以世宗所定《四声通考》,别附之头面,后著凡例为之指南"。[③]"世宗所定"不一定是世宗所撰,所以一般仍认为《四声通考》的作者是申叔舟。

《通考》对音的原貌是怎样的呢? 申叔舟在《四声通考凡例》[④]中提到:(1)"凡齿音、齿头则举舌点腭,故其声浅,整齿则卷舌点腭,故其声深。我国齿声ᄌᄎᄉ在齿头整齿之间,于训民正音无齿头整齿之别,今以齿头为ᄌᄎᄉ,以整齿为ᅎᅔᄼ以别之"(《凡例》第五条)。(2)"本韵疑喻母诸字多相杂,今于逐字下从古韵喻只书ㅇ母,疑则只书ㆁ母以别之"(《凡例》第六条)。(3)"诸韵牙舌唇终声皆别而不杂,今以ㄱㄷㅂ为终声,然直呼ㄱㄷㅂ则又似所谓南音,但征用而急终之,不至太白可也。且今俗音虽不用终声而不至如平上去之缓弛,故俗音终声于诸韵用喉音全清ㆆ,药韵用唇轻全清ㅱ以别之"(《凡例》第八条)。(4)"凡字韵四声以点别之,平声则无点,上声则二点,去声则一点,入声亦一点"(《凡例》第十条)。崔世珍在《四声通解凡例》中提到:"注内只曰俗音者即《通考》元著俗音也……入声诸字取《通考》所著俗音,则依《通考》作字,加影母于下,若著今俗音及古韵之音,则只取初中声作字,不加影母。"⑤根据申、崔二氏的记载,《通考》对音的原貌应是:(1)有正音、俗音两种。(2)正音入声以 p,t,k 收尾,俗音则以影母收尾,所谓"药韵"以ㅱ收尾。(3)有两套齿音字母,齿音用ᅎ等,舌上和正齿音用ᄌ等。(4)疑母用ㆁ,喻母用ㅇ,影母用ㆆ;有声调标点。

今本《谚解》汉字下左边谚文对音不合《通考》正音体例,但完全符合《通考》俗音体例,只是声调标点已经失落而已。

申叔舟的《四声通考》是和他翻译的《洪武正韵》一起刊行的,因此《四声通考》深受《洪武正韵》的影响是不足为奇的。他在《凡例》中交待清楚"知彻澄归照穿床,以娘归泥","以敷归奉",但是没有取消全浊声母,只是说:"全浊上去入三声之字,今汉人所用初声与清声相近而亦各有清浊之别,独平声之字初声与次清相近,然次清则其音清故音终直低,浊声则其声浊,故音终稍厉"(《凡例》第二条)。实际上已经和今天一致,仅仅是阴调和阳调的区别。申叔舟对平声阴阳调有具体描写,阴调是降调,阳调是升调,这也和今天差不多;对上去入没有具体描写。这或许不是疏忽,也许仄声的阴阳调他就不清楚。

汉字下左右两边分注两套对音,不仅见于《老乞大谚解》和《朴通事谚解》,同时也见于其他多种《谚解》本,如《伍伦全备谚解》(1720),《大学正音》(1734)等。这两种对音都是俗音,只是正字法"体系"不同而已。为了方便起见,我们把右边的对音称为《谚解》对音,把左边的称为《通考》对音。但是,把左边的对音称为《通考》对音并不是说那就是 15 世纪申叔舟手定的对音,而只是说这是《通考》体例的对音,其年代不会晚于今本《谚解》(1670,1677)。今本《谚解》中《通考》对音在正字法上的很多错误和犹豫不定之处,正说明最后传抄或写定这部分对音的书手或作者已非申叔舟的同时代人,手头已经没有《四声通考》,也已经不能很好地理解和掌握申叔舟当初所定的体例了。从各方面来看,《通考》对音和《谚解》对音大致是同时代的,反映的是 16 世纪,最晚不迟于 17 世纪前期的汉语语音。

《通考》对音所用的谚文字母用国际音标转写如下:

ㅂ=p ㅍ=p' ㅃ=b ㅁ=m ㅱ=u ㅸ=f ㅹ=v
ㄷ=t ㅌ=t' ㄸ=d ㄴ=n ㄹ=l
ㅈ=ts ㅊ=ts' ㅉ=dz ㅅ=s ㅆ=z
ㅈ=tʂ ㅊ=tʂ' ㅉ=dʐ ㅅ=ʂ ㅆ=ʐ △=ɾ
ㄱ=k ㅋ=k' ㄲ=g ㅎ=x
ㅇ=ŋ o(终声)=ŋ o(初声)=(零声母)ㆆ=ʔ
ㅓ=ə ㅣ=i ᅙ=ɿ,ʅ ᅀ=iŋ
ㅗ=o ㅏ=a ㅜ=u ㅕ=ɤ
ㅑ=ia ㅠ=iu ㅖ=iɤ

几点说明:

(1) 这是"转写",不是拟音。全浊声母既已消失,ㅃ[b]等只表示阳调,或只是"从古"。

(2)《通考》对音不用谚文字母ㅛ[io]。

(3) ㅖ是一个汉语语音史上没有解决的麻烦问题,因为汉语音节的结构不容许有 kiuɤn 这样五个音素,而解释为 y 也不完全讲得通。前此我们写作 iu,似乎只是 u 发生了变化,也不很妥,这次改写为 iu͡,表示只是一个单位,算是一种代数"公式"吧。

(4) ᅙ写作 ɿ,ʅ 是没有问题的,创制这种写法也是煞费苦心的。可是又有 ᅀ,说明不同于 ᅙ,还保留较多的 i 的色彩。既然只是"转写",我们就把 ᅀ 写作 iŋ。

二 《通考》对音所反映的汉语语音

《四声通考》之作不晚于景泰六年(1455)，因为这一年申叔舟《洪武正韵译训》已经提到《四声通考》。崔世珍的《四声通解》撰定于正德十二年(1517)。今本《谚解》的《通考》对音当然要晚于这两部著作的年代，因此在这两部著作中已经提到的汉语语音的变化至少也应该适用于《通考》对音，只能更向前发展了，而很难讲得通反而倒退了。《四声通考凡例》对当时汉语语音的描写除前揭几条外还有三条。《凡例》第三条说："凡舌上声以舌腰点腭，故其声难而自归于正齿，故《韵会》以知彻澄归照穿床禅，而中国时音独以娘归泥，且本韵混泥娘而不别。"第四条说："唇轻声非敷二母之字，本韵及蒙古韵混而一之，且中国时音无别。"第八条说："入声诸韵终声，今南音伤于太白，北音流于缓弛。"在近六十年后，《四声通解凡例》说："今俗呼入声诸字，或如全浊平声，或如全清上声，或如去声，其音不定"；又说："诸韵终声乚[n]、ㅇ[ŋ]、ㅁ[m]之呼初不相混，而直以侵覃盐合口终声，汉俗皆呼为乚[n]，故真与侵，删与覃，先与盐之音多相混矣。"

从申叔舟和崔世珍的描写来看，15—16世纪的北京语音已发展到：(1)全浊声母已清化，平声变同次清，仄声变同全清；(2)知组和照组声母已合流，发音方法是从"舌腰点腭"到"卷舌点腭"；(3)入声已派入其他三声；(4)疑母已消失，读入喻母；(5)闭口韵已经消失。这样一些第一手资料是很宝贵的，并且描写很具体细致。前此我们的估计还比较保守，应该加以修正。

《翻译老乞大、朴通事凡例》[①]一文我们以前认为是崔世珍的作品，这次读了崔氏《四声通解凡例》以后，可以肯定那不是崔氏的手笔。《翻译老乞大、朴通事凡例》肯定是后出的，可是又说入声"如平声浊音之呼而促急"。不少明清之际的汉文资料关于入声问题也是众说纷纭，西方传教士的说法也互相矛盾。我们的看法是当时的官话和北京话不完全一致，北京话已无入声而官话还保留一部分入声，口语音已无入声，读书音还有入声的痕迹，因此就复杂化了。《翻译老乞大、朴通事凡例》举的一个例子很说明问题:"角字呼如平声浊音为 kio(以下谚文字母一概用国际音标转写,以利印刷和阅读——本文作者),而或 kiao,如去声为 kiao,或呼如上声为 kiao,又从本韵 kɤ 之类。""从本韵"即为入声,读 kɤ[ko],正是官话音和读书音,而读 kiao(→tɕiau)正是北京土音。

关于卷舌音的问题,《通考》对音反映了一种从"舌腰点腭"的 tʃ 等到"卷舌点腭"的 tʂ 等的过渡状态。知庄章组字和日母字一共 400 个左右,其中 150 个左右已无 i 介音,说明已从 tʃ 等演变为 tʂ 等,这占总数的 43%。如果从音节数来考虑,在总数 144 个音节中,75 个音节已无 i 介音,这占 50%。知庄章三组字在二等韵中声母已经全部卷舌化。庄组字在三等韵中也已经全部卷舌化。止摄日母字已全部卷舌化,知章组字也基本上已经卷舌化,只有少数处于半卷舌化的过渡状态,这就是奇特的 iɲ 韵字。这样的字一共十一个:

止摄知组:智,治,致,置,痴,迟,池,持。

　章组:志。

蟹摄祭韵章组:世,势。

是否可以认为卷舌化有先后一定的顺序:庄组:章组:知组?

在有三等韵的阴声韵中,止、遇、蟹、流四摄都出现了卷舌声母,只有假、效两摄没有见到。阳声韵的情况有些不同,三等韵出现卷舌声母的只限于通摄的少数字:

知组:中,忠,仲,重,虫。

章组:种,众,锺,钟,终,充,冲。

日母:绒。

这种现象还不容易解释,但是值得注意。

卷舌声母的问题解决了,给《通考》对音所反映的汉语语音拟音也就比较容易了。只是 iʔ 韵字有点麻烦。难道 iʔ 韵的知章组和日母字的声母全都没有卷舌化,还是有了入声符号◯以后再加卷舌符号△在正字法上有困难?为了保险起见,暂时就算这些字还没有卷舌化。这样,《通考》对音所反映的汉语音系可以归纳如下:

声母:

p(p,b)[⑦]　　　p'(p',b)　　　m(m)　　　f(f,v)　　　v(ʋ)

t(t,d)　　　　t'(t',d)　　　n(n)　　　l(l)

ts(ts,dz̞)	tsʻ(tsʻ,dz̞)	s(s,z)	
tʃ(tʂ,dʐ)	tʃʻ(tʂʻ,dʐ)	ʃ(ʂ,ʐ)	ʒ(ɻ)
tʂ(tʂ,dʐ)	tʂʻ(tʂʻ,dʐ)	ʂ(ʂ,ʐ)	zʅ(ɻ)
k(k,g)	kʻ(kʻ,g)	x(x,ɣ)	○(ʔ,ŋ)

韵母：

表一

		ɿ,ʅ,ɿŋ	i	u	iu
单韵母		a(a)	ia(ia)	ua(oa)	
		ə(ə)	iɛ(iɤ)		i uɛ(iuɤ)
		o(ɤ)		uo(uɤ)	
复韵母		ai(ai)	iai(iɤi)	uai(oai)	
		au(aʊ)	iau(iaʊ)	uau(oaʊ)	
		ei(əi)		uei(ui)	
		ou(əʊ)	iou(iu)		
鼻韵母		an(an)	ian(iɤn)	uan(oan)	iuan(iuɤn)
		on(ɤn)		uon(uɤn)	
		ən(ən)	in(in)	un(un)	iun(iun)
		aŋ(aŋ)	iaŋ(iaŋ)	uaŋ(oaŋ)	
		əŋ(əŋ)	iŋ(iŋ)	uŋ(uŋ)	iuŋ(iuŋ)

注：①"怎"tsəm，"甚"sim，是连读的影响；"参(星名)"ʂəm，"蛰(暂)"tsam 是"从古"，因此下列闭口韵 əm,im,am。

②an 韵和 on 韵分立，但是"馒、镘"作 man，"玩"作 oan 等似乎实际上已分不太清。

(作于 1967 年，改于 1978 年。)

附　录

同音字表⑧

ɿ/ʅ 韵

[tsɿ]韵资紫子仔枝⑨。　[tsʻɿ]此次。　[dzɿ]自字慈瓷。　[sɿ]四泗肆司伺寺思丝私死厮赐。　[zɿ]已似词辞。　[tʂʅ]之芝支知旨脂指至纸只。　[tʂʻʅ]翅齿厕。　[dʐʅ]匙。　[ʂʅ]师筛狮史使诗施试尸。　[zʅ]市柿士氏侍时是尸孳事。　[ɻ]二贰儿而耳饵。

iŋ 韵

[tsiŋ]治智致志置。　[tsʻiŋ]痴。　[dziŋ]池迟持。　[siŋ]世。　[ziŋ]誓。

162

i 韵

[pi]比碑闭悲。　[p'i]披挷劈屁毗痞疕。　[bi]皮被鞁备鞴莲琵避婢鼻。　[mi]米谜迷。　[ʋi]微未味尾。　[fi]非飞肺费。　[vi]肥。　[ti]氏底低抵羝帝堤嚏。　[t'i]梯剃替体。　[di]弟第递啼蹄地题提。　[ni]尼你泥。　[li]利梨痢里理鲤裏裡离篱璃礼丽李吏荔例蠡隶。　[tsi]祭济赍。　[ts'i]妻悽砌。　[dzi]齐荠。　[si]犀婿西洗细。　[ki]几机饥麂己纪计季寄繫鸡既其箕。　[k'i]欺弃启稽起岂气契器。　[gi]其棋碁旗俱麒奇骑技妓祭。　[ŋi]宜疑。　[xi]稀浠戏喜。　[ɣi]係携。　[i]已裔姨易以移义议艺诣曳。　[ʔi]衣依倚椅意医。

iʔ 韵

[piʔ]笔毕壁璧必碧。　[p'iʔ]匹疋。　[biʔ]弼。　[miʔ]密蜜觅。　[tiʔ]的滴。　[t'iʔ]踢。　[diʔ]敌笛籴。　[liʔ]立笠歷沥荔曆栗。　[tsiʔ]脊积迹唧。　[ts'iʔ]七戚漆刺。　[dziʔ]疾集籍。　[siʔ]息媳葸昔惜膝。　[ziʔ]席蓆夕袭。　[ʨiʔ]只执汁质织职。　[ʨ'iʔ]吃饬尺赤。　[ʥiʔ]直姪掷。　[ʂiʔ]室湿失饰识实释。　[ʐiʔ]十什拾石植食。　[ɻiʔ]日。　[kiʔ]急吉戟击。　[k'iʔ]乞。　[giʔ]及极。　[iʔ]亦弋逆。　[ʔiʔ]一乙益翼揖。

u 韵

[pu]布补。　[p'u]普铺。　[bu]步部菩葡捕蒲哺。　[mu]母某亩模摸。　[ʋu]无武雾舞。　[fu]富甫傅脯副付斧府腑咐夫抚赴。　[vu]芙扶腐妇辅。　[tu]都赌堵。　[t'u]土。　[du]度渡途塗屠徒肚。　[nu]奴。　[lu]芦炉轳路露鲁。　[tsu]做租祖。　[ts'u]粗醋。　[su]苏酥素塑。　[ʨu]初。　[ʥu]助。　[ʂu]梳蔬数所。　[ku]古沽姑故鼓孤雇顾毂。　[k'u]苦库袴跨。　[ŋu]兀午仵仵吴悟误五。　[xu]虎琥。　[ɣu]胡葫糊瑚湖衚户护壶狐。　[ʔu]乌污。

uʔ 韵

[puʔ]不卜。　[buʔ]脖嶭。　[muʔ]木目没。　[ʋuʔ]物。　[fuʔ]福辐腹覆拂丶。　[vuʔ]伏袱服佛。　[t'uʔ]秃。　[duʔ]毒独读。　[luʔ]鹿辘菉绿禄六陆。　[tsuʔ]足。　[ts'uʔ]促蔟簇畜。　[suʔ]叔速宿。　[ʨuʔ]竹卒烛筑粥。　[ʥuʔ]轴。　[ʂuʔ]束索。　[ʐuʔ]属熟。　[ɻuʔ]肉辱褥。　[kuʔ]骨。　[k'uʔ]哭窟。　[ʋuʔ]忽。　[ɣuʔ]斛。　[ʔuʔ]屋。

iu 韵

[niu]女。　[liu]驴庐间。　[ts'iu]取娶觑。　[ʥiu]聚。　[siu]须。　[ziu]徐。　[ʨiu]主注拄蛀朱珠铸猪诸煮。　[ʨ'iu]杵处出枢。　[ʥiu]住

163

柱箸除厨纻。　[s̱iu]书暑鼠黍输。　[ẕiu]署树竖。　[ɾiu]如乳儒。
[kiu]居锯句驹举屈俱。　[k'iu]去驱。　[giu]具苣衢。　[ŋiu]语愚遇鱼
渔。　[xiu]许虚。　[iu]雨与盂芋谕馀。　[ʔiu]於。

iuʔ 韵

[liuʔ]律葎。　[siuʔ]戌钺。　[ẕiuʔ]俗。　[ʨiuʔ]嘱。　[ʨ'iuʔ]出。
[ẕiuʔ]术秫蓣赎。　[ɾiuʔ]入。　[kiuʔ]橘。　[k'iuʔ]曲麴锔。　[giuʔ]局。
[ŋiuʔ]玉。　[xiuʔ]畜。　[iuʔ]玉峪。

a 韵

[pa]把芭笆弝。　[p'a]怕帕。　[ba]爬罢琶。　[ma]马杩玛麻么骂
蟆。　[ta]打。　[t'a]他。　[da]大。　[na]那拿。　[ʨ'a]叉差。　[dẕa]
茶搽。　[s̱a]沙砂纱裟洒。　[ʔa]阿。

aʔ 韵

[paʔ]八。　[baʔ]拔。　[faʔ]法发。　[vaʔ]乏伐帅。　[taʔ]答搭。
[t'aʔ]塔塌闼。　[daʔ]达哒踏。　[naʔ]纳衲。　[laʔ]蜡腊镴刺。　[tsaʔ]
咱匝拶闸。　[dẕaʔ]杂。　[saʔ]馺撒萨。　[ʨaʔ]劄。　[ʨ'aʔ]察擦刹插。
[dẕaʔ]煠铡。　[s̱aʔ]霎杀。

ia 韵

[kia]嘉佳假驾架价家。　[gia]伽。　[ŋia]牙芽衙。　[ɣia]下暇虾遐
夏厦匣。　[ʔia]丫鸦。

iaʔ 韵

[kiaʔ]夹挟甲。　[k'iaʔ]恰掐。　[xiaʔ]瞎。　[ʔiaʔ]压押鸭。

oa 韵

[ʨoa]抓。　[s̱oa]耍。　[koa]瓜。　[k'oa]夸。　[ŋoa]瓦凹。
[xoa]化花。　[ɣoa]华桦话画。　[ʔoa]娃蛙。

oaʔ 韵

[voaʔ]袜。　[s̱oaʔ]刷朔。　[koaʔ]刮。　[ɣoaʔ]猾滑。　[ʔoaʔ]斡挖。

ə 韵

[kə]疙皱肐割。

ɤ 韵

[tɤ]多朵躲。　[t'ɤ]唾拖。　[dɤ]驮驼陀惰垛。　[nɤ]那糯。　[lɤ]
罗萝锣螺骡。　[tsɤ]左。　[ts'ɤ]错搓锉。　[dẕɤ]剉矬。　[kɤ]哥歌箇
柯。　[k'ɤ]可疴。　[ŋɤ]我娥鹅卧。　[xɤ]呵。　[ɣɤ]何河荷和贺。

164

ɣʔ 韵

[kɣʔ]合鸽葛。　[kʻɣʔ]磕渴却。　[xɣʔ]喝。　[ɣɣʔ]合盒哈褐。

iɣ 韵

[tsiɣ]借姐。　[tsʻiɣ]且。　[dziɣ]褯。　[siɣ]卸写些。　[ziɣ]谢麝斜。　[tʂiɣ]者这锗。　[tʂʻiɣ]车扯。　[ʂiɣ]舍捨社射赦赊蛇。　[ʐiɣ]偌喏惹。　[giɣ]茄。　[ɣiɣ]虾。　[iɣ]夜野爷也呆。

iɣʔ 韵

[piɣʔ]鳖。　[pʻiɣʔ]撇丿。　[biɣʔ]别。　[miɣʔ]灭。　[tiɣʔ]楪叠。　[tʻiɣʔ]贴帖铁。　[diɣʔ]迭凸。　[niɣʔ]捏镊。　[liɣʔ]烈。　[tsiɣʔ]接节截。　[tsʻiɣʔ]切窃。　[siɣʔ]屑。　[tʂiɣʔ]摺褶折。　[tʂʻiɣʔ]撤。　[ʂiɣʔ]涉。　[ʐiɣʔ]舌。　[ʐiɣʔ]热。　[kiɣʔ]结劫颊揭羯。　[xiɣʔ]歇蝎。　[iɣʔ]叶。

uɣ 韵

[puɣ]波跛簸。　[pʻuɣ]破坡。　[buɣ]婆婆。　[muɣ]没磨魔。　[dzuɣ]坐座。　[suɣ]锁。　[kuɣ]过铪锅果裹粿。　[kʻuɣ]科课骒颗。　[xuɣ]货火。　[ɣuɣ]禾祸。　[ʔuɣ]倭莴窝。

uɣʔ 韵

[puɣʔ]拨钵。　[pʻuɣʔ]泼。　[buɣʔ]钹。　[muɣʔ]末沫抹。　[tuɣʔ]夺。　[tʻuɣʔ]脱。　[duɣʔ]夺。　[tsʻuɣʔ]撮。　[kuɣʔ]国聒。　[kʻuɣʔ]阔。　[xuɣʔ]豁划。　[ɣuɣʔ]活或惑获。

iuɣ 韵

[xiuɣ]靴。

iuɣʔ 韵

[liuɣʔ]劣。　[dziuɣʔ]绝。　[siuɣʔ]雪。　[tʂiuɣʔ]拙。　[ʂiuɣʔ]说。　[kiuɣʔ]蹶。　[kʻiuɣʔ]缺阙。　[giuɣʔ]掘瘸。　[ŋiuɣʔ]月曰钺越。　[xiuɣʔ]血。

ai 韵

[pai]拜摆擘败。　[bai]排牌。　[mai]买卖埋。　[tai]带戴歹。　[tʻai]太泰台。　[dai]代玳袋抬怠待臺。　[nai]奈耐奶。　[lai]来。　[tsai]栽载再灾宰滓哉。　[tsʻai]猜菜綵保彩。　[dzai]才财财在裁纔。　[sai]赛腮。　[tʂai]斋债。　[tʂʻai]差踩。　[dʐai]柴。　[ʂai]洒睐。　[kai]该垓改盖概。　[kʻai]开揩。　[ŋai]艾碍。　[xai]海。　[ɣai]亥咳颏孩害。　[ai]捱崖涯嗌。　[ʔai]爱嗳哀矮。

ai? 韵

[ʂaiʔ]索。

iɣi 韵

[kiɣi]芥疥界皆堦戒解街。　[ɣiɣi]械鞋薤蟹。

oai 韵

[tʂ'oai]揣。　[koai]拐怪。　[k'oai]快块。　[ŋoai]歪外。　[ɣoai]坏怀。

oai? 韵

[ʂoaiʔ]率摔。

aʋ 韵

[paʋ]宝包饱保报。　[p'aʋ]抛。　[baʋ]抱袍刨炮。　[maʋ]冒帽毛卯猫貌。　[taʋ]到倒刀。　[t'aʋ]讨套絛托。　[daʋ]桃逃掏萄淘盗稻道。[naʋ]脑瑙恼闹挠。　[laʋ]劳涝捞老鸹栳牢络酪。　[tsaʋ]遭澡懆蚤灶枣。[ts'aʋ]草操。　[dzaʋ]曹槽造凿皂。　[saʋ]扫搔嫂臊谯。　[tʂaʋ]爪罩。[tʂ'aʋ]钞炒。　[ʂaʋ]稍梢弰噪。　[kaʋ]高膏藁告。　[k'aʋ]靠拷栲。[ŋaʋ]熬傲。　[xaʋ]好蒿。　[ɣaʋ]号毫。　[ʔaʋ]燠袄。

aʋ? 韵

[paʋʔ]博膊驳。　[p'aʋʔ]朴樸。　[baʋʔ]薄。　[maʋʔ]莫。　[t'aʋʔ]托。　[naʋʔ]诺。　[laʋʔ]珞骆落乐。　[tsaʋʔ]作。　[ts'aʋʔ]错。[dzaʋʔ]昨。　[saʋʔ]索。　[kaʋʔ]各阁羔。　[ɣaʋʔ]鹤。　[ʔaʋʔ]恶。

iaʋ 韵

[piaʋ]表膘标　[biaʋ]瓢。　[miaʋ]妙描苗。　[tiaʋ]吊刁钓貂。[t'iaʋ]粜挑。　[diaʋ]调笤条跳。　[niaʋ]尿。　[liaʋ]了辽蓼聊料。[tsiaʋ]焦醮椒。　[siaʋ]小笑消霄鞘。　[tʂiaʋ]招诏昭照朝。　[dʐiaʋ]赵朝。　[ʂiaʋ]少烧噪。　[ɕiaʋ]饶扰。　[kiaʋ]交铰较跤郊娇揽叫浇缴膠教矫。　[k'iaʋ]巧。　[giaʋ]桥荞。　[ŋiaʋ]咬。　[xiaʋ]孝晓。　[iaʋ]曜摇瑶约。　[ʔiaʋ]么要腰妖勒。

iaʋ? 韵

[liaʋʔ]掠。　[tsiaʋʔ]鹊。　[ts'iaʋʔ]雀。　[tʂ'iaʋʔ]绰。　[dʐiaʋʔ]着嚼。　[ʑiaʋʔ]杓。　[ɕiaʋʔ]若箬。　[kiaʋʔ]角觉脚。　[ɣiaʋʔ]学。[iaʋʔ]岳乐药跃。　[ʔiaʋʔ]约。

oaʋ 韵

[tʂoaʋ]卓捉。

oaʋ? 韵

[tʂoaʊʔ]卓涿。　[ʂoaʊʔ]朔。　[xoaʊʔ]霍。

əi 韵

[pəi]贝杯背褙。　[bəi]培倍。　[məi]妹昧每梅美枚媒煤眉瑂靡。[dzəi]贼。　[kəi]给。

əiʔ 韵

[pəiʔ]北百伯柏。　[pʻəiʔ]珀。　[bəiʔ]白帛萄。　[məiʔ]麦墨脉。[təiʔ]得德。　[tʻəiʔ]忒。　[dəiʔ]特。　[ləiʔ]肋。　[tsəiʔ]则。　[tʂəiʔ]侧摘窄。　[tʂʻəiʔ]册测。　[dʐəiʔ]宅。　[ʂəiʔ]色濇。　[kəiʔ]隔。[kʻəiʔ]克剋客。　[xəiʔ]黑。　[ɣəiʔ]核。　[əiʔ]额。

ui 韵

[bui]裴。　[tui]对堆。　[tʻui]退腿推。　[dui]兑。　[nui]内。[lui]擂累垒类。　[tsui]嘴最醉。　[tsʻui]脆衰翠崔。　[dzui]罪随。[sui]虽荽碎。　[zui]穗。　[tʂui]追缀锥。　[tʂʻui]吹炊。　[dʐui]锤垂鎚坠。　[ʂui]水税。　[ʐui]谁瑞睡。　[kui]瓌桧鬼贵归。　[kʻui]奎盔亏窥。　[gui]柜。　[ŋui]巍。　[xui]晦悔讳毁挥灰。　[ɣui]回迴会慧。[ui]危纬违围位为。　[ʔui]委威荽喂秽。

uiʔ 韵

[buiʔ]萄。

əʊ 韵

[məʊ]戊牡。　[fəʊ]否。　[vəʊ]浮阜復。　[təʊ]斗鬥鬭兜。　[tʻəʊ]透偷。　[dəʊ]豆头投。　[ləʊ]娄搂镂楼漏。　[tsəʊ]走奏。　[səʊ]漱。[tʂəʊ]皱。　[dʐəʊ]愁骤。　[ʂəʊ]瘦搜。　[kəʊ]勾钩沟构狗。　[kʻəʊ]口叩敺。　[ɣəʊ]後厚后侯候。　[əʊ]藕。　[ʔəʊ]怄。

iu 韵

[tiu]丢。　[niu]牛扭纽。　[liu]留溜榴琉柳流刘。　[tsiu]酒。[tsʻiu]秋鞦愀丑臭。　[dziu]就。　[siu]秀绣修。　[ziu]袖。　[tʂiu]州周帚。　[tʂʻiu]丑抽醜。　[dʐiu]仇酬绸筹。　[siu]手首兽收。　[ʐiu]受授寿。　[ʐiu]揉。　[kiu]久灸九救。　[giu]旧舅毬。　[xiu]休羞。　[iu]右遊由蚰油酉友。　[ʔiu]幼忧。

am 韵

[dzam]噆。

əm 韵

[tsəm]怎。　[ʂəm]参。

im 韵

167

[zˌim]甚。

an 韵

[pan]板班办扮。　[pʻan]盼。　[ban]瓣。　[man]馒镘慢。　[fan]番蕃幡反。　[van]饭犯范烦繁梵。　[tan]丹单担耽耽。　[tʻan]摊贪滩。[dan]蛋弹惮淡谈但坛檀。　[nan]南男难。　[lan]兰拦栏烂缆篮滥懒。[tsan]咱熸暂趱。　[tsʻan]餐参。　[san]三散伞。　[tʂan]斩晢盏簪站。[tʂʻan]产忏划。　[dʐan]栈。　[san]山汕衫珊。　[kan]感敢干肝赶竿幹秆杆乾甘柑。　[kʻan]看勘堪。　[ŋan]岸。　[xan]汉罕。　[ɣan]旱汗焊鼾韩翰酣寒。　[ʔan]安按鞍庵鹌唵案暗。

iɤn 韵

[piɤn]边变遍匾编鞭。　[pʻiɤn]偏片。　[biɤn]便辨。　[miɤn]面麵免绵。　[tiɤn]曲狄店点。　[tʻiɤn]天添。　[diɤn]田甜垫殿。　[niɤn]年念碾拈捻鲇。　[liɤn]连莲脸练簾怜。　[tsiɤn]尖煎剪箭溅荐。[tsʻiɤn]千迁浅签茜。　[dziɤn]前钱贱潜。　[siɤn]先仙鲜线闪。　[tʂiɤn]战毡展颤。　[tʂʻiɤn]觇韂谄。　[dʐiɤn]禅缠。　[ʂiɤn]扇骟陕。　[zˌiɤn]善。　[ɻiɤn]染然。　[kiɤn]见建艰减拣间简涧铜剑姦坚鉴监肩。[kʻiɤn]欠谦嵌牵悭。　[giɤn]件乾钳。　[ŋiɤn]眼验岩颜雁。　[xiɤn]险显欤。　[ɣiɤn]咸鹹闲贤县絃弦限现睍嫌啣馅。　[iɤn]蜒筵沿谚盐砚严揱缘言簷。　[ʔiɤn]淹掩烟燕胭。

oan 韵

[ʋoan]万晚挽。　[ʂoan]绘。　[koan]惯。　[ŋoan]顽。　[ɣoan]环还。　[ʔoan]腕湾绾。

iuɤn 韵

[tsʻiuɤn]痊。　[dziuɤn]全泉。　[siuɤn]宣选。　[ziuɤn]旋。[tʂiuɤn]转砖。　[tʂʻiuɤn]川钏穿串。　[dʐiuɤn]船传椽。　[ɻiuɤn]软。[kiuɤn]卷捲眷绢。　[kʻiuɤn]劝。　[giuɤn]拳。　[ŋiuɤn]院愿。[ɣiuɤn]玄眩。　[iuɤn]元完圆园衍员原丸援辕。　[ʔiuɤn]冤鸳渊。

ɤn 韵

[pɤn]半绊般搬。　[pʻɤn]判攀。　[bɤn]盘伴拌。　[mɤn]满蔓谩馒幔鞔。　[ɣɤn]恨。

uɤn 韵

[tuɤn]短端断。　[duɤn]团段。　[nuɤn]暖。　[luɤn]乱栾。[tsuɤn]钻。　[tsʻuɤn]窜撺镩。　[suɤn]算蒜酸。　[kuɤn]官管馆莞观罐

168

灌关贯。　[kʻuɤn]宽。　[ŋuɤn]玩。　[xuɤn]欢唤。　[ɤuɤn]换睆。
[ʔuɤn]刓碗。

ən 韵

[pən]本笨锛。　[pʻən]喷。　[bən]坌盆。　[mən]门们闷。　[vən]文蚊纹闻粪。　[fən]分粉。　[vən]分坟。　[tʂən]榛。　[ʂən]蓡。
[kən]艮根跟。　[kʻən]肯。　[ʔən]恩。

in 韵

[pin]宾镔槟殡彬。　[pʻin]贫品。　[bin]频苹。　[min]民。　[nin]赁。　[lin]林临邻麟檩。　[tsin]浸进尽侭。　[tsʻin]亲侵寝寖疹。
[sin]辛讯信心新。　[zin]寻。　[tʂin]轸珍枕真镇针。　[tʂʻin]趁嗔。
[dʐin]尘沉臣辰陈湛。　[ʂin]申姷浦沈身深。　[ʐin]晨神慎。　[ɽin]刃人仁芢壬任忍认。　[kin]金今斤筋紧禁襟谨锦。　[kʻin]擒。　[gin]勤近芹妗琴禽。　[ŋin]吟银。　[xin]欣。　[in]寅淫引。　[ʔin]隐音阴荫因饮印。

un 韵

[tun]顿。　[dun]钝。　[lun]论。　[tsun]尊。　[tsʻun]寸忖。
[sun]笋损孙。　[kun]滚棍。　[kʻun]困。　[xun]昏婚荤。　[ɤun]魂浑混。　[ʔun]温稳。

iun 韵

[liun]伦轮。　[tsiun]俊。　[ziun]巡旬。　[tʂiun]准。　[tʂʻiun]春蠢。　[dʐiun]鹑。　[ʐiun]顺。　[ɽiun]润。　[kiun]君。　[giun]群郡裙。　[iun]运云雲匀韵熨。

aŋ 韵

[paŋ]邦帮绑榜。　[pʻaŋ]镑。　[baŋ]蒡膀傍棒。　[maŋ]芒忙蟒。
[vaŋ]亡妄忘望网辋。　[faŋ]方坊放仿妨访。　[vaŋ]房防。　[taŋ]当儅党。　[tʻaŋ]汤。　[daŋ]唐糖堂荡。　[naŋ]瀼。　[laŋ]郎榔狼廊浪。
[tsaŋ]赃葬。　[tsʻaŋ]仓苍。　[dzaŋ]藏脏。　[saŋ]瘙。　[kaŋ]刚亢。
[kʻaŋ]炕。　[ɤaŋ]衎。

iaŋ 韵

[niaŋ]娘。　[liaŋ]两辆良粮梁樑亮量凉。　[tsiaŋ]将浆酱。
[tsʻiaŋ]枪。　[dziaŋ]匠墙。　[siaŋ]相想厢箱。　[ziaŋ]祥详象像。
[tʂiaŋ]长张涨帐章嶂。　[tʂʻiaŋ]昌菖厂。　[dzʻiaŋ]常尝偿丈杖肠场长。
[ʂiaŋ]伤赏晌商。　[ʐiaŋ]上尚裳。　[ɽiaŋ]让。　[kiaŋ]薑缰江讲降。

169

[kʻiaŋ]腔。 [giaŋ]强。 [ȵiaŋ]仰。 [xiaŋ]向香响乡。 [ɣiaŋ]巷项。 [iaŋ]羊样痒养阳扬。 [ʔiaŋ]央殃莺。

oaŋ 韵

[tʂoaŋ]庄撞壮装桩。 [tʂʻoaŋ]窗疮。 [ʥoaŋ]状床幢。 [ʂoaŋ]双爽。 [koaŋ]光广。 [kʻoaŋ]框筐诓。 [xoaŋ]荒谎。 [ɣoaŋ]皇惶慌黄。 [oaŋ]王旺往。 [ʔoaŋ]柱。

əŋ 韵

[pəŋ]绷姗掤。 [bəŋ]朋棚。 [məŋ]孟猛梦。 [təŋ]灯等镫。 [dəŋ]籐疼。 [nəŋ]能。 [ləŋ]冷。 [tsəŋ]增。 [ʣəŋ]曾赠层。 [səŋ]僧。 [kəŋ]庚。 [kʻəŋ]坑。

iŋ 韵

[piŋ]兵冰丙并並饼病。 [biŋ]平萍评瓶凭。 [miŋ]名皿命明。 [tiŋ]丁钉顶锭。 [tʻiŋ]听厅挺艇艇。 [diŋ]亭停定廷。 [niŋ]宁佞。 [liŋ]灵棂另令领铃翎零岭绫。 [tsiŋ]井精菁。 [tsʻiŋ]青清请。 [ʥiŋ]晴静情净。 [siŋ]姓性星腥醒。 [tʂiŋ]正政征证整拯贞蒸睛。 [tʂʻiŋ]秤称。 [ʥiŋ]成城诚盛丞承呈程澄郑。 [ʂiŋ]圣升陞胜声。 [ʐiŋ]剩绳。 [kiŋ]京更梗景经径敬荆警。 [kʻiŋ]卿磬庆倾轻。 [giŋ]竞擎。 [ȵiŋ]硬。 [xiŋ]擤兴。 [ɣiŋ]杏幸行荇。 [iŋ]迎莹。 [ʔiŋ]樱璎鹦缨影营应鹰蝇赢。

uŋ 韵

[buŋ]蓬。 [fuŋ]风枫丰峰蜂捧封。 [vuŋ]凤奉俸逢缝。 [tuŋ]东冻冬。 [tʻuŋ]通桶统。 [duŋ]童动同苘筒铜洞衕。 [nuŋ]脓鼸。 [luŋ]龙珑笼弄。 [tsuŋ]踪纵宗综棕鬃总。 [tsʻuŋ]聪葱。 [ʣuŋ]从。 [suŋ]松鬆宋。 [zuŋ]颂。 [tʂuŋ]中忠种众锺钟终。 [tʂʻuŋ]充衝。 [ʥuŋ]虫重崇仲。 [ʐuŋ]绒。 [kuŋ]工功弓公供宫恭。 [kʻuŋ]空控恐孔芎。[guŋ]共。 [ɣuŋ]红洪哄横。 [ʔuŋ]翁甕。

iuŋ 韵

[giuŋ]穷琼。 [xiuŋ]兄胸。 [iuŋ]永勇用容蓉。

附 注

① 原载《中国语文》1963年第3期,参见本书142—156页。
② 转引小仓进平著《增订朝鲜语学史》,刀江书院刊本,499页。
③ 同②,503页。

④ 转引小仓进平著《增订朝鲜语学史》,刀江书院刊本,500页。
⑤ 同④,474—475页。
⑥ 参见《老乞大谚解》附录。
⑦ 括弧内是用国际音标转写的《通考》对音的谚文字母。
⑧ 全部对音如实转写,即使是明显的误字也保留原貌,以资参考、分析;一字数音者重出。
⑨ "枝"误。

(原载《语言论集》第1辑,中国人民大学出版社,1980年)

说"打"*

前 记

1962年至1964年间,为了摸一下词汇研究,也因为当时有的单位计划要编纂一部汉语历史词典,想试写一条词条,选择了"打"这么一个常用词进行了一番摸索。但是词义部分,资料浩繁,很快发现是自不量力,至于义项分析,源流辨析,更是困难重重,虽四易其稿,总不能妥帖。本文在搜集资料、义项分析、历史分期等方面都是在吕叔湘先生直接指导下进行的。随后,风云变幻,不适宜再搞什么研究,也就放下来了。一放十多年,有的资料已经散失,今天要再加补苴,已没有这种时间和精力。当时这篇稿子没有最后定稿,但有一定数量的资料,并已经过初步整理,对词汇研究和词典编纂工作或有可供参考之处,这恐怕就是唯一的价值吧。

一 字形

迄今已经辨认的甲骨文和金文不见"打"字,先秦文献也不见"打"字。

今本《说本解字》不载"打"字,但是,唐玄应《一切经音义》卷六曾引《说文》释"捶打"之"打",曰"以杖击之也"。[①] 那么,原本《说文》也许有"打"字。[②]

《一切经音义》又曾引《苍颉篇》"椎,打物也"。[③] 如果这条逸文可信,"打"字早在秦代就出现了,但是我们很难肯定这一点。

现存文献中最早出现"打"字的是东汉王延寿的《梦赋》:"撞纵

---

* 近人有关"打"的论文有:刘复《打雅》,见《半农杂文》第一册,北平星云堂书店,1934年,302—310页;陈望道《关于刘半农先生的所谓混蛋字》,《太白》一卷九期,1935年1月,426—428页;又《怎样研究文法、修辞》,见《学术月刊》1958年6期,75—78页;鲍幼文《说"打"》,见《语文学习》1954年8期,63—66页。

目,打三颅。"④王延寿生卒年月不详,一说卒于桓帝建和中。王延寿只活了20多岁,那么《梦赋》之作当在公元2世纪的40年代。按常理,一个字的出现到文人用以入赋大多要经过相当长的一段时间,并且王延寿也不见得真是第一个使用"打"字的人,因此"打"字的诞生应该更早一些。

《广雅》释诂和释言都收有"打"字。⑤《广雅》作者张揖曾于魏太和时为博士,《广雅》成书大概就在这前后,当为公元3世纪30年代或40年代。

扬雄《方言》没有收"打"字,但是郭璞(276—324年)注《方言》已用"打"来解释别的词语,如卷一"虔,刘,惨,琳、杀也"条下注"今关西人呼打为琳";⑥卷三"扑"字下注"打扑";⑦卷五"金"字条内注"今连架,所以打穀者",又曰"今江东呼打为度",又曰"此皆打之别名也";⑧卷十二"憋扑,猝也"条下注"谓急速也,劈历打扑二音"。⑨由此可见,"打"在晋代已为通名。

《玉篇》成书于公元543年,按理当有"打"字,可惜顾野王原本已散佚,而现存各本均非野王《玉篇》之旧,这一点只要对照一下最接近原本的《玉篇零卷》⑩和宋以来各种版本就可以断定。⑪今本《玉篇》不收"打"字,但是训解用语中却到处是"打"。即以元刊本《玉篇》"手"部而言,注释中"打"字凡二十一见。⑫《玉篇零卷》缺"手"部,因此原本《玉篇》有无"打"字就难以考查。

《切韵》残卷《切三》有"打"字。

公元986年徐铉校定今本《说文》时曾增添了一批"新附字",其中有"打"字。

《广韵》承《切韵》有"打"字。宋以后的字书、韵书当然都收"打"字。

大概由于"打"字既不见于经传,又不见于今本《说文》,"打"字的身份和来历很早就有人提出疑问。欧阳修在《归田录》(1067年)中曾感慨于"打"字的泛滥,"至于名儒硕学,语皆如此,触事皆谓之打",而"偏检字书,了无此字。"⑬

清代钮树玉作《说文新附考》(1798年)就认为"打即朾之俗字",他的论据是:

《博雅》"打"训击又训榰,《玉篇》无"打"字,《广韵》上声四十一回"打"都挺切,击也,又都冷切。按《说文》"朾"训撞,次在"㪿"下,"㪿"训击,则"打"义亦相类,《说文》次序率如此,则"打"即"朾"之俗字矣。《玉篇》尚不收"打",则《博雅》当是从木之字,故又训榰也。[14]

钱大昕同意这个意见,在同书的序文中说,"'打'即'朾','辨'即'辦','勘'即'戡',乃吏牍妄造"。[15]段玉裁在《说文解字注》(1815年刊)中更肯定了这一点,在木部"朾"字下注:

《通俗文》曰,"撞出曰朾",丈鞭、丈茎二切,与《说文》合,谓以此物撞彼物使出也。《三仓》作敵。《周礼·职金注》作㨃,他书作敦。作敫,实一字也。"朾"之字俗作"打",音德冷、都挺二切,近代读德下切而无语不用此字矣。[16]

段玉裁这一段话出自《一切经音义》。《一切经音义》卷三"牢敵"条下注:

卢刀反,坚牢也;下撞又作敦、亭二形,同,丈鞭、丈茎二反。《三苍》"敵,橦也";《通俗文》"撞出曰打"。今之以木若铁撞出孔中物更补之谓之敵。经文作棠,非体也。[17]

《一切经音义》这一段文字对"牢敵"中的"敵"字作了形、音、义三方面的注释。所引《通俗文》"撞出曰打"之"打"本当做"朾"。慧琳《一切经音义》卷九沿用玄应音义,"牢敵"条内《通俗文》"撞出曰打"正作《通俗文》"撞出曰朾"。[18]又,玄应《音义》卷八"相敦"条下注:"古文敵、敦、椁三形,今作椁同,丈衡反,谓敦触也。"[19]"椁"两见,当有误,而玄应《音义》日本影印本同条作"今作朾同",[20]知后一"椁"当做"朾"。据此可知,玄应原以"敵"、"敦"、"椁"、"朾"为一字异文,其音为丈鞭、丈茎二切,其义为"撞也"。"撞出曰打"之"打"本当做"朾","打"系传抄之误,可据他本校正。因此段玉裁在《说文注》中把"撞出曰打"之"打"校定为"朾"是完全正确的。但是,既然"打"已校定为"朾",玄应那一段文字就和"打"不发生任何关系了,而段玉裁的"朾之字俗作打"就失去了依据,只能说是他的主观判断了。段玉裁凭什么判定"打"即"朾"之俗字呢?这一点他并没有作交代。也许他同意钮树玉的意见,也许他认为"木"旁讹作"才"旁是隶变常例。事实上我们今天也确实看到敦煌变文中有把"打"字写作"朾"字的。[21]但是,要承认写法不同的两个字是同一个字的异文必须有一个先决条件，那就是形虽异而音、义却并同。如果没有这样的先决条件而只要是"木"旁和"扌"旁的字随便都可以认为是一字异文，是"吏牍妄造"，那么"桃"和"挑"，"柏"和"拍"不也可以认为是一字异文吗？因此关键在于"打"和"朾"的音、义是否相同。如果音、义并同，当然可以判定为一字异文，而如果音、义并异，那么就应该是两个不同的字，偶尔的笔误只能算作笔误。

在现存的宋以前的字书和韵书中，"朾"和"打"是两个字，不仅字形不同，字音和字义也不同。

就字音而言：

《说文木部残卷》无"打"；"朾"音亭。[②]

《切三》"打"，德冷反，又都定反；"朾"，中茎反。[③]

《说文解字》"打"，都挺切；"朾"，宅耕切。[④]

就字义而言：

《广雅》"打"，击也；未收"朾"。[⑤]

《切三》"打"，缺字义；"朾"，伐木声也。[⑥]

《说文解字》"打"，击也；"朾"，撞也。[⑦]

根据现有这些材料来看，"打"从手，"朾"从木；"打"属端母，"朾"属澄母或知母；"打"是"击也"，"朾"是"伐木声也"，"撞也"。"打"和"朾"，形、音、义并异，怎么能轻易地断定是一字异文，又何从说起"打"是俗字，"朾"是正体呢！

现要我们不妨回头来看看徐铉的意见。今本《说文》是徐铉亲手校定的，他当然清楚在"木"部原有作"撞也"解的"朾"字。但是他还是新附了"打"字，并且写下了不同于"朾"字的注解："打，击也，从手丁声，都挺切。"如果徐铉认为"打"和"朾"是一字异文，他就不可能这样处理。前修未密，后出转精是完全可能的，但是，如果没有充分的理由和确凿的证据，那么我们还是应该更尊重亲校今本《说文》的徐铉。

二 字音

《切三》上声梗韵，"打，德冷反，又都定反"；玄应《音义》卷六"捶打"条内注"音顶"；[⑧]希麟《续一切经音义》卷九"揙打"条内注"《切韵》都挺反，击也；秦音得耿反；《说文》云，以杖击也；又去声。"[㉙]《归

田录》说,"其义主考击之打,自音谪耿。以字学言之,打字从手从丁,丁又击物之声,故音谪耿为是,不知因何转为丁雅也。"㉝

根据这些资料我们知道"打"字在《切韵》时代,或者说在《切韵》音系中是一个端母阳声韵字,上声或去声。但是最晚在北宋至少在北方已读为阴声韵字。现代各方言中"打"大多是上声。各方言"打"的声母与《切韵》合,属端母。可是"打"的韵母在方言中有分歧。吴方言是一系,阳声韵,合乎"德冷反";官话区、粤方言、客家方言是另一系,阴声韵,合乎"丁雅"切。闽方言、潮汕方言在口语中不用"打"而用"拍","打"只有读书音,按例从官话音。

从《切韵》(601 年)到欧阳修(1007—1072 年)不过 400 年,但是"打"字的音读已不合"德冷反",因此他只好说"音谪耿为是",而"不知因何转为丁雅"了。同一"梗"韵的字即使到今天也都没有从阳声韵转为阴声韵,唯独"打"字例外,不例外的只是吴声。如果我们再考虑到粤方言和客家方言,这两个方言一般比其他方言更能反映《切韵》音系,而这两个方言的"打"却又偏偏读阴声韵而不读阳声韵,那么我们就不免要怀疑《切韵》在"打"字的音读上是不是采用了吴音。"打"是一个不见于经传,因而没有传统反切的字,采用吴音的可能性不能说绝对没有。

先秦文献中没有"打",闽方言和潮汕方言也没有"打",这就使人推测"打"是晚起的语词,似乎应该是古闽语从上古汉语分化出去以后才产生的。仅就汉语资料来看似乎不无有理。汉藏语的历史比较研究还只是开始,目前尚无可利用的系统资料,但是从近年来发表的零星资料来看,似乎上述推测不一定可靠,"打"的资历也许很深。相当于汉语"打"的古藏语是 rdug,今卓尼藏语是 du,道孚藏语是 rdog,㉞凉山彝语是 ndu,㉟核桃箐村彝语是 tɛ,㊱傈僳语是 du,㊲僮语是 ta 或 tuk。㊳这里面也好像有阳声韵、阴声韵两系。不过这方面的研究只好留待研究少数民族语言的同志们去做了。

三　字义

"打"在汉语中是一个历史悠久,传播极广而又几乎到处用得上的常用动词,㊴字义的纷繁复杂当在意料之中。因此,想把"打"字的各种用例搜罗得详尽无遗或者比较地详尽,就个人的力量来说,是很难办到的。我们目前搜集的用例只能是"采样"性质的。本文所列的1000个左右用例主要采自历代比较接近口语的30余种著作。这些著作详后附书目。范围有限,只能窥其一斑。

根据手头材料看来,"打"的使用从东汉至初唐含义比较单纯,基本上只是"捶击"的意思。唐以后,特别是在近代汉语的白话著作中"打"字的用法得到了多方面的发展。远在宋代就已经成为一个无往而不用的常用动词,并且今天的各种用法已经基本具备。这种现象说明,在口语中"打"字的各种用法起源一定还要久远,不过在俗文学出现以前,在典雅的文辞中没有使用罢了。

在不同的方言地区,"打"字的运用范围不完全相同,有时候出入还相当大。闽南和潮汕方言用"拍"而不用"打",吴方言和粤方言用"打",但是使用范围比北方话要窄得多。就吴方言而言,"打"字的使用范围还基本上限于"捶击"的意思,引申用法很少,并且有的还是从普通话借入的。很多普通话里用"打"的地方,吴方言没有这种说法,或者用其他动词。普通话里常见的用例而吴方言中用其他动词的如:

普通话	吴方言
打 门	敲 门
打 稻	掼 稻
打 枪	开 枪
打 鱼	捉 鱼
打毛衣	结绒线衫
打 雷	雷 响
打短工	做短工
打 草	莝 草
打 酒	敲 酒
打 票	买 票

另一方面,"打+动=动"这种格式,如"打看"、"打试"等,至少今天的普通话中已经不是一种活用的格式,不再产生新的这样的组合了。至于"打一看"等今天早就听不到了。这类格式常见于宋元明的话本、杂剧,究竟是时代关系,还是基础方言关系一时还搞不清楚。

介词"打"和动词"打"是什么关系,一时也还不清楚。

附 录

书 目

略号	书名全称	编著者	版本
《乐》	《乐府诗集》	郭茂倩	文学古籍刊印社，1955
《搜》	《搜神记》	〔晋〕干宝	商务，1931
《世》	《世说新语》	〔刘宋〕刘义庆	《诸子集成本》，中华，1954
《颜》	《颜氏家训》	〔北齐〕颜之推	《诸子集成本》，中华，1954
《寒》	《寒山子诗集》	〔唐〕寒山拾得	四部丛刊本
《国》	《唐国史补》	〔唐〕李肇	古典文学出版社，1957
《酉》	《酉阳杂俎》	〔唐〕段成式	四部丛刊本
《羯》	《羯鼓录》	〔唐〕南卓	古典文学出版社，1957
《剧》	《剧谈录》	〔唐〕康骈	古典文学出版社，1958
《变》	《敦煌变文集》	王重民	人民文学出版社，1957
《掇》	《敦煌掇琐》	刘复	历史语言研究所集刊
《北》	《北梦琐言》	〔宋〕孙光宪	中华，1960
《灯》	《景德传灯录》	〔宋〕僧道原	四部丛刊本
《归》	《归田录》	〔宋〕欧阳修	《欧阳文忠公文集》，四部丛刊本
《梦》	《新校正梦溪笔谈》	〔宋〕沈括	中华，1957
《东》	《东京梦华录》	〔宋〕孟元老	商务，1959
《朱》	《朱子语类辑略》	〔宋〕朱熹	丛书集成本
《宣》	《大宋宣和遗事》	（佚编著者）	古典文学出版社，1954
《京》	《京本通俗小说》	（佚编著者）	古典文学出版社，1954
《清》	《清平山堂话本》	〔明〕洪楩	古典文学出版社，1957
《喻》	《古今小说》	〔明〕冯梦龙	人民文学出版社，1958
《警》	《警世通言》	〔明〕冯梦龙	人民文学出版社，1957
《醒》	《醒世恒言》	〔明〕冯梦龙	人民文学出版社，1957
《元》	《元曲选》	〔明〕臧晋叔	世界书局，1936
《西》	《西游记》	〔明〕吴承恩	作家出版社，1954
《水》	《水浒传》	〔明〕施耐庵	人民文学出版社，1963
《初拍》	《初刻拍案惊奇》	〔明〕凌濛初	古典文学出版社，1957
《二拍》	《二刻拍案惊奇》	〔明〕凌濛初	古典文学出版社，1957
《红》	《红楼梦》	〔清〕曹雪芹	作家出版社，1953
《儿》	《儿女英雄传》	〔清〕文康	上海书局石印本，1884

《曹》	《曹禺剧本选》	曹禺	人民文学出版社,1955
《家》	《家》	巴金	人民文学出版社,1962
《子》	《子夜》	茅盾	人民文学出版社,1954
《科》	《科尔沁旗草原》	端木蕻良	人民文学出版社,1956
《骆》	《骆驼祥子》	老舍	人民文学出版社,1955
《旗》	《红旗谱》	梁斌	中国青年出版社,1958
《三》	《三千里江山》	杨朔	人民文学出版社,1958

释义目录

打[1]　动词

Ⅰ 捶击

(Ⅰ) 使之损伤、破碎或死亡

1. 用棍棒捶击〔东汉〕

2. 雷电、海浪、雨水等自然力量袭击〔唐〕

3. 用击杀等方式捕猎〔唐〕

(Ⅱ) 抽象意义上的捶击

4. 思想感情上刺激〔唐五代〕

5. 吃掉,喝掉〔唐〕

6. 用棍棒等驱赶〔宋元?〕

7. 驱除〔唐〕

8. 击破〔宋〕

9. 声、色、味等刺激〔元〕

10. 用药物杀伤〔元明〕

11. 在政治等方面攻击,贬斥〔元明〕

12. 为了某种目的疏通官府〔宋〕

13. 磨损〔元明〕

(Ⅲ) 互相捶击

14. 格斗〔唐五代〕

15. 争讼〔宋元〕

(Ⅳ) 捶击器物使发声

16. 捶击(乐器)〔六朝〕

17. 捶击(某种器具)使发出引起注意的声音〔唐五代〕

18. 击(节)〔唐五代〕

19. 演奏〔唐〕

20. 演唱〔宋〕

21. 举行(某种杂有鼓乐的典礼仪式)〔宋元〕

22. 生理上受到某种刺激后发出(某种声音)〔宋元〕

23. 用特定的口音、方式说(话)〔元明〕

24. 发出(类似乐器发出的某种声音)〔明〕

25. 拍击电讯器具,拍发电报等〔现代〕

(V) 在劳动过程中捶击以达到某种预期效果

26. 在农业等加工过程中捶击〔唐〕

27. 收割,收获〔宋〕

28. 击落(果实),砍割(柴草)〔晋〕

29. 削去一部分(价钱)〔元明〕

30. 征收(租税)〔清〕

31. 结(籽)〔现代〕

(VI) 在锻造过程中捶击

32. 锻造,冶制〔六朝〕

33. 使并合〔宋〕

34. 结交,混合〔宋元〕

(VII) 在土建工程中捶击

35. 用捶击的方式修筑〔唐〕

36. 挖掘成(某种工程)〔元明〕

(VIII) 在制作过程中捶击

37. 制作(木器等)〔宋〕

38. 雇用或使用(某种交通工具)〔宋〕

39. 编制〔宋〕

(IX) 捶击使射出(某种娱乐器具)

40. 射击〔唐〕

41. 发射(武器等)〔宋元〕

42. 发射(雷电等)〔元明〕

43. 投掷〔宋元〕

44. 从事(赌赛)〔唐〕

45. 发送(书信)〔宋元〕

46. 注射〔元明〕

47. 投射(目光等)〔现代〕

(X) 捶击燧石发火

48. 捶击取火〔宋元〕

49. 在旅途中取火做饭〔宋元〕

50. 在旅途中略进饮食,稍事休息〔清〕

51. 在旅店歇宿〔清〕

(XI) 在拓印过程中捶击

52. 捶拓〔唐〕

53. 压印〔宋〕

54. 填写或书写(草稿、账单、便条等)〔元明〕

55. 涂抹(油、粉等)〔元明〕

56. 弹动带色线绳印出(线条)〔清〕

Ⅱ **攻战**

57. 攻战〔六朝〕

58. 劫掠〔唐五代〕

59. 诈骗(钱财等)〔宋〕

60. 蒙骗〔元明〕

61. 募化〔宋元〕

62. 冲撞〔宋元〕

63. 来回奔走游荡〔唐五代〕

Ⅲ **挥动手臂**

(Ⅰ) 挥动手臂做某种动作

64. 挥动手臂做捶击姿势〔元〕

65. 用手臂挥动〔唐〕

66. 晃动〔唐〕

67. 用力举起〔宋〕

68. 撑起〔元明〕

69. 掀起〔清〕

70. 垂挂下来〔元〕

71. 搅拌〔宋〕

72. 用瓢勺等舀取〔宋〕

73. 领发〔宋〕

74. 购买(油、酒等)〔宋〕

75. 折叠,捆绑〔宋元〕

76. 卷折〔明〕

77. 铺设(卧具)〔元明〕

(Ⅱ) 用手比划

78. 用手比划〔宋元〕

79. 比划(线条)〔元明〕

80. 表演(某种姿态)〔元〕

81. 做(某种相见礼节的姿势)〔宋元〕

82. 采取(特定的坐卧姿势)〔宋〕

83. 伸展手足做出(特定的姿势)〔明〕

84. 发出(颤抖等)〔元明〕

(Ⅲ) 做旋圈、翻滚动作

85. 做(旋转动作)〔宋〕

86. 做(翻滚滑跌等动作)〔宋〕

87. 在水里做(拍击、翻滚等动作)〔宋元〕

(Ⅵ) 编绕绳索等结成扣

88. 结(结、扣)〔元明〕

89. 结束、截止〔宋〕

(Ⅴ) 用手指拨弄

90. 拨弄(算盘)〔元?〕

91. 计算(账目等)〔元〕

92. 心里计算,心想〔元?〕

93. 丈量(地亩)〔清〕

(Ⅳ) 从事某种勤务

94. 从事(某种勤务)〔元明〕

95. 过(某种不正常的生活)〔现代〕

Ⅳ **虚化动词**

96. 和动词连用,构成多音节动词〔唐〕

97. 跟量词"一"和动词连用,表示一次动作〔宋—元明〕

98. 和形容词连用,表示具有某种性质〔唐五代—明〕

打² **介词**

由从〔宋元〕

打³ **衬字**〔元〕

释　义

打¹　动词

Ⅰ 捶击

(Ⅰ) 捶击使之损伤、破碎或死亡。

182

1. 用棍棒捶击〔东汉〕

a. 后接成分是捶击对象。王延寿《梦赋》：撞纵目，～三颅|《搜》113：婢无故犯我，我～其脊|《世》155—9：以如意～唾壶，壶口尽缺|《寒》39下：～伊又不得，骂伊又不著|《酉》8—9/前1：北朝婚礼……婿拜阁日，妇家亲宾妇女毕集，各以杖～婿为戏乐|《变》131：髽叟～舜子|《掇》5/1，宋王遂取其言，遂～韩朋二板齿|《掇》14/3：何谓夺他宅舍，仍更～他损伤|《掇》101/5：翻粥扑盆，轰盆～碗|《北》36：琅琊曰，某未曾～人唇绽齿落，安得而见|《醒》276：改拟范二郎～鬼，与人命不同|《三》122：一面～冰一面不住眼望桥。

【连语·动补】

〔打彻〕《酉》223：休教他瞒我，一拳先～。

〔打出〕《元》37：依着我性，则一下～脑浆来。

〔打倒〕《清》36：他诈称是刘二儿子，认我又骂我，被我～推死。

〔打掉〕《元》55：我儿也直把你～那下半截来。

〔打断〕《醒》822：坟上的碑石，也有推倒的，也有～的。〈引〉截断（话）。《酉》1081：莫～我们的话头。

〔打番〕《喻》229：被郭大郎一～棒。

〔打坏〕《乐》1223：～木栖床，谁能坐相思。

〔打毁〕《喻》120：角哀再到荆轲庙中大骂，～神像。

〔打绝〕《西》34：弄神通，～九幽鬼使。

〔打开〕弄开。《灯》18下/24：师曰，～佛殿门，装香换水|《朱》13下/124：圣贤之言，分分晓晓八字～：无些子回互隐伏说话|《喻》490：～这瓜，合家大小都食了|《西》26：直寻到兵器馆，武库中，～门扇|《西》47：～酒瓶，与众尽饮。

〔打烂〕《无》600：拆不动的都～了吧。

〔打落〕《喻》304：早被婆留一棒～水去。

〔打闷〕《喻》32：因争珠怀恨，登时～，仆地身死。

〔打灭〕《朱》11/53：恰如火相似，自去～了；水相似，自去淤塞了|《元》460：若得个女儿，便～休题。

〔打破〕《颜》41：～人军曰败，补败反|《灯》11下/10：南泉却到厨内～锅子。

〔打却〕《变》24：髡其头，截其耳，～前头双板齿。

〔打煞〕《掇》70/11：阿耶交儿取杖～家歌子。

〔打死〕《京》15：我因为你，吃郡王～了。

〔打碎〕《朱》17/79：其父～了个人一件家事，其子买来填还。

183

〔打杀〕《乐》1227:～长鸣鸡,弹去乌臼鸟。

〔打散〕《元》458:～了鸳鸯会。

〔打折〕《灯》11下/12:师曰,不要动著,动著即～汝腰。

〔打伤〕《清》37:告理被晚伯母,亲伯父一事。

〔打损〕《喻》229:适间被郭威暗算,～身上。

〔打塌〕《元》657:我把那弟子孩儿鼻子都～了他的。

〔打通〕《二刻》766:竹管是～中节的。〈引〉①疏通(官府)。《元》244:你待要使用金银～关节|《二拍》9:有几个富翁为事～关节,他传出密示,要苏州这卷金刚经|《红》1136:还求琏二爷去花了好些钱,各衙门～了。②疏通。《西》791:被神僧一帖灵丹～,所以好了。

〔打下〕《醒》112:这黄雀是我～的,望乞见还。

〔打中〕《醒》514:再一砖飞去,～白氏的额上。

【连语·并立】

〔打拂〕《颜》25:～之,簸扬之,凡几涉手而入仓廪。

〔打捆〕玄应《一切经音义》:～,书或作捆,同,古麦反|《喻》380:刘氏自用手～其口与脸上。

〔打击〕《抱朴子》(《诸子集成》本)76:岩石无故而自堕落,～煞人。〈引〉《子》183:然而为什么二十多年来走红运的他会忽然有此～。

〔打劫〕《变》694:欺凌伯叔,～弟兄|《喻》283:我们不～别人的东西也好了,终不成倒被别人～了去。

〔打决〕《变》577:便令从人拖出,数人一时～。

〔打勘〕《清》13:山前行山定看着小娘子生得怎地瘦弱,怎禁得～。

〔打拷〕《元》165:你从实说来,免受～。

〔打骂〕《掇》166/32:耶娘行不正,不事任依从,～但知默,无应即是能。

〔打闹〕《红》729:被凤姐儿～了一阵,含羞吊死了。

〔打扑〕《方言·郭璞注》(《方言校笺》)75:劈历、～二音|《变》669:速须～锁心猿。

〔打揉〕《元》1261:最不爱～人七八道猫煞爪。

〔打杀〕《搜》143:见犬将升妇床,便～之|《搜》143:但得老狗,便共～。

〔打醒〕《喻》229:～支撑,不若耳边风而过。

〔呲打〕《旗》88:～得冯贵堂鼻子气儿不敢出。

〔催打〕《元》334:张千做～马科云。

〔捶打〕《谷梁传集解》18下/12:拟,谓～。

〔捶打〕《红》575,彼此～了一会歇下。

〔跌打〕《元》656:虽然本事只如此,～相争可也不怕死。

〔蹬打〕《旗》263:四条腿乱～。

〔斗打〕《掇》313/77:见他～,出热助拳。

〔捆打〕《元》213:那一个出得他～挞揉。

〔击打〕《北史·张彝传》:以瓦石～公门。〈引〉《骆》107:等着一切人一切法一切困苦的～。

〔搅打〕《搜》23:可遣数十人持竹竿,东行三十里,有山林陵树,便～之。

〔揪打〕《西》116:那建成、元吉就来～索命。

〔决打〕《水》6:但凡和尚破戒吃酒,～四十竹篦。

〔拷打〕《京》25:拿钱原到厅审问～。

〔磕打〕《科》56:是老头儿的老骨头经不起～。

〔扭打〕《警》172:他又赶来～。

〔殴打〕《喻》230:左右,为我～这厮。

〔扑打〕《西》64:抖开翅,飞将去～。|《子》2:客厅里的地毯也拿出去～。

〔欺打〕《初刻》198:每每借着势力,动不动～小民。

〔敲打〕《灯》8下/25:又僧问,"承古有言,～虚空鸣毂毂,石人木人齐应诺。"|《初拍》701:撞着城门上盘诘,故此～落实了。

〔撬打〕《水》1613:忙教将斧凿～开来看。

〔拍打〕《三》72:吴天宝撂下斧子,～手|《三》161:浑身上下～着土。

〔撕打〕《红》472:说着,也把鲍二家的～起来。

〔摔打〕《元》785:～的他纷纷的皮肉开。

〔踢打〕《红》912:他赤条精光,赶着秋菱～两下。

〔推打〕《元》376:伯娘去了,你看我那伯伯,～我,与了我俩锭钞。

〔戏打〕《清》326:用竹杖于深草中～小蛇。

〔掀打〕《喻》229:尚衙内见主人不肯,今日来此～。

〔攒打〕《西》1019:沙僧、行者却又上前～。

〔踬打〕《掇》18/3:又问,既称避难,何得恐赫,仍更～,使令坠翻。

〔抓打〕《红》96:便夺手要去～宝玉。

【熟语】

〔打草蛇惊〕《灯》9上/13:师曰,～。

〔打草惊蛇〕《醒》252:且休要～,吃他走了。

〔打春〕《东》171:立春前一日,开封府进春牛入禁中鞭春。开封、祥符两县,置春牛于府前,至日绝早,府僚～|《西》647:若是这等打,就打到来年～罢～也是不当真的。

185

〔打打呱呱〕《旗》73:忠大娘就走了来,~,叫我去她家吃饭。

〔打打闹闹〕《曹》262:~,说说笑笑。

〔打蛋〕《旗》169:一遇上年景不好,就~了。

〔打到底〕《子》200:这才总算一个招呼~,居然太平无事。

〔打倒金刚赖倒佛〕《儿》3 上/23:安老爷便~,双手把姑娘托付在舅太太身上。

〔打鬼净净〕《喻》374:只见~的一座败落花园。

〔打开天窗说亮话〕《子》436:苏甫,我们~。

〔打了叫儿〕《儿》5 上/6:怎么着,手里有话,这~我的~了。

〔打破沙锅璺到底〕《元》1247:葛藤接断老婆禅,~。

〔一竹竿打到底〕《水》744:我爹娘当初把我嫁王押司,只指望~。

〔敲骨打拍〕《变》5 上/17:一言参差,千里万里,难为收摄,直至~。

b. 后接成分是受捶击的部位。《摄》150/30:~脊眼不痛,十指不同皮|《清》198:看着和尚脸上,只一拍,~个大耳光|《喻》29:把他骂了一顿,连~几个耳光子|《警》241:就是小学生上学也被先生~几下手心|《醒》536:将尾子向王士良脸上只一扇,就拟~耳聒子一般|《元》926:他家忒煞卖弄,~的屁股能重|《元》1412:三停刀砍脚跟:百练锤~脑门|《红》291:薛蟠连忙自己~了一个嘴巴子|《红》422:才说嘴,就~嘴了。

〔打破〕《朱》19 下/70:则已是~头面了,然尚自承顺,那君子未肯十分做小人。

c. 后接成分是捶击器械或方式。《乐》1617:却捉苍头奴,玉鞭~一百|《变》577:此人材坊下辈,不识大官,不要~棒,便令放去|《变》761:寻得死尸,且乱~一千铁棒|《灯》7 上/7:耽源乃~师一捆|《灯》8 上/9:有僧到参,师~一柱杖,僧近前把住柱杖|《灯》14 下/11:师从毡上那伽起,祖脾当胸~一拳|《灯》5 上/13:卢陂欲开口,师又~一拂|《京》11:把我捉入后花园,~了三十竹篦|《醒》462:被他~了一戒尺,就这般干休?|《醒》659:黄巾力士扑番长汉在地,~得几杖子|《醒》533:着实~了五十下皮鞭|《醒》308:一上~了三十毛板|《警》175:押司娘见说,倒把迎儿~个漏风掌|《警》514:~自己巴掌约有百余|《喻》615:好歹~个出头棍儿,不甚利害|《西》1076:揪着八戒,~了两掌|《水》412:那猪狗便~我一顿栗暴。

〔打扛子〕《旗》257:可没想到,一出门就碰上~的。

〔翻打一耙〕《儿》1 下/18:也不输嘴,且~。

〔胡打海摔〕《红》75:比不得咱们家的孩子,~的惯了的。

2. 雷电、海浪、雨水等自然力量袭击〔唐〕。杜甫《携妓纳凉晚际遇雨》:

雨来沾席上,风急～船头|白居易《舟中雨夜》:夜雨滴船背,夜浪～船头|白居易《新乐府·上阳人》萧萧暗雨～窗声|《变》909:向生妻五逆,天雷霹雳～煞|《清》7:惹番了惹水滴儿,～湿了纸|《警》335:那潮头比往年更大,直～到岸上高处|《警》358:月被云遮重露彩,花遭霜～又逢春|《警》539:既而欲买舟上豫章,～头风不息|《元》131:雪～的我这眼难开|《元》866:每日风吹日晒雹子～|《红》117:若有一句谎话,天～雷劈|《西》17:天降雷灾～你|《红》318:只见宝玉淋得雨～鸡一般|《骆》85:两点起到现在还水米没～牙|《三》147:一滩泥～到脸上|《旗》105:吃好吃歹,你也吃～口子。

〔打牙儿〕《红》393—4:得空儿就拿我取笑,～!

〈引〉无形力量捶击。《元》472:一场怨恶,都～在我身上|《元》729:平生不识晓来霜,把五更寒～在老夫头上。

3. 用击杀等方式捕猎〔唐〕。

a. 后接成分是捕猎对象。张鷟《游仙窟》:～兔得獐,非意所望|杜甫《观～鱼歌》,《又观～鱼》|《喻》19:你老人家熬不过,终不然还～汉子|《警》329:唤左右～起那鱼,差人放之江中|《警》199:若～得一只壮狗,定去报他来吃|《警》265:若都～不得飞禽走兽,银子也没有,酒也没得吃|《警》34:大狐出山～食,则小狐看守|《醒》100:驾犬驰马,射猎～生为乐|《元》89:似取水垂辘轳,用酒～猩猩|《元》1556:布网张罗～凤凰|《元》128:每日在水中～大虫|《西》7:只见海边有人捕鱼,～雁|《三》11:给大伙讲些早先年在关东挖参,～熊瞎子的故事。

〔打捕〕《水》27:因此上,小人们不敢上山～野味。

b. 后接成分是捕猎方式或场所。《喻》106:就一壁厢引挖甲土,随地～猎|《红》268:这脸上是前日～围,在铁网山,让兔鹘捎了一翅膀|《科》251:她们这才像老鸹～场似的咭咭呱呱地跑了。

〔一网打尽〕《朱》4-5/129:仁宗怒少解而馆阁之士罢逐一空,故时有～之语。

(II) 抽象意义上的捶击。

4. 思想感情上刺激〔唐五代〕。《变》339:黄叶凋零～病心|《醒》347:一路上热一句,冷一句,把话～着他心事|《警》215:胡美先前听得人说外面拿盗库的贼～着心头|《曹》460:孤独的角声～在人的心坎上。

〔打扳〕《掇》48/8:便把布衫揸拭面,～精神直入来|《喻》279:李奶奶～起精神|《西》110:只得强～精神|《儿》3上/1:七爷竟是依他的话,～起高兴来。

〔打动〕《喻》272:杨益时常说些路上切要话,～和尚|《喻》45:把夫妻之

187

情～他|《警》362:你多拿些银子出来～他,不然他不用心|《元》12:更～我边塞离情|《元》1456:锦绣似花开盛,因此～这巡游兴。

〔打拍〕《元》645:我将这老精神强～。

〔打扑〕《朱》8上/120:语黄敬之须是～精神莫教恁地慢慢底。

〔打挣〕《元》1121:兀那妇人,你～些,转过这山坡去,我着你坐一会儿再走。

〔无精打采〕《红》272:～的卸了残妆。

〔没精打采〕《子》58:他那一脸～的。

5. 吃掉,喝掉〔唐〕。《寒》24—25:唯知～大臠,除此百无能|《掇》147—8/30:当官自慵懒,不勤判文案,寻常～酒醉,每日出逐伴|《元》914:若是有酒,快拿出来,～三锺。

〔打却〕《变》268:～三盏已后,令人只是罪深。

6. 用棍棒等驱赶〔宋元?〕《京》379:喝教当直们～出周义|《喻》316:罗学究再三苦求,方免喝教乱棒～出|《喻》496:那大伯把一条杖儿在手中,一路上～将这女孩儿去|《元》776:若不饶我,也不消～入死囚里牢去|《西》120:枷扭缠身,～上奈何险路。

〔打鸭子上架〕《旗》333:～着～不行。

7. 驱除〔唐〕。《国》55—6:进士为时所尚久矣。……籍而入选,谓之春闱。不捷而醉饱,谓之～氆氇|《东》258:自入此月,即有贫者三数人为一伙,装妇人鬼神,敲锣击鼓,巡门乞钱,俗呼为～夜胡,亦驱祟之道也|《朱》5下/8:只是把学问不曾做一件事看,遇事则且胡乱恁地～过了,此只是志不主|《朱》1上/21:伯寿问,曾子只此三者自省如何,曰,盖是来到这里～不过|《朱》5上/130:今又与伯恭相聚,往往～入多中去也|《京》90:只有这两桩人命是天理心～不过去的|《二拍》116:做贼的……做公的……这两项人每每私自相通,时常要些孝顺,叫做"～业钱"|《红》145:静虚听了,～去妄想|《儿》9上/32:我还没～回这个妄想去。

〔打赶〕《灯》12上/10:师每见僧来参礼,多以拄杖～,或云迟一克,或云打动关南鼓。

〔赶打〕《水》473:强要挨入法场里看,众士兵～不退。

8. 击破〔宋〕。《红》51:且随我去游玩奇景,何必在此～这闷葫芦|《红》225:猴子身轻站树梢——一果名|《红》269:告诉了也省了人～闷雷。

〔打破〕《朱》14下/10:他家这法度,却是到伯恭～了|《朱》16上/130:只看东坡所记云,几时得与他～这"敬"字|《醒》539:何不去那李八百,教他与你～尘障|《醒》39:万事只怕起头,若～了头时|《西》12:鸿濛初辟原无姓,

188

~顽空须悟空|《西》15:原来那猴王,已~盘中之谜|《红》1104:~了这个灯虎儿,那饥荒才难打呢|《儿》2下/5:先~你这疑团|《子》55:你们要分头到工人中间做工夫~她们的团结|《子》389:暂时~了那坟墓般的静寂|《旗》115:有的人专好讲些~迷信哪。

〔打透〕《朱》19—20/132:终是他于利欲之场~不~|《朱》15下/121:欲为学问,须要~这些子,放令开阔,识得个以能问于不能,以多问于寡底意思|《朱》28/121上:若更这处~一个~,说甚么学,正当学者里面工夫多有节,病人亦多般样|《水》1426:待俺~阵势,便来策应。

〔打消〕《子》122:要想用这个来~工人的要求米贴。

9. 声、色、味等刺激〔元〕。《元》499:他与你些~眼目的衣服头面|《子》76:受过训练的脚步声~入吴少奶奶的耳朵。

〔打眼〕《二拍》109:多是黄豆来大不~的洋珠。

10. 用药物杀伤〔元明〕。《警》539:悄悄地赎帖坠胎的药来,~下私胎|《曹》369:你决不要做那样的事,万不要~掉那孩子。

11. 在政治等方面攻击,贬斥〔元明〕。《警》169:一个太常大卿,姓陈名亚,因~章子厚不中,除做江东留守安抚使|《儿》7下/15:只因兵书里落了字,~下来了。

〔打倒〕《子》80:~土豪劣绅。

〔打落〕①斥落。《喻》459:因出言不逊,冲突了试官,~下去|《喻》462:把他~酆都地狱,永不得转人身。②奚落。《元》1111:妹子,你不曾忘了一句儿,也~得我勾了|《元》1453:等我来~他一个没面皮才好。

〔打入〕《元》313:不~六道轮回转。

〔打脱〕《水》285:这婆子生怕~了这事。

〔打为〕《元》320:射不中金钱的停职罢俸,~庶民。

〔打做〕《元》261:只是把他那妇人脸上,也刺泼妇两字,~梅香,伏侍我便了。

〔打短〕《警》132:这个说,"先生留我,为何要你~?"那个说,"先生爱我,为何要你争先?"

12. 为了某种目的疏通官府(参见1〔打通〕)〔宋〕。《元》1568:使行钱在城里~着课头|《红》1131:花了若干的银子,~了个门子。

〔打点〕《警》369:却说皮氏差人密密传与赵昂,叫他快来~|《红》772:着人去~察院。

〔打关节〕《朱》15下/127:他若出来外面与人~也得|《清》331:贾瑞思量着要~刘八太尉的~|《元》1663:俺则待稍关打节。

189

13. 磨损〔元明〕。《喻》67：自负书囊而行。不数日,脚都～了|《水》129：脚上泡被新草鞋～了。鲜血淋漓。

(III)互相捶击。

14. 格斗〔唐五代〕。《变》252：忿不思难,便即相～|《朱》7下/136：一个十分雄壮底人与一个四五分底人厮～|《清》174：这汉上狱十年,～尽天下使棒的|《喻》106：申徒泰只身独臂,～赢了三班教师|《喻》155：一时发怒,～到他家|《醒》172：两下又～将起来,两张状子都～失了。

〔打抱不平儿〕《红》481：气得我只要替平儿～。

〔打不平〕《子》168：二号管车王金贞也来～了。

〔打架〕《红》57：好生看着猫儿狗儿～。

〔不打不成相识〕《初拍》210：互相感激,这就教～。

15. 争讼〔宋元〕。《京》84：却连累我地方邻里～没头官司|《元》775：我与你大人行,～一会官防|《旗》57：官司,就是这么着～输了。

(IV)捶击器物使发声。

16. 捶击(乐器)〔六朝〕。《世》155：唯王都无所关,意色殊恶,自言知～鼓吹|《寒》45下：炉烧神佛香,～钟高声和|《羯》23：御楼时于金鸡竿下～赦鼓一面|《变》820：悬铃～铍|《东》181：又命僧道场～花铍,弄椎鼓|《元》88：金徽弹流水潺湲,冰弦～余音齐整|《元》631：则我是吕纯阳,爱～的筒子愚鼓|《水》148：众军卒便～着得胜鼓,把着那金鼓旗先散|《红》815：宁撞金钟一下,不～铙钹三千|《儿》4上/4：手里～着一付扎板儿|《曹》277：喂,毛竹～,响连声|《骆》134：里边～着锣鼓。

〔打边鼓〕《子》321：王金员又在旁边～起～来。

〔打撺鼓儿〕《初拍》591：郑贯～着～,巴不得杀了何正寅。

〔吹打〕《醒》105：乐人也不～了。

〔敲打〕《儿》2上/6：只～一阵铜旋子就行了。

〔偷来的锣鼓儿打不得〕《红》735：～。

〔扬铃打鼓〕《红》681：要是一点子小事便～,乱掀腾起来,不成道理。

17. 捶击(某种器具)使发出引起注意的声音〔唐五代〕。

a. 后接成分是某种器具。《变》160—1：每有人来,胥者～布鼓|《变》138：使者下车,～门而唤|《东》121：每日交五更,诸寺院行者～铁牌子或木鱼循门报晓|《喻》463：鬼卒～起升堂鼓|《警》347：你如可今到总铺门口去,有觅人～拍子,早晚勤谨,可以度日|《警》727：大尹像道士～灵牌一般,把气拍一片声乱拍乱喊|《元》640：～怨鼓,见銮舆|《元》1508：左右～散堂鼓,将马来,回私宅去也|《西》797：原来是这厮～锣|《西》652：拍手～掌笑道|《水》427：

你是甚人,黄昏夜半来敲门～户?|《红》947:直闹到～亮梆子以后才好些了|《曹》90:车站的钟～了十下。

〔拍打〕《旗》198:伸出手去,想～门环。

b. 后接成分是某种信号。《变》339:楼头才～三更鼓|《灯》18上/2:师曰,半夜日头明,日午～三更|《元》170:～道子的巡车每日叫和|《初拍》130:细听樵楼更鼓已～三点|《红》27:次后坐了大轿,～道鸣锣,亲来上祭。

18. 击(节)〔唐五代〕。《变》25:金鞭～节齐声和|《掇》205/46:遇有段,即可段,不可遇段,～闲拍送。

〔打紧板〕《儿》2下/23:更～了一了。

19. 演奏〔唐〕。《羯鼓录》4:汝阳王琎尝戴砑绢帽～曲|《掇》10/46:后四段～令,后两拍送|《掇》207/46:南乡子拍常令授三拍,舞据一拍,前后三拍,当～浣溪沙|《朱》7下/92唐人俗舞,谓之～令,其状有四,曰招,曰摇,曰送,其一记不得。盖招则邀之之意,摇则摇手唤之意,送者送酒之意|《喻》277:路上～着些蛮中鼓乐|《警》205:只留这些僧道在前边～了一套饶钹,吹一番细乐|《西》1088:那一班僧,～一套佛曲|《红》108:现叫奴才们找了一班小戏儿并一档子～十番的。

〔打散〕《水》839:每日有那一般～,或有歌舞,或有吹弹,或有歌唱。

〔吹打〕《警》60:吹手虽有一副,不敢～|《西》449:～着细乐。

20. 演唱〔宋〕。《北》20:岂意薛保游一旦接军事李判官,～杨柳枝乎|《东》227—8:参军色执行竿拂子,念致语口号,诸杂剧色一和,再作语,勾合大曲舞|《警》349:虽不～莲花落,也去孤老院讨饭吃|《醒》586:众水手齐声～号子起锚|《元》479:旋～新腔歌唱|《西》506:原来是一齐着力～号,齐喊大力王菩萨|《红》979:这是新～的《蕊珠记》里的《冥升》。

〈引〉发出某种类似演唱的哭笑声。《西》4:～了两个呵呵道|《曹》201:您别～哈哈。

21. 举行(某种杂有鼓乐的典礼仪式)〔宋元〕。《京》61:布施各庵院寺观,～醮焚香|《喻》566:次日,来请梁主在寺里～一个释迦阿育王大会|《警》52:单氏又凑些私房银两,送马庵中～一坛斋醮|《元》1237:这是伽芝堂,怎生不～供。

〔打醋炭〕《警》74:解元,不可入去,这阁儿不顺留。今日主人家便家去了,待～过～,却教客人吃酒。

22. 生理上受到某种刺激后发出(某种声音)〔宋元〕。《京》68:闻隔壁～鼾之声|《喻》533:宋四公～两千喷涕|《醒》55:垂着头,只管～乾哕|《元》362:闷～颏和衣卧倒|《元》1010:冻得他战笃连～嗽歌|《元》1505:我如今～

191

呕,不要这汤吃了|《元》973:卜儿上～咳嗽科|《元》391:元来～軥輈的在那一边|《元》395:且喜得眼朦胧又～軥軥|《西》282:唬得清风脚软跌跟头,明月腰酥～骸垢|《西》446;～了几个涕喷|《西》437:丢倒头,只情～軥|《儿》7上/8:我那个骡儿,先不住的～鼻儿不肯往前走|《曹》:半身倚着靠背,望着鲁妈～噎|《骆》29:～诳两个响嗝|《三》104:～着挺响的呼噜。

23. 用特定的口音、方式说(话)〔元明〕。《喻》55:口内～江西乡谈|《西》14:我是老实人不晓得～市语|《西》281:我们是出家人,休～诳语|《水》1669:燕青~浙音道|《红》1045:宝玉将～禅语的话述了一遍|《儿》9上/40:一眼正看见两人,在那里～梯己的神情儿|《曹》93:老爷太太装模作样跟我尽～官话|《子》41:赵伯韬～起他的粤腔普通话,很快地说|《旗》22:问得紧了,他还～口吃。

〔打暗号〕《醒》320:也不～,一径上到楼窗边。

〔打浑〕《清》15:又半痴不颠惯与丫环们～。

〔打话〕《清》130:陈巡检与镇山虎并不～,两马相交。

〔打趣〕《红》151:错一点儿,他们就笑话～|《曹》257:知道他们是拿她～,推着他们。

24. 发出(类似乐器发出的某种声音)〔明〕。《西》25:活旗幡,～哨子|《西》509:一个个出头露面,咳嗽～响|《水》274:只听得芦花荡里～嗦哨|《二拍》116:忙走出门,口中～个胡哨|《儿》4上/6:你是甚么头口,有这么～白得儿的没有|《骆》22:鸡有时候在夜间一两点就～鸣|《旗》23:嘴上～着响舌儿|《旗》35:嘴里打着"咯咯",把鸡唤过来|《旗》76:～着鸟音的口哨|《旗》330:大姆指朝着江涛一弹,古突的～个响榧儿。

〔打花胡哨〕《红》362:他必定也是要来一个～,讨老太太的好儿才是呢。

25. 拍击电讯器具,拍发电报等〔现代〕。《曹》37:到了矿上我再～电报给你|《曹》178:回头你～个电话,请她下午先到这儿来玩玩|《子》24:我们连夜～急电去报丧。

(V)在劳动过程中捶击以达到某种预期效果。

26. 在农业等加工过程中捶击〔唐〕。

a. 后接成分是加工对象。《乐·唐元和初童谣》2035:～,麦～,三三三,舞了也|《变》4:风来拂耳,闻有～纱之声|《灯》5上/22:师曰,今日～禾,明日般柴|《朱》1下/19:语孟中庸大学是熟饭,看其它经是～禾为饭|《西》593:举起两个拳来,真似～油的铁锤模样|《水》17:就牵了马随庄客到里面～麦场上|《科》17:～靛,靛是一种植物染料,～靛是泡制染料|《三》108:阿志妈妮家门口的～稻场上有群小姑娘正在跳板。

〈引〉〔打油〕《西》737：也～几句,幸勿哂焉。

b. 后接成分是加工工具。《掇》120/21：明日若有微风至,筋骨相连似～罗|《灯》17上/15：潭州神山僧密禅师在南泉～罗次,南泉自作什么,师曰～罗,曰,汝以手打脚打?

c. 后接成分是加工场所。《旗》81：等收完秋,～完场。

27. 收割,收获〔宋〕。《朱》6下/127：云免百姓往燕山～粮草,每人科钱三十贯,以充免役之费|《红》413：好容易今年多～了两石粮食|《科》388：吴东大斗一亩也～八九斗|《三》12：这还是今年新～的高粱米呢。

28. 击落(果实),砍割(柴草)〔晋〕。《乐·晋怀帝永嘉初谣》：元超兄弟大洛度,上桑～椹为苟作|《喻》491：要花时～些个去,不要你钱|《警》2：山中～柴之人,也敢称听琴二字!|《西》271：可将我人参果～两与他吃|《西》971：八戒你去～马草的,怎么这般狼狈回来?|《红》1224：我们摘花儿,～果子,一个人常走的|《曹》367：爱看人爬树～枣|《旗》134：～了筐青草正在喂着|《三》42：栗子早熟透了,也没人～。

〈引〉削去无用部分。《旗》155：棉花尖儿也该～了。

29. 削去一部分(价钱)〔元明〕。《儿》4下/39：当日孔夫子送人东西,都是～八折。

〔打短〕短少一部分(钱)。《初拍》198：我们小本经纪,如何要～我的?相公须放宽洪大量些。

〔打落〕削去一部分(价钱)。《警》238：这几夜小遗,分明是～德称这二两银子。

30. 征收(租税)〔清〕。《红》617：一年四百,二年八百两,～租的房子也能多买几间。

31. 结(籽)〔现代〕。《旗》416：开花～籽。

(VI)在锻造过程中捶击。

32. 锻造,冶制〔六朝〕。

a. 后接成分是某种金属材料。《乐》1188：～金侧玳瑁,外艳里怀薄|《醒》716：每夜四更,便起来～铁|《元》842：全凭～银过其日月。

b. 后接成分是某种成品。《乐·春怀引》2136：蟾蜍碾玉挂明弓,捍拨装金～仙凤|《北》21：富贵后,～金莲花盆,盛水灌足|《东》122：各有地分坊巷,及有使漆、～钗环、荷大斧斫柴……|《朱》19/79：且如银～一只盏便是"从",更要别～作一件家事便是"革"|《清》154：如何铁石～成心性,却为花柔?|《警》343：又～若干首饰酒器|《警》392：往铁匠店里～下一把三尖利刀|《元》47：等我～些钗儿,戒指儿可不受用|《元》242：腊～的锹儿怎么镢就的坑|

193

《西》366:纵然是块铁,下炉能~得几根钉|《水》69:洒家要~条禅杖,一只戒刀|《水》939:次后且叫汤隆~起一把钩镰枪做样。

〔打炼〕《朱》14 上/118:痛下钳锤,如此以九分欲~成器,不得不知此意。

〔打造〕《元》1456:合该着尚宝司~金弹丸一枚。

33. 使并合〔宋〕。《朱》7 上/1:又问,天地会坏否? 曰,不会坏,只是相将人无道极了,便一齐~合,混沌一番,人物都尽又重新起|《警》414:若得~做一家,这事永不露出来|《警》607:大大小小,都~做一团儿|《醒》667:两个~做一团,扭做一块|《西》22:直~做一个攒盘|《西》796:山鸦山鹊,~阵攒群密密飞|《西》93:虎豹成阵走,獐鹿~丛行|《水》347:半歇儿把大虫~做一堆,却似倘着一个锦布袋|《儿》10 下/40:又是怎么主儿~毛团子似的,拨弄得这么大。

〔打不便〕《喻》272:你既与众人~,就到我舱里权住罢。

〔打成一片〕《朱》26 上/35:如金石丝竹鲍土革木,虽是有许多,却~。

〔打成一气〕《骆》86:他觉得他是和他们~。

〔打盹儿〕《红》632—8:我告诉你一句~的话。

〔打伙儿〕《红》97:他们反~打了茗烟。

〔打伙成群〕《醒》509:每逢花前月下,~。

〔打平火〕《喻》438:你与柳府尹~了,该收拾自己本钱回去了。

〔打平伙〕《二拍》115:弟兄们且~,吃酒压惊去。

〔打团儿〕《水》1206:各令自去~吃酒。

〔打总儿〕《红》253:每月~关了去。

〔打做一片〕《朱》2 上/44:令人非是不能克去此害,却有与它~者。

34. 结交,混合〔宋元〕。《京》33:逐月却与几个小男女~交撚指|《清》162:朱秉中日常在花柳丛中~交|《清》1:在京师与三个出名上行首~暖|《警》342:你若~得上这个主儿,不但名声好听,也勾你一世受用|《初拍》217:新~上的,恩爱不浅|《二拍》792:那角妓李师师与官家~得最热|《水》310:他自和张三两个~得火块也似热。

〔打交待〕《骆》48:终日与车夫们~。

(Ⅶ)在土建工程中捶击。

35. 用捶击的方式修筑〔唐〕。

a. 后接成分是修筑对象。《西》4 下/续 2:有一家因~墙掘地|《北》72:地势尖斜,~墙夹入|《警》633:汝可取杉木一片过来,吾书符一道,~入地中,庶可以镇压之|《西》522:每一桩边,立两个道士,各执铁锤,伺候着~桩|

194

《曹》208:窗外有节奏地传来小工们～地基的桩歌|《三》4:姚长庚正和洋灰,～洋灰座。

〔打底〕《元》153:暖的那温沍清手面轻揉,～乾南定粉,把蔷薇露和就|《骆》192:但是有二十来块～儿。

〔打基础〕《旗》395:～好建党的～。

b.后接成分是修筑工具、器材。《水》921:七星～钉皂罗袍|《儿》7下/4:看的众人齐～夯儿的喝采|《曹》209:一辈子就会给人～夯,卖苦力。

36.挖掘成(某种工程)〔元明〕。《喻》543:赵正～个地洞|《警》344:连亡八的寿圹都～得到|《醒》270:日常惯与仵作约做帮手,也会与人～坑子|《元》300:又不及选陵将墓～|《红》1276:家里也挣了好几亩地,又～了一眼井|《三》154:右首新～的电话所大洞子口扬起片声音。

〔打鸡窝〕《元》35:也非成担偷将去,只在斛里～。

(Ⅷ)在制作过程中捶击。

37.制作(木器等)〔宋〕。

a.捶制木、竹器等。《归》107:造舟车者曰～船,～车|《警》135:况且和商起家千金,自家难道～不起一只船|《醒》22:家里又唤～竹家火的,做一个结结果果的大竹篮|《红》163:里面都是合着地步～的床几椅案|《骆》4:即便是三四年,他必能自己～上一辆车。

〔打造〕《警》308:就是这只船本,也值几百金,浑身是香楠木～的|《西》123:～禅榻。

b.捶捏陶器、粉食等。《元》455:我便买羊头～旋饼请你|《水》106:打两角酒来吃,因些面来～饼|《子》199:抽一筒烟,平平肝火罢。我给你～泡|《子》352:那正是住在朱桂英隔壁的～盆女工金小妹|《三》86:朝鲜过年都吃～糕。

38.雇用或使用(某种交通工具)〔宋〕。《灯》7下/18:光侍者谓师曰,师叔若学得禅,某甲～铁船下海去|《喻》545:钱大王～轿,亲往开封府拜滕大尹|《红》1343:咱们说定了几时,我叫女婿～了车来接了去。

39.编制〔宋〕。《灯》19上/24:因师请～篱次,有僧问,古人种种开方便之门,和尚为什么却拦截?|《东》47:编估局,～套所|《朱》35下/64:如～绦者必取分之绪比类而合为一|《喻》373:见一个老儿在里面～丝线|《醒》259:在门前将稻草～绳|《警》315:闲时搓些绳,～些索,也有用处|《元》672:你替我～个草苫儿|《红》135:领牌取钱,～车轿网络|《红》208:不过～几根辫子就完了|《红》246:袭人被宝钗烦了去～结子去了|《红》371:烦你来,不为别的,替我～几根络子|《旗》223:准备～苇箔|《旗》254:春芝娘～藁荐|

195

《三》18:许多工人就地坐着～草帘子。

(IX)捶击使射出(某种娱乐器具)。

40. 击射〔唐〕。《剧》12:圣人常来乘～球|《变》812:雕鞍骏骑,～球绰绽之衣|明刘侗《帝京景物略》(古典文学出版社,1957年)25:小儿以木二寸,制如枣核,置地而棒之,一击令起,随一击令远,以近为负,曰～柭柭|《东》228:有一对次球头小筑数下,待其端正,即供球与球头,～大赚过球门|《旗》146:有几个小同学在那里～网球。

〔抛打〕《西》90:～绣球卜婿。

〔打干净球儿〕《元》1523:～,不道的走了你。

〔打一棒快球子〕《元》202:这妮子不贤惠,～。

41. 发射(武器等)〔宋元〕。《清》166:气得按捺不下,一砖去|《醒》265:我射的好弩,～得好弹|《元》845:这个村弟子孩儿无礼,我家坟院里～过弹子来|《旗》202:教得他骑马～枪,行围打猎|《三》49:只见正南敌人～起几颗照明弹|《三》90:对面山头上有～信号弹的呢。

〔打放〕《水》1325:这里先锋丘岳,又叫～火器。

〔飞打〕《水》924:只除非火炮,～以碎贼巢。

〔射打〕《水》1605:只顾将火箭火炮火炬～焚烧上去。

〔打黑枪〕《旗》104:那人们净会放火～。

〔倒打一瓦〕《骆》62:先生并没说什么呀,你别先～。

42. 发射(雷电等)〔元明〕。《警》621:蛰龙呼风不得,就去叫雷神～雷|《醒》324:就是青天里～下一个霹雳|《红》266:宝玉听了,不觉～了一个焦雷一般|《曹》90:无星的天空时而～着没有雷的闪电。

43. 投掷〔宋元〕。《清》173:把零钱再～入竹筒去|《元》125:您孩儿掷杯珓儿便回来。～这珓儿信着谁人话|《元》386:～卦儿会说话,你怎么信那些油嘴的话头|《西》225:丢砖～瓦|《西》523:又添香,烧符,念咒,～下令牌|《骆》66:不能拿钱～水上漂。

〔打卦〕《红》1129:姑妈反倒拿我～起来了。

44. 从事(赌赛)〔唐〕。《国》62:贵采得连掷,得～马,得过关,余采则否|《醒》533:看邹二衙与雷四衙～双陆|《元》150:一面～个色儿,也当得么二三是鼠尾|《元》150:～赛我可便赢了|《元》284:两个曾～赌赛来|《元》647:常在教场中和小的们～牌殖耍子|《元》912:我和你先～一盘无梁|《红》853:里间又有一起斯文些的抹骨牌～天九|《红》1221:鸳鸯便～点儿|《儿》3上/36:我闲着也是白坐着,我们就～起骨牌湖来了|《曹》189:在隔壁抽烟～牌|《曹》210:您看刚才潘四爷不是陪着小姐,顾八奶奶一同到屋里～麻将去啦

么?|《子》44:你敢再和我～赌么?|《子》59:你看,他们～的什么弹子呀!|《子》249—250:他要是赌,就爱的是～宝摇摊。

45. 发送(书信)〔宋元〕。《京》104:乃～通状到礼部,复姓不复名,改名不改姓|《醒》283:我都晓得了,不消你去～照会|《醒》820:～进状词,与他理会|《元》316:～将战书去,单搦大唐名将出马|《旗》45:我还跟志和说,～个信去问问。

46. 注射〔元明〕。《醒》432:叫徐氏嘴对嘴～气,连连～了十数口气|《骆》34:他在擦车,～气|《子》20:十分之九是没有希望。刚才又～一针。

47. 投射(目光等)〔现代〕。《科》186:～个眼。料个风|《骆》14:他向四围～了一眼。

(X)捶击燧石发火。

48. 捶击取火〔宋元〕。《清》124:罗童正行在路,～火造饭,哭哭啼啼不吃|《醒》363:却忘带了～火刀石|《元》865:接待相公,～上炭火|《西》426:我们～起火,开了门,看看如何|《旗》58:趴在火膛门口～火镰。

49. 在旅途中取火做饭〔宋元〕。《京》64:相公,该～中火了|《元》777:我开着这个～火店。

50. 在旅途中略进饮食,稍事休息〔清〕。

〔打尖〕《红》161:忽见宝玉的小厮跑来请他去～|《儿》1上/4:在那里～吃饭|《儿》1下/17:那安太太合张姑娘,本是～了坐～来的|《儿》7上/38:早来到涿州关外～早～。

51. 在旅店歇宿〔清〕。《儿》6上/11:甚至～店看车,都是你二位的事|《子》188:好好的五进大所房不住,我倒来上海～公馆,成天提心吊胆怕绑匪?

(XI)在拓印过程中捶击。

52. 捶拓〔唐〕。

a. 后接成分是原刻碑模。《国》25:德宗在东宫,雅知杨崖州。尝令～李楷洛碑,钉壁以玩|《元》590:～一统法帖碑,去向京师卖|《元》590:明日五更前后,～了这碑文。

b. 后接成分是拓印成品。《元》590:我将一千张纸几锭墨,教小和尚～做请帖。

53. 压印〔宋〕。《东》122:补角冠、供～香印者:则管定铺席,人家牌额,时节即印施佛像等|《元》1679:插手在青泥内,～与你个泥手模|《水》101:但是犯人,徒流迁徙的,都脸上刺字,怕人恨怪,只唤做～金印|《儿》4上/38:后头还～着虎臣两个字的图书|《子》303:王和甫撒下那～字员|《骆》36:跟车

铺～印子还不如给我一分利呢|《骆》68:～上了个小印|《旗》100:才答应个～手印,把大贵保回来。

54. 填写或书写(草稿、账单、便条等)〔元明〕。《喻》183:不～草儿,写下千秋岁一阕云|《警》367:腹中一路～稿|《喻》42—3:原来梁尚宾是个不守本分的歹人,早～下欺心草稿|《元》1593:你～个稿儿|《水》49:监寺～了单账,赵员外取出银两,教人买办物料|《儿》6下/35:重新加了批语,～了荐条|《旗》452:又是什么找熟人,又是什么～铺保。

〔打点〕《醒》280:大卿正在腹中～草稿。

55. 涂抹(油、粉等)〔元明〕。

a. 化妆时涂抹。《警》261:擦一脸粉,画两道眉,～一个白鼻儿。

b. 涂抹润滑用品。《元》408:更有条蜡～来的这弓弦。

56. 弹动带色线绳印出(线条)〔清〕。《红》287:炕上两个丫头～粉线,黛玉弯着腰拿剪子裁什么呢。

II 攻战

57. 攻战〔六朝〕。

a. 后接成分是进攻对象。《南史侯景传》820:～邵陵王于北山,破柳仲礼于南岸|《变》174:逢州～州,逢县～县|《朱》8下/121:而今都～寨未破,只循寨外走,道理都咬不断,何时得透|《元》229:不幸哥晁盖三～祝家庄|《元》690:那泰安山神州庙,有一等～擂台赌本事的|《元》737:着那一阵的将军来认我阵势|《儿》9下/33:人家马也过了河了,再一步就要～他的挂角将了。

〔打出〕《元》646:昏腾腾～了迷魂寨|《西》33:一路棒,出幽州界。

〔打对〕《朱》12上/132:问诸公能～否?人皆不敢对。因云:天对甚?其中有人云,对地。

〔打回头来〕《科》319:所以将来总有一天～不可。

〔打劫[1]〕《变》200:引军～,直到石头店。

〔打劫[2]〕《杜荀鹤诗》:得势侵吞远,乘危～赢|《儿》2下/34:下来下去～起～来。

〔打结〕《红》1051:单为差一只角儿,死活未分,在那里～。

〔打进〕《红》243:贾芸听这话入港,便～一步来|《儿》4上/30:这句话～公子心眼儿里去了|《儿》5下/13:那典史看这光景,料是～不～去。

〔打开〕《子》78:我～了长沙,～了武汉。

〔打破〕《元》663:如今借起兵来,～楚国。

〔打入〕《元》200:我也可强～迷魂阵。

〔打透〕《水》1752:难以对阵,急切不能～关隘。

〔打退〕《醒》251:韩夫人见二郎神～了法官。

〔打响〕《三》125:四次战役～有一个月了。

198

〔攻打〕《喻》313:率领二千军众,便想~越州。

〔打擂台〕《红》578:今年你这老货又来~来了。

〔稳扎稳打〕《旗》294:~,向外发展。

b. 后接成分是攻略目标。《醒》824:却是唐太宗~了天下|《元》520:都是我鞭~就的江山|《水》2:一条杆棒等身齐,~四百座军州都姓赵|《子》317:抓住了工人替自己~地盘。

c. 进行某种战斗。《元》1288:直气的咱不邓邓按不住雷霆,眼睁睁慢~回合|《西》366:先着他出头与那怪~一仗看|《曹》367:一般孩子还在幸福地抛篮球,~雪仗|《子》30:可是我们到底~了胜仗呢|《子》42:但是化了钱也可叫人家~败仗|《三》32:倒像自己当年~游击时。

d. 在战斗中担负某一方面的任务。《警》300:大王即刻到了,洒家是~前站的|《水》647:可请霹雳火秦明~头阵,豹子头林冲~第二阵。

〔打里打外〕《骆》33:刘四爷~外,虎妞~内。

〔打头〕《朱》15下/96:盖尝读之,只~三句便也未稳|《喻》304:婆留手执铁棱棒~|《旗》53:这~儿的就是虎子大叔。

〔打先锋〕《子》70:有你们两位~,我跟着干吧。

58. 劫掠〔唐五代〕。《摄》286/71:沙州~得羊数多分足得则欠南山驼马|《清》129:~家劫舍,杀人放火。

59. 诈骗(钱财等)〔宋〕。

a. 后接成分是诈骗对象。《元》1410:全用些野狐诞,扑子弟,~郎君|《初拍》413:专一放官吏债,~大头脑的。

b. 后接成分是某种诈骗方式。《东》74:又有下等妓女,不呼自来筵前歌唱,临时以些小钱物赠之而去,谓之剳客,亦谓之~酒座|《警》388:他自不会作家,把个大家事费尽了,却来这里~秋风|《醒》603:适值有个江南客来~抽丰|《醒》562:~惯了偏手,就是妹子也说不得也要下只手儿|《西》281:既是偷了四个,怎么只拿出三个来,预先就~起一个偏手|《红》151:他为香菱儿不能到手,和姑妈~了多少饥荒。

〔打诈〕《西》873:到这门苦处,还来~财物哩。

60. 蒙骗〔元明〕。《喻》43:只怕婆子回去时,那边老园公又来相请,露出鲁公子不曾回家的消息,自己不好去~脱冒了|《二拍》86:他起初~白赖之时,只说张生会意,是必凑他的趣|《骆》36:三十?别~马虎眼|《红》1150:安心打擂台~撒手儿。

61. 募化〔宋元〕。《清》16:见一个~香油钱的行者|《初拍》644:自有道者在外~斋,不烦薪水之费|《儿》12上/38:另有个看场儿的,正拿着个升给他~钱,那桌上通共也不过~了有三二百钱。

〔打化〕《清》17:留苦行在此间~香油钱。

〔打旋磨儿〕《红》98:你那姑妈只会～,给我们琏二奶奶跪着借当头。

62. 冲撞〔宋元〕。《京》6:自言自语,与崔宁～个胸厮撞|《警》285:便去揭开帘儿,～个照面|《元》846:可可的与那个恶哪吒～个撞见|《元》1210:没揣的偏和你～个头撞|《水》736:这两个来的人,正和燕青～个肩厮拍。

〔误打误撞〕《红》695:不过是～的遇见,说约下,可是没有的事。

63. 来回奔走游荡〔唐五代〕。《掇》24/4:幽岩实快乐,山野～盘册|《灯》11下/9:小师云,对和尚不敢谩语。师喝云,遮～野汉!|《警》277:周三那厮,～出吊人,公然干颡|《警》115:独自倒骑着驴子,于县门首连～三回|《元》77:后巷前街～趓磨|《元》243:可怎生～独磨觅不着官道|《元》1254:有几个～趓客旅辈丢下些刷牙掠头|《西》795:斟酒在手不冷,就～个来回|《骆》47:并不准随便来回～穿堂儿。

〔打游飞〕《儿》1上/13:还有几个没找着饭主,满处～游飞的。

〔打油飞〕《骆》64:安安顿顿的在这儿混些日子,总比满天～去强。

〔游州打县〕《灯》13下/19:各自觅个托生处,好莫空～。

III 挥动手臂

(I)挥动手臂做某种动作。

64. 挥动手臂做捶击姿势〔元〕。《元》238:有恁般好手脚,倒不如只～拳去。

〔打太平拳〕《红》97:众顽童也有帮着～助乐的。

〔打把式〕《儿》1下/39:在京官同乡道里,～个～。

65. 用手臂挥动〔唐〕。《旧唐书·音乐志》:艇子～双桨,催送莫愁来|《朱》5下/138:召客有令人～扇,作客皆起,白云,若使人～扇,少间有某疾|《科》252:春兄用自己的扇子给丁宁～凉。

66. 晃动〔唐〕。罗隐《偶见》:秋千～困解罗襦|《警》54:见梁上这件～秋千的东西,唬得半死|《儿》1下/11:饿的去那里～晃儿。

67. 用手举起〔宋〕。《石林燕语》:唐至五代国初京师皆不禁～伞|《喻》73:小厮寿童～伞跟随|《喻》319:却说顾全武～了越州兵旗号|《警》152:前站～两面金字牌|《醒》718:远远望见岸上有人～着灯笼走来|《醒》92:～起火把,覆身去抓寻|《元》167:做买做卖,摊车～担|《元》376:头上～一轮皂盖|《元》1022:～着个大言牌说道|《元》1032:～着面豹纛旗|《元》1649:虽则是～牌儿出野村,不比那吊名儿临拘肆|《西》241:一个～令字旗的妖精|《西》961:～着火把,四下照看|《水》796:前面～着一面大红帅字旗|《水》1485:军士～着数把火炬|《二拍》571:领了人众,～了游击牌额|《红》102:只怕～着灯笼儿也没处找去呢。

〈引〉用什么名义。《元》598:是祖先留在功劳大,更～着个郡马的名色|《沫若文集》(人民文学出版社,1957)119:这种幌子我不愿意～。

68. 撑起〔元明〕。《警》282：只听得押番娘道："关得门户好，前面响。"押番道："撑～得好。"|《元》731：高～起南山吊窗|《儿》4下/18：轿夫见有人参见，连忙～住杵杆。

69. 掀起〔清〕。《红》24：众婆子上前～起轿帘，扶黛玉下了轿|《红》24：于是三四人争着～帘子。

70. 垂挂下来〔元〕。《元》1053：整身躯也么哥，绺髭须也么哥，～着鬓胡|《红》566：也披着黄头发，～着联垂|《儿》2下/7：只见他～半截子黑炭也似价的鬓角了|《儿》5下/15：那烟袋嘴儿上，着个青线算盘疙疸|《三》117：鬓角的头发直～到颚骨上。

71. 搅拌〔宋〕。《朱》12上/3：如今～面做糊，中间自有成小块核不散底|《儿》8上/5：我还吃你一碗羊肉～卤过水面呢|《儿》2上/35：紧接着就叫号军～浆子。

72. 用瓢勺等舀取〔宋〕。《灯》18上/19：言讫到浴室，遇师～水|《元》35：既然银子足了，～与他米去|《元》63：你旋酒儿，～菜儿，抹桌儿|《西》652：叫起他妻来，～米煮饭。

〔十五个吊桶打水，七上八下〕《醒》524：以此心上就如～的。

73. 领发〔宋〕。《归》108：兵士给衣粮曰～衣粮|《归》108：役夫饷饭曰～饭|《水》1593："秃秃，他这锭银怎好出主，将钱来，我有钱在此。你赢了，每贯只要加利二十文。"王庆道，"最好"。与那人～了两贯钱|《骆》140：早晨去～粥，下午去拾煤核。

74. 购买(油、酒等)〔宋〕。《东》136：其正酒店户，见脚店三两次～酒，便教借与三五百两银器|《警》463：丈人拜揖，有酒～一角来|《醒》473：我老身去～一壶来，替相公压惊|《红》292：女儿愁，无钱去～桂花油|《曹》337：您不要～点豆浆喝了再睡么？

75. 折叠，捆绑〔宋元〕。《京》94：收拾细软家财，～做两个包裹|《醒》517：～一行囊，辞别白氏，上京应举|《元》586：着我与你十两枣穰金，在我这腿曲裢子里～着|《初拍》144：～过了捆，改了样式，再到别处去货卖吧|《红》645：～上包袱写上名姓去烧|《旗》73：也有的～上柳包，载上滹沱河的船只|《三》72：我见他们～背包。

〔打开〕《京》48：只见那妇人，背后取下一包衣服，～来看道|《醒》118：至里边放下包裹，～取出书信。

76. 卷折〔明〕。《西》158：～一个马面样的折子|《二拍》13：老者～个纸捻儿，蘸蘸油点着了|《儿》11上/36：便穿了件纵线～边儿，加红配绿的打子儿。

〔折打〕《科》77：衣袄也都～绐了。

77. 铺设(卧具)〔元明〕。《警》564：尹宗在床面前～铺|《西》958：拿个

草儿,～个地铺。

(Ⅱ)用手比划。

78. 用手比划〔宋元〕。《清》205:长老讨条凳子立了,～个圆象与莲女下火|《元》465:叔叔:你～与我个模状儿|《元》99:你～与我个模样状儿|《元》946:徕～手势科|《曹》279:～手势要钱,行外国礼。

79. 比划(线条)〔元明〕。《喻》26:写三十二条封皮,～叉封了|《喻》44:上面一桌请公子坐,～横一桌娘儿两个同坐。

80. 表演(某种姿态)〔元〕。《元》9:做下马科,与旦～悲科|《元》28:王府尹做～耳暗科|《元》1390:正末睡科,做～梦able云|《曹》352:～起一脸笑容。

〔打情卖笑〕《曹》255:～的声浪沸油似地煮成一锅的地狱的宝和下处。

〔打眼色〕《警》276:我见他和周三两个～。

81. 做(某种相见礼节的姿势)〔宋元〕。《清》9:官人把手～招,叫,"买馉饳儿"|《喻》160:忽然对着空中连连～恭|《喻》74:对着吴山一个问讯|《警》356:何静庵欠身～一躬|《元》620:深深地一个稽首|《西》798:迎着小妖,～个起手|《红》82:忙上来～千礼请宝玉的安|《儿》4上/38:挽着燕尾儿～了个旗礼|《三》13:跟他一招呼。

82. 采取(特定的坐卧姿势)〔宋〕。《灯》16下/18:曰,如何即是? 师曰,妨我～睡|《朱》12下/107:先生饭罢,楼下起西序行数回,即中位～坐|《京》77:在花下～瞌睡|《清》137:每日～坐参禅|《清》54:后生家熬夜有精神,老人家熬了～盹睡|《清》255:孩儿,你这般～盹,不如师父房内睡睡|《元》465:我～了个呵欠|《西》864:我就～起禅来|《水》1111:却在灯前～醉眼子|《水》1241:把被包了头脸,假做～鼾睡|《儿》2下/4:二人就摘下帽子来,垫着～地滩儿。

83. 伸展手足做出(特定的姿势)〔明〕。《二拍》199:喜欢的～跌|《西》1130:那马～个展身|《红》556:麟月翻身～个哈什|《旗》16:也从座位上站起来,伸手～个舒展。

84. 发出(颤抖等)〔元明〕。《喻》461:童湘连～几个寒噤,自觉身子不快|《醒》188:柳氏一头～寒颤,一头叫唤|《醒》615:惊得三十六个牙齿,紧紧咬着～战|《元》240:我这里呵欠罢翻身,～个吃挣|《元》388:早则是～了个浑身痴挣|《二拍》687:方知是差讹,～个失惊,不要命的一道烟跑了去|《红》1108:却只有～颤的分儿,那里撕得动|《曹》453:颤巍巍地～着寒战|《科》127:每个神经纤维都～震颤|《旗》3:牙齿～得得|《旗》14:连他自己心里也～噤伸来|《旗》22:咳! 庄园地主乱～哆嗦|《旗》50:细细腿儿一走一～颤儿|《旗》110:说起话来嘴唇～颤|《旗》168:头发索索～抖|《旗》421:朱老忠～了一楞|《三》22:上唇直～颤颤|《三》54:～着冷颤。

(Ⅲ)做旋圈、翻滚动作。

85．做(旋转动作)〔宋〕。《东》181:架子前后,亦设灯笼,敲鼓应拍团团转走,谓之～旋罗|《朱》9下/91:团拜须～圈拜,若分行相对则有拜不著处|《喻》320:不敢走杭州大路,～宽转打从临安、桐庐一带而行|《警》616:两个龙妖一齐～个旋风,奔上岸来|《元》12:不争你～盘旋,这搭里同声相应|《元》211:这老儿可有些兜搭难说话,慢慢的远～周遭和他说|《元》575:见一阵旋风儿～个盘涡|《元》763:咱子母们紧厮跟,索与他～簸箕的寻趁恨|《元》1647:在这榆柳园古道边,足津津往来～转|《元》1335:罚往人世,～一遭轮回|《西》905:那怪～个转身,原来是只白鹿|《子》117:一对尖利的眼光在这年青人的身上霍霍地～圈子|《子》207:他的迷惘的眼光只在他女儿脸上～圈圈儿|《子》235:赵伯韬的眼光在李玉亭脸上～了好几个回旋|《科》2:～转盘地蠕蠕地动|《科》197:勉强地钻出来,出门便～涡漩|《骆》14:他心中～开了转儿|《三》10:～着盘旋,飞的贼低|《三》90:头上是几架"黑寡妇",紧自～旋|《三》160:大年五更撑着门栓～提溜,就拨高了|《三》79:难免要在私情上～磨磨。

〔打圆场〕《科》57:怎么那么不会～。

〔打圆台〕《科》104:第一个胖子想把话收回来～。

86．做(翻滚滑跌等动作)〔宋〕。《灯》9上/7:普化乃～筋斗而出|《醒》116:见树林中两个野狐～滚嗥叫|《西》18:将身一耸,～了个连扯跟头|《西》260:只是呆呆挣挣,翻白眼儿～仰|《西》321:唬得～了一个倒退|《水》495:把那店主人～个踉跄|《儿》6下/18:他就跟着那杆子底下,～了一个进步|《科》36:石头子在脚底下一滑,就～了前失|《科》303:一不渗水,二不拖泥,三不～吃溜|《骆》140:嚷闹着～冰出溜玩。

87．在水里做(拍击、翻滚等动作)〔宋元〕。《京》34:真人面前饶不得假话,旱地上～不得拍浮|《元》224:这业海～一千个家阿扑逃不去|《元》1632:水心里～沐桶|《西》64:～花的鱼儿|《西》440:却一个猛子,淬将下去。

(Ⅳ)编绕绳索等结成扣。

88．结(结,扣)〔元明〕。《喻》409:开花帽子,～结衫儿|《警》387:恶心孔再透一个窟窿,黑肚肠重～三重纥緞|《警》532:接连白练,～个死结|《初拍》12:穿在龟壳中间,～个扣儿|《西》867:～做个活扣儿。

89．结束、截止〔宋〕。《朱》13下/118:讲学切忌研究一事未得,又且放过,别求一事,如此则有甚了期。须是逐渐～结,久久通贯力行|《红》853:且～住,吃了东西再来|《儿》7上/8:列公听说书的～个岔|《曹》477:那姑老爷就此～住吧|《科》30:你们铁打的耳朵,跟我～花岔呀|《科》353:又用通畅的大笑～了一个结点。

(Ⅴ)用手指拨弄。

90．拨弄(算盘)〔元?〕。《旗》62:他不写账,也不～算盘。

〔打算〕《元》1598:这八个字穷通怎的排,则除非天~日头儿轮到来|《西》862:论万成千元~。

〔打错算盘〕《红》735:你们就~了~了!

〔打算盘〕《曹》400:心里不知~些什么~。

〔打细算盘〕《红》481:真真泥腿光棍,专会~。

91. 计算(账目等)〔元〕。《元》821:我那张弓力~三升半米|《初拍》241:王三宽~料账,约勾了二分起息|《二拍》431:少不得巢大郎又~些虚账,又与众人私下平分|《儿》6上/1:这一下子又把这老爷~在候补候选的里头挑上了|《曹》218:最低总可以~一分五的利息|《科》307:三缺嘴一看因为三婶和李翻译不清楚,便把自己也~到洋奴堆里。

〔打着〕把某种因素计算进去。《元》262:不争你亏心的解元,又~我薄命的婵娟|《元》361:则俺这孤辰限难熬,更~离恨天最高。

〔打住〕《科》21:一百天怕是~不~|《骆》7:若是漆工与铜工含忽一点呢,一百元便可以~。

92. 心里计算,心想〔元?〕。《儿》6上/14:~着后日一早起身|《儿》8下/17:自己~着要万分缜密。

〔打定〕《红》119:贾瑞便~是凤组|《红》127:贾珍心中早~主意。

〔打算〕《红》893:恰~别离苦况味|《红》267:你明儿来拜寿,~送什么新鲜物儿|《曹》149:嗯,我原来~一个人走。

〔打账〕《初拍》660:就起一点心,~要赖他的。

〔打拙〕《儿》5下/31:你这个主意~了。

93. 丈量(地亩)〔清〕。《儿》12上/33:此时你们且~地去。

(VI)从事某种勤务。

94. 从事(某种勤务)〔元明〕。

a. 后接成分是某种具体劳动工具等。《警》201:风逆难行,张皮雀遣天将~缆,其去如飞|《警》494:喝教艄公~跳,童儿张伞,迎接公子过船|《科》58:用新手巾给大爷~手巾吧。

b. 后接成分是工种。《警》71:酒保、~杂人等都上楼来|《醒》548:专在各衙门~干,是一个油里滑的光棍|《元》1186:无事事赏你一只羊,两坛酒,一个月不~差|《元》1680:在这菜园里~勤劳,修行办道|《红》1014:我刚才到后边去叫~杂儿的添煤|《曹》11:大海,到底你是矿上~粗的,连一点大公馆的规矩也不懂|《骆》157:他们会给办红白事的去~执事|《旗》35:你们在一块~短工做活|《三》4:他替日本人~夜班。

〔打闷工〕《旗》203:张嘉庆碰了个硬钉子,~了几天~。

95. 过(某种不正常的生活)〔现代〕。《骆》143:不如~一辈子光棍。|《三》17:还能~一辈子光棍?

204

IV. 虚化动词

96. 和动词连用,构成多音节动词〔唐〕。

〔打熬¹〕熬忍。《清》226:～不过,只得招道|《喻》27:～起精神,写成家书一封。

〔打熬²〕熬炼。《水》26:只说史进回到庄上,每日只是～气力。

〔打扮〕装扮。《京》8:见两个着皂衫的,一似虞侯,府干～|《警》115:～做秀才模样|《旗》8:铜匠脱了个小～儿。

〔短打〕《科》422:包头,～,青褡裢。

〔打井〕收拾,拾掇。《朱》14上/10:师遂令此人～装叠书册|《朱》15上/12:敬是涵养操持不走作,克己则和根～了,教他尽净|《水》349:大户便叫庄客～客房,且教武松歇息。

〔打差〕差遣。《初拍》414:～买物事,替还债,许多科分出来。

〔打拆〕拆散。《元》298:近年来～了郭况铸钱炉。

〔打抄/吵〕吵闹。《元》1332:雨云乡～散燕莺期。

〔打担〕担。《水》1349:且说宿太尉～了御酒。

〔打叠¹〕折叠。韩偓诗:～红笺书恨字|《京》76:收拾随身衣服,～个包儿。

〔打叠²〕收拾。《朱》1上/118:然初学且须先～去杂思虑,作得基址方可下手|《元》360:这半年来白发添多少,怎～愁容儿。

〔打叠³〕交付。《红》819:凤姐命给小太监～一半,那一半与了旺儿媳妇。

〔打点〕收拾。《京》17:明日要去灵隐寺斋僧,可～供食齐备|《元》411:～着老精神,时常抖擞|《初拍》93:不～得,错过所约日子。

〔打动〕碰动。《红》676:太太回来看了才敢～,这不该偷了去。

〔打断〕断诀。《京》23:郡王将封简子去临安府,即将可常、新荷量轻～。

〔打夺〕夺取。《水》319:唐二,你不要来～人去。

〔打讹〕《元》1057:俺若不是～这～,怎生着众仙真收这科。

〔打发〕发送。《京》62:安石～家眷开船|《西》29:送他一副,～出门去罢了。

〔打缚〕拴缚。《水》507:各送些金宝与宋江,～在包裹里。

〔打付〕支付。《科》231:全数送给她,～这只无耻的苍蝇吧。

〔打合〕邀合。《警》275:次日,便去～个量酒的人。

〔打勾〕购买。《元》872:三日五日去那会稽城中～些物件。

〔打和哄〕起哄。《清》68:邻居们都知了,来～。

〔打换〕交换。《喻》532:却把点茶老儿的儿子衣服,～穿着。

〔打浑〕胡混。《警》202:他便怕在家里宿歇,日逐～。

205

〔打混〕胡混。《西》16:当日起来~|《红》1224:惟宝玉假说有病,在贾母那边~。

〔打哄〕起哄。《清》223:专一在街市帮闲~。

〔打关〕起哄。《朱子语录》:居肆亦有不成事,如闲坐~过日底。

〔打挟〕挟住。《水》21:细软银两,做一担儿~了。

〔打搅〕搅扰。《醒》243:只是在此~,深为不便。

〔打救〕援救。《旗》171:你要使账上济南~运涛是呗?

〔打看〕观看。《醒》249:二人~得韩夫人房内这般这般。

〔打捆〕捆扎。《醒》98:张稍砍下些丛木在地,却教韦德~。

〔打捞〕捞取。《京》15:当下叫"救人",~,便不见了尸首。

〔打量[1]〕丈量。《归》:以丈尺量地曰~。

〔打量[2]〕考察。《朱》6上/109:须是三十年再与~一番,则乘其弊少而易为力|《红》26:这熙凤携着黛玉的手,上下细细~。

〔打量[3]〕猜度。《红》62:你~琏二奶奶是谁?

〔打谅〕猜度。《红》1128:老太太和姑妈~是那里的笑话儿。

〔打料〕料度。《醒》793:都忍不住笑,把他上下~。

〔打磨[1]〕用磨石磨。《元》512:收拾行装,~兵器。

〔打磨[2]〕擦拭。《元》438:陈氏~泪眼,观看道。

〔打抹〕怂恿。《水》311:你倒不撺掇押司来我屋里,颠倒~他去。

〔打黏〕粘贴。《归》:以糊黏纸曰~。

〔打闹〕扰闹。《喻》533:未曾起更,老鼠便出来~人。

〔打撇〕撇下。《元》85:把愁怀都~在玉枕鸳鸯帐。

〔打嵌〕镶嵌。《清》31:皂罗袍~团花。

〔打抢〕抢劫。《醒》723:虽然他白日~,总是人命为重。

〔打觑〕看觑。《西》402:他倒作笑话儿~我。

〔打扫〕洒扫。《喻》101:~书馆,留马用歇宿。

〔打试〕试验。《归》:举手试眼之昏明曰~。

〔打睃〕看。《元》375:你~着十三把钥匙都在我手里也。

〔打拴〕拴扎。《水》44:庄客各自~了包裹。

〔打探〕探听。《京》7:崔宁密使人~行在本府中事。

〔打听〕探听。《京》90:后来~得他,却连累了他家小老婆,与那一个后生。

〔打问〕探问。《旗》44:她才张嘴~严志祥的消息。

〔打折〕折叠。《警》145:男衫~时被灯煤落下,烧了领上一个孔。

〔打张/帐〕思量。《醒》566:焦氏就~了做皇亲国戚的念头|《醒》640:你~送他多少东西?

〔打挣〕挣扎。《元》567：你也不索硬～。

〔打捉〕捉拿。《水》293：郓哥道……你却不要气苦,我自帮你～。

97. 跟量词"一"和动词连用,表示一次动作〔宋—元明〕。

〔打一暴〕《朱》8上/52：只是忽然吃一跌,气～,则其心志便动了。

〔打一变〕《清》29：老鸦落地,猛地跳几跳,去地上～。

〔打一〕《警》143：皂隶兜脸～,骂道。

〔打一掣〕《喻》540：只见一个人把两只手去赵正两腿上～,掣番赵正。

〔打一抽〕《清》12：直下～,吊将妮子起去。

〔打一丢〕《醒》265：便把那个铜盂儿望空～。

〔打一动〕《朱》21下/98：仁～,便是义礼智信。

〔打一夺〕《喻》528：赶上捉笊篱的,～把他一笊篱钱都倾在钱堆里。

〔打一观看〕《警》568：离不得到那苗忠庄前庄后～。

〔打一和〕《元》568：水面～,糊涂做一片。

〔打一喝〕《警》547：栾太守～："老鬼何不现形！"

〔打一接〕《警》176：迎儿～,接了这件物事。

〔打一接住〕《清》174：杨官人觑一觑,把脚打一踢,踢在空里,却待脱落,～。

〔打一救〕《水》85：众人～,搀到葫芦架边,臭秽不可近前。

〔打一觉悟〕《朱》14下/12：或于物欲中～,是时私欲全无,天理尽见。

〔打一看〕《宣》41：～时,有一卷文书在上｜《清》138：清一～时,吃了一惊。

〔打一摸〕《喻》539：探手～,一颗人头。

〔打一盘〕《喻》529：一挂挂在屋檐上,从上面～,盘在屋上。

〔打一偏〕《醒》721：将身子～,那拳便打个空。

〔打一认〕《喻》369：～时,却是东京白樊楼过卖陈三儿。

〔打一耸〕《警》563：把这万秀娘一肩肩到围墙根底,用力～。

〔打一耸动〕《朱》13下/26：此心散漫放肆,～时,便在这里能使得多少力。

〔打一踢〕《清》174：杨官人觑一觑,把脚～,踢在空里。

〔打一跳〕《喻》539：～,跳在溪水里。

〔打一推擞〕《喻》217：正看里,被康、张二圣用手～。

〔打一望〕《喻》532：悄地～,又像个干办公事的模样。

〔打一撺〕《喻》542：把尿盆去房门上～。

〔打一张〕《警》71：去那窗眼里～。

〔打一照〕《水》8—9：太尉教从人取十数个火把,点着全来,～时,四边并无别物。

〔打一转〕《朱》17上/121:但反而恶之,便强便明,这气色～,日日做工夫,日日有长进。

98. 和形容词连用,表示具有某种性质〔唐五代—明〕。

〔打长〕使成为长期的。《二拍》29:小师父要赁,就～赁了也好。

〔打当〕收拾妥当,妥当。《清》60:公婆性儿又莽撞,只道新妇不～|《元》547:赤紧的当村里,都是些～的木槌|《水》284:武大吃了早饭,～了担儿,自出去做道路。

〔打乖〕使乖。《朱》15下/58:圣贤在当时,只要在下位,不当言责之地亦是圣贤～处。

〔打紧[1]〕紧要。《清》56:姨娘不来不～,舅母不来不～|《元典章》258:海道官粮,运将大都里来,是最～勾当|《喻》301:便对一局,～甚～|《元》4:想汉家宫中无边宫女,就与俺一个～甚～|《元》38:～甚么不～,是我打你来,随你那里告我去|《元》47:别的郎君子弟,经商客旅,都不～|《醒》259:多少添些,不～甚～|《元》562:你眼瞎撞了我～是么不～。

〔打紧[2]〕关键。《清》53:～他公公难理会,不比等闲的|《水》570:若打前门,却不济事,须是两面夹攻,方可得破。前门～路杂难认,一遭都是盘陀路径|《红》625:一年大,二年小的,叫人看着不尊重,～的那起混帐行子们背地里说你。

〔打快〕赶快。《元》1573:你有和无～疾忙道。

〔打险〕弄险。《朱》20下/6:仁本是恻隐温厚底物事,却被他们说得抬虚、～、瞠目弩眼,却似说麒麟做狮子,有吞伏百兽之状。

〔失惊打怪〕《元》1622:猛抬头观觑了～|《红》1102:怕又像上回招的凤姐说他们～。

〔打硬〕硬撑。《掇》16/3:雀儿～,犹自谎漫语,男儿丈夫,事有错误,脊被揎破,更何怕惧|《朱》35上/52:只是硬制压那心便不动,恰如说～修行一般。

打[2] 介词

由从〔宋元〕。《京》7:这里是五路总头,是～那条路去好|《元》432:老夫包拯,自十日前西延边赏军回来,～西关里过,有一伙告状的是刘安住|《西》287:我们是～路上来的|《二拍》77:更有一些狠心肠的人,偏要从家门首,～墙角起,诈害亲戚|《儿》2下/26:盐从那么咸,醋～那么酸|《旗》87:贵堂～早就劝我把牛卖了。

〔打从〕《京》54:只见一个安童,托着盒儿,～面前过去|《京》97:到次年春间,～建州经过|《警》2:欲得恣情观览,要～水路大宽转而回|《子》194:今年元旦起,所谋辄左|《初拍》109:你又非亲非族,一面不相干,～那里交结起?|《科》210:我一～小,什么人也没见过。

208

〔从打〕《红》102：这病就是～这用心太过上得的。

〔打头儿〕《红》930：你且把从前念过的书～理一遍｜《骆》15：他得重打鼓另开张～来。

〔打那么〕《红》965：老太太歇着吧，我也要到家里去看看，只剩下宝丫头和香菱了。～同着姨太太、看看巧姐儿｜《红》1113：随后平儿又和李纨说了几句话。李纨又嘱咐平儿～催着林家的叫他男人快办了来。

打³ 衬字〔元〕

〔昏头打脑〕《骆》74：～的。

〔朦胧打朦胧〕《元》1039：你脱空衔脱空，我～。

〔实打实〕《旗》203：张嘉庆是个～的赤诚人。

〔平打平〕《三》64：不信～算算力量。

附 注

① 玄应《一切经音义》，《丛书集成》本，266页。此句日本影印本作"以杖击也"。

② 钱大昕认为"唐人引《说文》不皆可信"（《十驾斋养新录》卷四），他的理由是唐人所引《说文》不见于今本《说文》；或于今本《说文》为"新附"，这当然是太迷信二徐了。二徐所传《说文》很难肯定为许氏原著的完本或善本。不过前人所引《说文》逸文未必全可信，岂仅唐人而已。原本《说文》既不可得而见，许多问题只好存疑。

③ 《十驾斋养新录》，卷二，67—68页。

④ 《全上古三代秦汉三国六朝文》，中华书局影印本，791页。

⑤ 王念孙《广雅疏证》，家刻本，卷第三上，29页下，卷第五下，31页上。

⑥ 《方言校笺》，科学出版社，1956年，5页。

⑦ 同⑥，24页。

⑧ 《方言校笺》，36页。

⑨ 同⑧，75页。

⑩ 《玉篇零卷》，《丛书集成》影印本。

⑪ 根据《玉篇零卷》来看，原本每字下先列反切，次引各家训释，最后往往有"野王按"。一字之训解有多至七、八行的。今本《玉篇》每字下一般仅是某某切，某也。宋人对《玉篇》几乎进行了彻底改造，仅仅保留了各部顺序，大致字数，各字的部分反切和训解。

⑫ 《大广益会玉篇》，涵芬楼影印元刊本，卷第六，1页上至5页上。

⑬ 载《欧阳文忠公文集》，《四部丛刊》本，总996页。

⑭ 钮树玉《说文新附考》，《丛书集成》本，卷五，232—233页。

⑮ 钱大昕《说文新附考序》,《丛书集成》本,2页。
⑯ 段玉裁《段氏说文解字注》,扫叶山房石印本,第六篇上,16页上。
⑰《一切经音义》,卷三,136页。日本影印本"亭"作"桴"。
⑱ 慧琳《一切经音义》,日本刊本,卷九。
⑲ 同⑱,卷八,373页。
⑳ 玄应《一切经音义》,日本影印本,卷八,102页。
㉑ 如《李陵变文》,参见《敦煌变文集》,人民文学出版社,1957年版,85—97页。
㉒《唐写本说文解字木部》,同治二年刻本,8页上。
㉓《切三》,王国维手抄影印本,31页下。
㉔《说文解字》,《丛书集成》影印平津馆本,总409页。
㉕ 王念孙《广雅疏证》,家刻本,卷第三上,29页下,卷第五下,31页上。
㉖ 同㉓。
㉗《说文解字》,《丛书集成》影印平津馆本,总409页。
㉘ 玄应《一切经音义》,《丛书集成》本,266页。此句日本影印本作"以杖击也"。
㉙ 希麟《续一切经音义》,日本刊本,卷九,6页。
㉚ 载《欧阳文忠公文集》,《四部丛刊》本,总996页。
㉛ 以上均见《卓尼藏语的声调与声韵母的关系》,《中国语文》,1962年第7期,338页。
㉜《凉山彝语的使动范畴》,《中国语文》,1962年第8—9期,418页。
㉝ 高华年:《彝语语法研究》,科学出版社,1958年,1页。
㉞《傈僳语语法纲要》,科学出版社,1959年,70页。
㉟《僮语词法初步研究》,参见《少数民族语文论集》第一集,中华书局,1958年版,98页。
㊱ 本文不讨论"打"字用作译音字或者同音假借字,如"阿骨打"、"苏打"、"一打"等或"一打(搭)儿钞票"等中的字义。

(原载《语言论集》1984年第2辑)

近代汉语的上下限和分期问题

语言史的分期是一个比较复杂的问题。一般说来,语言史的分期首先要涉及分期的标准问题,其次是依据的文献资料,也就是分期的语言对象问题。

语言史的分期是语言的历史分期,不是给有关民族的历史分期。语言史的分期尽管和有关民族的历史分期可能有联系,但是两者不是一回事,因为语言的历史演变和社会政治经济的发展并不一定完全同步。再者,语言的演变是十分缓慢的,在一般情况下是难以觉察的,甚至可以说在语言史上客观上根本不存在一清二楚的分水岭。习惯上以某个重大的历史事件作为分期的界限也不过是为了醒目,为了便于叙述。但是分水岭的选择必须大致差不多,至少应该能比较圆满地解释前后两个不同时期的语言所具有的不同的面貌以及语音、语法、语汇方面的不同特点。

语言史的分期标准按理说只能是不同时期的语音、语法、语汇方面的不同特点。当然,在语音、语法、语汇这三方面会有畸轻畸重的现象,具体标准的选择也会有所不同,这一类主观因素恐怕在任何情况下都很难完全避免。

语言史分期的对象问题似乎并不复杂,按理当然是经历了较长时期历史演变的某种语言。但是事实上问题也相当复杂,因为语言的主要存在形式是口语,而历史上的口语已经消失得无影无踪,留给后人的只是在不同程度上反映了不同时期的语言实际的文献资料。如果书面语比较忠实地反映了同时代的口语,那么这样的文献资料当然也就是可靠的语言史资料。但是,如果书面语严重脱离口语实际,甚至书面语在某个历史阶段凝固成为一种不变的传统,和口语完全分道扬镳,那么这样的文献资料就不能反映口语实际,也就不能作为语言史的资料。世界上不少有悠久历史文化传统的民族使用过完全和口语脱节的书面语,如欧洲中世纪以后的拉丁文、印度的梵文、中国的文言文等。这样一些书面语自有其本身的独特价值,完全可以为这些书面语撰写专门的书面语史;但是使用这样的书面语资料来重建语言的历史只会严重歪曲语言的真实历史。可是问题就在于,如果在某一个历史阶段没有比较忠实地反映口语实际的文献资料,为了重建这一段历史,就不得不从基本上不反映口语实际的文献资料中去苦苦搜寻在一定程度上透露出口语消息的零星材料,据此对当时的语言状况作出某种推测。汉语的情况就是这样。很多人认为,汉语的书面语在汉代以后就不完全反映口语,越往后就和口语的距离越来越远,直至完全脱节。直到唐代才开始出现比较接近口语的早期白话文,但是这种新兴的白话文从一开始就是文白夹杂的,并不是纯粹的语体文,而且宋元以后又逐渐形成一种相对稳定的传统,所以后期的白话文中既有当时的口语成分,又有反映早期口语的传统的白话成分,当然还夹杂着文言成分。要从这样驳杂的文献资料中去搜寻不同时期的口语材料,甄别工作就有很大难度,所以整个语言史研究工作就是难上加难了。在这种情况下,意见的分歧就完全不足为怪。

"近代汉语"是个新名词,过去说的是"白话",并且对大多数人来说,指的实际上是历史上的白话文学作品。郑振铎称之为"俗文学",指的是同一类作品。文学史上的白话文学大致有一个比较明确的范围,一般指的是宋元评话、元曲、《西游记》,直到《红楼梦》、《儿女英雄传》等。宋以前的敦煌变文、禅宗语录,还有寒山、拾得的白话诗等称为早期白话文学。五四以后的新文学则是现代白话文学。这是白话文学史的分期,共分三期,即:(一)早期白话文学(唐五代),(二)白话文学(宋元明至五四以前),(三)现代白话文学(五四以后)。白话文学史这么分期大致差不多。敦煌变文是在1899年以后才出世的,而王梵志、寒山、拾得的白话诗和禅宗语录过去很少有人注意,所以过去谈到白话和白话文学主要指的是宋元评话和元曲这一类作品。

王力先生写了第一部汉语史,他对于"近代汉语"上下限的"初步意见"是:

"公元13世纪到19世纪(鸦片战争)为近代(自1840年鸦片战

争到 1919 年五四运动为过渡阶段）；

"近代汉语的特点是：(1)全浊声母在北方话里的消失；(2)-m 尾韵在北方话里的消失；(3)入声在北方话里的消失等。

"现代汉语的特点是：(1)适当地吸收西洋语法；(2)大量地增加复音词等。"（王力 1957）

王力先生近代汉语的上限是南宋后半期，下限是五四以前。

潘允中的《汉语语法史概要》(1982)认为"自宋明清到鸦片战争以前，是汉语史的近代时期"，(17 页)可是在说到现代汉语时却说"五四运动以后为现代"。(18 页)看来潘允中基本上同意王力先生的意见，包括有关 1840—1919 为过渡阶段的意见。

吕叔湘先生是国内最早研究近代汉语而成绩最为卓著的学者，但是他公开发表有关近代汉语上下限的意见却较晚。他在为刘坚编著的《近代汉语读本》所写的《序》中认为近代汉语的上限可以定在"晚唐五代即第九世纪"，因为"尽管从汉魏到隋唐都有夹杂一些口语成分的文字，但是用当时口语做基础，而或多或少地搀杂些文言成分的作品是直到晚唐五代才开始出现的（如禅宗语录和敦煌俗文学作品）"。（序，2 页）至于近代汉语的下限，吕叔湘先生认为"把五四时期定为现代汉语开始的时期是合理的"。（序，2 页）这就是说近代汉语从晚唐五代开始到五四以前结束。但是吕叔湘先生还认为，"尽管我们说古代汉语、近代汉语、现代汉语，我们却不认为把汉语史这样平分为三段是适当的。我们的看法是，现代汉语只是近代汉语的一个阶段，它的语法是近代汉语的语法，它的常用词汇是近代汉语的常用词汇，只是在这个基础上加以发展而已。"（序，2 页）

日本学者在近代汉语研究方面很有成就，但是他们不大用"近代汉语"这个名词，而使用"中世"、"近世"等名称，"中世"大致指魏晋至隋唐，"近世"指宋元明清。

看来，多数人在近代汉语上下限问题上的主张深受白话文学史分期的影响，也深受书面语史的影响，而考虑"汉语本身的发展经过"（吕叔湘 1985）似乎稍嫌不够。意见的分歧往往是和对不同时代的口语状况的不同判断直接有关的。在这个问题上我们主张"说有易"的原则，也就是如果在某个时期出现了证据确凿的典型的近代汉语口语成分,那么尽管数量不多或者很少,就应该承认在这个时期近代汉语已经露头了。按常规,新兴的口语成分进入书面语要有一个过程,所以当我们在书面文献中发现这种新兴的口语成分时,更恰当的说法是这种成分的出现"不晚于"某个时期。某种新兴的口语成分只要有一个可靠的实例即可证明其"有",而似乎不应该由于书面例证数量偏少而怀疑其"无"。从这样的原则出发来考虑现有的材料,我们的意见是近代汉语的上限和下限都可以提前。我们的意见是近代汉语的上限不晚于隋末唐初,下限不晚于《红楼梦》以前。《红楼梦》对话部分的语言已经是现代汉语。王力先生在抗战时期写了两大部语法书,一部是《中国现代语法》,一部是《中国语法理论》,据他自己说就是研究《红楼梦》的语言的成果,而且书中引用了大量《红楼梦》的例子。可是到了50年代,王力先生却把《红楼梦》推给近代汉语了!《红楼梦》对话部分的语言和今天的现代汉语实在看不出有什么"本质区别"。所以我们只能这样来解释:50年代有一种把社会政治史分期强加给各专业史的倾向,王力先生也只得这么说了。

  近代汉语的下限和现代汉语的上限差不多是一个问题。王力先生把欧化语法和复音词当做现代汉语的分期标准实在很勉强,并且和汉语史其他时期的分期标准不一致。再说,这样的分期标准只适用于现代汉语的书面语而不适用于现代汉语口语。普通话口语也好,北京话口语也好,实在没有多少欧化语法的影响。至于复音词的增加是一个总趋势,并不是从五四以后才开始的,而且也要看怎么来统计复音词的比例。口语中单音词的使用频率很高,复音词的使用频率并不高,该怎么算?凭词典收词来统计单音词和复音词的比例,表面上很科学,实际上不科学。一个"的"字人人说,天天说,时时刻刻说,一个"扬弃"很多人一辈子不说,都算一票,公平吗?最后,五四到现在不过70多年,而今天还有八九十岁的老人健在,要说他们十来岁前后说的话在语音、语法、语汇各方面有显著不同,恐怕不是事实。因此,把现代汉语的上限硬拉到五四以后是很难令人信服的。在这里,怎样看待《红楼梦》的语言是一个关键问题。这个问题解决了,近代汉语的下限和现代汉语的上限问题也就都解决了。

近代汉语的上限我们认为应该包括早期白话,包括王梵志的白话诗,这样就上推到了隋末唐初。是不是还可以往上推?吴声歌从用韵到用词都相当"近代化",不过那些是南方方言,北方方言的情况还不太清楚。南北朝很可能是一个过渡时期,《世说新语》《搜神记》《百喻经》都有一些白话成分,但尚待进一步探索。所以说不晚于隋末唐初更妥当一些。

不少人认为近代汉语是从宋元时代开始的。如果近代汉语等于传统的所谓白话文学,那么正是从这一时期开始的。不过那样就还得有一个早期白话时期,那就是唐五代时期。这样只是名称问题,并无实质性区别。至于像王力先生那样,从公元4世纪(西晋末、东晋初)到12世纪(南宋前半)算是中古汉语,恐怕近代汉语的上限就太靠后了。

如果按我们的意见,7世纪的唐初到16世纪末、17世纪初的清初,上下1000年。近代汉语绵延的历史这么长,当然需要再分期,而最省事的办法是分为早中晚三期:

(1)早期近代汉语　早期白话(隋末唐初到五代北宋)
(2)中期近代汉语　话本时代(宋元)
(3)晚期近代汉语　后期话本(元明到清初《红楼梦》以前)

按理,语言史的分期应该是同一基础方言的一种语言的历史分期,而不是把各种不同方言的不同历史阶段凑在一起。但是近代汉语就是这种情况。早期近代汉语反映的主要是西北方言。中期近代汉语反映的主要是北方方言。晚期近代汉语,从《西游记》到三《言》两《拍》反映的主要是江淮方言和吴方言。这三期根本不是一条线下来的!从西北到华北1000多公里,从华北到江南又是1000多公里!就算西北方言和北方方言差不多,北方方言和吴方言的差别怎么也不能说很小。这样三种在不同基础方言上形成的不同时期的白话,凑在一起算是一脉相承的三个历史小阶段,这里面的问题就多了。可是留下来的文献资料就是这些,一点办法也没有。不过看到这一点有好处,因为如果在分期方面碰到一些疙瘩问题,也就不觉得奇怪了。

关于近代汉语的上下限和分期的标准,我们的考虑如下:

关于近代汉语上下限的标准,有三方面:

1. 语音上阴阳入对应的严整格局开始动摇,入声韵尾-p、-t、-k相混到消失,全浊声母的清化,-m韵尾的消失。

2. 语法上的"的了呢吗"的出现和全面替代"之乎者也";"这"、"那"的出现和替代"彼此";"将"字句的出现、发展和消失;"把"字句的出现和发展;"动+将+趋"的出现、发展和消失。

3. 语汇中"我你他"还有"们"的出现和全面替代"吾汝其"等古代汉语人称代词。

以上这些标准选择是否得当完全可以讨论,但是我们认为选择语音、语法、语汇方面的一些具体项目来作为确定近代汉语上下限的标准是完全必要的。

阴阳入对应的严整格局是中古音系的一大特点。入声韵到什么时候完全消失至今还有不同意见。入声到了《中原音韵》时代至少在北方多数地区韵尾塞音已经消失,是不是还有一个喉塞? 或者还有独立的调类? 这个问题还可以继续讨论。我们关心的是严整的带不同塞音尾的入声韵系统是什么时候开始动摇的。

不少人根据韵书,认为-p、-t、-k入声系统在唐代,甚至到北宋还仍然十分严整。但是韵书守旧,还要力求系统,所以往往落后于实际语音的演变。近年来对唐人用韵和梵汉对音的研究表明,早在隋末唐初-p、-t、-k的严整局面已经开始动摇,"长安方言中山、臻两摄入声韵为〔-t〕尾;咸、深两摄入声韵收〔-p〕已经失落,宕、江、通、曾、梗五摄入声韵收〔-k〕尾,但〔-k〕尾不太稳定,已经开始失落。"(尉迟治平1982)王梵志白话诗中不同韵尾的入声字通押有五例:"如缉(-p)与汲(-t)通押一例,末(-t)药(-k)通押一例,汲(-t)术(-t)物(-t)职(-k)屋(-k)通押一例,汲(-t)术(-t)物(-t)缉(-p)通押一例,汲(-t)缉(-p)通押一例。"(刘丽川1984)

稍晚一些,在变文的别字异文中-k和-t尾字互代,阴声字和入声字互代,浊声母字和清声母字互代,-m尾字和-n尾字互代就不乏其例(邵荣芬1963)。说得谨慎一些,"唐五代北方方言中可能有部分地区-k、-t韵尾相混。如变文中维摩诘经讲经文有一处质、叶、陌、职几韵字通押。(见《敦煌变文集》)但也会有另一种情况,就

是,-k、-t 韵尾变为喉塞音〔ʔ〕。"(周祖谟 1988)

要说"开始动摇"或"开始解体"比较容易,只要有一个可靠的例子就可以证明。要说"完全消失"或"彻底解体"就比较难。14 世纪的周德清还在说"呼吸言语还有入声之别"。今天河北保定地区和山西部分地区还有入声。当然,现在大多数北方方言已经没有入声,所以肯定已进入现代汉语时期。全浊声母清化可能到《中原音韵》时代在北方方言中已经完成,但是-m 尾的彻底消失要稍晚一些,可能拖到十五六世纪。(胡明扬 1980)

再看"我你他"的情况。如果"我"算古已有之,"你"算"尔"的口语音,那么关键是一个"他"字。因此不少人对"他"的起源问题感兴趣。吕叔湘先生曾作过系统研究,认为早在魏晋六朝就有第三身代词"他"的用例,但是也有不少人不同意他的意见(唐作藩 1980,郭锡良 1980)。王力先生则认为真正的第三人称代词"他"最早出现在唐代(王力 1958)。最近吕叔湘先生在《近代汉语指代词》(1984)中仍维持原来的意见,同时指出,"到了唐代,这种真正的第三身代词'他'字就很常见了。"(吕叔湘 1984)

"这"和"那"的起源也不晚于唐代(吕叔湘 1958),更早的例子未见。

一般人拿"之乎者也"代表文言文,拿"的了呢吗"代表现代白话文是很有道理的。虚词在汉语语法系统中的重要性是不容低估的。

结构助词"的"吕叔湘先生认为起源于唐代(早于唐代的《世说新语》只有一个孤例)(吕叔湘 1955)。"了"的虚化用法大致在唐末五代,到宋代虚化用法就多了。(王力 1958,潘维桂、杨天戈 1980)

"呢"据吕叔湘先生考证认为就是"哩",而"哩"又来自"在里",这样的话,始见于唐代(吕叔湘 1955)。如果只认"呢"字,则始见于元代(王力 1958)。如果承认"聻"是"呢"的前身,就可以提前到五代。(江蓝生 1936)

"将"字句王力先生认为最早出现在中、晚唐,事实上王梵志白话诗中已有"将"字句,如"解须除却名,楷赤将头放","中心攘破氍,还将布作里"。(《王梵志诗校辑》,中华书局,1983 年)"把"字句王力先生认为起源于唐代是可信的。(王力 1958)"将"字句在今天的北方方言中很少见,但粤方言中还用。

"动+将+趋"这种用法也不晚于唐代,如"从头捉将去,还同肥好羊","逢头捉将去,无老亦无小"。(《王梵志诗校辑》,同前)"将"字句和"动+将+趋"这种用法似乎和近代汉语相始终,作为近代汉语的标志很有用。至于现在报刊上的"将"字句当然是拟古,连《红楼梦》的少数"将"字句恐怕也是拟古。

现代汉语事实上是近代汉语充分发展了的状态,在这个意义上我们同意吕叔湘先生的意见,现代汉语不过是近代汉语的一个阶段,当然也可以反过来说,近代汉语是现代汉语和古代汉语之间的一个过渡阶段。

近代汉语早、中、晚三期的区别根据前面提到的一些语音、语法、语汇方面的标准,可以列表如表一:

表一 近代汉语分期

	早 期 (7—10/12 世纪)	中 期 (10/12—14 世纪)	晚 期 (14—17 世纪)
-p、-t、-k	动摇	解体	消失
全浊声母	动摇	解体	消失
-m	存在	动摇(?)	逐步消失
我你他	出现	存在	存在
这那	出现	存在	存在
的	出现	存在	存在
了	(?)	出现	存在
哩(在里)/呢	(?)	出现	存在
"将"字句	出现	存在	逐步消失
"把"字句	出现	存在	存在
动+"将"+趋	出现	存在	逐步消失

(1986 年初稿,1990 年修订)

参考文献

郭锡良 1980 《汉语第三人称代词的起源和发展》,《语言学论丛》第六辑,商务印书馆。

胡明扬 1980 《〈老乞大谚解〉和〈朴通事谚解〉中所见的〈通考〉对音》,《语言论集》第一辑,中国人民大学出版社。

江蓝生 1986 《疑问语气词"呢"的来源》,《语文研究》第 2 期。

刘丽川　1984　《王梵志白话诗的用韵》,《语言论集》第二辑,中国人民大学出版社。

吕叔湘　1955　《汉语语法论文集》,科学出版社。

吕叔湘　1983　《近代汉语指代词》,学林出版社。

吕叔湘　1985　"近代汉语读本序",参见刘坚编著《近代汉语读本》,上海教育出版社。

潘允中　1982　《汉语语法史概要》,中州书画社。

潘维桂、杨天戈　1980　《敦煌变文〈景德传灯录〉中"了"字的用法》,《语言论集》第一辑,中国人民大学出版社。

邵荣芬　1963　《敦煌俗文学中的别字异文和唐五代西北方音》,《中国语文》第3期。

太田辰夫　1987　《中国语历史文法》,蒋绍愚、徐昌华中译本,北京大学出版社。

唐作藩　1980　《第三人称代词"他"的起源时代》,《语言学论丛》第六辑,商务印书馆。

王　力　1958　《汉语史稿》,科学出版社。

尉迟治平　1982　《周、隋长安方音初探》,《语言研究》第2期。

周祖谟　1988　《唐五代的北方语音》,《语言学论丛》第十五辑,商务印书馆。

语法形式和语法意义

我国语言学界对普通语言学的研究现在已经逐步展开了。像语法范畴这样一个比较重要的问题也已经引起不少人的兴趣。这对于深入开展汉语语法研究工作是会有一定帮助的。各种期刊和专著中对语法范畴有过各种阐述,我不想在这里一一引证,只是想谈谈自己对这个问题的一些肤浅的看法,供大家参考。

语法范畴的基础是语法形式和语法意义,因此我准备先从这两个问题谈起。

一

语法形式的特点是在于这种形式不能独立出现;可是当这种形式和一定的语言成分(词、词组、句子)相结合时,却给后者添上了一定的附加意义,也就是一定的语法意义。

我们可以说语法形式具有下列三个基本的特征:(1)必须依附于其他的语言成分而不能独立出现;(2)独立存在时本身不具有任何意义;(3)和一定的语言成分的结合具有规律性。下面谈谈这些特征。

任何一种语法形式都不能离开连续语言的整体而单独存在。语法形式的出现都依附于一定的语言成分。反过来说,语法形式如果(除了在教科书和语法书中讲解这些语法形式时,在实际生活中是没有这种"如果"的)单独存在的话,将成为毫无意义的东西,也就是说,无法使人和一定的概念[①]发生联想关系。绝大部分的语法形式是根本无法和其他语言成分分离的,如语序、语调、声调、重音等;关于这一些,我不想在这里多谈,因为没有一个人会把这一类的语法形式和词混淆起来。需要在这里谈的是那些表达一定语法意义的语音单位,例如,汉语的"了、的"或英语的-ed, -s 等。

在汉语中,孤立的一个"了"[lə] 或是"的"[tə] 是不具有任何意义的。在英语中,孤立的-ed, [d, t, id] 或是-s [s, z, iz] 同样也不具有任何意义。"了"本身并不等于完成,但是加在动词后面时,却使这个动词带上完成的意义。"的"本身并不说明什么,可是"的"可以用来表示修饰关系。英语-s [s, z, iz] 的例子尤其可以说明。加在名词后面时,-s 使这个名词带上了复数或两个以上这样的附加意义;加在动词后面时,-s 使这个动词带上直陈语气现在式第三人称单数的意义。-s 本身决不等于复数和第三人称单数。

在这一点上,词和语法形式完全不同。词是可以单独出现的,也就是当这样的语音单位出现时,可以不依赖上下文而使我们和一定的概念发生联想关系。例如有人说"桌子",我们就会想到具体的桌子;有人说"和平",我们就会想到没有战争冲突的那种社会状态。可是语法形式就不是如此,如果有人说一个[lə],我们一定会问"什么 lə?"或者我们会误会为悬崖勒马的"勒",或者其他在语音上类似的单词。

语法形式对其他语言成分的依附程度是不完全一致的。有的依附得非常紧密,完全拆不开,有如影之随身,例如语序;语音的内部屈折、重音变化、声调也是依附得十分紧密的;通常的词缀依附于词根的情况以及分析形式中的辅助词和动词的关系就比上两类松一些;而不直接附着于词根音节前后的语法形式,如德语的 ge-以及汉语里和词组、分句发生关系的"的"就更松一些;和句子发生关系的助词,如"吗"、"呢"等,就显得最松。然而不管依附的松紧程度有多大,"依附"的本质却没有任何区别,因为即使是在结合得最松的情况下,如汉语的句末助词和句子之间的关系,语法形式也不能脱离它所依附的语言成分而独立存在。但是结合的松和紧究竟是相对的东西,因此有时会产生分歧的意见,例如对助词或虚词的看法,我们认为即使结合较松,也仍然有依附性,但是有人却认为它没有依附性。

其次,语法形式总是和一定的语言成分相结合的,也就是依附于一定的语言成分,例如汉语的"了"是和动词、形容词或句子结合的,"着"是和动词结合的,"们"是和名词、代词结合的,"吗"是和句子结合的,"的"是和定语结合的等。在英语中-ed 是和动词结合的,表示复数的-s 是和名词结合的,shall 和 will 是和动词结合的等。这种结合关系是有规律的,必然的。

结合的必然性指的是在一定的条件下,一定的语法形式必须和一定的语言成分相结合。例如汉语的动词当要表示完成的意义时就必须和"了"相结合,要表示持续时必须和"着"相结合;表示人的名词的复数如果前面没有数量词时就必须和"们"结合;定语在一定条件下必须和"的"结合等。当然,这所谓"一定的条件"是相当复杂的,也许有些一时还搞不清楚;但是不管怎么复杂,仍然是有规律性的。

语法形式在一定条件下的必然出现,必然和一定的语言成分相结合,完全不排斥由于另一语法规律或修辞规律的作用而发生变化。语言现象也不可能是绝对静止和孤立的,各种规律的相互影响、交叉是完全自然的。但是不管具体情况是多么复杂,决不能从而否认规律性的存在。

语法形式有历史性,也就是说,是处在不断的发展中的。某一形式在一定历史时期不是语法形式而在另一历史时期却成了语法形式。例如汉语中的"被"、"将"、"把"这些语音单位,在古汉语中都是正常的动词,可是经过长期的演变后,在现代汉语中在不同程度上语法化了,成了语法形式,失去了原有的词汇意义而取得了语法意义。正是因为如此,在某些场合,在语法形式和单词之间就无法划一条明确的界线。现代汉语中存在着这种过渡性的现象,动词后面的某些音节,如"完"、"光"、"过"等。这些音节处在不同的语法化的阶段中。对于这一类现象的处理当然就很困难。但是在任何语言中过渡性的现象不可能占多数,而总是少数。因此这些现象的存在不至于影响到语法形式和词之间的区别。

有一部分语言学者只承认词形变化是语法形式而不承认有其他的语法形式。这种看法是有历史根源的,因为近代普通语言学是在印欧语的研究基础上建立起来的,而印欧语的语法形式主要体现为词形变化,不论是在形态学或结构学领域中都是如此。我们今天的任务是从汉语的角度,或者说是从非印欧语的角度出发来从事普通语言学的研究,概括新的语言事实来丰富、补充、修正在印欧语基础上建立起来的普通语言学的一般原理。现有的普通语言学的一般原理对我们的工作有指导意义,但是不便生搬硬套,更不用说一些具体结论。关于语法形式这个问题也是一样,我们不能局限于词形变化的小圈子里面。苏联的一部分语言学者也已经看到这个问题,主张语法形式除词形变化以外,还应该包括重音、语序、语调等。

应该十分明确,语法形式的普遍定义应该是:"表达一定的语法意义的语言形式为语法形式",而不可能是"语法形式即词形变化"。

那么,什么是历来认为是语法形式"正宗"的词形变化呢？传统的说法指的是单词的各种变化,内部元音的屈折,或是前后加用各种词头词尾。例如英语的 sing（唱）变为 sang、sung（"唱"的过去式和过去分词）；man（男人）变为 men（"男人"的复数形式）；或是 go（去）变为 goes（"去"的叙述语气、现在不定式、第三人称、单数形式）等。总之,词形变化指的是"词"的形状的变化。平时我们把构成这些词形变化的成分,如词头词尾或元音屈折等称之为形态。

前两年为了讨论汉语的词类问题,曾经对于形态问题谈论得很多。有所谓狭义的形态,又有所谓广义的形态；有所谓内部形态,又有所谓外部形态。也曾经接触到形态和现在大家称为虚词的某些汉语音节（如"了"、"着"等）之间的关系。

词形变化也好,形态也好,都是从"词"出发的。在词的内部发生的变化,称为词形变化,构成这种变化的成分称为形态,或称为内部形态,因为是在词的内部,如 man 之变为 men,write（写）之变为 wrote（"写"的过去式）,或者如 go 之变为 goes。如果变化发生在词的外部,那么一般就会被剥夺称为形态的资格,而被称为辅助词或是助词、虚词等,最客气的称为外部形态,那也已经不太正统了。

可是,什么是"词"？什么是"词"的界限？

虽然有不少语言学家在研究这个问题,但是到目前为止还没有得出大家都能接受的、实际可行的关于词的定义来。到目前为止,"词"还或多或少是书面语的一个概念,是和文字发生直接联系的,是某种传统习惯,具有相当大的任意性。汉语要拼音化,规定词的界限是一个大难题。"生产价格"是一个词组,含有"生产"和"价格"两个词。可是"非生产价格"算什么？

就算汉语不足为凭,我们不妨来看看历来是按词儿分写的其他国家的拼音文字。例如英语,into（进去）是一个词,out of（出来）是两个词；instead of 是两个词,in spite of 是三个词。这里面有什么标准？实在令人费解。俄语名词的阴阳中性是通过后面的词尾来表示的，如 стол（桌子，硬辅音结尾，阳性）；книга（书，a 结尾，阴性）；перо（笔，o 结尾，中性）。在这里，硬辅音和 a、o 都算是词尾。为什么？因为它们都是词的尾巴。为什么不能算为独立的成分放在后面呢？

因此，什么是形态，什么是词形变化的最终准则，就要归结为正字法的传统！

如果这些语言流传下来的是另一种正字法传统，比如写成 стол，книг а，пер о，是不是这样就使 a、o 成了辅助词了呢？

如果按下面的样子来写英文：He often go es to the library in the evening.（他经常在晚上到图书馆去。）China is a high ly civil ize d nation.（中国是一个具有高度文明的国家。）是不是这里的 es，ly，ize，d 都成了辅助词、虚词、助词了呢？

又如果汉语一向不用方块字而用拼音文字，又有类似英语、俄语的正字法传统，把"了"、"着"、"们"都放在所谓"词"的内部，比如：Women chile fan qu zhao ni.（我们吃了饭去找你。）Quanguo zhankaile honghonglieliede shengchan yundong.（全国展开了轰轰烈烈的生产运动。）

是否在这种情况下，汉语就有了"正统的"词尾和重叠屈折形式呢？

事实上，传统的所谓词形变化，所谓形态都是以词为基础的，可是这个基础很不稳固。当传统的正字法把某一表示一定语法意义的语音成分算在"词"内时，这一语音成分就成了形态，构成了词形变化；如果不算在"词"内时，就成了辅助词、虚词、助词，在这个基础上来谈形态和非形态，狭义和广义的形态，内部和外部的形态，就都成了问题。

从本质上来看，虚词或助词和西方传统的形态并无区别，因为两者都是语法意义的语音体现（有别于语序、语调等）。只有元音屈折才可以不管什么是词而能称为"内部"形态，而词头、词尾、助词等都只是外部形态。也许有人认为一般所谓形态和助词（这里指的是"了"、"着"、"们"之类的结构或时态助词）还有区别，不过这种区别仅在于所谓形态常常只和词（又成问题了！）发生关系，而助词则可以和词、词组、句子发生关系。两者的区别只有这么一点。

但是不管西方传统的形态也好,广义的形态也好,助词(虚词)也好,不管叫什么名儿,都是语法形式;决不能因为名称不同而对其本质发生怀疑。

如果要对语法形式进行分类,倒可以按它和词或词组发生关系还是和句子发生关系而分为两类,即词形态和句形态(姑且借用一下这个术语)。句形态很明确,如汉语的"吗"、"啊"等。词和词组很难分,所以一律称为词形态,如汉语的"了"、"们"、"的",英语的-s、-ed,等。

这样的话,语法形式可以作如下的分类:

$$语法形式\begin{cases}形态\begin{cases}词形态(传统的形态,助词等)\\句形态(句助词)\end{cases}\\无形形态:\quad 语序、语调、重音等。\end{cases}$$

二

语法意义的最根本的特征是和语法形式的结合。我们常常说某一意义在某一语言中是用语法形式来表达的,而在另一语言中却不是用语法形式而是通过词汇来表达的。即使在同一语言的不同的历史时期,同一意义在某一阶段是用语法形式来表达的,而在另一阶段则是通过词汇来表达的。甚至于在同一语言的同一历史时期,同一意义既可以用语法形式来表达,也可以通过词汇来表达。例如"做一做就停止"或"做一做试试"这样的意义在现代汉语中可以通过动词的重叠形式,也就是特定的一种语法形式来表达,如:

我来做做。你的笔借我使使。

可是在其他的语言中却不见得都是用语法形式来表达的,如英语就是通过词汇来表达的:

Let me have a try.

May I have your pen for a little while?

即使在现代汉语中,也还可以说:

我来试着做一下看。你的笔借我使一会儿。

在这三种不同的情况下,所表达的内容应该说是基本一致的;但是只有第一种情况下的意义我们才称之为语法意义,而在其他两种情况下的意义我们都不称为语法意义而称为词汇意义。由此可见,区别语法意义和非语法意义的准则不在意义本身,而在这一意义的表达方式。如果是通过词汇来表达的,那就称为词汇意义;如果是通过语法形式来表达的,那就称为语法意义。但是,不论是语法意义或是词汇意义,它们的基础都是我们平时所指的"意义",只是在语法学中为了区分通过词汇手段来表达的意义和通过语法手段来表达的意义时,才出现了"词汇意义"和"语法意义"这样的术语。

但是决不是说任何意义都可以成为语法意义。一般来说,具体的事物是通过词汇来表达而不是通过语法形式来表达的;比如"桌子"、"石头"、"写"、"红"这些很具体的概念,从我们所知道的语言事实来看,都是通过词汇来表达的。另一方面,各种抽象的关系,如施受关系和修饰关系这类高度概括的意义,在各种语言中大都是通过语法形式来表达的;至少在目前我们还不知道哪些语言是通过词汇来表达这些意义的。

在这两极之间有很多意义,如时间、数量等,既可以通过语法形式来表达,也可以通过词汇来表达。

意义本身必须具备一定程度的抽象性和概括性才有资格成为语法意义。这是由语法意义的另一特点所决定的。那就是语法意义是一种附加性的意义,是一种附加在不同的词汇意义身上的附属意义。如果语法意义不具有一定程度的抽象性和概括性,那么就会和它所依附的词汇意义发生冲突。如果这种冲突只限于个别或少数的场合,那么我们还可以承认这是语法意义,但是语法化的程度不高,或者是语法化的过程尚未完毕,如果在大多数的场合要和词汇意义发生冲突,那么我们就干脆不承认它是语法意义了。

但是所谓语法意义的抽象性和概括性主要是就其和词汇意义之间的关系而言的。同时还必须指出,抽象性和概括性仅仅是作为语法意义的条件而不是决定因素。比如"范畴"、"规律"、"价值"这些概念本身都十分抽象概括,很难说就比"数量"、"时间"、"状态"这类概念在抽象和概括程度上有什么高下,但是有一些可以是语法意义,另一些却不是。这就是说,作为语法意义要求有一定的条件,但是并不是所有具备了这一条件的意义都在实际生活中成为语法意义。

抽象性和概括性是相互联系的,因为是高度抽象的,因而能概括全面；反过来说，能概括大量具体事物的也必然是高度抽象的。当然，在语言中不同的语法意义之间在抽象和概括程度上也还存在着差别。

例如在现代汉语中助词"了"所表达的是一种完成、结束的意义。这一意义是极大多数动词和形容词所能具有的，如：看了、吃了、走了、白了、红了等，正由于这种完成的意义很抽象、概括，所以附加在一切具有"过程"意义的词或词组后面。"了"甚至也可以加在动词"了"、"没"、"完成"、"结束"、"完蛋"等本身已有类似"完成"的词汇意义的词后面。这充分说明了"了"所表示的语法意义的抽象性和概括性。

又试以英语动词为例。助动词 shall，will 所表示的是纯粹的语法意义。shall、will 所表示的"未来"的意义可以和极大多数动词相结合，甚至于和副词 tomorrow（明天）等或状语词组 in future（将来）在同一个句子中出现而不发生冲突，如：

I shall go there tomorrow.（我明天〔将〕到那边去。）

Be going to 这个格式现在也都认为是一种语法形式，因而具有一定的语法意义了。一般来说，认为这一格式表示"未来并带有主观意图的意义"。如：

He is going to pay her a visit.（他想去看她。）

甚至于也可以说：

They are going to go.（他们就要走了。）

但是 be going to 和 shall、will 毕竟还有一些语法化程度上的差别。一方面是 he is coming（他快来了）、we are going（我们就走；我们要走）都能表示未来，另一方面 be going to go 这种用法是少见的，而 be going to come 也为 be coming 所代替，这说明这一格式还保存着一定的词汇意义。

有些人混淆了"意义"和词汇意义这两个概念，从而把意义和语法意义这两个概念对立起来，好像语法意义就其内容来说不是一般的意义，而是特种的意义，因此什么算是语法意义就决定于这种意义本身的特点！实际上和语法意义相对立的是词汇意义而不是一般的意义。当我们提出"意义"这个概念来时，是和表达这一意义的语言形式来对比的，表达的形式在不同的语言中可以不同，即使在同一语言中也可以有几种不同的表达方式,既可以表达为词汇意义,也可以表达为语法意义。当然,引起这种混淆不是没有原因的。原因是在平时"意义"都是通过语言表达的。脱离了语言物质的"意义"是不存在的。极大多数的"意义"、"概念"是通过词汇来表达的。语法学家常常说,词表达了"概念",这说明了单词、概念和意义之间的紧密联系。而语法意义呢,我们通常是通过词汇来加以解释的,例如现代汉语的"们"表示"复数","了"表示"完成"等。但是这些都是假象,就内容来看,词汇意义和语法意义都是一般意义,只是在语言中的表达形式不同而已。

在具体的语言中,什么样的意义通过语法形式来表达,什么样的意义不通过语法形式来表达,这一点具有深刻的民族特性。例如大多数西方语言有格位、时态、数等语法意义,而另一些语言却没有。这只能说明这些语法意义之所以成为语法意义是印欧语的特点,我们没有理由来说这样一些意义非通过语法形式来表达不可。同样的,现代汉语中有"尝试"、"进行一次"等这样一些语法意义,这是现代汉语的特点,就其意义内容来说,我们找不到任何根据来一定说非要通过语法形式来表达不可。

语法意义和语法形式是不可分割的统一体。语法意义脱离一定的语法形式就无法得到体现,而语法形式脱离一定的语法意义就会成为"纯粹形式"而超出语法学的范围。例如英语的名词 student(学生)加上-s 就有了复数概念。这复数的概念(语法意义)正是通过这个-s(语法形式)表示出来的;而这个-s 之所以成为语法形式也正是因为它表示了复数概念。如果这个-s 什么都不表示,那么谁会用它? 那样的话,它是根本无法存在的。

此外,在英语中不但 student(学生)可以加-s 来表示复数这一语法意义,其他的名词如 table(桌子)、pencil(铅笔)、bed(床)等都可以加-s 来表示这一语法意义。抛开具体的词汇意义(如学生、桌子、铅笔、床等)不谈,把一切具有-s 这一语法形式的词的共同点概括起来,那就是"复数"这一语法意义;而这一意义即寓于-s 这一形式中。

那么要构成一种语法形式是否必须要同类的全部单词都具有同

一的形式呢？不一定如此。一方面，某一语法形式并不一定普及到同类的全部单词身上，如英语名词中的不可数名词在正常情况下就没有复数形式。另一方面，同一语法意义也可以和不同的具体形式发生关系。例如英语名词有些复数形式是不规则的，也就是不用-s这一形式，如 child‒children（孩子—孩子们）、man‒men（男人—男人们）。在一般情况下，同一语法意义的不同语法形式是系统的，如俄语名词的复数形式有规律地分为两大类（阴性名词一类，阳性和中性名词一类），法语动词的变位形式有规律地分为三大类（-er 一类，-ir一类，-re/-oir等一类）。但是在任何语言中都有例外现象。例外现象一般是由历史因素或外来因素造成的，如上述英语名词的不规则复数形式（历史因素）和俄语名词中的 палъто（外套）（外来因素）。

任何时候我们都不能忘记语法形式和语法意义是互相依存的。但是也往往有人忘了这一点。例如在英语中有所谓主语和宾语。现代英语中的主语和宾语并没有一定的词形变化上的标志，而主要是通过词序以及和动词的配合或支配关系来表示的。这些就是现代英语中主语和宾语的语法形式。这一点大家的意见都是一致的。但是主语和宾语的语法意义是什么，意见就分歧了。有一部分人从根本上否定这个问题，甚至还举出很多例子（当然不是常用的例子）来证明主语和宾语根本不可能下定义，似乎可以有一种不具有任何语法意义的语法形式！

在汉语的语法研究中也有过类似的情况。有人认为主语之所以为主语就因为它在动词前面，宾语之所以为宾语就因为它在动词后面；至于主语和宾语有什么"意义"（这里指的当然不是词汇意义而是语法意义），那就不管了。这似乎是主张一定的语法形式（其实如果没有一定的语法意义，那么"前"或"后"只是物理学或几何学上的概念而根本和语法无关）可以没有相应的语法意义（主语和宾语本身只是名称，如"完成式"、"双数"等一样，还不是语法意义）。另一些人则认为主语就是施事一方，宾语就是受事一方；至于语法形式就不谈了。这似乎是主张有这样一种语法意义，它可以不通过一定的语法形式而能体现出来！

语法意义和语法形式的不可分割性本来是显而易见的，可是往

229

往往被人忘记,所以有一再强调的必要。

三

在分析了语法意义和语法形式之后,我们就有可能来对语法范畴下定义了。

什么是范畴?"在概念中间有一种叫做范畴的特殊概念。范畴是科学的概念,反映着对象、现象底最普遍的特性,反映着现实底最普遍和最根本的关系和联系。"(《逻辑》78页)这就是说,范畴说明客观事物的内在规律。语法范畴也就是主要的语法规律,由于语法范畴必然要牵涉到语法形式和语法意义,所以在定义中也往往要提到这两个概念。一般来说,定义的措辞不一定是最主要的;重要的是每一个人对语法形式和语法意义的理解和具体处理。我们可以说:语法范畴是把语法意义归类得出来的类名。譬如归纳单数和复数这样的语法意义就得出"数"的语法范畴,归纳一次体、多次体等的意义就得出"体"的语法范畴。

语法范畴具有鲜明的民族性。例如印欧语名词有性的范畴,动词有数的范畴,有些印欧语连形容词也有性和数的范畴,可是汉语中没有这些。另一方面,汉语中有量词体系,这说明汉语有相应的语法范畴,可是印欧语没有这种现象。在语法范畴方面每一种语言都有自己的特点。在亲属语言之间共同点会多一些,在非亲属语言之间共同点就少一些。

语法范畴的民族性就决定了:任何想统一语法范畴或是搬用别的语言的语法范畴来套本族语言的企图都是不符合客观实际的。这也就是为什么我们大家愈来愈不满意我国过去所发表的那些以拉丁或英语语法教科书为蓝本的汉语语法著作而企图寻找新的方向。

其次的一件事,向来谈语法范畴的文章所谈的以及所引的例子常常只限于形态学范围以内,只有个别的语言学者才偶尔提到结构学(句法)和词组领域中的语法范畴。这种情况是自然的,因为这些语言学者所研究的主要是印欧语。但是这种情况是亟待改变的,因为印欧语不能代表全世界所有的语言。具体到汉语和汉藏语系的其他语言,情况就和印欧语显然不同了。结构学上的语法范畴就显得特别重要。过去有人说汉语没有词法只有句法,这种说法虽然有点过分,但是也说明句法问题在汉语中比较突出。

语法研究的任务主要是对语法范畴的研究,但是对语法范畴不应该作狭隘的理解。我们不但要研究形态学(词法)领域中的语法范畴,同时也要研究结构学(句法)领域中的语法范畴。否认句法领域中存在着语法范畴,实质上就是否定了句法的规律性。

一般来说,句法范畴比词法范畴更不容易鉴定,因为句法关系是不容易孤立出来加以研究的,而总是和上下文连在一起的。不过这并不能妨碍我们的工作。如果我们能够抛开"语法形式等于词形变化","语法范畴就等于时态、数、人称"等这些现成的观念,而真正去研究语法形式和语法意义的结合情况,一定会最后发现现代汉语语法的内在规律。

在句法范畴这方面同样表现出语言的民族性。比如,主语、宾语这样一些印欧语的句法范畴是否完全适用于汉语呢?是大致适用尚待修正,还是根本不适用呢?因为语法范畴的一般原理,即同类的语法意义和语法形式的统一体的概括和综合,可以适用于一般的语法研究,但是具体到主语、宾语,却是在印欧语中首先发现的语法现象,并不一定有普遍性。当然,不是说汉语就和印欧语一点儿共同点也没有,也不是说汉语不可能有主语、宾语。问题在于,即使有,也不一定完全一致。这几年来关于主、宾语的讨论似乎可以说明这一点。很多学者都是博学审慎的,何以意见如此分歧?恐怕一方面是我们研究得还不够,另一方面是印欧语的主、宾语的概念未必对汉语完全合适。

因此,更进一步摆脱传统的不自觉的影响,深入研究汉语及其亲属语言的实际,将是我们迫切而又光荣的任务,这样我们才能对普通语言学作出应有的贡献。

附 注

① 反映"并确定事物和客观现实现象之本质属性的思维形式"。参见斯特罗果维契著《逻辑》,人民出版社,1953年,65页。

(原载《中国语文》1958年3月号)

再论语法形式和语法意义

0 引言

语法形式和语法意义以及语法形式和语法意义之间的相互依存关系至今仍然是语法研究的核心问题,并且也是一个没有得到很好解决的问题。

我们在《语法形式和语法意义》[①]一文中曾经反复强调只有语法形式表示的意义才是语法意义,只有表示一定语法意义的形式才是语法形式;语法形式和语法意义是不可分割的,没有相应的语法形式的意义不是语法意义,没有相应的语法意义的形式也不是语法形式。当时的确有一些人认为语法形式就是语法形式,语法意义就是语法意义,二者不一定非要相互依存的,现在的情况和当时不大相同,至少在理论上,绝大多数人都承认语法形式和语法意义。但是,承认这样的原则比较容易,而要在研究工作中自始至终贯彻这样的原则却很不容易。有时候认定了某种语法形式以后长时间很难给出令人满意的明确的语法意义,甚至到了使人无可奈何只得承认有的语法形式也许就没有相应的语法意义的地步;有时候在语感上明明觉得某些语法现象决不是任意的而是受某些潜在的规律支配的,和某些意义有联系,可是一时又说不清楚,更找不到相应的可以捉摸的语法形式,只得笼统地说成是语义问题,排除在语法研究的范围以外。另外,语法是一种极其复杂的现象,现在已经认识到,语法(包括形式和意义两个方面)并不能包揽一切,因为还有语用和认知问题。这样语法研究就还必须分清语法、语用和认知之间的界限,同时也必须认清这三者之间的结合点。因此,在具体的语法研究工作中怎样贯彻语法形式和语法意义不可分割的原则就是一个探索过程;在探索过程中对语法形式和语法意义畸轻畸重应该说是情理之中的,只要主观上尽力去贯彻这一原则,就能保证我们的研究工作不至于迷失方向,而最终使语法形式和语法意义较为圆满地结合起来。

1 语法形式

尽管语法形式和语法意义是不可分割的,但在具体研究工作中却有一个从什么着手的问题。从理论上说,可以从语法形式着手,也可以从语法意义着手,不过从语法形式着手似乎更容易,也更可靠一些,因为语法形式总是要比语法意义具体一些,更容易捉摸一些。当然,从语法形式着手就是要分析相应的语法意义。如果从语法形式着手而不去分析相应的语法意义,那就破坏了二者不可分割的原则,而且这种形式也就成了纯粹形式,不再是语法形式的。

1.1 显性语法形式

从语法形式着手必须先知道哪些是语法形式。如果说语法形式是表示语法意义的形式,这就成了循环论证,很难前进一步。因此,一提到语法形式还不得不把我们熟悉的各种语言中已经得到确认的语法形式作为参考,只要不是生搬硬套,借鉴就是十分必要的。

应该承认,不同的语言各有自己不同的民族特点,但是也应该承认,不同语言之间还有不少共同点。现在语言学家接触的语言越来越广泛,研究也越来越深入,可是得到确认的语法形式的数量是很有限的,而且不少是各种语言普遍拥有的。

19世纪以前,在西方语言学家的心目中,只有形态变化,也就是词的内部的语音形式的变化,才是语法形式。到了19世纪后半叶,在深入研究形态相对贫乏的现代英语语法的基础上才认为语序、助词、重音、语调也是语法形式。但是直到20世纪40年代还有不少西方语言学家拒绝承认形态变化以外的形式是语法形式,他们坚持认为现代英语只有两种时态,即现在式和过去式。不过随着时间的推移,这些语法形式已经得到绝大多数语言学家的确认。这样一些新的语法形式的发现并得到确认应该说是语法学史上的一件大事,它为发现更多的新的语法形式开辟了道路。这样,在研究一些东方语言的过程中,很快就发现重叠、辅音交替、声调变化也可以是语法形式。例如印度尼西亚语的名词复数就是通过重叠来表示的:orang(人)、orang-orang(人们)、burung(鸟)、burung-burung

(鸟类)。藏语自动动词和使动动词是通过辅音交替来区分的：(断)、(使断)、(使沸)。藏语动词的时态有的是通过声调变化来表示的：(写,现在时和未来时)、(写,过去时和命令式)。这里提到的各种语法形式都体现为一定的语音形式(词缀、元音交替、辅音交替、错根、重叠、助词)或依附于一定的语音形式(语序、重音、声调、语调)，都是显性的，可以称之为显性语法形式。显性语法形式比较容易捉摸，容易发现，也容易得到确认。

1.2 隐性语法形式

和显性语法形式相对而言的是隐性语法形式。隐性语法形式不体现为一定的语音形式，也不依附于一定的语音形式，而是某一类词的潜在的组合可能性或者说分布特征。②西方语法一直把词类看成极其重要的语法范畴，而词类的语法形式是词的组合功能或者说分布特征，不过就西方语言而言在不少场合也同时体现为一定的形态，相应的语法意义则是所谓语法上的"事物""性质""行为或状态"等的"类义"。③可是词类的组合功能或分布特征是不是一种语法形式呢？这一点长期以来是不明确的，就因为组合功能或分布特征不是一种显性语法形式。布龙菲尔德在《语言论》中明确提出"形式选择"，也就是在特定的位置上选择不同形式类的语言形式，也是一种语法形式，因为不同的选择会有不同的语法意义。④乔姆斯基在《句法理论的若干问题》中进一步提出"选择限制"和"次范畴化"的问题。⑤他提出"选择限制"和"次范畴化"是为了只生成"真诚可能吓着了孩子"这样可以接受的句子，而不生成"这孩子可能吓着了真诚"那样不能接受的句子，"吓"的主语可以是有生命的，也可以是无生命的，即[±生命]，而"吓"的宾语却必须是有生命的，即[＋生命]。这就是说，语言成分的组合是有选择限制的，而选择限制是由某些语义特征决定的，事实上就是词类根据语义特征的再分类，所以称之为次范畴化。乔姆斯基认为这样的语义特征"包含于严格的句法规则中的时候，如果我们继续把它称为'句法特征'，那么这些语项特征是句法特征而不是语义特征。"⑥但是乔姆斯基对这里涉及的特征究竟是语义特征，也就是纯语义问题，还是句法特征，也就是语法意义问题，是犹豫不决的。其实，犹豫是不必要的，因为任何意义一旦和一定的语法形式相结合就是语法意义,任何语义特征一旦制约着句法规则也就是句法特征。词类大类的语法功能或分布特征实际上也是一种选择限制,不过限制的范围宽一些而已。如果承认词类大类的句法功能或分布特征是一种语法形式,相应的所谓语法上的"事物""性质""行为或状态"等是语法意义,那么没有任何理由拒绝承认词类小类的[±抽象]、[±生命]等也是语法意义,更何况词类的大类和小类并不是绝对的,而是相对的,事实上是往往根据语法体系的需要而浮动的。

长期以来我们把选择限制问题看成是搭配问题,也就是和语法无关的纯语义问题。这正是西方语法的传统观点。根据这种观点,"无色的绿色的念头狂怒地在睡觉"或"桌子在跳舞"之类的句子都是合乎语法的。在语法主要是为了帮助本国人学习书面语和语言规范的年代里,这样的观点是无可厚非的,因为本国人只需要一些最一般的规律,其余的他们都可以自己去处理,而且本国人决不会造出不像话的句子来,他们要分析的也不会是不像话的句子。到了要通过学习语法掌握一种外国语的时代,几条最一般的规律就不够用了。这时候的语法就要深化和细化,词类的大类就要再分类,例如英语动词就至少要分成动作动词和状态动词两小类,否则就无法掌握时态的用法。再分类是和语义有联系的,但又并不等于对全人类来说是基本一致的纯粹的逻辑意义,而具有民族特点。例如汉语动词"工作"要求主语是"人",可是英语动词 work 没有这种限制,而想当然地说成 The clock does not work 是汉语"这钟不走了"的意思,初学英语的人觉得很怪,而想当然地说成 The clock does not go,那就不是英语了。甚至修饰搭配也不是根据纯粹的逻辑意义来决定的,而是有民族特点的,如汉语说"大雨""小雨",而英语说 heavy rain、light rain。如果不仔细分析,很容易误认为这些搭配问题都是语义问题,不过涉及的语法规则的适用范围相对而言要窄一些。语法和语义本来就有不同程度的内在联系,因此语法和语义在中间地带很难有一个明确的界限,这就允许语法学家根据不同的需要作出不同的处理,检验的标准还是实践,要看根据给出的规则能不能生成合格的句子。

一旦由计算机来处理自然语言,那么就连本国人已经认为繁琐不堪的教外国人用的语法也远远不够用了,因为计算机除了给定的规则以外无法自动补充任何其他知识,如果不给计算机制定过细的句法规则,它就会生成不像话的句子。在面对外国人和计算机的情况下,再说语法只管最抽象的形式,不管具体的搭配,这样的语法就没有任何实用价值了。语法科学是不断发展的。对本国人来说,语法不管"桌子在跳舞"这类问题是可以的,因为本国人在正常情况下不会造出这样的句子来;但是对外国人和计算机来说,这类问题不管就不行了。如果语法是语言的组织规律,那就一定得管各种搭配问题。所谓"选择限制"实际上就是这一类搭配问题。

"选择限制"的确和语义有关,但是像[±抽象]、[±生命]等这样一些语义特征并不是具体的语汇项目的语义特征,而是一批语汇项目共有的语义特征,而这种语义特征是和这一批语汇项目的语法功能紧密联系在一起的。这和[±事物]、[±性质]、[±过程]这样一些和词类的语法功能联系在一起的语法语义特征原则上是相同的,不是具体的语汇意义而是和特定的语法功能联系在一起的语义,应该承认是语法意义,有关的特征是语法语义特征。但是名称术语终究是非实质性的。如果都认为有必要把这样一些和语法功能或分布特征有联系的语义特征纳入语法系统,给个什么名称,使用什么样的术语倒是很次要的。

1.3 语义语法范畴

隐性语法形式表现为某种潜在的组合可能性或分布特征,而且总是和某种语义特征紧密地联系在一起的。因为语言是一种交际工具,也是一种表达思想感情的工具,所以从总的来说,要表达的内容决定了表达这种内容的语言形式。这就是为什么一定的语法形式必然有一定的语法意义,而且语法形式不论是显性的还是隐性的都和一定的语义特征有联系,如"数"总是和"事物"有联系,"时"和"态"总是和"行为"或"状态"有联系等。只是显性语法形式有比较明显的形式,很多人把注意力集中在形式上,这种形式和一定的语义特征的联系就不那么引人注意罢了。隐性语法形式的形式是隐性的,不那么容易捉摸,所以和语义特征的联系就突出了。这样,由隐性语法形式和相应的语法意义构成的语法范畴不妨称之为语义语法范畴,因为这类语法范畴和语义的联系比较明显,尽管任何语法范畴都和语义有联系。事实上,形态不那么丰富或没有严格意义上的形态的语言的词类,还有动词的"价"(或译作"向")、动词的及物和不及物、动作动词和状态动词等都是语义语法范畴。汉语是一种非形态语言,显性语法形式不多,作为一种补偿,隐性语法形式和有关的语义语法范畴就会多一些。但是汉语还有哪些语义语法范畴尚待探索。早在 70 年代就有人注意到有的动词表示的行为是受人的意志控制的,有的动词表示的行为是不受人的意志控制的,分别称之为意志动词和非意志动词。可是当时并没有去寻找相应的语法形式,所以可以说是纯粹的语义分类。后来马庆株找到了相应的组合可能性或者说分布方面的差异,⑦于是,这两类动词就不单是纯粹的语义分类,由于有了相应的隐性语法形式,就是语法分类。他参考了汉藏语其他语言中有形态标志的自主动词和非自主动词的区分,把意志动词称为自主动词,把非意志动词称为非自主动词。马庆株的意见很快就得到语法学界的承认。在这以后,他对汉语的语义语法范畴继续进行探索。他的《顺序义对体词语法功能的影响》⑧一文就是又一次新的收获。这方面的探索看来大有可为。

2 语法意义

语法意义总是一种附加意义,如同语法形式总是依附于一定的语汇成分一样,语法意义也总是依附于一定的语汇意义的。例如汉语"们"的复数的语法意义是表示人的名词的语汇意义的一种附加意义,"了"和"着"的动态语法意义是有关动词的语汇意义的附加意义。正因为如此,语法意义是和语汇意义结合在一起的。在具体的句子里,客观存在的是某种语法意义和具体的语汇意义相互影响并结合在一起的某种整体意义,有关的语法意义只是通过抽象和概括得来的。有时候抽象和概括比较容易,如"们"的复数意义;⑨有时候抽象和概括就相当困难,如"了"和"着"的动态意义,以及像主语和宾语这样的句法范畴的语法意义。因此,在有的场合,即使认定了某种语法形式,要抽象和概括相应的语法意义仍然很不容易。这样,探索怎样抽象和概括语法意义的方法就显得很必要的了。

2.1 从语法意义到语法形式

因为要认定语法意义比较困难,并且一时不容易取得一致意见,所以提倡语法研究从语法形式着手是可取的,也是更容易收效的。但这样做要有一个前提,那就是必须先有相当数量已经得到确认而可资借鉴并适合要研究的这种语言的语法形式。因此,借鉴是十分正常的,无可非议的,只要不削足就履,不成为束缚独立探索的框框。不过除非两种语言类型完全相同,借鉴并不能解决所有的问题。这样就必须根据一般的理论原则去进行独立的探索,而这种发现新的语法形式的独立探索往往走的是一条从语法意义到语法形式的道路。

现代英语虽然跟古典希腊语和拉丁语有亲属关系,但是现代英语已经丧失了大部分形态,在类型上跟古典希腊语和拉丁语已经很不相同。例如现代英语已经没有完整的格的形态变化系统,所以主语和宾语已经找不到形态标志,但是像"施事""受事"这样的语法意义仍然是有的,因为像 The man helped the boy(那个男人帮助了那个男孩子)和 The boy helped the man(那个男孩子帮助了那个男人)这一类句子中动词前后两个位置上的语法意义显然是对立的,位置不同,语法意义不同。当时已经确认的主语的语法形式是主格名词,宾语是宾格名词,语法意义则主语在多数情况下是"施事"(动词是被动语态时是"受事"),宾语在多数情况下是"受事",这样就可推论出,主格名词:施事=动词前:施事;宾格名词:受事=动词后:受事。换句话说,在现代英语中,名词在动词前后的位置所起的作用相当于主格和宾语的形态变化所起的作用,所以语序也是一种语法形式。因为在动词前面的名词在多数情况下是"施事"(动词是被动词态时是"受事"),所以是主语。因为动词后面的名词在多数情况下是"受事",所以是宾语。语序本身不能先验地决定主语和宾语,主语和宾语是根据常规情况,特别是形成对立的情况下的语法意义来决定的。

在古典希腊语和拉丁语中通过主格和宾格以外的格的形态变化来表示的句法结构意义在现代英语中是通过前置词来表示的,在古典希腊语和拉丁语中通过动词的形态变化来表示的时和态以及语气(mood)的语法意义,现代英语中有的是通过助动词来表示的,有的是通过语调来表示的。根据已知的语法意义以及前置和助动词的虚化程度可以确定这类助词也是语法形式。在形态丰富的语言中,同根的名词和动词是由词尾的词缀来区分的。现代英语中,同根的名词和动词有的是由重音的位置来区分的,所以重音也是一种语法形式。研究现代英语的语法学家正是参考了古典语言语法范畴已经确认的语法意义才发现了新的语法形式,走的是一条从语法意义到语法形式的道路。汉语的"孩子们"表示复数,而参考西方语言的语法,"复数"是一种语法意义,这样就可以确定"们"是复数的语法形式。"了"、"着"、"过"表示某种动态意义,而已知动态意义是语法意义,所以可以确定"了"、"着"、"过"是语法形式。这样看来,在语法研究的最初阶段,借鉴其他语言的研究成果是很自然的,也是必要的。但是不同语言的语法毕竟有所不同,长期停留在借鉴阶段是不可取的,应该随着研究工作的深入而有所突破与创新。

长期以来,不断有人认为汉语没有什么语法可言,或者更严格一点说是汉语没有西方语言那样规律严整的语法,汉语只有一个语义搭配问题,还只能意会,不可言传。这种观点当然不符合汉语的实际。如果真是这样,汉语的句子就可以用语义上有联系的词语随便堆砌,虚词就成了多余的累赘,"他打我"和"我打他"也完全是一个意思了。不过这种观点倒也反映了汉语语法的一个特点,那就是汉语的不少语法范畴是和语义有明显的联系的,所以才让人产生这样的错觉。既然是语法范畴,就不仅有语法意义,而且必然有相应的语法形式,不论是显性的语法形式还是隐性的语法形式。我们的任务就是要花力气去发现这一类和语义有密切联系的语义语法范畴,确定这些范畴的意义和相应的形式。

2.2 语法意义的抽象和概括

语法意义的抽象和概括在很多场合是极其复杂和困难的。像

"们"表示复数这样简单明了的是绝无仅有的例外。西方语言"格"的语法意义困扰了语法学家一两千年,至今也还没有完全解释清楚。汉语的主语、宾语、补语、连动式、兼语式等至今只是一些形式标签,相应的语法意义还远远没有弄清楚;甚至比较具体的一些动态语法意义也意见相当分歧。这说明在具体研究工作中语法形式和语法意义严重脱节,没有严格贯彻语法形式和语法意义不可分割的原则,不一定是主观认识造成的,而是客观困难造成的。但是只要力求严格贯彻这一原则,多注意方法问题,经过长期努力,这些问题迟早是可以解决的。

2.2.1 尽可能区分语法问题和语汇问题

早就有人指出在语法研究中应该区分语法问题和语汇问题,也就是要区分语言成分的自由组合和语言成分习惯性的固定组合。语言成分的自由组合是语法问题,是语法研究的对象。语言成分习惯性的固定组合是语汇问题,不是语法问题,应该归词典去处理。⑩例如,语法学家应该研究"吃饭"、"打人"、"造船"等自由组合内部动词和宾语之间的句法结构意义,而可以不必考虑"救火"、"吃教"、"跑票"等习惯性固定组合内部的关系意义,因为这些固定组合内部和关系意义是习惯性的,不能用一般规律去解释,而只能在词典里作出独立的词条逐个加以解释。如果把语法问题和语汇问题混淆在一起,那就永远得不出一般性的规律,永远无法抽象和概括出能在各种场合得到合理解释的语法意义。但是这又是说起来容易做起来难,因为语法问题和语汇问题,或自由组合和习惯性固定组合之间的界限并不是一清二楚的。从"切菜"、"打人"、"读书"、"画梅花"到"写毛笔"、"晒太阳"、"吃教"是一个连续体,哪些算自由组合,哪些算习惯固定组合,并没有一个绝对的标准。不过为了便于处理,一开始不妨让词典多管一些,等研究更深入以后再来看看是不是还有一部分可以归语法来处理。

除此以外,汉语还有一个词和短语的界限不清的难题。如果"跳舞"、"睡觉"、"走路"等是短语,那就要交待"跳"、"睡"、"走"等动词和后面的"舞"、"觉"、"路"等名词之间的句法结构意义;如果这些是词,那就是语汇问题,由词典去处理就行了。这里也可以按先易后难的原则行事,两可的先暂时作为语汇问题来处理,等容易解决的解决以后再来啃硬骨头。

2.2.2 尽可能排除语汇意义的影响

在具体的句子中,语法意义总是依附于具体的语汇意义而得到体现的,因此语法意义会受语汇意义的影响而呈现出差异形成不同的意义变体。例如"着"和不同的动词结合,动态意义就不完全相同:"走着"(进行中的动作)、"敲着"(反复发生的动作)、"挂着"(根据语境有两种动态意义)、"向着"(持续的态势)等。在抽象和概括语法意义的过程中如果不尽可能排除语汇意义对语法意义的影响,就会面对一团乱麻,无从下手。要排除语汇意义的影响就要对词类的大类进行再分类。根据不同小类对语法意义的影响找出内在的规律性,分清哪是某种语法形式固有的语法意义,哪是语汇意义影响语法意义产生的变化。

语法意义不仅受所依附的语汇意义的影响,而且也受全句的句式、语调以及语境等因素的影响。例如语气助词是依附于全句的,所以直接受句式和语调的影响。如果不尽可能排除这些外在因素的影响,那么语气助词的语气意义就会什么都是,结果是什么都不是。又如"了"在"下雨了"这样的句子中,在不同的语境里可以表示"完成"和"即将发生"的两种不同的语法意义。其实"即将发生"只是在"实际上还没下雨"的语境中衍生的。

为保证排除的是外在因素的影响,在排除各种外在因素的影响后得出的语法意义必须能对在各种具体场合和不同的语汇、句式、语调、语境等结合后的具体的语法意义作出合理的解释,否则这种抽象和概括就是不完全的,还需要进一步修正。

2.2.3 要区分常规和例外

语言现象是成系统的,所以有规律可循,所以才有语法。但是语言现象的系统性又不是完全的,更不是绝对的,所以非系统的现象处处可见,所以有例外。计算机专家说语言学家只关心百分之几的例外而不关心 80%—90% 的常规现象。的确有不少语言学家是这样。其实解决 80%—90% 的常规现象就是极大的成就,例外现象可以缓一步去处理,更不应该用少数例外现象去否定能覆盖

241

80%—90%常规现象的一般规律。在这种场合应该有"量"的概念，可以在足够数量的语料的基础上给出概率。

2.2.4 规则化

语法意义的抽象和概括是否正确，是否符合实际，单凭主观评价不容易取得一致意见，也难以发现问题作进一步修正。最有效的办法是制定一系列在整个语法系统内部是一贯的、互不矛盾的语义解释规则来加以检验。能处处解释得通的就是比较正确的，碰到解释不通的地方就需要修正，或者修正规则，或者修正受检验的语法意义，直到能解释通为止。用这种方法检验给定的语法意义不仅可以评价语法意义的抽象和概括是否正确，而且还能发现问题，纠正错误。但是使用这种方法要有两个前提：一个前提是一定的语法形式必须有相应的语法意义，没有意义只有形式也就一切无从谈起；另一个前提是给定的语法意义必须是"明确的"，也就是可以据此制定规则的，过于空泛和含糊不清的定义，如"陈述的对象"、"有关的话题"等是无法据以制定规则的，那就是不明确的。

一开始并不要求语法意义的定义和初步制定的规则都是很完善的，完全允许在用来解释不同的语言事实过程中不断修正。例如，关于形容词谓语句或描写句主谓之间的语法意义一开始不妨设定为"谓语是对主语性质的描写或限制"，据此可以制定大致如此的规则：如果主语是名词，谓语是形容词，则谓语形容词是对主语名词的描写或限制，同时可以制定一些形式化的规则，如"名＋形→形＋的＋名"。用这条规则去检验"天气很热"、"花很红"、"他很正派"等句子都能解释得通，因为可以说"很热的天气"、"很红的花"、"很正派的人"等。用这条规则还可以解释主谓谓语句"这个人胆子很小"、"他脾气很暴躁"等。但是用这条规则去解释人们认为是典型的主谓谓语句"我头疼"、"他腰酸"就有困难，因为这两句的谓语并不是对主语性质的描写，也不能说"疼的头"、"酸的腰"。这就告诉我们这是不同的一类句子，甚至这里的"疼"和"酸"（不是甜酸苦辣的"酸"）未必就是形容词。这就要求我们或者修正语法意义的定义和相关的规则，使它能同时圆满地解释这两类句子，或者重新考虑其中一类句子的性质，另行处理。

又如假定用描写句的定义解释主谓谓语句("他胆子很小"等)是正确的,那么就要用同样的规则去解释所有认定是主谓谓语句的句子。可是很明显,用这样的规则去解释一部分语法学家认定的主谓谓语句如"这个人什么报都不看"、"今天我要进城"、"这样的事我没办法"等是解释不通的。在这种情况下只有两个办法:一个办法是修正定义和规则,使它能同时圆满地解释所有这些句子,另一个办法是把其中某些类的句子排除在主谓谓语句之外,就看哪个办法行得通。

明确的定义,严密的规则系统,处处一以贯之,不允许含糊,不允许有矛盾,这至少是一种比较客观的验证办法。当然做起来很困难,而且很可能还会触动我们认为没有问题的一些根本问题。使用这种方法倒不一定要求非给出形式化的规则不可,只要每一个语法范畴都有明确的语法形式和明确的语法意义,又能一以贯之,除少数例外都解释得通,也就虽不中不远矣。

附 注

① 胡明扬《语法形式和语法意义》,载《中国语文》1958 年第 3 期。

② 参见菲尔墨《格辨》,中译文载《语言学译丛》第二辑,商务印书馆,1980。

③ 参见布龙菲尔德《语言科学的一套公设》,载美国《语言》杂志 1926 年第 2 期;中译文载《语言学资料》1961 年第 5、6 期。

④ 参见布龙菲尔德《语言论》,袁家骅等译,商务印书馆,1985。

⑤ 参见乔姆斯基《句法理论的若干问题》,黄长著等译,中国社会科学出版社,1986。

⑥ 同⑤,152 页。

⑦ 参见马庆株《自主动词和非自主动词》,载《中国语言学报》1989 年第 3 期。

⑧ 参见马庆株《顺序义对体词语法功能的影响》,载《中国语言学报》1991 年第 4 期。

⑨ 参见胡明扬《语法意义和语汇意义之间的相互影响》,载《汉语学习》1992 年第 1 期。

⑩ 参见叶斯柏森《语法哲学》,何勇等译,语文出版社,1988。

(原载《中国语文》1992 年第 5 期)

语气助词的语气意义[*]

不同的语气助词所表达的究竟各是什么样的语气意义,各家的意见并不一致。语气助词的语气意义本来比较空灵,不容易捉摸,不容易"范围住",这是一个原因。但是还有一个原因,那就是各家使用的方法不同。

语气助词是典型的虚词,不能单独使用,孤立的一个语气助词不表达任何意义。因此,只能在语气助词的使用过程中,也就是在语气助词和某个具体句子结合的实例中去考察语气助词所表达的语气意义。这样,随文释义是最自然不过的,而随文释义就很容易把句子中某些语词或某些结构或句终语调的语气意义误加在语气助词身上。所以,要确切地分析语气助词的语气意义就需要采取某些有效的方法尽可能排除这些干扰因素,把要分析的语气助词的语气意义"孤立"出来。我们认为可以采用以下几种具体办法。

(一) 去掉语气助词,看看还有没有假设的那种语气意义,如果还有,那就说明那种语气意义是句子中其他因素带来的,不是这个语气助词的语气意义。例如:

(1) 那是什么呀?
(2) 你去不去呀?
(3) 现在开始吧!
(4) 他大概已经走了吧?
(5) 外边下着雨呢。
(6) 会正开着呢。

例(1)(2)是"疑问",例(3)(4)是"祈使",例(5)(6)是所谓"持续"。可是去掉语气助词后,仍然是"疑问"、"祈使"和所谓"持续",语气意义不变:

---

[*] 请参见拙著《北京话的语气助词和叹词》,《中国语文》1981年第5、6期,修订后的全文见《北京话初探》,商务印书馆,1987年,74—107页。

(1′) 那是什么？

(2′) 你去不去？

(3′) 现在开始！

(4′) 他大概已经走了？

(5′) 外边下着雨。

(6′) 会正开着。

既然有关的语气助词根本没有出现，可见这些句子的"疑问"、"祈使"和所谓"持续"语气不是这些语气助词的语气意义，而是由句子中其他因素（某些语词、某些结构、句终语调）决定的。

（二）保留语气助词，去掉或改动某些有可能表达某种语气意义的语词或结构，语调不变，看看全句的语气意义是否发生变化，如果发生变化，那就说明这些句子的语气意义不是由有关的语气助词决定的，而是由句子中有关的语词或结构决定的。例如：

(7) 你去不去吧？

(8) 你请上去吧！

(9) 他为什么不来呢？

(10) 他睡觉呢！

(11) 你不再考虑考虑呀？

(12) 那是一定啊！

例(7)是"一般疑问"，例(8)是所谓"商榷"，例(9)是"特指疑问"，例(10)是所谓"持续"，例(11)是"一般疑问"，例(12)是"确认"。保留语气助词，保留原来的语词，去掉或改动某些关键语词或结构，全句的语气意义就可能发生变化：

(7′) 你去吧？

(8′) 你滚吧！

(9′) 我为什么不来呢？

(10′) 他要打喷嚏呢！

(11′) 你再考虑考虑呀！

(12′) 那未必呀！

去掉或改动某些语词或结构，语气助词和语调依旧，可是全句的语气意义发生了变化：例(7)由"一般疑问"变成了所谓"商榷"，例(8)由"商榷"变成了"命令"，因为要人家"滚"不必"商榷"，例(9)由"特指疑问"变成了"反诘"，例(10)由所谓"持续"变成了"未来"(!)，例(11)由"一般疑问"变成了"劝听",例(12)由"确认"变成了"传疑"(!)。由此可见,这些句子的语气意义并不是由语气助词决定的,而是句子中其他因素决定的。

(三)保留语气助词,只变动句终语调,看看全句的语气意义是不是发生变化,如果发生变化,那就说明原有的语气意义是由语调决定的,而不是由语气助词决定的。例如:

(13) 走吧。

(14) 未必吧。

(15) 你是中国人吗。

(16) 他来了吗。

(17) 四嫂呢?

(18) 那么说相声呢?

这里用"。"表示陈述语调,也就是低调,用"?"表示疑问语调,也就是高调。例(13)是"命令",例(14)大概是"陈述",例(15)(16)是"一般疑问",例(17)(18)也是"一般疑问"。可是改掉语调后,全句的语气意义也跟着发生了变化:

(13′) 走吧?

(14′) 未必吧?

(15′) 你是中国人吗?

(16′) 他来了吗?

(17′) 四嫂呢,——(她今天不来了。)

(18′) 那么说相声呢,——(还在小礼堂?)

这里",——"表示待续语调。

例(13)(14)改用疑问语调就成了"一般疑问",例(15)(16)改用疑问语调,由于加强而成了"反诘",例(17)(18)改用待续语调就不再表示疑问而成了"顿宕",预示下面还有话要说。

语调是最容易被忽略的语气因素。认为"吧"和"呢"有疑问语气正是没有考虑语调的语气因素。"非疑问句+吧"或"非疑问句+呢"这种格式缺了一个关键因素,那就是语调,而没有语调就不成其为句子。因此,完整的格式应该是:"非疑问句+吧/呢+疑问/陈述/待续语调"。

有人认为"吗"表示"反诘",这也是忽略了语调因素。"非疑问句+吗+陈述语调"是"一般疑问"或所谓"是非问"。"他是美国人吗"用陈述语调表示提问的人心中无数,等待对方的回答;但是用疑问语调就表示提问的人怀疑这个人是美国人。

(四)在同样的句子,使用同样的语调的前提下加用不同的语气助词,这是直接考察语气助词的语气意义的一种可行的办法,因为这种办法基本上排除了可能有的干扰因素,即使还有,至少也是"机会均等"的。当然,选择的句子要尽可能简单,尽可能在语气意义方面是中性的,这样就可以进一步消除可能有的干扰因素。由于不同的语气助词的分布范围有宽有窄,在使用某些语调的某些句子后面并不是所有的语气助词都能出现,全面使用单一的"测试格式"是不现实的。同时,为了确切地掌握不同语气助词的语气意义,就需要在更多的"测试格式"中反复检验。

这样的"测试格式"可以是:

(19)你去啊。　(19′)你去啊?
(20)你去吗。　(20′)你去吗?
(21)你去吧。　(21′)你去吧?
(22)——　　(22′)你去呢?
(23)你去嘿。　(23′)
(24)小张啊。　(24′)小张啊?
(25)小张吗。　(25′)小张吗?
(26)小张吧。　(26′)小张吧?
(27)——　　(27′)小张呢?
(28)小张嘿。　(28′)——

不同的语气助词的使用范围不同,所以有人就根据语气助词的使用范围来确定语气助词的语气意义。事实上这是不合适的,也是行不通的。如果按使用范围来确定语气助词的语气意义,那么有些语气助词的语气意义就会完全重合,根本没有区别了。试看这些常用的语气助词的使用范围:

表一

	陈述句	疑问句	祈使句	感叹句	待续分句
啊	+	+	+	+	+
吗	(+)	+	—	—	+

(续表)

吧	+	+	+	+	+
呢	−	+	−	+	+
噻	+	−	+	+	+

这里的句类是按句终语调来分的。平时凡有"吗"的句子,除了出现在间接引语的情况外,不论用陈述语调还是用疑问语调都用问号。句子怎么分类并不重要,重要的是语气助词这种分布没有"区别特征",无法根据这种分布特征来确定语气意义。这里当然有一个假设,那就是不同的语气助词的语气意义应该有所不同。可是"啊"和"吧"的分布完全相同,总不能说这两个语气助词的语气意义完全相同。语气助词的语气意义和使用范围有一定联系,但是两者绝不是一回事。

(五)分析整个语气助词系统,从系统性方面去考察每个语气助词的语气意义。

语气助词是一个封闭的子系统,应该有一定的系统性,而不应该是杂乱无章的。现在各家提到的各种不同的语气意义几乎是多到难以列举的,主要的就有这么一些:

1. 确认、肯定、断定   2. 疑问
3. 反诘   4. 猜度
5. 商榷   6. 祈使
7. 劝听   8. 感叹
9. 惊讶   10. 持续
11. 完成   12. 新情况的出现
13. 最近过去   14. 过去

10 到 14 显然是动态或时态意义,不是语气意义。如果现代汉语只有一个语气助词子系统,那么语气助词既表示语气意义,又表示动态或时态意义还说得过去。可是现代汉语明明另有一个动态助词子系统,所以把动态或时态意义放在语气助词的子系统里就成问题了,就值得我们考虑我们的分析有没有问题。如果有问题,就需要另行处理并作进一步的探讨。

如果假定在一个子系统中各个成分基本上各司其职,我们设想的现代语语气助词的语气意义系统大致如表二:

表二

	陈述				疑问	祈使	感叹
	肯定	不肯定	强调	当然			
啊							+
吗					+		
吧		+					
呢			+				
嚜				+			
(的/了)	+						
(祈使、命令语调)						+	

"的"是结构助词加"肯定"(或"确认")语气,是结构·语气助词;"了$_2$"实际上是"了$_1$"加"肯定"(或"确认")语气,是动态·语气助词。这两个都不是"正统"的语气助词。祈使语气细分可分为"命令"和"祈使"。现代汉语没有专门的表示祈使语气的语气助词(近代汉语有"著",或"者",或"着"或"则箇"等),所以上表中另注语调。语气助词表示语气意义,句终语调也表示语气意义,交叉重合,变化就多了。

以上这些具体方法,从(一)到(三)可以说是消极的方法,是为了排除各种干扰因素。(四)可以说是积极的方法,通过比较去正面考察语气助词的语气意义。(五)是一种参校方法,可以用来"校正"结论。当然,这些方法需要统一使用,单凭一种方法很难得出符合实际的结论。

(原载《汉语学习》1988年第6期)

流水句初探[*]

0 引言

0.1 流水句是汉语特有的一类复句。这一类复句不论在口语中还是在书面语中的出现频率都是相当高的,但是长期以来没有得到应有的重视。就我们所知,最早明确地提出汉语有这样一类复句的是吕叔湘先生。我们在《老乞大复句句式》一文中提到过:"吕叔湘先生在1961年说过,汉语里面有些句子恐怕不能完全按西方语法的格局来分析,像'子曰,学而时习之,不亦说乎',好像是三个句段,'子曰'一段,'学而时习之'一段,'不亦说乎'一段","汉语的句子有时候里里拉拉,不那么严密,可以考虑分成'句段'来分析"[①]。在1979年出版的《汉语语法分析问题》中吕叔湘先生说,汉语有这么一类句子,"一个小句接一个小句,很多地方可断可连",[②]并定名为"流水句"。

流水句的例子可以说俯拾皆是,如:

走,不早了,只有二十五分钟,叫他们把车子开出来,走吧。(《雷雨》)

北屋东边儿这家儿,住的是张大娘,她跟闺女一块儿住,女婿在前线保卫边疆。(《吉祥胡同甲五号》)

您看,恶霸都逮去了,咱们挣钱也容易啦,您难道不知道?(《龙须沟》)

西厢房住的这位叫李力,他的职业是体育教员。(《吉祥胡同甲五号》)

现而今,那臭水沟埋了,修上条大马路了,那碎砖头砌的小平房拆了,修了高楼大厦,变喽,变喽!(《吉祥胡同甲五号》)

0.2 流水句应该说是汉语里面比较常见的一类复句,但是过去很少有人注意,很少有人研究,因此现在要给流水句下一个明确的界说,确立流水句在汉语复句体系中的地位,并不是一件很容易的事情。这要牵涉到整个汉语复句的分类体系问题,要牵涉到一系

---

[*] 本文的语音实验工作是劲松同志做的。

列句法的基本问题,甚至于要牵涉到很不好办的什么是句子的问题。目前我们还不得不承认,我们的语法理论和分析方法、分析格局基本上都是从西方来的,汉语化将是一个漫长的过程,并不是能凭主观愿望一蹴即就的,而恐怕要经过几代人的艰苦努力才能做到。所以,我们不准备,也不可能同时探讨和流水句有关的所有的问题,而只准备描写流水句在语音、结构和语义方面的特征,为在汉语复句体系中确立流水句的地位提供必要的语言事实。

0.3 为了探索和描写流水句,我们尽可能采用相对而言内部比较单纯的北京话的材料。

1 流水句的语音特征

1.1 关于句子的语音特征,现在比较一致的意见是:在全句末了有一个句终语调,接着是一个较长的句间停顿。常用的汉语句终语调有:陈述语调、疑问语调、祈使语调、感叹语调。以下我们用"↘"代表陈述语调(必须指出选择"↘"只是为了印刷上的方便,并不意味着汉语的陈述语调和英语的陈述语调一样是一个降调,实际上汉语的陈述语调是一个低调,也就是句终最后一个重音音节的声调起点压低了);用"↗"代表疑问语调(也必须指出选择"↗"只是为了印刷上的方便,并不意味着汉语的疑问语调和英语的疑问语调一样是一个升调,实际上汉语的疑问语调是一个高调,也就是句终最后一个重音音节的声调起点抬高了);用"↓"代表祈使语调;用"↓↓"代表感叹语调;用"→"代表非句终的待续语调[③]。句终"较长的停顿"是和词语、短语、句段(或小句、分句)[④]后面的较短的停顿相对而言的。语速(慢速、常速、快速)不同,各类停顿的绝对长度很不相同,因此起区别作用的是相对长度。以下我们用"♯"代表所有较短的停顿,但主要用来代表句段和句段之间的停顿,用"♯♯"代表句子和句子之间较长的停顿。

1.2 流水句在语音上的特征是除了全句结尾的句终句段末尾出现句终语调外,在其他一个或几个非句终句段末尾也出现句终语调,不过在这些有句终语调的非句终句段后面的停顿明显短于正常的句间停顿。句终语调的出现给人这个句子就要结束的信息,可是当期待中的较长的句间停顿还没有停顿到足够长度的时候,下一个句段又开始了,这就给人一个"似断还连"、"可断可连"的印象。当然,如果在非句终句段后面的停顿长到和正常的句间停顿相等,那么就会成为独立的句子,和后面的句段分开了,这就是"可断"的现象,原来的流水句就分解为几个独立的句子,不一定再是流水句了,但也有可能其中一部分仍然是流水句。

1.3 流水句非句终句段出现句终语调这种"反常"现象是不是表明流水句实际上不是一种复句类型,而是几个独立的句子前后相连造成的假象?我们认为不是,因为句终语调只是句子的必要条件而不是充要条件。句子的充要条件是句终语调加较长的句间停顿,而较长的句间停顿事实上是更重要的划分句子的语音标志。另外,一个句子的非句终句段出现句终语调也绝非流水句独有的现象,汉语和英语的追加问句都有这种现象,如:

咱们去香山玩儿去↘♯好不好↗(↘)♯♯
就这么定了↘♯行吗↘♯♯
He looks tired↘♯doesn't he↗♯♯
She isn't your sister↘♯is she↗♯♯

所以应该说一个句子只出现一个句终语调是"常规",但并不是绝对的。流水句除句终句段出现常规的句终语调外,在非句终句段出现句终语调只是一种"非常规"现象,但是不能据此否定流水句是一种完整的复句。

1.4 1989年2月我们在天津南开大学中文系语音实验室用7800型数字语图仪(Digital Sona-Graph, Model 7800)做了电视剧《吉祥胡同甲五号》部分流水句录音的句段停顿和句间停顿的长度实验,所得数据如下:

(1) 我是建国呀↘♯♯(800ms)您告诉慧芬一声儿→♯(700ms)今晚厂子里有点儿事儿→♯(260ms)我晚回去会儿↘♯(550ms)别让她等我吃晚饭了↘♯♯

(2) 您哪,会养花儿,有技术↘♯(640ms)我呢,有路子↘♯(670ms)咱爷儿俩来个合伙经营↘♯(1050ms)咱们先到各大饭店,把他们那些处理的花儿,那些老的、次的,都收购进来↘♯(640ms)买这些花用不了多少钱↘♯(1030ms)买来以后呢,您给分分盆儿,打打杈儿↘♯

(620ms)经您这么一捣噇,准保跟正品一样→♯(490ms)咱们把它们拉到市场上去,准能卖大价钱↘♯♯

(3)眼下,她们正准备办个家庭托儿所呢↓↓(1250ms)北屋东边这家儿,住的是张大娘→♯(660ms)她跟闺女一块住↘♯(700ms)女婿在前线保卫边疆↘♯(1200ms)北屋两间正房住的是何明一家子↘♯(750ms)他在一家商店当会计↘♯(700ms)他的为人怎么样,往后您就知道了↘♯(1670ms)西厢住的这位叫李力↘♯(530ms)他的职业是体育教员↘♯(340ms)我们这个大院儿干什么的都有↘♯♯

1989年7月我们又在北京中国人民大学语文系语音分析实验室用6087DS可见音调仪(Visi-Pitch,6087DS)请中央戏剧学院表演系研究生徐平(男,33岁)朗读以上(2)、(3)两段例句,所得实验数据如下:

(2′)您哪→(500ms)会养花儿→(150ms)有技术↘♯(370ms)我呢→(190ms)有路子↘♯(500ms)咱爷儿俩来个合伙经营↘♯♯(440ms)咱们先到各大饭店→♯(310ms)把他们那些处理的花儿→(140ms)那些老的→(120ms)次的→♯(630ms)都收购进来↘♯(600ms)买这些花儿用不了多少钱↘♯(500ms)买来以后呢→♯(280ms)您给分分盆,打打杈儿↘♯(530ms)经您这么一捣噇→(190ms)准保跟正品一样↘♯(750ms)咱们把它们拉到市场上去→♯(280ms)准能卖大价钱↓↓♯♯

(3′)眼下→(750ms)她们正准备办个家庭托儿所呢↓↓(1000ms)北屋东边儿这家儿→♯(320ms)住的是张大娘↘♯(560ms)她跟闺女一块儿住↘♯(830ms)女婿在前线保卫边疆↘♯♯(950ms)北屋两间正房住的是何明一家子↘♯(630ms)他在一家商店当会计↘♯(630ms)他的为人怎么样→♯(530ms)往后您就知道了↘♯(1625ms)西厢房住的这位叫李力↘♯(500ms)他的职业是体育教员↘♯(1500ms)我们这个大院儿干什么的都有↘♯♯

以上的实验数据表明,句间停顿明显地长于句中停顿。但是有一个例外,那就是例(3)最后一个句间停顿(他的职业是体育教员↘♯♯340ms)明显地短于这一个流水句内部句段和句段之间的停顿(西厢房住的这位叫李力↘♯530ms)。不过这一例外比较容易解释,因为接下来这一句"我们这个大院儿干什么的都有"是一个总结性的句子,在画外音中紧接上一句还是可以理解的。同是这一句,徐平在朗读时,句中停顿是500ms,句末的停顿是1500ms。另外,徐平在不那么自然的条件下,明显有两处不合常规的误读,一处是例(2')一开头的"您哪"后面的停顿太长,一处是例(2')"那些老的、次的,都收购进来"的"次的"后面的停顿太长。以上三个数据没有统计在内。

以下我们设句间停顿为1,看看句中停顿和句间停顿的长度比例。

例(1)无可比数据

例(2)①(640ms+670ms)÷2:1050ms=0.62:1
②(640ms:1030ms)=0.62:1

例(3)①(660ms+700ms)÷2:1200=0.56:1
②(750ms+700ms)÷2:1670=0.43:1

例(2')①(150ms+370ms+190ms)÷3:500ms=0.47:1
②(310ms+140ms+120ms)÷3:600ms=0.31:1
③ 280ms:530ms=0.52:1
④ 190ms:750ms=0.25:1

例(3')① 750ms:1000ms=0.75:1
②(320ms+560ms+830ms)÷3:950ms=0.60:1
③(630ms+630ms+530ms)÷3:1625ms=0.36:1
④ 500ms:1500ms=0.33:1

从这些数据来看,句中停顿和句间停顿的长度比率是0.25～0.75:1。我们一共有12个数据,按平均数计算是0.48:1,按中数计算是0.49:1。这样看,大致是句间停顿比句中停顿长一倍,这样的差别应该说是够明显的。因此可以说,流水句的语音特征是够明显的,足以把一个完整的流水复句和几个前后相连而各自独立的单句或复句区分开来。

1.5 在流水句的语音、结构、语义三方面的特征中,语音特征是主要的。一个流水句内部的句终语调后面的停顿如果长到和句间停顿相等,那么这个流水句就会分解为两个或几个句子。例(2)的"您哪,会养花儿,有技术,我呢,有路子,咱爷儿俩来个合伙经营"是一个流水句,因为只有一个句间停顿。这是电视剧的录音。可是在例(2')中,徐平处理成了两句,即"您哪,会养花儿,有技术,我呢,有路子"一句,"咱爷儿俩来个合伙经营"又是一句,关键就在于出现了两个句间停顿。同理,例(2)的"咱们先到各大饭店,把他们那些处理的花儿,那些老的、次的,都收购进来,买这些用不了多少钱"在例(2′)中分解成了两句;例(2)的"买来以后呢,您给分分盆儿,打打杈儿,经您这么一捣噔,准保跟正品一样,咱们把它们拉到市场上,准能卖大价钱"在例(2′)中分解成了三句。

2 流水句的结构特征

2.1 流水句在结构上的特征是:(1)至少包含两个或两个以上的独立句段;(2)句段之间一般不是靠关联词语来联结的,尽管有较长的流水句内部可以包含用关联词语来联结的关联复句。

2.2 句段有两类,一类是独立句段,一类是非独立句段。所谓"独立"和"非独立"是指在没有特定的上下文和语境的支撑下能不能独立成句,特别是就陈述句而言的。有的非独立句段在特定的上下文和语境的支撑下可以独立成句。

2.3.1 独立句段加句终语调就可以成句,如:

我是中国人↘##

天气很热↘##

他脾气很大↘##

屋子里黑乎乎什么都看不清楚↘##

客人走了↘##

她在休息↘##

我们吃过晚饭了↘##

我们晚饭吃过了↘##

2.3.2 非独立句段加陈述语调不能成句,总让人觉得缺了点什么,话还没说完,还应该接着说下去,如:

＊天气热↘

＊屋子里黑乎乎↘

＊客人走↘

＊她休息↘

＊我们吃过晚饭↘

＊我们晚饭吃过↘

非独立句段在语义上是完整的,但是在结构上是不完整的,所以不能独立成句。对比相应的独立句段和非独立句段可以发现非独立句段缺了一点东西,这就是所谓"完句成分"。汉语缺少形态,但是有自己的结构特点,也并不是随便把一些语汇成分堆砌起来就成为一个句子的。常见的"完句成分"是一些助词和副词,但是并不局限于这些虚词,"我们吃过了晚饭"不能成句,改变语序,"我们晚饭吃过了"就可以成句;"屋子里黑乎乎"不能成句,加上"什么都看不清楚"或"怪森人的"就可以成句。

有的非独立句段的肯定式不能独立成句,但是相应的否定式可以独立成句,如:

  天气不热↘♯♯
  客人没走↘♯♯
  她不休息↘♯♯
  我们没吃过晚饭↘♯♯
  我们晚饭没吃过↘♯♯

否定式否定了句子的"现实性",成句的条件就有所不同。

有的非独立句段加陈述语调不能独立成句,但是加疑问语调或祈使语调能独立成句,如:

  天热↗♯♯
  她休息↗♯♯
  你走↓♯♯
  大家起床↓♯♯

疑问和祈使跟否定相似,也在不同程度上取消了句子的"现实性",成句条件不同于陈述。

非独立句段不能独立成句,但是非独立句段和独立句段,非独立句段和非独立句段可以组合成为更大的独立的复合句段,如:

  天气热→♯我就不去了吧↘♯♯
  我们晚饭刚吃过→♯他就来了↘♯♯
  今天热→♯昨天凉↘♯♯
  她休息→♯我干活↘♯♯
  她吃饭→♯我吃面条↘♯♯

关于独立句段和非独立句段的结构特征以及与此密切有关的"完句成分"的问题过去很少研究,所以在这里只能简单地提一下,尚待进一步探索。

2.4 流水句至少包含两个或两上以上的独立句段这种结构上的特征是和流水句出现两个或两个以上的句终语调这种语音上的特征密切有关的,因为在一般情况下只有独立句段才可以有句终语调;如果就陈述语调而言,那么只有独立句段才能有,而在流水句中除全句末尾的句终语调外,非句终语段出现的句终语调多数是陈述语调。例如：

(1)①新沟是暗沟↘#②管子已经都安好→#③完了工啦↘#④上面修成了一条平平正正的马路↘##(《龙须沟》)

(2)①要不然这么着吧↘#②先打我这儿拿点杂合面儿去→#③对付过今儿个↘#④教丁四歇歇↘#⑤明儿蹬进钱来再还我↘##(《龙须沟》)

例(1)的①③④是独立句段,②是非独立句段。例(2)的①④⑤是独立句段,②③是非独立句段,但是②和③一起组成一个复合的独立句段。

2.5 流水句一般总是由好几个句段组成的,所以才给人"里里拉拉"的印象。但是一个复句是不是流水句并不是由这个复句包含的句段的数量来决定的,而是由全句的语音、结构和语义特征来决定的。典型的流水句包含好几个句段,如：

走↓#不早了↘#只有二十五分钟↘#叫他们把车开出来↘#走吧↓##(《雷雨》)

但是有的流水句只包含两个句段,因为在语音、结构和语义上都符合流水句的特点,应该承认也是流水句,如：

西厢房住的这位叫李力↘#他的职业是体育教员↘##(《吉祥胡同甲五号》)

2.6 用关联词语来联结的复句是关联复句。关联词语包括连词、关联副词和所有能起关联作用的词语。关联复句是有标志复句,因为有关联词语,所以句段和句段之间的联系比较紧密,非句终句段不使用句终语调而使用待续语调,如：

他因为对你有看法→#所以才说那些话↘##

要是你拿不动→#我送你上火车站↘##

只要他同意→#我没意见↘##

257

他来的时候→♯雨还没下呢↘♯♯

一边儿听音乐→♯一边儿做作业↘♯效果能好吗↘♯♯

她既不愿意好好工作→♯整天搞交际→又要领导和同志们都说她好→♯所以只得处处弄虚作假↘♯♯

流水句的句段和句段之间一般不使用关联词语,如:

一上来说的也怪受听→♯什么捉拿汉奸伍的↘♯好,还没三天半→♯汉奸又当上官了↘♯咱们穷人还是头朝下↓↓♯♯(《龙须沟》)

有的流水句内部包含关联复句,那样就出现了关联词语,但是就全句而言仍然是流水句,如:

我一想→♯这溜儿更过不来啦↗♯怕掉到沟里去→♯就在刘家小茶馆里蹲了半夜↘♯♯

她也不想想→♯这是她生身之地↘♯刚离开这儿几个月→♯就不肯回来↘♯说一到这儿就要吐↘♯真遭罪呀↓↓♯♯

3 流水句的语义特征

3.1 流水句在语义上的特征是句段和句段之间的语义联系比较松散,一般难以添补上表示某种紧密的逻辑关系的关联词语。

3.2 流水句和意合句一样都不使用关联词语,但是意合句句段和句段之间的语义联系比较紧密,可以补出表示某种紧密的逻辑关系的关联词语,如:

(如果/因为)他不来信→♯(那么/所以)我不回信↘♯♯

(既然)你这两天不舒服→♯(就)不过去了↘♯♯

她这个人从来不说真话→♯(所以)你别信她↘♯♯

两个人依旧来往→♯(可是)关系跟以前大不相同了↘♯♯

流水句内部的语义联系比较松散,很多地方很难说省略了什么样的关联词语,如:

北屋两间正房住的是何明一家子↘♯他在一家商店当会计↘♯他的为人怎么样↘♯往后您就知道了↘(《吉祥胡同甲五号》)

那可不对↘♯你跟他动软的→♯拿感情拢住他↘♯我再拿面子局他↘♯这么办就行啦↘♯♯(《龙须沟》)

有的流水句在某些地方可以勉强补出关联词语,但是全句的语义联系仍然显得很松散,如:

是啊↘♯无论怎么说吧↘♯他总真有了点事做↘♯好歹的大伙儿不

再说他是废物点心↘＃(所以)我的心里总痛快点儿↘＃＃《龙须沟》

　　用不着您看家↘＃(因为)待会儿有警察来照应着这条街↘＃去↓＃换上新衣裳去↓＃＃《龙须沟》

4 流水句在汉语复句体系中的位置

4.1 汉语的复句体系是参照西方语法的复句体系建立起来的。

在有丰富形态的西方语言中,复句体系也是依据形态标准建立起来的。现代英语的形态已经不那么丰富,所以现代英语的复句体系是依据连词的类别建立起来的。汉语没有像西方语言那样的形态,所以汉语的复句体系是在意义和关联词语的基础上按逻辑体系参照英语的复句体系建立起来的。从意义的角度去研究复句,建立复句的逻辑分类体系有本身的理论价值和实用价值,在这方面近年来已经取得重大进展,应该充分加以肯定。但是从形式和结构方面去研究汉语复句,大概正由于汉语缺乏形态,很难着手,所以就显得不够。

4.2 从形式上分析复句,首先要分析复句的形式标志。汉语缺乏形态,这不等于说汉语的语法结构没有任何形式标志。关联词语应该认为是一种形式标志,因此复句可以先分为有关联词语的复句和无关联词语的复句两大类,然后再依据其他形式标志作进一步分类,我们的初步意见是:

　　Ⅰ有关联词语复句(或称"关联复句")

　　Ⅱ无关联词语复句(或称"无关联复句")

有关联词语复句可以根据关联词语的类别作进一步分类。

无关联词语复句大致可以分为三类:(1)意合句(可以补出关联词语),(2)流水句(一般难以补出关联词语),(3)排比句(主要依靠结构上的平行现象来联结)。

在这样一个复句体系中,流水句的定义可以是:流水句是一种在非句终句段也出现句终语调,语义联系比较松散,似断还连的无关联词语复句。

5 余言

本文只是初步描写了流水句在语音、结构、语义这三方面的特征,初步区分了流水句和一般复句,区分了流水句和意合句,还给流水句下了一个定义。各种复句是可以互相包含的,这里面一定还有不少纠缠不清的地方。书面语找不到语音标志,区分流水句和其他复句有不少困难。至于流水句的内部结构类型,内部语义联系的类型以及流水句的再分类,这些在本文内都没有涉及。流水句作为一种复句类型还需要更多的人作更进一步的研究。

附 注

① 该文载《语文研究》1984 年第 3 期。
② 吕叔湘《汉语语法分析问题》,商务印书馆,1979 年,27 页。
③ 参见胡明扬《关于北京话的语调问题》,载《北京话初探》,商务印书馆,1987 年,146—164 页。
④ "句段"的概念和术语是吕叔湘先生提出来的,但是他在正式发表的著作中没有使用这个术语。

(原载《语言教学与研究》1989 年第 4 期)

语法意义和语汇意义之间的相互影响

　　语法意义是语法形式的意义,而语法形式总是通过一定的语汇形式或依附于一定的语汇形式来实现的,所以语法意义也总是通过一定的语汇意义或依附于一定的语汇意义而实现的。这样,语法意义虽然不同于语汇意义,却和语汇意义有千丝万缕的联系,并且相互影响,相互制约。正因为如此,同一语法范畴和语法形式的语法意义就由于受不同的语汇成分的语汇意义的影响而呈现出种种差异。这种差异是由实现有关的语法形式的语汇成分的语汇意义决定的,这和同一音位的变体受语音环境影响而产生差异一样,是一种条件变体。同一音位的条件变体是互补的,同一语法形式的语法意义受语言环境(有关的语汇成分的语汇意义以及上下文)影响而产生的条件变体也是互补的。

　　在语法研究领域中较早注意到这种现象的是 20 世纪初期研究英语语法的语言学家,尽管他们并没有就此提出一般性的理论。例如叶斯柏森早在 1909 到 1931 年出版的《现代英语语法》前 4 卷中关于英语动词时态部分就注意到了同一时态范畴由于动词的语汇意义不同而需要分类描写,并且也注意到了语汇意义对语法意义的影响以及语法意义对语汇意义的影响。他在分析英语的"扩展态"(expanded tenses,一般称"持续态"或"进行态")时先把英语动词分为两类,一类是动作动词,一类是状态动词。他指出,在正常情况下,"扩展态"不适用于状态动词而只适用于动作动词,动作动词使用"扩展态"表示在某一时刻某种动作正在进行中并且表示还没有完成,如:

　　　　Browning knew what he was talking about when he talked of poetry.
　　(布朗宁在谈论诗歌的时候很清楚他自己在说些什么。)

　　　　He is a night watchman and sleeps of mornings. He is sleeping now.

（他是夜班看门人，一般上午睡觉。此刻他正在睡觉。）

状态动词在正常情况下不能用"扩展态"，如果用了"扩展态"，动词的语汇意义就要被迫发生变化，从表示静止的状态改变为表示某种动作，如：

   He is being kind to her.（他现在对她很好。）

being kind 在这里传递一种信息，他在通过一些动作有意表示对她很好，因此说明他平时对她不好。在正常情况下绝对不能用"扩展态"的典型状态动词 be（是），一旦用了"扩展态"就表示某种正在进行的动作正好说明"扩展态"的基本语法意义是"表示在某一时刻某种动作正在进行中并且表示还没有完成"。根据叶斯柏森给"扩展态"下的这一定义似乎定名为"进行态"更合适，但是他选择了"扩展态"这一名称，因为他认为这种动态的特点在于把处在某个时点上的动作扩展开来，展示其全部细节。正因为他这么看待这种动态，所以他有时又称之为"描写态"，认为主要用来描写具体情景的。

动作动词还需要再分类。叶斯柏森注意到了一些表示非此即彼无法扩展的运动和状态变化的动词使用"扩展态"并不表示扩展了的动作或状态变化过程而表示最近将来要发生的动作或状态变化。这些动词如 come（来，没来之前还不是"来"，来了就是来了），go（去，没去之前还不是"去"，去了就不再去），die（死，没死之前还活着，死了就已经死了），等，如：

   They are coming.（他们快来了。）

   I am going away tomorrow.（我明天就要走了。）

   The man was dying.（那人快要死了。）

这里是有关动词的语汇意义影响语法意义，使语法意义发生变化。

英语语法经过世界上各国语法学家的努力，相对而言是当今各种语言的语法中研究得最深入的。1985 年出版的夸克（R. Quirk）等四人合著的《英语语法大全》可以说是一部集大成的英语语法著作，这部著作中在"进行态"部分对英语动词作出了如下的再分类。

静态动词 { A 品质动词：be tall, have two legs, be a mammal
B 状态动词：be angry, be ill, love, resemble, think, own
C 姿态动词：live, stand, lie, sit

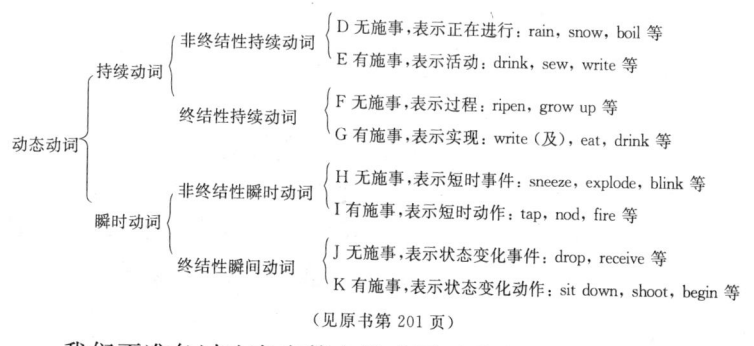

```
                    ┌ 非终结性持续动词 ┌ D 无施事,表示正在进行：rain, snow, boil 等
       ┌ 持续动词 ─┤                  └ E 有施事,表示活动：drink, sew, write 等
       │          │
       │          └ 终结性持续动词   ┌ F 无施事,表示过程：ripen, grow up 等
动态动词┤                            └ G 有施事,表示实现：write（及）, eat, drink 等
       │          ┌ 非终结性瞬时动词 ┌ H 无施事,表示短时事件：sneeze, explode, blink 等
       │          │                  └ I 有施事,表示短时动作：tap, nod, fire 等
       └ 瞬时动词─┤
                  └ 终结性瞬间动词   ┌ J 无施事,表示状态变化事件：drop, receive 等
                                    └ K 有施事,表示状态变化动作：sit down, shoot, begin 等
```
（见原书第 201 页）

　　我们不准备讨论夸克等人的动词再分类是不是合理,而只想指出,他们的再分类基本上是二分的,这就是说,英语"进行态"的语法意义由于实现这种语法形式的语汇成分的语汇意义不同而有所不同,但是这些不同的意义不是矛盾的,而是互补的。因此这并不妨碍"进行态"有一个基本的语法意义。事实上,客观存在的只是这些和不同的动词语汇意义相结合而受其影响的不同的具体的语法意义,统一的"进行态"和"扩展态"的语法意义反倒是一种主观的抽象和概括。这种抽象和概括应该能合理地说明受不同语汇意义的影响后产生的差异,并且在多数情况下也往往是最常见的一种意义变体。重要的是给某种语法范畴和语法形式的语法意义作出比较周全的概括,至于采用什么样的名称术语倒是不那么重要的,非实质性的。在英语语法学史上,斯威特对 be＋Ving 这种形式称之为"有定态"（definite tenses）,克鲁辛加等使用的是"进行态"（progressive tenses）,叶斯柏森用的是"扩展态",20 世纪 20 年代美国英语教学联合委员会推荐的是"持续态"（continuous tenses）,而到了 70 年代夸克等人又选择了"进行态"。不同的语法学家有不同的观察角度和侧重点,甚至可以有不同的喜好,对同一名称也可能还有不同的理解,所以名称术语问题是不重要的,重要的是抽象概括是否恰当,分析描写是否全面。

　　现在我们不妨就夸克等人的再分类和对英语"进行态"各种不同的意义变体的描写来看看他们给"进行态"的语法意义所下的定义是不是恰当,是不是能比较圆满地解释各种不同的意义变体。夸克等人的定义是："在某一特定时刻某种事件（happening）正在进行中"(夸克等,1985)。

A 类品质动词在正常情况下不用"进行态",如果用了"进行态"就表示某种行为(behaviour),并隐含不真诚的意思,如:The neighbours are being friendly(邻居现在显得很友好)。

B 类"个人"状态动词有较强的主观性,一般不用"进行态",如果用"进行态",则强调暂时性和尝试性(tentativeness),如:I was hoping you would give me some advice(我曾经希望你会给我出点主意)。

C 类姿态动词用"非进行态"表示永久姿态,用"进行态"表示暂时姿态,如:James lives in Copenhagen(詹姆斯住在哥本哈根[永久住所]);James is living in Copenhagen(詹姆斯目前住在哥本哈根[临时住所])。

D 类动词用"进行态"表示由无生命的力量进行持续活动,如:It is raining(天在下雨);Is your watch working?(你的手表在走吗?)

E 类动词用"进行态"表示有生命主语进行的持续活动,如:Jill was writing/working/singing/dancing/eating/sewing/swimming, etc(基尔在写字/干活/唱歌/跳舞/吃东西/缝东西/游泳等)。

F 类动词用进行态表示在一段时间内状态的变化,如:The weather is getting warmer(天气暖起来了);Our economic prospects are now improving(我们的经济前景正在日益改善)。

G 类动词用进行态表示的一段时间内的动作或活动并且这种动作或活动有一定的目的或终点,如:Jill is knitting herself a sweater(基尔在给她自己织一件毛衣);The boys are swimming across the estuary(男孩子们在游泳横渡港湾)。

H 类和 I 类瞬时动词的差别在于 H 类没有施事[1],I 类有施事,这两类动词用进行态表示反复发生的瞬时动作,如:The tops of the trees were waving in the wind, and the branches were shaking and knocking against the side of the house. Downstairs, a door was banging.(树梢在风中摇曳,枝条来回晃着,敲打着屋子的一面墙壁。楼下,门在碰撞作响。)

J 类和 K 类动词跟 F 类、G 类动词的不同在于很少或没有持续时间,跟 H 类、I 类动词的不同在于包含状态的变化。状态变化事件是没有施事的,如:The train is arriving at platform 4(列车将停靠在 4 站台);The queen was dying(皇后快要死了)。

状态变化动作是有施事的,如:I'm stopping the car at this garage(我想把车放在这家存车处);It looks as if Juarez is scoring another goal(看来胡阿雷斯好像又要进一个球了)。这两类都表示预期的状态变化。

这 11 类动词使用进行态时表示的语法意义如下:

  A 类 暂时性行为
  B 类 暂时性状态,尝试性
  C 类 暂时性姿态
  D 类、E 类 持续活动
  F 类 状态变化
  G 类 有目的、有终点的动作或活动
  H 类、I 类 反复发生的瞬时动作
  J 类、K 类 预期的状态变化

夸克等人在动词再分类的基础上,对各种语法意义的变体进行概括,给"进行态"下了定义:"在某一特定时刻某种事件正在进行中"。当然,可以不同意或不完全同意夸克等人的意见,也可以称为别的什么"态",但是应该看到他们的方法是可取的。他们是在穷尽地分析了一百万个词的语料中有关的例句,搜集了充分例证,作出了系统的分类以后才进行概括,得出这样的结论的。不过,我们在这里较为详尽的引证夸克等人对英语动词"进行态"的分析描写的着眼点并不在于他们的结论是否绝对正确,而在于想用一个现成的、较少争议的实例来说明同一语法形式的语法意义在具体的用例中并不是单一的,而是受语汇意义的影响而有差异,不过由语汇意义和语言环境的影响而形成的语法意义的变体是互补的,因此有可能进行抽象,概括成一种单一的语法意义,或者选择一种最常见的意义变体作为代表。

以上引证的都是说明动词本身的语汇意义和语法意义之间相互影响的例子,下面补充几个句子中其他语言成分的语汇意义影响语法意义的例子,如：

> He is writing a letter.（他在写一封信。）
> He is writing a book.（他在写一本书。）
> 他干吗哭丧着脸？
> 哭丧着脸见客人不好。

"写一封信"花不了多少时间,在正常情况下是一气呵成的,所以用"进行态"表示此刻正在进行这类活动。可是"写一本书"不是短时间能写完的,所以用"进行态"只能表示在当前一段时间内他在从事写作,而很可能此刻正在休息,根本没在写什么。这样的意义上的差别不是"进行态"本身具有的,而是由"信"和"书"的语汇意义所联系的客观事理所决定的。"他干吗哭丧着脸？"中的"着"表示问句中涉及的时刻的动作(?)或状态(?),而"哭丧着脸见客不好"指的却不是具体的动作(?)或状态(?),指的是方式或假设,这种意义上的差异显然是句子中其他语言成分的语汇意义和整个句式决定的。怎样分辨某种语法形式固有的语法意义和受语汇意义或语言环境影响而产生的意义变体说到底是一门艺术,所以意见分歧是正常的,但是如果在方法上精益求精,逐步取得一致认识还是有可能的。

汉语语法研究和西方语言的语法研究相比,历史还很短,因此也不够深入；特别是迄今为止多数人使用的仍然是内省和举例的方法,没有对足够的语料进行过系统穷尽的分析和描写,所以不少问题的基本情况还不很清楚,意见长期分歧就完全不是偶然的。在这种情况下提倡广泛深入地描写语言事实是完全正确的。情况不明,判断就很难准确。当然,情况明了以后也还有个作出判断的方法问题,不过情况明了总是第一性的。目前有些语法现象的语言事实还不够清楚,更缺乏量化的数据,所以我们很难匆促地作出结论,所以只能作为例子来探讨本文提到的分析方法是否可行。

不妨看看汉语动态助词"着"的情况：

(1) 走着、唱着、笑着……[进行中的动作]

(2) 敲着、跳着、捶着……[反复发生的动作]

(3) 挂着、摆着、放着……[①进行中的动作,②作为动作结果的持续状态]

(4) 站着、坐着、躺着……[持续的姿态]

(5) 想着、思考着、盘算着……[持续的心理活动]
(6) 向着、对着、朝着……[持续的态势]
(7) 意味着、标志着……[动作结果表示的关系]
……

至少有两类动词在正常情况下不能加"着"：
（a）是、有、属于、像、等于……[静态关系]
（b）完成、消灭、打退……[显示结果]

值得特别注意的是那些在正常情况下不能加"着"的动词的语汇意义，因为不能加"着"正是因为这一类动词的语汇意义和"着"的语法意义是不相容的。更加值得特别注意的是那些在正常情况下不能用"着"而用了"着"的例句，这时候的附加意义很可能正是"着"的基本语法意义。"有"字在正常情况下是不能加"着"的，《现代汉语八百词》第557页引了"有"加"着"的几个用例："他有着艺术家的气质／中国在两千年前就与伊朗等国有着贸易往来／这两者之间也是有着联系的。"这些用例是否合乎规范是一回事，但是细细体会加了"着"究竟增加了什么意义肯定对揭示"着"的固有的语法意义是很有用处的。

再看看虚化的"起来"的用法：
（1）哭起来、唱起来、富起来……[动作或状态的开始]
（2）想起来、记起来、勾起来……[心理活动的实现]
（3）收起来、合起来、捆起来……[动作按要求完成]
（4）看起来、说起来、用起来……（后面另有核心谓词）[方式或假设]
……

至少这样一些动词是不能加"起来"的：
（a）是、有、属于、像……[静态关系]
（b）完成、消灭、打退……[显示结果]
（c）向、朝、对……[静态态势]
……

最后来看看最复杂的动宾关系的语法意义和动词、用作宾语的名词语汇意义之间的相互影响问题。我们不准备讨论宾语的范围，只想说明宾语的语法意义也是受语汇意义制约的，"说不完的"各种具体意义只是受语汇意义影响而形成的各种变体。至于作为一种语法范畴的宾语的语法意义应该不仅是说得完的，而且是单一的，是不同变体意义的抽象和概括。这里当然也牵涉到一般和特殊的问题,常用和例外的问题,语法和语汇的问题,再加上宾语的范围问题,所以就非常复杂了。如果不对足够数量的语料进行穷尽的分析,没有一定的量化数据作为依据,匆促的主观结论是很难令人信服的。

《现代汉语语法讲话》提到了动宾关系有这样一些类别:
  (1) 破坏旧的腐朽的东西、建设新的健全的东西……[受事]
  (2) 在一所大宅院里、到了河西村……[处所]
  (3) (阎家山)有个李有才、(炕上地上)尽是水……[存在的事物]
  (4) 是国际主义者、属于……的一部分……[(主语的)类别]
  (5) 打了老大一个青疙瘩、打个洞……[产生的结果]
  (6) 卖了一百多元、吃了三毛钱……[引起的结果]
  (7) (桌旁)坐着几个人、走了一个人……[施事]
  (8) (这一锅饭)能吃三十个人……[似施事]
  (9) 写魏碑、吃大碗……[方式(?)]
  ……

《现代汉语语法讲法》对动宾关系分析得非常细致深入,但是读者可以发现,动宾关系的不同意义都是和不同的语汇意义以及语言环境(包括句式)直接有关的,因此这些不同的意义不过是同一语法意义在不同条件下的变体。如果语言环境相同,动词和宾语名词的小类也相同,那就不可能同时有这么多不同的意义。当然,要从这么多不同的意义变体中抽象概括出一个统一的语法意义来,并给出不同条件下出现的意义变体的明确的规则决不是一件容易的事情。但是从语法意义和语汇意义之间的相互影响,统一的高度抽象的语法意义和通过具体的语汇成分的语汇意义,实现这种语法意义而形成的变体之间的相互关系这样的角度去进行新的探索也许会有助于把语法研究深入一步,有助于解决一些长期得不到解决的问题。

附 注

  ① "施事"、"受事"这一类术语在不同的语法著作中有不同的含义,这里是夸克等人使用的含义,"施事"限于有生命的主体。

(原载《汉语学习》1992 年第 1 期)

句法语义范畴的若干理论问题

0 引言

在言语交际过程中,作为一个交际单位的句子的意义主要是通过语言形式来传递的,还有一些意义是通过伴随语言或所谓体态语来传递的。除此之外,语境(包括上下文和情景,情景包括场景和人物之间的相互关系)和背景知识(包括对人物的现状和历史的知识,对物质和精神世界的一般知识和专业知识)起着使语句的语义信息明确化,消除歧义,以及在某些场合改变或补充语句意义的作用。例如"他走了↘"这句话的语句意义,也就是语言形式传递的意义,是由语汇成分"他"和"走",语法成分"了",这些语言成分之间的句法关系,语音成分陈述语调所表示的意义综合组成的。至于"他"究竟是谁,"走"是怎么走的,是步行,是坐车,是坐飞机等只能由语境和背景知识来确定,而"他走了"还意味着什么,是简单地通报情况,是松了一口气,是惋惜,还是别的什么意思,也只能由语境和背景知识来确定,当然伴随语言也能提供一定的信息。这是一个高度简化了的例子,不过由此可以看到,一句句子的意义可以说主要是,但并不完全是,由语言形式来确定的,而至少是由三个部分综合组成的,即:(1)语言形式意义(加伴随语言意义);(2)语境意义;(3)背景知识。

就书面语而言,语音信息得不到充分反映,伴随语言可以不考虑,如果上下文提供有关伴随语言的描述,事实上也就是上下文提供的意义。

语用学、话语语言学、篇章语言学对上下文和情景的研究还处在草创阶段,还没有系统的成果可资利用。背景知识的研究可以说才刚刚起步,尽管可以建立某些专家系统,但是知识范围是如此窄小,和几乎包含人类全部知识在内的背景知识相比,只是沧海一粟,对自然语言理解和生成起不了多大作用。在这种情况下,在一段时间内还不得不集中力量来理解语言形式提供的意义,尽管语言形式提供的意义是不完全的,在不少场合是有歧义的,而要消除歧义却在很大程度上要依赖语境和背景知识提供的信息。

按传统的说法,至少就书面语而言,句子的意义是语汇意义加句法关系意义。应该说这种说法基本上是正确的。当然还应该加上标点符号所提供的语音信息。

语汇意义的研究历史悠久,词典的释义就是对语汇成分意义的解释。句法关系意义的研究也有相当长的历史,传统语法对格的意义的研究,对主宾语意义的研究,对修饰关系意义的研究,事实上都是对句法关系意义的研究。但是语汇意义研究和句法关系意义研究的情况很不相同。语汇意义研究尽管有详略深浅之分,比较容易取得一致意见,而句法关系意义研究却长期以来很难取得一致意见,所以不少人宣称句法关系意义是难以穷尽的,少数人甚至宣称句法关系仅仅是一种形式,可以没有什么意义可言。

也许在掌握了语汇意义和最基本、最常见的句法关系意义,再加上语境和背景知识提供的信息的前提下,人要理解自然语言并不困难,因此对句法关系意义进行深入系统研究的必要性就并不十分迫切。这样在客观上也就缺乏足够的动力来对句法关系意义进行彻底的探讨。

进入60年代以后,机器翻译和自然语言理解领域研究的进展要求语言学家对句法关系意义作出确切的解释,这就给这方面的研究带来了动力。从1966年开始菲尔墨逐步建立起他的格语法理论,试图对核心谓词和名词性成分之间的句法关系意义作出系统的描写并给出形式化的规则。稍后,韩礼德(1970,1973,1985)提出了他的及物性理论,为描写英语动词和名词性成分之间的句法关系意义提供了一个比较系统的框架。在70年代,李英哲(1971)、汤廷池(1972)和邓守信(1975)运用这一理论对汉语的句法关系意义进行了研究。进入80年代后,国内学者鲁川、梁镇韩(1986)、李临定(1986)、孟琮(1987)等进行了探索。但是,不论是对英语还是对汉语的句法关系意义的研究还都处在探索阶段,尽管有很大进展,还没有达到实用的水平。

菲尔墨企图建立一种普遍适用的超语言的格语法理论,并且企图同时解决一些有关的语境意义和背景知识问题,在具体研究过程中又不大区分语汇意义和句法关系意义,因而陷入困境是不难理解的。韩礼德没有明确宣称他的及物性理论是一种普遍适用的理论,但也没有说只适用于英语。他的理论比较系统,但不够具体,要达到实用水平还有很多具体研究工作要做。

句法关系意义的研究在60年代和70年代在理论和方法上有所突破后并没有再取得重大进展。一个原因是任何一种演绎性的理论都需要通过大量具体研究工作来加以验证和修正,那就需要时间。这是正常现象。另一个原因是还有一些重要的理论问题没有很好解决,妨碍了具体研究工作的顺利进行,甚至还有可能把具体研究工作错误地引导到一个更大、更复杂的语义研究领域而在相当长时间内得不出有用的结论。本文就想探讨这些和句法关系意义研究关系密切而没有很好解决的理论问题。

1 句法关系意义和句法语义范畴

1.1 定义 句法关系意义可以有两种解释:一种解释是指具体句子中具体的语言成分项目(语项)之间具体的句法关系意义;另一种解释是指句子中不同范畴的语项之间抽象的句法关系意义。后一种句法关系意义实际上指的是一种高度概括的句法语义类别,也就是句法语义范畴,这样的语义范畴是和句法关系联系在一起的,是一定的句法形式的语义内容。现在需要研究的正是后一种句法关系意义,也就是句法语义范畴,而不是前一种具体句子的具体语项之间的关系意义。

1.2 两个原则 传统的观点认为句法关系表示的是一种抽象的关系意义,而不是像语汇意义那样的具体意义;认为这样的关系意义是一种句法意义,即句法形式所表示的意义。这种观点应该说是正确的。根据这样的观点可以得出两条指导原则:一条原则是句法关系意义或句法语义范畴不应该过于具体,如施事、受事这样的术语指的应该是语义类别或语义范畴而不应该是非常具体的。当然,具体和抽象是相对的,很难在两者之间划一条明确的界限。另一条原则是句法语义范畴必须和一定的句法形式相结合,在句法形式上不加区分的不需要区分,在句法形式上有区分的必须区分。这一原则恰恰补充了第一条原则,那就是说,不应该过于具体指的是在句法形式上没有区别的不需要根据具体的语项意义去细分,而在句法形式上有区分的,不论有关意义的抽象程度如何,都必须加以区分。句法形式的制约作用实际上给句法语义范畴划定了一个范围,并且给什么是过于具体,什么是过分笼统划出了一条明确的界限。

菲尔墨一度曾经想从客体格中分出一个使成格来,因为:

(1) John ruined the table.

(2) John made the table.

例(1)中 ruin 之前 table 就存在,而例(2)中 made 之前 table 不存在,table 是 made 的结果而不是对象。有的传统语法就是根据这一点不同区分使成宾语和受动宾语,而且菲尔墨推想可能在某些语言中这两类宾语有形式上的区别。他还指出对这两种句子的提问形式有所不同,对例(1)可以提问 What did John do to the table?(约翰把桌子怎么样?)而对例(2)就不能提这样的问题,因为"桌子"还不存在,只能提问 What did John do?(约翰干了什么?)后来他大概觉得在英语中这两句句子的动词和宾语之间的句法关系实在没有什么不同,所以又合并了。其实菲尔墨所举的例句中有一句理应引起他的注意:

(3) He missed the target by two miles.

例(3)中的 target 在 miss 以前就存在,但是没受到 miss 的任何影响,所以既不是使成格,也不是受动格,那么是否应该再分出另一个格来呢?菲尔墨根本没有提出这样的问题,可能是他"感觉"不到有必要细分,而且前人也没有提出过要细分的意见。这里面显然是句法形式在暗暗地对语言学家的思路和注意力起着一种制约作用。如果有一种语言对这样的语义关系在句法上有特殊的表达形式,那么使用这种语言的语言学家对这类现象一定会十分敏感,并且会毫不犹豫地区分出另一个格来。

又如菲尔墨和韩礼德都很注意区分在主语位置上名词的有生命性和无生命性。但是很少注意区分在宾语位置上名词的有生命性和无生命性。如果语言学家的母语不是英语,而是俄语或西班牙语,可能他们就会同样注意宾语位置上名词的有生命性和无生命性,因为在俄语中有生命名词用作宾语时不用宾格而用属格,如:я встретил его отца на улице.(我在街上碰到他父亲。)西班牙语表示人的名词用作宾语时前面要加前置词 à,如:Yo estimo à Juan(我尊重璜。)(皇家西班牙学院《西班牙语语法精要》第 62 版,1938)。

句法意义当然只能是句法形式的意义,但是什么是句法形式,有哪些句法形式,意见却并不完全一致。意见比较一致的是一些显性的句法形式,如形态(包括重叠)、助词、语序和由标点符号表示的语调(在书面语中重音可以不考虑)。关于隐性的句法形式,如选择性特征,意见就不那么一致,现在多数人认为也是句法形式,但是少数人不承认是句法形式,只承认语义特征,也就是和句法无关的语义因素。除此之外,还有一些可以称之为潜在的句法特征,如不同的转换可能性,语项替换和添加的可能性,不同的提问形式等。这些无疑都是句法分析的有用手段,不过是不是构成某种句法形式还需要充分论证,而在自然语言的自动理解过程中这些手段都难以利用,因为这些手段都需要人来操作,无法自动化。

对于什么是句法形式,有哪些句法形式,一时不可能意见完全一致,但是句法意义只能是句法形式所表示的意义,必须和句法形式结合起来研究。如果研究句法意义而不和句法形式结合起来,那样就既没有边际,也难以控制,而且即使主观地建立一个句法意义的体系,也无法自动识别,因为自动识别必须有明确的形式标志,尽管这种形式标志本身可以非常复杂,也可以是隐性的选择性特征。

1.3 句法语义范畴的范围　句法语义范畴理应包括所有各种句法关系所表示的意义的类别。句法关系就单句而言大致可以分成两大类:一类是核心谓词和各类名词性成分之间的关系,一类是各种修饰关系。如果说单句相当于一个事件或命题;那么复句和篇章内部的关系就是事件和事件或命题和命题之间的关系。在这里不讨论这类关系和这类关系的意义。

核心谓词和各类名词性成分之间的关系又可以分成两类:一类是人物语和核心谓词之间的关系,如施事、受事、与事等;一类是情状语和核心谓词之间的关系,如原因、目的、时间、处所等。在西方古典语言中这两类句法关系是通过格的变化来显示的,所以菲尔墨称之为格关系。

菲尔墨和韩礼德都把重点放在核心谓词和各类名词性成分之间的关系上,很少涉及同样重要的另一类关系,即修饰关系。但是全面论述句法关系和句法语义范畴应该包括修饰关系。

2 句法意义和语汇意义

句法意义和语汇意义有密切关系,但究竟不是一回事。说一句句子的意义等于语汇意义加句法意义,那就是说句法意义是不同于语汇意义并独立于语汇意义的另一类意义。但是在具体研究工作中这两类不同的意义却往往容易纠缠不清,在严重的情况下,会使整个研究工作陷入困境。例如这样一些句子就使有些语言学家感到棘手:

(4) 他出去跑票去了。　　(7) 她在打毛衣。
(5) 过去有些人是吃教的。(8) 大家都去救火了。
(6) 孩子们在院子里晒太阳。(9) 老头儿在家养病。

"跑票"的"票"似乎是"要获得对象","吃教"的"教"近似"职业","晒太阳"的"太阳"似乎是"施事","打毛衣"的"毛衣"勉强可以看做"使成",可是"救火"和"养病"就实在没法处理了。"火"和"病"既不是"受事",也不像"施事",也难说是更笼统的"范围"。这一类"棘手"的例子可以不胜枚举,因为这一类动词和名词性成分的组合是一种固定的用法,或者说是习惯用法,或者说是惯用语,其整体意义无法从组成成分的语汇意义和这种组合的句法关系意义推知。这一类组合的意义不应该归句法来处理,而应该归词典来处理。《现代汉语词典》关于这类组合大多有注释。动词"跑"的第4个义项是:"为某种事务而奔走:～码头/～材料/～买卖"。"跑票"和"跑材料"相似,词典只是举典型的例子,没有穷尽列举。"吃教"单列一条,注释是:"旧时称信天主教或基督教为吃教,含讥讽的意味,因为那时有些信教的人凭借教会的势力来谋生或图利"。[本文作者按:这条注释有些地方不准确,旧时并不泛称信基督教(旧教天主教和新教耶稣教)的为吃教,信教是信教,吃教是吃教]动词"晒"的第2个义项是:"在阳光下吸收光和热：～粮食/让孩子们多～太阳"。动词"打"的第9个义项是："编织"：～草鞋/～毛衣。"救火"单列一条："在火警现场进行灭火和救护工作"。"养病"也单列一条："因患病而休养"。

语言成分的组合可以分成两大类：一类是固定组合，其整体意义无法从组成成分的意义和句法关系意义推知；另一类是自由组合，其整体意义可以从组成成分的意义和句法关系意义推知。一般的中型词典对常用的固定组合或惯用语都另立义项或立专条，大型词典就更详尽。因此，凡是有特殊意义的固定组合或惯用语的意义都应该由词典提供解释，句法语义分析可以不考虑这一类问题，并且事实上也无法解决这一类问题。在建立一个句法语义范畴体系时，如果不恰当地试图把这一类应该归词典来处理的问题包括进来，那就必然会陷入无法自拔的困境。

在修饰关系中也有什么是语汇意义，什么是句法关系意义的问题。"红衣服"的"红"是什么意思，"衣服"是什么意思，这是语汇意义，而"红"限制"衣服"（不是"衣服"限制"红"）则是句法关系意义。在"三张桌子"中，我们认为"三"作为"数量"仍然是语汇意义，和"红"表示"颜色"一样。句法关系意义仍然是"限定"，即"三"限定"张"，"三张"又限定"桌子"。这时的"三"就不再是具体的"比二多一"了。在修饰关系中，区分什么是语汇意义，什么是句法关系意义同样十分重要，不区分语汇意义和句法关系意义同样会使我们陷入不能自拔的困境。

3 单语言、多语言和超语言的句法语义范畴

句法语义范畴是一定的句法形式所表示的句法关系意义的类别，始终是和一定的句法形式分不开的，而不同语言的句法形式，乃至同一语言不同时代的句法语义范畴也不完全相同。不同语言，同一语言在不同时代，选择什么样的句法形式，赋予这些句法形式什么样的句法意义，既有民族特点，也有时代特点。

至少在有史时期，汉民族认为"想"、"梦"等这类活动是"人"主动的，所以"我想"，"他梦见了什么"的"我"和"他"跟"想"和"梦"在句法上是主语和动词的关系，在语义上是施事和动作的关系。但是印欧民族就不这么认为，他们认为"想"和"梦"等不是人所能左右

的,"人"不过是感受这些行为而已,因此在古英语、现代俄语等形态丰富的语言中"人"用的是与格,在句法上只是一个间接补语,在语义上只是"经验者",可是现代英语民族的想法变化,变得和汉民族一致了,认为就这类心理活动而言,"人"是主动的,所以就也说成"I think"、"I dreamed"等。这样的民族特点和时代特点很自然会影响有关语言的句法语义范畴的体系。

人类对主客观世界的认识,人类自身的思维能力是不断发展的,语言作为一种表达和交流思想的工具也是不断发展的,但是两者的发展不是绝对平衡的,可以设想,在人类掌握语言的原始阶段,原始语法是和原始逻辑,也就是原始人类对主客观世界的认识是一致的。人类思维能力的发展随着社会和科学技术的发展有一种加速度的趋势,而语言的发展相对比较缓慢。所以,尽管语言形式为了适应思维内容的发展在不断进行调整,仍然可以明显地看到不少语言形式是从远古时代遗留下来的,并且还经过长期语言变化的扭曲,这些语言形式要表达的思维内容当代人是很不容易理解的,如某些西方语言中某些"格"所表示的内容,以及上述俄语和西班牙语有生命的受事宾语要用属格或加前置词 a,这些语言形式,或者是完全无法理解的,如德语的 Weib(妇女的统称)是中性的,Frau(已婚女子)是阴性的、法语的 table(桌子)是阴性的,banc(凳子)是阳性的等。不同语言保留的这些远古遗留下来的语言形式的数量和性质各不相同,势必形成语言之间的差异,从而在一定程度上形成思维方式或者说是思路方面的差异。使用汉语的中国人说"我喜欢什么",是"我"主动去"喜欢"某种事物或现象。这和英国人说"I like someone or something"是一个思路,可是使用俄语的人说 Мне нравиться,是某种事物或现象引起我内心的愉悦,完全是另一种思路。这样一些思路或认识角度的不同可以用一种超语言的逻辑思维或所谓 metalanguage(纯理语言)来加以统一,可以说人对某种事物或现象产生某种感情并主动去用这种感情对待有关的事物或现象,而这种感情之所以产生则是由这种事物或现象引起的。这样一来,不同的思路都合情理,不同的语法形式和这些语法形式所表示的意义也都是合理的,只是对同一事物的认识过程中选择的角度不同而已。不同民族所接触的客观世界和社会生活应该说基本上是一致的,因此不同民族的思维内容是基本相同的,但是也应该承认有一定差异,而在语法形式中固定下来的思维习惯的差异还是相当明显的。句法语义范畴是和句法形式密切相联系的语义范畴,在目前条件下,最多只能是多种语言句法语义范畴的一种最小公倍数,而不可能是真正超语言的。传统逻辑,不论是古典逻辑还是数理逻辑,都是研究抽象的思维规律的,而正因为脱离了具体的思维内容,所以是普遍适用的,可以说是超语言的、超民族的。但是一般人平时使用"逻辑"这个词却有另外一种含义,实际上指的就是思维过程和思维内容,如语词和句子的逻辑意义或理性意义,而不是脱离了任何具体语言形式和相应的意义的思维规律。如果不严格区分逻辑的这两种不同的含义,那么只能导致混乱,错误地认为通过自己的母语的有色眼镜去观察的,受自己母语的句法形式所制约的句法范畴是超语言的,是普遍适用的。

在单语言范围内,根据一定的句法形式给出相应的句法意义就足够了,因为加上语汇成分的语汇意义,使用本民族语言的人就可以理解,并且计算机也可以据此生成相应的语言形式,因为生成过程实际上只是一个逆向的过程而已。如果要处理的组合不是常规的句法组合,常规的句法意义无法解释其中的关系意义,那么词典就应该提供有关的信息。但是在一个翻译系统中,如果有关的两种语言差别较大,那就必须同时考虑两种语言的句法语义范畴系统,必须设法照顾两种语言的差异之处,一般只能从分不从合,还必须从形式上找出分的办法。如果在一种语言中分为两个或多个不同范畴而在另一种语言中不加区分,或者两种语言的某些句法语义范畴互相交叉,在这种情况下,很难找到解决的好办法,只能用某些权宜的办法作出某种处理。不过句法语义范畴是一种高度抽象的关系意义的类别,不同于具体的语汇意义,因此共同之处还是比较多的。

从理论研究的角度看,单语言句法语义范畴的研究是多语言乃至超语言句法语义范畴研究的基础。事实上,菲尔墨和韩礼德的研究都是以英语为基础的。但是,从实用的角度出发,单语言句法语义范畴研究的实用价值不如双语言句法语义范畴研究。在目前的情况下,汉语和英语两种语言句法语义范畴的综合研究也许是更有开发价值的。

4 确定句法语义范畴的方法

4.1 句法语义范畴是句法形式所表示的语义范畴,因此确定句法语义范畴必须首先从句法形式着手。有"格"的形态变化的语言自然首先要考察不同的"格"所表示的意义。就汉语而言,首先应该考察句子中核心谓词和各种名词性成分之间的主谓关系和动宾关系以及各种修饰关系。汉语语法研究还有很多工作要做,什么是主语,什么是宾语也还有争议,这对句法语义范畴的研究有一定影响,但是只要处理得当就没有太大的影响,因为可以直接使用施事、受事、处所、时间等句法语义范畴,避开有争议的句法术语,而在制定自动识别规则的时候则可以使用 NP+VP、VP+NP 这种词类范畴符号同时加注必要的句法和语义特征。

从句法形式着手,撇开具体的语汇意义,看看这种句法形式表达了什么样的意义,再看不同小类的语汇成分对句法意义有没有影响,是不是需要根据不同类的动词和名词细分成不同的类别。例如:

(10)他在看书。　　　(15)他在笑你。
(11)他在切菜。　　　(16)他在追猫。
(12)他在画梅花。　　(17)猫在追老鼠。
(13)他在拆箱子。　　(18)天在下雨。
(14)他在想事儿。　　(19)飞机在扔炸弹。

就使用汉语的人的语感来说,这些句子的核心动词和前后名词性成分的关系是差不多的,前面是施事,后面是受事。如果在给定的语汇成分上注上施事和受事这样的句法语义范畴标志,再加上语汇成分的语义解释,懂汉语的人是不难理解这些句子的意义的,而且按照这一类句型语序重新生成这些句子也是能办到的。就这一类句子而言,NP+VP 中的 NP 是具体名词,是有生命的名词,是人或拟人的名词和表示自然力量的名词,也就是[+名,+具体,+人,+拟人,+自然力量,+施事],VP+NP 中的 NP 是具体名词或抽象名词,是有生命或无生命的名词,也就是[+名词,±具体,±有生命,+受事],语序是 NP_1 在 VP 前面,NP_2 在 VP 后面。

可以争论的问题是这样的分析能不能算是"理解"了这些句子的意义,这样的理解够不够深度。

先看这样的分析能不能算是"理解"了这些句子的意义。在前面已经提到过,给出了语汇意义和句法语义范畴所表示的句法意义,这些句子可以说是已经理解了,因为在这个基础上可以回答问题,可以摘录要点,也可以生成表示相同意义的句子,尽管生成的会是常规句型而不一定是一字不差的原来比较复杂、不那么常用的句子形式。所谓"理解"是就此而言的。但是"看书"之前"书"早已存在,并且看的结果对书并无影响,"切菜"之前"菜"也早已存在,但"切"了以后,"菜"成了碎片,"画梅花"以前"梅花"并不存在,"梅花"是作为"画"的结果出现的,这些差别在句法语义范畴中没有反映。问题是这些差别需要不需要反映,或者说在汉语中这些差别究竟是由句法形式来表示的,还是由使用汉语的人根据语汇意义和自己的背景知识来补充的。如果这些差别是由句法形式来表示的,也就是说,这些差别是不同的句法形式所表示的不同的句法意义的差别,那么句法语义范畴就应该反映这些差别。可能有那么一种语言在句法形式上区分这三种不同的情况,那么就这样一种语言而言,就应该有三种不同的句法语义范畴来反映这类差别,否则就不能算是"理解"了这三句句子的意义。可是就汉语而言,这些差别不是由不同的句法形式表达的,而是由使用汉语的人根据自己对"看"、"切"、"画"和"书"、"菜"、"梅花"的语汇意义以及对"看书"、"切菜"、"画梅花"这些事件的背景知识提供的。因此,汉语的句法语义范畴没有必要反映这些差别。至于作为动作的发出者是人,是动物,还是某种自然力量,是不是需要在句法语义范畴中加以区分,同样要看在句法形式上有没有差别,如果有差别就有必要区分,如果没有差别就没有必要区分,不过有时候即使在句法上有差别,但语义内容没有差别,在这种情况下也不需要区分不同的句法语义范畴,只需要在相应的句法形式方面增加一些规则就可以了。俄语有生命名词用作受事补语时用属格而不用受格,西班牙语有生命名词用作受事补语时前面要加前置词 a 情况就是如此。只有在句法形式和句法意义都有差别时才需要另立不同的句法语义范畴。

如果不考虑句法形式的制约作用,不考虑句法语义范畴是句法形式所表示的意义的类别,那么"深度"可以是无限的。"看书"似乎是用眼睛看的,而实际上是光线照射到书上,然后反射到视网膜上再由视神经把信号输送到大脑进行加工后才感知的,而且如果不认字,"看"了也等于不看,而书上的字是用油墨印刷的,是由黑白对比形成的,如此种种细节是说不完的!怎样才算"理解"了就没有止境,退一步来说,即使"理解"要达到这样的深度,也只能由知识库来提供有关的信息,而无法由句法语义范畴来提供这样一类知识。这就是说,句法语义范畴提供的只是句法关系的语义类别而不是语言形式(包括语汇形式、句法形式和语音形式)提供的全部语义信息,更不可能包含人在理解自然语言过程中由语境和背景知识提供的全部信息。

4.2 在及物性关系中谓词是核心成分,谓词的性质对可能有什么样句法关系起决定作用。一价动词只能有一个人物语,二价和三价动词可能有两个或三个人物语;表示运动的动词可以有空间上的起点和终点,表示状态的动词就不可能有什么空间上的起点和终点;大多数动词表示的动作或状态都和时间和处所有关,但不一定和其他事物发生对比关系,而形容词表示的性质则往往和其他事物的性质发生对比关系。因此,要确定句法语义范畴必须充分考虑谓词的性质,要对谓词进行必要的再分类。根据不同性质的谓词区分不同的句子类型,然后根据不同的句子类型来确定句法语义范畴,韩礼德就是这样做的。他区分六类句子,用大家熟悉的术语来说,即:(1)叙事句;(2)心理和认知过程句;(3)判断句;(4)生理活动句;(5)言语活动句;(6)存现句。不同的句子类型有不同的句法语义范畴,但是也不排斥有相同的句法语义范畴。一般说来,不同类型的句子的人物语有不同的句法语义范畴,而情状语的句法语义范畴则是基本相同的。如果需要进一步细分就要对谓词和有关的名词作进一步的再分类。例如动词"打"的施事要求是"人",受事可以是"人"或"物",但是动词"咬"和"叼"的施事却要求一般是"动物"。

谓词和名词的再分类是出于区分句法语义范畴的需要,同时也是对句法关系意义进行自动识别的需要,这两者是合二而一的。如果脱离了这种需要而侈谈再分类,那就没有一定准则可以遵循,并且再分类也没有止境了。

4.3 菲尔墨提出的处理句法语义范畴时的互补原则是可以成

立的,尽管他举的例子不一定非常恰当。根据互补原则,至少判断句、描写句中被判断、被描写的名词性成分的句法语义范畴可以分,也可以合并,因为谓词性质不同,从而句子类型不同,是互不对立的。合并是为了简化整个系统,但是简化不是目的,所以合并一定不能妨碍明晰性,不能引起混淆。

菲尔墨的"一句一格一项原则"也可以参考。在一般情况下确实如此。所谓一句句子中只允许出现体现一种句法语义范畴的一个成分,也就是说,在同一核心谓词的一句句子中,不处于并列关系的不同的名词性成分和核心谓词之间的句法语义关系总是有区别的,不可能是相同的。菲尔墨没有充分从正面来论证这一原则,只是举了反面的例子来论证这一原则,即体现不同句法语义范畴的名词性成分是不能并列的,如"约翰用锤子砸破了窗户",不能说成"他和锤子砸破了窗户",因为"约翰"是"施事","锤子"是"工具",属于不同的"格",也就是不同的句法语义范畴。如果这一原则符合语言实际,那么汉语情景语中的"时间"范畴似乎就要进一步细分,因为可以有这样的句子。

(20)五月三日下午从一点到三点,我们长谈了两个小时。

这里"五月三日下午"、"从一点到三点"和"两个小时"都是"时间",出现在一句句子里面,并且不是并列成分,根据上述原则就应该分属三个不同的句法语义范畴。从语义内容来看,一个表示时点,一个表示时段,一个表示时量,各不相同。但是,"一句一格一项原则"的可信程度以及怎样运用这一原则还需要在对足够数量的语料进行具体分析之后才能作出结论。

4.4 运用提问、转换等方法也可以检验句法语义结构的异同,如:

约翰砸了一张桌子。约翰干了什么?
约翰把桌子怎么了?约翰把桌子砸了。
约翰画了一枝梅花。约翰干了什么?
*约翰把一支梅花怎么了?*约翰把一枝梅花画了。

提问和转换方式的不同说明这两句句子的句法语义结构有所不同。但是两个问题不好解决。一个问题是这里的"有所不同"是不是足以要求区分两个不同的句法语义范畴?还有一个问题是提问和转换这些方法都只能在先理解了这些句子的意义以后使用,在自然语言理解的自动识别过程中很难利用,因为对自然语言理解来说,理解是目的而不是前提。这和语法学家分析句子的情况恰恰相反:人是先理解后分析,理解是分析的前提而不是目的。那么人清楚地知道"砸桌子"之前必须先有一张桌子,而"画梅花"之前不可能在纸上先有一枝梅花,正是这种背景知识使人理解这两句句子所叙述的事件之间在某个方面有所不同。但是事实上,这两句句子所叙述的事件之间的不同之处还有很多,例如所用的工具不同,对象不同,动作持续时间的不同等。人根据自己拥有的知识在必要的时候完全可以区分各个方面各种细微的差别。可是,并不是所有的语义上的差别都是句法语义范畴领域内的差别,相反,只有极少数通过句法形式来表示并且在句法形式有判别的语义上的差别才是句法语义范畴的差别。这样就又回到了句法形式对句法语义范畴的制约问题上来了。有可能存在至今尚未发现并确认的句法形式,但是不可能存在和句法形式无关的句法语义范畴,因为那样的话也就不成其为句法语义范畴,而只是一般的语义问题了。

5　句法语义范畴系统

一个完整的句法语义范畴系统应该包括三类句法语义范畴,即人物语句法语义范畴,情状语句法语义范畴和修饰语句法语义范畴。前两类有交叉,因为指的都是核心谓词和句子中名词性成分之间的关系意义的类别,菲尔墨称之为"格"关系,韩礼德称之为"及物性"关系;后一种指的是修饰语和被修饰语之间的关系意义的类别,可能是因为相对而言不那么复杂,所以没有展开充分讨论。但是句法关系当然包括修饰关系,一个完整的句法语义范畴系统应该包括修饰关系,一个完整的句法语义范畴系统应该包括修饰关系的句法语义范畴。

事实上有一部分句法语义范畴是公认的,当然,是不是需要细分还是有争议的。就人物语句法语义范畴而言,"施事"、"受事"、"与事"这三种范畴几乎都能得到承认,尽管具体所指范围会有些出入。就情状语句法语义范畴而言,"时间"、"处所"、"方式"、"程度"、

"频度"、"范围"、"工具"、"原因"、"结果"、"目的"、"数量"等这样一些最常见的范畴也比较容易确定,当然具体的所指范围可能也不完全一致。修饰语句法语义范畴如"限定"、"描写"、"领属"、"等同"也许能得到认可,但是需要不需要细分,意见就可能很分歧。

即使是确定一个单语言的句法语义范畴系统也不是一件容易的事情。尽管一些理论问题解决了。还有很多具体问题要解决,而语言本身的系统性又不是绝对的,还会有很多例外现象要处理。因此在现阶段总的说来宜粗不宜细,这样就比较主动,有必要时可以再细分。所谓"粗"不是说应该区分并且可以区分的不加区分,而是说在现阶段应该限于句法形式上能明确区分的范畴。这样做既便于从句法和语义两方面来定义不同的范畴,也便于进行自动识别。随着研究工作的深入,特别是随着自动识别和生成的具体工作的开展,根据需要和可能再作进一步的修正。

参考文献

胡壮麟等 1989 《系统功能语法概论》,湖南教育出版社。

李临定 1986 《现代汉语句型》,商务印书馆。

鲁川、梁镇韩 1986 《汉语信息语法》,载《河南财经学院学报》第2期,70—79页。

孟琮等 1987 《动词用法词典》,上海辞书出版社。

汤廷池 1972 《国语格变语法试论》,台湾省海图书局。

C. J. Fillmore 1966. *Toward a Modern Theory of Case*, in Project on Linguistic Project, 13, 1 - 24.

C. J. Fillmore 1968. *The Case for Case*, in E. Bath & R. Harms(eds.), Universals in Linguistic Theory, 1 - 88. 中译本:《格辨》,胡明扬译,载《语言学译丛》第二辑,中国社会科学出版社,1980, 1 - 117。

Li Ying-che 1971. *An Investigation of Case in Chinese Grammar*. South Orange: Seton Hall University Press.

M. A. K. Halliday 1973. *Explorations in the Functions of Language*. London: Arnold.

M. A. K. Halliday 1976. *System and Function in Language*, ed. By G. R. Kress. London: Oxford University Press.

M. A. K. Halliday 1985. *System and Function in Language*, ed. London: Arnold.

Teng Shou-hsin 1975. *A Semantic Study of Transitivity Relations in Chinese*. University of California Press. 中译本:《汉语及物性关系的语义研究》,侯方等译,黑龙江大学科研处,1983。

(原载《语言研究》1991 年第 2 期)

语汇研究和语法研究

一 语汇是语言的直接存在形式

语言的直接存在形式是按一定的语法规则组织起来的语汇。语言作为信息的载体,绝大部分信息也是语汇负载的。可以说离开了语汇就无所谓语言,更无所谓语法。[①]这样看来,语汇的重要性是不容争辩的。但是事实并非如此。长期以来,语言学家把研究的重点放在语法方面而冷落了语汇,语汇研究就完全让词典编纂工作者去处理了。这种偏重语法研究,忽视语汇研究的倾向自有其深刻的历史根源。语言研究最初都是为了语文教学的需要而开始的。就母语教学而言,本民族的人有可能不了解民族共同语的某些书面语的特点,但是他们不但早已掌握了绝大多数语汇的语义,而且也早已掌握了这些语汇的用法,也就是在什么场合使用以及和什么样的语汇搭配等。因为本民族的人已经掌握了每一个词语的语义和具体用法,所以再去教他们这些内容就毫无意义了。因为本民族的人可能还没有掌握共同语的特点,所以这些就成了语文教学的主要内容。西方语言有丰富的形态,而规范的形态变化又不是每个人都掌握了的,所以词法就成为语法教学的重点。汉语没有西方语言那样的形态,但是虚词很重要,所以虚词就成为重点。不过不管怎么说,对本民族的人而言,只讲授最一般的规律就足够了,因为他们完全能自动补充一切必要的细节。这就是为什么传统的观点一直认为语法是脱离了具体的抽象的组词造句的规则或抽象的聚合和组合的结构模式。这种传统的语法观,一方面假定语言是一个均质的系统,因而所有的语法规则在特定的范围内都是普遍适用的;另一方面又认为具体词语的用法,特别是组合能力,完全是由语义决定的,和语法无关。这样的语法观实际上是特定历史条件下的产物,和语言的实际情况相去甚远。首先,语言远不是一个均质的系统,语言既有系统性的一面,又有非系统性的一面。其次,最一般的语法规则是在最高层次上最大范围内进行抽象概括的产物,而抽象概括本身就意味着要舍弃众多具体的内容,因此这样的语法规则只能对语言事实在最高抽象层次上作出某些解释,或据此确定某些规范,但是并不足以指导语言实践,除非这个人已经掌握了他所使用的语词的具体用法。在这种情况下,事实上他即使不学语言学家制定的语法规则,也一样能熟练地使用这种语言,当然,有可能有某些不合规范的地方。这是因为在每一个具体的语词身上,凝聚着作为这种语言的语法的一个有机组成部分的具体用法,而语法仅仅是无数语词的具体用法在不同层次和不同范围的抽象和概括。

根据不同的需要,可以在不同层次和不同范围内对语词的具体用法进行不同程度的抽象和概括。传统语法概括了最一般的规律,这些规律对于本民族的人来说大致够用了,因为本民族的人早已掌握了具体语词的用法。但是这些最一般的语法规则对于一个外国人来说就远远不够了,也太抽象了,因为外国人并没有掌握具体语词的用法,只能根据学到的语法规则去使用具体的语词,这样,总是一用就错,这种情况在外语学习过程中可以说是司空见惯的。因此,适用于外语教学的语法规则就应该细致得多,具体得多,但仍然是在某个层次上某种范围内的抽象和概括。如果没有一定程度的抽象和概括,那就不再是语法规则而是某个具体语词的具体用法了。例如,对以汉语为母语的人而言,原则性地说,动词可以带动态助词"了"、"着"、"过",因为学生自己知道哪些动词在什么情况下可以带"了"、"着"、"过",哪些动词在什么情况下只能带"了",不能带"着"和"过",哪些动词在什么情况下只能带"着",不能带"了"和"过",如此等等,还有哪些动词在任何情况下都不能带"了"、"着"、"过"。这就是说就母语教学而言,学生能自动补充必要的语法知识,讲授的语法规则粗一些、原则性一些都可以接受。但是外国人学汉语就不行了。不过外国人毕竟是"人",而人类语言有不少共同之处。一个英国人学汉语一般不会在"是"字后面加"了"、"着"、"过",可是很可能认为"来"和"去"后面不仅可以加"了"和"过",也可以加"着",因为在英语中 come 和 go 都可以加"-ing"。反之,一个中国人学英语一般也不会把"be,know,seem"这些动词用在进行态中,但是往往对一些该用进行态的动词用了不定态,如"now I do exercise"(单复数也往往不分)。这说明尽管人类语言有不少共同之处,但是也有不少不同之处,而学外语时要掌握的正是这些不同之处。现在的问题是这样一些用法有没有规律可循,语言学家是不是也应该研究这一类问题。答案是肯定的。一部供本民族的人使用的语法可以不考虑这一类问题,但是一部供非本民族的人使用的语法就非研究这类问题不可,而且越详细越有用。以斯威特和叶斯柏森为代表的习惯语法学派在这方面做了大量卓有成效的研究工作,大大提高了外语教学的质量。这类深入细致的研究的特点之一是对词类再分类和强调语义对语法的制约,例如状态动词一般是没有进行态的,而动作动词要表示正在进行的动作必须用进行态,但瞬间完成的动作动词又不能用进行态,如果用了进行态则表示即将发生的动作。这种再分类显然是以语义为基础的,并且总是和具体的词语有联系的,而不是以形态标志作为分类标准的,因而就在坚持传统语法观点的语言学家中间引起了争议:这类问题究竟是语法问题,还是语义问题,还是词汇问题?这方面的争议一直延续到目前,不少语言学家仍在坚持这类问题不是语法问题而是语义问题,或者就是具体词语的用法问题。

不同的语言有不少共同之处,不同民族还同样有不少共同的知识背景,所以在正常情况下一个人不论使用母语还是使用一种不十分熟悉的外语都不会说出诸如"眼镜哭了"、"天气很咸"之类的不合情理的话来。但是计算机不是人,它什么都不懂,如果只告诉它"名+动"、"名+很+形"可以是句子而没进一步的限制条件,就可能生成很多使人啼笑皆非的句子。为了让计算机生成合格的句子就要规定更细的限制条件。这些限制条件往往要求对词类作更细致的再分类,并且要求列出制约词语之间互相组合的语义特征,一类特征,如"眼镜哭了"之所以不通是因为自主动词"哭"要求主语必须是有生命的动物,并且还必须是能哭的动物;"天气很咸"之所以不通是因为"天气"没有"味道"。语法研究深入到这一步就有更多的语言学家表示怀疑了,他们认为这完全不是语法问题而纯粹是语义问题,也就是逻辑问题。这样,关键的问题就是语法和语义究竟有没有联系,语义是不是等于超语言的逻辑。

二 语义和逻辑,语义和语法

很多人习惯于把最抽象的语法规律以外的句法组合关系一概归之于语义关系问题,而他们所谓的"语义关系"指的是没有民族和时代特点的超语言的逻辑关系问题,这样就把这一类问题完全排除在语法研究的领域之外。事实上,语义尽管和逻辑有密切联系,但是并不等于逻辑。语义是语言形式的意义,不同语言的语义结构各有自己的民族特点,不过都可以通过逻辑概念来描写和定义,因此通过学习,操不同语言的人互相可以理解。如果语义等于逻辑,那么语义就不是约定俗成而是由严格的逻辑所规定,不同语言的语义结构就完全一致而没有任何差异了。事实完全不是这样。名词的语义一般比较简单,但是除了单义的科技术语以外,两种语言似乎等价的名词的语义也往往不完全相同。例如英语的 student 似乎相当于"学生",但是英语 student 指的是"大学生"、"中学生"、"小学生"另有说法。另外,student 有汉语"学者"的意思,汉语"学生"没有这样的意思。再者,汉语的"学生"有"弟子"的意思,英语的 student 没有这样的意思,并且差异之处还不限于这一些。在语词搭配和组合方面的所谓语义关系也一样随语言而异,并没有一种超语言的语义关系或逻辑关系。例如中国人觉得动词"工作"的施事必须是"人",并且认为这是天经地义、合情合理的,可是英语 work 的施事可以不是"人"而是"机器",甚至是某种"办法",所以可以说"the clock does not work"(钟不走了)。中国人认为"钟"可以"走",但是英国人不说 go。又如中国人觉得下"大雨",下"小雨","雨"分大小也是天经地义,合情合理的,可是英国人不这么说,认为"大"、"小"和"雨"不能搭配,只能说"轻"、"重":heavy rain, light rain! 这种组合或搭配关系怎么能从逻辑关系推断出来呢? 很多初学外语的人就认为语义是一对一的,或者说是可以根据逻辑关系来推断的,结果说出来、写出来的只可能是中国式的外语。

有人可能会说这些全是"习惯",不是语法。但是语法就是一套约定俗成的习惯,汉语的宾语一般在动词后面,日语的宾语一般在动词前面不也是一种"习惯"?语法研究就是要从"习惯"中找出条理来,找出规律性的东西来。规律有大有小,大规律是规律,小规律也是规律。大规律是语法规律,小规律也是语法规律。事实上,从最抽象最概括最一般的规律到每一个词语的具体用法之间可以有无数不同层次的大小规律,哪些应该归语法去研究,哪些可以归词典去处理,这里面并没有绝对的界限,完全要根据需要来决定。母语教学用的语法总是对词语的具体用法的抽象和概括,总不能"详尽无遗",最理想的还是要掌握词语的具体用法,这样才能真正"无遗"。现在国外在计算语言学界兴起了一种"语汇语法",实际上就是把尽可能多的语法功能信息"归还"给语汇,在词典中每一个词条下面不厌其烦地注明各种语法、语义和语用特征,而把概括性的语法规则压缩到最少数量。这样做可以显著提高系统的功效,而这样做之所以可能,那就是客观存在的本来只是每个具体词语的具体用法,语法只是一种抽象的实体,所以如果具体的用法掌握得多了,抽象的规则就可以减少,如果具体的用法全掌握了,抽象的规则就可以不要了。

普通人对母语的感觉是一切用法都是由语义决定的,这是完全有道理的,因为在单一语言范围内,就语感而言,语法和语义是紧密联系在一起的,所以每个人说话写文章都是"想"到哪儿说到哪儿,写到哪儿,没听说过一边"想"一边考虑语法条条的,即使是"学"过语法的人说话也不考虑语法,只是在写文章时偶尔要考虑考虑语法,因为书面语的语法和口语语法不完全相同,还不那么运用自如。可是一旦学外语就完全不同了,就非学语法不行,除非准备在外语环境中长期生活下去自然而然地去学。可见语法只是一种比较经济的手段,可以节省一点时间而已,最终还得一个词语一个词语去学。

长期以来,不少语言学家认为语法和语义无关,有的学派还只研究形式,排斥语义,实际上语法和语义是分不开的,而且语义是起决定作用的,尽管语法不等于语义。究竟是要表示某种指称概念才用了名词,还是因为用了名词才表示某种指称概念,理论家是说不清楚的,但是普通人是很清楚的,是先有表达的内容,然后才选择表达形式的,是内容决定形式,而不是相反。不过抽象程度越高,离具体的语义内容越远,抽象程度越低,就离具体语义内容越近。但是最抽象的语法规律也有一定的语义内容,最不那么抽象的语法规律也还不等于具体词语的具体语义内容。这就是说,语法既不等于语义,但是和语义密切有关,所以某些抽象层次的语法范畴不妨称之为语义语法范畴。这当然是为了便于理解,事实上所有的语法范畴说到底都是语义语法范畴。

三 语词的组合框架

人对母语的理解过程和语言学家分析语言很不相同。人对母语的理解过程是以词语为依托,一个词语一个词语地向前搜索前进的,不是听完了一句句子再去找主语、谓语,然后找宾语、定语、状语这样进行的。例如"我去单位取工资,中午不回来,饭菜在蒸锅里,你自己热了吃"这么一句话,听到"我"就立刻知道要"叙述"某种事件,听到"去"马上就和"我"挂钩,并且预测底下会说出某个去处来,果然底下是"单位";"去单位"干吗?底下该说明"目的",所以听到"取"就知道是"取某种东西",如果知道每月这一天发工资,不等对方说出"工资"来就早知道去取工资了。总之,每听到一个词语就触发了有关这个词语的全部可能用法的知识,不论是语法方面的,语义方面的,还是语用方面的,如同张开了一个全方位的雷达搜索网,然后寻找能搭配的词语,能搭配的立刻"钩"上,如果不能搭配就等着后面出现能搭配的词语,如果必须有搭配而有关的词语始终不出现,就自动补上,所以即使有几个非关键性的词语听不清楚也没关系,也能大致听懂,因为每个词语都有自己相对固定的框架,要求某些类别的词语,甚至要求某个特定的词语,跟它组合在一起,有的非有不可,有的可有可无。不同的组合框架交叉在一起就排除了结构和语义方面的歧义,确定了最符合习惯的解释,而且也保证了充分的冗余信息。正因为人是这样理解母语的,所以当发工资的那一天,丈夫中午回家看到桌子上妻子留的字条,但是不知是谁的茶水泡了字条,上面只剩下这样的字句也一样能懂:"　单位取　,中午不　,　在蒸锅里,　自己　了吃。"同样的道理,有人有时候说话不合语法,或者说错了话,写错了字,只要不是关键性的字,别人照样能懂,如:
"快,快把我虫上的头发[头发上的虫]拿掉!"

"哟![切]菜切了手了!"

"我们村里1954年就具[集]体化了。"

当然,人理解自然语言还依靠语境,依靠自己的全部知识,不过对每个具体词语的潜在组合能力的知识是非常重要的,而就语言研究目前所达到的水平而言,这种知识实际上就是有关语言的核心知识,也就是所谓语言能力和语言运用的全部知识。

为了深化现有的语法知识,而又不至于具体到每个词语的各种潜在的组合能力(这种潜在的组合能力还不断处在变化之中),对不同类别的词语的组合框架的研究就提到了议事日程上来。"格"语法实际上就是对动词组合框架的研究。事实上不仅动词有相对稳定的组合框架,所有实词都有自己相对稳定的组合框架,虚词则有自己的句法结构框架。例如表示性质的形容词必定要求有一个拥有这种性质的"主体",不管是"限定"还是"描写"这个主体。如果这个有关的"主体"不出现,那就会"隐含"着这个"主体";另外,"性质"还可以有"程度"之分,虽然也可以没有"程度"之分,如此等等。表示事物的名词必定和"行为"、"状态"、"性质"、"判断"、"关系"等联系在一起。结构助词"的"意味着前面有一个描写性或限定性的修饰语,后面有一个名词性的词语。各类词语各有自己的组合框架是没有疑问的,不过有的复杂一些,有的相对简单一些。到目前为止,语言学家只是对动词的组合框架进行了比较深入的研究,对其他各类的组合框架基本上还没有进行过认真研究,不过可以预期,这方面的研究很快就会起步。

看来把语法限制在完全脱离具体语汇的纯抽象的层次上的历史阶段已经过去,为了适应新的需求,语法和语汇,语法和语义的关系越来越密切,语汇的重要性也正在为越来越多的人所认识,这样,语法研究就越来越深入,越来越贴近语言实际,也就越来越切合实用。

附 注

① 参见胡明扬《语言和语言学》,湖北教育出版社,1985年。

(原载《河北师院学报》(社会科学版)1993年第1期)

语体和语法

现代汉语书面语远远不是一种高度规范化的书面语,不规范的现象随处可见。现代汉语书面语也不是一种在一个单一的方言点口语基础上形成的书面语,而是在其形成过程中受到各种不同因素的影响,因而就其组成成分而言十分驳杂,既有以北京话为基础的口语成分,又有欧化的书面语成分,既有传统的和仿古的文言成分,又有各种方言成分。现代汉语书面语就是这样一些不同语体的成分,甚至可以说是不同语言系统的成分糅合而成的。说是"不同语体的成分"是从现代汉语书面语内部来考虑的。这些不同的成分分属不同的语体,如口语语体、书面语语体、文言语体和方言语体。说是"不同语言系统的成分"则是从这些不同的成分的来源来考虑的。有的来自标准语口语,有的来自明显欧化的书面语,有的来自文言,有的来自方言。不同的语言,同一语言不同历史时期的存在形式,不同的方言,在语音、语汇、语法、语义各方面都存在不同程度的差异,事实上是不同的语言系统。现代汉语书面语的这种现状和特点给现代汉语语法研究带来了巨大的困难,并且在某些问题上带来无休止的争议,因为各家立论的依据有时候是不同性质的语言材料。

明显不规范的方言成分和文言成分比较容易识别,也没有人会根据这一类语言材料来作出现代汉语语法的结论。明显不规范的方言成分如一些南方人作品中的"说他不过"、"送本书他"之类的吴方言成分,一些闽粤地区的人的作品中的"有看过没有"之类的闽粤方言成分,明显不是现代汉语的文言成分如古籍的引文、文言成语和某些人爱转文而使用的成段的文言文。

但是,有些方言成分却很难说是合乎规范还是不合乎规范的,因为普通话的规范还处在逐步形成的过程中。不少规范还是不明确的。例如以下这样一些表达的意思相同而形式不同的平行结构。

喜欢不喜欢? 喜不喜欢?

看一看　　　看一下
去天津　　　到天津去
吃不吃橘子？　吃橘子不？

这一类平行的结构前一种和北京话一致，后一种和地道的北京话不一致。如果严格以北京话为标准，后一种结构就是不规范的。可是这些说法在书面语里面已经使用得相当普遍了，谁要说这些说法不规范，恐怕行不通，何况北京话也在变，年轻一代的北京人现在也有说"喜不喜欢"的，这就更没有确定的标准了。这一类大多来自北方话地区的方言成分，虽然和地道的北京话不一致，但是还不能认为是不规范的。怎样处理这一类方言成分就比较麻烦了。

总的说来，方言成分和文言成分给现代汉语语法研究带来的困难还不算太大，给现代汉语语法研究带来最大困难的是口语和书面语之间的差异，特别是口语和受欧化语法影响的书面语之间的巨大差异。现代汉语这两种不同语体之间的差异反映在各个方面，在个别问题上甚至很难"调和"，给语法学家带来几乎难以克服的重重困难。就目前的情况来看，不少人似乎还并没有充分意识到现代汉语口语和书面语之间的差异对现代汉语语法研究的严重影响。不少人不加考虑地认为，在剔除了方言成分和文言成分以后，现代汉语书面语基本上还是一个均质的系统，口语和书面语尽管有些差异，不过在语法方面的差异是细微的，至少不会影响一般的结论。可是实际情况并非如此。

很多语法学家认为形容词的主要语法功能是用作谓语，而形容词用作定语并不是形容词区别于其他词类的主要语法功能。但是也有一些语法学家认为形容词的主要语法功能是用作定语，而形容词用作谓语并不是形容词区别于其他词类的主要语法功能。这两种对立的意见都有相当数量的语言事实作为立论的依据，但是选择的语言材料可能有所不同。就口语而言，形容词的主要语法功能是用作谓语，口语形容词压倒多数都能用作谓语，[①]不能用作谓语而"像"形容词的是极少数。"非谓形容词"应该说基本上是书面语现象。口语句子简短，很少使用修饰语，所以形容词用作定语不是主要的语法功能。但是书面语的情况就不同了。书面语不论是报刊论文,还是小说散文,不同于口语的一大特点就是大量使用修饰语,这样,形容词就广泛用作定语。莫彭龄、单青的《三大类实词句法功能的统计分析》[2]的数据说明:"形容词用作定语的频率最高,为42.0,其次是谓语,频率为26.2。"莫彭龄、单青统计分析的恰恰主要是书面语。这表明,就书面语而言,形容词用作定语是一项主要语法功能,至少用作定语的机会比用作谓语的机会多,这一点不能不予考虑。

形容词能不能重叠也和语体有关。就口语而言,可以说多数形容词能重叠,[3]不论是单音节的还是双音节的。就书面语而言,只能说少数形容词能重叠。[4]事实上能重叠的形容词都是在口语中经常使用的,如"热热的"、"慢慢的"、"热热闹闹"、"高高兴兴"、"平平安安"、"普普通通"。相反,在口语中不使用,书面语色彩浓厚形容词是不能重叠的,如"伟伟大大"、"庄庄严严"、"薄薄弱弱"等都是无法接受的。

动名兼类问题是又一个长期有争议的重大语法问题。在语义上有明显差异,动词表示动作,名词表示人或事物,像"锁门"的"锁"和"一把锁"的"锁",或者像"翻译一部英文小说"的"翻译"和"他是英文翻译"的"翻译"那样的动名兼类现象,语法学家的意见比较一致,都认为是动名兼类或动名同形。但是,在语义上差异不明显,只有指称和陈述之分的动名兼类现象,如"学习语文"和"语文学习"中的两个"学习",语法学家的意见就一直有分歧。有的语法学家认为在意义上看不出有什么差异,因此都是动词,不是动名兼类现象。有的语法学家认为不仅语法功能上有差异,意义上也有指称和陈述之分,因此,在"学习文化"中,"学习"是动词,在"文化学习"中,"学习"是名词,是动名兼类现象,或者说是动名同形。当然,问题并不这么简单,这里面还牵涉到不同的语法理论观点、不同的处理方式以及各自依据的不同性质的语言材料。就口语而言,特别是单音节动词,不存在只有指称和陈述之分的动名兼类现象,少数动词兼名词,动词表示动作,名词表示事物,一清二楚,如"刺疼了人"的"刺"和"一根刺"的"刺儿","画一个人"的"画"和"一幅画"的"画儿"等。双音节动词只有指称和陈述之分的动名兼类现象也是绝无仅有的,我们考察过的三百多个双音节口语动词中只有一个"招呼"是有指称和陈述之分的动名兼类。因此可以说,只有指称和陈述之分的动名兼类主要是一种书面语现象,并且很明显是受西方语言,特别是英语的影响。例如,单音节动词"爱"和"吻"动名兼类,并且只有指称和陈述之分,明显是 love 和 kiss 的翻译,英语也是动名兼类;双音节动词动名兼类大多来源于翻译,如"机器制造"是 machine-building 的翻译,"数据处理"是 data-processing 的翻译,"核扩散"是 nuclear diffusion 的翻译。书面语的这一类动名兼类现象大部分是直接从西方语言,特别是从英语翻译过来的,一部分是仿照翻译词语自己创造的。仅仅是因为汉语没有像英语那样把动词转化为名词的词缀 -ing,-ion 等,光秃秃地还是原来的形式,所以成了动名兼类现象。

近几十年来在书面语中使用越来越频繁的"进行"、"加以"、"予以"、"给予"等后面接一个双音节动词的用法也是首先在翻译文章中出现的,然后逐步扩大开来,这种用法该怎么分析,怎么纳入现代汉语语法体系也不是没有麻烦的。

书面语有不少"被"字句,甚至有"他这次被选为市长"这一类句子。但是口语中根本没有"被"字句。口语中和"被"字句的表达功能差不多的"让"字句、"叫"字句、"给"字句在用法上也和"被"字句不完全一样。

口语中像"墙上挂着一幅画"那样的存在句,句首的处所词前面是没有介词的,但是书面语有带介词的用例,并且不能说是不规范的。这似乎不是历史演变的结果,因为直到今天,口语在相应的场合还是不带介词的。[⑤]这显然也和语体有关。存在句句首处所词前面加介词是一种书面语现象。至于这种书面语现象是不是受西方语言的影响,有这种可能,但是一时还不便下结论。

早在 40 年代,王力先生就注意到了现代汉语书面语受西方语言影响存在着所谓"欧化的语法",并且进行了深入的研究。[⑥]差不多半个世纪过去了,今天汉语书面语受西方语言的影响比那个年代更为明显。这就给语法学家出了难题。在某些问题上,两种不同系统的语法现象并存,很难找出统一的规律来。

欧化语法和汉语固有的语法之间的差异,口语语法和书面语语法之间的差异,给本来已是困难重重的现代汉语语法研究又增加了重重困难。面对现代汉语书面语的这种现状,有的语法学家主张现代汉语语法研究应该一概以北京话口语为依据。⑦这种想法是很有道理的,因为只有依据某种单一的活生生的口语,才有可能得出系统性的规律。不过,这只是一种"理想",并不"现实"。如果要写一部"北京话口语语法",可以这么做,也行得通;如果要写一部"现代汉语语法"而不考虑书面语是行不通的,因为一部"现代汉语语法"按理应该全面反映现代汉语口语和书面语的现状。这就使语法学家陷入了两难的境地。

王力先生当年的处理方式给了我们不少启示。一种处理方式是用专门的章节来描写欧化语法和书面语特有的语法现象。另一种处理方式可以是在欧化语法和书面语特有的语法现象部分说明这是欧化语法或书面语特有的语法现象。不同的语法学家可以采用不同的处理方式,但是不管怎么处理,如果对反映不同语体不同特点的语法现象,反映不同语言系统不同特点的语法现象适当地分别处理至少会部分地减轻现代汉语语法研究的困难,而如果把反映不同语体不同特点的语法现象,反映不同语言系统不同特点的语法现象作为一个统一的对象来研究,那么有很多困难恐怕就是长期难以克服的。

附 注

① 参见胡明扬《北京话初探》,商务印书馆,1987年。

② 参见莫彭龄、单青《三大类实词句法功能的统计分析》,载《南京师范大学学报》(社会科学版)1985年第3期。

③ 同①。

④ 参见李大忠《不能重叠的双音节形容词》,载《语法研究和探索》第2辑,北京大学出版社,1984年。

⑤ 参见朱德熙《现代汉语语法的研究对象是什么?》,载《中国语文》1987年第5期。

⑥ 参见王力《中国现代语法》(新版),中华书局,1954年;初版,商务印书馆,上册,1944年,下册,1945年。

⑦ 参见胡明扬《北京话初探·序》,商务印书馆,1987年;朱德熙,同⑤。

(原载《汉语学习》1993年第2期)

语义和语法
——祝贺《汉语学习》出版100期

一 语义的界定

语义可以界定为语言形式的意义。"语言形式"既包括离散的语言单位，也包括各种结构关系。对于什么是"语言形式"，总的说来，人们较少争议(尽管不是完全没有争议)，而对于什么是"意义"就大有争议，甚至似乎很难说清楚了。不过就语义和语法的关系而言，语言学界更多的争议可以暂且不予考虑，也许只考虑传统意义上的语汇意义和语法意义就可以了。因为如果不是这样来限定讨论的范围，有可能什么都无法讨论。但是，什么是语汇意义，什么是语法意义，就典型的例子来看似乎不难分清，要是就一些中间类型的例子来看，也并不是一清二楚的。从原则上来说，语汇形式的意义是语汇意义，语法形式的意义是语法意义。那么什么是语汇形式，什么是语法形式呢？回过头来又说语汇意义的形式是语汇形式，语法意义的形式是语法形式。从理论角度看这没有问题，可是这就成了循环论证，难以操作。因此，通常的做法是先确定哪些形式是语法形式，那么相应的意义就是语法意义，除了语法形式以外的语言形式是语汇形式，相应的意义就是语汇意义。

对形态比较丰富的语言来说，要确定哪些形式是语法形式比较容易，而对形态不那么丰富或缺乏形态的语言来说，要确定哪些形式是语法形式就比较困难。一般的做法是从参照别的语言已经确定了的语法形式来着手考虑哪些可能是自己语言的语法形式，然后结合相应的意义加以论证，最终确定哪些是语法形式及其相应的语法意义。现代汉语中"了"、"着"、"过"作为语法形式的地位就是参照西方语言中表示时体的形态来确定的。有时候也可以从语法意义着手，先参照别的语言已经得到确认的语法意义来假定同类的意义也可能是语法意义,然后去寻找相应的语法形式。如果找到了相应的语法形式,那么就可以最终确认这同类的意义也是语法意义。如果找到的只是语汇形式而不是语法形式,那么这同类的意义在这种语言里只是语汇意义,而不是语法意义,事先的假定不得不否定。前一种情况如现代英语名词已经失去了主格和宾格的形态变化,但是仍然有施事、受事的区别,The man beat the boy(那个男人打了那个男孩子)和 The boy beat the man(那个男孩子打了那个男人)不是一回事,并且恰好在动词前面的名词都是施事,在动词后面的名词都是受事。这说明施事和受事是由语序决定的,所以语序就是一种语法形式,进一步就可以确定在这一类句子中动词前面的名词是主语,动词后面的名词是宾语,因为在形态丰富的西方语言中主格名词是主语,大多是施事,宾格名词是宾语,大多是受事。实际上,现代汉语的主语和宾语也是这样来确定的,并不是语序本身有某种先验的语法意义。后一种情况如西方语言所谓的"虚拟语气",在形态丰富的语言中是通过谓语动词的语气变位形态来表示的。汉语也可以表达"虚拟"意义,但不是通过语序、虚词等语法形式来表示的,而是通过"如果"、"假如"、"要是"等连词来表示的,所以汉语就没有"虚拟语气"这样的语法范畴。连词是明显的语汇形式,不是语法形式,所以在汉语里面"虚拟"也只是语汇意义而不是语法意义。

　　从语法史来看,最早得到确认的语法形式及其相应的语法意义是一些语言实体,也就是形态变化及其相应的意义。从两千多年前的古希腊到 19 世纪,绝大多数语法学家只承认形态变化才是语法形式,相应的意义才是语法意义;随着 19 世纪对现代英语研究的深入;人们才开始认为语序、虚词、语调、重音也是语法形式,相应的意义也是语法意义。但直到今天,仍有少数保守的语法学家不承认这些新的语法形式,而只承认形态变化才是真正的语法形式。近几十年来,有人认为动词谓语和名词之间,乃至所有实词之间的潜在的句法组合关系,也就是分布特征,如所谓配价关系或格关系以及选择、限制条件也是某种语法形式,因为这些句法组合关系是有规律的,并且在不同程度上是可以预测的,对于这种所谓隐性的语法形式是不是语法形式,人们的意见更为分歧。我们认为现在没有必要花很多精力去争论这个问题,"正名"可以留待将来去解决。

事实上,语法是对各种不同的语言单位在相互组合过程中表现出来的规律性在不同层次和范围上的抽象和概括。语法抽象和概括的层次越低,范围越小,就和有关的语言单位的语汇意义的关系越密切,以至于不容易分清这种现象究竟是语法问题还是语汇问题。因此,语法学家根据不同的研究目的和服务对象,在各自不同的语法体系中可以采用不同的处理方式。

二 语义和语感

语法学家在研究本民族语言的语法或自己非常熟悉的某种语言的语法的时候往往是从语感着手的,首先判定某一类句子是合乎语法的,另一类句子是不合语法的,某种用法是合乎语法的,另一种用法是不合乎语法的,然后再加以研究,进行理论上的分析。语感可以说是一个人在长期使用一种语言的过程中积累起来的感性认识。语感只能对具体的用例作出"通"和"不通"、"能这样说"和"不能这样说"一类的直觉判断,但是不能说明为什么"通",为什么"不通",为什么"能这样说",为什么"不能这样说"。但是语感的内容是极其丰富的,可以说包含了和在社会中实际使用的一种语言有关的全部知识内容,既有语法、语义、语用方面的感性知识,也有有关社会的风俗习惯、伦理道德知识和历史文化知识,还有一般生活常识和个人可能有的各种专业知识。凭语感对具体的用例作出的判断是一种综合的反应,语义因素只是其中一个因素,因此语感并不等于语义。

强调形式分析的语法学家经常批评其他一些语法学家是根据意义来分析语法的,是不科学的。其实,这是他们把语义和语感混为一谈了。事实上,过去语义研究一直是一个薄弱环节,很难根据语义来分析语法。语法学家不依靠形式分析语法,实际上依靠的是语感和某种语法理论。连公开声称根据"意义"来划分词类的语法学家也不会把现代汉语的"战争"和"思想"划归动词,这就说明他们依据的不全是词语的意义而是语法学家本人的语感。再如"这个人很大方"通,"这是一个大方人"不通,"这是一个很大方的人"通。这显然不是凭语义作出的判断,而是凭语感作出的判断,因为语感也包含了对不同词语的各种用法的感性认识。这也许可以解释为什么过去有的语法学家是所谓根据意义来分析语法的,但也八九不离十,不完全是不着边际的原因。这就说明他们根据的主要是语感而不单纯是意义。尽管语感是一种说不清的感性知识,但是语法学家研究语法最初都是从语感着手的,而且最终还要接受语感的检验。单凭语感虽然不能作出任何确定的分析,但是任何不符合语感的分析都肯定是有问题的。

语义指的仅仅是语言形式的意义,不论是语汇意义还是语法意义。语义并不能包含语感的全部内容,而且语义本身最终还得依靠语感来确定。语义的逻辑分析和特征分析到现在为止还没有任何纯客观的方法,说到底还是以本民族的人的语感为基础的。明确区分语义和语感这两个不同的概念是有好处的。首先,"语感"实际上就是所谓的"语言能力"的直觉反应,所以有的西方语言学家就称之为"直觉"(intuition)。如果语法研究的最终目的是要揭示"语言能力"的内在机制,也就是语感的内在机制,那么,显然不能局限于语义研究,因为语义不等于语感。其次,如果认识到过去有的语法学家主要是依靠语感和某种语法理论来研究语法而不是完全依靠语义来研究语法的,后人就会对他们取得的成就多几分理解,因为任何一个语法学家的语法研究都是以语感为基础的。

三 语义和逻辑

很多人认为,词语的意义是概念,而句子的意义是命题。当然,这只是就词语和句子的理性意义而言的,并没有忽视词语和句子可能有的各种附加意义和感情色彩,但是理性意义毕竟是词语和句子的核心意义。例如,"手"是"人体上肢腕关节以下的部分","走"是"人或鸟兽的脚交叉向前的位移动作"等;"他是中国人"是断定"他"归属于"中国人"这一类别的命题等。这种观点还是有根据的。但是措辞显然是不够精确的,容易导致不正确的理解和不正确的进一步推论。问题出在"是"很容易理解为"等于",而在现实生活中不少人恰恰就是这样理解的。事实上,词语的意义并不"等于"概念,句子的意义也并不"等于"命题。词语的意义,或者说词语的语义内容,除了一些专有名词和单义的术语以外,即使就单个义项的语义内容而言,也是相当复杂的。

表述词语的语义内容的往往是复杂概念,而这些复杂概念的限定成分中往往还包含了命题。其次,词语的语义内容有浓厚的民族性和时代性,且不说还有鲜明的地区性和社会性,而逻辑概念恰恰相反,具有更多的普遍性,所以才有可能用来表述不同民族、不同时代、不同地区和不同社会阶层的语言的词语的语义内容。就其理性意义部分而言,句子的意义(或者说句子的语义内容)大致和命题(包括复杂命题)相当,但句子的语义内容还包括情态、语气、时态等因素,而命题一般不包括这些因素。再次,命题有真值问题,而句子的语义内容并不一定涉及真值问题。因此,简单地说词语的意义是概念,句子的意义是命题容易导致误解。更确切的说法应该是:词语和句子的意义都可以通过概念和命题来表述。

由于把"词语的意义是概念"误解为"词语的意义等于概念",而概念具有科学性和普遍性,从而推论可以通过概念系统来沟通不同语言中对等于同一概念的词语。在这种假设的基础上建立起来的以概念系统作为中介语的跨语言翻译系统工程在浪费了大量财力和人力以后,才发现不同语言词语的民族性和复杂性从根本上就排除了对等于同一概念的可能性。即使在同一语言内部,具有普遍性的科学概念和多数普通人理解的词语的语义内容也有出入。上文提到的"手"的概念和普通人的理解比较一致,"走"的概念和普通人的理解就有出入。有时概念和普通人的理解就很不一致,如"看见"的科学概念应该是"光线照射到物体上,反射到人的眼睛里,通过视网膜作用于大脑视觉中心产生一定的视觉形象",其中"看"是"把眼睛对准光线的反射源","见"是指"在大脑视觉中心已经产生了视觉形象",而根本不是什么"使视线接触人或物"和"看的动作产生了结果",因为客观上不存在什么"视线",当然也就不存在什么"使视线接触人或物的动作"。产生这种情况的原因是词语的语义内容反映的是当代普通人对主客观世界的认识以及已经凝固在词语的语义内容中的历史上前人对主客观世界的认识,而不是现代科学对主客观世界的认识。不同语言的词语的语义内容对主客观世界现象概括的角度、方式和范围各不相同,所以除少数场合以外,不可能都和同一概念相对应。

词语之间的搭配,不少人往往归之于语义问题或者是逻辑概念之间的相容性问题。词语之间的搭配关系和语义有关,也和逻辑概念之间的相容性有关,但还不能说搭配关系就是语义问题或者就是逻辑概念之间的相容性问题。常常用来说明这种观点的例子是"四边的三角形"和"热冰"。这两个例子的确能说明这种观点,但是还不足以证明这种观点是完全正确的。首先"语义问题"太模糊,而把词语之间的搭配关系简单地等同于逻辑概念之间的相容性问题实际上又是把词语的语义内容和逻辑概念等同起来了。其次,这种观点完全无法解释为什么汉语可以说"大雨"、"小雨",而英语不能这么搭配,只能说"heavy rain(重雨)"、"light rain(轻雨)"等。可见,词语之间的搭配关系也一样有民族性和约定俗成的因素,而不全是逻辑问题。

20世纪60年代以来,语义研究又成为关注的重点,并且取得了显著的成就。现代语义学已经不再局限于研究词语的意义及其历史演变,而是同时也研究句子的意义以及各种其他因素对句子意义的影响。在研究方法上,也不再局限于主观的内省方法,而使用了一些在不同程度上可以客观验证的方法,如义素分析、语义因子分析、语义特征分析、句子成分的配价分析和格关系分析等,并且找到了某些形式化的表达方式。当代语义研究的特点是:广泛运用了现代形式逻辑的成就,特别是在句子的语义表达方面发挥了重要的作用。在这种情况下,我们更需要正确理解语义和逻辑之间的关系,避免把语义和逻辑简单地等同起来,从而避免理论上的失误,那样才能更有效地运用现代逻辑的方法和手段来改变语义研究长期滞后的局面。

四 语义和语法

语义是语言形式的意义,也就是各种语言成分的形式以及各种结构关系的意义,而语法则是语言成分的组织规律,所以语义和语法有十分密切的关系。从人类认识主客观世界的过程和语法的形成历史来看,语法自有相应的语义基础。可以设想,在语言形成的最初阶段,语义和语法之间的关系是比较直接的,对当时的人来说是很容易理解的。但是随着时间的推移,由于语法系统的相对稳固性,语法和相应的语义基础之间在某些方面出现了不同程度的脱节现象,而更由于历史的久远、文献的不足征、不同语法系统之间的相互影响等原因,有些语法现象的语义基础在今天已很难作出令人满意的解释。尽管如此,多数语法现象至今还能令人感觉到自有相应的语义基础,这就是为什么语法范畴总是以语义范畴来命名而且在多数场合导向是基本正确的原因。不论在词法领域,还是在句法领域,情况都是这样。这决不是偶然的巧合,而是因为语法自有相应的语义基础,要表达的内容决定了表达的形式。认知语法正是从这样的角度来研究语法和人类或特定民族对主客观世界的认知方式之间的联系,从而对语法现象作出合理的解释。

任何语言形式都必然要有相应的语义内容,因此,在语法研究中必须坚持语法形式和语法意义不可分割的原则。一般说来,语法学家在认定某种语音实体是一种语法形式的时候都会同时注意到认定相应的语法意义,尽管有可能一时还不能十分确切地描写这种语法意义。因为在不少情况下,有关的语法意义本身就十分复杂,在没有认定相应的语法形式的情况下,语法学家匆匆忙忙认定某种意义就是语法意义的情况是比较少见的。这大概和语法研究最早是从形态丰富的语言开始的历史传统有关。忽视或无视语法形式和语法意义不可分割这一原则的现象经常地发生在句法研究领域,如句子成分或某种句法结构作为一种语法形式,凭形式认定后没有相应的语法意义,或者凭意义认定后没有相应的语法形式。一定的语法形式可以没有相应的语法意义,一定的语法意义可以没有相应的语法形式,这就给句法分析带来极大的任意性,并且除了主观认定以外也就没有任何客观标准来检验这种分析的是非了。

在句法研究领域忽视语法形式和语法意义不可分割的原则是有某些客观原因的。一则是要确定句法领域内一定的语法形式的相应的语法意义或一定的语法意义的相应的语法形式,难度都比较大,所以不得不暂付阙如,因为在句法领域内的语法形式负担很重,往往表达的不止一种语法意义,一种语法意义也不只限定用一种语法形式表达。二则是以往的语法研究大多是为母语教学服务的,本国人是"先理解,后分析",只是"讨个说法"而已,很少有人去追究相应的语法意义或语法形式。但是随着第二语言教学的发展,特别是随着计算机处理自然语言的发展,越来越强烈地要求全面贯彻语法形式和语法意义不可分割的原则,并且同时也提供了一种强有力的手段来验证我们的分析是不是符合语言实际。计算机处理自然语言只能是"先分析,后理解",而且只能根据"形式"进行分析,然后根据分析所得的句子结构和短语结构推导出相应的语义解释,也就是逻辑表达式,这样才真是"理解"了。根据分析所得的语义解释可以逆向生成理性意义相同的句子。语义解释是根据句法分析的结果推导而来的,如果句法分析有误,或者语义解释规则有误,那么就无法推导出正确的语义解释。很显然,任何一个违背了语法形式和语法意义不可分割的原则的语法体系都通不过这样的检验。

语法研究的历史走过了一条一个时期偏重意义、一个时期偏重形式的反复转移重点的道路。当然,重点相似的后一时期并不是前一时期的简单重复,而是在更高阶段上的发展。这是因为形式和意义不可分割原则是一种理想的原则,要全面贯彻很不容易,而重点在形式和意义之间反复摇摆正说明语法学家的不懈追求。

20 世纪 30 年代以后,语法研究的主流强调形式。由于摆脱了主观内省的意义的纠缠,缩小了研究范围,语法研究取得了飞速发展,特别在方法论和形式化方面取得了突破性的成就。但是偏重形式的研究发展到一定阶段又出现种种消极现象,然后重点转移再一次悄悄开始。从国外的情况来看,就其主流而言,和以往每一次重点转移一样,这一次转移也是在充分吸取前一时期成果的基础上进行的。当代的语义研究不再是单凭主观内省来分析语义,而是充分考虑到形式因素,还在不少领域采用了形式化的表达方式。国内的情况却有所不同,尽管到 80 年代偏重形式的研究已经处于主流地位,但国外不少形式研究的新方法、新成就国内很多人还不熟悉。同时,偏重意义的研究在国内历史较长,而且没有真正经过形式研究的洗礼,还保留不少主观内省的传统因素。因此,估计这两种研究方向在相当长的一个时期内会并行不悖,形成一种互补的局面。

在形式研究居主流地位的时候强调要结合意义研究,在意义研究越来越受重视的时候强调要结合形式研究,这总是不受欢迎的,可以说是不识时务的。不过,这恐怕是力求贯彻形式和意义不可分割的原则的唯一的办法。现在国内偏重意义的研究刚刚起步,但是已经有人指出划分汉语词类的标准只能是意义,还有人主张撇开一切句法分析而从语义网络或概念系统着手直接获得句子的语义解释。这样看来,提醒一下在深化语义研究的同时不要忘了结合形式研究也许不完全是多余的。

附　注

按理文末应该附参考文献,但是和本篇类似的一组探讨语法理论的短文并不是在参考哪一派哪一家的论著的基础上写成的,也不是为了和哪一派哪一家的观点进行论辩而写作的,背景比较广泛,要开列的参考文献就太多了,因此暂付阙如,请读者谅鉴。

(原载《汉语学习》1997 年第 4 期)

语义语法范畴

　　语义语法范畴指的是一定的语义内容和相应的语法形式,主要是和隐性语法形式相结合而构成的语法范畴。任何语法范畴都是由一定的语法形式和相应的语法意义相结合而构成的,都和一定的语义内容有联系,在这个意义上,所有的语法范畴说到底都是语义语法范畴,这也就是所有的语法范畴都根据一定的语义内容来命名的道理,如"性范畴"、"数范畴"、"时态范畴"、"动态范畴"、"人称范畴"等。把一部分语法范畴称为语义语法范畴是为了强调这部分语法范畴和语义之间特别明显的联系,也是为了从语义内容着手去寻找相应的语法形式,从而确立新的语法范畴。

　　语法形式可分为显性语法形式和隐性语法形式两类。显性语法形式体现为一定的语音形式,或者依附于一定的语音形式,如词缀、元音交替、辅音交替、错根、重叠、助词、语序、重音、声调、语调等。隐性语法形式不体现为一定的语音形式,也不依附于一定的语音形式,而是某一类词的潜在的组合可能性或者说是分布特征。在非形态语言中,词类的语法形式就是这样一种隐性语法形式,也不依附于一定的语音形式,所以词类也就是一种语义语法范围。在形态语言中,词类有显性语法形式,同时也有隐性语法形式,不过显性语法形式更引人注目而已。事实上隐性语法形式是更根本的,因为是组合的可能性或分布特征决定显性语法形式,而且即使在形态十分丰富的语言中仍然有一部分词类是没有形态标志的,这一部分词类只有隐性语法形式,也就是只能根据潜在的组合可能性或分布特征来分类。动词分为及物动词和不及物动词是从语义着眼的,这两类动词和名词性成分的组合可能性不同正是和语义差异相对应的隐性语法形式的差异。动词分为动作动词和状态动词也同样可以在隐性语法形式方面的差异中得到印证。动词的"价"或"向"也一样。词类在不同层次上的再分类,即使在形态语言中也很少有显性的形态标志,所以都可以认为是语义语法范畴。

提出语义语法范畴这一概念对像汉语这样的非形态语言来说具有方法论上的重要意义。长期以来,汉语语法学家力图摆脱西方语法的束缚,寻找适合汉语特点的研究方法,以求揭示汉语更多的不同于西方语言的语法特点,但是困难重重。原因之一是语法学家受习惯势力的影响自觉不自觉地只承认显性语法形式是语法形式,而不承认或者不重视隐性语法形式也是语法形式,因此更多地从显性的语法形式着手去研究语法问题,而不习惯从语义着手去寻找相应的往往是隐性的语法形式。汉语正是一种非形态语言,显性语法形式不发达,不少语法范畴是语义语法范畴,没有相应的显性语法形式,只有相应的隐性语法形式。原因之二是从语法形式着手不得不参照已经得到公认的各种语法形式,很难发现不同于其他语言的新的语法形式,要发现新语法形式,不论是显性语法形式还是隐性语法形式,都必须走从语义到形式的道路。19世纪以前,西方语法学家只承认形态(词缀、元音交替、错根)是语法形式,不承认语序、助词、重音、语调是语法形式,因为在形态丰富的希腊语和拉丁语中,这些形式不表示语法意义。但是在研究已经丧失了大部分形态的现代英语的过程中,语法学家发现语序表示的语法意义和主格、宾格等变格表示的语法意义相同,这样从语法意义着手,发现语序、助词、重音、语调也是语法形式。在研究藏语、印度尼西亚语的过程中又发现辅音交替、声调变化、重叠等也可以是语法形式。新发现的语法形式事先当然没有得到公认,无法从形式着手,所以大多是从语义着手,例如发现"复数"这样一种在西方语言中得到公认的语法意义在印度尼西亚语中是用重叠来表示的,所以就肯定"重叠"也是一种语法形式。

20世纪70年代到80年代,汉语语法学家就已经注意到了表示有意识行为的动词和表示无意识行为的动词有某些差别,例如可以说"不吃"、"吃!(祈使)",但是不能说"不塌"、"塌!(祈使)"。有人把表示有意识行为的动词称作"意志动词",把表示无意识行为的动词称作"非意志动词"。"意志动词"和"非意志动词"只是一种语义分类,不是语法上的动词再分类。动词在词法和句法方面的差异,

307

把语义上的差异和相应的句法组合功能或分布特征结合起来,为这种语义范畴找到了相应的语法形式,从而确立了汉语语法中的一个新的语法范畴,那就是现在基本已经得到公认的"自主/非自主范畴"。因为"自主/非自主"范畴的语义内容比相应的隐性语法形式更引人注目,而且这又是一个从语义着手新发现的语法范畴,所以可以认为是一个典型的语义语法范畴。藏语语法中也有"自主/非自主"范畴,而且有形态标志;因为有形态标志,形态标志本身更引人注目,所以早就有了定论,而且也就没有必要去强调这种语法范畴中语义的重要性,也就没有必要强调这是一种语义语法范畴。

经过语法学家几十年来的努力,汉语中能发现的显性语法形式应该说都已经发现了,当然还可以去细细搜寻。但是汉语语法显然还有不少问题没有解决。有不少人把汉语语法中这样一些已经感觉到,但一时难以解决的问题一股脑儿推给语义,认为都是语义问题而不是语法问题。这就难怪有人更进一步认为汉语语法只能意会,不能理喻了。

例如"今天是星期六"、"今天都星期六了"这样的句子可以成立,因为数词有谓语性,或者说省略了动词"是"。可是"人家都工程师了,你才技术员"也能成立。我们习惯说"1920 年 10 月 24 日晚上 10 点",可是不说"晚上 10 点 10 月 24 日 1920 年"。如果说这些都是没有道理可以解释的"习惯",可是这类现象在汉语中是有规律的;如果说完全是由语义决定的,为什么不是所有体词性成分都能用作谓语,为什么顺序不能随便颠倒?马庆株从中发现只有含顺序义的体词才有这种特点,并给有顺序义的体词性成分分类,分析其语法功能,发现它们同不含顺序义的体词的语法差异,前者能在后面加"了",可以充当谓语,能在前面加时间副词、范围副词,后者一般不能充任谓语,不受时间副词、范围副词的修饰,各类有顺序义的体词连用或与无顺序义的体词连用时所处的位置不同,所表达的关系的种类不同,顺序义这一语义特征和相应的组合可能性或分布特征相结合就构成汉语的"顺序"范畴,这也是一种语义语法范畴。

汉语的名词、动词、形容词都可以带数量词,在某些条件下还必须带数量词,数量词还可以用作谓语,房玉清就对数量范畴进行了有益的探索，以求建立汉语不同于西方语言的"数量范畴"。"数量范畴"也是一种语义语法范畴。

从语义着手去寻找相应的句法组合可能性或分布特征是确立新的语法范畴的有效方法，特别是在显性语法形式不发达的非形态语言中。因此，语义语法范畴就汉语而言具有特别重要的意义。但是语义毕竟是不容易掌握的，也缺乏客观的验证手段，而隐性语法形式也毕竟是隐性的，容易引起争议，所以语义语法范畴的论证必须十分慎重，必须从语义到形式，从形式到语义反复推敲，必须给出严密的规则，否则很容易单凭语义作出匆忙而不尽符合语言事实的结论。

语义语法范畴这一概念最早是胡明扬1987年在北京召开的两市一省语言理论讨论会上提出来的，而在这方面做了不少具体探索工作的是马庆株。随着研究工作的开展和深入，语义语法范畴这一概念将会不断深化和完善。

参考文献

房玉清 1992 《实用汉语语法》，北京语言学院出版社。

胡明扬 1992 《再论语法形式和语法意义》，《中国语文》第5期。

马庆株 1988 《自主动词和非自主动词》，《中国语言学报》第3期，商务印书馆。

马庆株 1991 《顺序义对体词语法功能的影响》，《中国语言学报》第4期，商务印书馆。

(原载《汉语学习》1994年第1期)

基本句式和变式

任何一种语法体系都只是客观的语法系统的一种主观的理论架构,或者说是一种理论"模型"。国外语言学家现在喜欢用自然科学常用的"模型"那样的术语,国内则长期以来习惯于用"体系"这样的术语,如"各家体系不同"云云。至于"系统",如果用来专指客观的语言系统、语法系统等,以便跟主观的"体系"有所区别也许有一定的方便之处。当然术语问题是非实质性的,可以各行其是,只要界定清楚就可以了。

索绪尔特别强调语言的系统性,而语言的确具有明显的系统性,尽管什么都不能绝对化。不过索绪尔在理论上还是考虑得比较周全的,他严格区分了"语言"和"言语",系统性是"语言"的基本特性,"言语"则不具有系统性。语言学研究的对象是"语言",也就是限于具有系统性的那一部分,而个别的、例外的现象可以暂时不予考虑。系统性表现在语法方面是各种各样的句子相互之间通过各种有规则可循的转换关系或者说变化方式构成一个整体,而不是杂乱无章的一个无序的集合。因此,古往今来,不论是传统语法,还是习惯语法,还是生成语法,还是功能语法,不论是暗含的还是明说的,都有一个基本句式体系,而其他句式则是通过有限的不同手段形成的相关的变式。确立基本句式和变式就是要反映语言的系统性,或者像很多人所说的那样,是为了"以简驭繁"。从基本句式到变式有一套转换规则,而这些转换规则还可以归结为少数几种类型,这样,千变万化的各种句子形式就构成一个有规则可循的、互相联系在一起、互相制约的系统。传统语法对"转换"(transformation)所下的经典定义是"转换一句句子是改变句子的语法形式而不改变句子的意义"。(Nesfield 1896)这里的"不改变句子的意义"应该理解为"不改变句子的命题意义",因为实际上语法形式方面的任何变化都会引起语义内容不同性质和不同程度的变化,或者是语用方面的变化,或者是修辞方面的变化等,仅仅是命题意义基本上没有重大变化而已。这一点似乎在语言学界意见还比较一致。"否定"、"疑问"、"感叹"、"祈使"在语义内容上的变化比较大,主动句和被动句的转换主要是主题的转移,而主语和宾语的非常规语序大都是修辞的需要引起的。这些变化都多多少少会影响句子的具体意义,但是句子的命题意义还可以说"基本没有变化"。哈里斯是从形式方面通过"共现"关系来给"转换"下定义的,对于省略现象他是用"代语素"(pro-morphemes)和"零语素"(zero-morphemes)来处理的,但是实质上跟传统的"转换"概念是一致的。

西方语法的"转换"包括各种形式的"移位"或"倒装"。"移位"和"倒装"只是不同语法学派使用的不同的术语,实际上可以认为是一回事,传统语法习惯上用"倒装"(inversion),生成语法改用"移位"(movement),现在多数人喜欢用"移位",我们在下文也就从众改用"移位",因为"倒装"似乎必须"倒"过来,适用范围似乎窄一些,"移位"的概念似乎更宽泛一些,可以适用于更广泛的场合。至于"省略",也许可以认为是一种特殊的转换方式,是在特定的上下文和语境中的转换方式,省略的成分可以根据特定的上下文和语境来确定和恢复。Transformation 的原意本来是"变形",所以台湾地区的汤廷池把"转换语法"译成"变形语法"。从"变形"这个概念来看,"省略"当然也是一种"形式上的变化"。我们在这里把"移位"和"省略"等都概括为"转换"(或"变形")是为了把各种句子形式上的变化看成是从基本句式到变式的一种统一的手段,这样也许更有利于理解语言的系统性。如果有人认为"转换"只包括"移位",不包括"省略",那也没关系,也可以分为形成各种变式的不同手段来描写。

说移位和省略的前提是承认有基本句式和变式,所谓"移位"和"省略"都是跟基本句式对照而言的,否则"移位"和"省略"就无从谈起。确立基本句式和变式还跟语义解释有关。绝大多数语言学家都遵循语言有形式和意义两个不可分割的方面的理论原则,所以一定的句子结构形式必然有相应的语义结构内容,而在作出语义解释的时候也都是从基本句式出发的,"移位"的要移归原位,省略的要补出来。这是因为只有这样,才能在句法结构和语义解释之间确立某种有规则可循的映射关系,不论语义解释使用的是命题逻辑还是谓词逻辑。不仅如此,在一个以基本句式和变式为基础的语法体系中,不同词类的不同句法功能,各种句法结构的分析以及很多句法理论也都是在基本句式的框架内确定的。这就是为什么西方语言学家在讨论各种句法问题时往往只举最常见最简单的简单句的例子,也就是只举基本句式范围内的例子,这并不是他们专捡简单容易的例子来讨论问题,而是他们认为在基本句式范围内说清楚了,在变式范围内的问题也就解决了。例如泰尼埃尔的配价理论就是在基本句式的框架内讨论问题的,所以最多不超过三价,如果不区分基本句式和变式,那么限定最多只有三价就无法理解了。

"移位"和"省略"有的是强制性的,有的则不是强制性的,而不同语言在这方面也不一定完全相同,例如英语是非问句的移位和使用疑问语调以及祈使句主语的省略现象都是强制性的,而现代汉语是非问句加不加疑问语气助词,用不用疑问语调,祈使句主语是不是省略就都不是强制性的。非强制性的"移位"和"省略"大都是由语用因素或修辞因素决定的。

那么什么是基本句式呢?基本句式不妨可以定义为不是由任何其他句式派生的句式,而变式则可以相应定义为由基本句式派生的句式。一般说来,这样的定义是具有可操作性的。例如,假定主动的肯定的陈述句是基本句式,那么可以给出比较简单明了的规则来构造或者说生成相应的否定句、是非问句、特指问句、选择问句、被动句、祈使句、感叹句等,当然,这种转换要受语义内容和语言习惯的制约,这是不言而喻的。但是这样的定义也不能说就绝对无懈可击,至少什么是"派生"就可以有不同的理解,因而就可能导致不同的概括程度和不同的处理方式。最高度的概括,对"派生"作最广义的理解,那就可能只有一种基本句式,或者是反映主谓两分观点的"NP+VP"(主语+谓语),或者是反映动词中心论观点的"V+C"(动词+补语(补语包括主语和宾语等))。在不同层次上进行概括就有可能确立不同数量的基本句式,例如哈里斯就确定了七种"核心句":(1)"NvV(不带宾语)";(2)"NvVPN(指跟特定的V有受限的共现关系的PN)";(3)"NvVN";(4)"N is N";(5)"N is A";(6)"N is

PN";(7)"N is D(这里的'D'代表'副词')"。(Harris 1957)很显然,这七种核心句还可以进一步概括,那就跟传统的基本句式"名词谓语句(N is N/A)"和"动词谓语句(NvV(PN)/(N))"一致了。这说明,基本句式或者说"核心句"的概括层次和数量都不是绝对的,尽管建立基本句式或者说"核心句"的目的和思路是一致的,都是为了"以简驭繁",都是从语言本身的系统性特点出发的。不过只承认一种基本句式,或者基本句式太多,尽管在理论上不是讲不通,可是太抽象了或者太烦琐了就会影响实用价值。因此,建立基本句式和变式的体系大都同时要考虑这样一种体系的实用价值。

西方语言学界从传统语法到当代的生成语法和功能语法都确立了两种基本句式,即名词谓语句(也就是"系词+体词"谓语句)和动词谓语句,不过都允许有下位的准基本句式。生成语法有概括为一种基本句式的倾向,但是一旦要作出语义解释,还是要分出名词谓语句和动词谓语句,因为语义解释不同。这在理论上没有什么问题,因为任何概括和分类都必然是有层次的,至于把哪一个层次作为基本的层次可以根据不同的需要来确定。西方语法一般承认有两种主要的转换手段,即移位和省略。至于移位和省略会产生哪些变式,不同的语言不完全相同,不同的语法学派和不同的语法学家也会有不同的处理方式。不过有一点是共同的,确定哪些是变式既要考虑客观因素,也要考虑是不是常见常用,也就是要考虑实用价值,而要考虑实用价值,要有所取舍,这就必然掺杂进了主观因素。例如有的西方语言,如英语和法语,有一种"强调"句式,有的语法著作称之为"分裂句"(cleft sentence),例如 She met John in the bookstore yesterday(她昨天在书店里见到了约翰)这样一句句子,如果要强调 she,就可以说成 It was she who met John in the bookstore yesterday(是她昨天在书店里见到了约翰),如果要强调 John,可以说成 It was John that she met in the bookstore yesterday(她昨天在书店里见到的是约翰),如果要强调 in the bookstore,可以说成 It was in the bookstore that she met John yesterday(她昨天是在书店里见到约翰的),如果要强调 yesterday,可以说成 It was yesterday that she met John in the bookstore(她是昨天在书店里见到约翰的)。这显然是一类并非不常见不常用的变式,但是这样一种变式算不算是一种主要的变式就没有定论,有的语法著作提到了,有的语法著作就没有提到。不过绝大多数西方语法著作,不论是语法理论著作,还是实用的语法著作,都只是暗含了基本句式和变式的思想,并没有明确列出基本句式和各种变式的清单,因此不同的著作作出不同的处理也是很自然的。

在语法学史上,只有早期美国结构主义描写语言学原则上不考虑基本句式和变式,因为他们特别强调"描写",有什么就描写什么,没有考虑把描写的成果综合成一个有机的体系,但是后期如哈里斯就提出核心句和转换式的意见,这就跟其他学派在这个问题上一致起来了。同时索绪尔开创的结构主义到 70 年代就已经把"转换"作为一个重要的内容。瑞士心理学家皮亚杰说,"结构是一个由种种转换规律组成的体系。这个转换体系作为体系(相对于其各成分的性质而言)含有一些规律。正是由于有一整套转换规律的作用,转换体系才能保持自己的守恒或使自己本身得到充实。而且,这种转换并不是在这个体系的领域之外完成的,也不求助于外界的因素。总而言之,一个结构包括了三个特性:整体性、转换性和自身调整性。"(皮亚杰 1987)

有一个时期,我们受早期美国描写语言学的影响,不承认有基本句式和变式,所以常常有人会问"你怎么知道这是倒装呢?那么什么是顺装呢?"或者"你说这里有省略,省略了什么呢?中国人就是这么说的,怎么能说省略了什么呢!"这正是因为理论体系不同。从纯形式描写的观点来看,是什么就是什么,是什么而说成不是什么显然是不合理的;可是从系统性的观点出发并且从要求形式和意义相结合的角度来看,确立基本句式和变式的体系可以以简驭繁,可以更方便地根据句法结构作出相应的语义解释。但是,任何概括都是以充分的描写为前提的,没有充分的描写就不可能有正确的概括。就汉语语法研究的现状来看,还有很多语法现象没有得到充分描写,因此纯描写的研究还是绝对需要的。描写和概括,归纳和演绎,表面上看起来是对立的,实际上永远是互补的。汉语语法从马建忠、黎锦熙到吕叔湘、王力也都有一个基本句式体系。黎锦熙很早就提出"变式"的问题,变式当然是对基本句式而言的,没有基本句式就不可能说什么变式。吕叔湘和王力都认为现代汉语应该区分三种基本句式,即判断句、描写句、叙事句。但是他们都是从意义着眼的，不那么容易掌握。吕叔湘似乎还认为存在句也是一种基本句式，他称之为"'有'字句"。他们既然承认有基本句式，当然也承认有变式，有"倒装"、"移位"和"省略"。丁声树等在《现代汉语语法讲话》中列出的基本句式是：名词谓语句、形容词谓语句、动词谓语句、主谓谓语句。这是从谓语的词类出发来区分的，比较容易掌握。他们没有把"存在句"列为基本句式，看来他们认为"台上坐着主席团"是"主席团坐在台上"的变式。这样看来中国的语法学家对汉语的基本句式已经有不少研究，现在的问题只是确认汉语究竟有哪些基本句式及有哪些形成变式的基本手段。不过，有一些问题看来还需要花工夫去研究，例如应该怎样来理解汉语的"名词谓语句"，是名词可以直接用作谓语（那样的话，体词和谓词的对立就不存在了），还是实质上是"系词谓语句"？主谓谓语句是不是基本句式？存在句和"有"字句是不是基本句式或准基本句式？这些都是需要优先解决的课题。还有现代汉语形成变式的手段主要有哪些？又有哪些主要的转换规则？如此等等。

讨论"是"字句和名词谓语句的文章是比较多的，但是从基本句式和变式的角度去考虑问题的文章不多，因此这个问题一直没有解决，结果是：有人说名词不能用作谓语，是和谓词对立的体词，有人说名词可以用作谓语；有人说名词不能受副词修饰，有人说名词可以受副词修饰；似乎都有"根据"，都可以举出一大堆例子来支持自己的论点。看来这个问题还需要深入研究，并且要更多地从宏观上，从整个语法体系上去考虑，要有系统性的观点；如果孤立地就事论事，过多地引用例外来进行反证，恐怕很难取得一致的结论。关于"主谓谓语句"也不断有人提出疑问，沈阳（1994）和袁毓林（1996）的论述都有一定的说服力，他们总的倾向是认为根本不存在这样一种基本句式。当然，他们的意见完全可以进一步讨论，至于"有"字句和存在句或存现句是不是基本句式或准基本句式都可以研究和讨论。

"移位"和"省略"在汉语中是大量存在的，但是看法很不一致，这当然跟采用和不采用基本句式和变式的语法体系有关，但是即使在认可采用基本句式和变式的语法体系的前提下也还有很多问题需要研究和讨论。我们认为现代汉语还有一种常见的形成变式的手段,那就是"紧缩"。过去多数人把"紧缩"仅限于"你不去我也不去"这一类语音上的"紧缩句",而我们则认为像"兼语式"和不少包含"动补"结构的句子才是两句潜在的句子通过"紧缩"在表层形成的真正的"紧缩句"。"他们请她教英语"是"他们请她"和"她教英语"这两句句子的紧缩,"他走累了"是"他走"和"他累了"这两句句子的紧缩。特别是"动补"结构的紧缩还可以从汉语史上找到根据,因为这类结构最初是用连词"而"连接的两个谓语,后来才紧缩成"动补"结构的。承认兼语式和一部分动补结构实际上是"紧缩"现象,不仅在句法分析方面,而且在语义解释、语义指向研究和配价研究各方面都可以使看来很复杂的问题得以简化,并且在语义上也能得到更合理的解释。但是这些问题都非常复杂,需要花大工夫、大力气去描写、分析和研究,并且还需要在实践中不断完善和修正。

基本句式的确定以及现代汉语中各种形成变式的手段和各种常用的变式的研究肯定会有助于使汉语语法研究更系统化,更便于规则化,也更符合实用的需要。

参考文献

丁声树等　1962　《现代汉语语法讲话》,商务印书馆。
黎锦熙　1924　《新著国语文法》,商务印书馆。
吕叔湘　1942—1944　《中国文法要略》(合订本,1956),商务印书馆。
皮亚杰　1979　《结构主义》(中译本),倪连生、王琳译,商务印书馆,1987年。
沈　阳　1994　《现代汉语空语类研究》,山东教育出版社。
王　力　1943—1944　《中国现代语法》(合订本,1954),中华书局。
王　力　1944—1945　《中国语法理论》(合订本,1954),中华书局。
袁毓林　1996　《话题化及相关的语法过程》,《中国语文》第4期。

Harris, Z. S. 1957. *Co-occurrence and Transformation in Linguistic Structure*[J]. *Language*, vol. 33, no. 3, pp. 283-340.

Nesfield, J. C. 1896. *Idiom, Grammar, and Synthesis*[M]. London: MacMillan and Co. Ltd.

Tesnière, Lucien. 1959. *Éléments de syntaxe structurale*[M]. Paris: Éditions Klinckieck.

(原载《汉语学习》2000年第2期)

单项对比分析
——制订一种虚词语义分析法的尝试

1 单项对比分析的界定

虚词的语义比较"虚",不容易捉摸,也不容易说清楚,所以往往众说纷纭,不容易取得一致意见。这里所说的虚词既包括现在通常说的助词,如结构助词、动态助词、语气助词等,也包括介词、连词以及一部分语义比较虚的副词,如"都"、"也"、"还"等。

要使用一种分析方法的前提是分析对象必须是有规律的,并且是成系统的。虚词是一些封闭类,相对而言有较强的系统性,在一个子系统内部各个虚词既相互联系,又相互区别,因此比较适宜使用单项对比分析。

"单项对比分析"中的"单项"也就是"单一变项"。"单一变项"指的是社会学调查的相关分析中影响因变变项的那个单一变项。影响某种或某些社会现象的社会因素往往不是单一的,而是极其复杂的,并且经常是交织在一起很难完全分开的,但是起作用的社会因素即使不是单一的,也总有主次之分;为了找到起作用的单一因素或主要因素,就要尽可能排除各种无关的因素和次要的因素。实际上在自然科学实验中早就运用了这种方法,例如化学实验的定性分析就要求提纯化验的对象,同时还要保证恒定的外部条件,如温度和大气压力不变等条件,因为只有排除其他因素的干扰以后,才能保证发生的变化是由特定的化学试剂和要测试的化学成分引起的,从而才能保证结论的正确性。因此,可以认为社会调查的单一变项分析就是自然科学常用的单一变项实验在社会调查领域的运用。由于社会现象不同于自然现象,所以不得不有所变通,而且社会调查的数据和结论也不可能像自然科学实验的结论那样客观,那样绝对。语言也是一种社会现象,所以在语言分析领域运用这种方法就可以更多地借鉴社会调查行之有效的具体做法,当然还必须加以变通以便更适合用来分析语言现象。说得更具体一些,单项对比分析在分析某种语义现象的时候要尽可能排除句子内部其他语言成分以及整个句子的整体语义内容的干扰,把要研究的某个虚词作为单一变项"孤立"出来加以观察、比较、分析;而且在某些情况下不仅要排除句子内部其他语言成分以及整个句子的整体语义因素的干扰,还需要排除句子以外的上下文和语言环境的影响和干扰,一句话,就要像化学定性分析那样要把分析的元素从化合物中"离析"出来,尽可能"提纯"分析对象,也要像社会调查的相关分析那样,要尽可能排除其他因素的干扰。"句子内部其他语言成分"的语义因素包括组成有关句子的各个词语的语义内容,不论是实词的语义内容,还是其他虚词的语义内容,以及各个层次的各种句法结构的语义内容,还有各种韵律成分,包括轻重音和句终功能语调的语义内容。这最后一类语言成分,也就是韵律成分的语义内容最容易忽略,但是也许是最不应该忽略的一类语言成分的语义内容。"对比"是语言分析中常用的方法,特别是虚词的语义不容易捉摸,即使排除了其他因素的干扰,孤立地观察、揣摩,不容易得出确切的结论,而往往需要通过对比,有关虚词的语义才能够凸显出来。

制订单项对比分析方法的原则是力求创造一个不变的中性的语言环境,或者至少是一个对不同变项机会均等的语言环境,然后置换单一变项,通过对比观察引起的变化;或者是在变换语言环境的条件下控制单一变项不变,以便观察同一变项跟语言环境的协调或冲突,据此推论有关变项的语义特性和用法。在实际运用中,这两种方法往往需要结合起来使用。

"一种……方法"这样的措辞表示这不是探索虚词语义的唯一方法,而仅仅是"一种"方法而已,而且必要的时候,还需要同时使用其他的方法。过去探索虚词语义往往用的是"内省法",也就是凭个人的语感和思辨得出认为合适的结论。不是说"内省法"完全要不得,一些语言学大师由于有深厚的学术功底和敏锐的识见,他们通过内省得出的结论往往是十分精确的,完全符合语言实际。"内省法"的缺陷是"只可意会,难以言传",所以一旦结论有分歧,就成了公说公有理,婆说婆有理,谁也说服不了谁。制订某种看得见、摸得着的分析手续,也就是分析方法,好处是能够说清楚是根据什么条件和什么标准得出有关的结论的,而且在一定范围内具有可重复性和可验证性。前人对虚词研究早已提出过一些有价值的指导性的意见[①],近年来有的语法学家也已经在总结虚词研究的方法[②],因此,现在似乎已经有条件开始制订某些更明确、更具体的分析方法。但是必须指出,语言学的研究方法,至少到目前为止,是无法跟自然科学研究方法的客观性相比的,因为任何一种语言学的研究方法尽管力求减少主观随意性,力求增加客观性,但是几乎每一步仍然会包含不同程度的主观因素,因为任何语言学的研究方法都无法自动给出结论,而都还有赖于研究工作者的主观认定。不过,有一种看得见、摸得着的相对而言比较客观的方法总比"只可意会,难以言传"的主观认定要好一些。

2 单项对比分析法的理论前提

语言符号的价值在于"对立"。索绪尔说:"一个词可以跟某种不同的东西即观念交换;也可以跟某种同性质的东西即另一个词相比。因此,我们只看到词能跟某个概念'交换',即看到它具有某种意义,还不能确定它的价值;我们还必须把它跟类似的价值,跟其他可能与它相对立的词比较。"(1980 中译本)语言是一个系统,这是就其总体而言的,但是语汇系统的系统性相对而言不那么明显,更不那么绝对。不过虚词却是一个系统性很强很明显的系统,而每一个封闭的子系统就更是如此。在一个封闭的子系统内部,每一个虚词总是跟别的虚词联系在一起的,又是互相对立的,即使有交叉的地方,但是对立的一面必然更加突出。一个子系统的封闭性越强,包含的成分越少,相互交叉的可能性就越小,对立就会越明显。这就是单项对比分析适用于虚词的理论前提。

3 单项对比分析的分析步骤

我们先以语气助词的语气意义为例。这是因为语气助词的意义由于经常受到句子中其他语气成分和全句的整体语义的干扰,特别不容易捉摸,分歧意见最多。同一个语气助词往往可以出现在表示各种不同语气的句子中,似乎同一个语气词可以表示各种截然不同的语气。在这种情况下语气助词就几乎无所不能,互相没有多少区别了。原因恐怕是过去往往是"随文释义",把句子中其他成分,如语气副词、表示不同语气的句法结构、句终语调等的语气意义误加在句末的语气助词身上了。要真正了解有关的语气助词的意义首先必须排除所有其他因素的干扰,尽可能保证有关的语气助词是影响句子语气的唯一因素。这就是单一变项对比分析的一项基本原理。例如不少人看到"啊"可以出现在表示各种不同语气的句子末了,所以就认为"啊"既表示感叹,又表示疑问,又表示祈使,所以无所不能!例如:

(1) 这就是我们的人民,这是多么伟大的民族啊!
(2) 在那些年月里,是多么焦心啊!
(3) 瓶子里是酒啊,还是醋啊?
(4) 你有什么主意呀?
(5) 不要吵啊!安静一点!
(6) 要努力呀!

(以上例句均引自孙德宣 1957)

孙德宣比较慎重,没有说"啊"表示什么语气意义,只是说"啊"可以"用在感叹语气的句尾","用在疑问语气的句尾",但是对用在祈使句后面的"啊"就说"用在祈使语气的句尾,表示禁止、劝勉、催促"。事实上,祈使句句末即使没有语气助词"啊",祈使句本身就有表示"禁止"、"劝勉"、"催促"等语气;由于全句的内容不同,肯定的祈使句表示"劝勉"、"催促"等,否定的祈使句表示"禁止"、"劝阻"等。因此,祈使句的这一类语气跟"啊"没有直接关系。例如"啊"用在陈述句后面,如"你来啦(=了+啊)"就绝对没有这样的语气意义。《现代汉语词典》(1979年版)的"啊"字条说:"啊"(1)表示赞叹的语气:多好的天儿~!(2)表示肯定、辩解、

催促、嘱咐等语气:这话说的是～|我没去是因为我有事情～|快去～！|你可要小心～！(3)表示疑问的语气:你吃不吃～？|你这说的是真的～？这同样是"随文释义",解释的是全句的语气意义而不是语气助词本身的语气意义。

现代汉语的语气助词不多,是一个封闭的子系统,不同的语气助词应该有分工,说"啊"既表示感叹语气,又表示祈使语气,又表示疑问语气,无所不能,这就等于只是说"啊"是一个语气助词,其他什么都没有说。其他几个语气助词也差不多,大都可以出现在各种不同语气的句子中,情况就更复杂了。结果,所有的语气助词都差不多,也就是在一个封闭的子系统内部,不同语言成分之间没有差别,互相不对立,这就让人难以理解了。但是,如果在同样的句子中,除语气助词以外全句的词语和结构相同,句终语调相同,那么就可以排除句子中其他语言成分和全句的整体意义对语气助词语义的干扰,不同的就只限于语气助词本身意义的不同。用这种方法就可以显示不同语气助词互相对立的不同的语气意义。其他虚词也可以参照这种办法,通过排除各种干扰因素,或变换句子内部各种相容和不相容的成分,来探索有关虚词本身似乎难以捉摸的语气意义。

为了标注平时最容易被人忽略的韵律成分和其他内容,我们采用以下符号:(1)" "重音/非轻声;(2)"↓"陈述语调(低调);(3)"↑"疑问语调(高调);(4)"↓↓"祈使语调(高降调,暂不区分命令和祈求);(5)"↓→"感叹语调(低长调);(6)"→"待续语调(平调);(7)"——"句子未完待续;(8)"＊"例句不可接受。

3.1 统一句终语调

句终的语气助词和语调是全句语气两个不可忽视的重要因素,但是两者各自的作用又往往不容易分清。如果把句终语调统一改为中性的陈述语调,就可以把语气助词的作用孤立出来,凸显出来。如果句终语调改为陈述语调以后,全句原有的疑问语气、祈使语气、感叹语气随着语调的变化而消失,那么可以确定全句原有的语气是由语调决定的,而不是由句末的语气助词决定的,因为语气助词还在,没有发生变化;如果句终语调改为陈述语调以后,全句的语气保持不变,那么就有可能说明全句原有的语气是由句末的语气助词或句子内部其他表示语气的成分决定的;如果句子内部肯定没有其他表示语气的成分,包括表示某种语气的词语和结构格式,那么就可以肯定全句原有的语气是由语气助词决定的,因为改动句终语调以后,保留下来影响全句语气的唯一成分就是句末的语气助词了。例如:

（7a）他走了吗↑　　　　　［怀疑＋疑问语气］
（8a）ˊ四嫂呢↑　　　　　　［一般疑问语气］
（9a）他是你弟弟吧↓　　　［不肯定＋陈述语气］
（10a）你吃呀↓→　　　　　［祈使语气］
（11a）ˊ多好的天ﾙ啊↓↓　　［感叹语气］

（7b）他走了吗↓　　　　　［一般疑问语气］
（8b）＊四嫂呢↓　　　　　［不规范,有歧义:待续语气或疑问语气］
（9b）他是你弟弟吧↓　　　［不肯定＋陈述语气］
（10b）你吃呀↓　　　　　　［弱祈使语气］
（11b）ˊ多好的天ﾙ啊↓　　　［弱感叹语气］

例(7a)的句终疑问语调改为例(7b)的陈述语调以后,原有的表示怀疑的强烈的疑问语气变为不表示怀疑的一般疑问语气。这说明语调对全句的语气有影响,但是还不足以否定语气助词对全句的语气也有影响,因为改变语调前后都是疑问语气,仅仅在疑问语气内部发生了某些变化。事实上是单用疑问语气助词"吗"或单用疑问语调"↑",都只表示一般的疑问,而既用疑问语气助词"吗"又用疑问语调,等于双重疑问,所以有较强烈的怀疑语气。

例(8a)的句终疑问语调改为例(8b)的陈述语调以后,句子不能成立。可以假设例(8a)的疑问语气主要是由句终的疑问语调决定的,因为唯一的变项是句终语调,语气助词没有发生任何变化。但是因为例(8b)不能成立,这种假定还需要通过其他步骤去检验。

例(9a)和(9b)的句终语调都是陈述语调,因而没有起到检测作用,同样需要通过其他步骤去检测。

例(10b)改用陈述语调后,仍然保留祈使语气,不过祈使语气有所减弱,因为语调不同,祈使语气只能由"(第二人称＋)自主动词"

这种祈使格式来表达。但是这无法排除"啊"也表达祈使语气的可能性,所以还需要进一步检测。

例(11b)改用陈述语调以后,仍然保留感叹语气,不过感叹语气有所减弱,因为语调不同,感叹语气只能由"'多+形容词"这种感叹格式来表达。但是这无法排除"啊"本身也表示感叹语气的可能,所以也还需要进一步检测。

陈述语调是一种中性语调,陈述语气是一种中性语气,陈述句是一种中性句式。这是说陈述句并没有特定表示陈述语气的词语和结构格式,相对而言是无标记的句式。相对而言,其他语气是有标记的,除了特定的语调和特定的语气助词以外,疑问句有疑问词语"谁""什么"等,疑问格式"V不V""V还是V"等;祈使语气有祈使格式"(第二人称+)自主动词"等;感叹语气有感叹格式"'多/'太/'真+形"等。正因为如此,表示陈述语气的陈述句,随句末语气助词和句终语调的变化,可以转变为疑问句、祈使句、感叹句等。但是其他各类功能句式,特别是有特定的语气词语和/或语气格式的疑问句、祈使句、感叹句却是相互排斥的,对不同的语气助词和句终语调而言,也不是完全自由开放的。我们现在对功能句式和句终语调的分类暂时采用的是4+1的体制,也就是分为陈述语调陈述句、疑问语调疑问句、祈使语调祈使句、感叹语调感叹句四大类,外加待续语调的非独立小句。至于不肯定语气(受句子内容的影响可以体现为委婉、犹疑、商榷等)、强调语气和附加不同程度的感情色彩的语气不是基本的功能语气,而是附加性的语气,可以附加在基本功能语气上,跟基本功能语气不对立,不互相排斥。句终功能语调和功能句式现在这种分类法符合形式和意义密切结合的原则,尽管比较粗,还是基本可行的。语气助词和语气意义的分类现在还没有一致的意见,不过可以采纳功能句式和句终功能语调的分类作为一个参照系统。就像一般疑问、反诘等可以归到疑问一类,命令、祈求、劝听、敦促、禁止等可以归到祈使一类,一般陈述、确认、猜测、委婉等可归到陈述一类,顿宕、迟疑、设问等可以归到待续顿宕一类。当然也可以超出4+1的范围,增加新类,特别是现在对这些问题的研究还不够全面深入,完全可以有各种不同的设想和观点,互相补充,那样更有利于最终取得更深入的认识。本文不准备讨论这些分类问题,也不准备讨论具体语气助词的语气意义问题,只是为了讨论方法问题会涉及这些问题,所以只是在这里简单地提一下。

3.2 删除语气助词

保留原有各句不变,句终语调统一改为陈述语调,删除语气助词,看看原有各句的语气有什么变化。如果有变化,可以认为原有的语气是语气助词决定的,因为差别仅仅在这个语气助词的有无;如果没有变化,可以认为原有的语气是其他因素造成的,但是不能肯定有关的语气助词在表示原有的语气中不起作用,也就是不能排除有关的语气助词也表示这种语气的可能性,因此还需要进一步测试。

(7c) 他走了↓　　　　[陈述语气]
(8c) ？´四嫂↓　　　　[？表示呼唤]
(9c) 他是你弟弟↓　　[陈述语气]
(10c) 你吃↓　　　　　[弱祈使语气]
(11c) ´多好的天ㄦ↓　[弱感叹语气]

例(7c)删除语气助词"吗"以后,全句的语气变了:疑问语气消失了,全句成为陈述语气。这可以说明,例(7a)和(7b)的疑问语气是语气助词"吗"决定的,而陈述语气则是陈述语调决定的,从而可以初步确定"吗"是一个疑问语气助词。

例(8c)删除语气助词"呢"以后不再有疑问语气,这似乎说明疑问语气是"呢"决定的,但是,严格地说,例(8b)"＊四嫂呢↓"和例(8c)"？´四嫂↓"都不合规范,前者有歧义,后者既不是表示叙述语气的叙述句,也不是地道的呼唤声,只是听起来像是低声的呼唤,而常规的呼唤声是一个高平调,不是低平调。因此,"呢"的语气功能还需要进一步检测。我们现在对功能语调分得比较粗,如祈求和命令合为祈使语气,其实这两种语气的语调很不相同,至于高平调的呼唤语调一般语法著作都干脆不予考虑。

例(9c)删除语气助词"吧"以后,全句的语气变了,不肯定的语气消失了,而成了肯定的陈述语气。这样,我们就可以认为"不肯定"的语气是由语气助词"吧"决定的。"不肯定语气"在疑问句中就是所谓"商榷",在祈使句中就成了"委婉",在感叹句中就成了"无奈",再受句子中其他词语的影响还可以有各种不同的语气变体。

例(10c)删除语气助词"呀"以后仍然表示祈使语气,只是语气弱化了一些。虽然我们已知"(第二人称＋)自主动词"本身是一种祈使格式,但是一时还无法排除语气助词"呀"表示祈使语气的可能性,还需要进一步测试。

例(11c)删除语气助词"啊"以后,语气基本上没变,仍然是感叹语气。虽然已知"多＋形"是一种感叹格式,但是还无法排除语气助词"啊"也表示感叹语气的可能性。

3.2.1 删除句内其他语气成分

已知"(第二人称＋)自主动词"是一种祈使格式,但是例(10c)删除"你吃"以后就什么都没有了,所以没法删。不过可以改动人称和动词的自主性,如:

(10c') 我吃↓　　[表示允诺等的陈述语气]

(10c") 你病了↓　[陈述语气]

已知"多＋形"是一种感叹格式,删除这一格式后看看全句的语气意义会有什么变化。但是例(11c)"多好的天儿↓"删除"多好的"以后不成句,这种检验手续行不通,那只能通过其他方法去检测。

排除干扰因素的方法主要适用于讨论有争议的例句和分析真实文本中的例句,而且还并不是处处管用的。这是因为已有的例句有不少是不能随意删改的,这就极大地限制了"排除干扰因素"这种方法的使用范围。因此,就有必要设置适用范围相对宽广,测试结果比较明确的测试格式。

3.3 设置测试格式

设置测试格式来测定虚词的意义也许比较方便、快捷,但是测试格式本身往往是主观选择和确定的,用于测试的例句也不可能是穷尽性的,因此使用时应该慎重,应该尽可能减少主观性。

3.3.1 语气助词的测试格式

测试格式应该选择只包含语气助词一个变项而不包含任何表示语气的词语和结构格式的尽可能简单的独立句,也就是能脱离语境而独立的句子,主语应该尽可能选择中性的第三人称,句终语调一般应该是中性的陈述语调。这一切都是为了保证附加的语气助词是全句语气的唯一因素。因为全句不包含表示语气的其他词语和格式,句终语调都是中性的陈述语调,那么可以确定加了语气助词以后全句语气发生的变化是由语气助词决定的。以下试以"他走了↓"为例。

(12a) 他走啦(=了+啊)↓　　［感情色彩+陈述语气］
(13a) 他走了吗↓　　　　　　［一般弱疑问语气］
(14a) 他走了呢↓　　　　　　［强调+陈述语气］
(15a) 他走了吧↓　　　　　　［不肯定+陈述语气］

例(12a)加了"啊",全句仍然是陈述语气,但是增加了感情色彩,这种变化显然是由语气助词"啊"决定的,因此可以确定"啊"是一个表示抒发某种感情的语气助词。

例(13a)加了"吗",全句由陈述语气变为一般疑问语气,这种变化显然是由语气助词"吗"决定的,因此可以确定"吗"是一个疑问语气助词。在这句具体句子里,只是由于句终没有用疑问语调而是中性的陈述语调,所以是一般的弱疑问语气而不是表示怀疑的强疑问语气。

例(14a)加了"呢",全句仍然是陈述语气,但是强调突出了带重音的词语"走"。这种变化显然是由语气助词"呢"决定的,所以可以确定"呢"是一个强调语气助词。

例(15a)加了"吧",全句仍然是陈述语气,但是增加了不肯定的语气(猜测、估计等实际上都表示对陈述内容的不肯定)。这种变化显然是由语气助词"吧"决定的,因此可以确定"吧"是一个表示不肯定(当然也可以用其他类似的说法)语气的语气助词。

陈述句是一种中性的句子,加用不同语气的语气助词都会改变全句的语气意义。如果我们假定的表示某种语气的语气助词加在陈述句后面而不引起预期的语气变化,那么那样的假定就是可疑的,需要更多的测试来证明我们的假定。例如不少人认为"吧"和"呢"是疑问语气助词,那么以下这些陈述句,或其他非疑问句,加"吧"和"呢"以后仍然是陈述句或非疑问句,就必须有强有力的证据来作出解释。

(16) 他不是你的弟弟吧↓　　［不肯定+陈述语气］
(17) 你先走吧↓↓　　　　　　［不肯定(委婉)+祈使语气］
(18) 他们在·开会呢↓　　　　［强调+陈述语气］

（19）你才`傻瓜呢↓　　　[强调+陈述语气]
（20）四嫂呢——→　　　　[待续语气]

3.3.2 副词的测试格式

副词的测试格式也最好选择只有一个变项的中性的陈述句,这样可以避免句式或句终语调带来的影响。常用的虚词往往是多义词,不只一个义项,测试当然应该分义项进行。如果多个义项混在一起分析,那么,恐怕用任何一种方法都难以得出确定的结论。

副词或其他虚词单一变项的测试格式往往采用对比的方法或置换上下文或语境的方法来显示不同虚词的不同语义特性和用法。这是因为虚词的意义很难捉摸,用对比的方法可以帮助区分细微的语义上的差别,而用置换上下文或语境的方法则可以通过有关的虚词和不同的上下文或语境是否能协调"共现",还是有矛盾而不能"共现"来区分不同的语义特性和用法。这实际上是一种置换单一变项的方法,上文 3.3.1 节中测试语气助词的语气意义时就使用了类似的方法。

以下以"才"和"就"表示时间的义项以及"往往"和"常常"表示频度的义项为例来说明这种测试格式的使用方法(下面的例子和说明都引自陆俭明和马真 1985;例句序号因纳入本文序列而有所变动)[③]:

（21）他才来。　　　[已经来了]
（22）他就来。　　　[还没有来]
（23）他昨天才来。
（24）他昨天就来了。
（25）他明天才来。
（26）他明天就来。

"根据例(21)和例(22),我们可能认为'才'和'就'的差别只在于'才'用于说明过去的事,表示行为动作是在说话之前不久发生或进行的,而'就'用于说明未来的事,表示行为动作在说话之后不久会马上发生或进行。"但是,"例(23)、(24)说的都是过去的事,既可用'才'也可用'就',例(25)、(26)说的都是未来的事,同样既可以用'才'也可用'就'。可见,'才'和'就'的根本区别不在前者表示过去,后者表示未来,而在于用'才'表示在说话人看来行为动作发生或进行得晚、慢,而用'就'表示在说话人看来行为动作发生或进行得早、快。"

下面再来看变化语言环境而保持单一变项不变的例子。

(27) 星期天他往往去南河边钓鱼。
(28) 每逢节假日,他往往去刘庄姥姥家玩儿。
(29) *他往往去刘庄姥姥家玩儿。
(30) *据说她往往来看戏。
(31) *以后,星期六晚上你要没有事,请往往来这儿玩儿。
(32) *希望你放暑假后,往往去看看姥姥。

(33) 星期天他常常去南河边钓鱼。
(34) 每逢节假日,他常常去刘庄姥姥家玩儿。
(35) 他常常去刘庄姥姥家玩儿。
(37) 据说她常常来看戏。
(38) 以后,星期六晚上你要没有事,请常常来这儿玩儿。
(39) 希望你放暑假后,常常去看看姥姥。

通过对比全句语义跟有关副词的协调和冲突,还可以跟近义的副词如"常常"对比就可以得出结论:"'往往'只用来说明根据以往的经验所总结得出的带规律性的情况。'常常'不受此限。"

这些方法看起来似乎很容易,实际上是使用这种方法的人的要求很高,要求有敏锐的语感,对有关的虚词有深入的了解,同时要求选例精当,最后还要求推论准确。这说明,分析方法虽然很有用,但是单凭方法不一定就能得出正确的结论。[4]

4 后记

制订某种分析方法很可能是一种自不量力的尝试。但是制订符合汉语特点和需要的分析方法是迟早应该做的工作。我们的尝试完全错了,给旁人留下一个教训;部分错了,旁人可以来纠正;不完善,旁人可以来修正和改进。

附 注

[1] 早在 30 年代何容就在他的《中国文法论》中提出了研究和分析语气助词那样的虚词的指导性的原则和具体方法。我们认为,他提出的原则和方法

也适用于其他虚词。他说:"用助词来帮助表示语气的,当然还有个被这个助词帮助而表示语气的东西;那么我们研究这个助词的作用的时候,也就难免把这个被帮助的东西所生的作用,一并当做那个帮助它的助词所能生的作用。这是我们研究助词的作用的时候应该注意的"(何容 1985);"假如这个被帮助的东西没有助词便不能表示语气,或是能表示而和有助词帮助的时候所表示的不一致,那就更不可以把它所生的作用一并当做这个助词所能生的作用了;因为要是这样,就不免把这个助词所没有的作用也当成它的作用,把一个作用很单纯的助词当成作用很复杂的,而永远弄不清楚。"(何容 1985)他还说:"我们还有方法知道什么是语气:拿两句同样而一有助词、一无助词的话来比较,看那有助词的比没助词的多表示了一些什么,那多表示出来的东西就是语气;再拿两句不同样而只有一个相同的助词的话来比较,看这两句话所表的意思有什么共同之点,那个共同点就是语气。"(何容 1985)

② 陆俭明和马真在《现代汉语虚词散论》(1985)的《虚词研究浅论》一文中已经对研究和分析虚词的语义和用法进行了相当全面的总结。

③ 陆俭明和马真在《现代汉语虚词散论》(1985)中使用了很多很精当的例子。他们允许我使用他们的成果,我在此表示深挚的感谢。

④ 有的国外学者使用类似的方法、类似的用例,但是结论却很不相同,并且似乎不尽符合汉语实际,这就涉及语感和主观因素问题。

参考文献

何 容 1942 《中国文法论》,初稿 1937 年,初版、改订版 1948 年,商务印书馆,1985 年。

胡明扬 1981 《北京话的语气助词和叹词》(上、下),《中国语文》第 5、6 期;又见胡明扬《语言学论文选》,中国人民大学出版社,1991 年。

陆俭明、马真 1985 《现代汉语虚词散论》,北京大学出版社。

孙德宣 1957 《助词和叹词》,新知识出版社。

索绪尔 1916 《普通语言学教程》法文原本初版,中译本,商务印书馆,1982 年。

C. S. Butler 1985. *Statistics in Linguistics*. Oxford:Basil Blackwell Ltd.

(原载《中国语文》2000 年第 6 期)

说"词语"

就现代汉语而言,什么是"词"一直是一个没有解决的问题。"词"和小于"词"的"语素"的界限,"词"和大于"词"的"短语"的界限,在很多场合是谁也说不清楚的。对什么是"词"的问题,陆志韦(1957)、霍凯特(1958)、赵元任(1968)和吕叔湘(1979)进行了几乎是穷尽的讨论,但是也并没有能够得出一个便于操作的说一不二的结论。不过,经过他们这一番深入细致的分析和讨论,问题的关键似乎慢慢明确起来了。不得不承认,在现代汉语里,"字"或者说"语素"是一种"天然"的单位,也就是说是一种容易分辨和确认的单位,而"词"却不是一种"天然"的单位,不是一种客观上有一定的形式标志,因而普通人和语言学家都能容易地分辨和确认的单位。那么,是不是可以说,"词"就完全是一个外来的概念,汉语完全可以不予理睬呢?是不是可以说,我们今天花这么大的力气,这么多的精力来讨论"什么是'词'?"或"'词'是什么?"完全是"天下本无事,庸人自扰之"呢?我们认为那也不能这么说。至少是在今天的现代汉语里,像"过去"、"现在"、"自己"、"经济"、"反动"、"自来水"、"巧克力"等这样一些双音节和三音节的"字组"或"语素组合",恐怕普通人也好,语言学家也好,是不会一个字一个字拆开来辨认,然后再合起来理解和使用的,而是作为比"字"大、比可以自由组合的"短语"小的一个完整的单位来理解和使用的。这样看来,比"语素"或"字"大、比"短语"小的"词",或者说"词语"这样的语言单位还是客观存在的,至于给这样的单位取个什么名称倒是无关紧要的。汉语的双音节化或多音节化是多数语言学家承认的,那么就应该承认现代汉语还有比自由组合的"短语"小而不是单音节的"语素"或"字"的单位。问题是汉语的双音节化和多音节化是一个历史过程,即使在今天,在日常口语中单音节单位的使用频率还是比双音节、多音节单位的使用频率高,而且双音节和多音节单位的凝固程度还不那么高,而且凝固程度还各有等差,再加几千年来的中国知识分子只讲"字",从来不讲什么"词",因此,这种单位在多数"识字"的人的头脑里面还不那么明晰和确定。这就是为什么我们既不能不承认"词"在汉语中的客观存在,可是又一时说不清楚"什么是'词'"或"'词'是什么"的原因。其实,客观世界的事物或现象都是一种连续体,切分为离散的单位始终包含不同程度的主观因素。就形态丰富的语言来说,因为形态就是"词"和"词"之间的边界标志,所以对使用这些语言的人来说,"词"是一种"天然单位",尽管要从理论上来给"词"下定义也不十分容易,但是实际上分词却并不困难,可以说不成什么问题。但是就非形态语言或是形态不那么丰富的语言而言,要探讨什么是"词",要分词,都有不同程度的困难。像英语那样形态已经不那么丰富,但是还保留不少形态的语言,什么是"词"的问题也是很难说清楚的。他们最终采取的是"实用"原则:连在一起写的就是"词",不连在一起写的就是"短语",中间加短横的随你便,说是"词"也行,说是"短语"也行! 所以 rail way 是两个"词",一个"短语",rail-way 算是一个"词"还是两个词随便,可是 railway 绝对是一个"词"! 至于连写不连写,一开始是老百姓各写各的,最终是约定俗成的。当然,权威性的词典的拼写法在这个过程中也起了作用,不过由于不是法定的官方机构,并没有强制作用。

迄今为止,探讨非形态语言或形态不那么丰富的语言中"什么是'词'"的问题,各家的思路都差不多,依据的总不外乎是形态标准、语音标准、语义标准、语法标准,或者是某种综合标准,使用的方法也总不外乎"有没有某种形态标志"、"替代法"、"插入法"或者"是不是属于同一个重音单位"、"有没有语音停顿"、"整体意义是不是等于组成部分意义的总和"等。如果这几方面的结论一致,那就没有争议;如果不一致,那就会有争议,而且谁是谁非很难说清楚。我们现在就处在这样一种境地。为了摆脱这种困境,多年来很多人在实践中已经积累了一些有用的经验,制订了一些行之有效的标准和操作手续,还有一些人则在进行不倦的探索,提出了一些新思路。但是一些初步看来行之有效的标准和操作手续往往不能一以贯之;有一些新思路很早就提出来了,可是始终没有人去具体操作,看看可行不可行,究竟能解决多少问题。这些问题都应该具体考察一番。

除此以外,还有一种问题也值得我们注意。那就是虽然谁也说不清楚什么是"词",可是不论是语言学家,还是普通人,似乎都还有相当一致的关于什么是"词"的一种"语感"。这方面有一个著名的例子:五十年代陆志韦对构词法进行了深入的研究,提出了一些判定"词"和"非词"的标准和操作手续,到目前为止这些标准和操作手续都还在使用,因为至今都还没有更好、更可行的标准和操作手续。根据陆志韦的分词标准,"中华人民共和国"应该是一个"词",可是当时多数人认为不像一个"词",令人惊讶的是连陆志韦自己都"觉得"不太"像"一个"词"而"像"三个词,也就是:"中华"、"人民"、"共和国"! 所谓"觉得",所谓"像",正是一种语感,因为牵涉到像"词"不像"词"的问题,所以不妨称之为"词感"。分词标准跟"词感"不一致就行不通,这跟语法分析跟"语感"不一致就行不通一样,因为说到底,本民族多数人的语感是评判任何一种语言理论或处理标准的最高和最终的权威。在说现代汉语的人的语感中存在一种模糊的"词感",这就可以证明现代汉语中的确客观存在一种比"语素"大,比"短语"小的可以称之为"词"或别的什么名称的语言单位。不过吕叔湘指出,不同文化程度的人对什么是"词"的感觉是不完全一致的(1979),因为很多现代汉语的语素在古代汉语中是十足的"词",所以同样一个双音节或多音节单位,熟悉古代汉语的人会觉得是由"词"组成的"短语",而不熟悉古代汉语的人会觉得是由不能单用的语素组成的"词"。一般说来,语言学家和词典编纂专家对古代汉语都比较熟悉,所以由他们制定的分词规范总是偏"严",不少该是"词"的单位就有可能成不了"词",而永远是"短语"。那么专家跟普通人的"词感"到底有多大差别呢? 我们多年来很想进行一次广泛的社会调查,看看普通人对现代汉语的"词"或者说是近乎"词"的这种语言单位的"语感"是什么样的,因为"词"这样的语言单位最终还得由使用现代汉语的广大群众来认定或认可,语言学家想"我辈数人定则定矣"是行不通的。近来武汉江汉大学的王立同志在《语言文字应用》上发表一篇调查报告文章。作者从 6 种汉语普通话和对外汉语教材中选择了 25 个"单音动词+单音名词"结构,在小学五、六年级,初中各年级,高中一、二年级以及中专、本科各年级学生,部分中、小学教师中分发了 1660 份问卷,收回有效问卷 1297 份,让调查对象拼写包含这 25 种结构的 5 句话,根据连写和分写来判断他们对这些动宾结构是不是"词"的"词感"。结果是 873 份答卷全部连写,占全部答卷的 53.86%,其余答卷连写的占 92.03% 到 99.34% 不等,这样,全部答卷中连写的占 95.60%(王立 1998a)。这就是说总的倾向是作为一个"词"来处理的。这位作者还用一段包含 43 个"双音节名词性偏正结构"的文章,通过 1200 份问卷(收回有效问卷 1139 份)在不同文化水平和不同职业的普通人中间进行了一次调查,要求调查对象划出他们认为是"词"的结构单位,把调查结果跟《现代汉语词典》、《辞海》、《常用构词字典》(傅兴岭、陈章焕编,中国人民大学出版社,1984 年)、《词汇》(宋长庚、赵玉秋编,华龄出版社,1994 年)、《常用字和常用词》(北京语言学院出版社,1985 年)这五部词典的收词情况进行比较,结果发现收词情况大不相同。这 43 个双音节语言单位,这五部词典收为"词"的平均占 43.73%,普通人认为是"词"的平均占 93.43%,相差 49.70%。(王立 1998b)但是这五部词典的情况也有较大出入,《常用字和常用词》只收了 16.3%,《常用构词字典》收了 76.7%。这种差异显然是由于词典的性质不同造成的,因此我们不宜把统计数字绝对化,因为任何社会调查的统计数字跟自然科学的数据不同,只能代表一种倾向性。最近我们建议在北京进行一次类似的调查。陈松岑教授很快就在北京大学文理各系的学生中进行了调查,结果跟武汉王立的调查惊人地相似,北京大学包括中文系学过汉语语法的学生的"词感",跟语法学家的分词标准相去甚远。普通人认为"蓝天"、"白云"、"小鸟"、"湖边"、"松树"等都是"词",可是大多数语言专家和词典编纂专家认为这些语言单位都是"短语",不是"词"。我们并不主张"盲从"普通人的"词感",但是我们认为对广大群众的"词感"完全不予考虑恐怕是行不通的。相反,对群众的"词感",我们应该认真考虑。

有些分词标准本身也许是没有多大问题的,也是行之有效的,可是由于词表和词典编纂专家在语言文字问题上可以说是"专家中的专家",大都受过很深的古汉语的熏陶,眼睛里看出来绝大多数是

"字",而每一个"字"又大都是独立的"词",所以尽管绝大多数语言学家都承认,如果一个难以定性的双音节或三音节语言单位包含一个不能单说、不能单用的黏着语素,那么,这个语言单位就是一个"词"。可是实际上大家并没有都这么做;不少包含一个、甚至两个黏着语素的双音节语言单位我们也没算是"词",如"食堂"、"眼里"、"国内外"等。这在理论上就说不过去了。可是专家们就不承认这些是"词",尽管标准是他们自己定的,但是在操作过程中他们还主要是凭他们的"词感"行事的,而他们的"词感"更多的是古汉语的"词感"或者说是"字感",不完全是现代汉语的"词感"。原因恐怕就是汉字在作怪。汉字在知识分子的头脑里根深蒂固,我们几千年来在寒窗下学的就是这些汉字,我们眼睛里只有汉字,没有什么"词"或"词语"。就像"食堂"这么一个常用词来说,在知识分子嘴上倒是一个不能再分的双音节"词",可是要讨论"什么是'词'",他会马上想到这是"食"+"堂",尽管他嘴里平时从来不单说"食",也不单说"堂"。普通人可没有这种想法,所以 shitang 就是 shitang,不会想到要拆成"食"+"堂"。可以设想,让不识字的老百姓用汉语拼音去拼写汉字,让他们自己决定哪些语言单位该连写,哪些该分写,恐怕跟专家主观制定的正词法规定的写法会大不一样。上面提到的几例社会调查就已经有力地说明了这种分歧。

　　词典编纂专家在长期实践中形成了两条有一定可操作性的不成文的原则,那就是:(1)两个字以上的组合能"见字明义"的不收,但是词典不收的不等于都不是"词",当然也不等于都是"词",留下一点灵活性,不过既然能"见字明义",可见大多数是自由组合,也就是"短语",不是"词";(2)在一般情况下是自由组合的"短语",如果有引申或比喻意义的,可以算是词,没有引申或比喻意义的不能算是词。但是,所谓"见字明义",对不同的人来说会有不同的意见。对已经掌握这些语言单位的人来说,"见字明义"是不成问题的,对没有掌握这些语言单位的人来说,就未必能"见字明义"。我第一次看到汽车玻璃窗上贴了一张写了"磨合"二字的纸条,就不明白这是什么意思。后来懂得这是什么意思了,这才能"见字明义"。由此看来,"见字明义"这条原则操作起来有一定困难,有"从宽"、"从严"的问题。如果"从严",那么不少本该是"词"的就成不了"词",只能算"短语"了。至于有没有引申或比喻意义,这也会有不同看法,所以操作起来也存在一定的主观随意性。这种主观随意性特别表现为当专家们"觉得"不合他们的"词感"的时候,连自己定下的标准都不严格遵守了。例如,"说开"明明不能"见字明义","蓝天"也不能说绝对能"见字明义",绝对没有附加意义,可是专家们大都不愿意承认这些是"词"。所以我们说,目前语法学界和辞书学界专家的一般看法实在是太"严"了,严到有时候连自己定下来的操作标准都无法一以贯之。结果现代汉语通用的"词"就显得太少,只剩下两三万个,再要增加据说就只能是文言词和方言词了。这样一个数字和其他国家的语言相比差得太远。多数现代语言的通用词一般总数在六万上下。现代汉语的通用词怎么会这么少?这就很值得我们思考,是不是因为现行的标准太"严"了,或者是因为在操作过程中专家们是凭他们的"字感"或者说是古汉语的"词感"行事的,因而比已经相当"严"的标准还要"严"造成的。能不能就根据现有的操作标准对实际语料来一次"复查",看看是不是操作过程有问题,看看能不能增加相当数量按理合乎标准而漏收了的"词"。

吕叔湘(1979)提出过一个补充的处理意见很值得考虑,很值得试一试。他认为"双语素的组合多半可以算一个词,即使两个成分都可以单说,如**电灯、黄豆**。四个语素的组合多半可以算两个词,即使其中有一个不能单说,如**无轨电车、社办工厂**。三个语素的组合也是多数以作为一个词较好。例如**人造丝**可以向**人造纤维**看齐,作为两个词,但是**人造革**只能作为一个词,与其把**人造丝**和**人造革**作不同处理(类似**鸡蛋**和**鸭蛋**问题),不如让**人造丝、人造纤维**有所不同。"吕叔湘的意见非常接近上面提到的几次社会调查反映出来的普通人的"词感",这就更加值得我们注意。我们能不能试试看,如果按照他的意见去处理,分词的结果是不是会更切合实际,更能为普通人接受,也更切合实用,能不能解决"现代汉语通用词实在太少了"的尴尬局面。

可是遗憾的是,到现在为止,我们都还只是热衷于制订新的分词规范,而没有下工夫去做一些踏踏实实的研究工作,比如,在几亿字的语料中去验证我们的规范,并且在调查研究的基础上进行调整,并取得多数人的认同。我们的任务不轻松,前面的道路并不平坦,不下苦工夫恐怕是解决不了的。前人和时贤花了那么多精力和时间还解决不好,那绝不是没有原因的。吕叔湘在词类问题上说过一段有重大指导意义的话,对分词问题也同样有重大指导意义。他说:"认识问题的复杂性,我想,该是解决问题的第一步。第二步呢,就要占有材料。说句笑话,咱们现在都是拿着小本钱做大买卖,尽管议论纷纭,引证的事例左右离不了大路边儿上的那些个。而议论之所以纷纭,恐怕也正是由于本钱有限。"(吕叔湘1984)

另一方面,事情也很奇怪。连什么是"词"都不清楚,分词规范怎么确定?词典怎么编?词表怎么编制?词类问题怎么讨论?可是现在分词规范已经有好几种,出版的"词典"有好几百部,各家的词表也有好几个,词类问题还一直讨论得很热闹!这真有点不可思议!原因恐怕是,词典是一种实用的工具书,凡是读者不需要查阅的,即使是"词"也可以不收,凡是读者需要查阅的都可以收,不必太计较是"词"不是"词"。虽然,这样的实用原则也不能绝对化,词典还要考虑科学性和系统性,所以"一"、"二"、"三"这样简单的数词,"天"、"地"、"人"这样简单的名词也该收,不能说一般读者不需要查阅就可以不收。事实上词典收录的条目只能说大部分是"词",但是不限于"词",既有小于"词"的字或语素,也有大于"词"的短语(惯用语、专名、术语等)和句子(成语、谚语、歇后语等),而词典没收的也不等于不是"词"。这种情况不仅汉语词典是这样,英语词典、法语词典等也是这样。这样就把什么是"词"这个难题绕过去了,所以尽管谁也说不清什么是"词",词典可以照编不误!编词表往往沿用词典选词的办法,所以也可以照编不误。讨论词类问题,乃至讨论语法分析问题,似乎从来没有因为什么是"词"这个问题没有解决而讨论不下去,原因是大都讨论的是原则,没有穷尽列举,说不清楚是"词"不是"词"的语言单位一概略而不提了,所以不先解决什么是"词"的问题凑合也能讨论下去。只有分词规范混不过去,必须说清楚什么是"词",什么不是"词"。而且对两可的情况必须作出明确的规定。不过应该允许分词规范对"词"作出实用的定义。至于是否要改称"词语规范"或"语项规范",或"切分单位规范",那只是一个名称术语问题,不过列入词表或词语表,或语项表,或切分单位表的必须符合自己下的定义,另外,分词规范还应该允许由于使用目的不同,或使用范围不同,而有所不同。例如,信息处理用的分词规范就没有必要跟给本国人使用的词典的分词规范完全一致,给外国人使用的词典的分词规范也没有必要跟给本国人使用的词典的分词规范完全一致。信息处理用的分词规范可以"从宽",只要便于使用,完全可以把一些不合一般分词规范的语素、短语,甚至句子,硬性定义为"词"或"词语"或"语项"或"切分单位"。这是应该允许的,只要在定义中交代清楚就可以了。一般词典实际上早就这么做了。但是词表跟词典还有一点不同的地方。不论是一般的词典,还是信息处理用的词典,都可以只收录构词语素,附几个例子就可以,没有必要列举由这些构词语素派生的全部常用或通用的"词"或"词语",更多的例子可以推给语法规则去解决。可是词表不能这么办,必须列举,因为词表有个数量标准。例如 2500 个常用词就要列出 2500 个"词"或"词语",多一个,少一个都不合适。总而言之,一切要从实际出发,不要先有条条框框,只要符合实际需要,又便于操作和使用就可以了。太书生气,钻牛角尖,结果是给自己找麻烦,没有任何好处。

现代汉语分词的困难说到底主要是由处在从单音节语向双音节、多音节语演变过程中的现代汉语本身造成的,两可的情况可以说无处不在,非要"说一不二"是不可能的,也是不合理的,因为"词"和"非词"的界限不清楚是客观存在的,不是语言学家的"无能"造成的。事实上,像"结合紧密,出现频繁,使用方便"这样的理论原则至少在现阶段已经是够全面的了,再讨论大概也讨论不出什么结果来。因此,现在重点应该放在如何"具体处理"上,并且应该允许根据使用目的和使用范围的不同而有不同的处理。实际上现在已经是这样一种局面,谁想推出一种"一体遵循"的分词规范是不现实的。现在看来太原则的理论探讨不妨适可而止,而是需要多做一点实际工作,必要时还要做一些社会调查工作,特别是需要在处理足够的实际语料的过程中去验证和修正我们的处理意见。

从实用的角度来考虑这个问题,我们不妨先把两头没有争议的语素,如"蟋"、"澛"、"俐"等,以及同样没有争议的短语"买书"、"红衣服"、"抄写清楚"等撇开,再把公认的"词"如"经济"、"状态"、"收音机"、"老实巴交"等撇开,然后再来处理中间状态的单位。因为汉语没有足够的形态来确定"词"的边界,所以所谓的"词"实际上只是语素和语素结合得比较紧的单位。语素和语素结合得很紧或者结合得比较紧的,多数人会认为是"词",语素和语素结合得很松的,多数人会认为是短语,不是"词",但是处在中间状态的是语素和语素结合得不紧不松,时紧时松的单位,特别是大量偏正结构、动宾结构、动补结构的单位。这些单位的结合松紧程度又有等差,如"凉菜"、"白大褂"、"人际关系"、"起床"、"抽烟"、"放债"、"跑马"、"说开"、"看起来"等。除了这些处在中间地带的语言单位不好处理以外,还有一个麻烦问题是现代汉语,不论是书面语还是口语,都有不少古汉语成分,一部分是继承下来的,一部分是喜欢"转文"的文人硬加进来的。这些"异质"成分夹在里面更增加了区分什么是"词",什么不是"词"的难度。现在不同的意见实际上集中在处于中间地带的那些现象。普通人总的倾向是"从宽",认为绝大多数是"词"。专家们总的倾向是"从严",认为绝大多数不是"词"。怎么办?我们是不是可以做一点调查统计工作,看看这些有争议的单位在实际语言中的使用情况。最近我们请机器翻译专家董振东在四亿字的《人民日报》语料中检索了一些一般词典不收、而普通人觉得像"词"的"字串"的出现频率,结果是:"蓝天"1983次,"牛肉"3320次,"见到"8639次,"家里"11141次,"加上"16270次,"建成"33764次。这些统计数字是很发人深省的。我们倒不是要说可以简单地根据统计数字来确定"词"和"非词",不过多做一些具体的调查统计工作可以提供一点客观依据,至少比主观"认定"更有说服力,比我们继续"坐而论道"更有实效。

不少普通人看来明明应该是常用词或通用词的语言单位,在现有的词典和词表中却没有收录,原因之一当然是根据现行的分词规范和专家们的具体操作,这些都不认为是"词"。因此,在现有的各种词表或词典的基础上来编制"通用词表",如果不进行大量的人工干预就根本没法办。但是人工干预就免不了掺杂主观随意性,而更严重的是,明显不是"词"的可以删除,漏收的却没法一一补上,凭拍脑袋补上几个,肯定是挂一漏万。

关于目前意见最为分歧的双音节、三音节的偏正结构、动宾结构和动补结构的语言单位，我们想在吕叔湘先生的意见的基础上提出一些"处理意见"供大家参考。

双音节和三音节的偏正结构，特别是双音节的偏正结构，如果是"词"不是"词"难以确定，不妨从宽，也就是可以认为是"词"。例如，尽管"天"前面可以加"白"、"黑"、"蓝"，似乎是自由组合，"云"前面可以加"白"、"黑"，偶尔可以加"红"、"绿"、"紫"，似乎也是自由组合，但是不能说"红天"、"黄天"、"紫天"，绝少说"黄云"、"蓝云"等；"柳树"平时不说"柳"，可是词典编纂专家怕收了"柳树"就得收"柏树"、"杨树"、"榆树"、"松树"等，所以一概不收。其实，通用词表或一般词典不同于百科词典，这一类词语不可能太多。不少词典收了"账本"，可是不收"笔记本"、"日记本"，大概是考虑到这些是三音节的单位，结构比双音节的松一些，但是普通人大概是把"笔记本"当做一个单位来使用的，很少想到是"笔记＋本"，而且"笔记本"也可以用来画画，记账，不一定非用来记笔记不可，也可以说已经有了"引申"意义。"蛋炒饭"是一种特定的"饭"，大概是因为有了"蛋"，有了"炒"，有了"饭"，而且大家都吃过，都知道是一种什么样的"饭"，都能"见字明义"，所以"蛋炒饭"就不是"词"，而只能是"自由短语"了。可是"炒面"算"词"，这就说不清了。我们说对这一类单位算不算"词"要从宽，不是说都该算"词"，而只是说，在"两可"的情况下从宽；如果不是"两可"，很明显不是"词"，当然不存在"从宽"的问题。

动宾结构的单位有一部分是"离合词"，那该算是"词"。但是，什么是离合词，现在意见不完全一致。有一些文章对离合词进行了比较深入的研究，可以参考。从总的来看，离合词是少数，并且大多是常用词；大多是双音节的，也就是 1＋1 模式的，三音节的极少。我们不妨先放宽一点，看看到底"能"有多少"离合词"，然后再根据一定的标准来删减。这也就是说，不妨多做点具体工作，不要无休止地进行理论探讨。

动补结构的语言单位最复杂。这里面凡是补语在语义上不修饰动词而实质上是另一个谓语的按理不应该是"词"，如"走累了"的"走累"，"吃饱了"的"吃饱"等，因为这一类结构在句法上是两个谓语的紧缩,在语义上是两个命题,两个命题的论元有时候重合,有时候无法合一。但是这种语法分析,不一定跟普通人的"词感"一致,那就不好办。这是不是也可以作一点调查研究,看看普通人对这一类结构是怎么处理的,因为让专家来讨论恐怕解决不了问题。如果动补结构中补语是修饰动词的,如"拉住"、"吃完"、"扔掉"等,后面的补语是有限的一些常常用作补语的"补词",按理应该算"词",但是词典往往不收,大概是怕数量太大,因为"补词"往往处在虚化过程中,有的则和动态助词非常接近。但是这一类词很难说是能"见字明义"的,按理应该收。就词典而言,也可以只收"-住"、"-完"、"-掉"等,然后在后面附上一批常用的动补结构的"词"作为例子。这也是一种处理办法。可是词表至少应该列出常用的或/和通用的这一类词语。还有一类是"动词＋趋向动词"。这一类里面凡是真正不能"见字明义"的、有引申或比喻意义的,应该算"词",可是现在不少这一类"词"没有收。趋向动词一般是修饰前面的动词的,或者实际上是动态助词,那也是修饰前面的动词的,这些可以推给语法规则去处理,但是也应该调查一下,看看普通人对这些结构有什么看法。趋向动词"开"比较特别,"动＋开"往往有特殊意义。可是现有的词典、词表大概认为"动＋趋"一般都可以不收,所以很多失收,如"说开"、"剔开"、"放开"等都没有收。专家似乎很害怕"词"太多了,实际上按现在"从分不从合"的标准,现代汉语的"词"不是太多了,而是太少了。

　　从总的情况来看,现在进一步征求各方面的意见,制定更细致具体的分词规范也是需要的,但是恐怕更迫切需要的是要多做一点具体的调查研究工作和验证工作,否则要在前人的基础上,有所前进,有所突破,就缺乏必要的前提和根据。

　　普通词典、普通词表的收词工作已经是很难很难,规范词典、规范词表的收词工作就难上加难了。难就难在"规范"二字。哪些词语是规范的,哪些词语是不规范的? 什么样的读音是规范的,什么样的读音是不规范的? 一个字怎么写是规范的,怎么写是不规范的? 一个词语的形式怎么样是规范的,怎么样是不规范的? 这些问题都非常复杂,都不容易解决得尽如人意。规范词典收录的词语,这些词语的字音、字形、词音、词形按理都应该是规范的,这似乎是最基本的要求。可是,要做到这一点又谈何容易,有时候似乎比登天还难。关键是在不少场合社会上并不存在公认的规范,那么又该怎么来确定有关的规范呢? 或者是意见有分歧,又该何去何从呢? 国家权威机构有明文规定的,当然可以照章办理。可是,如果规定不够明确,或者根本没有涉及,又该怎么办呢? 的确是困难重重,举步维艰。

从理论上来说,规范词典、规范词表只应该收规范的词语,不应该收不规范的词语,虽然规范词典没收的并不都是不规范的。问题是规范的标准是什么?《简明牛津现代英语词典》的标准是"通用性",只要是通用的就是规范的。那么什么是"通用性"呢? 那就还得给"通用性"下定义! 我们认为"通用性"包括两个方面:一个方面是使用范围问题,另一个方面是使用频率问题。使用范围还应该分为使用地区和使用阶层两方面。"通用词"应该首先是全民语言的组成部分,因此仅在某个地区通用,或仅在某个社会阶层通用的词语不能认为是全民的通用词语。但是,也要考虑到不同地区和不同阶层的地位是不完全相同的。北方话地区,特别是北京地区是优势地区,文化水平较高的阶层是优势阶层,在其他条件相同的情况下,应该优先考虑。另外,书面语和口语相比,由于传播媒体的影响,也具有优势,也应该优先考虑。至于使用频率,究竟达到什么标准才算是通用词并不是绝对的,而且单纯的频率统计也并不全面,一般需要考虑使用地区、使用阶层,加权进行频度统计才能反映真实的通用程度。因此,为了客观地确定通用程度,一定的社会调查是必要的。另外,规范不可能是超前的,相反,往往不得不是滞后的。有一阵,不少人主张词典要收"大哥大"和"BP机",也有人主张收"打的"(现在"面的"很快就要取缔了!),因为据说已经有了"的哥"、"的姐"的说法。还有一个CT,很多人说应该收,因为据说已经用开了。我写过一篇小文章,提到我有一个从邢台到北京来看病的亲戚,就不说"做CT"而是说"来'超'一下"。前天北京林科院一个外语很好的朋友在电话里说过两天他要去医院做"超(声波)断(层扫描)",这就再一次说明CT还并没有在各个地区、各个社会阶层中普遍用开,还算不上是全民语言的一个组成成分。这些词语显然带有浓厚的流行语和行业语的色彩,如果从使用地区和使用阶层这两方面来调查一番,恐怕就会发现只流行于某些地区、某些社会阶层,而还达不到全民通用的程度。这样,规范词典和规范词表应该缓收或不收。

《法兰西学院词典》除了考虑通用性以外,还以捍卫法语的纯洁性为己任,所以在《八版序言》中说"法兰西学院查明并记录好的用法,也就是那些关心纯洁地书写法语并受过教育的人和作家的用法。法兰西学院推崇这种用法,就是保卫法语免遭各种败坏因素的侵袭,这类败坏法语的因素是蜂拥而至的外来语、科技术语以及每天都能发现的、由于工业、体育、宣传等方面在某种实际程度上的实际需要而产生的行话和粗鄙的说法。"尽管如此,同一《序言》却声明:"法兰西学院始终记住,既不企图对词汇发号施令,也不企图在句法方面制宪立法,更不认为自己有权改革正字法。"(胡明扬等 1982)既要捍卫法语的纯洁性,清除各种败坏法语的因素,又不能妄图对词汇和句法发号施令,《法兰西学院词典》的编纂人员是怎么做到这一点的,那就谁也不清楚了。从《法兰西学院词典》的收词范围来看,只收当前通用的词语,不常用的词语不收,旧词语不收,刚出现的新词语不收,规范不规范不明确的不收,所以一共只收了两万来条。应该说《法兰西学院词典》的规范性是很强的,并且在现代法语规范化过程中发挥了重要作用。《简明牛津现代英语词典》的收词范围要比《法兰西学院词典》宽得多,旧词、新词、古词、俚词、外来语、科技术语都收,不过都加上标签,如〈旧〉〈新〉〈古〉〈俚〉〈物〉〈化〉等。这种处理方式使《简明牛津现代英语词典》可以收录也许并不常用但有时会出现,因而读者需要查阅的词语,这就大大扩大了读者面,成了畅销书,社会影响也更大了。相反,《法兰西学院词典》的读者面很窄,成不了畅销书,社会影响也不可能太大。中国一向选择的是《简明牛津现代英语词典》的路子,收词范围比较宽。还由于中国书面语的历史传统,大量文言词语不断出现,所以收录部分文言词语而不加特殊标签似乎也是可以理解的,而且要明确区分哪些文言词语可以认为是已经是现代汉语书面语的有机组成成分,哪些还不是现代汉语书面语的有机组成成分,那也是非常困难的。这样,加不加标签,加什么样的标签,在很大程度上就要取决于词典编纂人员的主观判断。如果编纂人员大多是老年人,熟悉古汉语文献,那么收录的文言词语就会偏多;如果编纂人员大多是年轻人,不太熟悉古汉语文献,那么收录文言词语会从严,即使收录了一些,也会加上〈文〉或〈古〉的标签。到目前为止,还没有比较科学的办法来解决这个问题。不过,对其中一部分明显不是现代汉语书面语的古代词语倒有一种测定办法,那就是如果某个古代词语在现代书面语中出现,要求所在的短语或句子全部都用文言词语和文言语法,那么就可以证明有关的词语尚未成为现代汉语书面语的有机组成部分,应该加上〈文〉或〈古〉的标签。例如"料峭"只能出现在"春风/春寒料峭"这类句子中,而不能说"外面的风很料峭"等。又如"暨",只能说"某某暨夫人",不能说"某某暨妻子"或"某某暨老婆"等。由此可以确定"料峭"和"暨"等不是现代汉语书面语的有机组成成分,如果要收,就该加标签。

方言词语和普通话口语的界限也不容易确定,特别是北方方言和普通话口语的界限不容易确定。这是因为普通话还处在推广的过程中,还缺乏公认的明确规范,因此编纂人员在收词时没有公认的参考标准,只能凭自己的语感来作出判断。在这种情况下就不容易分清自己家乡的方言和普通话口语,就有可能把一些方言词语作为普通话口语来处理了。要解决这一难题大概有两种方法。一种办法是看看南方出版的辞书收不收这样的词语,或者问问普通话讲得比较好的南方人用不用这样的词语。南方地区的辞书不收,南方地区普通话说得比较好的人不用,这说明有关的词语还没有成为全民语言的组成部分,规范词典不应该收,收了要加标签〈方〉。这是一种从严的办法。还有一种办法是问问受过高等教育的北京人,问他们懂不懂,特别是说不说这样的话。如果他们听得懂,也这么说,那就可以收,因为北京方言的地位比较特殊,而受过高等教育的北京人说的话更接近普通话。如果北京人都听不懂,也不这么说,那就不该收,要收,就得加标签〈方〉。这是一种从宽的办法。按理说,规范词典不应该收还没有成为全民语言的组成成分的方言词语,但是可以收虽然明显是方言但经常出现在书面语中的词语,如"俺"、"咱"、"啥"等,以及有可能成为全民语言的组成成分的方言词语,特别是北京话一些常用的口语词语。不过,这些方言词语如果收了仍然要标〈方〉,这样做是为了稳妥。凡是难以确定是方言词语,还是已经成为全民语言的词语的时候,标〈方〉保险一些。

改革开放以来出现了大批新词语,其中多数是反映新事物、新概念的,也有一部分是用来置换已有的词语的,还有一小部分是港台词语。反映新事物、新概念的词语如果已经用开了,原则上可以收,因为只要有关的新事物、新概念不是昙花一现,这一类词语是比较稳定的,如"彩电"、"网络"、"迫降"、"倒计时"等。这里面有个别的一时有几个名称或说法,如"寻呼机"又叫"BP机","移动电话"又叫"手机"、"大哥大"。"大哥大"来源于黑社会的用语,并且现在也不那么红火了,最好不收,所以可以收"移动电话"和"手机";"手机"除了是"移动电话"的俗称以外还指无绳电话等的可分离移动的受话和发话器具,可以单立条目。至于置换已有词语的新词语,如果语义和修辞色彩和原有的词语没有什么不同,原则上不应该收,如"镭射(已有'激光')"、"按揭(已有'抵押贷款')"等。不过,这也不能一概而论。"电脑"和"计算机"本来是一回事,但是近来有一种趋势,小型的叫"计算机",也叫"电脑",大型的还叫"计算机"。如果这两种用法稳定下来,那么可以两收。但是谁也说不准将来会怎么样。这就比较麻烦。如果要收,也许暂时不妨并存,再加一点说明。总之,处理这些问题,既要有原则性,也要有灵活性。

所谓港台词语实际上有两类:一类是大陆已经不用而港台地区沿用的旧词语或港台地区率先使用的词语,如"检讨"(检查讨论,1949年以前的用法)、"共识"(共同的认识,台湾地区率先使用)等。这一类可以根据需要和今天在大陆的通行情况来决定取舍和处理方式;另一类是港台方言,那就可以按方言词语处理。

儿化和轻声问题早在50年代陆志韦先生(1956)就详细地讨论过了。他的意见是这两个问题应该跟词语规范化一起来解决。现在,多数北方语言工作者的意见是有区别意义作用的儿化和轻声应该保留作为普通话的规范,如"面∷面儿"、"老子∷老·子"等,没有区别意义作用的儿化和轻声不必作为普通话的规范保留,可以作为可儿化、可轻声处理,或者不收。南方语言工作者的意见不同。他们认为所谓有区别意义作用的儿化和轻声在书面语和社会日常交际中都不是绝对必需的,在可能产生误会的情况下,完全可以根据语境或使用别的词语来解决,特别是至今除了有地方特色的文学作品以外,书面语根本没有儿化和轻声,因而儿化和轻声只是北方方言的特色,不应该成为普通话的规范。陆志韦先生主张通过词语的规范化来解决这个问题,现在看来也并不现实,实际上四十多年来没有任何进展,因为词语规范化本身是一种人为的干预机制,不同地区的语言工作者的意见很不相同,在短时期内无法取得一致意见,这就解决不了有关词语的规范问题。就目前的情况来看,各种书刊上比较严肃的文章和中央电台、电视台的新闻广播基本上没有儿化,轻声也不那么"轻",例如"棉花"、"西瓜"在北京人和多数北方人的嘴里"花"和"瓜"都是读轻声的,老北京人这一类轻声还读得真轻,元音完全变了,但是电台、电视台不读轻声。不过在文艺作品和文艺节目中有儿化和轻声;地方台则因地区不同而有所不同。在日常社会交际中,北方人和南方人各行其是,可是倒也并不妨碍交际。看来儿化和轻声问题只能在推广普通话和书面语规范化过程中由广大群众去约定俗成了,语言学家和词典编纂人员实在无权也无法擅自取舍。目前比较妥善的办法是尽可能处理成可儿化和可轻声,这就是说,读儿化和轻声是规范的,不读儿化和轻声也是规范的。先这样处理,等将来这两个问题通过人民群众的自然选择有了明确的结论后再来确定就很主动。如果硬性规定某些词语必须儿化,必须读轻声,那么权威性的报刊和电台、电视台不照办怎么办?那样,主观规定的规范就会失去权威性,整个规范化工作就很难进行下去了。

近年来一些外文缩写词语,主要是英文缩写词语,还有一些夹杂英文字母的词语经常出现在报刊上、电视屏幕上,还出现在播音员、主持人的口头上,如 VCD、CVD、CAD、APEC、"卡拉 OK"等。这些洋气十足的外文词语是不是现代汉语的组成成分,规范的现代汉语词典或词表该不该收这些外文词语是有争议的。有人认为这是一种殖民地文化倾向,那就主张一个都不能收。有人认为收不收都无所谓,因为从历史上来看,早期的很多音译词后来大多消失了,改成了意译词,因为汉语对外来语有强大的抗拒力,音译词是站不住脚的,更不用说直接用原装的外来词语了。可是也有人认为汉语要现代化,就应该吸收外来词语,并且最好直接吸收,特别是直接用英文,这比翻译更便捷、更准确,也更便于和国际接轨,因为英语现在已经是"国际语言",甚至已经不能说是"外语"了,因此主张敞开吸收。这看来同样只好由历史去作选择了。不过认为汉语本身对外来语有强大抗拒力的人必须清醒地认识到,历史上汉语对外来语的抗拒力并不是来自汉语本身,而是来自高涨的民族感情。如果中国人的民族感情日益淡薄,这种抗拒力也就会日益削弱,直至完全消失。至于从事现代汉语规范化工作的人对这一类有争议的问题则不妨暂时等一等,瞧一瞧,没有必要匆忙表态。

不管是文言词语也好,方言词语也好,儿化轻声也好,新词语也好,港台词语也好,外文词语也好,该不该收,按理都可以根据"通用性"来决定,而"通用性"目前在理论上是完全可以通过大规模语料库的词频统计来测定,而且还可以通过覆盖率来核查。比如说,在10亿字的语料中出现多少次以上,覆盖率达到百分之多少的词语是通用的词语。这比主观判断要客观得多。可是实际上现在还办不到,因为现有的语料库的规模和设计不完全符合词典、词表选词的要求。现有的语料库的规模还不够大,而且都是为特定的专业、特定的目的服务的,不是为检测词语的通用程度服务的。国家语委正在建设一个7000万字的通用语料库,各类语料的分布比较均衡,但是语料库建设的周期很长,现在还用不上。正因为现在还没有办法用比较客观的办法来测定词语的通用程度,所以在不少场合不得不采用人工干预的手段,尽管深深知道人工干预总免不了一定的主观随意性,见仁见智永远在所难免。

参考文献

胡明扬等　1982　《词典学概论》,中国人民大学出版社。

霍凯特　1956　《现代语言学教程》(中译本),索振羽译,商务印书馆,1987年。

陆志韦　1956　《关于北京话语音系统的一些问题》,载现代汉语规范问题学术会议秘书处编《现代汉语规范问题学术会议文件汇编》,科学出版社。

陆志韦　1957　《汉语的构词法》,科学出版社。

吕叔湘　1979　《汉语语法分析问题》,商务印书馆。

吕叔湘　1984　《汉语语法论文集》,商务印书馆。

赵元任　1968　《汉语口语语法》(中译本),吕叔湘译,商务印书馆,1979年。

(原载《语言文字应用》1998年第3期)

关于"名物化"问题

张志公在主持制定《暂拟汉语教学语法系统》的过程中不是仅仅"博采众说,加以折中"而已,事实上也相当明显地反映了他自己早在《汉语语法常识》(1955)一书中的语法观点,而且还提出了一些跟前人不同的新观点。比较引人瞩目的新观点有两个:一个是助词三分,分为结构助词、时态助词、语气助词;这个观点,或者说处理方法,影响很大,而且多数人都同意,尽管今天看来很不全面,很多助词都"漏网"了。但是,当时各家的语法体系也都只限于提出一个体系,举几个例子,只要自己举的例子站得住,也就可以了,"全面"都谈不上。另一个观点,也可以说是处理方法,是所谓"名物化"问题,这个观点却长期以来成了一个有极大争议的问题,并且几乎跟《暂拟系统》和张志公的名字和学术命运分不开了。

提出"名物化"这种处理方法自有其历史背景。在50年代初期语法学界展开了一场关于现代汉语词类问题的大讨论,这一场大讨论在一定意义上也可以说是1938—1943年中国文法革新大讨论的继续,因为那一次大讨论的重点实际上也是词类问题,不过参加两次讨论的主要人物和理论背景不太相同而已。在这次大讨论中在划分汉语词类的标准问题上主要有三种不同的意见:一种意见以黎锦熙为代表,仍然主张"依句辨品",也就是拿句子成分功能作为判定词性的标准。依照这种观点,主语位置上的"这本书的迟迟出版"中的"出版"是名词,因为"出版"在这里是主语,而充当主语的就是名词。另一种意见以胡裕树、张斌为代表,主张划分词类应该以方光焘提出来的"广义的形态",也就是词语的短语组合功能为标准,例如可以说"一块墨"、"一块铁","墨"和"铁"既然都可以和"一块"相结合,也就是前面都可以加数量词,所以可以判定为名词(方光焘1939,见陈望道等1958),同理,前面可以加"很"、"非常"等程度副词的词语可以判定为形容词;前面可以加"能"、"会"等,后面可以加

"了"、"着"、"过"的可以判定是动词(胡附、文炼 1955)。这些可以用来鉴定别的词语的"词性"的词或格式后来就称为"鉴定词"或"鉴定格式"。胡附、文炼,也就是胡裕树和张斌,对于像"这本书的迟迟出版"之类中的"出版"的词性,当时跟方光焘的意见一致,认为是"名词性"的,不过在归类上"出版"仍然是动词。第三种意见以苏联语法学家龙果夫为代表,认为汉语的词类是一种"词义·语法范畴",也就是"从个别的和具体的里头把一般的抽象出来"。(龙果夫 1958)龙果夫没有具体涉及"这本书的迟迟出版"这一类问题,而他的"动名词"指的是动词带他所谓的体词语尾"的、着、去"的用法。他只是在谈到"很小"这个形容词词组"跟动词,前置词相结合的时候(例如'从'、'很'、'小'),它就事物化、名词化了。"(龙果夫 1958)龙果夫在区分汉语词类的时候实际上是考虑了句法功能的,但是他使用的术语"词义·语法范畴"很容易引起误解,使人认为就是词义加语法功能的双重标准,并且"从个别的和具体的里头把一般的抽象出来"讲的就是语义问题。当时不少中国语法学家也的确就是这么理解的。因此,过去主张根据词义区分汉语词类的语法学家很快就赞同这种意见。但是他们对处于主语位置上的"这本书的迟迟出版"中的"出版"的意见并不完全一致,而是因人而异。王力和吕叔湘根据他们"词义不变,词性不变"的原则,认为仍然是动词。由于当时特殊的历史条件,这次词类问题大讨论以后多数语法学家以及国家颁布的《暂拟汉语教学语法系统》都采纳了"词义·语法范畴"的提法,只是改了一个字,称为"词汇·语法范畴"。对于处在主宾语位置上的动词和形容词的问题,《暂拟系统》的意见跟各家的意见都不完全相同,而提出了"名物化"的处理意见。《暂拟系统》是这么说的:

动词和形容词的特殊用法　　下边三种格式是动词和形容词的特殊用法。

(1) <u>分析</u>是必要的。
　　我们重视<u>分析</u>。
　　<u>诚实</u>才好。
　　他喜欢<u>清静</u>。
(2) 他的<u>来</u>使大家很高兴。

狐狸的<u>狡猾</u>是很出名的。

(3) 作品<u>分析</u>是文学教学的重要内容。

说这些动词和形容词的用法特殊,是因为:第一,在意义上,它们不表示实在的行动或性状,而是把行动或性状当做一种事物;第二,它们用作主语或宾语,而这些成分是常用名词或代词来表示的。

然而,(1)(2)(3)三种情况又有显著的区别。在第(1)种格式里(即动词、形容词单独做主语、宾语),动词、形容词还保留着它们的<u>全部语法特点</u>:可以重叠(<u>分析分析</u>是必要的,<u>诚诚实实</u>才好),可以受副词修饰(<u>反复分析</u>是必要的,<u>不诚实</u>不好),动词可以带宾语(<u>分析问题</u>是必要的)。在第(2)种格式里(即动词、形容词有了名词、代词做修饰成分,而这修饰成分是用助词"的"表示的),动词、形容词失去了一部分特点——不能重叠,不能做谓语;保留着一部分特点——受副词修饰(他的<u>不</u>来……,他的<u>不</u>聪明),动词带宾语(他的爱<u>劳动</u>不是真爱);同时取得了名词的一个特点——受名词、代词修饰。在第(3)种格式里(即动词有了名词直接做修饰成分,不用助词"的"),动词失去了全部的特点——不能重叠,不再受副词修饰,不能带宾语,同时取得了名词的一个特点——受名词修饰。但是,第(3)种格式里大都加得进助词"的"(作品<u>的</u>分析),而一加上"的"就成了第(2)种格式;所以(2)(3)两种格式是相近的。

从语法特点着眼,我们把(1)和(2)(3)区别开来。(1)里的动词、形容词保留着全部的语法特点,所以只是动词、形容词的特殊用法,没有更多的变化;(2)(3)里动词、形容词失去了动词、形容词的特点(或一部分特点),取得了名词的一个特点,我们称之为动词和形容词的名物化用法。(《语法和教学语法》1957:17—18)

《暂拟系统》的观点可以归纳为:1.(1)类仍然是动词、形容词,用作主语或宾语是一种特殊的用法;2.(2)类、(3)类失去了部分动词、形容词的特点,取得了名词的一个特点,是动词和形容词的"名物化用法"。"名物化用法"显然是从语义角度着眼的,那么在"词性"上,究竟仍然是动词,还是已经"化"为名词?尽管《暂拟系统》这一节的标题是"动词和形容词的特殊用法",按理应该仍然是动词、形容词,但是实际上态度是不明确的,很容易让人理解为"名词化",也就是在这种情况下,已经转化为名词了。因此,后来朱德熙把"名物化"作为主要靶子来打,也不完全是有意曲解。

《暂拟系统》推广以后不等于这类问题基本上解决了,因为不同的意见依然存在,谁也没有说服谁,谁也没有放弃自己的意见。所以黎锦熙、刘世儒在1960年《中国语文》1月号上发表了《语法再研讨——词类区分和名词问题》,重申他们的观点,认为处于主语位置上的"单个儿的动词既是名词性,干脆说,就是名词"(1960),而受副词修饰或"带有黏附成分"如"劳动着比休息着好"中的带有"着"的"劳动"和"休息",都是先组成词组而后转为名词性的。"在名词性的词组内,它当然仍是动词(因为这不是名词化了的动词,而是名词化了的)词组"(同上);"可以加定语等名词特征,是冲着名词性的词组去的"(同上);而"'仍然保留'的四种动词特征(指'可以重叠'、'可以粘"着"尾'、'可以带状语'、'可以带宾语'——本文作者按),乃是冲着名词性词组内的动词去的。"(同上)他们的观点可以归纳为:1.单个儿的动词、形容词(相当于《暂拟系统》的(1)类),是抽象名词;2.带副词修饰语,带黏着成分"着",带宾语的动词、形容词(相当于《暂拟系统》的(2)类)仍然是动词、形容词;3.它们所在的词组则是名词性的,这些词组前面的定语是修饰整个名词性词组的。同年史振晔发表《试论汉语动词、形容词的名词化》(1960)认为就语义方面而论,不论是龙果夫的"事物化",还是《暂拟系统》的"名物化",大家的意见比较一致,问题在于就语法方面而论,在主语和宾语位置上的动词和形容词究竟仍然是动词、形容词,还是已经不再是动词、形容词。他首先综述了当时各派不同的观点:1.黎锦熙认为是抽象名词;2.王力和吕叔湘认为仍然是动词、形容词,因为他们两位都是根据"词义"来定词性的,如王力说,"我们如果从概念上去辨别,'聪明'断然是一个形容词,因为它表示一种德性;'选择'断然是一个动词,因为它表示一种行为"(王力1954,上册);吕叔湘只承认受数量词修饰的动词和形容词"已经变成"名词(吕叔湘、朱德熙1951—1952);3.龙果夫称之为"事物化",认为这实质上跟黎锦熙说的抽象名词没有什么不同,只是名称不同而已;《汉语》课本的"名物化"可以跟龙果夫的"事物化"归为一类,不过《汉语》课本只承认带有名词、代词定语的动词和形容词词组是名物化,而认为可以重叠、已受或可受副词修饰、动词已带或可带宾语的动词和形容词仍然是动词、形容词。史振晔认为这是受了王力和吕叔湘的影响。史振晔自己的观点是:这些都是动词、形容词的"名词化"。

1961年,朱德熙和卢甲文、马真联名发表《关于动词形容词的"名物化"问题》,不同意从《马氏文通》和《新著国语文法》以来一直认为"动词形容词作主语或宾语的时候跟作别种成分的时候性质不一样"的观点,而认为动词、形容词做主语或宾语的时候跟做别的成分的时候性质没有本质差别,仍然是动词、形容词,所以不同意"名物化"或"事物化"等的提法。作者认为,说在主宾语位置上的动词、形容词是"当名词用的",已经"转成"名词,"干脆说,就是名词",或者说"名物化"、"名词化"都是大同小异的同一种观点,由于"'名物化'的说法影响比较大,以下就用'名物化'来概括这些大同小异的说法"(朱德熙1961,1980)。朱德熙把各种主张"名物化"的意见归纳为三点:1.从意义上看,主语宾语位置上的动词形容词已经由"行为范畴"或"性状范畴"转入"事物范畴";2.用作主语宾语的动词形容词具有一系列的"名词的语法特点";3.这种位置上的动词形容词失去了动词形容词的全部或一部分语法特点。然后,朱德熙针对这三种观点进行了批驳。他首先区分了两个不同层次上的"事物"这一概念,也就是一般意义上的"事物"概念和作为语法范畴的"事物"概念。他认为"名物化"论者混淆了不同层次的"事物"概念,他们所说的"事物"实际上是一般意义上的"事物",不是作为语法范畴的"事物"。在批驳第二个观点时,作者区分了"语法性质"和"语法特征"两个不同的概念:"词类的语法性质指这一类词的全部共性。既然是全部共性,其中当然也包括这一个词类与其他词类之间的共性在内。词类的'语法特征'指的是仅为此类词所有而为它类词所无的语法性质,即指这个词类所以区别于其他词类的个性。"(同上)他认为"名物化论者"提出的三个所谓的"名词的语法特征",即:1.可以用名词或代词复指;2.可以受定语修饰;3.可以和名词组成联合结构,在汉语里都只是名词、动词、形容词共同的"语法性质",而不是区分名词跟动词、形容词的"语法特征"。"名词和谓词的真正对立在于谓词能作谓语,能受副词修饰,能带后加成分'了'、'着'等,而名词不能。"(同上)《关于动词形容词的"名物化"问题》一文影响很大,更由于"名物化"这个名称的确完全是从意义着眼的,而当时很多人已经认识到单纯根据意义来分析语法是有问题的,所以多数人,特别是年轻一代,接受了朱德熙的意见,对"名物化"的说法持否定态度。

但是这个问题仍然没有彻底解决,不同的意见依旧存在。方光焘没有公开参加有关的讨论,但是1962年在内部讲话时谈到了这个问题。他说:"如孤立的'出版',难以决定它属于哪一类。'这本书的出版','出版'既然可以受'这本书的'修饰,它已是名词性了。'这本书的销路','这本书的大小','销路'、'大小'都是名词性。在'这本书的迟迟出版'中,'出版'受副词'迟迟'的修饰,那又怎么解释呢?我们应当从层次上看问题。'出版'的名词性由动词变来,是动名词,仍有动词的性质。结构分析是'这本书的/迟迟出版',又分析为'这本书的/迟迟/出版'。"(方光焘 1990)吕叔湘认为"语义没有明显的变化,但是语法特点有不同程度的改变,改变到什么程度就该认为词类已经转变,颇难决定。这个问题主要发生在'动词名用'上,情况相当复杂,需要专门研究。有人主张一概称为'动名词',以为可以解决问题。其实这是不能解决问题的,因为'动名词'只适用于一般的'动词名用',不能兼指已经转变成表示动作的真正名词。例如挨批评的批评只是动词名用,而文艺批评的批评则是正式的名词,二者是有区别的。"(吕叔湘 1979)在此以前提到"动名词"的有两位,一位是龙果夫,但是龙果夫主要谈的是"动词+的"这一类的"动名词"(龙果夫 1958);另一位是方光焘,指的就是"动词名用",并不兼指正式的名词,但是方光焘的内部讲话一直没有正式发表,直到1990年才由他的门弟子结集出版,所以吕叔湘可能是误解了方光焘的观点。

汉语没有严格意义上的形态,同一个词的不同句法功能没有显性的形态标志,所以对"动词或形容词名用"这种处于中间状态的"非驴非马"现象,持不同语法理论观点的语法学家就有不同的看法,有不同的处理方式。这大概是一种正常现象。不过,尽管各家的意见有时候似乎是水火不相容的,但是随着研究的深入和时间的推移,各家的意见也就逐步接近,那就是大家慢慢都同意,在这种情况下的动词跟做谓语用的动词有所不同,就"这本书的迟迟出版"中的"出版"这一类"动词名用"现象而言,其中的"出版"的确已经丧失了一部分动词的特点,同时取得了一部分名词的特点。1985年朱德熙在讨论"进行"、"加以"、"给予"、"给以"等"虚化动词"后面用作宾语的动词时也说:"总起来看,上边所说的那些双音节动词既有动词性,又有名词性。作为动词,可以受副词修饰(不研究/快研究/马上研究),可以带宾语(研究文学/研究小麦);作为名词,可以受名词和数量词修饰(历史研究/(做过)一些研究),可以作动词'有'的宾语(有研究)。"(朱德熙1985)特别是在《定语和状语》一书中,朱德熙就公开承认了"名物化"这种提法。他说:"动词和形容词之前的修饰成分是状语,但是动词和形容词名物化之后,它们就取得了名词的性质。这时前面的修饰成分就是定语,而不是状语了。"(朱德熙1984a)在谈到双音节动词有的可以直接修饰名词的时候,他又说:"这个现象不能用动词的音节数目来解释。因为上文说过,双音节形容词作定语时一般要用'的'字(参看'(三)形容词作定语')。我们认为这类格式里的动词已经名物化了,它是以名的资格充任定语的。"(朱德熙1984a)但是朱德熙在同一年发表的文章《定语和状语的区分与体词和谓词的对立》中的意见却跟《定语和状语》一书中的意见不完全相同,他认为定语和状语不是由中心语的词性是名词还是动词、形容词来决定的,而是由整个短语的词性来决定的,名词性短语的修饰语是定语,谓词性短语的修饰语是状语,举的例子是:

中心语是谓词的名词性偏正结构: 修饰语是定语	中心语是名词的谓词性偏正结构: 修饰语是状语
群众的支持 狐狸的狡猾	(他)都大学生了 (他)确实急性子

(朱德熙1984b)

朱德熙在这个时期对"名物化"的意见似乎有点犹豫不定,到晚年,据他身边的人说,他已经不反对"名物化"的提法,当然也没有肯定说他完全同意。

胡裕树过去的意见跟方光焘一致(胡附、文炼1955),认为"这本书的迟迟出版"中的"出版"是名词性的,但是1994年他和范晓合写的一篇文章对这个问题的意见似乎发生了一些变化。这篇文章认为,在这一类短语中,虽然整个短语是名词性的,但是其中的"出版"只能说在语义上是"名物化"了,但是并没有"名词化"(胡裕树、范晓 1994)。至于"名词化"和"名词性"有没有区别,这篇文章中没有交代,可能有区别,可能没有区别,不得而知。不过在这篇文章中他们还提到布龙菲尔德的"向心结构"理论不适用于汉语来看,大概他们认为这种格式中的"出版"不是"名词性"的,而仍然是完完全全的动词。

说"这本书的迟迟出版"是名词性短语,但是其中的"出版"仍然是动词,既不是"名词性"的,也不算"动词名用",这就在逻辑上引起了两个必须解决的矛盾。第一个矛盾是:说定语是修饰整个名词性短语的,那就是说定语是加在整个名词性短语上的,整个结构是"定语+名词性短语",可是"这本书的"明明就在名词性短语**内部**,不在**外部**,一定要说定语是修饰整个名词性短语的,似乎不大容易说清楚。朱德熙(1984b)为了解决这个明显存在的逻辑上的矛盾,就给定语和状语下了新的定义,说"定语是名词性短语的修饰语",中心语是体词还是谓词可以不论,"状语是谓词性短语的修饰语",中心语是谓词还是体词也可以不论。这样是不是就能解决矛盾也还难说。第二个矛盾是:短语的词性是由中心语来决定的,名词性短语的中心语应该是名词或名词性的,动词性短语的中心语是动词或动词性的,说整个短语是名词性的,可是中心语却是动词,这就不仅违反了传统的语法理论也违反了结构主义描写语言学创始人布龙菲尔德关于"向心结构"和"离心结构"的理论。为了解决由此引起的矛盾就引发了一场要修正布龙菲尔德的"向心结构"理论的讨论(施关淦 1981,1988;朱德熙 1984c;胡裕树、范晓 1994)。我们认为这是一个重大的理论问题,可以讨论,布龙菲尔德的理论体系也不是不可以修正,但是应该充分考虑理论体系的系统性,因为任何理论体系都不是互不相干的个别论点构成的,而是各个论点之间互相有机地联系在一起,牵一发而动全身的,有很强的系统性的体系。

应该承认,对"这本书的迟迟的出版"这一类短语中的"出版"在具体句子中的词性的分歧意见仍然存在,这大概是因为这里面纠缠着好几个互相牵扯的问题,所以意见容易分歧,而且也不容易说清楚。这四个问题是:1.整个这一类短语的词性;2.这一类短语的中心语的词性;3.这一类短语的中心语归类时的词性;4.这一类短语中修饰语"这本书的"的性质。把这几个问题分清楚了,也许解决起来会容易一些。现在对这一类短语在具体句子中的词性已经没有分歧意见,都认为是名词性的;对这一类短语中的中心语归类时的词性的意见也已经没有分歧意见,都认为仍然是动词;对这一类短语中"这本书的"这个修饰语的意见也已经没有分歧,都认为是定语。这就是说对第1、3、4三项都已经取得一致意见,只剩下第2项,也就是对在具体的句子中这一类短语的中心语的词性还有分歧意见:有人认为是名词性的,有人认为是动词性的。承认这一类短语的中心语是名词性的,不等于承认在归类时是名词,也就是不等于承认这一类短语的中心语已经转为名词,而只承认在具体的句子中取得了部分的"名词性",因而是"名词性"的,或者说,只是临时的"动词名用"。这实际上是承认这种情况下的"出版"具有两重性。有人认为这一类短语中的"出版",即使丧失了部分动词的特性,取得了部分名词的特性,仍然应该是动词。这是不承认两重性,要"非此即彼",那当然只能说仍然是动词,因为就归类而言,"出版"的确是动词,并不是动名兼类词,主张"动名词"说、"名物化"说或"动词名用"说的认为整个短语是名词性的,其中的"出版"在归类上是动词,所以保留部分动词的特性,可以受副词修饰,但是在具体句子中取得了部分名词的特性,是名词性的,所以能受定语修饰。这是承认在特定的条件下某些语言现象具有两重性的处理办法。至于用什么术语来指称这种现象倒是非实质性的,不是什么原则问题。方光焘称之为"动名词",我们很赞成,因为汉语中的这种现象跟英语的动名词基本相同。英语的动名词只是动词的一种特殊用法,在归类上仍然是动词,不是兼类问题,但是在具体的句子中用如名词,这时候,动词性表现为受副词修饰,可以带宾语,名词性表现为可以用作主语或宾语,可以受所有格名词和代词的修饰。汉语的"动名词"也只是动词的一种特殊用法,在归类上也仍然是动词,只是在具体的句子中用如名词,取得了一部分名词特性,可以做主语或宾语,可以受带显性标志"的"的定语修饰,但是还保留一部分动词特性,可以受副词修饰,可以带宾语。当然,这个问题可以有不同的处理方式,使用不同的术语,并且还可以继续研究和讨论。关键是要看哪一种处理方式更有利于句法分析和语义解释,有利于保证整个语法体系没有明显的矛盾和系统性。

关于第(1)类的动词和形容词用法,也就是关于单个儿动词做主语和宾语的用法,张志公认为在这种情况下,"动词、形容词还保留着它们的全部语法特点",没有"名物化",还是动词、形容词。但是张志公没有作更细致、更具体的分析工作。事实上,动词、形容词在主语和宾语位置上的用法是受条件限制的,并且也不是在随便什么句子里都可以用动词、形容词做主语和宾语。这也就是说动词、形容词用作主语和宾语是有限制条件的,是有标记的,并且是受特定的句式和/或特定的谓语动词制约的。(胡明扬 1996)

经过这么多年的讨论,现在可以说,张志公当年提出"名物化"的主张还是很好地考虑了这一类现象的特点的,是有利于解释这类复杂现象的,而且他跟那种认为在主宾语位置上的动词、形容词都是名词的意见不完全相同,不能混为一谈。至于"名物化"这个名称,的确是"语义上的",不是"句法上的",所以是不太合适,不过,名词术语问题毕竟是非实质性的。

参考文献

陈望道等　1958　《中国文法革新论丛》,中华书局。

方光焘　1990　《语法论稿》,江苏教育出版社。

胡附、文炼　1955　《现代汉语语法探索》,东方书店。

胡明扬　1996　《兼类问题》,胡明扬主编《词类问题考察》,北京语言学院出版社。

胡裕树、范晓　1994　《动词形容词的"名物化"和"名词化"》,《中国语文》第2期。

黎锦熙、刘世儒　1960　《语法再研讨——词类区分和名词问题》,《中国语文》第1期。

龙果夫　1958　《现代汉语语法研究》(中译本),郑祖庆译,科学出版社。

吕叔湘　1979　《汉语语法分析问题》,商务印书馆。

吕叔湘、朱德熙　1951—1952　《语法修辞讲话》,开明书店。

施关淦　1981　《"这本书的出版"中"出版"的词性——从"向心结构"理论说起》,《中国语文通讯》第4期。

施关淦　1988　《现代汉语里的向心结构和离心结构》,《中国语文》第4期。

史振晔　1960　《试论汉语动词、形容词的名词化》,《中国语文》第12期。

王　力　1954　《中国语法理论》(新版),中华书局。

张志公　1955　《汉语语法常识》,中国青年出版社。

张志公主编　1957　《语法和语法教学》,人民教育出版社。

朱德熙　1980　《现代汉语语法研究》,商务印书馆。

朱德熙　1984　《定语和状语》,上海教育出版社。

朱德熙　1984　《定语和状语的区分与体词和谓词的对立》,《语言学论丛》第十三辑,商务印书馆。

朱德熙　1984　《关于向心结构的定义》,《中国语文》第6期。

朱德熙　1985　《现代书面汉语里的虚化动词和名动词》,《第一届世界汉语教学讨论会论文选》,北京语言学院出版社。

朱德熙、卢甲文、马真　1961　《关于动词形容词的"名物化"问题》,《北京大学学报》(人文科学版)第4期。

(原载《广州华苑》(学术版)2000年第1期)

形容词的再分类

一 引言

形容词的再分类在50年代以前以黎锦熙的《新著国语文法》为代表,分为四小类,即:(1)性状形容词,(2)数量形容词,(3)指示形容词,(4)疑问形容词。(1924)到了50年代,《暂拟汉语教学语法系统》把黎锦熙的第二小类独立为"数词",第三、第四两小类划归"代词",形容词就不再分小类了。但是从50年代到90年代又有人主张在形容词内部划分小类,或者把原先归为形容词的一部分词独立出来成为新的词类大类,把原有的形容词一分为二,一分为三,一分为四,一分为五,其中有的干脆独立出来跟形容词脱离关系,成为独立的词类大类,各种意见都有,而且各种意见都有一定道理,到目前为止还没有取得一致意见。不过就母语教学而言,也许混而统之都归形容词一个大类也没有什么问题,因为学生完全懂得不同的形容词有不同的用法。但是就第二语言教学和中文信息处理而言,完全有必要分得细一些,因为分得越细提供的句法功能信息就越多,越有利于句法分析。

传统的形容词大类究竟应该分多少小类,分哪些小类,或者不是分成若干小类而干脆分拆成若干平起平坐互不隶属的大类,这些问题都非常复杂,恐怕一时很难有说一不二的定论,不同的语法体系完全可以有不同的处理方式。以下我们想对有关的问题进行初步的梳理和探讨。

二 状态形容词或复杂形容词

最早从传统的形容词大类中分出来的是"形容词的复杂形式",即后来的状态形容词或复杂形容词。朱德熙在《现代汉语形容词研究》中把形容词区分为两类,一类是形容词的简单形式,一类是形容词的复杂形式。他认为形容词的复杂形式包括:(1)重叠式,如:小小儿、远远儿、老老实实等;(2)带后加成分的形容词,如:黑乎乎、傻里呱唧等;(3)煞白、冰凉等一类形容词;(4)以形容词为中心构成的词组,包括:a.由程度副词以及某些表示程度的代词跟形容词构成的词组,如很大、非常漂亮、那么长等;b.由并列的形容词构成的词组,如又高又大。(朱德熙1982)后来朱德熙在《语法讲义》中把这一类形容词称为"状态形容词",包括:(1)单音节形容词重叠式:小小儿的;(2)双音节形容词重叠式:干干净净(的);(3)"煞白、冰凉"等;(4)带后缀的形容词,包括 ABB 式:黑乎乎、脏里呱唧等;(5)"f+形容词+的"形式的合成词(f代表"很、挺"一类程度副词):挺好的、很小的、怪可怜的。(朱德熙1982)他认为,性质形容词和状态形容词在句法功能上很不相同,"性质形容词直接(不带"的")修饰名词的格式是受限制的,而状态形容词则可以自由地修饰名词"。(朱德熙1982)赵元任在《中国话的文法》引述了朱德熙的意见,吕叔湘在《中国话的文法》的简译本《汉语口语语法》中译为"复杂形容词"(赵元任1979),因为朱德熙最初就称为"形容词的复杂形式"。这一类形容词不论是在形式上还是在句法功能上的确都跟一般形容词有所不同,所以很快就得到多数人的赞同。但是给个什么名称,意见还不一致。本来名称就是名称,不是实质性的。不过不同的名称也的确反映了语法体系的差别。"简单形容词"和"复杂形容词"是从形容词本身构成的角度来区分的,不涉及这两类不同形容词的语义特征。"性质形容词"和"状态形容词"是根据语义特征来命名的,意味着形容词表示的就限于性质和状态。但是所谓状态形容词是不是都表示"状态",剩下来的性质形容词是不是都表示"性质",还很值得探讨。胡裕树没把形容词分成两类,而只是区分了"形容词的原形"和"形容词的重叠形式"。(胡裕树主编1979)关于这两类形容词的句法功能,也有不完全相同的看法。朱德熙非常强调性质形容词修饰名词是受限制的,而状态形容词修饰名词是自由的。但是胡裕树不强调形容词的原形修饰名词受限制,而相反,指出形容词的重叠形式"作谓语一般要带'的'"。(胡裕树主编 1979)事实上,状态形容词修饰名词必须带"的",不带"的"根本不能修饰名词,跟性质形容词一部分能直接修饰名词一部分必须加"的"才能修饰名词不同。如果严格一点,认为带"的"不带"的"是两种不同的结构,那么甚至可以说状态形容词根本不能修饰名词,谈不上自由不自由;而性质形容词如果带"的",修饰名词就一样自由。另外,朱德熙把"很大"、"非常漂亮"等或"挺好的"、"很小的"、"怪可怜的"等都归为状态形容词很多人就很难接受,因为这些根本不是"词"而是词组或短语,而且他最初就说这些是"以形容词为中心构成的词组"。(朱德熙 1980)词组或短语也可以根据句法功能分类,这就是生成语法的"语类",但不是"词类"。可是,不管怎么说,分出状态形容词或复杂形容词这一小类从总体上来看还是站得住的。但是要细细琢磨起来,还有一些问题需要进一步探讨。

三 非谓形容词或区别词

状态形容词或复杂形容词从形容词大类中分出来以后,从 50 年代后期起,吕叔湘和饶长溶,还有朱德熙,差不多同时开始试图从剩下来的形容词里面再分出一部分形容词来。吕叔湘和饶长溶先称其为"属性词",觉得可以独立成为一个大类,后来改称"非谓形容词",暂且放在形容词这一大类里,算作一个小类。朱德熙则主张独立出来,称为"区别词"。1981 年吕叔湘和饶长溶发表《试论非谓形容词》,饶长溶在他的《汉语层次分析录》的《自序》中提到:"50 年代后期,中国科学院语言研究所第 1 组,按计划写一部'现代汉语语法',从专题做起"(1997:V);"吕先生提出,意义做不了主,要根据句法功能。谓词分为动词、形容词,能带宾语的是动词;形容词也可以采取二分法:能做谓语的和不能做谓语的,如'主要任务','任务是主要的'。'主要、次要、基本、正、负'等不能做谓语的一类留在形容词里。(1960 年 1 月 8 日记录)当时起名叫属性词。"(1997:X)《试论非谓形容词》列举了非谓形容词的七个特点:"(1)都可以直接修饰名词,例如'小型水库','上好衣料';(2)绝大多数可以加 de 修饰名词,例如'小型的水库','上好的衣料';(3)大多数可以加 de 用在是字后面,例如'这个水库是小型的',或者代替名词,例如'大型的不如小型的';(4)不能充当一般性的主语和宾语;(5)不能作谓语;(6)不能在前边加很;(7)否定用非,不用不。"(吕叔湘1984)文章详尽地论述了跟非谓形容词有关的各种问题,列出了400多个例子,并且指出了还没有完全解决的一些问题,如:(1)"从以上七点,可以看出这些词跟名词、动词、形容词都不同";(吕叔湘1984)但是"跟一般形容词以及名词、动词都有一定程度的瓜葛",(吕叔湘1984)"非谓形容词与别的词类之间存在这样那样的纠葛,这是不足为奇的,因为它正在发展、演变或者形成的过程之中,试看第二节所举的例子,十之八九都是最近三五十年里才出现的"。(吕叔湘1984)(2)要处理这类词,"一个办法是,另立一个词类。这样的词不仅是大量存在,而且是不断产生,其增值率是仅次于名词,让它们单独成为一类也还是值得的。另一个办法是,不另立一个词类,那么把它们放在形容词里边比较合适,一般也多是这样处理的,但是,为了跟一般形容词有所区别,可以称为非谓形容词……非谓形容词跟一般形容词以及名词,动词多有一定程度的瓜葛,需要说明。同时,一部分非谓形容词还有是词还是构词成分的问题",(吕叔湘1984)如"常务委员"中的"常务","排灌机械"中的"排灌",还有"高射机枪"中的"高射","汉英词典"中的"汉英"等。(3)"非谓形容词修饰名词,一般是可以带 de,也可以不带 de。可是也有不少是必不带 de 的,……也有少数非谓形容词修饰名词的时候差不多必须带 de";(吕叔湘1984)这就牵涉到自由和黏着的问题,词和非词的问题。(4)"不同风格的语言有时候会影响所用的词的词性,在非谓形容词的问题上尤其明显。在这种场合,只好拿现代汉语的较正式的文体作标准,把封建、高级之类还认为是非谓形容词。同样,也不能拿文言用法或成语作依据,例如'盛况空前'、'后患无穷'、'期限不定'等。在这种地方,'空前'等都应该拆开来讲,算做两个词——不是现代汉语里的词,当然。"(吕叔湘1984)《试论非谓形容词》对这一类只能用作定语,不能用作谓语的词的描写非常细致,并且也不隐瞒存在的问题。朱德熙在《语法讲义》里对"区别词"的定义是"区别词是只能在名词或助词'的'前边出现的黏着词"。(朱德熙 1982)朱德熙没有展开讨论区别词的范围和可能涉及的问题,但是他把区别词归入体词,这是跟他认为汉语中修饰名词的主要词类是名词而不是形容词有关。他给区别词下的定义给区别词定性为"黏着词"这就带来一个问题,区别词加名词或区别词加"的"究竟是词还是短语?吕叔湘觉得这是一个不好办的问题,但是朱德熙没有就这个问题展开讨论。在他举的例子中区别词绝大多数来源于名词性成分,来源于动词性成分很少,只有"野生"、"法定"、"国产"、"外来"、"自动"、"国营"、"私营"这么几个。实际上区别词或非谓形容词来源于动词性成分的不少,而且还是开放性的,不能不考虑。可是这些来源于动词性成分(既有状动结构,也有主谓结构)的区别词或非谓形容词之所以是开放性的是跟现代汉语广泛利用文言成分构造新词新语分不开的。例如我们可以根据需要创造"点射机枪"和"夜视机枪",甚至"猫用厕所"这样的新词语,那样,"点射"、"夜视"、"猫用"都成了非谓形容词。可是"可以点射的机枪"、"夜里看得见目标的机枪"和"专给猫用的厕所"显然只能说是短语或词组而绝对不是"词"或"词语"。这又碰上了词和非词的老大难问题。如果认为区别词或非谓形容词都是黏着的,那么严格按照现在通行的关于什么是"词"的规定,有关的组合就都是"词",至少是固定短语,其中的区别词或非谓形容词就失去了"成词"的条件,究竟算"词"还是算"语素"就成了问题,那样,这部分区别词或非谓形容词就不存在了。这又似乎让人接受不了。吕叔湘和饶长溶似乎不认为非谓形容词或区别词都是黏着的,他们说,"我们认为,只要是能加 de 的,都应当承认是一个词。"(吕叔湘 1984)那么不能加 de 的还是不是"词"呢?如果不是"词",还能叫非谓形容词或区别词吗?看来问题真还不少。不过,现代汉语中有这么一类词,似乎又是多数人的共识,给个什么名称也许是次要的问题。至于定义问题,范围问题,还可以进一步去研究。前人在这方面的研究已经相当深入,如果在这个基础上再作些具体研究,作些静态和动态统计分析,也许会有新的进展。

四　唯谓形容词

有只能做定语不能做谓语的"非谓形容词",那么"是不是有与此相反的'唯谓形容词'呢？难,容易,多,少,对,错等有点像。可是怎样区别于表示状态的不及物动词又是一个问题。"(吕叔湘1979)1982年胡明扬向第十五届国际汉藏语研讨会提交的《北京话形容词的再分类》一文中分出"非定形容词"。(胡明扬 1987)1984年叶长荫的《试论唯谓形容词》进行了比较全面的研究。但是非定形容词或唯谓形容词的界定有两方面的困难:(1)如果说唯谓形容词或非定形容词是"能受程度副词修饰而只能做谓语,但是不能做定语的词",那么动词中也有一部分是能受程度副词修饰,能做谓语,但是不能直接做定语的,如"痒"、"痛"、"想"、"希望"、"愿意"等。(2)怎么叫"不能做定语"？如果"不能做定语"指的是不能直接做定语,必须加"的"才能做定语,那样的话,唯谓形容词就可能有好几百个;如果加"的"才能做定语也算"能做定语",只有必须前加"很"后加"的"才能做定语才算"不能做定语",那恐怕也有一百多个;如果"不能做定语"指的是在任何情况下都不能做定语,那样常用的唯谓形容词或非定形容词就大概只有七八十个。这样看来唯谓形容词如果限定在"能受程度副词修饰而只能做谓语,而且在任何情况下都不能做定语"也许让人更容易接受一些。不过这就牵涉到形容词直接做定语和加"的"做定语有没有实质性区别的问题。吕叔湘对这个"的"看得很重。他说:"大树和大的树也不是一回事,在语法上是很有分别的。把大的树和大树等同起来,好像有没有一个的字没有什么关系,这就小看了这个的字了。"(吕叔湘1979)可是他在《形容词使用情况的一个考察》一文却说:"单音形容词不带 de 为多,带 de 是例外。双音形容词带 de 为多,但是不带 de 的也常见。带 de 不带 de 有时候好像很随便。"(吕叔湘1984)这样,对形容词做定语而言,带"的"和不带"的"暂时就还说不太清楚。这就是为什么我们在《词类问题考察》一书中在带"的"不带"的"问题上,对形容词开了特例的原因。我们不是不重视带"的"和不带"的"的区别,而是我们现在还搞不清楚。像"美丽"、"昂贵"、"悲壮"等这样一些形容词绝大多数是书面语色彩比较浓的形容词,必须加"的"才能修饰名词似乎是由语体色彩决定的。但是,口语中也有一些不能直接用作定语或者在任何条件下不能用作定语的形容词,如"背(重听)"、"草(潦草)"、"差"、"沉(重)"、"次(差)"、"逗(好笑)"、"对"、"浮"、"滑"、"抠(吝啬)"、"累"、"密"、"木(麻木)"、"囊"、"腻"、"黏"、"齐"、"轻"、"少(稀少)"、"松"、"烫"、"通"、"透"、"险"、"严"、"阴(阴险)"、"油(油滑)"、"匀"、"含糊"、"厚实"、"滑溜"、"孤单"、"光溜"、"近乎"等,这些该怎么解释?这些词都可以受"很"修饰,这说明有"程度"差别,语义上大都表示性质,为什么不能自由用作定语,一时找不到原因,只能说是"习惯"了。至于"岸然"、"昂扬"等甚至不能受程度副词修饰,而且做谓语也是很受限制的,如"昂扬"只能说"斗志昂扬","岸然"只能说"道貌岸然"等。这只能干脆说这些是文言形容词,支配这些形容词的用法的是文言语法,不是现代汉语语法。但是即使是"能受程度副词修饰而只能做谓语,而且在任何情况下都不能做定语"这样的定义还有问题,因为这样的定义是以先肯定这样的词语是形容词为前提的,而怎么就能肯定这样的词语就是形容词呢?现在能说的只是这一类词语后面不能加"了"、"着"、"过",前面不能加助动词,不能重叠,绝大多数不能正反问,所以跟动词有明显的区别。可是再要问一句,为什么不是动词就一定是形容词?这就又成问题了。唯一的出路似乎只能是说这些是"唯谓词",既不是形容词,也不是动词!把"区别词"独立出来不叫"非谓形容词"大概也是出于类似的考虑,因为区别词只能做定语,可是大多数名词也能直接做定语,称为"非谓形容词"也有个怎么就知道是形容词而不是名词的问题。当然可以说名词可以做主语和宾语,可以受数量词修饰,而非谓形容词不能做主语和宾语,不能受数量词修饰。但是否定性的定义在逻辑上都有重大缺陷。不是名词也不等于就一定是形容词!说穿了,我们现在在区分词类,在很大程度上都是从意义着手去寻找形式上的标志,希望尽可能做到意义和形式紧密结合而没有漏洞,但是我们的"寻找工作"到目前为止还不到家,还远远没有做到没有漏洞的水平。

现有的状态形容词或复杂形容词的几种句法功能定义都还有值得探讨的地方。就句法功能而言,状态形容词或复杂形容词内部也很复杂,并不一致。大致可以分四小类:(1)单音节重叠式,如:"大大(的)"、"慢慢(儿)(的)"等;(2)双音节重叠式,如:高高兴兴(的),顺顺当(儿)当(儿)(的);(3)后缀式,如:"黑糊糊"、"傻勒吧唧"等;(4)复合式,如:"雪白"、"碧绿"等。各类的句法功能大致是:(1)单音节、双音节重叠式、后缀式、复合式做定语都必须带"的";(2)做状语时,单音节和双音节重叠式有的可以带"的"也可以不带"的",有的必须带"的/地";后缀式和复合式不大能做状语;(3)做谓语是各种形式在独立句中都必须带"的",在非独立句中除单音节重叠式以外,也可以不带"的";(4)重叠式和后缀式做状语时,如果后面动词带宾语,往往在语义上指向宾语名词,如:

酽酽的沏了一壶茶　圆圆的画了一个圈　厚厚实实地盖了几层草帘子　热乎乎的(/地)端上来一大碗肉丝面

五　情状形容词

一部分性质形容词既能做定语,又能做谓语,还能直接做状语。这部分形容词不表示性质而表示数量、时间、处所、频度、范围、方式、情状等,如"多、少、早、晚、及时、突然、远、近、偶然、完全、热情、勉强"等。如果处理成兼类,每个词都必须注兼类,也就是兼副词,如果分出一个小类,就可以不必再注兼类,因为这一小类都能做状语。这一类词语在语义上根本不表示"性质",分立一个小类也许更好一些。这样一个小类可以称为"情状形容词"。

六　文言复杂形容词或状态形容词

还有一部分似乎也是形容词的词语没有着落,如"白浪滔滔/滔滔(的)白浪(江河)"、"炊烟袅袅/袅袅(的)炊烟"、"白雪皑皑/皑皑(的)白雪"等。这一类重叠式词语在书面语中数量不少,常见的就有好几十个,绝大多数是文言词语,使用这些词语的句子的句式也是文言句式,因此可以认为这些重叠式是文言复杂形容词或状态形容词。可是"热气腾腾"是地道的现代汉语口语,怎么办?文言重叠式大都可以倒过来修饰名词,加"的"不加"的"都可以,可是现代汉语口语的"腾腾"不加"的"不能修饰名词,不能说"腾腾热气",但是"腾腾的热气"凑合过得去,似乎符合现代汉语状态形容词或复杂形容词的使用规律。这一类词语可以归并到状态形容词或复杂形容词里面去,当然有必要注明语体特点。

七　余论

这样,形容词大类可以分为五个小类:
（1）性质形容词/形容词或一般形容词
（2）非谓形容词/区别词或非谓词
（3）唯谓形容词/唯谓词
（4）情状形容词/情状词
（5）状态形容词或复杂形容词/状态词或派生形容词

当然也可以把其中某些小类独立出来跟形容词平起平坐成为词类大类。但是,从传统的大而化之的形容词里面分出这五个小类来以后,还会不会留下一些没法归类的"形容词"?再者,有些"形容词"究竟是"词",还是"短语",还是"语素"一时很难说清楚;有些中间状态的形容词究竟算形容词还是算不及物动词也有困难。就算能确定都是"词",都是"形容词",把混进来的"非词"成分和不及物动词都清除出去了,在分小类时,各人的语感不同,归类就有差异。当然可以进行社会调查,根据多数人的语感来作结论,也可以通过对大量实际语料的用例来归纳,但是现在要这么做,就人力和经费两方面来说,都还有不少困难。还有,各类形容词里面,特别是非谓形容词或区别词里面,夹杂着大量文言词语,有的已经通行,可以说已经成为现代汉语的组成成分,可以按现代汉语语法规则统一处理,有的是新冒出来的,或者只有个别作者使用,这些可以暂时放在一边不管,但是不能永远不管,怎么办?理想的办法也许是在现代汉语书面语的语法规则系统中附加一个"现代汉语书面语文言语法规则子系统"来解决。现代汉语书面语十分驳杂,要完全用一种单纯的语法规则系统来处理恐怕是很难办到的。

形容词跟动词相比要简单一些,但是形容词的研究,即使局限于词类分类研究的范围内,也还是任重而道远,不是差不多了,而是还差得多得多。

参考文献

胡明扬　1987　《北京话初探》,商务印书馆。

胡明扬(主编)　1996　《词类问题考察》,北京语言学院出版社。

胡裕树(主编)　1979　《现代汉语》(修订本),上海教育出版社。

黎锦熙　1924　《新著国语文法》,商务印书馆。

吕叔湘　1979　《汉语语法分析问题》,商务印书馆。

吕叔湘　1984　《汉语语法论文集》(修订本),商务印书馆。

吕叔湘、饶长溶　1984　《试论非谓形容词》,吕叔湘《汉语语法论文集》,原载《中国语文》1981年2期,商务印书馆。

饶长溶　1997　《汉语层次分析录》,北京语言文化大学出版社。

叶长荫　1984　《试论唯谓形容词》,《北方论丛》第3期。

朱德熙　1980　《现代汉语语法研究》,商务印书馆。

朱德熙　1982　《语法讲义》,商务印书馆。

朱德熙　1984　《定语和状语》,上海教育出版社。

朱德熙　1990　《语法丛稿》,上海教育出版社。

(原载《语言问题再认识——庆祝张斌先生从教50周年暨八十华诞》,上海教育出版社,2001)

语法例证的规范性和可接受性

描写某些语法现象,论证某种语法理论,都必然要引用一定数量的例证来作为论证的依据和说明。精当的例证可以起到画龙点睛的作用,甚至令人久久难忘,一再为人征引。不恰当的例证则会起相反的作用,会不同程度地使人怀疑论证的可靠性。如果某项语法规律或某种语法理论只使用少数例证,而这些例证全部或多数是不恰当的,那么这样的语法规律或语法理论也就失去了依据。也许这样的语法规律或语法理论本身还并不完全是无稽之谈,但是由于例证不当,也就缺乏足够的说服力。

不恰当的例证有些是不那么典型,不能充分说明问题,但是合乎规范,可以接受,这仅仅是选择不够精当而已。我们不准备讨论这一类例证。另一种情况是例证不合规范或者操本族语的人无法接受。这种情况现在屡见不鲜,应该引起重视,尽可能避免。

规范当然是就某种语言、语言变体或方言(包括不同的语体)而言的,而不是要求某种语言、语言变体或方言遵从其他语言、语言变体或方言的规范。那样要求是不合理的,甚至是不科学的。不能要求四川方言的例证合乎普通话的规范,甚至也不能要求台湾地区"国语"的例证合乎国内普通话的规范。美国英语的例证可以不合英国英语的规范,但是如果不声明这是某种地方或社会变体就应该合乎美国英语的规范。

规范不一定都要求有书面的明文规定;规范应当理解为操这种语言、语言变体或方言的多数人认可的语言形式。

出现不合规范的例证,最常见的是作者不熟悉自己研究的这种语言、语言变体或方言,特别是作者自己熟悉的语言、语言变体或方言和自己要研究的语言、语言变体或方言比较接近而又有差异,但是作者不察觉,因而引例失当。根据不合规范的例证进行的论证是缺乏科学价值的,用不合规范的例证进行论争是没有意义的。例如,有这样一些例子:

肉啦,鱼啦,水果啦,摆了一桌子。

电影开演啦,快啦!

这样的例子如果用来论证或说明广东和福建地区的"普通话变体"或"广东官话"和"福建官话"是合乎当地的规范的,但是用来作为普通话或标准"国语"的例证就都不恰当了。又如有人在一篇讨论现代汉语"起"和"上"作为补语时的相似处的文章中认为以下这些例子中的"起"和"上"是等同的,也是可以自由替换的:

卷起袖口	卷上袖口
挽起裤腿	挽上裤腿
收起磨刀石	收上磨刀石
揣起保单	揣上保单
盖起高楼	盖上高楼
修起水库	修上水库
勾起心事	勾上心事
唱起歌子	唱上歌子
驾驶起汽车	驾驶上汽车
看得(不)起他	看得(不)上他
天气慢慢凉起来	天气慢慢凉上来
狠起来像条狼	狠上来像条狼

这些例子很多不合普通话的规范,而是方言用例;有的在普通话里面"起"和"上"都出现,但是意义不同,不能互换,更不是等价的。根据这样驳杂的例证当然得不出正确的结论来。

使用不规范的例证往往是不够严谨的结果,但是主要是作者不熟悉要研究的语言、语言变体或方言,在某种意义上还是可以谅解的。另外有个别作者,为了维护自己的论点或者是为了驳倒别人的论点有时候有意引用不规范的例证,那就又当别论了。过去有一个时期,有人就经常有意引用某个大人物、大作家的不规范的用例作为尖端武器来进行驳难,迫使正直的语言学家有口难言,这当然是非常令人遗憾的。

在没有详尽的、权威性的、用书面形式明文规定的标准语规范的情况下(恐怕没有一种语言可以说具有这么"详尽的"规范细则,如果有,也是相对而言的),"规范"总是有弹性的,一些边缘现象总是有争议的。另外,任何规范都是一种历史现象,是在不断变动的。因此,有一些例证合乎规范还是不合乎规范是有争议的。但是我们不想去讨论这类两可现象。应该说在多数情况下,合乎规范还是不合乎规范还是可以确定的。"给本书我"肯定不合普通话的规范,但肯定合乎吴语的规范。在这个问题上既不应该武断,也不应该貌似科学地采取虚无主义的立场。语言学家当然最好尽量避免引用有争议的例证。

无法接受的例证指的是这种语言、语言变体或操方言的人从来不说或认为不能这么说的生造的例证。过去一些汉语语法书中常常出现"鸟飞"、"狗叫"这样一类例句。在实际生活中,这样的例子是根本不会出现的,因此严格说来,这样的例证是不可接受的。出现这样的例句可能是错误地模仿西方传统语法著作中作为动词变位格式的例子,如 I work, you work, he works 等。作为变位示范格式,这些例子都不是"句子",后面也没有句点。

不过,在多数情况下无法接受的例证往往是为了特定的目的而有意生造的。例如美国某些语言学家的语法例证:

His looking of the information up

His defining of the problem away

Jack considered himself to have proved the news to have slandered him

这样的例证显然是生造的,目的是为了借此论证某种论点。这种论点也许不是完全不对,但是这样的例证只能帮倒忙。

再如,有人为了论证汉语的特指疑问句的疑问词也可以移位到间接引语的前面,生造了大致如下的一类例证:

我不知道什么书你在看。

我不知道和谁你在说话。

我不知道什么时候你去图书馆了。

这些例证对于不论是国内还是国外操汉语的人来说,都是难以接受的,因为他们从来不这么说,也不会这么说。不可接受的例证使建筑在这些例证之上的整个理论失去了依据。

生造例证来作为立论的依据,这种做法是严肃的语言学家所不取的。一个严肃的语言学家应该力求使自己使用的例证合乎规范并且是多数人所能接受的。

(原载《第一届国际汉语教学讨论会论文选》,

北京语言学院出版社,1985)

吕叔湘先生在语法理论上的重大贡献
——庆祝吕叔湘先生九十华诞

近百年来,汉语语法研究是在不断借鉴西方的语法理论、方法和体系的基础上诞生和发展起来的。但是从马建忠以来各个时期有代表性的语法学家在借鉴西方的语法理论、方法和体系时,总是力求和汉语的语言事实相结合,对西方的语法理论、方法和体系总是有所取舍,有所修正,有所发展。各个时期借鉴的西方语法理论、方法和体系有所不同,但是说哪个时期是单纯模仿是不够公允的,说哪个时期全是独创也不符合事实。总的来看,在细节上有所修正,在具体的方法上有所发展比较多见,而在理论、方法和体系上的重大建树的确并不多见。尽管如此,吕叔湘先生却在语法理论上作出了独创性的贡献。他在《中国文法要略》中提出来的"动词中心观"和有关动词的"向"的理论是对语法理论的重大贡献,比西方语言学界提出"动词中心论"和动词的"价"的理论整整早了十七年。吕叔湘先生还是国内第一个广泛运用转换方法来分析和论证各种句型的语法学家,在方法论上也作出了贡献。在《中国文法要略》中,吕叔湘先生提出了一个在内部蕴含有机联系的表达论体系,这也是迄今为止汉语研究中的最完整的一个表达论体系。

一 "动词中心观"和动词的"向"

西方语法的句子分析从来是两分的,一句句子先分为主谓两部分,然后再往下分。不论句子成分的名称术语怎么改变,这两分法是始终不变的。这当然和西方语言本身的特点有关。在有丰富形态的西方语言中,主语的人称、数和性决定谓语的人称、数和性(就动词谓语而言),谓语动词决定补语(含直接宾语和间接宾语)的格,并且一般说来,句子至少必须有主语和谓语两个部分。吕叔湘先生从汉语叙事句的语言实际出发,提出"动词中心观",认为"这一类句子的中心是一个动词"(原书§3.1,下同),"句子的重心就在那个动词上,此外凡动作之所由起,所于止,以及所关涉的各方面,都是补充这个动词把句子的意义说明白,都可称为'补词'。"(§4.91)补词分为起词、止词、受词、关切补词、交与补词、凭借补词、时间补词、方所补词等。"可是所有的补词和动词的关系并非同样密切,起词和动词的关系最密切,止词次之,其他补词又次之,如时间补词及方所补词和动词的关系就疏得很,有他不嫌多,无他不嫌少。"(§4.91)在另一个地方又说,"一个动词除起词止词外,还可以有各种补词代表与此事有关的人或物。补词里最重要的一种是'受事补词',简单些称为'受词'。"(§4.1)这样,一句句子的中心,或者说核心,是动词,句子中表示人或物的名词性成分都是补充或限制这个动词的,都可以称为"补词"(或"补语"),而"补词"中最重要的有三种,即"起词"(主语)、"止词"(宾语)、"受词"(间接宾语)。这就是吕叔湘先生"动词中心观"的基本理论框架。

为了说明为什么有的动词只有"起词",有的动词既有"起词"又有"止词",有的动词除了"起词"、"止词"以外,还有"受词",吕叔湘先生又提出了动词的"向"的理论。他在谈到有的动词没有"止词"时说:"这是因为许多动词只和一个人或物发生关系,因此可以说是有起无止(也不妨说是无所谓起和止)。例如水的流,花的开和谢,以及行、止、坐、卧、来、去等动作,都是只有一个方向,没有两个方向的;说得更确切些,这些动作都是停留在起词身上,不投射到外面去的。所以在文法上这一类动词称为'内动词',而把'猫捉老鼠'的'捉','王小二过年'的'过'等动词称为'外动词'。外动词原则上要有止词,没有止词的时候是省略;内动词原则上就不要止词。"(§3.51)

"动词中心观"加上动词的"向"的理论就形成一个完整的句法理论体系,而这样一个句法理论体系和传统的西方语法理论体系是很不相同的,完全是吕叔湘先生根据汉语的语言事实和他独有的对语言事实的洞察力提出来的一种理论构想。

汉语的主宾语问题一直是困扰语言学家的老大难问题。吕叔湘先生一贯认为,因为汉语没有西方语言那样的形态标志,只剩下动词前后的位置和施受关系两条标准可以用来确定主语和宾语,但是单纯依据动词前后的位置或单纯依据施受关系来确定主语和宾语还都有困难,特别是汉语中主语和宾语有时候是可以互换位置的,显得关系很密切。按西方语法的传统,主语和宾语根本不在一个平面上,主语是对谓语而言的,宾语则是对动词而言的。这样很多矛盾无法解决。"从主语谓语两分法的立场来看,宾语只是谓语的一部分,不能和主语相提并论。如果取动词中心观(动句里可以这样看),宾语和主语是对立的,都是限制动词的。"(吕叔湘 1946,注②)

"动词中心观"是一种从汉语的语言事实出发而和西方传统的语法理论不同的崭新的语法理论,是吕叔湘先生对语法理论的重大贡献。在世界范围内语法研究的历史也证明了"动词中心观"在现代语法研究中越来越显示出这种理论的强大的活力,并且已经成为现代语法理论的一个重要组成部分。

在中外学术史上都有不少传世的佳话,在同一历史时期,在不同的国家或地区,差不多同时发表了几乎完全相同的学术见解,构想了近似的学术体系。吕叔湘先生的"动词中心观"和动词的"向"的理论和法国吕西安·泰尼埃尔(Lucien Tesnière,1893—1954)的"动词中心论"和动词的"价"的理论真可谓不谋而合,英雄所见略同。在1959年出版的《结构句法基础》(Éléments de syntaxe structurale)中,泰尼埃尔说:"动词结在我们大部分欧洲语言里占中心地位,动词代表一整出小戏剧,其中必然包括情节过程,大多数也包括人物和环境","如果将戏剧语言移用到结构句法中来,情节过程、人物和环境就分别成为动词、人物语和情景语";"我们看到,动词处在动词结的中心,因而处在动词句的中心。所以它是整个动词句的支配成分";"至于人物语和情景语,它们是动词的直接从属成分"。(原书 102—103 页)他又说:"我们看到,动词有不带人物语的,带一个人物语的,带两个人物语或带三个人物语的";"因此可以把动词比作一个带钩的原子,能根据用以钩住人物语使其处于依附状态的钩子的多少,吸引相应数目的人物语。动词所带的钩子数目,因而也就是动词所能支配的人物语的数目,就是我们所说的动词的价。"(原书 238 页)从这里可以看出东方和西方两位杰出的学者的理论构思是多么惊人地一致。

但是,也不得不十分遗憾地指出,60 年代成为从属关系语法和格语法的理论基础的"动词中心论"和动词的"向"或"价"的理论都并不是源自《中国文法要略》,而是源自《中国文法要略》出版后17年才出版的《结构句法基础》,当然主要原因是中文还不是一种现实的国际通用语言,西方语言学家很少有人读得懂中文。可是同样令人遗憾的是,目前国内很多人接受了"动词中心论"和动词的"价"或"向"的理论,还是受了国外格语法理论的影响而不是因为他们读过《中国文法要略》。

二 转换分析

传统语法的转换,[①]是为了训练写作技巧,而不是一种分析手段。吕叔湘先生在《中国文法要略》中利用转换来区分和论证不同的句式,这在方法论上也是一种贡献。[②]《中国文法要略》专设"句子和词组的转换"一章,讨论什么样的句子可以转换成什么样的词组,什么样的句子不能转换成什么样的词组。在这一章的一开头,吕叔湘先生就对句子和词组的关系提出了一个精辟的见解。他说,"一句现成的句子大概可以改换成一个词组;大多数的词组也可以改换成句子。"(§6.1)这和后来美国哈里斯1951年提出的一般而言句子等于词组加语调的观点几乎完全相同。[③]

吕叔湘先生认为"由表态句转成的词组,他的加语是形容性的。"(§6.1)如"溪深而鱼肥;泉香而酒洌"可以转换成"深溪;肥鱼;香泉;洌酒"。又指出称代词都不受修饰,因此"他本来很热心"不能转换成"很热心的他"。

"只有止词没有起词的有无句,即所谓纯粹的'存在句',是不能改变成词组的,例如'有两个和尚'不能改成'有的两个和尚'。"(§6.2)但是有起词并表示领属的有无句,如"我有一本书"可以转换成"我的书",但不要说成"我有的书","因为'有'字实在和普通动词的性质不同,本质上是个关系词。"(§6.2)"那些人有钱"可以转换成"有钱的那些人","这本书有二百页"可以转成"二百页的一本书"。这些都是领属句。但是"拿方所词做起词的有无句转成词组以后,那些加语(方所词)又像是领属性,又像是形容性",如:"中国有桐油"转换成"中国的桐油"后有两个意思,一个意思是"中国所有的桐油",那是领属性的;一个意思是"中国品种的桐油",那就是形容性的。可见用方所词做起词的有无句有自己的特点。这样通过转换,有无句可以分成四类:一类是"纯粹的'存在句'",不能转换成词组;一类是"领属句",可以转换成词组,还不必保留"有"字;一类是形容性的;一类是既像领属性的,又像形容性的。通过转换分化表面上结构相同的句子,这时候转换已经是一种分析方法而不是一种技巧训练手段了。

在表达论部分,吕叔湘先生也偶尔用转换的方法来分辨不同的句式,如在判定条件句时"有一种区别法,是把条件当做原因的别名,要有客观的因果关系存在的句子才算是条件句。如:

你要不来,会就开不成了。

你要去,这会儿就去。

这两句里头,第一句可以改为'因为你不来,所以会开不成',第二句可不能改说'因为你要去,所以这会儿去',所以只有第一句是条件句。"(§22.11)

又如,"许多句子,表面上不是假设句,但里头实在含有条件的意思,大多数是隐藏在一个加语里。例如我们说:'巧妇难为无米之炊',表面上并不分成条件和后果两小句,但实际上和'要是没有米,怎么样能干的女人也做不出饭来',是一个意思,而后者是明显的假设句。"(§22.5)

汉语的复句往往没有关系词,"有些句子,可作假设句讲,也可作推论句讲。例如:

你热心,你就发起。

你不容我进去,我就走。

这里的上一小句,因为不用特殊的关系词,可说是'要是你热心'、'要是你不容我进去',也可以说是'你既热心'、'你既不容我进去'。"(§22.92)没有关系词的复句,如果单凭语感来分辨是哪一类句子,容易主观;如果转换成有关系词的句子,判断就客观得多了。现在广泛使用的转换分析一般限于单句,但是吕叔湘先生早已用来分析复句了。

三 一个完整的表达论体系

最早提出从内容到形式的表达论体系的是法国的布律诺和丹麦的叶斯柏森。布律诺在他的《思维和语言》(1922)中提出的语义范畴有"指称"、"称代"、"性"、"数"、"泛指和确指"、"行为"、"施事"、"受事"、"人称"、"语态"、"情景"、"语气"、"品状"、"修饰"、"关系"等;叶斯柏森在他的《语法哲学》(1924)中提到的有"数"、"人称"、"性"、"比较"、"时态"、"语气"、"否定"等。这样的表达论体系不是一般的逻辑概念体系,而主要是由一些常见的语法形式所表示的语义内容组成的,因此内部缺乏有机联系。《中国文法要略》的表达论体系是更多地建立在逻辑概念体系上的,较少受语法形式的限制,特别是论关系这一部分,内在联系十分紧密,体系性很强,这样就比前人的体系更为完整。

《中国文法要略》的表达论分为"范畴"和"关系"两部分。"范畴"大致相当于和语法有关的语义范畴,分为"数量"、"指称(有定)"、"指称(无定)"、"方所"、"时间"、"正反·虚实"、"传信"、"传疑"、"行动·感情"九类。这九类充分反映了汉语的特点,而正因为汉语不受语法形态的约束,反而可以论述得更为全面。我们不妨先来对比一下这样一个范畴体系和布律诺、叶斯柏森的体系的异同。《中国文法要略》的范畴中没有"性"和"语态"(voice)范畴。除此以外,《中国文法要略》的范畴比前人从西方语言特点出发论述得更全面更完整。例如"数量"不仅包括"物量",还包括"动量";"时间"不仅包括相当于"时态"的"动相",还包括一般的时间表达法;"行动·感情"不但包括了西方语言的"语气"(mood),还包括了"商量"、"感叹"、"招呼和应对"。不过,《中国文法要略》的表达论的精华还在论关系这部分。这部分讲了"离合·向背"、"异同·高下"、"同时·先后"、"释因·纪效"、"假设·推论"、"擒纵·衬托"六大类关系。

在"离合·向背"这一章中一开头就说清楚:"两件事情之间,可以有种种关系,最简单的是'联合关系',两件事情之间的关系变化多端,单说联合关系也还可以分出比较松懈和比较紧密的两种,前者可称为联合,后者可称为加合或积叠。这松懈的联合关系,指两事之间无任何特殊关系可寻,如时间,因果,比较,转折之类,而又不能说是渺不相关。"(§18.11)联合关系可分出联合和加合两小类。前者如"姑爷岁数也不大,家里也没有什么人。(冬儿)"(§18.13)后者如"连数落带发作的就哭闹成一处。(儿,四〇)"(§18.26)"递进"也是一种联合,但可以有轻重之分,"要是分轻重,大率是先轻后重,就是一层进一层,我们称之为'递进'"。(§18.31)"平行和对待"也是一种联合,"就形式而论,这些句子属于一个类型;就意念方面说,几个部分之间可以有种种关系:或比较得失,或引此喻彼,或表前因后果,或表先后次序。要是除去这些含有特殊关系的句子,则偶句大概可分两类,平行或对待,三叠以上的排句只有平行的一类。"(§18.41)例如:"茶果会吊入你的茶杯,小雀子会到你桌上来啄食。(康桥)"(§18.42)对待的例句如"他自做他家事,我自做我家事。(郑书)"(§18.45)"正反"也可算是一种对待句,如"我看见他,他不看见我。"(§18.51)"对待句和正反句,都已含有转折","凡是上下两事不谐和的,即所谓句意背戾的,都属于转折句。所说不谐和或背戾,多半是因为甲事在我们心中引起一种预期,而乙事却轶出这个预期。因此由甲事到乙事不是一贯的,其间有一转折。"(§18.61)例如"脸上处处像他哥哥,可是那股神气又完全不像他哥哥。(黑白李)"(§18.65)再如"颜色质料都好,就是价钱大些。"(§18.68)"交替关系就是'数者居其一'的关系,就是抉择问句如'咱们今天去还是明天去?'这里面所包含的关系。"(§18.71)"两非句指用'(既)不……(又)不'等词连系的句子。这一类句子的肯定式,也许是加合,也许是交替,既经否定,结果是一样,例如,'不麻不秃',可以说是'又麻又秃'的否定,也可以说是'或麻或秃'的否定。"(§18.81)排除句"所排除的往往只是一个词,就是说底下所说的事实不适用于这个词所代表的一部分人或物(或事)。例如:'除了喝酒,什么都可以奉陪。'"(§18.91)"有时候'除'字底下是一个小句,这个小句代表一个和下面的小句正相反对的事实。例如:'除了酒喝你不过,别的无不可以奉陪。'"(§18.92)"还有些句子,虽然用排除的句法,实际上所包含的却是加合关系,而且多数是递进的,……例如:'除已向该行挂失外,特再登报声明。'"(§18.93)

在"同时·先后"这一章中首先把表示时间先后的句子跟含有时间关系的句子区分开来。"两件事情说在一起,当中多半有时间关系,或是同时,或是先后。但我们不一定注意这个时间关系。例如'我昨天跑了一天,今天又跑了一天',这两件事情自然是一先一后,可是我们注意的是昨天跑了今天'又'跑,我们把他归入加合关系。又如'昨天冷,今天更冷',这也是有先后可分的,但我们注意的是今天'比'昨天冷,我们把他归入比较关系。此外如果关系和假设关系,其中也必然含有时间关系,可是我们同样不注意这个时间关系。"接下去说:"可

377

是有很多句子是只有时间关系或是以时间关系为主的。这些句子又可以分为两类:或是以一事为另一事的时间背景,或是两事不分宾主。"(§20.11)以一事为另一事的时间背景的可以是同时,可以是一事在先一事在后,而着重点也可以不同,可以着重一事在另一事之前或之后,也可以着重一事在另一事未发生之前或已发生之后。"不分宾主的几件事情先后相继,常常可以不用任何关系词来连系,尤其是同一起词相承而下的时候。例如:'急忙放下盆子,撂了竹杖,开了锁儿,拿了竹杖,拾起盆儿,进得屋来,将门顶好。(三侠五义,五)"(§20.21)"但更普通的是在下句用'就'、'便'、'即'等字。这些也是副词,可是连系的作用很明显。"(§20.23)除此之外,还有"才"、"刚"、"一"等字,表示"两事之紧接更有间不容发之概"。(§20.32)有时候两件事情是同时并进的,"白话在两句各加'一头'、'一边'、'一面'等词。"(§20.81)有时候我们的注意点不一定是时间关系,"第一个动作的作用是表示第二个动作的情景(或手段等)。在白话里,这个关系表示得很明显,多数在第一个动词的后面用'着',也有用'了'或动态词如'上'、'下'等字的。这个次要的动作,无论跟'着'字或'了'字,都开始在主要的动作之先,但是用'着'字则在后者出现时前者还在延续(多半和他同时结束),用'了'或别的字则在后者出现时前者已完成。例如:'我比谁不会花钱?咱们以后就坐着花。(红,七二)','咱们摘了眼镜试试看,谁的眼力好','你只闭上眼睛想。'(儿,一八)"(§20.91)

"联合"和"加合"只是连系紧密程度的差别,"递进"是着重点有差别,"平行"和"对待"在句子形式上相似,"正反"是意念的对立,"转折"是后句轶出前句的预期,"交替"是两者选其一,"两非"是两句否定句,"排除"似乎不是并立关系,熟悉英语的人一定会联想到 except,但是汉语的排除句在意念上却大多表示递进关系。这样就从不同角度把各种并立关系的表达方式有机地连系起来了。"同时"、"先后"、"承接"、"并进"、"(动作)情景"都是和时间密切相关的,要表达各种时间关系就不外乎使用这些方式。

把表面上似乎不同的各种关系,用意念上的连系、程度的差异、着重点的不同几条红线串联起来,构成一个逻辑上有密切联系的整体。这样,各种概念范畴和事理关系以及相应的各种表达方式就组成了一个有层次的完整而有机的表达论体系。

吕叔湘先生在语法研究领域的贡献是多方面的,特别是他在语法理论上的贡献更是影响十分深远,在汉语语法研究史上写下了光辉的一页。

附 注

① 早在19世纪末传统语法就提出了转换的概念并广泛用来训练写作技巧,如《纳氏文法》就用了整整66页来讲各种转换方式。参见 J.C. Nesfield, *English Grammar Series*, Book Ⅳ, PP. 287—352. Bombay and Caloutta, 1896.

② 用转换方法来区分歧义句或歧义结构是从乔姆斯基1957年的《句法结构》开始的,可参见该书§7.6节;较早用转换方法来分析汉语歧义结构的是邓守信,可参见邓守信1975年的《汉语及物性关系的语义研究》1.2节,中译本侯方等译,黑龙江大学科研处,1983年。

③ 参见 Z.S. Harris, *Methods in Structural Linguistics*, The University of Chicago Press, 1951, P.349。

参考文献

菲尔墨 1968 《"格"辨》,胡明扬译,《语言学译丛》第二辑,中国社会科学出版社,1980。

吕叔湘 1942—1944 《中国文法要略》(三卷本)商务印书馆;修订本(合订本)1956,商务印书馆。

吕叔湘 1946 《从主语、宾语的分别谈国语句子的分析》,《汉语语法论文集》(增订本),商务印书馆,1984。

F. Brunot 1922 *La Pensée et La Langue*, Masson et Cie, Paris.

L. Tesnière 1959 *Éléments de Syntaxe structurale*, Éditions Klincksieck, Paris.

O. Jespersen 1924 *The Philosophy of Grammar*, George Allen & Unwin Ltd, London.

(原载《中国语文》1994年第1期)

规则化 系统化 计量化[*]
——当代语言学的特征

当代语言学的奠基人索绪尔严格区分语言和言语、共时和历时,把语言学的研究对象限定为"同质的"[①]、共时的、自足的系统。他强调"语言是一个系统"[②],并且"只知道自己固有的秩序"[③]"它的任何部分都可以而且应该从它们共时的连带关系方面去加以考虑"[④]。索绪尔的理论纯化了语言学的研究对象,开辟了一条使语言学具有几乎可以跟自然科学媲美的精密性的发展道路,使语言学成了一门现代意义上的科学。

语言的系统性是一种客观存在,是在各个方面随处可见的。语音系统的系统性最为突出,也最令人惊叹不已。就那么几十个有限的音位,组合成几千个有一定意义的语素,而这几千个语素就可以组合成无限的句子,可以用来表达无限的思想和感情内容。这实在是一个精妙绝伦的高效系统。不妨来看一下普通话的音位系统:b,p,m,f;d,t,n,l;g,k,ng,h;……这简直像一个事先精心设计好了的对称系统:塞音对塞音,鼻音对鼻音,不送气的对不送气的,送气的对送气的,清音对清音。语音变化也是成系统的:g,k,h 和 z,c,s,在高元音 i 前面一概腭化成 j,q,x,无一例外。整个语音系统又是由几个子系统有机地组合而成的。就普通话而言,是由声母系统、韵母系统和声调系统组合而成的。这些子系统又是由再下位的子系统有机地组合而成的,直到语言科学认为有必要和有可能分析出来的最小的组成单位。

语法也显示出明显的系统性。从最小的音义结合单位语素组合成最小的句法分析单位语词(words and word-like expressions),语词组合成短语,短语组合成句子,句子组合成篇章。每

---

[*] 为祝贺《汉语学习》创刊 15 周年而作。

一个层次形成一个子系统,各有自己的组合规律。根据在各个层次中的组合特征类聚而成的语类形成另一类子系统。不论是从组合关系还是聚合关系形成的子系统又都各有自己的下位子系统。

语汇是一个开放系统,所以系统性不明显,只是在某些封闭性的子系统内部才表现出明显的系统性,如亲属称谓子系统、官阶称谓子系统等,以及同义词子系统反义词子系统等。

语言的系统性反映在各个方面,但是不同子系统的系统性并不是完全相同的,而是有差别的。可以说,封闭性越强,系统性越明显,封闭性越差,系统性越不明显。从另一个角度来看,凡是离人的主观意识越远,越少受人的主观意识干预的子系统,系统性就越强,而离人的主观意识越近,越容易受人的主观意识干预的子系统,系统性就越差。

索绪尔关于语言是一个均质的自足系统的学说奠定了当代语言学的理论基础。因为语言是一个均质的自足的系统,这就意味着语言是受内在的规律制约的,因此语言科学的任务就是要揭示语言系统的内在规律,而且语言科学也就有可能像精密科学那样,在深入研究的基础上形成反映语言系统内在规律的规则和规则系统。这样,当代语言学的方向是力求科学化和精密化,对语言现象的描写和解释力求规则化和系统化。

当代语言学从索绪尔关于语言是一个共时的、均质的、自足的系统的理论出发力求语言研究的科学化和精密化,几十年来取得了令人瞩目的成就,特别是50年代以后和计算机技术相结合,在语言描写的形式化方面取得了突破性成就,继而在语言的自动分析和生成领域显示了规则化和系统化的强大的生命力。特别值得指出的一点是当代语言学不仅在科学化和精密化方面取得了重大成就,而且还拥有了一种前所未有的验证和评价各种语言理论和方法的客观手段,这就是通过计算机的自动分析和自动逆向生成来检验语言理论和方法的可靠性和是否符合语言实际。这种验证方法简单地说包括三个步骤,那就是:句法分析→语义解释→逆向生成。如果句法分析是正确的,语义解释也是正确的,那么根据有关的语义解释逆向生成的句子就应该和原来的句子基本上是一致的。如果逆向生成的句子和原来的句子不一致,或者根本无法逆向生成合乎语法的句子,那么可以认定这样的句法分析是不正确的。如果按某种句法分析规则无法得出确定的句法结构,也无法作出确定的语义解释,那么可以认定这样的语法分析体系是有严重缺陷的。下面是两种不同的多项 NP 句的分析例子。一种分析认为多项 NP 句是多重主谓谓语句的套叠结构,也就是分析为:"主$_1$+主$_2$+主$_3$……+主$_n$+谓"。这种分析只是对多项 NP 句给了一种"说法",而对主谓谓语句这种句法结构并没有任何语义解释,因此这样的分析正确与否是无法验证的。同时句法结构分析没有相应的语义解释是不符合一定的句法结构应该有相应的结构意义的原则的。因此这样的分析至少是有缺陷的。

另一种分析是把这一类多项 NP 句看成是不同的几种基本句式的"派生形式"[5],或者说是"变式",而根据不同的基本句式可以确定不同的句法结构关系,并作出相应的语义解释,从而可以根据不同的语义解释逆向生成和原来的句子语义上一致,语言形式上基本一致的句子。这样的分析应该说是基本正确的,至少这种分析的正确与否是可以验证的。(逆向生成的句子和原来的句子在语言形式上只是基本一致,那是因为目前计算机处理自然语言还只限于句法和语义层面,还没有涉及语用层面,而自然语言的众多句式变化恰恰正是语用因素决定的。)

对个别语言现象的描写和分析是否正确、是否充分,也一样可以通过规则化和根据确定为规则生成的语言形式是否合乎语法、是否合乎语言实际来加以检验。例如关于"们"的用法,多数人认为现有的描写和分析还是比较充分的。把现有的研究成果写成规则,那就是:如果有关的名词有[+人]的特征,并且有[+复数]的特征,并且前面没有数量词,那么这个名词后面应该加"们"。一旦用精确的语言形成规则,也许无需经过计算机去生成各种可能出现的语言形式,就可以发现现有的描写和分析是不够充分的,是有漏洞的,因为按这样的规则去生成有关的语言形式,

就会出现下列这样的不合习惯的语言形式:

　　老师在向学生们讲评上周的作文。

　　学生们都到了,老师还没来。

　　有的学生们喜欢语文,有的学生们喜欢数学。

由此可见目前对于"们"的用法的描写也还是不够充分的,还需要进一步研究。

长期以来,语法研究主要是给各种语法现象"讨个说法",语法形式和语法意义必须互相结合的原则往往得不到贯彻。不过语法教学的对象主要是实际上早已掌握了这种语法的本民族的学生,所以只要这种"说法"前后一贯,能自圆其说,给个什么样的"说法"都行,学生是不会追究的,即使这种"说法"不那么符合语言实际,学生在运用语言的时候不会按不正确的"说法"行事,而会自动纠正。至于分析不够充分,学生更不在乎,因为即使不分析,学生也早就会运用自如了。在这种情况下,对各种语法理论、语法体系和语法分析方法就都只有主观的评价而缺乏客观的验证,结果在语法学界就产生了一种错觉,觉得汉语语法已经研究得差不多了,至少已经建立起一个总体框架,剩下来的问题只是一些具体的细节了。这种主观估计和客观实际相去甚远。1989年在北京召开了两次计算机专家和语言学家的联席会议。计算机专家在会上提出了一些看来十分简单和普通的语法问题,希望语言学家帮助解决,但是语言学家一个问题也答不上来。例如连动式的问题,在什么条件下连动式的前项修饰后项,在什么条件下后项表示前项的目的,在什么条件下两项是并立关系?又如"我喜欢他老实"这种句子,是哪些形式标志决定"老实"是"我喜欢他"的原因?过去我们只满足于给某种句法结构一个"说法",而计算机专家完全不关心给个什么"说法",因为到了计算机程序里面都只是某个"代号"。他们需要的是确定的句法分析规则和同样是确定的语义解释规则。可是就目前汉语语法研究的水平而言,实在无法形成多少确定的规则,因为我们过去几乎从来没有按这样的思路去考虑问题,从来没有在规则化、精密化方面下过工夫,而长期满足于给个"说法"就算了事,或者只停留在"一般"、"大都"、"往往"的主观估计上面,所以一旦要我们给出精密的规则来就答不上来了。计算机专家在会上还提出了一些非常宝贵的意见。他们说,语言学家处理自然语言是"先理解,后分析",而计算机处理自然语言,只能是"先分析,后理解"。他们还指出,语言学家感兴趣的往往是百分之五的例外,而计算机专家感兴趣的不是这百分之五的例外,而是百分之七十的常规现象。这些意见都非常值得我们深思。

当代语言学已经发展到了这样一个阶段,对语法研究已经不满足于一些"模糊不清的、困于直觉的概念"[6]和"既不能引出荒谬的结论,也不能提出新的、正确的结论"[7]的观点,而要求用"严密精确的"[8]措词形成确定的规则和规则系统。因为语言本身是一个系统,反映语言系统内在规律的规则也必须是一个规则系统。在一个规则系统内部,各种不同的具体规则之间不允许有矛盾而应该协调一致,这样,系统化的要求就会修正一些不完善的规则或者自动发现一些不正确的结论,提出纠正个别规则乃至修正整个规则系统的要求。从当代语言学的这些要求来看,我们的研究离这样的要求还有很大的差距,我们还有很多很多工作要做,而决不是差不多了。

当代语言学追求规则化和系统化的努力是以索绪尔关于语言是一个"共时的"、"均质的"、自足的系统为前提的,因为只有语言是一个均质的、自足的系统,规则化和系统化的努力才有可能。自从索绪尔的语言理论问世以来,一直有各种不同的意见,这是因为语言本身是一种极其复杂的社会现象,既有系统性的一面,又有非系统性的一面,任何绝对化的观点都是不够全面的,但是所有的批评意见都只能说明索绪尔的语言理论不够全面,不能加以绝对化,而都不足以从根本上否定索绪尔的理论。当代语言学的成就,特别是计算语言学在机器翻译和自然语言理解方面取得的成就雄辩地证明了索绪尔的语言理论是基本正确的,否则当代语言学在这些领域取得的成就是无法理解的。现在的问题是,语言既有系统性的一面,又有非系统性的一面,究竟哪一面是语言的基本属性。这样的问题在过去是很难回答的,纯理论的争论会是永无休止的。但是当代语言学的发展已经有可能提供一个比较明确的答案。目前基于规则的机器翻译系统译文的正确率可以达到百分之六十以上,如果进一步改进,再加上语用规则和必要的知识库的支持,有希望达到百分之七十以上。如果正确率达到百分之七十五左右,那么就可以证明这些规则和整个规则系统是符合语言实际的,同时也可以证明语言"基本上"是一个均质的自足的系统。至于语言的非系统性的成分则可以采用其他方法来解决。例如语汇系统缺乏足够的系统性,现在就是采用列举的办法在词库中加以解决的。即使是语言均质的系统性很强的核心部分,有的规律一时还很难研究清楚,而系统性不强或者缺乏系统性的边缘部分暂时还没有找到有效的方法来处理,在这种场合采用计量化的方法,利用概率来处理也不失为一种可取的方法,并且这种方法在某些研究领域已经在实践中取得了很好的效果。⑨计量化实际上是一种采用了现代技术的归纳法,是对规则化、系统化努力的强有力的补充。

人类对客观世界和自身的认识是不断深化而永无止境的,科学的发展也是不断深化而永无止境的。在不同的发展阶段,不同的理论和方法,回头去看都不是绝对真理,但是都推动了科学的发展。经典力学从相对论的角度来看也不是很全面的,但是在历史上曾经极大地推动了近代物理学的发展。同样,索绪尔关于语言是一个均质的自足的系统的理论也是不够全面的,但是正是索绪尔的理论极大地推动了当代语言学的发展,使语言科学在某些方面达到了前所未有的精密程度,使语言学成为一门令人叹服的准精密科学。因此,当我们承认语言有非系统性的一面的时候,没有理由否定语言基本上是一个均质的自足系统,更没有理由在语言研究领域放弃规则化和系统化的努力。特别是就汉语研究来看,我们对汉语内在规律的研究还处在起步阶段,和国外对某些主要语种的研究水平相比,还有很大的差距。在这种情况下,过分强调语言的非系统性的一面,轻率地否定语言的系统性的一面,至少是不合时宜的。相反,我们应该充分强调语言的系统性的一面,把一些非系统性的现象暂时放一放,尽一切努力去揭示占百分之七八十的常规现象的内在规律,加强规则化、系统化和计量化的努力,深化汉语研究,以便更好地满足语言教学、中文信息处理等方面日益增长的社会需求。

附 注

① 索绪尔《普通语言学教程》中译本,商务印书馆,1982年,36页。

②、③ 同①,46页。

④ 同①,127页。

⑤ 参见范继淹《多项NP句》,载《中国语文》1984年第1期。

⑥、⑦、⑧ 乔姆斯基《句法结构》中译本,中国社会科学出版社,1979年,1页。

⑨ 参见黄昌宁《关于处理大规模真实文本的谈话》的有关部分,载《语言文字应用》1993年第2期。《语料库语言学》,载《中国计算机用户》1990年第11期。

(原载《汉语学习》1995年第5期)

汉语词类研究的历史和现状

一 序言

陈望道在1939年说:"句论的内容在不同的语文当中也没有极大的差异,大概可以挪借;词论的内容则彼此可以有极大的差异,非自己设法解决不可。研究任何一种语文的文法,都不能不拿它当做第一个难关打。"(陈望道等1958:106)从1898年马建忠的《马氏文通》开始到1982年朱德熙的《语法讲义》都用大部分篇幅来讨论词类问题,而1938—1943年的中国文法革新讨论主要就是讨论汉语词类问题,1953—1954年单就词类问题展开了热烈的讨论,1988年第五次现代汉语语法学术讨论会又集中讨论了现代汉语词类问题,90年代为了适应计算机处理自然语言的需要,北京地区部分语言学家再次关注词类问题,进行了比较具体的研究,同时也在小范围内进行讨论和磋商,力求达成一个基本可行的现代汉语词类体系。就目前的情况而言,北京地区部分语言学家在词类分类的目的和词类分类的标准这两个重大理论问题上的意见已经逐渐趋于一致,因此词类的大类和小类的分类意见也逐渐趋于一致,一个词类标注的国家规范即将出台;至于哪些列为大类,哪些列入小类还有一些不同意见,不过这些分歧是非实质性的,而且各家语法体系也没有必要划一。词类研究近年来取得一些重大进展,但是要说现在汉语词类问题已经基本解决还为时过早,因为还有不少问题没有解决,例如:(1)在全国范围内,词类的分类目的和分类标准问题在多数人中间还没有解决;(2)现在对词类的具体研究大都限于静态研究,动态研究由于缺乏真正可以利用的大规模的语料库而难以进行;(3)具体词语的归类问题还有不少难点需要突破;(4)小类的分类还不足于适应计算机处理自然语言的需要,特别是动词的再分类还有很多问题没有解决。

在世纪之末,回顾一下100年来汉语词类的研究历程也许是必要的。为了方便,可以把这100年来对汉语词类的研究分为四个时期,即1898—1937,1938—1953,1954—1987,1988到目前四个时期。

二 1898—1937

马建忠明言"此书系仿葛郎玛而作"(1954:例言8);"是书本旨,专论句读;而句读集字所成者也。惟字之在句读也必有其所,而字字相配必从其类,类别而后进论夫句读焉。"(同前)这说明马建忠认为语法包括词法和句法两部分,而句法中"字字相配,必从其类",所以必须先讲字类,进一步才能讲句法。不先解决字类问题,句法无从讲起。这些话已经暗含词类和句法之间存在密切关系,不过似乎还不太明确罢了。他似乎认为这是葛郎玛的定式,没有必要深究。但是西方语言的词类大都可以根据形态来区分,而汉语没有足以区分词类的形态,所以他才说"故字类者,亦类其义焉耳"。(同前)概括起来说,马建忠对词类区分的目的问题没有进行正面论述,只是认为这是西方语法的传统,但是对区分词类的标准却作出明确的论述,那就是:就没有西方语言那样的形态的汉语而言,区分词类只能根据意义。但是,他又发现汉语有"一字有不止一义者,古人所谓'望文生义'者此也。义不同而其类亦别焉。"(同前)这样,就推论"字无定义,故无定类"(1954:例言9)。对于作者认为意义上没有明显差异的词,如果有多种句法功能,马建忠就说"用如""假借为"某类词,稍后就有人提出"本用""活用"的说法,更有人区分活用和兼类,但是为什么要区分,根据什么来区分"本用"和"活用","兼类"和"活用",都没有进行深入的探讨。《马氏文通》以后的古汉语语法著作在词类问题上基本上都采用了意义标准,只有刘复的见解有些不同,他说:"词类之所由分,系于词性,即词的本身的性格。"(刘复1932:41)"而这词的本身的性格,仍旧是相对的,不是绝对的;换句话说,就是要辨明一个词的性格,非但要看这词的本身,还要看它前后所接的词,方能断定。"(1932:42—43)这种意见已经非常接近日后方光焘的"广义的形态"。

黎锦熙的《新著国语文法》是现代汉语语法早期的代表作。在词类问题上黎锦熙和马建忠的见解有相同的一面,也有不同的一面。他也主张根据意义区分词类,他说:"词类是分别观念自身在言语中的品类和性质。"(1924:5)但是他又说:"国语的词类,在词的本身上(即字的形体上)无从分别;必须看他在句中的位置、职务,才能认定这一个词是属于何种词类。"(1924:6)这就是所谓"依句辨品"。"依句辨品"也就是根据句法功能来区分词类,这是很正确的。可是不知道怎么他也推论出跟马建忠的"字无定类"相似的"离句无品"的结论。其实,"离句无品"跟"字无定类"不一定完全是一个意思,因为客观上词根本就离不开句子,孤立的词只是语言学家的主观概括,所以说"离句无品"也不一定不对。不过在50年代批判"离句无品"的时候,黎锦熙自己承认"离句无品"等于"词无定类",那就没话说了。黎锦熙明确地提出"词类与句法的关系"(1924:6),可是除了主张"依句辨品"以外,没有进一步论述。黎锦熙在词类的区分标准方面事实上有两个不同的标准,一个是意义标准,一个是句法功能标准,或者说得更具体一点,是句子成分功能标准。不过他在具体语法研究工作中遵循的更多的是功能标准,而不是意义标准。

这一时期区分汉语词类的标准就其主流而言大都是意义,而由于句法功能自有其语义基础,根据语义区分词类也可以大致差不离,有问题的是少数,所以如果没人指出意义标准在理论和实践上的缺陷,根据意义标准区分的词类体系,特别是在母语教学中,也能勉强运转,这就是为什么《马氏文通》一系的古汉语语法著作中的词类体系能一直沿用到现在的根本原因。马建忠在借鉴西方传统语法的基础上,考虑到汉语的特点,增加了一类"助字(词)",这样就奠定了汉语词类体系的基础,往后只是再进一步细分,再增加个别大类,或进行适当的调整而已。这一时期没有就词类问题展开理论探讨和争论,尽管早在20世纪初叶就有不少人批评《马氏文通》是"模仿"之作,并且主张要从汉语的实际出发进行革新。近百年来后人总在不断批评前人犯了"模仿"的错误,都在竭力主张应该从汉语的实际出发,可是到头来都只不过是引进了西方一种新的理论、新的方法、新的体系而已,过一个时期,就又免不了被后人贬为"模仿"。"模仿"和"借鉴"本来很难有明确的界限,主要是词义褒贬的不同。

前人和今人的成就都不应该抹杀,都应该继承并加以发展。"后之视今,亦犹今之视昔",贬低他人,抬高自己不是一种好作风,因此最好不要使用"模仿"这样带有强烈贬义的字样。

三 1938—1942

从1938年到1943年以陈望道为首的一部分语言学家展开了一场热烈而深入的中国文法革新讨论,而讨论的焦点是词类问题。陈望道在1943年为《中国文法革新论丛》所作的《序言》中说:"最近十年来则因中国文法的特殊事实渐渐的发见了,模仿体制已有难以应付裕如之苦,文法的新潮又从语言学界涌现了,模仿体制的根本已经不能不动摇,还有中国文法的成语成说如今还可采用的也陆续发见了,已不能再像从前那样弃如敝屣,于是报章杂志或是会议讲演之间也就逐渐出现了根据中国文法事实,借镜外来新知,参照前人成说,以科学的方法谨严的态度缔造中国文法体系的动议。"(陈望道等1958:序言1)陈望道和方光焘对当时国外的语言学理论比较熟悉,他们的理论背景都是索绪尔的结构主义语言学。这次讨论取得了丰硕成果,对区分词类的标准,词类和句法之间的关系都得出了今天看来仍然是很深刻的结论。陈望道在《文法的研究》一文中说:"我们研究辞白的组织,虽然不宜偏废字语的形态,却当十分注意字语的品格。在品格的意义和功能两个因素之中尤当注意功能。"(同前:274)又说:"所谓功能就是字语在组织中活动的能力。"(同前:273)他还说:"将辞例作为语部区分的定准,从语部在辞例中的功能探求语部区分的方法。"(同前:253)"从配置关系决定辞项分划和辞项配置,从会同关系决定语部区分"。(同前:254)方光焘提出了"广义的形态"的说法。他说:"我认为词性却不必一定要在句子中才能辨别得出来。从词与词的互相关系上,词与词的结合上(结合不必一定是句子),也可以认清词的性质,譬如说,'一块墨'、'一块铁','墨'与'铁'既然都可以和'一块'相结合,当然可以列入同一范畴(此处所指,是文法范畴,而非论理范畴)。……我认为词与词的互相关系,词与词的结合,也不外是一种广义的形态。"(同前:49—50)西方传统语法区分词类的主要标准是形态,而陈望道认为区分汉语词类的主要标准是句法功能,为了说清楚形态和句法功能之间的关系,他提出了一个精到的见解。他说:"我们不妨把那有变化的形态看做关系的表征。"(同前:107)这就是说句法功能是第一性的,形态只是句法功能的一种外在的标志,可以有,也可以没有,都不妨碍词类的区分。这次讨论应该说基本上解决了汉语词类的理论问题,但是令人遗憾的是,由于抗战时期学术交流受阻,这次讨论的影响不大,对同时和随后出版的吕叔湘、王力、高名凯的语法著作没有产生任何影响,甚至对50年代的词类问题讨论也没有太明显的影响,结果那次词类问题讨论就不是这次文法革新讨论的继续,而是在第一期的低层次的水平上展开的。

四 1943—1978

吕叔湘和王力在1942到1945之间发表了三部影响深远的语法著作,即《中国文法要略》《中国现代语法》《中国语法理论》。吕叔湘和王力都深受叶斯柏森的影响,以深入细致地描写习惯用法和发掘汉语语法特点见长。但是他们在词类问题上沿用了意义标准。由于相当一部分汉语词语,特别是常用词语,在句法上显示出明显的多功能现象,又鉴于承认"字无定类"或"离句无品"几乎就是取消了区分词类的必要性,所以他们力求"词有定类",就三大实词而言进一步就倾向于"定于一类"。王力说:"咱们要看词之应否分类,不该看它是否有两种地位或职务,而该看它是否有两种相差颇远的意义。"(王力1954a:25)那么怎样才算意义"相差颇远"呢?他举例说明:"'他不在家'的'在',和'他不在家吃饭'的'在'都是动词,咱们只能说它们所处的地位不同(前者处于主要地位,后者处于次要地位),却不能认为两类。'吃奶'的'奶',和'我从小奶了他这么大'的'奶',都是名词,咱们只能说它们的职务不同(前者是名词的正常用法,后者是名词的变性),也不能认为两类。"(同前)现在很多人会觉得难以理解,怎么"吃奶"的"奶"和"奶了他这么大"的"奶"是一个意思,可是王力是这么认为的。当不同的人对同一语言现象的意义有不同理解的时候,仅就意义本身和个人的理解体会而言,恐怕很难有一个有效的标准来衡量哪种意见正确,哪种意见错误,而永远会是公说公有理,婆说婆有理。这就是为什么越来越多的语言学家不赞成把意义作为区分词类或其他语法现象的标准,而希望采用一种更客观的,可以捉摸的形式标准。不过这并不意味着意义跟词类或其他语法现象的类别毫无关系,事实上语言单位的语法功能总是跟有关语言单位的意义不是完全没有联系的。但是,有一点是显而易见的,意义标准缺乏可操作性。

从1953年开始的词类问题讨论是由高名凯的一篇文章《汉语词类的分别》引发的。他一连发表三篇论词类的文章,基本观点是:1."划分词类必须根据词的变化规则来进行,不能根据词在句子里的功能来规定"(高名凯1990:277);2.汉语实词没有严格意义上的形态;3.所以汉语的词并没有词类的分别(同前:272);4."因此研究汉语语法,就不应当仿效西洋的语法,以词类为出发点。"(同前)当时不同意高名凯的意见的人有人设法证明汉语实际上有足以区分词类的形态,如陆宗达和俞敏(1954),有人认为虽然汉语没有狭义的形态,但是有"广义的形态",如继承方光焘观点的胡附、文炼,有人则主张采用综合标准,或者是形态和句法功能相结合,或者是形态、功能、意义三者结合。这次讨论谁也没有真正说服谁,不过吕叔湘的《关于汉语词类的一些原则性问题》(1954)可以认为是对这次讨论的比较全面的总结,当然包含他本人的倾向性,但是没有下明确的结论。不过这次讨论以后主流的意见倾向于采用综合标准,而由于当时受苏联语言学家的影响,具体的表述是:"词类是词根据词汇·语法的分类"(张志公主编1956:12)。至于怎么理解"词汇·语法"范畴恐怕不同的人有不同的理解,多数人则理解为传统的意义加句子成分功能。黎锦熙就干脆改成"词义·语法范畴"。(黎锦熙1955:13)

在这一次讨论中高名凯的"汉语没有词类的分别",马建忠的"字无定类"和黎锦熙的"离句无品"都受到了批判,多数人认为汉语有词类的分别,并且力求"词有定类"和"类有定词"。因此如何处理汉语词语的多功能现象引起了很多人的关注。吕叔湘和朱德熙在《语法修辞讲话》中阐述了他们的观点:"一个词的意义不变的时候,尽可能让它所属的类也不变。"(吕叔湘、朱德熙1951:12)这实际上还是一种无法操作的意义标准。后来朱德熙在讨论兼类问题涉及词的同一性的时候明确提出"词义"标准,他说:"兼类问题跟我们如何分析词义有关系。"(朱德熙1982:38)又说:"在确定词的同一性问题的时候,当然要考虑意义。"(朱德熙1985:13)这跟他在词类分类问题上一再强调语法功能标准不十分合拍。陆志韦关于区分汉语词类的观点和吕叔湘、王力不同,但是对兼类问题的意见是跟他们差不多的,他说:"一个词在某种具有区分性的格式里已经证明是1,是2,或是3类,以后在其他格式里还叫做1,2,或是3类,除非它的意义差不多完全改变了。"(陆志韦1956:36)可是怎么来判断"意义差不多完全改变了"。陆志韦也并没有提出任何能够避免主观随意性而具有可操作性的具体意见。

这一时期关于区分词类的目的问题跟过去一样讨论得比较少,大概多数人还是受西方语法的影响,认为语法分为词法和句法两部分是天经地义的,没有必要讨论。但是,区分词类的目的实际上决定了区分词类的标准,可以说是比区分词类的标准更重要的一个理论问题。如果区分词类不是为了句法分析,而是为了别的什么目的,那么不是也可根据词义的褒贬、音节的多寡等标准来区分词类吗?当然,没有人会这么做,因为西方语法提供的词类蓝本不是这样的类别。但是区分词类的标准和区分词类的目的是密切相关的,所以还是有人涉及这方面的问题。关于词类和句法分析之间的关系有两种不同的意见,一种意见认为词类和句法分析没有必然联系,甚至可以没有任何联系。吕叔湘和朱德熙的意见是:"区分词类,是为的讲语法的方便。"(吕叔湘、朱德熙1951:10)事隔多年以后,朱德熙说:"划分词类的目的是把语法性质相同或相近的词归在一起。"(朱德熙1985:10)可是归在一起干什么就不清楚了,因为他认为"在印欧语里,词类跟句法成分之间有一种简单的一一对应关系"(朱德熙1985:4),而汉语的特点是"词类跟句法成分(就是通常说的句子成分)之间不存在简单的一一对应关系"(同前),进一步就可能推论汉语的特点就是词类和句法结构之间没有任何关系。另一种意见则认为词类和句法结构之间有密切联系,区分词类的目的就是为了句法分析。持这种观点的是继承了陈望道和方光焘观点的胡裕树和张斌。他们在1954年发表的《谈词的分类》一文中转引了陈望道的一段话:"研究词的分类就是为了研究语言的组织,为了把语法体系化,为了找出语言组织跟词类的经常而确切的联系来。"(张斌、胡裕树1989:18,引自王大生1953:16)

不清楚是什么原因,当年文法革新讨论的主将陈望道和方光焘都没有公开参加这次讨论,他们只是在校内和课堂上发表他们的意见,没有公开发表文章,所以他们这个时期对汉语词类问题的意见在50年代只是见于极其个别的少量引文,当时绝大多数人不了解,影响也不大。陈望道的意见直到1978年出版《文法简论》才正式发表,方光焘的意见直到1990年由他的弟子记录整理的《语法论稿》出版才为外人所了解。陈望道在这一时期进一步阐述了他过去的观点,并且说得更明白了。1961年他在南京大学作学术讲演,关于区分词类的标准,他说:"文法研究从词的用法上来分类是对的。'形态'是功能的标志,如果'子''儿'是形态的话,那么它也是标志功能的,因此分类必须看功能,因为有些带'子''儿'的不一定都是名词,还必须看它的功能才能确定它的类。正好像炊事员要戴个白帽子,但是不是等于戴白帽子的人都是炊事员。这说明功能是主要的,形态不是主要的,如带'然'字的都是副词,但'征服自然'的'自然'就不是副词。可见只有标志功能的形态在分类上才有意义,凭'形态'分别出来的词类,归根到底还是功能的类。"(陈望道1997b:615)后来他说得概括一些,说词类应该"根据词在组织中的各别职务和词与词之间的相互关系来进行分类。"(陈望道1997a:43)关于词类和句法结构之间的关系他的意见除了王大生记录的那一段文字(同前:38—39)以外,都见于他的《文法简论》。他在这部著作中说:"词类区分和句子分析(析句)是互相有关的,应该力求两厢配合。那种认为词类区分只是与词组有关系而和句子分析没有什么联系的看法是不妥的。"(同前:47)他还明确地反对多标准的意见,"多标准意味着无标准,多标准是不可能合理地区分词类的。"(同前:58)方光焘在文法革新讨论时期提出"广义的形态"作为区分词类的标准,这实际上也是一种功能标准,但是似乎局限于短语组合的范围内,没有考虑句子成分功能。他在1962年的一次讲话中作

了补充和修正。他说:"离结构无类,离关系无类,结构并不排斥句子,但也不限于句子。"(方光焘 1990:31)

五 1978—1985

早在1948年赵元任就运用美国结构主义描写语言学的理论和方法研究了现代汉语口语语法,出版了《国语入门》一书,李荣把其中的理论部分编译成《北京口语语法》(1952)。丁声树等的《现代汉语语法讲话》(1961)明显受到赵元任的影响。但是美国结构主义描写语言学的理论、方法和体系对汉语语法研究的影响终于从60年代开始逐步在汉语语法学界显示出来,并且到80年代全面取代了传统语法,成为中国语法学界的主流派。吕叔湘的《汉语语法分析问题》(1979)在后半部全面介绍了霍凯特的词组分析体系,特别是朱德熙的《现代汉语语法研究》(1980)和《语法讲义》(1982)就更为明显。因此1978年国内学术活动恢复以后,很快就开展了对以传统语法为主,美国结构主义描写语法为辅的综合体系《暂拟汉语教学语法系统》的抨击,到1984年发表的《中学教学语法系统提要》就改为以美国结构主义描写语法为主,传统语法为辅的综合体系。

马建忠和黎锦熙都承认按他们区分词类的标准,结果会是"字无定类"或"离句无品",这也就是等于取消了词类,所以在50年代词类问题讨论中受到了"批判",以后就连同他们"必须相其句中所处之位"(马建忠 1954:例言8)和"必须看他在句中的位置、职务,才能认定这一个词是属于何种词类"(黎锦熙 1924:6)那样的正确意见也都被全部彻底否定了。同时,陈望道和方光焘的观点几乎很少人知道,没有太大影响,所以在1978年学术活动恢复以后在词类问题上居主流地位的意见大致上可以说就是吕叔湘和朱德熙的观点,尽管他们两位的具体意见还不完全一致。吕叔湘看来倾向于支持多标准的观点,他说:"比起西方语言来,汉语的语法分析引起意见分歧的地方特别多,为什么?根本原因是汉语缺少严格意义的形态变化。一般地说,有两个半东西可以做语法分析的依据:形态和功能是两个,意义是半个,——遇到三者不一致的时候,或者结论可此可彼的时候,以形态为准。"(吕叔湘1979:11)他接着说:"汉语没有严格意义的形态变化,就不能不主要依靠句法功能(广义的,包括与特定的词的接触)。在有形态变化的语言里,词性的转变或活用也在形态上表示出来,而汉语则没有这种标志,因而在处理词性转变问题上常常会出现不同的意见。"(同前:33)关于采用单一标准还是多标准的问题上,他说:"用句法功能做划分词类的依据,有一个单一标准和多重标准的问题。单一标准当然最好,但是往往找不着理想的标准。……找不着这种理想的标准,就不得不采用多重标准,而多重标准的结果总是参差的,就有协调的问题。"(同前:33—34)另外,从吕叔湘的《汉语语法分析问题》一书的字里行间,读者还不难看到他还始终十分重视意义标准。朱德熙在这个问题上跟吕叔湘的意见不同,他说:"词类是反映词的语法功能的类。但是根据语法功能分出来的类,在意义上也有一定的共同点。可见词的语法功能和意义之间有密切的联系。不过,我们划分词类的时候,却只能根据功能,不能根据意义。"(朱德熙1982:38)至于胡裕树和张斌则一直坚持区分词类只能根据功能标准。一贯坚持黎派"句本位"观点的史存直也主张功能标准。他在1962年脱稿但直到1980年才公开发表的《试论词分类标准问题兼及作为词分类标准的"语法意义"》一文中说:"我个人一向主张采用功能标准。这在我所写的《再论什么是词儿》那篇论文里可以略窥端倪。"(史存直1980:45)这样到80年代初,多数人关于区分词类的标准的观点已经一致起来了。但是什么是词的"语法功能",意见还不完全一致。从公开发表的意见中似乎没有多大分歧意见,都认为"语法功能"既包括词和词的组合功能,也包括句子成分功能,可是在具体操作上很不相同。胡裕树、张斌、朱德熙更强调短语组合功能,也就是首先采用"鉴定词"来区分词类,而且还有意无意地避免采用或尽可能不采用句子成分功能作为区分词类的标准,原因恐怕是要避免"词无定类"。史存直则相反,更强调句子成分功能。这一时期公开主张意义标准的人已经极少极少,但是还不是完全绝迹,马啸和陈功焕就发表过这种意见,不过声音已经十分微弱,多

数人可能都没有注意到。(参见胡明扬主编 1996:40—41)

这一时期区分词类的主要标准是广泛采用"鉴定词",或者说就是"广义的形态",当然也不是绝对排斥句子成分功能,或者说句法功能,同时要求"词有定类"并且力求"定于一类",除非意义上的差别十分明显,如"一把锁"的"锁"和"锁门"的"锁"那样。这样,"词有定类"做到了,可是出现了严重的"类无定职"的现象。动词和形容词成了万能的词类,主谓宾定状补无所不能,名词也差不多,主谓宾定状都能做,只差补语不能做。在这种情况下,很自然就会怀疑到汉语跟西方语言很不相同,汉语的词类跟句子成分之间可能没有任何对应关系。也正是面对这种情况,张志公在晚年回到了 50 年代高名凯的观点:汉语实词不能分类。(张志公 1986:9)

汉语的确有一部分词语在句法上是多功能的,古代汉语如此,现代汉语也是如此。有丰富形态的印欧语系语言,词的句法功能不同往往有不同的形态标志。现代英语已经丧失了很多原有的形态,词类也有多功能现象,如名词既可以充当主语和宾语,也可以充当定语和状语,动词不定式也是既可以充当主语和宾语,也可以充当定语和状语,所以词类和句子成分之间的对应关系十分复杂,甚至于叶斯柏森想用三品说来弥补,但是也没有成功。可是,不管怎么说,现代英语还是保留了一些标志句法功能的形态,词类和句子成分之间的对应关系还不像汉语那样复杂。从马建忠和黎锦熙到吕叔湘和朱德熙似乎都估计这种多功能的现象对汉语的实词来说具有普遍性,所以才得出"字无定类"或"词无定类"的结论,或者担心兼类太多而根据词义标准尽可能要求"定于一类"。例如朱德熙 1961 年就估计"事实上几乎所有的动词和形容词都能做主语和宾语。"(朱德熙 1980:209)如果真是这样,那么只有两种解决办法:一种办法是坚持采用句子成分功能标准,结果是"词无定类",想根据词类序列确定句法结构和确定句子成分就没有可能;另一种办法是坚持"词有定类",并且力求"定于一类",尽可能采用具有排他性的"鉴定词"标准,结果是"类无定职",想根据词类序列确定句法结构和确定句子成分也没有可能。但是在母语语法教学中,面对的是已经熟练地掌握了母语的各种用法的本族学生,语法教学不是要教学生运用语法规则去理解句子的意思,因为就现代汉语而言,学生早就理解了句子的意思,语法教学不过是给个"说法"而已,采用哪种办法都行,所以教学实践并不能判定哪种办法有问题,哪种办法更好一些。但是计算机处理自然语言没法"先理解,后分析",而只能"先分析,后理解",而计算机所谓理解就是要从句法结构根据语义解释规则映射到语义平面,给出相应的语义解释,这就要求词类的区分和句法分析都符合语言实际,否则就无法给出确定的结论,或者给出的是错误的结论。这就为比较客观地判断和验证各种不同的理论观点和实用体系提供了一种有力的手段。

六 1985—

80年代以来随着中文信息处理研究的兴起和发展,词类问题就再次成为语法研究的热点。但是这一次跟以往很不一样,几乎没有热烈的公开论战,而都在埋头做具体工作。

1985年莫彭龄、单青发表《三大类实词句法功能的统计分析》,按"词义不变,词性不变"的原则,根据当时主流派的语法体系,对几万字的语料进行了统计分析,得出表一中的数据:

表一

	主语	谓语	宾语	定语	状语	补语
名词	21.2	0.18	49.04	20.9	6.5	0
动词	0.91	76.7	2.86	6.52	7.15	5.86
形容词	1.72	26.2	6.03	42.0	19.1	4.8

(莫彭龄、单青 1985:59)

莫彭龄、单青的统计分析说明了两个问题:一是动词和形容词实际上做主语和宾语的几率是很小的,动词是 0.91+2.86=3.77,形容词是 1.72+6.03=7.75,这跟名词的 21.2+49.04=70.24 是没法比的。何况,如果承认有兼类,承认有省略和虚代(Pro),那么动词和形容词做主语和宾语的几率还要大幅度下降。不过就以 3.77 和 7.75 而论也可以说是少数情况,如果区分一般和个别,可以不论,特别是动词做主语的几率只有0.91,完全可以忽略。二是,如果不区分一般和个别,只要"能"做主语和宾语,就算可以做主语和宾语,那么动词和形容词就是无所不能的并立全能冠军,没有理由分成两类,名词也差不多是全能的,结果就不得不得出汉语实词无法分类的结论。

现代汉语词类的多功能现象是客观存在,特别是书面语的双音节词语这种多功能现象尤其突出,这是谁也无法否认的。根据"词义不变,词性不变"的原则,可以减少兼类现象,但是又突出了单一词类的多功能现象,使计算机几乎无法进行自动句法分析,无法根据词类序列去判定句法结构。有的计算机专家提出以下这样一句由八个动词组成的句子来,问语法学家该怎么进行自动分析,实在让人十分尴尬:

讨论是为了要修订教育改革计划。(赵珀璋、张淞芝主编1990:432)

多功能现象是客观存在,如果严格根据句法功能区分词类,兼类现象是无法避免的。担心兼类过多导致"词无定类"也是合情合理的。但是现代汉语的多功能现象以及由此产生的兼类现象究竟严重到什么程度,以往只有主观的估计,只有想当然,没有人根据具体资料作过统计分析。1986年陈爱文出版《汉语词类研究和分类实验》,根据能不能"加名词定语"和"加专用名量词"(排除万能的"种"和"个")这两条标准考察了《普通话三千常用词表》1031个动词中他认为可能有争议的793个动词的动名兼类现象(他说明他认为没有兼类争议的不在考察之列)。他的考察结果如表二:

表二 陈爱文793个动词中动名兼类的统计

	单音节动词	双音节动词	合计
总数	320	473	793
兼名词	0	196	196
	0/320=0.00%	196/473=41.43%	196/793=24.71%

(陈爱文1986:62—69,87—94)

陈爱文没有统计他认为没有兼类问题的动词,如果把这部分动词补上,那么196/1031=19.01%。1994年电子工业部高级工程师吴蔚天发表了他在研制汉英机译系统过程中对7568个动词中动名兼类现象的统计：

表三　吴蔚天 7568 个动词中动名兼类的统计

	单音节动词	双音节动词	合计
总数	517	7051	7568
兼名词	76	1757	1833
	76/517＝14.7％	1757/7051＝24.9％	1833/7568＝24.2％

(吴蔚天、罗建林 1994:88)

1996 年胡明扬发表他根据"能受名量词修饰""能直接做'有'的宾语""能直接受名词的修饰"这三条标准，对 3036 个动词中动名兼类现象进行了统计分析，同时符合两项或三项标准的动名兼类词占 12.91％。表四中是只要符合三条标准中的任何一条标准就算动名兼类词的数据：

表四　胡明扬 3036 个动词中动名兼类的统计

	单音节动词		双音节动词		合计		总数
	口语	书面语	口语	书面语	口语	书面语	口＋书
总数	687	83	319	1947	1006	2030	＝3036
兼名词	33	7	20	818	53	825	＝878
	33/687＝4.80％	7/83＝8.43％	20/319＝6.26％	818/1947＝42.01％	53/1006＝5.26％	825/2030＝40.64％	878/3036＝28.91％

(胡明扬主编 1996:265)

陈爱文、吴蔚天、胡明扬的统计数字 19.01％—24.71％，24.2％，12.91％—28.91％非常接近，这是值得注意的。这样看来，如果允许实词的多功能现象处理成兼类会导致全部或大部分成了兼类词，这种担心是不必要的，因此兼类的处理方式是可行的。例如"学习文件"中的"学习"如果只标注动词（V），那么计算机自动句法分析只能分析为动宾结构。即使在属性词典中动词"学习"下面几十种、上百种属性中有一条属性注明"可以用作定语"，但是第一次扫描已经确定为动宾结构，计算机不大可能再去查其他属性，并且要查到"可以用作定语"这一条属性计算量也会是计算机都承受不了的天文数字，何况查到了这一条也无法判定一定是偏正结构，因为要根据概率来选择的话，就"动＋名"这种序列而言，"动宾"结构是一种概率更高的常规结构。可是如果"学习"处理成兼类词,也就是"动词兼名词"(V/N),那么"学习文件"就既可以是动宾结构,也可以是偏正结构,处理起来会容易得多。

1986年朱德熙表示:"我们曾经主张把此类双音节词看成是动词里的一个小类,并且称之为名动词(NV),意思是兼有名词性质的动词。当然这并不是唯一的处理方法,譬如我们也可以把它看成兼属名词和动词两类。"(朱德熙1990:117)与此同时他开始主持一项有关汉语词类问题的国家项目,计划对几万个现代汉语常用词语逐一标注详尽的语法属性。

1991—1995年胡明扬主持了一项"词类问题考察"研究,1996年结集出版了《词类问题考察》。他同意陈望道的意见,词类就是聚合类,词类是从组合关系中求得的,而组合关系也就是词类的线性序列,因此区分词类就是为句法分析服务的。他还认为:句子成分功能标准具有普遍性,也就是适用于同一类词的全体成员,但是缺乏排他性,因为可能也适用于其他类别的成员,而鉴定词,也就是特意选定的短语组合功能标准,则具有良好的排他性,但是缺乏普遍性,会把一部分属于这一词类的成员也排除在外;至于否定性的标准则是不可取的,因为否定性的定义本身具有不确定性和开放性,很难作为一项标准。"词类问题考察"项目考察了3000多个常用名词,1000多个常用形容词,3000多个常用动词和部分虚词词类,通过统计分析,得出两个初步的结论:一是认为现代汉语三大类实词的主要句法功能还是有明显差异的,因此是可以分类的,并且这样的分类和句法功能之间是有可能找到某种对应关系的,尽管这种对应关系是极其复杂的,还需要下大力气去研究探索;二是兼类的情况看来并不像原先估计的那么严重,动名兼类不超过30%,形名兼类不超过20%,因此有些多功能现象是可以作为兼类来处理的。

1998年出版了俞士汶等著的《现代汉语语法信息词典详解》。这是根据原先朱德熙主持的词类问题研究的国家项目部分成果改写的,实际上是一部现代汉语常用词的语法属性词典。作者在这部著作的第一编《导引》的第三章《现代汉语词语的语法功能分类》中说:"本章从语句组织的角度研究词的分类"(俞士汶等

1998:30),"所谓词的语法功能,概括地讲是指词在句法结构中的位置和分布(distribution),具体地讲是指以下两类功能:(1)词在句法结构中充当句法成分的能力。(2)词与特意选择的某类词或某些词组合成短语的能力"(同前:31);"在上述两种具体的语法功能中,第(1)种功能即担任句法成分的功能更具有普遍性的意义,语法学界讨论某个词类的、特别是属于实词的各个基本词类的语法功能时,往往首先着眼于该词类担任句法成分的情况,而且在实词的范围内第(2)种功能也可以看做是第(1)种功能的特殊形式,因为既然一个实词与其他词搭配组成短语,那么该词在这个短语中一定担任某个句法成分。"(同前:32)

这样看来,这一时期,正是因为大家在做深入细致的研究工作,而不再是凭大路边儿上捡来的几个例子发表感想,通过大量的具体研究和统计分析,到90年代末,关于区分词类的理论观点,也就是关于区分词类的目的和区分词类的标准的意见,也就逐步接近了,甚至可以乐观地说,已经基本上取得一致。这不能不说是现代汉语词类问题研究领域的一项突破性的成就。当然,这还不是说现代汉语词类问题已经基本上解决了,因为还有无数具体问题需要解决,特别是具体的词语的归类问题,兼类词的具体判定问题,词类和句子成分之间的极其复杂的对应规则问题等。此外,现有的研究和统计分析大多属于静态研究范围,动态研究还显得很不够。原因是因为现在还缺乏可以利用的经过分词和有词性标注的有足够规模的语料库。静态统计分析的数据和动态统计分析的数据有时候可以有很大出入。例如根据静态统计,双音节书面语动词可以兼名词的比例可以高达42%左右,但是动态统计的结果远远低于这个数字,正如静态统计现代汉语单音节词语和双音节、多音节词语的比例会是双音节,多音节词语至少占百分之八九十,但是动态统计,也就是对实际文本和口语中的出现频率的统计,单音节词语的比例就会大幅度上升,往往会占百分之五十左右。这说明目前做的统计分析工作还远远不是定论。至于大类小类的划分,小类分到哪个层次的问题,区分小类时如何处理句法功能和语义因素问题都还没有解决。因此,也许可以说,词类问题研究仍然是任重而道远。

参考文献

陈爱文　1986　《汉语词类研究和分类实验》,北京大学出版社。
陈望道等　1958　《中国文法革新论丛》,1943年初版,中华书局。
陈望道　1997a　《文法简论》,1978年初版,上海教育出版社。
陈望道　1997b　《陈望道语文论集》,上海教育出版社。
丁声树等　1961　《现代汉语语法讲话》,商务印书馆。
方光焘　1990　《语法论稿》,江苏教育出版社。
高名凯　1954　《关于汉语的词类分别》,《中国语文》10月号。
高名凯　1990　《高名凯语言学论文集》,商务印书馆。
胡附、文炼　1955　《现代汉语语法探索》,东方书店。
胡明扬主编　1996　《词类问题考察》,北京语言学院出版社。
黎锦熙　1924　《新著国语文法》,商务印书馆。
黎锦熙　1955　《词类大系——附论"词组"和"词类形态"》,《中国语文》第5期。
刘复　1932　《中国文法讲话》,北新书局。
陆志韦　1956　《北京话单音词词汇》(修订本),1951年初版,科学出版社。
陆宗达、俞敏　1954　《现代汉语语法》(上册),群众书店。
吕叔湘　1957　《中国文法要略》,1942—1944年初版,商务印书馆。
吕叔湘　1979　《汉语语法分析问题》,商务印书馆。
吕叔湘　1984　《现代汉语语法论文集》(增补本),1955年初版,商务印书馆。
吕叔湘、朱德熙　1951　《语法修辞讲话》,开明书店。
马建忠　1954　《马氏文通》(章锡琛校注本),1898年初版,开明书店。
莫彭龄、单青　1985　《三大类实词句法功能的统计分析》,《南京师大学报(社会科学版)》第2期。
人民教育出版社中学汉语编辑室　1956　《"暂拟汉语教学语法系统"简述》,人民教育出版社。
人民教育出版社中学语文室　1984　《中学教学语法系统提要(试用)》,人民教育出版社。
王　力　1954a　《中国现代语法》(上下册),1943—1944年初版,商务印书馆。
王　力　1954b　《中国语法理论》(上下册),1944—1945年初版,商务印书馆。

吴蔚天、罗建林　1994　《汉语计算语言学——汉语形式语法和形式分析》,电子工业出版社。

张斌、胡裕树　1989　《汉语语法研究》,商务印书馆。

张志公　1986　《汉语词类问题需要进一步研究》,《语文论集》(二),外语教学和研究出版社。

张珀璋、张淞芝主编　1990　《中文信息处理技术》,宇航出版社。

赵元任　1952　《北京口语语法》,李荣编译,1948年原版,开明书店。

朱德熙　1980　《现代汉语语法研究》,商务印书馆。

朱德熙　1982　《语法讲义》,商务印书馆。

朱德熙　1985　《语法答问》,商务印书馆。

朱德熙　1990　《语法丛稿》,上海教育出版社。

(原载日本京都朋友书店《现代中国语研究》2001年第2期)

社会语言学的调查统计方法

1 调查方法

1.0 社会语言学使用的调查统计方法基本上是社会学使用的方法。

1.1 调查范围和调查方法

社会语言学的社会调查就调查对象的范围而言,可以分为普遍调查、抽样调查、个案调查三种类型。普遍调查最理想,最科学,但是如果涉及哪怕是一个小城市,也要动用大量的物力人力,要花费大量的时间,这是任何一个语言学家个人或某个小单位都无法办到的。个案调查可以调查个人语言,这就接近传统的方言调查,比较易行,但是难以根据这样的调查推论总体的情况。因此,社会语言学采用的一般是抽样调查的方法。

社会调查可以是静态的一次性调查,也可以是历史的多次性调查。一次性的社会调查是在一定时间内就某一个项目或某些项目,选择某种类型的调查对象进行调查,根据一次调查的结果作出相应的结论。多次性的社会调查是在不同时间(一般是有规律的等距离的时间,如 5 年、10 年、15 年等),就相同的项目和尽可能相同的对象(在一段时间间隔以后,有的调查对象可能自然死亡,有的调查对象可能外迁)进行反复调查,比较不同时期的调查结果,作出反映历史变化的结论。如果要调查某些有关历史发展或演变的项目,后一种调查方法显然要可靠得多。但是这种方法费时间,在短期内无法取得成果。因此有人往往采用追溯的办法来代替多次性的历史调查。例如在调查中把调查对象按年龄分组,这就可以在一定程度上反映不同历史时期的语言特点。当然,如果能够在一个较长的历史时期内对相同的调查对象反复进行调查,那样的材料当然更为可贵,根据那样的材料作出的结论也就更为可信。

1.2 抽样调查

抽样调查可以分为非随机抽样调查和随机抽样调查两大类。

1.2.1 非随机抽样 非随机抽样可以分为三种:(1)偶然抽样,即根据调查人员的方便,在周围比较熟悉,比较容易找到的对象中间进行调查;(2)比例抽样,即根据调查项目确定调查对象的比例,然后按比例选取调查对象,如假定现有北京人中新老北京人的比例为4:1,要调查某一语言现象在新老北京人中间的差异就选择四十名新北京人和十名老北京人进行调查;(3)判断抽样,即根据逻辑或常识进行判断,决定如何选择调查对象,例如要调查地道的上海话,凭主观判断认为上海南市城隍庙一带的老上海人说的上海话最地道,就决定到这一带去选择调查对象。

非随机抽样调查简便易行,省心省力,但缺乏科学性,搜集的材料缺乏代表性,所以作出的结论只能作为参考,不能据此作出科学的推论。比较成熟的社会语言学调查一般不采取这种方法。但是,作为试点或为了熟悉社会调查的一般方法,在一开始也不妨采用这种方法。我们在为写《北京话的语气助词和叹词》一文准备资料时就曾经采用了这种调查方法。

1.2.2 随机抽样 随机抽样是比较科学的抽样调查方法,因为使用这种方法可以保证调查对象的总体范围内每一个成员有均等的机会接受调查,从而大大提高了调查结果的代表性。这样的调查结果可以用来推出有关总体的结论。

随机抽样又可以根据抽样的方式分为四种:(1)简单随机抽样,即在全部可能的调查对象中用抽签或参考随机数表的办法来确定调查对象;(2)系统抽样,即在调查对象的总名单上规定每隔多少人选取一人;(3)分层抽样,即把全部调查对象分为内部更为一致的层次,然后再分层抽样;(4)分组分段抽样,即先把总体按某种标准分组,从中抽选若干组,然后在每一组中等距抽样。

严格按照社会学的社会调查方法来进行社会语言学调查,不论是在我国,还是在国外,目前都还有不少具体困难。语言学毕竟是一门冷门科学,人力物力有限,语言学家往往只能靠个人,最多带几名助手,去进行社会调查。如果要在一个几万人,几十万人,乃至上百万人的城市中进行调查,要编制一份全体居民的总名单就根本办不到。因此,语言学家不得不采用变通的办法。美国的社会语言学家拉波夫(William Labov)1966年发表题为《纽约市英语的社会分化》的关于纽约话的大规模调查的调查报告,但是他并没有对八百万当时的纽约居民进行普遍调查,也没有进行严格的随机抽样调查,而只是调查了东下区(Lower East Side)的340人。只是因为"拉波夫在语言学中运用了像随机抽样这样的社会学方法,就可以宣称他的调查对象所说的话真正代表了纽约话。"①拉波夫避免在他周围熟悉的人中间进行调查就算是避免了非随机抽样的方法。他选择一个区,在这个区内任意选择一些人家去登门进行录音访问,这就接近分组分段的随机抽样的方法。拉波夫另一次调查是到不同地区不同等级的百货商店去调查售货员的发音特点,他身上带着微型录音机,装作顾客去和售货员搭话,这样,调查对象根本不知道自己在被人调查,可以取得在自然状态下的语言样品。但是拉波夫也只是碰上哪个售货员就问哪个售货员,事先并没有编制一份各家百货商店全体售货员的名单,然后用等距抽样或抽签的办法来确定调查对象。特雷吉尔(Peter Trudgill)在挪威南部调查在Larvik镇出现的一种把〔æ〕读成〔a〕的新的读音对周围地区的影响时,他和一位挪威同事调查了从Larvik到附近一个小镇Nevlunghamn之间两条道路沿途的人家以及这两个小镇上的一些人。他们在调查沿途的人家时采取了等距抽样的方法,每隔一定距离调查一家人家。米尔洛哀夫妇(James and Lesley Milroy)70年代在北爱尔兰Belfast对工人阶级发音特点的调查采用的方法是在该地选择了三个典型的穷困失业的工人居住区,然后和这三个居住区每一个区中的某一部分人建立友谊,在这样的条件下来进行日常的观察调查。这种方法实际上接近非随机抽样调查。但是由于是长期观察记录的结果,搜集的材料很有价值。从这些事例来看,语言学家所使用的方法都是变通办法,和严格的随机抽样方法有一定距离。但是语言学家看来也只能采用这样的方法,更苛刻的要求是不现实的。

1.3 调查方式

调查方式可以多种多样,可以分发调查表格要求调查对象根据一定的要求来填写,也可以采取访问调查的办法,也可以采用不让调查对象察觉暗中记录或录音的办法。最后这种录音的办法最理想,因为这样搜集来的材料最自然,并且干扰因素较少;缺点是如果调查对象较多会旷日持久,并且在我们目前的条件下不容易办到,微型高效能的录音机不是人人都能置备的,并且即使有,带在身上到处走也不合适。

1.4 干扰因素

访问调查是广泛使用的一种方法,但是访问调查必须注意排除各种干扰因素,特别需要注意这样三点:

1.4.1 在调查过程中绝对不能有任何诱导的成分,不能用任何方式去左右或影响调查对象的意见。例如要调查"书架"这个词在北京口语中究竟儿化不儿化,当某个调查对象说他(或她)平时说"书架(不儿化)"时,调查的人不能说"你再想想,是不是有时候你也儿化?"或者"多数老北京人都儿化,你这么说是跟外地人说话时的说法吧?"经过这样的诱导,调查对象可能就会说"对,对!我有时候也说'书架儿'"。采用诱导的办法来搜集合乎自己需要的材料不仅是一个破坏科学性的问题,也是一个科学工作者的道德品质问题,这实际上等于有意弄虚作假。调查对象的回答有时候也可能不那么确切,但是通过调查足够数量的人,概率本身会自动纠正偶尔发生的误差。

1.4.2 在调查过程中应该有意识地尽可能去排除调查本身会带来的各种干扰因素,其中最主要的干扰因素是过度的紧张以及误解调查目的和调查项目。造成紧张和引起误解的原因是多种多样的,但后果都很严重,会使调查材料丧失应有的价值。例如我们在调查一位老大娘平时说不说"姆末"("我们"的北京土话)时,她一口咬定"从来不说,只说'我们'",可是在调查结束她送我们出门时却一路上一连说了五个"姆末"。原因是街道干部告诉她大学里的人来向她调查北京话,她很紧张,生怕露出"土话"来,坚决要说"标准的北京话",所以才坚决否认平时说"姆末";调查一结束,她放了宽心,就不自觉地满口"姆末"起来。因此,调查一开始就不能着急,要设法稳定调查对象的情绪,讲清楚调查的目的,讲清楚每一个调查项目的要求。当然,如果调查对象是有文化的人,这一类的干扰因素会少一些,但是又可能出现别的干扰因素,如"故作高明",告诉你的是他心目中的"规范"形式而不是他平时实际使用的语言形式,如此等等。

1.4.3 调查材料的记录必须确切、及时。由于一时疏忽,由于当时没有及时记录下来而在事后追记,都可能出现差错。这一类的差错往往是无法补救的。如果是语音方面的调查,不具备合格的听音、记音能力也会导致差错。这些都会影响调查的质量。

2 调查项目

2.1 调查项目

社会语言学的调查和传统的方言调查不同。传统的方言调查不要求调查人事先对要调查的方言有所了解。社会语言学调查则要求调查人,至少是主持调查工作的人,事先对有关的语言或方言有比较深入的了解,并且了解越深入越好。社会语言学调查必须事先确定要调查的项目,这在外文称为"变项"。调查项目或变项的确定是否得当在很大程度决定整个调查工作的成败,而这一点却正取决于事先对这种语言或方言是否有深入的了解。如果要调查北京话的某些语音现象,事先对北京话的语音特点一无所知或者知道得很少,那就根本无法确定调查项目,即使勉强确定一些调查项目事后也不可能得到预期的结果。当然,确定什么样的调查项目和调查目的直接有关,这是不言而喻的。调查项目初步确定以后最好先在小范围内进行试点调查,发现有不妥当的,可以及时调整,免得全面铺开后浪费人力和物力。

2.2 变项

调查项目之所以称为"变项"是因为必须是可变的语言项目,也就是由于受各种不同的社会因素的影响,语言形式可以发生变化的项目。例如"我们"和"姆末",语义内容相同,语言形式不同,选择不同的语言形式是由社会因素决定的。这样,不同的语言形式反映了不同的社会因素的影响,因而可以根据对语言形式的不同选择来估量有关的社会因素。一般的"变项"可以是非此即彼的,如"我们"和"姆末",也可以是渐变的,如某个元音音素的开口度问题,"儿化"的程度(清晰度)问题。"变项"必须是可变的,"变项"不变就不能用作调查项目。例如北京话的"天"字读音一致,如果调查"天"的读音就毫无意义。

调查项目可以是语音方面的,也可以是语汇和语法方面的。举例如下:

(1) 语音变项:

且(＝从):qiě/jiě(北京话):从(普通话)

老实:lǎo·shi(北京话):lǎo shí(普通话)

(2) 语汇变项:

伲(上海话):阿拉(新上海话/宁波语)

田鸡(上海话):青蛙(普通话)

(3) 语法变项:

知道不知道(北京话):知不知道(某些人的普通话)

给他一本书/给一本书给他(北京话):给一本书他(吴语)

选择什么样的语言变项作为调查项目很大程度上取决于语言学家的主观判断,但是一般总倾向于选择最有特点、最普遍的语言变项。

2.3 单项调查

调查某一种社会因素(如"家庭语言环境")和语言变项之间的关系称为单项调查。如确定社会因素"家庭语言环境"为主项,说不说北京话的"姆末(我们)"这一语言变项为从项,调查这种社会因素对语言变项的影响,这就是单项调查,或者称为单项同现规律调查。我们的第二次北京话调查中关于新老北京人说不说"姆末"的调查就是这样一种单项调查:

新老北京人说"姆末"的统计

老北京人　　　　69%

新北京人　　　　26.5%

单项调查简单易行。但是影响语言变项的社会因素往往不是单一的。单项调查的结果虽然可以很说明问题,不过可靠不可靠尚待验证。因此就有多项调查,引入更多的社会因素作为主项,然后加以比较,看看究竟哪种社会因素在起主要作用。

2.4 多项调查

调查多种社会因素对同一语言变项的影响,这样的调查称为多项调查。多项调查是为了通过比较以便确定哪种社会因素的影响起主要作用。例如根据对"姆末"的单项调查,我们知道老北京人和新北京人说"姆末"的比例各为69%和26.5%,因此可以得出结论,家庭语言环境对说不说"姆末"有重大影响,但是还不足以肯定家庭语言环境这一社会因素是最主要的因素。为了比较,可以引入年龄差异的因素。

表一 新、老北京人分年龄段说"姆末"的统计

	老北京人(%)	新北京人(%)
61 岁以上	73	50
51—60 岁	72.7	25
31—50 岁	59	27
30 岁以下	58.9	25.6

从表一可以看到,在任何一个年龄段中老北京人的百分比都比新北京人高很多,这种差别是显著的。相反,年龄差异对说"姆末"的影响不如家庭语言环境的影响明显,在新北京人中还有不规则的现象:50%、25%、27%、25.6%,而且百分比数字也没有拉开。

一次调查的主项不宜过多,一二项、二三项最为恰当。主项多了,分组分段就有困难。一次调查如果要按家庭语言环境分组,又要按年龄、文化程度、性别、民族等分组,事实上办不到。目的单纯,项目有限,便于深入,也便于统计。

3 统计

3.1 理论假设和验证

统计是为了用数量关系来验证某种理论上的假设。这种理论上的假设并不是从臆想中产生的,而总是在一定的经验和感性知识的基础上形成的。例如我们有一种"感觉",同样是北京人,老北京人说的话比新北京人"土"。根据这种由于多年在北京生活得来的感性知识,我们提出一种理论上的假设,那就是家庭语言环境对北京话有重大影响。但是这仅仅是我们的一种假设,充其量也不过是一种"直感",拿不出科学的根据来。如果有人不同意,我们也很难说服他。为了验证我们的假设,我们对调查的材料进行排比分析是不够的,首先因为排比分析的结果只能得出一种主观的论断,而主观论断仍然没有足够的说服力;其次是因为社会因素的对语言的影响往往不是绝对的而只是一种可能性,表现为一种概率倾向,不适宜用文字来表达。因此,有必要对调查材料进行统计,尽可能用数量关系来表述。

3.2 调查结果的数量化

为了便于统计,调查结果必须数量化。

有的调查项目包含的语言变项是非此即彼的,如或者说"姆末"或者不说"姆末"。在这种情况下可以计算出现"姆末"的数值。例如我们调查了 189 个老北京人,其中 121 人说"姆末",那么 121/189 就是 64%。如果每一个调查对象的调查材料中包含十处"姆末/我们"的样品,那么应该先计算每个调查对象说"姆末"的数值。假定张三在十次中八次用"姆末"那么张三说"姆末"的数值就是 0.8。

根据百分比的数据可以进一步制作各种统计图表。

有的调查项目包含的语言变项不是非此即彼的,而是一种连续过渡现象,如拉波夫调查纽约市英语 cab(出租汽车),bag(提包),bad(坏),half(一半),path(小路),dance(跳舞)中元音[æ]的读音,这个 a 可以有不同的开口度,并且开口度的等差是一种连续过渡现象,很难固定为几种不同的发音。拉波夫确定了从开口度最大、最合乎常规读音的[æ]到开口度最小、离常规读音最远的[ɪə]四种基准读音,给这四种读音规定了从 4 到 1 依次递降的数值,用这种人为规定一个数值的办法使本来没有数量性质的材料数量化。②

在每个调查对象的调查材料中包含同一调查项目的众多样品,或者要反映每一类调查对象的共同特点的时候,就要求计算平均值。利用平均值可以使统计工作大大简化,但是往往可能掩盖很多重要的事实。例如调查北京话的"儿化"问题,要求每一个调查对象读 A、B、C、D、E 五个不同的可以儿化也可以不儿化的词。张三有三个词儿化,就是 3/5=0.6;李四也同样有三个词儿化,也是 0.6。但是张三儿化的是 A、B、C,李四儿化的是 C、D、E。实际内容不同,数值相同。如果据此计算每一类调查对象儿化的平均值,假定 30 岁以下的老北京人和31—50岁的新北京人儿化的平均值都是0.4,似乎这两类的儿化特点完全相同。事实上也许这两类调查对象的儿化特点很不相同,因为可能老北京人儿化的大多是A、B,新北京人儿化的大多是D、E,而这一事实可能有重大意义。因此,全面的统计除了计算平均值以外,最好再列出单项统计数字,也就是最好就A、B、C、D、E五个词的儿化情况进行单项统计。

3.3　图表制作

3.3.1　数字图表

最常见的数字图表,容易编制,也容易排印。我们在《北京话社会调查(1981)》中使用的全部是数字图表。

单项的数字表如:

表二　新老北京人说"姆末"、"胰子"、"且"、"伍的"的统计

	"姆末"	"胰子"	"且"	"伍的"
老北京人(%)	68.7	65.6	59.3	—
新北京人(%)	30.5	52.7	33.3	33.3

双项的数字表如:

表三　不同年龄的新老北京人说"姆末"、"胰子"、"且"、"伍的"的统计

	"姆末"		"胰子"		"且"		"伍的"	
	老(%)	新(%)	老(%)	新(%)	老(%)	新(%)	老(%)	新(%)
61岁以上	82.3	—	82.3	75	94.1	25	82.3	75
51—60岁	66.6	—	80	75	53.3	25	46.6	25
31—50岁	72.2	27.2	50	45.4	72.2	45.4	61.1	45.4
30岁以下	50	23.5	50	47	7.1	23.5	35.7	17.6

表的排列方式可以根据具体情况来决定,没有固定的格式。一般列出的数字是百分比,但是也可以不是百分比,如上面提到过的拉波夫对纽约市英语元音〔æ〕的音质的调查,列出的是人为规定的积分平均值:

上层阶级　　　2.7

中层阶级　　　2.5

下层阶级　　　2.3

3.3.2 直方图

直方图是一般统计图表中最常用的图。任何数字图表都可以改用直方图来表示。语言学家为了避免排印上的麻烦往往不用直方图,宁可用数字图表。

单项统计如拉波夫对三家百货商店中不同年龄的售货员发不发元音后的-r 的统计可以用下列直方图来表示:

多项直方图如图 1。

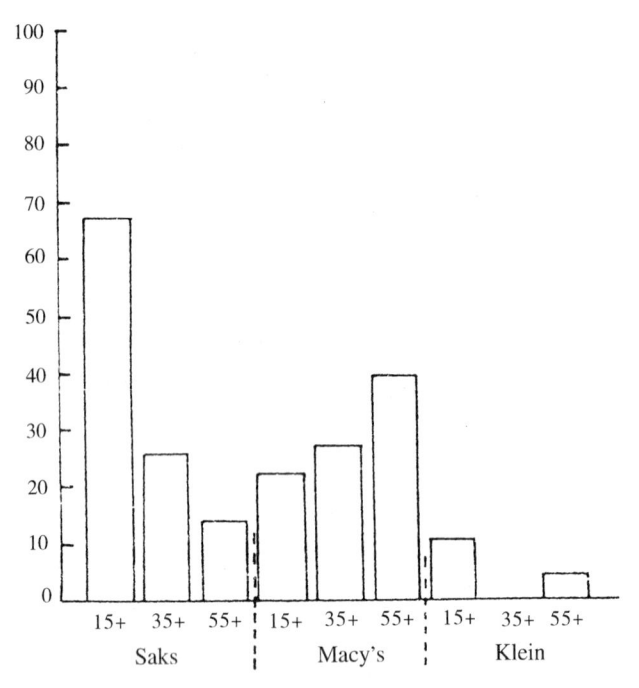

图 1 纽约市 Saks,Macy's,Klein 三家百货商店三个不同年龄段的售货员一贯使用(r):[r]的百分比统计[3]

诺里奇五个社会经济阶层四种语体(ng)读音比例调查统计图[4]如图 2。

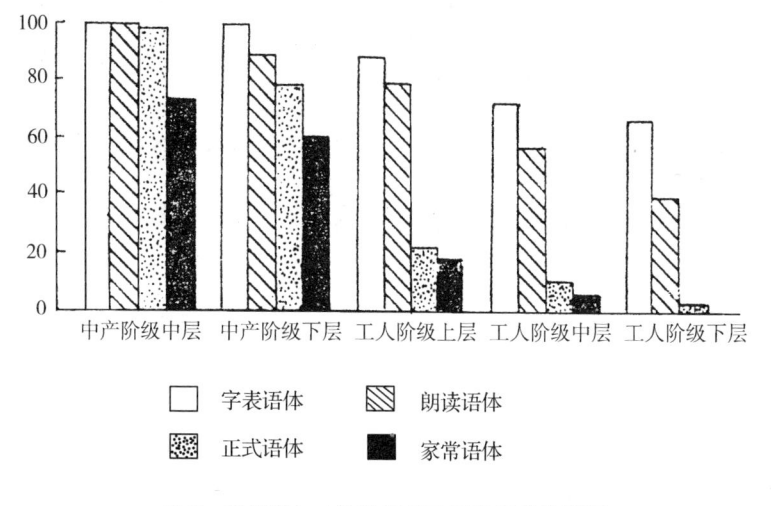

图 2　诺里奇(ng)的发音各阶层有无的比例图

3.3.3 曲线图等

在两个有影响的居民点之间抽查家庭挪威南部(æ)的读音比分统计(比分高说明(æ)读[a]的例子多)⑤如图 3。

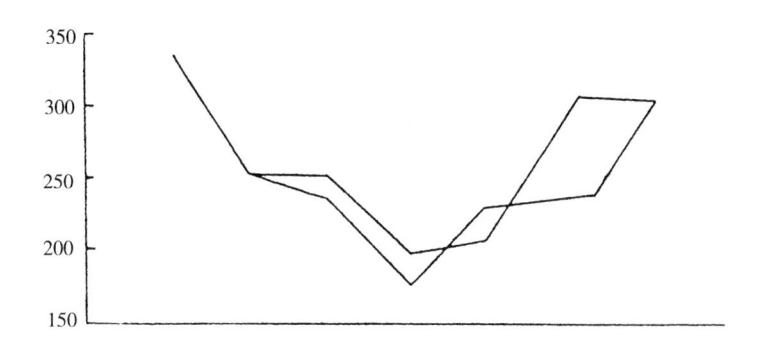

图 3　挪威 Larrik 至 Nev Lung hamn [æ]和[a]发音渐变为曲线示意图

随着社会语言学家的统计知识的深化,统计方法和统计图表也会越来越复杂。但是如果不是为了更精确更能说明问题的目的,故作高深的做法是不可取的。

附 注

① Peter Trudgill《社会语言学导论》第二章,见《国外语言学》1980 年第 6 期。

② 参见 Peter Trudgill 的《社会语言学导论》第二章有关部分,译文载《国外语言学》1981 年 1 期。

③ R. A. Hudson, *Sociolinguistics*, Cambridge University Press. 1980, P.151.

④同③,154 页。

⑤同③,172 页。

(原载《语言论集》1989 年第 3 辑)

北京话社会调查(1981)[*]

0 说明

1981年,我们在北京就各种社会因素对北京话的某些语言现象的影响进行了两次调查。第一次调查是在四月份进行的①,调查对象共100人,东城、西城、天桥、牛街、西郊人民大学校园内各20人。第二次调查是在9月到12月之间进行的②,调查对象共400人,分布在整个城区和人民大学周围的海淀区。

1 调查目的

语言作为交流思想和感情的工具是一种社会现象。因此,语言总是和社会以及组成社会的个人分不开的。各种社会因素对语言的存在形式,对语言的发展变化,对语言的运用都有深远的影响。

语言或方言是一种抽象的实体,实际存在的只是大致相同而又不完全相同的个人语言。即便是个人语言也还是一种抽象;在不同的时期,在不同的社会环境和不同的交际场合,个人语言也不是完全一致的。一个拥有几百万人口的大城市,使用的语言就其实际存在形式而言是千差万别,极其复杂的。传统的语言或方言调查对个别的个人语言进行系统的静态描写,这样的调查材料可以反映有关语言和方言在语言结构系统方面的一般特点,但是难以反映有关语言或方言的内部分歧和发展变化的过程。语言或方言的社会调查,相对而言是不太系统的,比较粗略的,但是却能比较全面地反映变化中的动态,可以在一定程度上反映某些社会因素和某些语言现象之间的关联程度,可以取得某些语言现象的分布数据和出现频率,

---

* 本文(不包括第二次调查的资料)曾在成都中国语言学会首届年会上宣读,后由《中国语言学报》编委会摘录其中部分资料改写为《关于北京话语音、词汇的五项调查》,刊于该学报第1期。

而根据这些材料可以推论语言的发展和变化的趋势。

到目前为止,国内还没有人进行过这一类的语言或方言的社会调查,我们这两次调查就是为了探索在我国的具体条件下进行这一类社会调查的途径和方法。

2 调查方法

我们这两次调查使用的方法是目前国外社会语言学调查广泛使用的变通的随机抽样的调查方法。严格的随机抽样要求首先编制一份可能的调查对象的总名单。即使采用分组分段的随机抽样方法,在北京这样一个大城市中,每组的分段名单上也会有几十万人。要编制这样的名单,无论是在国内还是在国外,对于一个从事个人研究、人力物力极其有限的语言科学工作者来说,都是无法办到的。因此,语言学家不得不采用能保证一定程度随机性的变通方法。

我们的具体做法是先把北京城区按传统的划分法分成东、西、南、北等区,每区派出若干调查人员持学校介绍信到区人民政府请求协助,由区人民政府任意介绍到某几个街道办事处,然后再由街道办事处根据我们提出的要求,任意介绍到某家某户或某个单位去进行调查。调查对象的随机性是由区人民政府和街道办事处的任意介绍来保证的。我们提出的要求仅限于调查对象必须是北京人以及调查对象的数量,这些要求一般不会影响选择调查对象的随机性。

调查采用个别访问的方式,不采用开座谈会或集体调查的方式,以免调查对象之间的相互干扰。调查根据事先拟定的调查项目进行。每一个调查对象登记一份调查表格,填明调查对象的姓名、年龄、性别、民族、文化程度、职业、父母双方的籍贯、祖居地区等。每一个调查项目只要求调查对象回答"说"或"不说"(或"少说")这样简单而又明确的问题,调查人员不诱导,不反诘,尽可能避免在调查过程中可能产生的种种干扰因素。调查结果随时用"√"或"×"等记号在调查表格上记录下来,必要时才加注文字说明。在四月份第一次调查时我们曾经向调查对象询问过一些有关北京话的一般性问题,在9月到12月第二次调查时没有这样做。

3 调查对象

我们这两次调查的对象限于新老北京人。老北京人指的是父母双方都是北京人,本人在北京出生和长大的人。新北京人指的是父母双方或一方不是北京人,但本人在北京出生和长大的人。

这两次调查的调查对象的情况如表一至表九。

1981年4月第一次调查:

表一 分区新老北京人调查对象

分区	老北京人(人)	新北京人(人)
东城	10	10
西城	14	6
天桥	11	9
牛街	18	2
人大	11	9
合计	64	36

表二 分年龄段男女调查对象

年龄段	男(人)	女(人)
61岁以上	13	8
51—60岁	7	12
31—50岁	15	14
30岁以下	16	15
合 计	51	49

表三 分文化程度的调查对象

文化程度	人数(人)
大 学	11
中 学	54
小学(私塾)	22
文 盲	13
合 计	100

419

表四　分职业的调查对象

职　　业	人数（人）
工人（营业员）	36
干　部	14
科教（文艺）人员	25
学　生	15
家庭妇女（其他）	10
合　计	100

干部14、科教（文艺）人员25、学生15 }知识分子54人

表五　分民族的调查对象

民　族	人数（人）
汉	59
满	17
回	21
蒙	2
白	1
合计	100

1981年9月到12月第二次调查：

表六　分区的新老北京人调查对象

分区	老北京人（人）	新北京人（人）
东城	15	34
西城	55	106
北城	41	26
崇文	14	5
宣武	12	29
牛街	41	9
海淀	11	11
合计	189	211

表七　分年龄段的男女调查对象

年龄段	男（人）	女（人）
61岁以上	27	22
51—60岁	9	17
31—50岁	49	42
30岁以下	105	129
合　计	190	210

表八　分职业的调查对象

职　　业	人数（人）
工人（营业员）	165
干　部	52
科教（文艺）人员	42
学　生	121
家庭妇女（其他）	20
合　计	400

干部、科教（文艺）人员、学生合计：知识分子215人

表九　分民族的调查对象

民　族	人数（人）
汉	329
满	25
回	46
合计	400

（注：第二次调查文化程度一项材料不全，因而没有统计。）

我们这两次调查都是多项目调查，最初曾经对年龄、性别、文化程度、职业等项的调查对象规定一定比例。但是，项目太多，在实际调查过程中难以一一按比例办到，结果某些项目的某一类调查对象人数少于一般社会调查所允许的抽样误差的百分比（5％）。这样的调查数据不足为凭，在下文的统计表中这一类的统计数字都放在括弧内并且不计算百分比。

4　调查结果

4.1　各种社会因素对北京话的影响

4.1.1　家庭语言环境对使用北京话的某些语音和语汇形式的影响

新老北京人的北京话之间的差别主要反映了家庭语言环境的差别。一般说来，老北京人说的北京话"北京味儿"浓一些，保留的土话土音比新北京人的北京话多一些。我们的调查数据证实了这一点。

表十　新老北京人说"姆末(我们)"、"胰子(肥皂)"、
　　　　　"且(从)"、"伍的(什么的)"的统计

	"姆末"	"胰子"	"且"	"伍的"
第一次调查					
老	44/64　68.7%	42/64　65.6%	42/64　65.6%	38/64　59.3%
新	11/36　30.5%	19/36　52.7%	12/36　33.3%	12/36　33.3%
第二次调查					
老	121/189　64.0%	110/189　58.2%	95/189　50.2%	110/189　58.2%
新	56/211　26.5%	55/211　26.0%	28/211　13.2%	61/211　28.9%

说明：①"老"、"新"是"老北京人"和"新北京人"的略语。

②"X/Y"中 X 表示在调查过程中记录下来的实际人数，Y 是这一类调查对象的总数，如第一次调查的老北京人总数为 64 人，调查到说"姆末"的有 44 人：44/64。

③分数后面列出百分比，百分比算到小数点以后一位，再以下的不计。

表十一　新老北京人"论"读 lìn，"把"读 bǎi，
　　　　　"比"读 pǐ 的统计

	"论(斤卖)"lìn	"(怎么)论"lìn	"把"bǎi	"比"pǐ
第一次调查					
老	31/64　48.4%	38/64　59.3%	31/64　48.4%	23/64　35.9%
新	14/36　38.8%	15/36　41.6%	11/36　30.5%	3/36　8.3%
第二次调查					
老	135/189　71.4%	133/189　70.3%	93/189　49.2%	78/189　41.2%
新	66/211　31.2%	90/211　42.6%	31/211　14.6%	32/211　5.1%

表十二　新老北京人说"今儿"、"今儿个"、
　　　　　"今天"的统计

	"今儿"	"今儿个"	"今天"
第一次调查				
老	9/64　14.0%	44/64　68.7%	24/64　37.5%
新	4/36　11.1%	22/36　61.1%	19/36　52.7%
第二次调查				
老	77/189　40.7%	100/189　52.9%	75/189　39.6%
新	66/211　31.0%	48/211　22.7%	147/211　69.6%

表十三　新老北京人说"哪儿"、"哪喝儿"的统计

	"哪儿"	"哪喝儿"
老	35/64　54.6％	29/64　45.3％
新	27/36　75.0％	9/36　25.0％

从表十、表十一、表十二、表十三看来,老北京人的土话土音无例外地比新北京人多,百分比的差距有不少是相当大的。两次调查的数据不完全一样,这是因为调查对象的人数还是嫌少,一般说来,调查对象人数越多,越精确。但是这两次调查老北京人的土话土音的百分比都比新北京人高,说明调查数据还是有一定代表性的,不完全是偶然的。任何一种社会调查都只能反映一种概率,一种倾向,是无法和自然科学的实验相比的。各种社会因素是同时存在又互相影响的,实际上无法把其中一种因素孤立出来,也无法排除其他各种干扰因素。例如家庭语言环境是一项重要的社会因素,但是实际上是和邻里语言环境、地区语言环境、学校语言环境、乃至文化程度、年龄、职业等都是分不开的。因此,孤立地仅就家庭语言环境这一社会因素来进行调查统计,统计数字本身就不可能像自然科学的实验数据那么精确、可靠。不过这些缺陷主要是由社会现象本身的复杂性决定的,只要我们不把这些数据绝对化,那么仍然可以利用这些数据作出合理的推论。至少,调查所得的数据会比单纯的"印象"和"直感"可靠一些,也会有更大的说服力。我们认为,对于社会调查的数据和结论都应该这样看待,既不要绝对化,也应该承认有一定的参考价值。

以前我们也已经注意到有的北京人,特别是老年人(赵元任的印象是妇女),不说"我们"而说"姆末",但是认为这只是少数人的习惯,因为我们接触的大多数北京人似乎都说"我们",在机关学校以及在一般交际场合很少听到北京人说"姆末"。调查结果有点出乎我们的意料,新老北京人合在一起在平时说"姆末"的第一次调查占55％,第二次调查占44.2％,而老北京人平时说"姆末"的第一次调查占68.7％,第二次调查占64.0％。这就是说地道的北京人平时说"姆末"的是多数,不过北京人在和外地人交际时一般都改说"我们",而恰恰是老年人和妇女在公共交际场合出现的机会最少,因此

使我们产生了错觉。这说明调查比"印象"可靠一些。在调查中我们还发现"姆末"有时候可以简缩为一个音节"姆",如老师说"'姆'班学生挺用功",有时候也读成"我姆"wǒm。

这两次调查表明,家庭语言环境是影响一个人的语言特点的最主要的社会因素,这在以下的各类统计表中还可以得到反映。

新北京人的家庭语言环境就不完全是北京话的环境,父母双方或一方说的不是北京话,这对子女的语言习惯的形成肯定有影响。有的新北京人说的是一口老北京话,平时"听"不出和老北京人说的话有什么不同,可是仔细一调查就会发现有明显的不同,特别是在平时很少人注意的语音细节和虚词的用法上和老北京人不同。一般新北京人的用法比较"乱",一追问就会说这也可以那也可以,而老北京人就比较"纯",往往会比较肯定地答复你,"这我们说","这我们不说"。分析研究新北京人的语言特点和不同地区人的方言对他们子女的北京话的影响是很有意义的,不过也是比较困难的。在第二次调查时我们记录了新北京人父母双方的籍贯,以下是部分统计资料。

表十四 说"且(从)"的新北京人父母籍贯的统计

父母一方 是北京人	京郊	河北	山东	东北	其他
6/40	12/20	5/80	0/11	0/16	3/44
15%	60%	6.2%	0	0	6.8%

4.1.2 居住地区的语言环境对使用北京话的某些语音和语汇形式的影响

长期以来有人说北京话有明显的内部差异,特别是东城和西城的北京话不一样,经常举的例子是明人沈榜《宛署杂记》中提出来的东城说"水桶",西城说"水筲"。在过去,东西城分属大兴和宛平两县,市内交通十分不便,一般人很少出门,东西城居民之间日常交往不频繁,因此产生某些明显的语言上的差别是在情理之中的。现在的情况和过去已经大不相同,市区交通四通八达,十分方便,东西城早已不是相对隔绝的两个地区,多数人有工作,天天出门,而且家家用上了自来水,"水桶"也好,"水筲"也好,都不大用了,这一类差别已经消失。特别是近30年来,更改居住地区是常事,祖祖辈辈住在一个胡同里不挪窝的反而越来越少,因此"明显的"语言上的差别已不复存在；当然，这并不排除有"细微的"差别。以下是分区的统计资料。

表十五 不同城区的北京人说"姆末(我们)"、"胰子(肥皂)""且(从)"、"伍的(什么的)"的统计

	"姆末"		"胰子"		"且"		"伍的"	
第一次调查							
东城	7/20	35.0%	12/20	60.0%	11/20	55.0%	8/20	40.0%
西城	15/20	75.0%	14/20	70.0%	10/20	50.0%	11/20	55.0%
南城	28/40	70.0%	27/40	67.5%	23/40	57.5%	22/40	55.0%
第二次调查							
东城	10/49	20.4%	16/49	32.6%	13/49	26.5%	23/49	46.9%
西城	68/161	42.2%	51/161	31.6%	37/161	22.9%	57/161	35.4%
南城	74/101	73.2%	71/101	70.2%	48/101	47.5%	63/101	62.3%
北城	19/67	28.3%	17/67	25.3%	18/67	26.8%	22/67	32.8%

从第一次调查的数据来看，各城区之间的差别不大，南城有两项百分比略高，但不突出。从第二次调查的数据来看，南城的数据显著地高于其他城区，而东、西、北三个城区的数据大致差不多。在这两次调查中，我们把南城又分为几个小区。第一次调查把南城分为天桥和牛街两个小区，第二次调查把南城分为崇文、宣武两区，又把牛街单独列为一个小区。如果列出小区的数据，情况就会明朗一些。

表十六 南城各区的北京人说"姆末(我们)"、"胰子(肥皂)"、"且(从)"、"伍的(什么的)"的统计

	"姆末"		"胰子"		"且"		"伍的"	
第一次调查							
天桥	14/20	70.0%	15/20	75.0%	10/20	50.0%	7/20	35.0%
牛街	15/20	75.0%	12/20	60.0%	13/20	65.0%	15/20	75.0%
第二次调查							
崇文	14/19	73.6%	16/19	84.1%	10/19	52.6%	15/19	78.9%
宣武	24/41	58.5%	24/41	58.5%	9/41	21.9%	12/41	29.2%
牛街	36/41	87.8%	31/41	75.6%	29/41	70.7%	36/41	87.8%

从表十六来看，牛街相当突出。牛街是回族聚居区，住家很少流动，保留北京话的土话土音较多是自然的。

表十七　不同城区的北京人"论"读 lìn,"把"读 bǎi,
"比"读 pǐ 的统计

	"论(斤卖)"lìn	"(怎么)论"lìn	"把"bǎi	"比"pǐ
第一次调查				
东城	10/20　50.0%	6/20　30.0%	6/20　30.0%	7/20　35.0%
西城	6/20　30.0%	12/20　60.0%	8/20　40.0%	3/20　15.0%
南城	23/40　57.5%	27/40　67.5%	20/40　50.0%	12/40　30.0%
第二次调查				
东城	22/49　44.8%	23/49　46.9%	13/49　26.5%	10/49　20.4%
西城	77/161　47.8%	77/161　47.8%	51/161　31.6%	34/161　21.1%
南城	57/101　56.4%	58/101　57.4%	46/101　45.5%	44/101　43.5%
北城	34/67　50.7%	34/67　50.7%	12/67　17.9%	13/67　19.4%

表十八　南城各区的北京人"论"读 lìn,"把"读 bǎi,
"比"读 pǐ 的统计

	"论(斤卖)"lìn	"(怎么)论"lìn	"把"bǎi	"比"pǐ
第一次调查				
天桥	13/20　65.0%	17/20　85.0%	12/20　60.0%	3/20　15.0%
牛街	10/20　50.0%	10/20　50.0%	8/20　40.0%	9/20　45.0%
第二次调查				
崇文	16/19　84.2%	15/19　78.9%	8/19　42.1%	5/9　26.3%
宣武	14/41　34.1%	16/41　39.0%	12/41　29.2%	9/41　21.9%
牛街	26/41　63.4%	27/41　65.8%	26/41　63.4%	30/41　73.1%

从表十七、表十八来看,在语音形式的选择方面,天桥和崇文区的百分比比较高。

综合表十五、表十六、表十七、表十八来看,东城、西城、北城的数据比较接近,也就是这几个地区之间差别不太大,而这些地区和南城之间,特别是和牛街、天桥、崇文区之间的差别比较大。

在北京不少人认为要听真正的老北京话得上天桥一带去。我们在第一次调查时专门调查了天桥地区就是根据这种意见决定的。但是在调查过程中,很多天桥住户主动反映天桥是所谓"五方杂地",很少是地道的北京人,多数是外地来的手艺人和所谓闯江湖的人,老住户很少,流动性很大;相反,东西城的住户很多是祖祖辈辈住在北京的,那儿的北京话比较地道。从调查结果来看,天桥一带的北京话土话土音还是比较多的,因此一般人的直感并不完全错误。原因何在呢?也许这和文化程度、职业有关。但是究竟是怎么一回事,还尚待进一步调查研究来说明。

4.1.3 年龄对使用北京话的某些语音和语汇形式的影响

平时我们也都注意到有些话只有老年人才说,年轻人不说,另有一些话只有年轻人才说,老年人不说。这说明了年龄对语言的影响(实际上反映了不同时代的语言特色)。以下是分年龄段关于使用"棒"和"盖"的统计。

表十九 不同年龄的北京人说"棒"和"盖"的统计

	"棒"	"盖"
第一次调查		
61 岁以上	7/21　33.3%	0/21　0
51—60 岁	12/19　63.1%	1/19　5.2%
31—50 岁	22/29　75.8%	4/29　13.7%
30 岁以下	21/31　67.7%	17/31　54.8%
第二次调查		
61 岁以上	14/49　28.5%	2/49　4.0%
51—60 岁	7/26　26.9%	0/26　0
31—50 岁	51/91　56.0%	7/91　7.6%
30 岁以下	123/234　52.5%	86/234　36.7%

表十九的数据是非常有意思的。在两次调查中,说"棒"的高峰都在 31—50 岁的人,并且 30 岁以下的人都开始说得比较少了;说"盖"的老年人很少,而 30 岁以下的人突然说得多起来了。这些数据和实际情况若合符契。"棒"大致是五四以后兴起的,盛行于 40 年代和 50 年代,所以今天是 31—50 岁的人说得最多。"盖"是十多年前才开始流行的,所以 31 岁以上的人很少说,青少年说得多。至于在第二次调查中 61 岁以上的老年人也有 4.0%的人说"盖",这一点也不难解释,因为老年人在家的多,和孩子接触较多,受孩子的影响较大。

表十九的数据表现出明显的规律性,因此可以说,年龄是影响"棒"和"盖"这样一些流行语的使用的主要的社会因素。

近年来北京话"儿化"似乎有减少的趋势,年轻人似乎"儿化"少了,实际情况究竟怎样呢?

表二十　不同年龄的北京人的"儿化"统计

第二次调查			
	书架儿	自行车儿	金鱼儿
61 岁以上	37/49　75.5%	44/49　89.7%	27/49　55.1%
51—60 岁	22/26　84.6%	22/26　84.6%	10/26　38.4%
31—50 岁	72/91　79.1%	86/91　94.5%	40/91　43.9%
30 岁以下	130/234　55.5%	192/234　82.0%	64/234　27.3%
	唱歌儿	有事儿	
61 岁以上	49/49　100%	49/49　100%	
51—60 岁	24/26　92.3%	25/26　96.1%	
31—50 岁	90/91　98.8%	88/91　96.7%	
30 岁以下	219/234　93.5%	210/234　89.7%	

从表二十来看,北京话的"儿化"程度仍然是相当高的,30岁以下的人"儿化"有减少的趋势,但是还不十分突出;31岁以上的北京人中间,"儿化"程度的高低和年龄不完全成正比。这就说明"儿化"程度的高低不完全是由年龄决定的,可能还有其他因素。以下加入家庭语言环境这一因素来比较一下。

表二十一　不同年龄的新老北京人的"儿化"统计

第二次调查				
	自行车儿		书架儿	
	老	新	老	新
61 岁以上	33/45　73.3%	(4/4)　—	40/45　88.8%	(4/4)　—
51—60 岁	18/22　81.8%	(4/4)　—	18/22　81.8%	(4/4)　—
31—50 岁	38/44　86.3%	34/47　72.3%	34/44　97.7%	43/47　91.4%
30 岁以下	29/78　37.1%	101/156　64.7%	70/78　89.7%	122/156　78.2%
	金鱼儿		唱歌儿	
	老	新	老	新
61 岁以上	24/45　53.3%	(3/3)　—	45/45　100%	(4/4)　—
51—60 岁	9/22　40.9%	(1/4)　—	20/22　90.9%	(4/4)　—
31—50 岁	23/44　52.2%	17/47　36.1%	44/44　100%	46/47　97.8%
30 岁以下	29/78　37.1%	35/156　22.4%	74/78　94.8%	145/156　92.9%

(续表)

	有事儿		
	老	新	
61岁以上	45/45 100%	(4/4) —	
51—60岁	21/22 95.4%	(4/4) —	
31—50岁	42/44 95.4%	46/47 97.8%	
30岁以下	76/78 97.4%	134/156 85.8%	

从表二十一中十组可资比较的新老北京人的"儿化"数据来看（另十组由于新北京人人数太少，统计百分比不可靠，因而难以比较），八组老北京人的百分比高于新北京人，但是有两组相反（"有事儿"31—50岁，"书架儿"30岁以下）。因此，家庭语言环境也不能说是影响"儿化"的最主要的因素。事实上影响语言的社会因素是多种多样的，并且往往是交叉重叠的，有时候难分主次，硬要找出一个最主要的因素来反而是不科学的。

表二十二　不同年龄的北京人说"姆末(我们)"、"胰子(肥皂)"、"且(从)"、"伍的(什么的)"的统计

第一次调查		
	"姆末"	"胰子"
61岁以上	16/21　76.1%	17/21　80.9%
51—60岁	12/19　63.1%	15/19　78.9%
31—50岁	16/29　55.1%	14/29　48.2%
30岁以下	11/31　35.4%	15/31　48.3%
	"且"	"伍的"
61岁以下	18/21　85.7%	17/21　80.9%
51—60岁	9/19　47.3%	8/19　42.1%
31—50岁	21/29　72.4%	16/29　55.1%
30岁以下	6/31　19.3%	8/31　25.8%
第二次调查		
	"姆末"	"胰子"
61岁以上	35/49　71.4%	34/49　69.3%
51—60岁	17/26　65.3%	16/26　61.5%
31—50岁	39/91　42.8%	44/91　48.3%
30岁以下	86/234　36.7%	70/234　29.9%

(续表)

	"且"	"伍的"
61 岁以上	34/49　69.3%	34/49　69.3%
51—60 岁	13/26　50.0%	19/26　73.0%
31—50 岁	43/91　47.2%	52/91　57.1%
30 岁以下	33/234　14.1%	66/234　28.2%

表二十三　不同年龄的北京人"论"读 lìn,"把"读 bǎi, "比"读 pǐ 的统计

第一次调查		
	"论(斤卖)"lìn	"(怎么)论"lìn
61 岁以上	14/21　66.6%	16/21　76.1%
51—60 岁	9/19　47.3%	10/19　52.6%
31—50 岁	9/29　31.0%	17/29　58.6%
30 岁以下	5/31　16.1%	10/31　32.2%
	"把"bǎi	"比"pǐ
61 岁以上	11/21　52.3%	6/21　28.5%
51—60 岁	11/19　57.8%	6/19　31.5%
31—50 岁	10/29　34.4%	10/29　34.4%
30 岁以下	10/31　32.2%	4/31　12.9%
第二次调查		
	"论(斤卖)"lìn	"(怎么)论"lìn
61 岁以上	40/49　81.6%	37/49　75.5%
51—60 岁	21/26　80.7%	20/26　76.9%
31—50 岁	66/91　72.5%	69/91　75.8%
30 岁以下	74/234　31.6%	77/234　32.9%
	"把"bǎi	"比"pǐ
61 岁以上	25/49　51.0%	21/49　42.8%
51—60 岁	14/26　53.8%	10/26　38.4%
31—50 岁	42/91　46.1%	27/91　29.6%
30 岁以下	52/234　22.2%	42/234　17.9%

从表二十二、表二十三来看,同时参考表十九、表二十、表二十一,我们可以看到尽管年龄差异和使用某些语汇形式,特别是和使用某些语音形式的关系并不是严格对应的,但是在 30 岁上下有一条比较明显的界线,百分比有比较明显的变化。在 30 岁

以上的各个年龄段之间虽然没有明显的递降比例,但也存在着某种递降的趋势。这些情况综合起来也可以表明,年龄因素还是一个相当重要的因素。

4.1.4 文化程度对使用北京话某些语音和语汇形式的影响

人们一般认为一个人的文化程度会在相当程度上影响他的语言习惯,特别是在推行语言规范化的社会中,这种影响就会更加明显。北京的具体情况如何也需要看看调查数据。

表二十四 不同文化程度的北京人说"姆末(我们)"、"胰子(肥皂)"、"且(从)"、"伍的(什么的)"的统计

第一次调查			
	"姆末"	"胰子"	"且"	"伍的"
大学	3/11　27.2%	6/11　54.5%	4/11　36.3%	4/11　36.3%
中学	26/54　48.1%	31/54　57.4%	26/54　48.1%	23/54　42.5%
小学	15/22　68.1%	15/22　68.1%	13/22　59.0%	15/22　68.1%
文盲	11/13　84.6%	9/13　69.2%	11/13　84.4%	8/13　61.5%

表二十五 不同文化程度的北京人"论"读 lìn,
"把"读 bǎi,"比"读 pǐ 的统计

第一次调查			
	"论(斤卖)"lìn	"(怎么)论"lìn	"把"bǎi	"比"pǐ
大学	5/11　45.4%	4/11　36.3%	4/11　36.3%	3/11　27.2%
中学	20/54　37.0%	27/54　50.0%	22/54　40.7%	14/54　25.9%
小学	9/22　40.9%	9/22　40.9%	7/22　31.8%	6/22　27.2%
文盲	11/13　84.6%	12/13　92.3%	9/13　69.2%	3/13　23.0%

从表二十四来看,除了一项数据,即文盲使用"伍的"的数据外,全部数据呈现出一种明显的规律性:文化程度越低,使用土话的百分比越高。但是表二十五却不反映这样的规律性,或者说规律性不明显,仅仅文盲的百分比大多比有文化的人显然要高,不过也有例外情况。这种现象也许可以这样解释:一般人对语汇形式比较自觉,敏感,有文化的人有意识地避免用土话;但是对语音形式就不那么自觉,敏感,因而没有有意识地去避免,或者较难避免。这也就是说,对选择语音形式而言,文化程度可能不是一个主要因素。以下加进家庭语言环境这一因素来比较一下。

表二十六 不同文化程度的新老北京人说"姆末(我们)"、"胰子(肥皂)"、"且(从)"、"伍的(什么的)"的统计

第一次调查					
	"姆末"			"胰子"	
	老	新		老	新
大学	1/6 16.6%	(2/5) —		3/6 50.0%	(3/5) —
中学	23/31 79.1%	3/23 13.0%		21/31 67.7%	10/23 43.4%
小学	12/15 80.0%	3/74 2.8%		11/15 73.3%	4/7 57.1%
文盲	8/10 80.0%	(3/3) —		7/10 70.0%	(2/3) —

	"且"			"伍的"	
	老	新		老	新
大学	3/6 50.0%	(1/5) —		2/6 33.3%	(2/5) —
中学	19/31 61.2%	7/23 30.4%		16/31 51.6%	17/23 30.4%
小学	11/15 73.3%	2/7 28.5%		13/15 86.6%	2/7 28.5%
文盲	9/10 90.0%	(2/3) —		7/10 70.0%	(1/3) —

表二十七 不同文化程度的新老北京人"论"读 lìn,"把"读 bǎi,"比"读 pǐ 的统计

第一次调查					
	"论(斤卖)"lìn			"(怎么)论"lìn	
	老	新		老	新
大学	2/6 33.3%	(3/5) —		2/6 33.3%	(2/5) —
中学	13/31 41.9%	7/23 30.4%		19/31 61.2%	8/23 34.7%
小学	8/15 53.3%	1/7 14.2%		8/15 53.3%	1/7 14.2%
文盲	8/10 80.0%	(3/3) —		9/10 90.0%	(3/3) —

	"把"bǎi			"比"pǐ	
	老	新		老	新
大学	3/6 50.0%	(1/5) —		3/6 50.0%	(0/5) —
中学	14/31 45.1%	8/23 34.7%		12/31 38.7%	2/23 8.6%
小学	6/15 40.0%	1/7 14.2%		5/15 33.3%	1/7 14.2%
文盲	8/10 80.0%	(1/3) —		3/10 30.0%	(0/3) —

从表二十六、表二十七中各组可资比较的新老北京人的数据来看,老北京人的百分比无例外地都高于新北京人。这说明尽管文化程度是一种影响使用某些语音和语汇形式的因素,家庭语言环境是一种更重要更普遍的因素。

4.1.5 职业对使用北京话的某些语音和语汇形式的影响

在国外,社会语言学家最重视的是和职业有密切联系的个人所属的社会阶级或阶层对语言或对某些语言形式选择的影响。在资本主义国家中,一方面是资本家和高薪阶层(所谓"中产阶级"),另一方面是广大的工人阶级,形成了两个相对隔绝的社会集团,从而产生了两种明显不同的社会方言。在国外按阶级或阶层的统计材料中,在下层中产阶级和上层工人阶级之间百分比往往出现跳跃性的差距,这充分说明最大的差距出现在两个不同的阶级之间。我们目前的情况如何呢?

表二十八　不同职业的北京人说"姆末(我们)"、"胰子(肥皂)"、"且(从)"、"伍的(什么的)"的统计

	"姆末"	"胰子"	"且"	"伍的"
第一次调查				
干部	27/54　50.0%	26/54　48.1%	28/54　51.8%	23/54　42.5%
工人	20/36　55.5%	27/36　75.0%	16/36　44.4%	18/36　50.0%
家庭妇女	8/10　80.0%	8/10　80.0%	5/10　50.0%	9/10　90.0%
第二次调查				
干部	68/215　31.6%	66/215　30.6%	48/215　22.3%	84/215　39.0%
工人	90/165　54.5%	84/165　50.9%	58/165　35.1%	76/165　46.0%
家庭妇女	18/20　90.0%	15/20　75.0%	16/20　80.0%	11/20　55.0%

说明:"干部"包括从事脑力劳动的各类国家干部和学生。

表二十九　不同职业的北京人"论"读 lìn,"把"读 bǎi,"比"读 pǐ 的统计

	"论(斤卖)"lìn	"(怎么)论"lìn	"把"bǎi	"比"pǐ
第一次调查				
干部	12/54　22.2%	17/54　31.4%	28/54　51.8%	17/54　31.4%
工人	15/36　41.6%	15/36　41.6%	8/36　22.2%	8/36　22.2%
家庭妇女	4/10　40.0%	5/10　50.0%	6/10　60.0%	1/10　10.0%
第二次调查				
干部	85/215　39.5%	86/215　40.0%	47/215　21.8%	41/215　19.0%
工人	95/165　57.5%	101/165　61.2%	76/165　46.0%	58/165　35.1%
家庭妇女	15/20　75.0%	14/20　70.0%	11/20　55.0%	11/20　55.0%

表二十八、表二十九的情况和表二十四、表二十五的情况相似,就对语汇形式的选择而言,呈现出明显的规律性,就对语音形式的选择而言,规律性就不那么明显,就有例外。这种情况说明我国目前的职业一般是和文化程度紧密联系在一起的,干部多数是大学、中学文化程度,工人多数是中学、小学文化程度,家庭妇女绝大多数是文盲。

为了进一步分析目前北京是否存在反映不同社会集团的语言特点的社会方言,我们把"干部"再细分为科教(文艺)人员、行政干部和职员三类,把学生排除出去,也不考虑无职业的家庭妇女,再看看有关的统计数字。

表三十　不同职业的北京人说"姆末(我们)"、"胰子(肥皂)"、"且(从)"、"伍的(什么的)"的统计

	"姆末"	"胰子"	"且"	"伍的"
第一次调查				
科教人员	13/25　52.0%	9/25　36.0%	14/25　56.0%	10/25　40.0%
行政干部	4/8　50.0%	1/8　12.5%	5/8　62.5%	4/8　50.0%
职员	4/6　66.6%	3/6　50.0%	4/6　66.6%	2/6　33.3%
工人	20/36　55.5%	27/36　75.0%	16/36　44.4%	18/36　50.0%
第二次调查				
科教人员	16/24　38.0%	17/42　40.4%	24/42　57.1%	18/42　42.8%
行政干部	10/40　25.0%	18/40　45.0%	17/40　42.5%	24/40　60.0%
职员	8/12　66.6%	7/12　58.4%	3/12　25.0%	11/12　91.6%
工人	90/165　54.5%	84/165　50.9%	58/165　35.1%	76/165　46.0%

表三十一　不同职业的北京人"论"读 lìn,"把"读 bǎi,"比"读 pǐ 的统计

第一次调查				
	"论(斤卖)"lìn	"(怎么)论"lìn	"把"bǎi	"比"pǐ
科教人员	7/25　28.0%	10/25　40.0%	12/25　48.0%	7/25　28.0%
行政干部	2/8　25.0%	3/8　37.5%	6/8　75.0%	4/8　50.0%
职员	3/6　50.0%	4/6　66.6%	2/6　33.3%	2/6　33.3%
工人	15/36　41.6%	15/36　41.6%	8/36　22.2%	8/36　22.2%

表三十、表三十一的数据显得更缺乏规律性,这说明保留土话土音的多少不完全和职业有关,同时也在一定程度上说明,至少在目前,在北京还没有形成依职业区分的社会集团和与此相适应的社会方言。从实际情况来看,父母是干部,子女也是干部,或者父母是工人,子女也是工人的家庭虽然在北京是有的,但是还不能说是全都这样或多数是这样。目前是一个变化较大的时期,在一个家庭中往往从事各种职业的人都有。往往父母是行政干部,子女中有的是科教人员,有的是工人,有的是职员;父母是工人,子女中有的是工人,有的是行政干部,有的是科教人员。在这种情况下,很难形成按不同职业区分的相对隔绝的社会集团,也就不容易产生相应的不同的社会方言。不过别的城市的情况以及将来的情况怎么样,就难以预言了,并且也不能用我们在北京一时一地的调查结果去以偏概全。

4.1.6 民族因素对使用北京话的某些语音和语汇形式的影响

在美国,黑人英语和白人英语有相当大的差别,不少人认为这是和民族因素的影响有关的。其他民族的美国人,如波多黎各后裔的美国人、墨西哥后裔的美国人等的英语也都显示出一定的民族因素的影响。在美国,由于长期以来的民族歧视政策的影响,特别是黑人,几乎被迫生活在一个和白人隔绝的环境中,形成一个独特的社会民族集团,这是形成独特的黑人英语的主要社会条件。黑人英语是一种特殊的社会方言,但是和所有其他社会方言一样,如果没有形成一个和外界相对隔绝的社会集团也就不可能形成这样的社会方言,并且一旦这种相对隔绝的状态消失,在这种条件下形成的社会方言也同样会开始消失。

北京的情况怎么样呢?就目前的情况而言,凭直感,单靠听一个北京人说话,很难分辨出他是汉族、满族、回族还是其他民族。这似乎说明就一般语音和语汇特点来说不反映民族特色,即使有一定特色也至少是不明显的。另一方面,满族家庭在亲属称谓方面还保留一些特色(如"母亲"叫"厄娘"或"奶奶","祖母"叫"太太"等),回族有不少阿拉伯语借词,但是这些都只涉及个别语汇问题,似乎还不足以使这些民族使用的北京话明显地不同于汉族使用的北京话。

以下是我们的一些调查统计材料。

表三十二　不同民族的北京人说"姆末(我们)"、"胰子(肥皂)"、"且(从)"、"伍的(什么的)"的统计

	"姆末"	"胰子"	"且"	"伍的"
第一次调查			
汉	30/59　50.8%	28/59　47.4%	25/59　42.3%	25/59　42.3%
满	9/17　52.9%	13/17　76.4%	10/17　58.8%	9/17　52.9%
回	16/21　76.1%	11/21　52.3%	15/21　71.4%	16/21　76.1%
第二次调查			
汉	33/329　40.4%	123/329　37.3%	81/329　24.6%	118/329　35.8%
满	15/25　60.0%	11/25　44.0%	14/25　56.0%	15/25　60.0%
回	34/46　73.9%	31/46　67.3%	28/46　60.8%	38/46　82.6%

表三十三　不同民族的北京人"论"读 lìn,"把"读 bǎi,"比"读 pǐ 的统计

	"论(斤卖)"lìn	"(怎么)论"lìn	"把"bǎi	"比"pǐ
第一次调查			
汉	25/59　42.3%	27/59　45.7%	25/59　42.3%	11/59　18.6%
满	8/17　47.0%	14/17　82.3%	8/17　47.0%	5/17　29.4%
回	12/21　57.1%	12/21　57.1%	9/21　42.8%	10/21　47.6%
第二次调查			
汉	153/329　46.5%	154/329　46.8%	83/329　25.2%	67/329　20.3%
满	21/25　84.0%	20/25　80.0%	13/25　52.0%	11/25　44.0%
回	26/46　56.5%	28/46　60.8%	28/46　60.8%	32/46　69.5%

从表三十二和表三十三来看,各民族的北京话没有显著的特点。回族的百分比高一些,这是和回族多数是祖祖辈辈住在北京的老北京人有关的,不一定是民族因素决定的。

牛街的回族居民把"您"说成 né,以下是有关的统计数字。

表三十四　不同年龄的牛街回族居民"您"说 né 的统计

第一次调查	
61 岁以上	7/7　100%
51—60 岁	(2/2)　—
31—50 岁	(3/5)　—
30 岁以下	1/6　16.6%

由于调查的人数不多,数据不十分可靠,但是也可以看出一种

倾向,老年人说的多,年轻人说的越来越少了。在对外交际时,牛街的回族居民改说"您"nín。牛街是一个历史悠久的回族聚居区,牛街的北京话有自己的一定特色,这个问题很值得进一步调查研究。

满族的北京人过去把"去"读成 kè,还有特殊的应诺叹词"庶"zhē(读 zhā 是夸张)。今天在城区范围内已经听不到这种说法了。在城区内我们还没有发现满族的聚居区。满族居民和其他民族的居民杂居在一起,社会政治地位一律平等,语言上的特色也就逐渐消失了。

我们在第一次调查时曾向满族调查对象征询了 kè("去")这种读音的消失年代的意见。部分满族调查对象的意见如下:

表三十五

姓 名	年龄(岁)	地区	意 见	推测年代
金稚文	64	东城	父辈就不说了	80 年前
白淑珍	59	东城	不知道	
张显增	76	西城	小时候听人说过	70 年前
关秀凤	39	西城	爷爷辈说	70—80 年前
金 镛	62	西城	十几岁开始不说	50 年前
关芝兰	74	西城	本人不说	74 年前
张世英	74	西城	上一辈说	70—80 年前
舒慧贞	60	天桥	本人不说	60 年前

任何一种语言现象的消失,就不同的家庭和个人而言,都不可能是同时发生的,总有一个过程。根据以上多数人的意见,kè 这种读音大致是在 70—80 年前开始消失的,到 40—50 年前这种读音在北京城区内就听不到了。这样的推测大致是正确的。可以设想,在清王朝统治时期,kè 这样的读音显然是一种受社会尊敬的读音,使用 kè 这种读音可以在群众中一下子就显示了自己的旗人身份,而当时这正是受尊敬的统治阶级一分子的身份。辛亥革命以后,情况变了,kè 这种读音就开始消失。辛亥革命距今恰好 70 年。

4.1.7 性别对使用北京话的某些语音和语汇形式的影响

性别对于某些语汇形式的选择,特别是对一些骂人的话的选择事实上是有影响的。"国骂"大多是男人使用的,女子极少使用"国骂",当然不是绝对不用。在其他方面似乎性别的影响并不十分明显。

有不少人认为意义相同的两个叹词"吓"hē 和"霍"huō,女子使用"吓"的多,男人使用"霍"的多。是不是这样呢？以下是我们的统计材料。

表三十六　不同性别的北京人说"吓"和"霍"的统计

	"吓"	"霍"
第一次调查		
男	32/51　62.7%	14/51　27.4%
女	34/49　69.3%	9/49　18.3%
第二次调查		
男	81/190　42.6%	36/190　18.9%
女	64/210　30.4%	25/210　11.9%

从第一次调查的数据来看,女子较多地使用"吓",较少地使用"霍",但是百分比没有拉开。从第二次调查的数据来看,女子仍然较少地使用"霍",但是也较少地使用"吓"。这就难以证实女子多用"吓"的假设。以下是加进年龄因素的统计。

表三十七　不同性别不同年龄的北京人说"吓"和"霍"的统计

	男	女
"吓"		
第一次调查		
61 岁以上	8/13　61.5%	4/8　50.0%
51—60 岁	3/7　42.8%	6/12　50.0%
31—50 岁	5/15　33.3%	5/14　35.7%
30 岁以下	9/16　56.2%	13/15　86.6%
第二次调查		
61 岁以上	10/27　37.0%	7/22　31.8%
51—60 岁	5/9　55.5%	7/17　41.1%
31—50 岁	17/49　34.6%	17/42　40.4%
30 岁以下	44/105　41.9%	38/129　29.4%
"霍"		
第一次调查		
61 岁以上	2/13　15.3%	0/8　0
51—60 岁	2/7　28.5%	4/12　33.3%
31—50 岁	3/15　26.6%	2/14　14.2%
30 岁以下	4/16　18.7%	3/15　20.0%

(续表)

	第二次调查		
61 岁以上	3/27 11.1%	0/22	0
51—60 岁	2/9 22.2%	1/17	5.8%
31—50 岁	9/49 18.3%	10/42	23.8%
30 岁以下	21/105 20.0%	15/129	11.6%

从表三十六、表三十七的统计数据来看，使用叹词"吓"或"霍"和性别没有明显的关联，最多只能说女子使用"霍"总的说来少说一些（也有例外）。这当然和确定的调查项目是否恰当有关的。我们这次调查的项目看来不很典型。因此我们还不能匆忙地得出结论说性别对使用北京话的某些语音和语汇形式就没有影响。

4.2 其他问题

4.2.1 叹词"呀"

1978 和 1979 两年我们在为《北京话的语气助词和叹词》一文搜集资料的过程中发现一部分地道的北京人有叹词"呀"。这两次调查时我们把"呀"作为一个调查项目进行了调查，所得的结果如下。

表三十八 新老北京人使用叹词"呀"的统计

叹词"呀"		
	第一次调查	第二次调查
老北京人	26/64 40.6%	70/189 37.0%
新北京人	9/36 25.0%	114/211 54.0%

说明：叹词"呀"的例句是：

呀，火灭了！

呀，你还没走呢！

表三十九 不同年龄的北京人使用叹词"呀"的统计

叹词"呀"		
	第一次调查	第二次调查
61 岁以上	7/21 33.3%	15/49 30.6%
51—60 岁	6/19 31.5%	11/26 42.3%
31—50 岁	10/29 34.4%	45/91 49.4%
30 岁以下	12/31 38.7%	113/234 48.2%

表四十　不同文化程度的北京人使用叹词"呀"的统计

叹词"呀"	
第一次调查	
大学	5/11　45.4%
中学	19/54　35.1%
小学	10/22　45.4%
文盲	3/13　23.0%

表四十一　不同职业的北京人使用叹词"呀"的统计

叹词"呀"		
	第一次调查	第二次调查
干部	24/54　44.4%	109/215　50.6%
工人	11/36　30.5%	64/165　40.6%
家庭妇女	2/8　25.0%	8/20　40.0%

表四十二　不同民族的北京人使用叹词"呀"的统计

叹词"呀"		
	第一次调查	第二次调查
汉	17/59　28.8%	153/329　46.5%
满	1/17　5.8%	5/25　20.0%
回	17/21　80.9%	26/46　56.5%

表三十八、表三十九看不出什么规律性,这说明使用不使用叹词"呀"和家庭语言环境、年龄的关联程度不深。表四十似乎显示出使用"呀"和文化程度有一定关联,但不明显。表四十一有一定规律性,依次家庭妇女使用叹词"呀"比工人少,工人比干部少。但是百分比没有拉开,规律性还不够明显。

表四十二有明显的规律性。在两次调查中使用叹词"呀"最多的是回族(第一次调查的百分比很悬殊),其次是汉族,再其次是满族。满族的百分比和回族、汉族拉得很开。

有人认为叹词"呀"是从书面语引进口语的,但是调查的数据不足以支持这种观点(参见表四十)。有人认为叹词"呀"不是北京话所固有的,而是从南方话(泛而言之)引进的,但是表三十八、表三十九的数据并不支持这种论点。至少就目前而言,61岁以上的地道的北京人,包括和外界接触较少的老年家庭妇女,都有说"呀"的。这说明叹词"呀"在北京话中存在已有相当一段时间,并不是最近才产生的。至于回族使用叹词"呀"的比较多,原因还不清楚,需要进一步研究。

4.2.2 "一"、"七"、"八"变调问题

近年来已经有人注意到,有的北京人"一"、"七"、"八"在任何情况下都读阴平,不变调。我们的调查结果如下。

表四十三 不同年龄的新老北京人"一"字连读时不变调的统计

	"一"字连读不变调			
	老北京人	新北京人	老北京人	新北京人
	第一次调查		第二次调查	
61 岁以上	0/17 0	(0/4) —	0/45 0	(0/4) —
51—60 岁	0/15 0	(0/4) —	1/22 4.5%	(1/4) —
31—50 岁	0/18 0	1/11 9.0%	4/44 9.0%	9/47 19.1%
30 岁以下	0/14 0	2/17 11.7%	5/78 6.4%	7/156 4.4%

表四十四 不同年龄的新老北京人"七"、"八"两字连读时不变调的统计

	"七"、"八"不变调	
	老北京人	新北京人
	第一次调查	
61 岁以上	1/17 5.8%	(1/4) —
51—60 岁	5/15 33.3%	(1/4) —
31—50 岁	6/18 33.3%	8/11 72.7%
30 岁以下	10/14 71.4%	14/17 82.3%
	第二次调查	
61 岁以上	5/45 11.0%	(1/4) —
51—60 岁	2/22 9.0%	(2/4) —
31—50 岁	10/44 22.7%	19/47 40.4%
30 岁以下	41/78 52.5%	113/156 72.4%

说明:"七"、"八"两字不变调包括变调混乱的情况。

表四十三、表四十四的数据说明,"一"字连读时不变调是一种新起的现象,并且限于 50 岁以下的新北京人,老北京人都变调,老年的新北京人也变调。"七"、"八"两字连读时不变调的现

象比"一"字不变调要普遍得多,并且正在迅速普及,30岁以下的新老北京人都已有半数以上的人不再变调。这种趋势如果继续下去,再过几十年,多数北京人在"七"、"八"两字和其他字连读时恐怕都不再变调了。

4.2.3 "我们"和"咱们"和"仨"

北京人也有不分"我们"和"咱们",一般不说"仨"sā(三个)的,不过只是少数人。

表四十五 不同年龄的新老北京人不分"我们"和"咱们",不说"仨"的统计

	不分"我们"和"咱们"		不说"仨"	
	第一次调查			
	老	新	老	新
61岁以上	0/17　0	(0/4)　—	0/17　0	(0/4)　—
51—60岁	0/15　0	(2/4)　—	1/15　6.6%	(1/4)　—
31—50岁	0/18　0	0/11　0	0/18　0	1/11　9.0%
30岁以下	0/14　0	3/17　17.6%	3/14　21.4%	2/17　11.7%
	第二次调查			
61岁以上	1/45　2.2%	(0/4)　—	4/45　8.8%	(0/4)　—
51—60岁	2/22　9.0%	(1/4)　—	0/22　0	(0/4)　—
31—50岁	4/44　9.0%	6/47　12.7%	4/44　9.0%	2/47　4.2%
30岁以下	5/78　6.4%	19/156　12.1%	11/78　14.1%	31/156　19.8%

表四十五表明,不分"我们"和"咱们",不说"仨"是一种新起的现象,老北京人、老年人受这种影响很少,新北京人、年轻人受这种影响较大。这是一种值得注意的新动向。

5 余论

通过这两次调查,我们对北京话的现状有了比较具体的了解。

(1)北京话的内部差异目前主要已经不是东西城之间的,而是新老北京人之间的差异。这也就是说,影响北京话的已经不再主要是居住地区的因素,而家庭语言环境是主要的因素。

(2)在目前,各种影响北京话的社会因素,最突出的是家庭语言

环境这一因素,其次是年龄因素,再其次是文化程度和职业的因素。

(3)大多数社会因素对选择语汇形式的影响比对选择语音形式的影响更为显著。这是因为一般人选择语汇形式比较自觉,是比较有意识的,而选择语音形式比较不自觉,相对而言是无意识的。

(4)北京话正在发生迅速变化。30岁上下的北京人的语言有明显差异。这是和30多年前发生的重大社会变革密切有关的。

(5)北京话正在迅速向普通话靠拢,土话土音在迅速消失。新北京话已经十分接近普通话。

附　注

① 参加第一次调查的除作者外还有中国人民大学语言学教研室教师梁式中、李大忠,语言学专业研究生何秋和、涂光禄、殷国光、石锋、钱学烈、刘丽川、廖荣蓉,语言文字专业研究生李申兆、张卫国、张书岩。

② 参加第二次调查的除作者外还有语言学专业研究生涂光禄、殷国光、石锋、钱学烈、刘丽川、廖荣蓉。

(原载《北京话初探》,商务印书馆,1987年)

70—80年代北京青少年流行语[*]

1 流行语

1.1 流行语指的是在某些人中间,主要是在青少年中间,在某个时期广泛流行,过了一段时间又为新流行的词语所代替而悄然消失的词语,如60年代前后流行的"镇"、"份儿"(意思都和"好"、"棒"接近),目前流行的"磁气"(关系好)、"砍(大山)"(海阔天空地神聊)等。语言中一般词语的生命期较长,尤以基本语汇的生命期最长,可以千年不变;但是流行语的生命期很短,一般是几年,十几年,最长也不过20—30年。大多数一度广泛流行的流行语过了一段时间就不再流行了,悄悄消失了,如60年代的青少年曾一度流行称"父亲"为"老K",现在的青少年就不这么说了。不过也有个别的流行语在社会各阶层中广泛扩散,又为当时的作家一再在作品中使用而终于进入全民语汇,如曾经是北京青少年流行语的"棒",现在社会各阶层的人都在使用,也常见于书面语,所以《现代汉语词典》收录了这个词,没标明是方言土语,只标明是口语,也就等于承认"棒"是普通话的全民口语语词。

1.2 上面说"过了一段时间又悄然消失",指的是在原来广泛流行的青少年圈子里悄然消失了,而不是全社会没有一个使用或懂得这样话的人了。青少年群体是一茬一茬的,30—40年代的青少年到60—70年代早已成了中年人和老年人,他们当年那个青少年群体早已不存在了,所以尽管这些中年人和老年人懂得并且偶尔还会使用他们在青少年时代使用过的那些流行语,可是对于60—70年代的青少年群体而言,大多数这类流行语已经悄然消失了,新一代的青少年使用的是新一代的流行语。至于像"棒"这样的词,30—

---

[*] 本文与张莹合作,她负责找人调查。

40年代的青少年使用,60—70年代、70—80年代的青少年也在使用,但是在不同时代"棒"的身份不同,在30—40年代"棒"是流行语,[①]在60—70年代和70—80年代"棒"是全民语汇,事实上作为流行语的"棒"已经消失了。

1.3 "青少年"是一个界限并不十分清楚的模糊概念,一般是指告别了儿童时代而还不是"大人"这一个阶段。"告别了儿童时代"还好说一些,大致是在14岁前后(因人而异,女孩子又比男孩子早一两年成熟),可是什么是"大人"就不容易说了。在我国,习惯上没成家的还是"孩子",成了家也就成了"大人"了。这有一定道理,因为没成家的青年人还经常和同龄人在一起,成了家的青年人就和同龄人疏远了,一般就不再是某个青少年群体的十足成员了。根据这样的考虑,我们把现代青少年的年龄定在14岁到25岁之间,因为现代城市青年的结婚年龄一般在25岁左右。

1.4 我们的"流行语"大致相当于英语的slang,但是slang也没有一个明确的公认的定义。[②]美国哈特曼和斯托克编著(1927)、黄长著等翻译的《语言与语言学词典》(上海辞书出版社,1981年,318页)的slang条译文是:

"SLANG 俚语,行话 一种话语,其特点是:词汇是新造的、迅速变化着的,供青年人或社会、行业集团'内部'交际时使用,因此,局外人不懂得他们说的话。"

"供行业集团'内部'交际时使用"的话毫无疑问是"行话",如出版印刷行业的"对红"(编辑人员同意付印前最后一次校对清样)、"付型"(可以去打纸型),不熟悉这一行业的人的确不懂。可是青少年不是一个行业集团,流行语也没有专业技术内容。"行话"和"流行语"的差别实在太大了,糅不到一块儿。

"俚语"按《现代汉语词典》的解释是:"粗俗的或通行面极窄的方言词,如北京话里的'撒丫子'(放开步子跑)、'开瓢儿'(打破头)。"俚语似乎和slang也有很大差别。俚语实际上就是土语。"俚语"是方言的一部分,未必是"新造的",更不是"迅速变化着的"。所以用"俚语"和"行话"来对译slang是欠妥的。但是用"流行语"来对译哈特曼和斯托克定义下的slang也不尽妥当,因为他们是把"行话"包括在 slang 范围以内的。我们的"流行语"只相当于他们的定义的前一半,也就是"其特点是:词汇是新造的、迅速变化着的,供青年人'内部'交际时使用,因此,局外人不懂得他们说的话"。我们认为把 slang 或"流行语"的定义限制在这样的范围内比较合适,而且事实上大多数语言学著作谈到 slang 的时候指的就限于青少年流行语。叶斯柏森在他的《从语言学的角度论人类、民族和个人》(*Mankind, Nation and Individual from a Linguistic Point of View*, Oslo, 1925)专有 Slang 一章。他说:"Slang 是一种语言的奢侈品,是一种游戏,而和任何其他游戏项目一样,主要是青年人的事。"(150 页)

青年人最急于寻求独立性,也最急于显示独立性,他们要和传统决裂,不喜欢陈词滥调,最富于创新精神,什么都爱新鲜,爱好玩儿,所以最常见的流行语总是在青少年群体中创造和使用的。

1.5 "流行语"尽管和"俚语"有区别,但是两者要分得一清二楚是有困难的。例如"仔扭(zí·niu)"(找麻烦,啰唆),现在的青少年认为这是他们说的话,陈刚的《北京方言词典》(商务印书馆,1985年)也标了"〈新〉",释义是"表示反对,闹独立",这是"找麻烦,啰唆"的进一步引申,可是祖居北京 70 多岁的贾援先生说过去北京话就有此一说,来源于车轮的"滋扭滋扭(zīniūzīniū)"令人嫌烦的声音,过去就有"找麻烦"的意思。当然,一部分流行语是启用已经不用的土话,或者是土语的引申,可是"仔扭"这个具体例子不好办,老北京人懂,引申的意义离原义不远,似乎是两可了,说它是"新造的"流行语也行,说它算不上流行语只是北京土语也行。"臭了街了"(同类的货物太多了,不稀罕了)也一样。70 年代末 80 年代初在青少年中间很流行,可是这话北京早就有,来源于黄花鱼上市太多卖不出去,臭了街了。[3]这可以说是"启用"土话。启用没有完全死亡的土话算不算是流行语,意见恐怕就很不一致了。在处理这一类问题时我们从严不从宽,除非我们不了解过去北京土语中早就有这种说法。

流氓集团使用的"黑话"有时也渗入青少年流行语。这样,"流行语"又和"黑话"发生了纠葛。特别是青少年流氓的"黑话"和带点流氓气的青少年的"流行语"就简直没法分了。像"折(shé)了"(进公安局了)、"底儿潮"(有前科)、"放血"(用刀捅人)这些"黑话"不少青少年都懂,有时候也用。这些词语只能就其内容来分了,涉及违法行为的算"黑话",一般打架斗殴的语词算"流行语"。这有点主观,但是客观情况就是如此。

隐语有时也渗入流行语。个体户买卖中使用的隐语,如1元人民币叫"一分",10元的叫"一张",100元叫"一颗"或"一个数",1000元叫"一堆儿",1万元叫"一方",不少青少年觉得新鲜,好玩儿,也学着这么说,也相当流行。这样一些话算不算青少年流行语就又相当主观了。从严就不算,从宽就可以说是来源于隐语,但又取得了流行语的身份。

2 70—80年代北京青少年流行语

青少年是一伙一伙的,各有各的圈子,不同地区不同阶层的青少年流行语不完全相同。1988年10月到12月间我们在北京东城、西城和海淀大学区对14名从16岁到25岁的青少年进行了调查。我们的调查表格列出了160个词语,这些是从我们1986年以来搜集的几百个流行语词语中挑选出来的,要求调查对象逐个注明他是否听到过别人说这样的话,他自己是否说这样的话。以下是至少有一半以上调查对象听别人说过或自己这么说的词语。这些可以认为是这些年来流行较为广泛的流行语。[4]

(1) **老冒儿**(13/12)[5]　没见过世面的人:外汇券都没见过,真是个～!

　　傻冒儿[6]　又傻又没见过世面的人:说话办事像个～。

　　土老冒儿　又土又没见过世面的人

(2) **外帽儿**(13/14)　进口过滤嘴香烟

(3) **没脾气**(13/12)　没办法,无可奈何:碰上这号人,真叫你～!

(4) **路子野**(13/12)　门路多,办法多:这人可是～,什么都能弄到。

(5) **踏实了**(12/10)　老实了,不再闹了:这回你还敢折腾?～吧!

(6) **磁气**(11/11)　①关系好:他们俩特～。②关系好的人:这是我们～。[7]

447

铁磁(11/8)　关系特别好

火磁(7/4)　关系特别好

套∥磁(12/12)　套近乎,向不那么亲近的人表示亲近:别跟我这儿～,没用!

(7)**板儿寸**(11/12)　日本影星高仓健式的寸头(平头)

(8)**小菜儿**(14/10)　①容易做的事:就这题,～!②容易做,不在话下:干这么点活,～!

(9)**宰∥人**(11/12)　坑人钱财:抓了一个卖香蕉～的小贩。

挨∥宰:你在摊儿上买这种东西就得～。

(10)**片儿鞋**(11/11)　黑色懒汉鞋(一种鞋口有松紧带,不系鞋带的布便鞋)

(11)**打∥的**(10/11)　雇出租汽车

(12)**臭大粪**(14/9)　做事不合要求,太差:你瞧他这事儿办的,真叫～!

(13)**土得掉渣儿**(13/9)　"土"到极点:这你都不知道,简直～。

(14)**砍∥大山**(11/9)⑧　海阔天空地聊天:整天不念书,就在宿舍里～。

砍　砍大山

神砍　没有边际地神聊

砍(儿)爷　专砍大山的人

(15)**铁**　关系好:这几个是～哥儿们。

倍儿铁　关系特别好

(16)**拍∥涕**(tì)(10/9)　往外拿钱:冰箱我给你办了,～吧!

(17)**现**(14/8)　现眼,出丑:今儿这事儿办得可够～的,没劲!|行啦,别在这儿～了你,没本事别干!

(18)**运∥气**(12/8)　生气:我一见了他就～。

(19)**假的一样**(12/8)　像没干,没说的一样:这活儿太简单,像～。|他这话说得～,等于没说。

(20)**撞∥大运**(11/8)　碰运气:该怎么着就怎么着,别净想着～。

(21)**一(满)脸旧社会**(10/8)　愁眉苦脸,不高兴的样子:别整天～,谁欠你的!

(22)**潮**(9/9)　(服饰等)符合新潮流:瞧她那头发,倍儿～。

448

（23）**喝啤**(8/9)　喝啤酒：打的，～，跳霹也是新潮呗。

（24）**面**(9/8)　不利索：你利落点儿行不行？别这么～！

（25）**飒**(8/8)　潇洒，风度好：这妞儿真～！

　　巨飒(8/8)　特别"飒"：你穿这衣服，～！

（26）**煸**(8/8)　海阔天空地聊大天：这人真能～，光听他一人的了。

（27）**叫//板**(12/7)　挑衅：他又来～了，别理他！

（28）**玩儿//勺子去**(14/6)　一边呆着去，没你的事：你懂什么？也甭管！～！

（29）**找//残废**(13/6)　找挨揍：没事儿找事是不是？～呢！

（30）**份儿**　①好，棒：这照相机够～。②威风，神气：别在这儿摆～，我看你不怎么的！

　　叫//份儿(9/2)，**拔//份儿**(9/2)，**戳**(chuō)**//份儿**(7/3)，**显//份儿**　摆威风，显摆：怎么？跑这儿～来啦！

　　跌//份儿(11/6)，**丢//份儿**　有损威风，丢脸：你这事儿办得多～！

（31）**事儿似的**(10/6)　有那么一回事儿似的，正经八百的：你瞧他还真～，挺正经。

（32）**跳//霹**(9/7)　跳霹雳舞

　　跳新潮霹(8/7)　跳新潮霹雳舞

（33）**生**(8/7)　①不认生：这孩子倒什么也不怕，挺～的。②无顾忌，不考虑他人：(在公共汽车上让人踩了一脚)干嘛呀，这么～！

（34）**三张儿似的**(8/7)　像三十多岁的人(太老了)：瞧她那张脸，～。

（35）**玩儿得//火**(10/6)　赚钱多：你这买卖～那么～呀！

（36）**神哨**(8/6)　神聊：他们到一块儿就～。

（37）**递//葛**(11/5)　挑衅：甭跟我这儿～，找揍吗？

（38）**稀**(10/5)　稀奇，不同一般：这人挺～的，少见。

（39）**眼里没夹(某人)**(9/4)　没把某人放在眼里：她～他。

（40）**盖了//帽儿**(11/3)　好到极点：他这笔字写得～了！

（41）**塔儿哄**(hòng)(7/6)　起哄：有你事没你事，别这儿～！

（42）**不开面儿**(8/5)　①不给面子：倒是想求他，怕人家～。②脸嫩：她这人特～，动不动就脸红。

449

(43) **掉//价**(7/5)　失身份,差劲:瞧你这打扮,真~!

(44) **嗅//蜜**(7/5)　用不那么正当的方式找女人"交朋友":他又去舞场~去了。

(45) **托儿**(7/5)　后台,后门儿:他能到这儿来,那是有~呗!

(46) **咪**(7/5)　偷偷拿走:昨儿桌儿上那包万宝路,走时让他给~了。

(47) **没工夫跟(某人)喘气**(7/4)　没工夫跟人啰唆:这会儿~你~,明儿再跟你算账。

(48) **挨//切**(7/4)　被人坑了钱,特指在非法倒换外汇、外汇券时被倒儿爷坑了:干这事~了吧?少给了多少?

(49) **碴**(chá)**//舞**(8/2)　一伙人挤在一起跳舞:今儿咱们哪儿~去?

(50) **差着//(等)级**(7/3)　差远了,不够格:他能干这个?~呢!

(51) **瞎了去了**(7/2)　考试考糟了:"今儿考得怎么样?""唉,~!"

(52) **傻青儿**(7/1)　又傻又没见过世面的青年:这主儿整个儿一个~!

3　北京青少年流行语的来源和特色

总的来看,青少年流行语的来源,都是在原有的语言材料的基础上加工创造的。就我们这次调查所得的资料而言有以下几种来源。

1. 原有词语的引申

北京青少年流行语相当数量的词语是北京方言词语的引申,如表示办事不利索的"面"是从"食物不脆"的"面"引申而来的;"神哨"的"哨"是从原来表示"鸟叫"的"哨"引申而来的;"拍涕"是仿照"拍钱"构成的,"拍钱"原先指赌徒在桌子上拍钱下注,流行语引申为"拿钱出来";"咪"原来的意思是"隐藏",引申为"偷偷拿走";"叫板"本来是京剧术语,一叫板戏就开始了,引申为"挑衅、想打架";"份儿"来源于过去不定薪金只分份儿的行业,如戏班子,谁干得好,谁的"份儿"多,就是"够份儿",流行语引申为"棒"、"好"的意思;诸如此类。

2. 现有词语的缩略

青少年喜欢简短,嫌有的词语太啰唆,砍掉一部分,这样一般人也就听不太懂了,成了流行语,如"现(眼)"、"喝啤(酒)"、"跳霹(雳舞)"、"(新)潮"、"飒(爽?)"、"(像有那么回)事儿似的"、"(红)火"、"稀(奇)"、"傻青(年)"等。

3.正话反说

正话反说往往带有幽默、俏皮的意味,如明明一肚子气,反说"没脾气";明明不认生,见面熟,太毫无顾忌,却说是"生"等。

4.方言(外语)

外地方言或外语也有可能成为流行语,如"打的"(粤方言)、"(红)火"(西北方言),还有过去一阵流行过的"老K"(英语)等。

4 青少年流行语的特色

从我们搜集的流行语资料来看有以下两个特色:

1.形象生动

青少年流行语不少用比喻的说法,力求形象生动,如"土得掉渣儿"就是利用"土"既有"不见世面,不合新潮流"的意思,又有"泥土"的意思,而用一个形象的比喻说"土"到往下掉渣儿,那真是"土"到了极点了;"嗅蜜"让人想到一个人用鼻子到处去嗅,看哪儿有香甜的"蜜"(也有人认为是"嗅蜜[斯 miss]");"板儿寸"是说像头上架一块板儿似的;关系"铁"是比喻像铁一样坚固。

2.夸张

青少年喜欢夸张,说"差劲儿"不够,要说"臭","臭"还不够,要说"臭大粪";说"容易"、"轻松"、"不起作用"不够,要说成"假的一样"。

5 青少年流行语反映的70—80年代青少年的生活和心态

70—80年代北京青少年使用较广泛的流行语就其涉及的内容来看可以大致分为以下六个方面:

1.对各种事物和现象的主观评价

青少年的"独立性"表现在他们对周围的事物和现象急于作

出自己的评价,并且往往是强烈的主观评价,所以这一类流行语较多,过去出了名的如"棒",这几年出了名的如"盖了帽儿了"。这一类的词语还有"份儿"、"飒"、"火"、"稀"、"潮"、"面"、"掉价"、"差着(等)级呢"、"假的一样"、"小菜儿"、"臭大粪"、"现"等。

2. 人际关系的词语

青少年之间很重视人际关系,一部分流行语反映了他们这种心态,如"铁"、"磁气"、"铁磁"、"托儿",还有和北京土话不容易分清的"涮"、"晒"(都有蒙骗、故意爽约的意思)等。

3. 现代生活的词语

近年来北京青少年有追求超前消费的倾向,他们的生活比父辈更"现代化",所以流行这样一些词语,"打的"、"喝啤"、"跳霹"、"外帽儿"、"潮"等。

4. 骂人的话

如"老冒儿"、"傻冒儿"、"土老冒"、"傻青儿"等。

5. 打架斗殴的话

这部分话很难和小流氓的黑话分得一清二楚,如"叫板"、"递葛"、"没工夫跟(某人)喘气"、"找残废"等。

6. 有关两性的话

青少年开始或已经很注意异性,这一类话自然较多,70—80年代的特点是这一类话都带点流氓味儿,或者就是小流氓用的黑话,如"嗅蜜"、"拍婆子"、"嗑"(都是用不那么正当的方式去找女人"交朋友"的意思),还有像"盘儿亮"(脸蛋漂亮)、"条儿顺"(身材苗条)等。

最后必须指出的是,在任何社会里,在任何时代,流行语的创造者和使用者总只是青少年中的少数,尽管他们是最活跃的少数。所以流行语也只反映青少年生活和心态的趋势,并不能完全反映大多数青少年的生活和心态。

70—80年代北京青少年流行语还有一个特点是很少反映学校生活的用语,"瞎了去了"反映的还是考试考糟了!在某些学校的高中生中流行用电影片名编的俏皮话,如:

老师来了:《这里的黎明静悄悄》

课堂提问:《哑女》
考试前:《顾此失彼》
考试结束:《胜利大逃亡》
宣布成绩:《悲惨世界》
家长会后:《今夜有暴风雪》

看来语言科学也不完全是一门"不食人间烟火"的科学!

附 注

① 参见胡明扬《北京话初探》,商务印书馆,1987年,51—52页。
② 参见[苏]加里卡林《论术语"俚语"》,彭京译,载《国外语言学》1981年第2期,35—37页,22页。
③ 关于一些流行语的来源蒙贾援先生赐教,特此致谢。
④ 流行语没有统一的"规范",不同的人对不同的调查对象进行调查的结果很可能有出入。
⑤ "13/12"表示在14个调查对象中有13个人听别人这么说过,有12个人自己也这么说。凡列表调查过的词语都附统计数字,搜集到而没有调查过的词语没有统计数字。
⑥ 后列的是有关词语。
⑦ 流行语似乎不合语法,但是这也许正反映了汉语的特点,实词可以随便活用。
⑧ 现在有人大发思古之幽情,要把"砍"写成"侃",但是联系"东一榔头,西一棒槌胡砍"来看,青少年自己写成"砍"更有道理。

(原载《语文建设》1990年第1期)

语言和方言

　　语言作为语言学的研究对象是一种抽象的实体或泛指人类语言。实际存在的是各种自然语言,也就是各种民族语言,如汉语、藏语、维吾尔语、英语、日语等,这些也就是日常所说的"语言"。使用人口较多,幅员较广的语言内部往往有明显的地区差异,这就形成不同的地区方言。一般说方言指的就是地区方言。地区方言是民族语言的地区变体,因此是从属于民族语言的。

　　在大多数情况下,自然语言是和民族紧密地联系在一起的,如汉族使用汉语,藏族使用藏语,维吾尔族使用维吾尔语,盎格鲁·撒克逊民族使用英语,大和民族使用日语,如此等等。因此,语言就很自然地成为一种民族标志,而在现实生活中,对一般人来说,语言几乎成了民族识别和认同的主要标志。在民族矛盾十分尖锐、民族意识日益高涨的现代社会中,维护民族语言的独立和尊严几乎就等于维护民族的独立和尊严。这样,语言问题就成了现代社会十分敏感的社会政治问题。被奴役民族要求独立往往以具有独立的、不同于统治民族的语言为理论依据,并充分发挥民族语言的凝聚力,团结使用同一语言的人民去进行民族解放斗争。统治民族则千方百计不承认被奴役民族使用的是一种独立的语言,而坚持只是从属于统治民族语言的一种方言,竭力企图消灭被奴役民族的语言,通过这种方式去削弱、磨灭被奴役民族的民族意识。在近代史上和现代社会中,由于语言问题,曾经引起过某些国家内部的众多流血冲突。这充分说明语言和方言问题决不是一个单纯的语言学领域内的学术问题,而更主要的是一个社会政治问题。

　　方言是民族语言内部的一方之言,是从属于全民的民族语言的。在现代社会中,民族语言往往是以规范的民族标准语为代表的,而民族标准语又往往是在某个享有较高威望的地区方言的基础上形成的。在民族语言内部众多的地区方言中选择某个方言作为民族标准语的基础方言是由各种社会政治因素决定的,但也可以说具有一定的历史偶然性。不过一旦民族标准语的基础方言确定了下来,民族语言规范化的进程就要求其他方言向基础方言靠拢,逐步做到民族语言的规范化。这是现代社会的要求,也是一个民族和社会现代化的要求。

语言和方言就其作为某一社会群体的交际工具而言并无二致,就其结构系统而言也都是自足的,因此作为纯语言学的研究对象可以说没有任何差别。语言和方言的差别事实上只在于社会政治身份的不同。语言是和民族联系在一起的,方言是从属于民族语言的,和方言联系在一起的只是有关民族的某个地区。所以,承认一个独立的民族就必然同时要承认这个民族使用的口头交际工具是一种独立的语言,而这个民族内部不同地区使用的有明显差异的口头交际工具只是从属于这种语言的方言。反之,不承认某个社会群体使用的口头交际工具是一种独立的语言而只是一种方言,也必然同时不承认这个社会群体是一个独立的民族,而只是某个民族的一部分。这样,在现实生活中,区分语言和方言就不是一个学术问题,而是一个和有关民族的独立地位息息相关的重大社会政治问题。这一点是怎么强调也不会过分的。

在多数情况下,面对的是既定的民族和既定的语言。在这种情况下只是在民族语言内部划分方言的问题。一般说来,除了语言学家以外,多数人并不关心方言划分问题,因为在方言学著作中怎样划分方言对广大人民群众的现实生活并无影响,所以语言学家可以根据自己主观确定的标准来划分方言,当然,如果这种划分要得到人民群众的认可也必须充分考虑各种社会因素。在某些情况下,面对的是某些民族身份没有确定的社会群体和因而是语言还是方言也没有确定的"话"。因为语言是民族的重要标志,又相对而言是比较容易直接观察的现象,所以人们往往倾向于从语言着手来解决民族识别和归属的问题。在这种场合,语言学家可以发挥重要的作用,可以为社会决策提供重要的咨询意见。语言原本是一种社会现象,但是从不同角度去进行研究,可以是一种交际工具,也可以是一个符号系统。因此,语言学家在语言识别工作中既应该考虑语言的结构特点,也应该考虑和语言有关的各种社会因素,而由于语言和方言的区别是一个社会政治身份不同的问题,不是语言结构特点不同的问题,更应该把社会因素放在首位来考虑,不应该单纯从语言结构方面来考虑。但是,国外有不少语言学家,在区分语言和方言这个具有高度社会政治敏感性的问题上,完全不考虑语言是一种社会现象这个语言学的基本原理,单纯从语言结构方面去考虑,这样得出的结论往往不符合客观实际,结果或者是无人理会,或者是在政治上有问题,甚而引起民族纠纷。

在国外语言学家中间最流行的一种区分语言和方言的理论是所谓"相互理解程度"的理论,也就是说,不同地区的人说的话相互不能理解的是不同的语言,相互能理解的是同一语言的不同方言。这样的理论单纯从语言结构方面着眼,完全不考虑语言的社会方面,是非常片面的。不少西方语言学家正是根据这种理论不承认汉语是一种统一的民族语言而坚持只有一个像罗曼语族、日耳曼语族那样的汉语族。罗曼语族有意大利语、法语、西班牙语、葡萄牙语、罗马尼亚语等不同语言,日耳曼语族有德语、英语、荷兰语、挪威语、瑞典语、丹麦语等不同语言,汉语族则有粤语、闽语、吴语、湘语、赣语、官话等不同"语言",就因为这些汉语方言之间相互理解有困难。不少国外出版的百科全书、词典和语言学著作就是这种意见,不承认汉民族有一种统一的民族语言,也不承认粤语、闽语、吴语、湘语、赣语、官话等是汉语方言,而认为这些汉语方言都是独立的语言。中国语言学家对这种错误观点和言论感到气愤是完全有理由的,在一定的历史条件下由于气愤而斥之为企图分裂中国的反动观点和言论也是可以理解的。虽然,这些语言学家倒不一定真是企图分裂中国,只是过于偏颇而有错误而已。不过这些语言学家应该理解近百年来深受西方列强侵略和一再企图分裂中国之苦的中国人民在这样的问题上是十分敏感的。这些西方语言学家也应该懂得不承认汉语是统一的民族语言实际上就等于不承认有一个统一的汉民族,而宣称从属于汉语的方言是独立的语言又等于宣称这些地区的居民构成了独立的民族。这在现代社会中意味着什么?这些语言学家对这些问题也许没有认真考虑过,但是很显然,他们在公开发表这样的言论以前应该认真考虑。

单纯用语言结构标准来区分语言和方言的西方语言学家是这样

来对待汉语的,那么他们是不是用同样的标准来对待其他语言,特别是他们自己国家的语言呢? 由于历史的原因,英语现在是好几个国家的国家语言。这些不同国家的英语有一定差异,但基本相同,完全不影响相互理解。按"相互理解程度"的理论,这些不同国家的英语应该是同一语言的不同方言。可是除了英国语言学家很愿意说这些国家的语言是英语方言以外,其他英语国家的语言学家,包括坚决主张按"相互理解程度"来区分语言和方言的语言学家在内,都不愿意把自己国家的语言称为英语方言,不约而同地创造了一些新的说法来称呼自己国家的语言,如美国英语、加拿大英语、澳大利亚英语等,或者称为英语的美国变体、英语的加拿大变体、英语的澳大利亚变体等,一句话,就是不愿意用"方言"这个词,而且还都没有忘记把英语发源地的语言改称为不列颠英语或英语的不列颠变体,以便大家平起平坐,一律平等。主张按"相互理解程度"来区分语言和方言的语言学家在处理自己国家的语言时表现出来的这种矛盾的心态很值得我们深思。语言学家都懂得,方言总是一种处于从属地位的语言变体,承认自己国家的语言是英语的一种地区方言就等于取消自己国家的语言的独立地位,而这一点这些语言学家也是难以忍受的。

再如北欧瑞典、挪威、丹麦三个主权国家的语言差别不大,相互可以理解。据丹麦《语言和言语》杂志1977年第2期的文章《邻居语言的理解》称,1973年调查表明95%的挪威人不难理解瑞典语,97%的瑞典人能理解挪威语,47%的丹麦人能理解瑞典语;1976年同一内容三种不同语言文本的阅读和听解能力调查表明,能读懂的瑞典人为89%,丹麦人为93%,能听懂的瑞典人为88%,丹麦人为73%。[1]按"相互理解程度"理论,这三种语言互相能理解,应该是一种语言的不同方言,也许是一种"北欧语"的瑞典方言、挪威方言、丹麦方言。但是没有人"敢"这么说,还得承认那是三种不同的语言。

大多数欧洲语言同出一源,所以从这个国家到毗邻的另一个国家语言是渐变的,往往在交界处两边的话不仅互相能懂,而且是完全相同的。就像在德国和荷兰的交界地带,国界两侧的话是一样的,可是在德国一侧的是德语,在荷兰一侧的是荷兰语。如果按"相互理解程度"这样的理论来处理,国界两侧的德语和荷兰语绝不可能是两种语言,只能是一种语言。可是谁要是公开发表这样的观点和言论,不论是柏林还是阿姆斯特丹都不大可能认为是善意的建议。

面对无数这样的客观事实,有的西方语言学家也已经开始认识到"相互理解程度"作为一种区分语言和方言的标准有很多问题解决不了,因为"在日常的习惯用法中,'方言'和'语言'这两个术语以及两者之间的区别往往在很大程度上是根据政治或文化因素来考虑的"。[②]理论和现实严重矛盾,西方语言学家就不得不对不同国家和地区采用不同的标准,对发达国家采取慎重态度,尽可能尊重有关国家的社会和文化传统,对不发达国家和地区就不那么慎重了,就根据他们主观确定的标准随便发表议论。这种双重标准也值得我们深思。

西方语言学家在区分语言和方言问题上只考虑语言的结构因素,不考虑语言的社会因素的"相互理解程度"理论也影响了我国一部分语言学家,使他们在语言识别工作中以及区分语言和方言问题上陷入无法解脱的困惑和矛盾,因为按这种理论行事,实际上行不通,还可能犯政治错误;不按这种理论行事,又觉得对不起专业良心。但是问题显然不在客观现实不符合理论,而只可能是这样的理论不符合客观实际,因为语言不仅是一个语言符号的结构系统,还首先是一种社会现象。任何不承认语言是一种社会现象的语言学理论至少是十分片面的,因而不符合客观实际是理所当然的。

在现代社会中区分语言和方言的问题成为一个特别敏感的社会政治问题是和近代和现代史上现代民族和民族国家的兴起密切相联系的。在欧洲,罗马帝国的解体和拉丁语作为帝国官方语言地位的动摇为民族国家的兴起和民族语言的形成创造了条件。民族国家的巩固和发展,工业化的进程又要求民族语言的规范化。在民族语言形成的初期,像英语那样的语言也一样有比较严重的方言分歧,有些方言之间互相理解也有困难,但是共同的民族意识和历史文化背景保证了英语成为盎格鲁·撒克逊民族的民族语言,而不同地区的英语变体不论有多大差异,都是从属于英语的地区方言。从17世纪到19世纪,欧洲绝大多数民族国家开展了大规模的民族语言规范化运动。民族语言规范化正是为了克服方言分歧带来的交际困难,以适应现代社会的需要。如果方言分歧不妨碍相互理解,民族语言规范化也就没有必要了。到20世纪,多数西方民族国家语言规范化的任务已经基本完成,方言分歧已不再影响相互理解,过去方言之间的严重分歧影响相互交际的历史已经被人遗忘,所以有的语言学家才会提出以"相互理解程度"作为区分语言和方言的理论。中国是一个历史悠久、人口众多、幅员辽阔的国家,汉语方言之间分歧严重是情理中的事,但是几千年共同的历史文化传统,统一的政治局面,共同的民族意愿,方言之间的语言对应关系,大部分相同的基本语汇和基本一致的语法,还有共同的书面语,这一切都保证以普通话和现代汉语书面语为代表的汉语成为汉民族共同的民族语言。汉语方言形成的历史很复杂,不过总的说来和其他语言在历史过程中分化为不同的方言没有什么不同,主要是由于人口迁徙,使用不同语言的民族之间的接触和相互影响。汉语方言正是这样形成的,而绝不是由不同民族的不同语言杂糅的结果。我们目前还处在工业化的初级阶段,交通和通信还很不发达,汉语的规范化相应地也还只是刚刚起步,因此方言之间的严重分歧还没有得到缓解,这是完全可以理解的。但是方言毕竟是方言,不论这种方言和规范的民族共同语有多大差别,仍然是从属于民族语言的一种方言,说到底,就是因为使用这种方言的人是汉民族的一分子,在历史文化上,在政治上,都是汉民族这个民族共同体的一分子。大多数中国人对西方语言学家把汉语方言说成是不同的语言感到气愤,就是因为如果承认不同的汉语方言是不同的语言,那么统一的汉民族的民族语言就不存在了,进一步就连统一的汉民族也成了问题了。这种错误论调很容易被地方分裂主义所利用,在一定条件下就会在政治上引起分裂倾向,后果是很严重的。当然,这些语言学家大多没有这种想法,也可能没有考虑得这么多。但是,一个负责任的语言学家应该考虑得多一些,发表意见应该慎重一些。

在民族语言规范化过程中,除了各地方言不断向民族标准语靠拢这种趋势以外,同时在大方言区还会出现小方言向大城市的权威方言靠拢的趋势,例如各吴语小方言向上海话靠拢,各粤语小方言向广州话靠拢等。这是一种自然趋势,是民族语言规范化的必经之路。大城市周围的小方言向大城市的权威方言靠拢,以大城市的方言为代表的各大方言向民族标准语靠拢,这样才有利于所有方言向标准语靠拢。在民族语言规范化的整个过程中,方言不断向民族标准语靠拢,因此方言是不稳定的,这一点在作为一种地区权威方言的上海话近几十年来的变化中表现得十分清楚。现在实在很难说什么样的上海话是地道的上海话,因为上海话在不断变化,不断向标准语靠拢。上海人感到说上海话特别亲切,也以上海话自豪,这是完全可以理解的,也是无可非议的。但是,如果出于这种乡土感情,上海人提出要确立上海话的规范,还要推广这种规范,那就和整个汉民族的民族语言规范化进程背道而驰了,而且还会是一种严重的干扰。这样做不仅在理论上是站不住脚的,而且在实践上是危险的。任何规范都必然是相对稳定的,方言的规范化就等于要稳定方言的特点,抵制民族语言规范化的影响。方言的规范化实质上是拒绝民族语言规范化,是要取得和标准语同等的地位,把从属于全民语言的方言上升到另一种全民语言的地位。这在社会政治领域内会产生什么样的影响和后果是值得语言学家认真考虑的。

语言毕竟是一种社会现象,完全脱离了社会的语言是不存在的。语言和方言的区别在现实生活中只是社会政治身份的区别,因此想从语言结构的差异程度方面去区别语言和方言不仅是行不通的,而且在理论上也是站不住脚的。

附 注

① 参见《北欧人相互理解达到何种程度》,载《国外语言学》1981年第1期。

② [英]莱昂斯《语言和语言学》,剑桥大学出版社,1981年。

(原载《语文建设》1991年第4期)

刘复《中国文法通论》读后

近日来读了高更生、王红旗等著的《汉语教学语法研究》(1996)，在28—29页上看到了刘复《中国文法通论·四版附言》中使用转换分析的几组例句。

1. 甲——我(在纸上)写字。
   乙——我写字(在纸上)。
2. 甲——我(在门口)立。
   乙——我立(在门口)。 (A)
……

1. 甲——我(在书房里)写字。
   乙——我写字(在书房里)。
2. 甲——我(在门口)看来来往往的人。
   乙——我看来来往往的人(在门口)。 (B)
……

1. 甲——我(在箱子里)放衣服。
   乙——我放衣服(在箱子里)。
2. 甲——我(在烟斗里)装烟草。
   乙——我装烟草(在烟斗里)。 (C)
……

"该书认为(A)的甲、乙都能成立；(B)的甲能成立，乙不能成立；(C)的甲不能成立，乙能成立。(C)又可以变换成把字句：

乙——我放衣服(在箱子里)。
丙——我(把)衣服放(在箱子里)。
乙——我装烟草(在烟斗里)。
丙——我(把)烟草装(在烟斗里)。
……"(高更生、王红旗 1996)

我读了这一段文字深感震惊。刘复在1924年就使用了转换分析，而我对此一无所知！我还一直以为最早使用转换分析的是1942年吕叔湘的《中国文法要略》，其次是1957年哈里斯的《共现和转换》和乔姆斯基的《句法结构》。这一发现使我深深感到自己读的书太少了。刘复绝不是一个不见经传的无名之辈,可是我连这样一位著名学者的著作都没有读过!我非常主观地认为刘复只是一位语音学家,他的《四声实验录》一定要读,而他的语法著作大概不会有什么新意,没有必要想方设法,到处去找来读。现有的几部语法学史著作有的提了一下刘复,但是一笔带过,语焉不详,更多的著作根本就没有提到刘复这个人,《中国现代语言学家》有关刘复的条目(上卷,89页)对《中国文法通论》也评价平平,所以我想他的语法著作大概不会有什么重要的内容。高更生和王红旗他们读的书比我多,并且独具慧眼,在他们的著作中专门引了一大段有关刘复使用转换分析的文字,从而把使用转换分析的历史又提前了20年。不过我现在都不敢说这就一定是最早使用转换分析的著作。刘复曾经在英国、法国和德国攻读语言学,欧洲早期的语言学家是不是有人使用过转换分析就更不得而知了。我连中国语言学家不少的书都没有读过,更说不上外国语言学家的著作了。当然,讲语言学史要追本溯源,不能张冠李戴,不能侵犯他人的著作权,平时也许就没有必要这么认真。

读了高更生和王红旗的《汉语教学语法研究》,我就托人找来了刘复的《中国文法通论》和《中国文法讲话》(1933),好好读一读。

刘复《中国文法讲话》的体系和黎锦熙的《新著国语文法》(1924)基本相同,不过《讲话》是文言和白话混合在一起讲的,其中给"文言"下的定义非常确切,很有参考价值,对有些文言虚词的分析也很细致。这是一本给中学生看的语法讲义,的确没有太多的新意。但是《通论》和《讲话》不同,是一部理论著作,有很多精彩的论述,不少观点和方法即使在今天仍然有重要的理论价值,不过是不是全是刘复独创的见解就难以断定了。《中国文法通论》这本书并不是每个学校的图书馆里都能找到的,所以我认为介绍一下这本书的主要内容也许不是多余的。全书内容很丰富,我只能选择我认为可能是刘复的创见,或者至少是他较早提到的观点和方法作简单的介绍。

刘复自己说"这部稿子,是一九一九至一九二○年度第一学期北京大学预科二年级各班所用的讲义"(1920年初版,1924年四版,"自序"VI,以下只注页数),1920年由上海群益书社出版发行,全书"目次"和"自序"VII页,正文111页;同年再版,1921年三版,1924年出增补四版,在正文后面113至136页增加一篇《四版附言》。这里要说明一下:刘复反对请名人写序,所以只是在"目次"后面写了一段文字,也没有标明"自序"字样;我们为了称引方便,擅自称之为"自序"。

全书分三讲,另加一篇附言。第一讲:"文法究竟是什么"、"文法的范围"、"理论的文法与实际的文法"、"文法的研究法"。第二讲:"本讲之目的与区划"、"理论的状况"、"文法的状况"、"论句"。第三讲:"言语的历史"、"结论"。四版附言,没有分节。

以下分六个方面来介绍。

一 语法研究的理论和方法

刘复在自序中说得清楚:"这本书的主意,大家可以看得出,不是讲的文法的本身,是要在讲文法之前,把许多当然的先决问题,剖剔得明白。"(自序 IV)他给"文法"下的定义是:"所谓某种语言的文法,就是根据了某种语言的历史或习惯,寻出个条理来,使大家可以知道,怎样的采用这种语言的材料,怎样的把这种材料配合起来,使他说成要说的话。"(2页)

这是一个综合的定义,相当全面,而且深入浅出,明白如话。

他还毫不隐讳地说:"我们对于文法的研究,虽然从比较和模仿的路上走去近,而对于用以比较,用作模型的东西,还得从根本上研究一番。要不然,因为他们'有',我们也就说'有',他们'无',也就说'无':这样的'削足适履',在无论哪一种学问上,都有阻碍。所以我的方法,在取别种文法做本国文法的参证时,不是说——他们是如此,所以我们也要如此;也不是简单的问——他们是如此,我们能不能如此? 是问——他们为什么要如此?我们为什么能如此? 或,为什么不能如此? 这就是我要说的最重要的一句话。"(自序 IV—V)他还说:"研究别种语言的文法,对于研究中国的文法,只有两种用处:——一种是看他遇到了某种语言

463

现象时,用怎样的一种手腕去对付他。语言现象是随着语言变化的,所以所用的手腕,也决不是刻板印成的。我们知道即使是两种很相近的语言,其文法手腕也有不能互相通用之处,我们也就可以知道收(把?——本文作者按)外国文法中的手腕,直抄到中国文法里来,必定要弄得牛头不对马嘴。"(128页)"第二种是比较语言的现象。这是说:在本国语中遇到某种现象,一时不能得到圆满的解决时,若能在别一种语言里找到了个相同或相似的现象,两相比较,解决上就可以容易些。"(129页)他还说:"可见我们研究中国文法,虽然也要借助于外国文法,但应当是'外国-s 文法-s'(-s 表示复数——本文作者按)才对! 若只是迷信了一种外国文法,'齿孔钻胡须',结果一定不好。"(130页)

那个年代的人都比较老实,"借鉴模仿"就明说是"借鉴模仿"。何况那个年代,"借鉴"也好,"模仿"也好,都不是意味着"照抄"。

刘复认为在方法上:"1.研究文法,要用归纳法,不能用演绎法; 2.研究文法,重在实证,不能依凭臆测。"(6页)这大概是中国语言学的传统观点,今天看来,有点太绝对化了。

二 汉语语法的研究对象

就研究的对象而言,刘复认为不同语体的语法应该分开来研究。他说:"我主张现代的文法与历史的方法分家。"(117页)"我们若是把'文法'的'文'字当做'文言','法'当做'Grammaire',则关于语体的文法,可叫做'语法'。"(119页)"在语体文法一个名词里,我们还可以替他分家。就最宽泛的说,我们不能把口里说的'语',和写在纸上的'语体文'相混。"(119页)"其次是语体文中所含的方言分子,如果太不通行,便应当加以淘汰。"(120页)"再次是语体的'保守'与'欧化',也该各给他一个相当的限度。我以为保守最高限度,可以把胡适之做标准;欧化的最高限度可以把周启明做标准。"(121页)"我以为研究笔下所写的语体文的文法,可以简称为'语体文法';研究口中所说的语言的文法,如其是标准语就称之为'国语文法';如其是方言的就称之为'某某方言的文法',或'某某等方言的比较文法'。"(120页)但是刘复自己在文中还是把文言和白话混合在一起来研究,虽然他已经认识到了分清研究对象的必要性,而且明确地把这个问题提了出来。刘复还特别重视方言语法的研究,他指出:"通常所用的代词、语助词等,凡于文句结构上发生关系较为重要的,必定是先在口里说,后在笔上写的。假使中国每一时代、每一地方,都有杨子云、章太炎一流人,在方言上用些工夫,我可以断定今日研究文法,至少可以省去十倍工夫,多得十倍的成绩。"(20页)这一段话是1920年发表的,1924年黎锦熙的《新著国语文法》在语助词部分就引用了不少北京的口语材料,1926年赵元任发表《北京、苏州、常州语助词的研究》,1942年吕叔湘的《中国文法要略》广泛地运用方言材料来进行比较分析,从此形成了一个在汉语语法研究中运用方言材料进行比较分析的传统。

关于"欧化",刘复还特别指出:"近来二十年里,日本文的势力,大大的蔓延到中国来,非但输入许多新名词,连文体和文句结构法,也改变了不少。……最显著的,如'——及其他','有——之必要'等句法,决不是中国文字中原来所有的。到最近二三年以内,欧洲近代文字的潮流,又渐渐的向中国文字上激荡;其中态度最鲜明的,是周作人教授所译的小说。若依这种情况进行,预料再过十年八年,中国的文字,一定可以另外锻炼成功一种新气息。"(22页)这里提供了一些十分重要的有关汉语史的信息。刘复写这段话的时间是在1919年,那就是说,从1899年,或者说从19世纪末到20世纪初开始,当时那种半文不白的文章,特别是翻译文章,已经有了"欧化"现象。"到最近二三年以内"云云,大概是指直接从欧洲近代文字翻译过来的作品是从1916年左右多起来的,在这以前很多是从日文转译的。其实,刘复本人这部《通论》的文字"欧化"成分也是不少的,倒是研究早期"欧化"现象的一个很好的样本。

三 形式化

在上世纪20年代,当时数理语言学和计算语言学都还没有问世,可是刘复已经使用了数学方法实现了基本句式结构的形式化。他说:"我们可以用算学的方式,把自41节至53节所说的话归结如下:

假定

$$实体词 = S$$
$$品态词 = A$$
$$永久 = P$$
$$变动 = C$$

则　　　　意义之基本分子为

$$\left.\begin{array}{l} A_p \cdot S, \\ 或 \quad A_C \cdot S, \\ 或 \quad S \cdot A_p, \\ 或 \quad S \cdot A_C, \end{array}\right\} \cdots\cdots(1)$$

令　　　　指明词 $= Q$

$$量 = q$$
$$标 = m$$

则由(1)得

$$\left.\begin{array}{l} \{A^{P或C} \cdot Q^{q或m}\} \cdot \{S \cdot Q^{q或m}\}, \\ 或 \quad \{S \cdot Q^{q或m}\} \cdot \{A^{P或C} \cdot Q^{q或m}\}, \\ 或 \quad \{Q^{q或m} \cdot A^{P或C}\} \cdot \{Q^{q或m} \cdot S\}, \\ 或 \quad \{Q^{q或m} \cdot S\} \cdot \{Q^{q或m} \cdot A^{P或C}\} \end{array}\right\} \cdots\cdots(2)$$

……

以　　　　(1),(2),(3),(4),(5)相并合,则得一总式为:

$$\{\underbrace{A^{p或C} n[Qak\ AQ]^{q或m}}_{甲\qquad\qquad 乙}\} \cdot \{\underbrace{n[Sak\ MS]}_{丙} \cdot \underbrace{n[Q\ 或\ AQ]^{q或m}}_{丁}\} \cdots(6)$$

其甲、乙、丙、丁四部,又可有四种排列法:

(甲·乙)·(丙·丁),

(乙·甲)·(丁·丙),

(丙·丁)·(甲·乙),

(丁·丙)·(乙·甲),

这是一句很简单的句子,而内部的错综变化,已繁杂到如此。"(36—38页)

刘复只上过中学,29岁才到欧洲学语音学,但是他的知识结构和我们今天文科出身的有所不同,他有相当好的数学基础。可见知识结构非常重要。当代语言学迟迟不能在国内生根的一个主要原因就是我们大都数学基础太差,因此知识结构更新实在是当务之急。

四 语法研究的要求:周到、精细、扼要

刘复指出,研究语法要注意三个要求:"第一是要周到。这是说在我们没有着手研究之前,应当先注意于材料之是否调查完备。若只是根据着偏颇的材料去求解决,结果一定是站立不稳;要推倒这种解决时,正用不着吹灰之力。"(130页)"第二是要精细。这是说无论什么事,便是很小的,也该彻底去追究他,总希望阐发到全无余蕴的一步。"(131页)"第三是要扼要。这所谓扼要,与简约不同,是说我们应当认定了文法上的最大难关在哪里,用全力向他总攻击。不然,即使是一切零零碎碎的都研究得清楚了,拼合起来,还决不是部完全的文法。"(134页)

三四十年代美国结构主义描写语言学兴起的时候,在方法论方面下了很大工夫,对语法研究或语法体系提出"充分"、"一贯"、"简要"等要求,这和刘复在这里提出来的三个要求基本差不多。也许前人早就提出过类似的要求,但是在国内提出这样的要求大概可以说是最早的。

五 转换分析

刘复是在谈第二项要求"精细"的时候运用了转换分析。他说:"譬如讲一个表示位置的'在'字,若只说这便是英语的'at',法语的'à',那简直是讲等于不讲。我现在就以这个字为例,看他的变化……"。在这后面他列出了(A)(B)(C)三组11对转换的例子,再加三对"把"字句的转换例子。(部分例句见上文,不重复,没全引,请参见原书131—133页)美国华裔学者邓守信1975年出版的《汉语及物性关系的语义研究》一书中用的例子是:a. 他在

房子里写字。b. 他把字写在房子里。c. 他在黑板上写字。d. 他把字写在黑板上。(中译本,16 页)邓守信的例子和刘复的例子几乎完全相同,只是把"书房"改成"房子",把"纸"改成"黑板"罢了,可见他有可能读过刘复的书。我们受各种条件的限制,再加上不够努力,读的书实在是太少了。

六 开明的学者风度

真正的学者往往都虚怀若谷,从不盛气凌人,动不动就训人,我国老一辈的语言学家多数都有这样的学者风度。但是,刘复的态度更加坦率真诚。他说:"我们研究学问,只是渐渐的向着是处走:我决不相信能有什么人一脚便跳到了是处,我也决不相信已有什么人探到了'是极'。而且所谓渐渐的向着是处走,也未必走一步便是近一步,有时尽可以迷了路,愈走愈远,或者是在全不相干的地方打圈子。但是尽可以迷路,一部'迷路史',在学术上的功用,便是最直接,最有力的一盏引路灯。因此我可以说:我《通论》中与《附言》中的意见不同处,尽可以是此是彼非,或者是此非彼是,或者竟是两者全错,而我自己永远做了个迷路者,我也无所用其抱歉。"(113—114页)在"自序"的最后他说:"结尾一句话,是我愿意有人反对我的主张,或纠正我的谬误。我不希望我这书传诸永久;我希望我的书今天出版,明天就有更好的书,催促他变为废纸。因为有了别人的'更好',连我也可以沾着些光。"(自序,VII)

参考文献

邓守信 1975 《汉语及物性关系的语义研究》,中译本,侯方等译,黑龙江大学科研处。

高更生、王红旗等 1996 《汉语教学语法研究》,语文出版社。

哈里斯 1957 《共现和转换》(英文本),《语言》33 卷 3 期,283—340 页。

黎锦熙 1924 《新著国语文法》,商务印书馆。

刘 复 1924 《中国文法通论》,群益书社,1920 年初版,1924 年四版。

刘 复 1932 《中国文法讲话》,北新书局。

吕叔湘　1942—1944　《中国文法要略》,商务印书馆,修订版,1956年。
乔姆斯基　1957　《句法结构》,中译本,邢公畹等译,商务印书馆,1979年。
王　力　1943—1944　《中国现代语法》,商务印书馆。
《中国现代语言学家》编写组　1989　《中国现代语言学家》合订本(上、下),河北教育出版社;单行本五册,河北教育出版社,1980—1985年。

(原载《汉语学习》1998年第5期)

现代汉语语法的开创性著作
——《新著国语文法》的再认识和再评价

一 "向传统语法回归!"

90年代在北京语言学界发生了两件大事:第一件大事是1990年电子工业部高级工程师吴蔚天研制的"HY-I型汉英机译系统"通过专家审议。1994年吴蔚天和罗建林合作出版了《汉语计算语言学——汉语形式语法和形式分析》(电子工业出版社)。汉英机译系统需要对书面汉语进行句法分析,并作出语义解释,然后才能根据语义解释生成英语句子。吴蔚天主持的汉英机译系统是第一个在这方面取得突破的先例。他在研制过程中对现有的各家语法体系经过反复筛选,最终采用了黎锦熙先生的传统语法体系,在此基础上建立了一个"入句辨品"和"完全语法树"模型,取得了成功。我们曾经参观过这个系统的演示。演示表明这个系统能分析汉语文本,只是给出的英语翻译不理想,英语不地道。可是不管怎么样在计算机自动分析汉语文本并给出相应的语义解释这一点上毕竟取得了重大突破。第二件大事是1995年初某个大型国家项目采用现行的结构主义语法体系和配套的电子词典用东北工业大学研制的语法分析器在北京进行分析试验,给了一个句子进行分析:

巩固 v 占领 v 阵地 n 时 n//,应 v 按 prep 匆促 adv 防御 v 要领 n // 组织 v 防御 v。

这个句子实际上已经进行了预加工,一个名词短语和一个介词短语的边界已经划定了,但是分析结果,这个句子得出了33种可能的句法结构,却得不出一种确定的句法结构,而且这33种可能的句法结构恰恰不包括应该得出的那一种正确的句法结构;而如果不事先进行人工干预,给出短语边界,那就会得出150多种可能的句法结构,而得不出一种确定的句法结构。这样,分析没有成功。更何况即使得出了正确的句法结构,这一派的语法系统不考虑意义,也无法得出任何语义解释,更不要说正确的语义解释了。这一结果在计算机专家中间引起了震动,同时也引发了部分语言学家的反思,从而对现代汉语语法研究的理论、方法和取向都产生了重大冲击。不过,冷静地来考虑,这样的结果并不是偶然的。美国结构主义语法原则上不考虑意义,而现在流行的词类体系又是和句法分析脱钩的。动词和形容词主谓宾定状补都能做,名词除了不能做补语,也是全能的,实际上既是"词无定类",又是"类无定职"。这样一个和句法分析脱钩的词类体系当然无法用来分析句法结构,并且也严重违反了结构主义语言学的奠基人索绪尔关于聚合关系和组合关系的基本理论,因为现行的分类标准不完全是句法功能,在多功能的情况下是根据"词义"来主观硬性"定为一类"的。尽管电子词典很详细地列出了各种可能的句法功能,但是结构主义语法体系的句子成分是不考虑意义的,因此实际上只是一种"位置功能"而不是句法功能,无法据此推导出相应的语义解释。另外,如果第一次扫描查到的词性不恰当,要等查到正确的特征才能给出正确的结果,而动词的句法特征可能是几十项,那样,前后排列组合就会是一个天文数字,计算机也承受不了。再者,就算计算机承受得了,也只能得出"可能的句法结构"而得不出确定的句法结构。

但是,在北京发生的这两件事情语言学界却始终只有少数人知道,局外人不得而知。这是因为有人不想扩散这类事件,有人则觉得应该慎重,因为牵涉到的问题太敏感了,不宜随便到处去讲。

任何一门科学的发展总是螺旋形地不断上升的。某种理论和方法发挥到了极点就会暴露出自己的极限和缺陷,然后另一种理论和方法,往往是一种看起来似乎是对立的理论和方法,就会起而代之;再过一段时间,可能又有一种对立的新理论和新方法兴起,而这种新理论和新方法很可能很像是对原先的旧理论和旧方法的回归,不过实际上不可能是简单的回归,而是在吸取了对立面的成果并弥补了本身的一些缺陷以后在更高的层次上新的发展。语法研究的历史也充分证实了这一点。美国结构主义描写语言学在初期曾猛烈地抨击了传统语法,认为传统语法是一种早就应该抛弃的一套"传统因循的方法"。80

年代初国内对传统语法的抨击也许更为猛烈,不少文章把传统语法斥之为"莫名其妙"、"荒谬绝伦"、"胡说八道"。1957年以后,生成语法崛起,又把结构主义语法贬得一无是处,并且把结构主义描写语法也贬称为传统语法。这些做法是令人遗憾的,不过新生儿的大叫大嚷也许是可以理解的。当代语言学向传统语法的回归决不意味着是传统语法的重复,而是在继承了传统语法的优良传统,同时吸取了结构主义描写语法的长处,从而克服了传统语法的缺陷以后的新的发展。兼收并蓄是中国语言学的优良传统,我们应该"择其善者而从之,其不善者而改之"。这是孔夫子的教导,还是很有道理的。

二 现代汉语语法的开创性著作

黎锦熙先生的《新著国语文法》出版于1924年,先后印行了二十四版,是20年代到50年代初期影响最大、使用面最广、大家最熟悉的一部系统实用的现代汉语语法著作,特别是作为一部教学语法教材,更是各级学校通用的唯一一部现代汉语语法教材。《新著国语文法》作为一部教材的特点是容易学容易懂,学了还有一定用处,至少学生开始懂得主谓、动宾、修饰语和中心词要搭配得当,主要的句子成分不能随便缺省,分句和分句,句子和句子之间的连接要合乎逻辑等,这对写作有一定帮助。但是到了50年代后期,黎锦熙和吕叔湘、王力等老一辈语法学家都受到了批判,戴上了资产阶级学者的帽子,《新著国语文法》的"句本位"和"图解法"更被认为"抹杀了汉语客观存在的词类区分"和"反映了资产阶级繁琐哲学的思想",而借鉴西方传统语法的理论和体系更被扣上了"民族虚无主义"的大帽子。不过50年代的所谓对学术界资产阶级思想的大批判和"拔白旗"运动是老一辈有名望的学者人人有份的,所以对黎锦熙先生和《新著国语文法》的伤害还不是特别深,"黎派语法"还照用照教不误。事实上"黎派语法"早在30年代和40年代之交就受到过批评。以陈望道、方光焘为主将的中国文法革新大讨论的重点对象之一就是黎锦熙和他的《新著国语文法》,尽管没有点名。陈望道在《中国文法革新论丛》的序言中说:"从中国文法和西洋文法接触之后到最近十年前为第二个时期,在这个时期中虽然也有过自立的研究,大多以模仿西洋文法教科书的体制为能事,可以称为模仿时期；模仿时期的著作特别多，当以《马氏文通》为代表。"陈望道尽管没有提《新著国语文法》，但是廖庶谦的《评黎锦熙的〈新著国语文法〉》说明这次批评就白话文法而言，是以《新著国语文法》为靶子的。他说："在这次讨论中，大家一般地都认定〈文通〉和黎著的〈国语文法〉都是欧化的文法；因此大家在今天想建立国化的文法，便大家反对过去的欧化文法。"（陈望道等 1958：211）陈望道也提到："我们以为黎锦熙氏的《国语文法》是和马建忠氏的《马氏文通》属于同一体制的。"（同前：234）他还说："从文法革新论者看来，过去《马氏文通》派的文法学有一个共同的缺点，就是所谓模仿的。《马氏文通》派往往不问他们所奉为圭臬的是否还有可以从长计议的地方，也往往不问是否切合中国语文的现象，单将外国文法的老旧方案或老旧说法来范围中国的语文组织。"（同前：243）因此对《国语文法》的批评集中在所谓"比附"或"模仿"英语语法，特别是《纳氏文法》方面。不过中国文法革新讨论还是平心静气的学术讨论，不是政治大批判，也不是像后来那种一定要克敌制胜抢占学术市场制高点的斗争，而且当时的气氛不像后来那样，所以黎锦熙先生根本不屑一顾，也不答辩，而他教授照当，《新著国语文法》在各级学校也照教不误。但是 80 年代初，结构主义语法学派发起的对以《新著国语文法》为代表的所谓传统语法的大批判却终于把黎派语法连同在传统语法基础上建立起来的《暂拟系统》彻底批倒批臭了。这次大批判表面上是纯学术的批评，可是来势之猛，组织之周密，言辞之激烈，手段之不光明，跟 50 年代的政治思想批判相比，有过之无不及。这次大批判的历史背景是新中国成立后处处学苏联，苏联的中学语文课，语言和文学分家，学生要学语法，而我们在新中国成立初期，各家语法很不统一，语法体系不统一，名词术语也不统一，要教语法必须有一个各家能接受的教学语法体系。当时有三家影响较大的语法体系：黎锦熙的黎派是一家，吕叔湘先生、王力先生各一家，一共三家。当时国家委托吕叔湘先生把三家找到一起，一起商量、协调，商量出一个共同的教学语法体系来，以便在中学开展汉语语法教学，而吕叔湘先生又把这项具体工作交给当时担任人民教育出版社中学语文编辑室主任的张志公先生去办。张志公本人的语法观点就带有浓厚的综合性质，所以担任这项工作很合适。多次协商,各方作出让步,最后得出的妥协折中系统就是后来由国家正式批准颁布的《暂拟汉语教学语法系统》,简称《暂拟系统》。吕、王两家语法系统以前只在大学中文系讲过,内容不太适合中学语法教学,而且那时候苏联语言学对我国的影响很大,而苏联中学采用的就是西方的传统语法,跟黎派语法比较接近,所以《暂拟系统》实际上就是以西方传统语法为基础,吸收了一些以斯威特、叶斯柏森为代表的习惯语法和美国结构主义描写语法的某些观点的综合体系。对于一般不太熟悉西方语法流派的理论、方法和体系的人来说,黎派语法就代表了传统语法,所以觉得《暂拟系统》就是传统语法。但是到70年代末,美国结构主义描写语法在我国已经站稳了脚跟,在语法研究领域也已经取得不少成就,但是国家认可的《暂拟系统》却是以传统语法为基础的,因此结构主义语法学派要取得主流派地位必须把以传统语法为基础的《暂拟系统》打倒,因此这样的大批判就不可避免,更何况吕叔湘先生在1979年出版的《汉语语法分析问题》中已经非常明确地转向美国结构主义描写语言学,几乎全文引述了霍凯特在《现代语言学教程》中融合了传统语法的句子成分分析的结构主义描写语法体系。当时吕叔湘先生是《中国语文》主编,没有他的同意或默认,在《中国语文》上开展这么一场对《暂拟系统》和传统语法的大批判是无法想象的。这次大批判没有过多强调黎派语法的模仿,因为矛头所向已经是传统语法本身而不在它的模仿产品,因此重点在分析方法上,即所谓破中心词分析法,立层次分析法,而后者正是这次大批判的目的。但是具体的靶子还是黎锦熙的《新著国语文法》。结构主义语法学派指摘中国的传统语法,也就是以黎派语法为代表的传统语法不分层次,要一次找出主语、谓语等句子成分的中心词,结果得出的结构语义荒谬绝伦,如"《共产党宣言》批判了各种反动的社会主义"这个句子,只把"心"(=中心词)摘出来就成了"《共产党宣言》批判了社会主义",岂不荒谬! 还有一位大批判高手,找出一句"小芹的娘是老栓的老婆"作为例证,说按照所谓"中心词分析法"的分析就成了"娘是老婆","真是令人啼笑皆非"! 不过黎锦熙也好,《暂拟系统》也好,从来没有这么分析过这样的句子或类似的句子。这恐怕也是尽人皆知的事实。所以这样的大批判是十足的"文革"手法,是先栽赃,然后狠狠批,再踏上亿万只脚,让被批判的人永世不得翻身,更无法辩驳。从此,传统语法和《暂拟系统》就批倒批臭了。接下来1981年哈尔滨语法和语法教学会议集中批判传统语法,并决定以结构主义语法体系替代以传统语法为基础的《暂拟系统》。黎派语法彻底被否定了。但是主持《暂拟系统》制定工作的张志公再次受命主持拟订新的以结构主义语法中国版为基础的《中学教学语法系统提要》,因此张志公仅仅受了些挫折,没有被彻底打倒。相反,黎锦熙先生和黎派语法以及传统语法却从此彻底被否定了,以至于到80年代和90年代要出版黎锦熙全集或文集都碰到了极大困难,至今都没有一个出版社愿意出版,连副委员长许嘉璐出面也无济于事,传统语法和黎派语法真是被批倒批臭了。因此,90年代用黎派语法研制的汉英翻译系统分析汉语文本居然取得成功,而以在大批判中大获全胜的美国结构主义语法为基础研制的语法分析系统分析汉语文本反而失败引起的巨大震动就完全是可以理解的了。

西方的传统语法在公元前100年前后已经成熟,现存的狄奥尼修斯·特拉克斯的《希腊语语法》就已经具备了现代传统语法的基本内容,不过重点放在词法上,也就是形态变化上,句法是包含在词法之中的,因此没有单独的句法,只是到了近代一些西方语言,如英语那样失去了大部分形态变化,慢慢句法变得重要了,才出现单独的句法部分。传统语法的分析法可以说是形态分析法,但是汉语没有那样的形态,所以《马氏文通》也好,《新著国语文法》也好,无法借鉴传统语法的分析法,只得改用意义去进行分析,因为任何形态表示的句法功能最终还是跟意义有关联的,因此凭语言学家的识见和本族人的语感,基本上还可以分析得八九不离十。这就是为什么汉语借鉴传统语法的体系还勉强能起一点作用。但是,凭意义和语感进行语法分析很容易带来主观随意性,结果公说公有理,婆说婆有理,一旦有分歧意见,就永远难以取得一致意见,并且谁也无法说服谁。语言符号本来有形式和意义两个方面,从纯理论的观点来看,从形式着手和从意义着手进行分析都可以,但是从形式着手必须在意义上求证,从意义着手,必须在形式上求证,否则都有问题,都会众说纷纭,莫衷一是,很难说谁对谁错。应该说,中国的传统语法的最大弱点是只凭意义或语感进行语法分析而没有在形式方面求证下大工夫。美国结构主义描写语法由于现代英语已经丧失了大部分形态变化,所以在分析依据方面也一样是凭语感进行的,布龙菲尔德在讲直接成分分析法的时候就直言"任何一个说英语的人,如果关心这方面的问题,都肯定会告诉我们"(中译本,1955年重印本:163)Poor John ran away 这个句子该怎么切分。当然,英语还有一点形态,在必要的时候,他们还可以利用形态来分析。吕叔湘先生在50年代常常跟我说:"这一刀该在哪儿切?"因为美国结构主义描写语法的切分法也是凭意义和语感进行的,并没有找到能说一不二的形式标准,但是美国结构主义语法一开始就十分强调科学性和精密性,十分强调方法论,力求进行形式分析,尽管不少地方还没有完全做到,但是还应该说这是这一派的长处。正因为如此,这次大批判不可能把重点放在分析依据上,而放在了层次分析法和句子成分分析法的表层差异上。批判集中在"依句辨品,离句无品"、"句子成分分析法或中心词分析法",还有"句本位"等问题上,大批判的结论当然是:《暂拟系统》所代表的传统语法"不科学"、"荒谬绝伦"、"早已过时"、"模仿之作"、"理应抛弃"等。实际上如果我们读一读美国弗里斯的《英语结构》(中译本1964,商务印书馆)就会发现这样的大批判本身也是"模仿"洋人的。

龚千炎在《中国语法学史稿》中说:"从科学的体系看,《新著国语文法》这部书是既有成功也有失败。它的最大贡献在于帮助确立和巩固了白话文的地位,创建了宏大的'句本位'的语法体系,建立了一套'中心词分析法',然而它的最大缺点也正在于'句本位'体系。因为这根本不符合汉语的特点和实际。汉语缺乏形态变化,词与句子成分并不存在对应关系,句子是由词组逐层组合而成,因而我们应该致力研究汉语词类的特点及其用法,研究汉语句子的特殊结构及其规则,而不应该模仿英语语法,不应该用句子成分去控制词类,控制七位,控制语序,甚至去控制复句。"(1987:62)这样的结论一方面似乎肯定黎锦熙创建了"宏大的'句本位'的语法体系",可是接着就说这正是《新著国语文法》的最大缺点,一下子全部否定了,然后说"应该"怎么怎么,道出了整个大批判的目的。说黎锦熙模仿英语语法连黎锦熙本人都不否认,马建忠也明言他是根据西方的葛朗玛来分析汉语的,王力和吕叔湘也从不讳言他们是按叶斯柏森的理论来从事汉语研究的。因此,什么是"模仿"和"借鉴"很值得分析一番。

三 "模仿"和"借鉴"

《现代汉语词典》对"模仿"的解释是"照某种现成的样子学着做",对"借鉴"的解释是"跟别的人或事相对照,以便取长补短吸取教训"。如果认为《现代汉语词典》的解释基本正确,那么"模仿"和"借鉴"的主要区别在于是"照搬照抄",还是"结合实际有所取舍"。但是,要作出这样的判断实在很难避免掺杂主观因素。吕叔湘和王力借鉴的是习惯语法的理论,所以模仿痕迹最少,但是吕叔湘的"表达论"体系基本上是叶斯柏森的体系;美国结构主义描写语法中国版借鉴的是美国结构主义描写语法的方法,模仿痕迹也不明显,但是名词术语是照搬的;中国版的传统语法借鉴的是西方语法的理论和体系,而借鉴体系(包括名词术语)时模仿色彩最浓,因此被贬为"模仿之作"也不是毫无道理的。传统语法的理论实际上就是古典形式逻辑理论,不过借鉴理论不容易被发现,所以没有人在这方面展开过多的批判。中国的传统语法在名词术语方面几乎完全照搬西方传统语法,这可能是"面目狰狞"的主要方面,但是别的学派难道不同样照搬西方语法学派的体系和名词术语吗?为什么那就不是"模仿",甚至还往往誉为"创新"和"发展"呢?这就牵涉到一个"派性"问题。你这一派借鉴西方某一派语法的理论、方法和体系,那就是"模仿",我们自己这一派借鉴西方某一派语法的理论、方法和体系,那就是"创新"和"发展"。例如50年代高名凯先生主张汉语实词没有词类受到过围攻和批判。他认为实词的词类必须有形态标志,既然汉语没有形态,所以汉语实词就没有词类。高先生的结论的前提当然是西方印欧语的词类都是根据形态变化来区分的,所以当时很多人批评他照搬西方语法的具体结论。照搬具体结论的模仿痕迹最明显,所以当时这么批不是完全没有道理的,可是同一派的人后来却用同一个例子来证明高先生主张汉语实词没有词类正是一种不模仿西方语法的"创新"典型。可见"借鉴"、"模仿"、"创新"这些名词一旦掺杂了"派性"大概永远也说不清楚了。有的借鉴西方某一学派的理论、方法和体系建立起来的学派甚至始终向读者隐瞒自己这一派的理论、方法和体系是借鉴国外流行的某一语法学派的,甚至还竭力宣传完全是自己创建的,有的学派的代表人物还自己出来公开否认阅读过西方有关学派的任何著作。相比之下,马建忠、黎锦熙,还有吕叔湘、王力那样的语言学大师公开承认自己借鉴了西方某一学派的学说就显得更为诚实,也更具有真正的学者风度。什么是"借鉴",什么是"模仿",本来就很难区分得一清二楚,到头来只是褒贬之分,往好里说是"借鉴",往坏里说,就是"模仿"。实际上,近百年来中国的现代语言学一直是在西方语言学的影响下发展起来的,这是绝大多数人不得不承认的。这种令人不太愉快的现实是历史决定的,不是我们中国的语言学家的不争气造成的。两弹元勋的功勋是没人能抹杀的,但是他们的成就不也是借鉴了西方核科学的成就而建立起来的吗?他们结合中国的具体条件,进行了一定程度的中国化,这就是他们的贡献。那么中国语法学家,包括黎锦熙的《新著国语文法》都在不同程度上进行了中国化,为什么一定要贬为"模仿",甚至斥为"荒谬可笑"、"令人啼笑皆非"呢?这只能用一句话来解释,因为80年代初对黎先生和他的《新著国语文法》的批判根本不是正常的学术批评,而是地地道道的"文革"式的派性"大批判"。这样的大批判当然谈不上实事求是和公正、公允,而是千方百计捏造和罗织罪名,目的不是相互切磋,促进学术发展,而是"打倒你,打倒你!就是要打倒你!把你批倒批臭,还要踏上亿万只脚,让你万世不得翻身!"遗憾的是,在那个没有真正的学术讨论和批评的年代里,黎锦熙先生和他的《新著国语文法》就这样被批倒批臭了,甚至连他的一些嫡传弟子也不得不改换门庭,黎派语法几乎销声匿迹了。

四 "句子成分分析法/中心词分析法"、"句本位"、"依句辨品,离句无品"等

中国的结构主义语法学派重点批判了"句子成分分析法",理由是"因为汉语缺乏形态变化,词与句子成分并不存在对应关系。"(龚千炎 1987:61—32)更进一步就说"汉语词类跟句法成分(就是通常说的句子成分)之间不存在简单的一一对应关系",而"在印欧语里,

词类和句法成分之间有一种简单的一一对应关系。"(朱德熙 1985：4)任何一个学过一种西方语言的基础课的人都知道即使是有丰富形态变化的印欧语,词类和句子成分之间也不存在"简单的一一对应关系"。英语大部分形态已经消失,情况跟汉语差不太多,词类跟句子成分之间只有相当复杂的对应关系,根本不存在什么简单的一一对应关系:名词不但可以用作主语和宾语,也可以很自由地用作定语,偶尔还可以用作状语,如 He went **home** every weekend // He was at home **yesterday** // The sea went **mountains** high 等。非定式动词也是动词,带 to 的不定式可以用作主语和宾语,还可以用作定语和状语,和助动词结合可以用作谓语;现在分词和过去分词可以用作定语和状语,和助动词结合,也可以用作谓语。即使是形态变化十分丰富的俄语的情况也是如此,所以根本不存在"简单的一一对应的关系"。这些都是英语和俄语的基本语法中最基础的知识,学过一点这些印欧语的人不可能不清楚,那么他们为什么要这样有意抹杀语言事实,硬说印欧语的词类跟句子成分有简单的一一对应关系而汉语的词类跟句子成分就没有任何对应关系呢？这么不顾事实,目的就是要"罗织罪名"打倒传统语法和《暂拟系统》,所以也就顾不得学术道德,只好不择手段了。就汉语而言词类跟句子成分之间同样存在某种对应关系,不过这种对应关系比起有形态标志的印欧语来更为复杂而已。如果汉语的词类和句子成分之间不存在任何对应关系,那么我国计算机专家已经成功地通过词类的组合特征加上一定的语义特征自动分析汉语的句子成分岂非咄咄怪事。再说,不论哪一派语法,现在都承认词类是通过词的句法功能(实际上就是句子成分功能)来分类的,而且结构主义的鼻祖索绪尔就明确指出聚合类是在组合关系中确定的,而组合关系就是聚合类的线性序列,聚合类和组合关系是互相依存的,怎么能说有的语言的聚合类跟组合关系是没有对应关系的。实际上任何一种语言的词类和句子成分之间都不存在简单的一一对应关系,如果是那样的话,的确可以取消其中一类成分,而采用 30 年代末傅东华主张的一线制,取消重床叠屋的句子成分,只保留词类就可以了。那么传统语法为什么始终要搞两线制,既要有词类,还要有句子成分呢？问题还要从传统语法的理论基础和实用目的说起。传统语法的理论基础是古典形式逻辑,实用目的是语言教学,不是像美国结构主义描写语法那样的纯形式分析,一分为二,早期分析到语素,后期分析到词,就算完成了任务,至于这样分析出来的结构形式表示什么意义,他们是不予考虑的,也不认为是结构主义描写语法分析的目的,所以有没有句子成分都一样,因为确定句子成分的目的是要根据句子成分推导出逻辑意义解释,确定相应事件中的语义角色。不考虑语义问题,当然不需要句子成分。不过,那样的话,仅有形式而没有相应的意义的成分或系统也就不是人类社会的交际工具。"张三打了李四"或"李四打了张三"就无法确定谁是肇事者?谁是受害者?官司也没法打了!连日常的交际活动也无法进行了,因为人类社会的言语交际就是要交流思想感情,语言如果只有形式,而且这些形式不表示任何意义,那么还能是人类社会的交际工具吗?索绪尔极其明确地指出过语言符号有两个方面,就是形式和意义,这两个方面就像一张纸的两面是无法分割开的,因此只有形式,没有相应的意义,那就不是语言符号了。传统语法要顾及形式和意义两个方面,所以要有句子成分,以便从句子成分推导出语言形式的逻辑语义内容。结构主义描写语法只分析形式,不考虑意义,当然可以不要句子成分分析。但是,到了50年代,美国结构主义集大成的霍凯特还是吸取了传统语法的成果,除了直接成分分析以外,增加了句子成分分析,不过贴什么样的句子成分标签并没有明显的形式标志的依据,也是凭直觉判定的,在这一点上跟中国化的传统语法并没有区别。正因为结构主义描写语法不考虑语义解释,因此把句子成分分析也作为靶子来批判就完全可以理解了。至于跟句子成分分析有关的所谓"摘心法",那是批判者"发明创造"的,这跟"文革"中的大批判一样,批判者可以随心所欲"发明创造"根本不存在的罪名,然后狠批狠斗,反正被批判的人只有认罪的义务,没有辩驳的权利。

至于"句本位"实在没有什么错,古往今来的语法研究首先都是在句子范围内进行的,因为句子是语言交际的最小单位,拿句子作为语法研究的对象应该没有什么错误,不知道批判"句本位"的人自己举例时是不是也常常举的是句子。这里当然牵涉到什么是"本位"的问题。《语言学简史》的作者罗宾斯对"句本位"用的是"sentence-based",意思是"以句子为基础的",也就是研究了句子的内部结构,整个语言的语法系统就清楚了。美国结构主义描写语法主张"词组本位",英语是什么不知道。不过布洛赫和特雷杰尔在《语言分析纲要》里解释得很清楚。他们说:"一切句法分析都应该建立在对于词组考察的基础之上,……在大多数语言中,由一个以上的词组构成的句子和分句跟那些只由一个词组构成的句子和分句,有着同样的结构。"(中译本 1965:113—114)哈里斯则说:"在英语中绝大多数句子就等于词组加语调(NVX¹[原注:X¹为句子调型的类别])"。(哈里斯 1951:349)因此,"词组本位"是说把词组分析清楚了,整个语法系统也就清楚了。这样看来,所谓"本位"是说把某个语言单位作为语言分析的基础,把这个单位内部的成分和结构分析清楚了,整个语法系统也就清楚了,而从来不是指语言的"基本单位",例如现在很多语法学派都把"语素"或"词"作为语言的"基本单位",但是把"语素"或"词"分析清楚了,远远不等于把整个语法系统描写清楚了。可是句子确实是语言交际的最小或者说是最基本的单位,把句子分析清楚了,整个语法系统也就清楚了。各家各派不论是不是正式主张"句本位"都无不以句子作为基本的描写和分析对象,而小到词法,大到篇章的结构也都无不是以句子分析的方法和结构模式为基础的。因此,批判"句本位"是毫无道理的。

黎锦熙先生认为区分词类的标准是词语的句子成分功能(结构主义描写语法使用的术语是"句法功能"),因此区分词类必须要在句子里面来进行,因为离开具体的句子,孤立的词语就不具有任何句子成分功能。所以,"依句辨品"没有错误,如果措辞不当,无关大局,不应该大批特批,何况如果不是有意曲解,措辞并非不当。(请参考李临定 1991:8)至于"离句无品"也没有错,因为在现实生活中根本不存在孤立的词语,而词典和词表中的词语仅仅是语言学家的抽象的产品,一切真实的词语都只存在于言语交际中出现的句子里面。

指责《新著国语文法》和黎派语法分析方法不讲层次是这次大批判的重点中的重点,因为这次大批判的目的就是要破句子成分分析法,立层次分析法。平心静气地说,《新著国语文法》不是完全不讲层次,但是也应该承认并没有突出层次。至于采用"文革"时期大批判的办法,"发明""摘心法"和用"栽赃"的手法来把黎锦熙和他的《新著国语文法》批倒批臭,我们认为既不是严肃认真的学术批评,更不是学术界可以提倡的好风气。

五 《新著国语文法》的贡献和不足之处

邵敬敏在他的《汉语语法学史稿》中说"在现代汉语语法研究方面第一个作出杰出贡献的是黎锦熙,他的《新著国语文法》一书奠定了现代汉语语法研究的基础,是继《马氏文通》之后在汉语语法学史上具有重大意义的一部著作,这一历史地位必须充分予以肯定"。(1990:64—65)朱林清的《汉语语法研究史》则说"在现代汉语语法研究方面,最重要的最有代表性的著作,当推黎锦熙一九二四年出版的《新著国语文法》。这是我国第一部系统地全面地研究白话文而产生重要影响的语法著作。它也有划时代的意义,是现代汉语语法研究史上的一个里程碑。虽然在《新著国语文法》出现以前,我国已经有了一些研究现代汉语语法的著作(《白话文文法》),但是真正建立起一个比较系统而完整的现代汉语语法体系,并产生重大影响的,则是《新著国语文法》一书。"(1991:38)我们完全同意这样的评价,认为这样的评价是实事求是的,客观而公允的。

当然我们在充分肯定《新著国语文法》的同时,并不认为是完美无缺的。我们认为《新著国语文法》最突出的不足之处是完全根据意义来进行语法分析,在形式上求证不够,或者说没有尝试这方面的努力。史存直在《关于汉语语法体系》一文中提出汉语语法体系必须注意的三项根本原则,即:"1.句本位原则;2.形式与内容对勘而以形式为纲的原则;3.句法和词法对勘而以句法为纲的原则。"(史存直1980:73),《新著国语文法》的不足之处就是没有充分重视史存直提出来的第二条原则,也就是没有进行语法形式和语义内容的对勘。语法研究,特别是对于母语语法的研究,从意义着手再在形式上求证,或者说是跟形式进行对勘,这是常见的做法,无可非议。但是,单纯根据语义进行语法分析,的确主观随意性太大,而且即使分析正确,也不容易让别人信服,而如果能找到形式(不限于形态)上的证明,那就容易得到多数人的认可。我们认为《新著国语文法》的不足之处主要是这一点,而不同意把这部著作贬为典型的"模仿之作"的评价,因为如果熟悉西方语法著作而又从严要求的话,不知道近百年来我国哪一家,哪一部语法著作能逃脱"模仿"的指责。

六 实践是检验真理的唯一标准

对任何一种学说和科学成果的评价不是看赞成的人有多少,反对的人有多少,捧场宣扬的人有多少,谩骂贬斥的人有多少,也不能用发行量和版数来估量,而只能通过实践来检验。对于语法理论、方法和体系来说现在有两类实践最能检验一种语法理论、方法和体系是不是符合汉语的实际,是不是有科学价值:一类是语言教学实践,一类是计算机自动分析自然语言的实践。《新著国语文法》至少在20年代到50年代初的语言教学实践中是通过了检验的,容易学,学了也有一定用处;从50年代到70年代,以传统语法为基础,因而接近黎派语法的《暂拟系统》的教学实践中,教师和学生教语法和学语法勉强还能接受,但是已经出现了"学了没有多大用处"的反映。到了80年代、90年代,推行以结构主义描写语法为基础的《中学教学语法系统提要》以后,语文教学界对中小学语法教学的意见越来越多,越来越尖锐,终于有人提出了"淡化语法教学"也就是"取消语法教学"的口号,而据湖南师大吴启主教授在1991年1月在北京举行的"中学语法教学研讨会"的发言,他们对100位教师和1000名学生进行了调查,80%以上的教师认为语法课最难教,而90%以上的学生则认为"语法学起来很难,学了一点用处都没有"。当然语法教学的效果涉及众多因素,但是也不能说跟使用的语法理论和体系毫无关联。更有力的验证是计算机处理自然语言的过程。计算机没有派性,没有偏见,也不会说假话,最客观、最公正。因此90年代初电子工业部高级工程师吴蔚天以黎派语法为基础研制的汉英翻译系统的成功进一步证明了以《新著国语文法》为代表的黎派传统语法绝不是"荒谬绝伦"的,恰恰相反,这一派语法还是到目前为止唯一初步通过了语言教学和计算机处理自然语言两项实践检验的现代汉语语法体系。当然,我们不能因此得出结论,没有通过这两项实践检验的别的语法体系都不行,因为不论是语言教学,还是计算机处理自然语言,涉及面都很广,也很复杂,不能简单地说不适用于语言教学或计算机处理自然语言的语法理论、方法和体系都一无是处,那样的话就会犯另一极端的错误。不同的语法学派有不同的适用领域和不同的研究方向,不能简单地进行评价。从国外的情况来看,语言教学领域,不论是母语教学还是第二语言教学,一直沿用传统语法,而已经在计算机处理自然语言领域取得成就的功能语法和生成语法也都是在传统语法基础上发展起来的,但是也应该看到,在计算机处理自然语言的语言学理论和方法方面,都采纳了美国结构主义描写语言学在方法论领域取得的成就。百家争鸣,取长补短,相互切磋,才是学术发展和繁荣的正确途径,而在学术界力求一统天下,绝不是好事,至于打击他人,抬高自己,不择手段地进行不正当竞争更是君子所不齿,也是市场规则所不允许的。

不同的学派往往各有所长,各有所短,如果互相学习,就能互相促进。以黎锦熙的《新著国语文法》为代表的中国的传统语法的确重视形式不够,缺乏形式依据的纯意义分析是很难服人的,而且错了也很难改进,因此持不同观点的人提出批评也不是故意找碴儿;因此,即使是失实的批评和批判有时候也不一定是坏事,如果能使人猛醒,不断努力,克服缺点,自我改进,坏事就能变为好事;最可怕的恐怕是盲目自满,故步自封,听不进不同的意见,采用非学术手段企图一统天下,不求改进和发展,那样的话,恐怕最后会不批自倒,自动消亡了。

参考文献

布龙菲尔德　1933　《语言论》中译本,袁家骅、赵世开、甘世福译,1955年重印本,商务印书馆。

布洛赫、特雷杰　1942　《语言分析纲要》,赵世开译,1965年,商务印书馆。

陈望道等　1958　《中国文法革新论丛》,中华书局。

弗里斯　1952　《英语结构》金有景等译,1964,商务印书馆。

龚千炎　1987　《中国语法学史稿》,语文出版社。

李临定　1991　《"依句辨品,离句无品"及其他》,《语法研究和探索》(五),语文出版社。

吕叔湘　1979　《汉语语法分析问题》,商务印书馆。

邵敬敏　1990　《汉语语法学史稿》,上海教育出版社。

史存直　1980　《语法三论》,上海教育出版社。

吴竞存、梁伯枢　1992　《现代汉语句法结构与分析》,语文出版社。

吴蔚天、罗建林　1994　《汉语计算语言学——汉语形式语法和形式分析》,电子工业出版社。

《中国语文》杂志社　1984　《汉语析句方法讨论集》,上海教育出版社。

朱德熙　1985　《语法答问》,商务印书馆。

朱林清　1991　《汉语语法研究史》,江苏教育出版社。

R. H. Robbins　1967. *A Short History of Linguistics*. Norfolk: Lowe & Brydone (Printers) Ltd.

Zellig S. Harris　1951. *Methods in Structural Linguistics*. Chicago, Illinois, U. S. A.: The University of Chicago Press.

(原载《语言科学》2002年创刊号)

陈望道先生《文法简论》读后

陈望道先生1977年脱稿,1978年由上海教育出版社出版的《文法简论》实际上是他近半个世纪对汉语语法问题的研究和思考的一部总结性的理论著作。早在1938年到1943年那一次"中国文法革新"讨论中,陈望道先生就以倡导者和主要参加者的身份发表了众多有分量的语法理论文章,赢得了当时语法学界多数人的认同,把汉语语法研究推进到了一个新的高度。陈望道先生在那次讨论中充分显示了他当时和国外语言学理论发展同步的理论素养,特别是在讨论词类问题时娴熟地运用了索绪尔关于聚合关系和组合关系的经典理论来解决由于汉语缺乏形态而引起的区分词类的种种困难,这充分说明他作为那次大讨论的主帅是当之无愧的。50年代语法学界又展开了一次词类问题讨论,但是不知道是什么原因,陈望道先生没有直接参加50年代的这次词类问题讨论,而且方光焘先生也没有公开发表意见,尽管他们都在内部发表了不少很正确的见解。令人不无遗憾的是50年代的讨论由于种种原因在理论上还远远没有达到"中国文法革新"讨论的水平,不少参加这次讨论的人对索绪尔关于聚合关系和组合关系的理论似乎还很不熟悉,始终没有把作为聚合类的词类和体现组合关系的句法功能有机地结合起来,而是相对孤立地来讨论词类问题,所以也就难以摆脱西方语法"形态"这一幽灵的纠缠。有人说区分实词词类的唯一标准是形态,汉语没有形态,所以汉语实词无法划分词类。有人反对这种意见,坚持汉语有形态,或者至少有"广义的形态",所以汉语实词能划分词类。有人主张划分词类唯一的标准只能是语法功能,可是遇到同一个词具有多种语法功能而没有不同的形态标志时又不放心了,转而改用词义标准。因此这次讨论结束时坚持形态标准而受到"批判"的高名凯先生并不服气,因为整个讨论是在形态标准作为一个默认的前提下进行的,各种反对意见并没有在根本上动摇"形态是划分词类的唯一标准"这个前提。在这以后的多少年内,词类问题也就成了汉语语法研究的老大难问题,至今没有很好解决,严重地影响了汉语语法研究的进展。大概正因为如此,所以陈望道先生在各种工作十分繁忙的情况下并没有停止这方面的思考,而在晚年写下了这么一部语法理论著作,把他"自己关于汉语文法问题的一些想法和意见提供出来,和同志们共同研究"。

《文法简论》对很多汉语语法面临的理论问题进行了深入的思考,提出了很多新的见解。例如,什么是语法这样一个基本问题,我国语法学界一直沿用"用词造句的规则"这样一个传统的定义。陈望道先生认为:"文法是词的形态变化规则及用词造句规则的总和,就印欧语言来说,这个定义是妥当的;但是,对于那些缺乏形态变化的语言来说,比如我们的汉语,也许就不一定很适切。我们认为,文法是语文的组织规律。这一定义可能更为概括,它适用于任何一种语文。"(《文法简论》,1页,下同)他又说:"语文的组织,不能杂乱无章地拼凑或无拘无束地安排,必须按照某一社会习用的法式配置起来,也就是按照一定的组织规律的安排。比如汉语中表询问的'吗'不能摆在句子的头上,只能放在句子的末尾,说'你去吗?'就符合汉语的组织规律,说汉语语法的人都能理解,而不能有'吗你去?'或'你吗去?'之类的说法,因为这不符合汉语的组织规律,说汉语的人就不能理解。语文的这种组织规律,就叫文法。世界上没有无组织的语言,因此任何语文都客观地存在着文法。而不同民族语言的文法,又都具有各自鲜明的民族特质。"(2—3页)这里说的话和举的例子都是明白易懂的大白话,但是讲的却是很重要的理论问题。陈望道先生关于"文法"的定义是和他关于"文法"的内容的论说密切相关的。他说:"组织是文法的特性。文法现象所以同它的邻近的语文现象相区别的,就是组织。"(16页)"组织的形成要有以下三个条件:(1)两个以上的成素(容许缺省一部分);(2)按照一定的规律;(3)配置起来。"(16页)这三个条件合起来就是一个关于"组织"的定义,这样的表达方式真是最简明不过了。关于语法的基本单位,作者从句子出发分为两层:一层是句子,句子由(句子)成分组成,成分由词、词组、词串(相当于小句——本文作者按,下同)充当;另一层是词,词由词素组成。这是一种和现行的分法有所不同的见解,是有层次的分法,是从句子分解为"句子成分",从句子成分分解为"词",由"词"分解为"词素"的从大到小的分解法。美国结构主义描写语言学的分法是从"语素"到"词"、到"词组"、到"句子",也就是从小到大的组合法。在后一种语法单位体系中没有"句子成分"的地位。但是当代的形式学派和功能学派都要考虑从句法结构到语义表达的问题,而语义表达就要涉及和句子成分对应的论元,所以实际上都不能不考虑句子成分,尽管形式学派如生成语法,不用主语、宾语这样的术语而改用 S-NP 和 V-NP 那样的说法,但是实质上就是主语、宾语等句子成分。从这个角度来看,陈望道先生的体系也许更直接一些。什么是汉语的"词",一直是一个难以解决的老大难问题。"词"是"最小的自由活动的语言片段"只是一个原则,而现代汉语实际上正处在一个从单音节语言向双音节和多音节语言的演化过程中,语素之间的结合并不是要么就是黏着,要么就是自由,而只是有的结合得比较紧,有的结合得比较松,可是难办的是还有的是不紧不松,时紧时松,因此"黏着"和"自由"这样一个简单的原则几乎没有任何可操作性,即使用能不能扩展,能不能插入别的成分的办法也解决不了多少问题。汉语没有严格的形态,特别是各种偏正关系的结构,不论是前偏后正还是前正后偏,是"词"还是"词组"就很难有公认的一致意见。陈望道先生在这个问题上提出了全新的意见,很有见地,很有指导意义。他说:"词的定义,必须从组织、功能的观点来下,从词的功能上,即词在组织中的活动能力上去寻觅词的界限。从功能上判别,并非撇开声音和意义,乃是从包含着声音又包含着意义的个体上去判别。从这方面看,词就是自成个体的,可以在组织(句子)中活动的分子。"(19页)"可以在组织(句子)中活动的分子"和"最小的自由活动的语言片段"基本相同,但是强调"自成个体的"却是全新的见解。至于什么是"自成个体",《文法简论》有一段解释:"所谓自成一体,不自成一体,大概决定在对功能的认识。对于功能的认识不同,判别也就不能一致,所以往往有这处不认为自成一体的,在别处认为自成一体;或者在古时不认为自成一体,在今时认为自成一体。一排起来看,就觉得五花八门,毫无道理,其实也是有一点条理的。那条理就是当地人意识中的统一感。凡被认为一个词的必定是当作一个统一体记在心头。"(20页)这听起来有点主观,但是大多数当地人的主观就成了主观的客观,也就是大多数当地人的"语感",而任何语言理论最终必须符合当地人的"语感",这是一条无法抗拒的法则。陆志韦先生对"中华人民共和国"是不是词自己就有点犹豫,尽管根据他自己理论,应该是一个词。他所以犹豫,就因为这么长一大串算一个词甚至不符合他自己的语感。语感是看不见,摸不着的,可又是确确实实客观存在的,不能不考虑的。现在通行的分词法可以说是"从分,不从合",所以《现代汉语词典》收录的真正属于现代汉语的通用词语一共才两万多条,其余不是科技术语,就是古汉语和方言词语,并且编辑人员感觉到再要增加就很难了,那就是因为"从分,不从合"。最近武汉江汉大学的王立对1000个不同职业、不同文化程度的人进行了一次调查,给一段文章让他们用汉语拼音来写,凡是他们认为是一个"词"的就连写,不是一个词的就分写,结果和现有几部通行的词典的收词大相径庭,这些"普通人"认为"蓝天"、"白云"等都是词,而词典认为都是短语,都不收!她给出的四五十个双音节结构,词典认为是词的只占20%,而"普通人"认为是词的占80%,两者差60个百分点!后来陈松岑在北京大学各系的学生中进行了一次类似的调查,调查对象包括学过现代汉语课的中文系学生和英语系学生,调查结果跟王立的调查数据惊人地一致。我看这就是为什么我们制定了一个又一个的"分词标准",可是连自己都还不放心,还得继续研究的根本原因。陈望道先生的理论应该说是给我们指明了一条出路:分词还要考虑当地人的"语感"。关于语法的普遍性和特殊性,陈望道先生也有精到的见解。他说:"我们固然反对那种不顾汉语语文特殊性的所谓'模仿文法',但是也不要反其道而行之,把它搞成全然不顾语文的一般性的'特殊文法'。普遍性或一般性,同特殊性也是对立的统一。"(11页)他还具体地谈到汉语的特点问题。他说:"在谈到汉语文法特点的时候,往往有这样的说法:词序和虚词是汉语文法的特点。这似乎不尽妥当。"(11—12页)"如果语言和思维不能截然分开,那就没有例外,研究任何语文都应该注意词序,不过注意的程度可以彼此不同。注意词序的先后,似乎应该看做语言的共同性,或者说普遍性,而不应该看做汉语的特殊性,至少不能强调把它作为汉语和其他语言不同的特征。其次,研究汉语文法是否可以单单注意词序先后? 恐怕也不可以如此。"(12页)"至于说虚词的运用是汉语的文法特点,也是不尽恰当的。我国文法学说中最早划分了实词和虚词,这是事实,但决不能说虚词是汉语所特有的。在这里,汉语和世界上别种语文有共同的地方,都是有虚词的;也有不同的地方,那就是有多少虚词,有什么样的虚词,以及虚词在语文组织中所起的作用等等方面有所不同。"(12页)"汉语有汉语自己的文法特点,我们在探求这些特点方面工作做得尚不能令人满意。这需要我们大家共同努力!"(13页)这些话看来都是有为而发的,是有针对性的,很值得我们思考。

陈望道先生和方光焘先生是我国两位最早掌握索绪尔的结构主义语言理论的前辈学者,他们对汉语语法研究一直遵循聚合关系和组合关系辩证结合的经典理论。众所周知,结构主义有不同的学派,一般说来,欧洲学派更多地遵循索绪尔的理论,而美国结构主义描写语言学则另有自己的传统。欧洲学派重视传统语言学的继承,坚持语言符号是形式和意义的统一体,重视功能研究,而美国结构主义描写语言学则受印第安语研究的影响,排斥传统语言学,原则上不考虑意义,重视形式分析和方法论研究。因此,同是结构主义,却不能一概而论。30年代末到40年代初的中国文法革新讨论的重点是词类问题,陈望道先生当时就根据索绪尔聚合关系和组合关系的理论提出了解决汉语词类问题的正确意见。他说:"将辞例(具体句子)作为语部(词类)区分的定准,从语部在辞例中的功能探求语部区分的方法。"(《中国文法革新论丛》,中华书局,1958年,253页)"我们以为可以从配置关系决定词项分划和词项配置,从会同关系决定语部区分。"(同前书,254页)陈望道先生的"会同关系"就是现在说的"聚合关系","配置关系"也就是现在说的"组合关系"。他在《文法简论》中运用这一理论用了大量篇幅来进一步阐述他关于汉语词类问题的观点。他说:"研究词的文法分类就是为了研究语文的组织,为了把文法体系化,为了找出语文组织跟词类的经常而确切的联系来。"(38页、39页)又说:"词类区分,目的就在说明组织,倘使离开了这个目的,分出来的词类在文法上就没有什么意义了。"(120页)这似乎是很明显,很简单的道理,可是直至今天,还有人在说词类和句法分析没有必然的联系,特别是汉语的特点就是词类和句法分析没有什么联系,因为据说西方语言的词类和句子成分是简单地一一对应的,而汉语的特点就是词类和句子成分没有什么对应关系。这种说法近年来非常流行,今年还有人写文章重复这种观点。事实上,没有一种语言的词类是和句子成分简单地一一对应的,而只是有相对而言比较明显,比较简单和比较复杂,非常复杂的对应关系。词类(聚合关系的类)是从句法关系(组合关系)中求得的,而句法关系是词类(聚合关系的类)的序列,两者是互相依存的,词类和句子成分的关系可以非常复杂,复杂到我们长期搞不清楚,但是这种关系是客观存在的,是有一定规律可循的。不能因为我们研究得不够,还没有找到制约这种关系的规律而否认两者之间的有机联系。他说:"词法和句法是有机地联系着的,接连和通贯是表里相依的,所以在研究词类时,也必须研究词的通贯的条理。词类区分和句子分析(析句)是互相有关的,应该力求两相配合。那种认为词类区分只是与词组有关系而和句子分析没有什么联系的看法是不妥的。既然分类和析句要两相配合,那么替词分类,就必须看词在句中的职务;要看句中职务,就得研究词在句中的职务到底有多少种。词类的区分是必须和这些职务上的区分相配合的。职务一经划定,分类就有了定准,就比较容易进行。"(47页)陈望道先生用了不少笔墨,反复论证聚合关系和组合关系之间的辩证关系,论证组合关系既包括短语内部的组合关系,也包括句子内部句子成分之间的组合关系。他说:"'结合功能'和'句法功能'是不能截然分开的。所有的功能都在一定的词上面,在每一个成分上面。'结合功能'和'句法功能'不是两类东西,而是功能表现的两个方面,即:词在组织中的活动能力(功能),具体表现为词和词相互结合的能力和词在句子里担任一定职务的能力。"(42页)因此,他认为词类只能根据词在组合关系中的功能来划分,而不能根据意义或形态来划分。关于狭义的形态,早在30年代他就明确地指出"我们不妨把那有变化的形态看做关系的表征。"(《中国文法革新论丛》,107页)在《文法简论》中有进一步的阐说:"一切语文只要有组织,就有成分和成分之间的关系和联系,也就有功能;但是功能不一定都由语词的形态变化来表征。如果认为没有形态变化,就没有功能,就没有组织,就没有文法,就不能有词类区分,那是从形式上看问题,不是从语文组织的本质上看问题,是不恰当的"(54页);"因为形式是由内容决定的,从根本上讲,广义形态本身也是由功能决定的;这也同样说明功能是主要的。"(56页)在区分词类时,词的功能并不是单一的,情况也相当复杂。针对这种情况,陈望道先生指出:(1)要区分单项功能和综合功能,"从配置求会同以定词类,是会同词的综合功能,而不是会同词的单项功能。词类是词的综合功能的类。"(48页)(2)要分清主要功能和次要功能。(3)要分清经常功能和临时功能。他还谈到了"分类"和"归类"问题,接着又说:"一般地说,语文组织里词有定类,类有定词;也就是说,一个具体的词可归属于某个词类,一个词类也总是包含有某些具体的词。但语文组织里词的情况是很复杂的,不同的词类,职务上有错综的情形,例如名词和形容词是不同的词类,但都能做附加语,当然,它们的主要功能是不同的。要承认错综,不承认倒不对了,因为语言事实如此。词的归类不能太机械,要看实际情况。原则上词有定类,但有些词是有机动性的,有些词不一定只属一类;如'锁'、'奶'等,它们有名词的功能,也有动词的功能,就得承认它们属于名词、动词两类,因为这也是客观事实。"(59页)陈望道先生关于词类问题的论述站得高,看得远,理论性强,而且大都有针对性,有很现实的指导意义。尽管陈望道先生讨论得比较多的是有关词类的理论问题,但是他也提出了一个具体的词类体系和一个很有特色的句法分析体系。他的词类体系包括:1.名词,2.代词,3.动词,4.形容词,5.断词(系词),6.衡词(助动词),7.数词,8.指词,9.副词,10.介词,11.连词,12.助词,13.感词,外加一类"衬素",大致相当于现在多数人说的"词缀"。句子成分有:主语、谓语、补语(宾语、表语)定语、状语、穿插语(插入语),另外还有附加语和原先语(中心语)。关于"助词",陈望道先生有一段精彩的论述:"因为助词只能将基本结构中的某一特定部分做特定的添显,而非本身可充当基本结构中的某一特定部分,故考察助词决不宜用减法,把助词一一减去,看减了助词基本结构依然完整,便说助词可有可无;而当运用加法,以基本结构做底干,将助词一一加上,看加上了一个助词,添显了什么,来判别助词之不是可有可无。助词之不是可有可无,就是因为它有添显功能,能够添显组织中需要加强阐明的部分,强调它,渲染它,是助词既加之后,其强弱暗明与未加的时候不同,而这不同又正是说者所要显示的。"(82页、83页)关于"动补"结构这一老大难问题,陈望道先生提出"提带复合谓语"的概念。(参见陈望道著《汉语提带复合谓语的探讨》,上海人民出版社,1973年)"提带复合谓语"指的是"动十趋",如"跑来"、"走去"等表示"趋向";"动十趋",如"跑进"、"赶上"等表示"转移";"动＋过/了/着"表示"经历";"动＋好/破/住"等表示"归结"。"动补"结构中的补语实际上是另一个"谓语",整个"动补"结构可以说是两个谓语的"紧缩",在语义解释时要分解成两个命题,因此说是"复合谓语"是有一定道理的,尽管在细节上还可以斟酌。在最后一章"文法的研究方针"中陈望道先生提出了很重要的一些语法研究的理论原则。他说:"研究语法,同研究其他学问一样,要注意三个方面:(一)方向对不对。这既是一个学术问题,也是一个思想问题;(二)材料多不多。研究必须详细地占有材料,材料的丰富和可靠与否,也就是要看对研究对象有没有充分的正确的调查研究;(三)方法精当不精当。一定的方法,总是由一定的立场观点所决定的,又总是根据研究对象的特点(是什么事物,是事物的什么方面)以及这种研究的目的任务而运用的。"(113页)他批评了那种"以外国文法的成说当教条出发,据外律中,以洋律中"(114页)的做法,强调"汉语的文法研究决不能立足于外国文法的传统或成说上,而是必须立足于汉语的语文事实上。"(116页)他认为语法研究必须要抽象概括,"文法研究所要探索的是语文组织的共同性(或称一般性、抽象性)。而这种共同性的求得,必须经过科学的抽象和概括。"(117页)他批评了把罗列现象当做语法研究的做法,说"单将收集的各个个别的事实罗列起来,拿罗列得多算是富有,算是成功,那只能算是杂纂的态度,并不是真正研究的方法。"(119页)关于语言事实中的个别现象和特殊现象,他说:"讲规律,是为了使人们更好地运用语言,而不是去束缚人们的手脚;讲规律,也就是宣传语文组织的共同性,不要拿特殊的例子去乱人耳目。"(119页)这些意见都是很全面,很重要的。他再次强调"研究文法必须扣住组织和功能,"(120页)认为"文法的研究,就是语文组织规律的研究"。(120页)他还强调"发展"的观点,"用发展的观点研究文法,也就是要有'变'的观点,要有修辞的观念。必须提倡语文运用的丰富多样的形式,不要拿死的格式去认识和说明文法事实。否则,就可能会用比较固定的眼光和机械的格式去衡量群众在语文的运用中出现的一些变化的现象,去'纠正'那些并不错的'错误'。"(123页)像陈望道先生那样高龄的前辈学者持有这样开明的观点真令人钦佩。怎样才算是理论研究一直有争议。我想,如果通过研究,提出一种前人没有提出来过的成体系的理论观点当然是一种理论研究,例如吕叔湘先生在1942年的《中国文法要略》中提出来的"动词中心观"和动词的"方向"的理论(这和法国泰尼埃尔在1959年的《结构句法基础》中提出来的"动词中心论"和动词的"价"的理论完全一致)。但是这样的创见是不易多得的。其次,借鉴和运用国外的理论和方法,加以消化、改进,对汉语语言事实作出符合汉语特点的结论,并在此基础上提出对后人有指导意义的理论观点,这也该承认是一种理论研究。陈望道先生的语法理论研究不是空洞地玩弄术语,而是有语言事实根据,并且有针对性的研究,他的很多精辟的见解肯定会对现代汉语语法研究发挥深远的影响,起到卓有成效的指导作用和促进作用。

(原载复旦大学汉语言文字学科《语言研究集刊》第2辑,
上海辞书出版社,2005年6月)

混合语理论的重大突破
——读意西微萨·阿错著《倒话研究》

两种不同的独立的语言在深度接触的条件下,也就是当相关的民族生活在一个共同的社会中的条件下能不能混合或融合成为第三种具备全部社会交际功能的,既不同于原来的两种语言的任何一种,又跟原来的两种语言都有密切关系的独立的语言,也就是长期以来国内外有争议的所谓"混合语",一直是一个语言学界没有解决的重大的理论问题和实际问题。

人类历史进入近代时期,西方殖民主义列强仗着火枪和铁甲舰向亚非拉不发达国家和地区实行贸易和军事侵略,在一些殖民主义者最先到达的贸易港口,出于口头交际的需要,西方殖民主义者和当地人民使用了一种后来称为"洋泾浜"的临时性的交际用语。"洋泾浜"原来是旧上海英租界和法租界交界处,也就是旧上海的爱多亚路,现在的延安东路的最东边连接黄浦江的一条河浜的名字,由于最早的贸易大都是在那里进行的,所以就把那种跟外国人,主要是英国人进行贸易时说的话叫"洋泾浜",后来也叫"洋泾浜英语"。旧上海有不少教说"洋泾浜英语"的口诀和小册子,例如"'来'叫come'去'叫go,'廿四'叫做 twenty-four","外国轮船"steamboat;还有一些近似开玩笑的说法,如"墙浪一只 clock,I 上去拨一拨,红漆 bench 勃楞腾,蓝布长衫 broke",那是为了好玩好学。随着外国殖民主义者的势力的扩张,崇洋媚外思想的滋长,结果在不是跟外国人做买卖的所谓上层社会的人和知识分子中间也出现了一些"洋泾浜"用语,如"黑漆板凳(husband 丈夫)"、"那摩温(number one 领班)"、"圈底温(扑克牌'21 点'打法)"、"开派对(party)"等。在广州出现了"pidgin English",过去也译为"洋泾浜英语",近来为了区分,译为"皮钦语",那是当年广州人把英语的 business 读成英国人听起来像"pidgin"的声音,所以就把这种话叫 pidgin。西方殖民主义国家在其他地方进行不公正的贸易或殖民统治时跟当地人民交际时使用的临时性的交际语言也就称为"洋泾浜语"。洋泾浜语显然不是一种正常的语言,一般使用处于强势地位的殖民主义国家的语言的词汇,但是语法和具体发音则都是处于劣势的当地语言的语法和发音。洋泾浜语也不是哪一个国家或民族使用的正常语言,词汇和语法都十分贫乏,无法满足正常的社会生活的需要,只是一种在互相无法通话的情况下,不得已而为之的临时凑合的产物,并且也不是任何人生下来就使用的母语,因此说不上是一种正式的具有完备的交际功能的独立的语言。殖民主义者还把殖民地的人民掳掠贩卖到殖民国家当奴隶,这些被当做奴隶的殖民地人民在当地只得使用他们的洋泾浜语跟他们的主子进行交际,而他们生下来的孩子从小也就只能学习大人使用的洋泾浜语,这样老一辈的洋泾浜语就成为这些新一代的奴隶的母语,西方语言学家就把这种母语化了的洋泾浜语称之为克里奥耳语。克里奥耳语是一种殖民主义宗主国语言的不完全的变体,有点像殖民主义宗主国的语言,但是又不完全像,因此西方殖民主义国家的语言学家认为这是一种没有学好而糟蹋变形了的欧洲语言,并且还据此来证明被奴役的殖民地人民低能,无法学好宗主国的语言。真正的混合语应该既不是两种不同语言中的任何一种,而是第三种具有完备的社会交际功能的独立的语言,而且这种第三种语言既跟原有的两种语言有密切关系,又不同于原有两种语言中的任何一种语言。洋泾浜语和克里奥耳语显然都不符合这样的条件,因此尽管西方语言学界从19世纪80年代开始就对所谓混合语进行了调查研究,但是一直认为两种语言的混合不可能产生第三种语言,因为不论是洋泾浜语,还是克里奥耳语都不是真正的混合语,甚至算不上真正的正规的名副其实的独立的语言。事实上在西方世界,包括苏联,因为不存在真正的民族平等和自然的融合,所以都没有发现真正意义上的混合语,因此西方语言学家关于混合语的理论也不能说是完全没有根据的。苏联是在沙皇帝国的范围内建立起来的,各民族之间,各民族语言之间还没有建立起真正意义上的平等关系,在那种情况下,斯大林在1953年发表的《马克思主义和语言学问题》中也就断言:"如果以为两种语言融合的结果,能得出一种新的第三种语言,不像这两种语言中的任何一种,并在本质上与其中任何一种都有区别的话,这种想法是完全不正确的。实际上,在两种语言融合的时候通常都是有其中某一种成为胜利者,保存自己的文法构造和基本词汇,并继续按其内部发展的规律发展着,另一种语言就逐渐失去自己的本质,而逐渐衰亡。可见两种语言融合并不产生什么新的第三种语言,而是其中一种语言保存起来,保存它的文法构造和基本词汇,并使它能按其内部发展规律继续发展着。对的,在这种情况下,胜利的语言因从失败的语言中取得一些词而使自己的词汇丰富起来,但这一点并不削弱它,相反地,而是加强它。例如,俄罗斯语言便是这样的,它在历史发展过程中,曾与好几个民族的语言融合,并且它总是成了胜利者。"(斯大林 1953 中译本,27—28 页)语言是跟社会和使用这种语言的民族和社会分不开的,在一个民族不平等和存在民族压迫的社会中语言之间通常也是不平等的,也存在压迫和歧视,因此也只可能是一种语言战胜另一种语言而不可能产生真正的混合语。这就是为什么西方世界根本不可能存在混合语的事实,因此在理论上也就否定混合语的可能性。

但是,在中国,从上世纪 80 年代初开始陆陆续续发现了不少无可置疑的真正意义上的混合语,如新疆的艾努语(赵相如、阿西木 1982)、青海的五屯话(陈乃雄 1982)、海南岛的回族回辉语(郑贻青 1981;欧阳觉亚、郑贻青 1983)、四川西部原西康地区的倒话(意西微萨·阿错 2001)等。这些语言都是当地有关民族使用的独立的语言,同时,这些语言的词汇系统和语法系统却显示出明显的异源现象,也就是词汇来自一种语言,语法则来自另一种语言。例如新疆的艾努语,基本词汇中有不少源自伊朗语族的词,而语法则明显跟维吾尔语一致,五屯话的词汇源自汉语,可是语法是藏语语法,倒话形成的历史有明确的文献记载,是渡口的汉族驻军跟当地藏族妇女通婚的后代在当地逐步形成的,词汇是汉语的词汇,可是语法明显是藏语的语法。在自古以来多民族和平共处的华夏大地上出现这么多的混合语当然不是偶然的,因为在华夏大地上作为主体民族的汉族本身就是一个混合民族,汉语本身就是一种混合语,而且汉民族自古以来的传统文化就强调"和为贵"、"以德服人"。这么多的混合语的客观存在就为作者提供了充分的语言事实依据,而作者独具慧眼的理论意识,终于促成了混合语理论新的突破。

"如今使用倒话的人,分布于四川省雅江县的河口镇、八角楼乡、呷拉乡三乡镇的八个村寨,共304户2685人(1995年)。倒话使用区周边的语言环境,主要是藏语,属于藏语康方言。由于倒话区与雅江县城相接,因而又与县城汉族干部职工使用的夯语四川方言社区相邻。"(6页)"将倒话作为母语使用的居民,从血缘上讲有藏汉两个民族的血缘成分。有史可查最早进入这个地区的汉族人可上溯到两百年以前。……

"清廷为了平定准噶尔之乱,先后两次派兵入藏。在第一次出兵失败之后,于康熙五十八年(1719年)再次分新疆、青海、四川三路大规模进军西藏,并于次年(1719年)夺取拉萨,平定西藏。

"地处川藏要道与雅砻江天险交口的中渡河口(即今甘孜藏族自治州雅江县政府所在地河口镇,倒话主要使用区)是自川入藏的咽喉。康熙五十八年(1719年)清军为入藏平准,曾在此设渡口派兵镇守……其后一直驻兵镇守,并鼓励驻兵与当地人联姻,……后又从内地征集了大量船夫经营渡口,汉地船夫驻河口经营渡口一直延续到清末。清末治康藏,进一步'招致内地中户农民,由官资迁……迅速前往开垦'(吴丰培,1984,第46页)。深入康藏腹地的这批汉族军人和船夫世代居住下来(还有后来又通过各种途径进入这里的零星汉族人),并与当地人联姻,逐渐繁衍成为如今使用倒话的居民。"(5—6页)"倒话的基本词汇主要来自汉语,句法上则与藏语有高度的同构关系;倒话在语音结构上和汉语高度对应,在语音要素格局上则又与藏语基本一致;倒话是一种SOV型'作格型'语言,基本上是一种黏着性的语言。"(6—7页)

"倒话在语音、语义、词汇、语法等等整个语言系统的方方面面,都表现为来自藏、汉两种语言系统异质成分的全面的、有机有序的整合;倒话是一种混合语,是一种藏语-汉语混合语。"(7页)倒话,作为一种具有母语功能的语言,拥有丰富的词汇和系统完善的语音语法结构,提供了一种实实在在的混合语言的宝贵材料;同时,倒话作为两种语言深度接触全面整合的产物,非常完整有序地保存了语言系统中复杂有序的内在混合层次,这就为考察两种语言混合形成新语言的面貌和机制提供了非常难得的机会。

作者详细描写了倒话的语音、词汇和语法结构,用语言事实明确无误地阐明了倒话的混合语身份。

阿错的贡献还不在于他详细地描写了倒话的语音、词汇和语法系统,而主要在于他总结出了混合语的一般性的理论。他首先给"混合语"的概念作出科学的界定:"本文从结构和功能两相结合的角度对混合语的界定提出四条基本标准:(1)源语言必须各自都是独立的语言,不能互为对方的方言,这是一个基本的前提。(2)从结构上说,是深度的结构异源(第五章具体探讨结构异源及其定义)。在共时层面的反映是不同语言结构的交错混合,从历时层面反映出的就是来自不同语言的异源性。(3)从功能上说,必须是一个语言社团的母语或者母语性的语言。(4)从结构功能上,和任何自然语言一样,混合语拥有一个独立语言的所有特质和全部功能。由于结构上的深度异源性,使得将这种语言无法划归源语言中的任何一方,和源语言之间是互不隶属的独立语言一样,新的混合语言也不隶属于源语言中的任何一方,也是一个独立的语言;同时为了担当起作为特定语言共同体的第一交际语和孩子们学习的母语的功能,新产生的混合语也就必然地拥有了适应交际需要的相当丰富的词汇、完备严密的语音语法体系。"(7页)他进一步指出:混合语通常保存强势语言的词汇和弱势语言的语法;保存强势语言词语的语音结构,但是语音要素却是弱势语言的,词语的语音结构形式是强势语言的,相应的语义却是弱势语言的。这一发现完全符合诸如洋泾浜语、克里奥耳语的现实,也完全符合学习外语没有学好时的情况。我国的洋泾浜英语就是这种情况,词汇是英语的,语法是汉语的,词语的语音结构是英语的,发音要素是汉语的,词语的外形是英语的,语义内容则是汉语的。

作者把混合语中词汇和语法来自不同的语言这种现象称为结构异源,相关的结构就是异源结构,把结构上跟某种语言相似但未经确证该语言是源语言的现象称为结构异向,相关的结构就是异向结构。作者发现藏语的语法结构,乃至个别形态的语音形式和阿尔泰语一致,但是藏语和阿尔泰语的词汇却没有相似之处,那么藏语或阿尔泰语会不会是混合语呢?这个问题值得进一步探索。

汉藏语系的问题一直有争议,因为尽管汉语和藏语有不少同源词,但是汉语和藏语的语法系统大相异趣,因此不少人对汉藏同源持保留态度,而主张汉藏同源的人只得说语法问题是类型学问题,跟发生学无关。

作者根据国内大量存在的混合语的资料大胆向历史比较语言学的传统观点,即新语言产生的唯分化论提出挑战。历史比较语言学的传统观点认为新语言的产生只有通过原始语言的分化这样一条途径,也就是语言发展的历史只有分化而没有融合或混合,因此从理论上否定了混合语的存在。就西方世界的语言现实而言,这样的理论并不是完全没有事实根据的,但是中国发现的大量混合语的现实显然足以粉碎这种片面的理论。实际上,斯大林已经接触到这个问题的实质,他正确地指出,"语言是属于社会现象之列的,从有社会存在的时候起,就有语言存在。语言是随着社会的产生而产生,随着社会的发展而发展,语言也将是随着社会的死亡而死亡的,社会以外,无所谓语言。"(斯大林1953中译本,20页)根据这一断言,应该顺理成章地得出"语言随社会的分化而分化,随社会的统一而统一"的结论。怎么社会只有分化而没有统一或所谓融合,而和社会共命运的语言也怎么可能只有分化而没有混合或统一呢?这不仅在理论上说不通,而且也和语言的实际不符。

作者还指出截然区分发生学和类型学的观点是有缺陷的,是不符合语言的实际情况的。不能说类型学现象和发生学完全无关,问题是不论是同源词对应还是语法结构的类型对应都只是在一定条件下才能证明语言的同源关系,都不是无条件的。语言的各个子系统,如语音、词汇、语法,究竟哪个子系统更为稳固也是有条件的,说语法系统最稳固或基本词汇最稳固都有反例,像倒话这样的混合语是在两三百年相对较短的历史时期内形成的,就汉语和藏语两种源语言而言,基本词汇和语法系统都发生了巨大变化,因此这方面的理论也需要再探索。

作者提出的有关混合语的理论不仅是对以往有关混合语理论的重大突破,而且对不少语言研究领域都具有指导意义。长期以来关于汉藏语系的发生学研究就碰到难以解决的困难,那就是因为过去的历史比较语言学的理论从原则上不承认语言的融合或混合有可能产生新的第三种语言。如果承认语言融合可以诞生新的语言,而且这种新的混合语通常在词汇和语法子系统方面会呈现异源结构的现象,那么汉语就可以确认为一种典型的混合语,词汇来自原始羌藏语,语法来自古百越语言,而这就和中国古代史记载的操原始羌藏语的黄帝族和操原始百越语的东夷族和蚩尤族、炎帝族融合而成华夏族或后世的汉族的历史事实一致了。当然,这仅仅提供了一种可能性,具体细节和更多的历史和考古证据和论证还有待进一步探索。至于作者的混合语理论对外语学习和教学的指导意义更是不言而喻的,初学外语的人通常总是先学会词汇而语法还是母语的语法;先学会外语词语的语音结构模式,而具体发音还是母语的发音;即使学会了外语词汇的发音,有关的语义内容仍然是母语的语义内容。针对这种情况,外语教学应该研究相应的对策。

我国语言学界长期受乾嘉朴学的影响,重语言材料,重描写,强调务实,这本来是一种优良的学风和传统,但是片面强调过了头,就不重视理论探索,甚至否定理论探讨的价值和必要,那可就是一种偏向和缺陷。如果我们永远只会引进国外的语言理论和方法而没有自己的理论和方法,那么中国语言学就没有前途,就只能永远是西方语言学的附庸。从这样的角度来看问题,阿错的成就给我们提供了一个榜样,值得大家重视和学习。

附 录

新疆艾努语:赵相如、阿西木《艾努语的数词——兼论艾努语的性质》,《民族语文》1981年2期;赵相如、阿西木《新疆艾努语人的语言》,《民族语文》1982年1期。

五屯话:陈乃雄《五屯话初探》,《民族语文》1982年1期。

回辉话:欧阳觉亚、郑贻青《海南岛崖县回族的回辉话》,《民族语文》1983年1期。

河州话:马树均《汉语河州话与阿尔泰语》,《民族语文》1984 年 2 期。

瓦话:张永家、侯自佳《关于"瓦乡人"的调查报告》,《吉林大学学报》1984 年 1 期。

五色话:陈其光、张伟《五色话初探》,《语言研究》1988 年 2 期。

嘎卓语:戴庆厦《云南蒙古族嘎卓语研究》,《民族语文》1988 年 3 期。

倒话:意西微萨·阿错《藏汉混合语"倒话"述略》,《语言研究》2001 年 3 期。

参考文献

陈乃雄 1982 《五屯话初探》,《民族语文》第 1 期。

陈其光 1996 《汉语源流设想》,《民族语文》第 5 期。

李葆嘉 1999 《试论原始华夏语的历史背景》,《语言研究》第 1 期。

李葆嘉 1990 《试论原始华夏语的历史背景(提纲)》,《语言学通讯》第 1、2 合期。

欧阳觉亚、郑贻青 1983 《海南岛崖县回族的回辉话》,《民族语文》第 1 期。

石定栩 1995 《洋泾浜及克里奥耳语研究的历史和现状》,《国外语言学》第 4 期。

斯大林 1953 《马克思主义与语言学问题》中译本,李立三译,1955,人民出版社。

意西微萨·阿错 2004 《倒话研究》,民族出版社。

赵相如、阿西木 1981 《艾努语的数词——兼论艾努语的性质》,《民族语文》第 2 期。

郑贻青 1981 《海南岛崖县回族及其回话》,《民族语文》第 6 期。

(原载《中国语文》2006 年 2 期)

国学、汉学、中国学

一 国学

作为一门学问的名称的"国学"是近代针对"西学"而言才产生的。但是什么是国学,并没有明确的定义。钱穆在他的《国学概论》的"弁言"中就说:"何者应列国学,何者则否,实难判别。"章太炎的《国学概论》(原是章太炎1922年在上海讲国学的记录稿,由曹聚仁整理,21世纪初中华书局将此书收入"国学入门丛书",2003年1月在北京出版)也没有给国学下定义,而直接分章分节讲"国学之本体"、"治国学之方法"、"国学之派别"等。不过,在这一版的《国学概论》前面有张岱年教授的一篇"序","序"的一开头对"国学"就字面上下了一个定义:"国学的名称起于近代,近代以来,西学东渐,为了区别于西学,于是称中国本有的学术为国学。"也许就那个时代的人而言,"国学"并不神秘,似乎有一种无需明言的共识。"国学"的兴起的确是和近代我国沦为西方列强的半殖民地之后西学大有全面吞噬中国固有传统文化之势这种国情是分不开的。到了五四时期,不少人怀疑中国的落后、挨打,政治腐败、民生凋敝的根源就是长期统治中国的传统封建文化,因而全盘怀疑、否定、贬斥中国固有文化的思潮高涨,少数爱国而偏激的人为了救国,甚或主张"打倒孔家店"、"废弃汉字"、"全盘西化";而另一些比较熟悉我国传统文化而同样偏激的人就反过来大力提倡国学,特别是孔孟之道,主张学校要恢复读"经",企图通过弘扬国学这种办法来"救国保种"。在这样的形势下,和"西学"对立的"国学"就一时声势大盛,连中学也纷纷要开设"国学概论"课程。因此,在上世纪的二三十年代,章太炎和钱穆的《国学概论》就先后问世了。但是,现在的情况不同了,什么是"国学"不仅一般人不了解,甚至于从来没有听说过,不要说中学生，中学老师不清楚，就是高等文科院校的老师也不清楚了。"国学"变得越来越神秘，而正因为越来越神秘，也就越来越吃香了；国学家和国学大师也越来越引人羡慕，越来越多的国学家和国学大师也就冷不丁地冒出来了。

大概正因为国学变得如此扑朔迷离，又如此受人尊崇，所以也有一些严肃的学者和读者开始探索和追寻国学的本意。2006年6月，在国内互联网上投票选举"我心目中的国学大师"，网民以68890票最高票数推选王国维为国学大师。（参见海宁市文学艺术界联合会主办《海宁文艺界》2007年6月第五期第十版《王国维后代有人研究国学——王国维重孙王亮细说国学大师与家事》，原载《深圳特区报》。）2007年夏《光明日报·国学版》也报道五百位国学研究者选举"国学大师"的活动。无例外地选举王国维、章太炎为没有争议的、真正的"国学大师"。季羡林先生今年在《光明日报·国学版》上发表一篇文章，提到"中国传统文化就是'国学'"。可是什么是"中国传统文化"呢？还可以你说你的，我说我的。因此，最可靠的办法，还是来看看公认的没有争议的国学大师王国维、章太炎他们研究的是哪些领域，这么来定义国学的含义也许是最确切而全面的。

王国维(1877—1927)的主要研究领域和贡献是根据甲骨文和金文研究中国上古历史、文化、制度、器物，如对殷商历史的考订有重大贡献的《殷卜辞中所见先公先王考》和《续考》，《殷周制度论》，并在研究方法上提出文献和考古资料互证的"二重证据法"，同时还为多种商周青铜器铭文写了注和跋。在文字学领域他的甲骨文和金文研究拓展和完善了古文字学和一般文字学理论，在音韵学方面第一个厘清了两类音韵学著作，一类描写的是通语音系，一类描写的是方言音系，为后人的研究指明了方向，在训诂学方面他诠释了不少古代文献的难字难句。经他校辑的古文献著作就有150多种。他还写了《红楼梦评论》和《人间词话》这样文学研究领域的巨著。

章太炎(1869—1936)早年曾积极参加革命活动，后来又成了学术界的领袖人物。他是第一本《国学概论》的作者，他宣扬的"国学本体"就是我国古代文献经史子集中所包含的中国传统的学术思想和文化，特别是儒家的学术伦理思想，而为了研究蕴藏在中国古代文献中的传统学术思想,就必须精通传统的音韵学、文字学和训诂学,因此他同时是传统语言文字学领域的大师,不仅他自己在这方面作出了重大贡献,而且还培养了像黄侃那样的语言文字学家,进而薪火相传,形成了以研究国学和传统语言文字学著称的章黄学派。

从王国维和章太炎两位公认的国学大师的研究领域来看,也许国学可以定义为"中国传统文化和传统语言文字学研究",定义总是不周全的,还可以有各种不同的理解,不过两位大师的研究领域和传世的著作总可以给"国学"一个相对比较明确的界定。

二 汉学

西方资本主义的崛起和通向东方的新航路的发现引发了西方资本主义国家向全世界进行殖民扩张,而在这场殖民扩张活动中以保卫罗马天主教为己任的耶稣会会士就成了殖民活动的急先锋,纷纷到世界各地所谓的未开化的野蛮人居住的地区去传播福音,教化这些野蛮人,然后把这些地区和国家变为西方国家的殖民地。16世纪末范礼安、利玛窦、罗明坚等耶稣会士受葡萄牙和欧洲其他国家殖民势力的支持远道来中国传教。他们的策略是通过结交中国的上层文人和官吏来影响中国朝廷和百姓,所以先到澳门跟中国塾师学习全国通行的古文,诵读四书五经和古典文献,然后再到南京学习官话。但是不久就发生了所谓"礼仪之争",也就是中国传统文化和西方文化之间的冲突。但是面对当时还比较强大的明王朝,以利玛窦为首的耶稣会传教士作出了让步,通过使中国传统文化和西方天主教文化的妥协和融合解决了这个矛盾,同时又向中国皇帝呈上西洋自鸣钟、望远镜等礼物,向中国上层知识分子传授天文、数学等自然科学知识,赢得了中国上层人士的认可,接受了耶稣会传教士的传教要求。这样一批耶稣会传教士在了解熟悉了中国传统文化以后,发现中国并不是一个未开化的野蛮国家,而是一个有数千年古老辉煌文化成就的文明古国,所以他们回到欧洲以后,就在欧洲传播中华传统文化,把《诗经》《论语》等儒家主要经典翻译成当时西方通行的拉丁文或法文等西方语言,稍后,曾德昭、卫匡国等耶稣会传教士介绍中国历史文化的书籍逐渐在欧洲流传,引起了欧洲著名哲学家莱布尼茨和著名文豪伏尔泰等人的高度注意和钦佩,一时东学西渐成风,甚至连欧洲各国王公贵族的园林宫室的建筑风格也受到中国园林宫室建筑的影响,产生了糅合了欧洲古典主义的叛逆"巴罗可"风格和中国建筑风格的华丽、细巧和繁缛的"罗可可"风格。面对和西方传统文化截然不同的中国传统文化,欧洲学者创造了"汉学"(sinology)这个名称。1814年法国法兰西学院等高等学府创办汉学讲座,这"意味着汉学作为一种'学问'已为人们所承认"。(福井文雅《欧美的道教研究》,《道教》第三卷,中译本,上海古籍出版社,1992年,225页)由于耶稣会传教士接受了系统的中国传统文化的教育,所以汉学和后来我们的"国学"在研究领域和内容上是基本一致的,例如大家比较熟悉的瑞典著名汉学家高本汉就是一个在中国历史音韵学领域作出重大贡献的人,他的《中国音韵学研究》和《汉文典》引进西方历史比较语言学的方法构拟了中古汉语和上古汉语的语音系统,他的《左传真伪考》用系统比较文献中的语言特点的方法来考证作者的时代和地区身份,在中国都有极大影响。

汉学在西方逐渐成为一种专门的学问,学术意味比较浓。汉学研究的是中国古代的优秀文化,所以对中国文化肯定的比较多。

利玛窦就说:"根据我们自己的经验,大家知道中国人是最勤劳的人民……中国这个古老的帝国以普遍讲究温文有礼而知名于世,这是他们最为重视的五大美德(指仁义礼智信——引者按)之一……对于他们来说,办事要体谅,尊重和恭敬别人,这构成温文有礼的基础。"他认为中国人的孝敬长辈和尊敬师友的优点超过了欧洲人及其他民族,"如果要看一看孝道的表现,那么下述的情况一定可以见证世界上没有别的民族可以和中国人相比。孩子们在长辈面前必须侧坐,椅子要靠后;学生在老师面前也是如此。孩子们总是被教导说话要恭敬。即使非常穷的人也要努力工作来供养父母直到送终……中国人比我们更尊敬老师,一个人受教哪怕只有一天,他也会终身都称老师的。"

"利玛窦根据他和中国人的接触以及他在中国多年的体验,

驳斥了有些作者认为中国会侵略别国的说法,他提到:'首先。如果我们停下来想一想,就会觉得非常值得注意的是:在这样一个几乎具有无数人口和无限幅员的国家,而各种物产又极为丰富,虽然他们有装备精良的陆军和海军,很容易征服临近的国家,他们的皇上和人民却从来未想过要发动侵略战争。他们很满足于自己有的东西,没有征服的野心。在这方面,他们和欧洲人很不相同,欧洲人常常不满足自己的政府,并贪求别人所有的东西。'为进一步证实这一点,利玛窦还根据中国的历史说:'我仔细研究了中国人长达四千多年的历史,我不得不承认我从未见到有这类征服的记载,也没有听说过他们扩张国界。'"(何兆武、何高济撰《利玛窦中国札记·中译本序言》,利玛窦著《中国札记》,何高济、王遵仲、李申译,何兆武校,中华书局,1983年,11—12页)

三　中国学

1840年鸦片战争以后中国就沦为西方帝国主义列强的半殖民地,东西方之间的关系发生了质的变化,在西方人眼里,中国是一个他们征服、掠夺、瓜分的对象,因此也必然是一个落后、野蛮的国家,这样才能为他们的侵略战争和行为找到根据和借口。所以到了19世纪后期,为帝国主义列强侵略和奴役中国制造理论根据和搜集情报的总体战略服务的中国学就在美国兴起。19世纪来华的美国新教传教士就成为中国学的首创者。他们对中国古代的优秀文化传统不感兴趣,他们研究的是中国近现代的历史、文化、社会、人口、地理、政治这些对他们有用的东西。因为他们研究的内容明显跟欧洲传统汉学研究的内容不同,所以他们称之为"中国学"(Chinese Studies)。我国的学者不仔细分辨这两种研究的内容,有时就把这两种截然不同的研究混为一谈,甚至有的辞书在注释"汉学"时就说"也称中国学",或者在注释"中国学"时就说"即汉学",而一般人就更搞不清楚什么是"汉学",什么是"中国学"了。

"如果说欧洲的汉学研究的兴起还多少包含有对于中国文化的向往,那么,美国的汉学研究的兴起则是出于对美国自身的战略利益的考虑。在欧洲,从事汉学研究的人一般不研究现实问题,这种状况同重视研究现实问题,强调研究的实用性的美国学术传统显然是不合拍的,这使得美国的汉学研究与欧洲的汉学研究呈现出迥然不同的特征。在欧洲'汉学在传统上以文献研究与古典研究为中心,所以在研究历史较短的美国似乎感到"sinology"一词有点过时的味道,一般称为"Chinese Studies"(中国研究)'(福井文雅《欧美的道教研究》,《道教》第三卷,中译本,上海古籍出版社,1992年,225页、231页)。"(见侯且岸《从学术史看汉学、中国学应有的学科定位》,载《国际汉学》第十辑,大象出版社,2004年,2页)

美国最早的汉学研究著作——卫三畏(Samuel Wells Williams,1812—1884)的《中国总论——中华帝国的地理、政府、教育、社会生活、艺术、宗教及其居民概观》,1848年出版。

"由于时代的关系,始于19世纪30至40年代的美国的汉学研究,其产生和发展同美国资本主义对东方的掠夺、扩张和文化渗透,以及美国的国际战略和对华政策是联系在一起的,因而与欧洲的汉学研究不同。"(见侯且岸文,3页)"费正清在回顾美国的汉学史时曾经说过:'在美国,有组织的对东方的扩张政策服务这种兴趣对启蒙运动有独创贡献',但是,美国东方学会要为美国的国家利益服务,为美国对东方的扩张政策服务。这当然是欧洲传统汉学所不具备的特征。"(《70年代的任务:研究美国与东亚的关系》,载《费正清集》,天津人民出版社,1992年,399页)

"由于他们是'以武器和贸易力量为后盾的',是西方入侵的一部分(费正清《新传教教士著作在中国文化史上的地位》,载《费正清集》,第241页)",就使得他们"在形式上与16世纪末期利玛窦遇到的情况大为不同;当时耶稣会士避开了澳门的葡萄牙商人而依附于中国的士大夫阶层,而19世纪初期的传教士却得到中国港口的外国商人的支持,并在普通的中国下层文人中,而不是在统治阶层中寻找教徒。"(见侯且岸文,3页)"人们从他们的著作中完全看不到像欧洲启蒙思想家那样对古老的中华文明的赞美,也看不到像早期耶稣会士那样对中国较为真实的介绍,所看到的是在外部冲击下每况愈下的、落后的中国。他们鄙视中国的落后,试图以西方为榜样来改造中国。"(见侯且岸文,4页)"恐怕也正是这种以美国为中心的研究取向,将美国人的思维偏向引向极端,导致他们根本无视中国传统文化的思想价值和应用价值。这也就使得传统汉学在美国难以扎根。"(见侯且岸文,4页)"1925年太平洋学会(Institute of Pacific Relations,简称 IPR)成立。太平洋学会是美国中国学研究史上一个不容忽视的,具有学术转向标志的学术团体。由于它的出现,传统意义上的东方学、中国学研究开始走出古典语言文学、历史、思想文化的纯学术研究壁垒,转向侧重现实问题和国际关系问题研究的新领域,从而揭开了地区研究的序幕。"(见侯且岸文,5—6页)1941年"在费正清等人的倡导下组织建立了远东学会(The Association for Far Eastern)。"(见侯且岸文,8页)"1956年,该学会更名为亚洲研究学会(The Association for Asian Studies),出版刊物《亚洲研究杂志》(Journal of Asian Studies)……费正清以哈佛大学为基地,依靠远东学会,开始全面实施区域研究规划。……从而进一步促使中国研究从古典汉学的规范中彻底分离出来,纳入到'地区研究'(又称'区域研究',即 Regional Studies)的轨道。……主要以现代为对象的新的地区研究,适应了美国'建立世界战略,准备占领政策的需要','是由于帝国主义的需要而产生的研究'(安藤彦太郎《日本研究方法论——为了加强学术交流和相互理解》,26页,吉林人民出版社,1982年)。"(见侯且岸文,8—9页)

既然中国学是为美国的扩张战略服务的,所以中国学不研究中国的传统文化和历史,而只关心当前现实的中国社会,而且只关心中国社会的落后的一面,甚至只对中国男人的辫子和女人的小脚感兴趣,认为这才是中国文化的特色,另外为了瓜分中国,他们对西藏、新疆、蒙古有很大的兴趣,假借旅游、考古的名义,深入我国内地,寻找制造分裂活动的借口和机会。在精神文化领域,他们硬说中国的文化和语言不懂得分析和抽象,因而决定了科学落后,到现在还处在和没有文化的野蛮民族同一发展水平上,以此作为侵略奴役中国的理论根据。可是更为不幸的是,由于我们对自己的传统文化缺乏研究,更缺乏理论上的阐述,现在不少从事对外传播中国传统文化的中国学者却把帝国主义分子污蔑中国的言论作为自己阐述中国传统文化的理论依据,这就危害更大了,因为这不是别人污蔑中国,而是你们中国人自己说的!单从这样一点来看,准确深入地、实事求是地、不偏不倚地研究和阐述中国传统文化实在是当务之急。什么是中国传统文化,也就是中国从古至今深刻影响中国人民的思想行为的主流文化,这个问题研究清楚了,那么什么是"国学"、什么是"汉学"、什么是"中国学"也就不会是一笔糊涂账了。

附 录

2007年六月前后《光明日报·国学版》报道全国五百名国学研究者投票选举国学大师,一致当选的只有王国维、章太炎两人。

汉学

严格意义上的汉学研究已经有四百多年的历史,最早可以追溯到16世纪。随着新航路的发现,中西之间的交通愈加便利。自16世纪中叶始,西方耶稣会传教士来到中国,形成了一股传教热。……这次传教不仅促进了西学传入中国,而且增进了西方传教士对中国的了解,使得他们初步建立起欧洲汉学研究的雏形。此后,在相当长的一段时间里,传教士垄断了欧洲的汉学研究。这种状况直到法国资产阶级革命以后才逐渐有所改观,汉学研究开始进入学院式研究的时代。1814年,法国巴黎法兰西学院等高等学府创办汉学讲座,这"意味着汉学作为一种'学问'已为人们所承认。……此前以传教士为中心的研究,或带有遵循耶稣会的主张的倾向,或对佛教只采取蔑视或不理解的态度,也伴有轻视中国文学等非学问因素的制约。但是以创设讲座为分界线,法国的汉学研究从此焕然一新。"(福井文雅《欧美的道教研究》,《道教》第三卷,中译本,上海古籍出版社,1992年,225页、221页)

(原载《海宁日报》2007年11月16日
纪念王国维诞辰130周年暨国际学术研讨会专刊,
又载《南开语言学刊》2009年第2期,商务印书馆)

语言知识和语言能力

知识和能力显然是两个不同的概念。知识指的是对某种事物或技能的理性知识或客观规律的知识，能力则指的是操作某种技能的实际能力。说得浅显一点，如对自行车运转的原理的认识当然是一种知识，而会骑自行车则是一种能力。很多人会骑自行车，可是知道两个轮子的自行车为什么骑起来能一直往前走，还能拐弯而不倒下来的物理学原理的人恐怕不多；反过来说，精通旋转运动的物理学原理的人，如果没有学过骑自行车，单凭他掌握的物理学知识，恐怕第一次骑自行车和不懂什么物理学原理的人一样得准备一而再，再而三地摔跤，他的物理学知识丝毫帮不了他的忙。同样，一个游泳冠军不一定懂得浮力和反作用的液体力学原理，而一个液体力学权威掉到河里不可能就会游泳，如果没人去救，肯定就要淹死。

语言知识就是语言学各个分支学科的理论知识，主要是语音学、词汇学、语法学、文章学、修辞学的理论知识，例如什么是双唇音、塞擦音，什么是同义词、反义词，什么是偏正短语、递进复句，什么是起、承、转、合、领句、过渡句，什么是明喻、隐喻等。语言能力自然指的是实际的说、听、读、写的能力。每个人都从小开始熟练地掌握一种语言，那就是他的母语，每个人都有很强的使用母语的语言能力，特别是说和听的能力，因为读和写这种书面语言的能力还要通过学校教育才能获得。但是绝大多数的人都不具有有关的语言知识，只有少数学过语言学知识的人才在不同程度上掌握这些知识。

从前有一个韩复榘的笑话，说他当山东省省长，听下级汇报，有不少大学生英语也不及格，学了十多年还是学不好，他觉得实在太奇怪了，"人家英国的三岁小孩子都会说英语，怎么我们的大学生还不会?!"问题出在哪里呢？就出在我们的教学路线上。从过去到现在,我们的教育部门和各级领导都非常重视英语教学,甚至重视程度远远超过对母语教学的重视,但是不论是英语教学还是母语教学在教学内容和方法领域都存在一个致命的误区,那就是都错把语言知识当成了语言能力,所以教学效果都很不理想,甚至于很糟。前两年,热心文学的语文老师发起了一场全国规模的中小学语文教学大讨论,指出我国语文水平大滑坡,甚至说现在的语文教学"误尽天下苍生"。措辞可能激烈一些,但是我国当前的语文教学的确问题不少,语文水平大幅度下滑也是事实。大学生的英语水平也一样大幅度下滑,大学毕业、研究生毕业,英文参考书读不懂,嘴也张不开,外语专业的毕业生也好不了多少,勉强翻译一点就出错,怎么跟中文系毕业的莎士比亚全集的译者朱生豪去比!过去的大学非英语专业的毕业生多数能读外文参考书,现在的非英语专业的本科毕业生多数读不了,那又是为什么呢?那就是因为现在的大学公共英语把绝大部分时间拿去学口语和语言知识了,结果,口语没学会,参考书也读不了了。过去和现在,不论是母语教学还是外语教学都把语言知识当成语言能力,而现在更是如此,因为过去还有一些教会学校,在那些学校不论是教英文还是国文倒是以培养语言能力为主,甚至从来不开什么语法课,也不开口语课,就是多多地读,多多地写,更不用说多多地听和说了。小孩子学母语,哪听说过妈妈教语音、词汇、语法的?可是每一个孩子不都学会了妈妈教的话吗?而且还都学得非常地道,非常优秀。可见培养语言能力跟学习语言知识完全不是一回事。掌握语言知识不等于掌握语言能力;当然,掌握了语言能力也不等于掌握了语言知识,会说好几种语言或方言的人也不就是语言学家,而语言学家也可能只会自己的母语,不会其他语言或方言。

那么怎样才能培养学生的语言能力呢?我们认为,我国传统的语文教学的经验和过去教会学校的教学经验都非常值得我们参考和继承发扬。过去私塾教文言文就是识字、写字、读书、背书、写文章,几年下来不就能读一般的文言文,能写一般的文言文了吗?私塾哪有教文言语法、词汇、修辞的?教会学校学外文不也就是大量读、大量听,当然还大量说、大量写,所以中学毕业就一般的读、听、说、写都解决了,到教会大学就是进一步提高的问题了。我本人就上过私塾,教会大学英文系毕业,无论在私塾,还是在教会大学,我都没有学过什么语法课,连口语课也没有,可是背过古书、古诗词、英文名篇、英文诗歌,有的学年一门课指定熟读的书就20多本,每本好几百页!除了国文课用汉语,其他课程全用英语讲课,学生得记笔记,不然怎么应付考试?考试答卷也要用英语,一小时写上千字,慢了不行,语法全错也不行,逼着你一步一步学,时间长了也就会了,所以我不少经济系、政治系、医学系的同学新中国成立以后都到外语院校当了英语老师,他们更没有学过什么语法、语音、词汇,连我这样的英文系毕业的也是在新中国成立以后要"教"英语才开始学的语法!

昨天我孙子就给我出了一道语言知识题,要我替他做语文题,划出课文中哪些句子是过渡句。我还真不得不下一番工夫去琢磨,而且也不能保证全对,因为我没有系统学过文章学这一类的知识。小孙子小学二年级的时候老师就让找同义词、反义词,小孩子找不出来,他妈妈就让他找爷爷,谁让爷爷也算是个语言学家嘛!有一次老师要求一年级的学生"组词",可是连什么是"词"都还说不清!小孙子看着一个"飘"字发愁,这个"飘"怎么组词?他问我"飘飘"行吗。我想"飘飘"是"飘"的重叠形式,不能算是组词,就说:"'飘扬'吧!"可是他还没有学过"扬"字!还有一次更不可思议了。孙子发愁,爸爸、妈妈也没办法,又来找爷爷了。老师问:"为什么'玩儿'的'玩'和'现在'的'现'都有一个'斜王旁'?"天哪!这是要考文字学吗?这只能是给大学中文系古文字专业学生出的题目,我也只得去查《说文解字》了!干嘛让小学一年级的学生学这些呢?这真是胡来!

可是现在我小孙子的作文很突出,经常得到表扬,他的"大作"经常贴出来给大家看。不过他的作文能力可不是通过学"语法"、"作文法"、"写作技巧"之类的知识得来的,而跟我小时候一样,完全是靠看"闲书"看来的。大概受我们家大多是教师的影响有关,小孙子从小就喜欢看书,睡觉前和早上醒来就摆开架势要看书,看得懂看不懂不论,两只小手捧上一本大书,很像那么回事,可是书是正着倒着他也不管,先是看图画书,所以正看倒看都可以;上了小学认了几个字就开始看夹在图画中间的字,慢慢就看小儿书、故事书了,看多了,就能写了。其实绝大多数人都是这样学会写作的,看多了,模仿模仿就会了。

尽管语言能力是一种技能,是一种实践能力,只能通过实践,也就是听、说、读、写的实践来掌握和提高,但是规律性的知识和语言能力的掌握和提高也不是毫不相干的,特别是语言能力的提高是和对语言知识,也就是语言的客观规律的知识的认识密切相关的。母语教育的主要内容就是民族语言的规范化和书面语的读写能力,因为一般上学以前,听、说能力早就掌握了,对母语已经有了很强的语感,但是掌握的可能是某种方言,而不是规范的全民语言,因此要通过学习掌握标准语的规范和掌握书面语的特点,而学习书面语和规范化主要就是语音、词汇和语法的规范化,如果不具备必要的语言知识,学生就无法理解,规范化的推广是无法设想的。吕叔湘先生曾经说过,要讲什么是主语、宾语等就是为了讲语法的方便。吕先生的这番话曾经引起一些非议,认为他把语法贬低了。其实,吕先生讲的是老实话,学任何知识都有一个实用目的,学一点语法不是为了学语法而学语法,而是为了学习书面语和语言的规范化,是为了减少和消灭语言运用实践中的失误,是为了提高写作水平,而为了讲一点语法就必须先学一些必要的术语,而学这些术语就是为了讲语法的方便,因为任何学科的术语都是为了陈述的方便,术语本身还不是规律和原理。但是非常遗憾的是,我们的母语教学和对外汉语教学,还有外语教学,在教学理论和方法上从一开始就学了西方国家母语教学和对外语言教学的理论和方法,始终没有继承我国传统的语文教学方法。西方语言大都是有形态变化的语言,因此语言教学,不论对内对外都把重点放在语法上,教学安排,也都以语法为纲,这是符合西方语言的特点的。我国传统的语文教学没有形成一套理论和方法,不过都以识字、背诵文章为主,效果也十分明显。现代人学古汉语在一定意义上也跟学外语一样,可是私塾教学通过识字、背古文,有两三年的时间也就可以基本上学会读古文、写古文了。传统的语文教学实际上就是一种语感教学,或者说是一种实践教学,通过识字不但学习了书写汉字的技能,同时也学习了汉语的常用语素的意义,为日后理解复合词、创造性地组成新词打下了基础,背诵名篇则不仅学习了篇章组织和修辞技巧,同时也熟悉了古汉语的各种搭配关系和习惯用法,为日后书写古文作好准备。回过头来看今天的母语教学、对外汉语教学,还有外语教学,全都按西方模式,不管是不是听说领先,还是阅读为主,教学内容都是以语法为纲,教的全是一些语法知识,读得很少,写得更少,美其名曰:不要求"死记硬背"。其实语言学习就要"死记硬背",这是语言符号的任意性决定的,无法抗拒。"子曰"不能说成"老师说","何故"不能说成"为什么","stone"不能说成"石头",这里没有什么理据,只能"死记硬背"。政治思想教育要强调"理解精神、实质,要掌握观点、立场,不要死抠字句,不要死记硬背",语言教学完全不同,就是要"死记硬背,就是要死抠字句"!"an honour to Beijing!"正确,符合英语习惯,"a chance to Beijing!"错了,必须说"a chance for Beijing!"为什么?没有道理可讲!英语的习惯就是 chance 后面的介词只能是 for,不能用 to!就像汉语可以说"漂亮姑娘",可是不说"美丽姑娘",尽管语义上很接近,但是"美丽"后面要加"的",说成"美丽的姑娘",要讲清楚这里面的道理可要费一番大劲,而且学生也未必能理解,能掌握。可是英国人和中国人绝大多数,甚至可以说百分之百都掌握了这些用法,那么他们是怎么能掌握的呢?绝对不是学理论和学语言知识而掌握的,而是他们从小只听说过一种正确的用法,从来没听说过另外一种用法,而没听说过的自己就永远不说,听了就觉得别扭,所以不会用错。那么外国人怎么就往往会说错、用错呢?因为外国人学外语往往过分依赖语言知识,特别是成年人,根据理论去推,一推就错。本国人不靠语言知识说话写文章,而是靠从长期大量听说读写中积累起来的实践感性知识,也就是所谓"语感"来说话写文章的,没听说过的,没读到过的绝不会说,也不写,说的写的都是听熟了,看熟了字句,所以很少出错,或者说基本上都是正确的,规范的。我国传统的语文教学的信条,要写好文章就是要"多读、多写",没有其他窍门,很遗憾的是我们的语文教学完全违背了我们的祖先几千年的经验,把重点放到似乎很"有学问"的语言知识上去,结果也只能"误尽天下苍生"!

外语教学和对外汉语教学也一样,知识教得很多,有的老师还要求学生死记硬背这些知识,结果效果很差,外语专业的毕业生也只学了一点洋泾浜,外国学生的汉语水平也在下滑。面对这样的教学效果,不是加强语言实践,而是认为还要更加加强语言知识教学,结果就出现了我的小孙子碰到的一系列怪问题,后果就更不可想象了。

语感是在长期大量的使用一种语言的过程中获得的感性知识。语感只能回答"能不能这么说,能不能这么写?""这么说,这么写顺不顺口?"的问题,但是无法回答"什么是同义词、反义词?""这是主语还是宾语?""这是什么短语,什么小句?"那样有关语言理论的问题。语言知识是脱离了具体的语言环境,脱离了具体的词语意义的抽象规律,而语感却永远是具体的,具体到一定的语言环境、一定说话的人的身份、年龄以及和听话人的关系,具体到每一个词语的意义和修辞色彩,具体到具体句子中的搭配关系。听多了,读多了,慢慢就记住了,凡是经常听到和读到过的就觉得"顺",从来没听别人说过的,书上没有读到过的词语和词语的搭配,就觉得"不顺"、"别扭"。这就是语感。这就是"要学好写文章的关键只能是多读、多写"的理论根据。所谓"熟读唐诗三百首,不会作诗也会吟"也是这个意思。后人有时候还加了一个"多改",不过"修改"也是凭自己的语感去修改,最多参考一点语法修辞的知识,主要还是靠语感。曹雪芹在悼红轩中"披阅十载,增删五次"也只可能凭他自己的语感去增删,写成《红楼梦》这部不朽名著,完全不可能是根据语法修辞的知识来增删的,何况那个年代中国根本还没有什么"语法修辞"之类的课程,曹雪芹也不可能学过什么"语法修辞"。

现在对内对外汉语教学强调"精讲多练","多练"是对的,但是不积累一定的"读",没有培养起一定的语感,就很容易成为"瞎练",而"瞎练"的后果,特别是对第二语言教学而言,很可能是巩固了错误的用法。另一方面,过分强调"精讲"实际上有可能是用学习语言知识的内容和时间挤掉了"读"的内容和时间,后果是灾难性的。目前外语教学和对外汉语教学的现状就是这样。四年寒窗,所有的课文加起来不超过常规书的100页,少得可怜。凭这么一点阅读量不可能产生语感,结果说和写都要靠抽象的语言知识来指导,不出错才怪!国外的第二语言教学也注意到了这个问题,所以除了精读课以外还有泛读课,并且为此编写了很多名著的简写本。最近商务印书馆还出版了一批"中国学生英语文库"简易读物,可是就没有哪个出版社出版为中小学学生学习语文和外国学生学习汉语的"汉语名著简易读物文库"。汉语是多数中国学生的母语,因此到了小学三四年级可以勉强阅读原著,学了一两年汉语的外国学生可读不懂,就应该为他们编写汉语名著的简易读物,为阅读原著作过渡。因为整个教学的重点都放在语言知识上了,所以也就没有人来关心阅读了。现在音像技术已经很发达,为了让学汉语的外国学生多听,音像材料也该大力录制发行。最后,外国人如果到中国来学习汉语,就应该充分利用现成的语言资源,让外国学生在日常生活中学习汉语,那样效果最好。20世纪50年代苏联、东欧的留学生来北京大学学习就让他们跟中国学生住在一起,还指定两名中国学生当一名留学生的辅导员,平时在校园内一概用汉语,所以他们的汉语学得不错,口语相当流利。当然,让外国学生跟中国学生住在一起,或者住到中国人家里有一定困难,但是也不是不能解决的。现在来北京学汉语的学生自己住在一起,到校园里各处办事,办事人员都跟他们说英语,结果他们整天说的是母语或英语,完全失去了在具体语言环境中使用汉语的机会,他们怎么能学会使用汉语进行交际呢?而在具体的语言环境中使用语言是获得语感的最有效的途径。当然读书也是获得语感的一个重要途径,因为不论是小说还是散文都有上下文,而上下文就是一种语言环境。外国学生不辞辛苦,千里、万里迢迢来中国学习汉语,就是想在这种汉语环境中更快、更地道地学好汉语,而我们却特意为他们创造一个非汉语的外国环境,真不知道是所为何来!

20世纪50年代中国人民大学有两个新疆维吾尔族的革命后代青年,一个会俄语,分配到俄文教研室工作,另外一个什么其他语言都不会,分配到当时的工农速成中学(现在人大附中的前身)跟中国学生一起上中学。两年以后的1953年,我和这两个维吾尔族青年一起到大连旅游。那位会俄语的还是不会说汉语,可是那位在工农速成中学上中学的却一口流利的汉语,尽管带点山东腔,因为速成中学的学生大多是山东人。他的汉语说得跟汉人一样自然,说到中间停下来,还可以自然地接下去说,甚至他那时候开始学维吾尔书面语,用的还是鲍尔汉编的《维汉词典》!速成中学是劳模和革命子弟的学校,根本没有对外汉语教师,没有专门给他补汉语课,他的汉语完全是在生活中跟他的汉族同学学来的,学得很快,很地道。中国工人到了外国,几个月,一年,不也都勉强学会了说当地的外国话吗?当然要考他们语言知识大概只可能是零分,可是通过实践,他们的口语能力,大概会远远超过现在所谓的六级、七级、八级吧。

因此,语言教学而不是语言学教学,究竟应该把重点放在哪里,应该教什么,怎么教,恐怕需要重新考虑,重新检讨,而远远不是原则问题已经解决,只需要考虑具体细节了。

(原载《语言文字应用》2007年3期)